Pollock
Schriften zu Planwirtschaft und Krise

Friedrich Pollock

Schriften zu Planwirtschaft und Krise

Gesammelte Schriften II

Herausgegeben von
Johannes Gleixner und Philipp Lenhard

Unter Mitarbeit von
Felix Brandner und Benedikt Pittroff

Friedrich Pollocks Gesammelten Schriften in sechs Bänden
  I: Marxistische Schriften
  II: Schriften zu Planwirtschaft und Krise
  III: Schriften zu Nationalsozialismus und Antisemitismus
  IV: Schriften zur Automation
  V: Vermischte Schriften, Gespräche und Interviews
  VI: Briefe

1. Auflage — 2021

© ça ira-Verlag, Freiburg Wien 2021
Postfach 273   www.ca-ira.net
79002 Freiburg   info@ca-ira.net

Umschlaggestaltung und Satz: David Hellbrück, Wien
Druck: TZ-Verlag, Roßdorf
ISBN 978-3-86259-133-6

Die Deutsche Bibliothek verzeichnet diese Publikation in der
Deutschen Nationalbibliografie; detaillierte bibliografische Daten
sind im Internet über http://dnb.d-nb.de abrufbar.

Inhalt

Johannes Gleixner / Philipp Lenhard

Friedrich Pollocks Untersuchungen der sowjetischen Planwirtschaft und die Revision der marxistischen Krisentheorie

Einleitung zum zweiten Band der Gesammelten Schriften

Im Oktober 1927 reiste Friedrich Pollock, damals Assistent von Carl Grünberg, dem Direktor des Frankfurter Instituts für Sozialforschung, auf Einladung des Moskauer Marx-Engels-Instituts (MEI) in die Sowjetunion, um den Feierlichkeiten anlässlich des zehnten Jahrestages der Oktoberrevolution beizuwohnen. Pollock war zu diesem Zeitpunkt ein sympathisierender Beobachter des sowjetischen Experiments, gleichwohl er weder Mitglied der Kommunistischen Partei war noch den Marxismus der Dritten Internationale teilte. Vier Jahre zuvor hatte er seine Dissertationsschrift zur Marxschen Geldkritik vorgelegt (siehe PGS 1) und etwa zeitgleich das Institut für Sozialforschung mitgegründet, das ein Hafen für unabhängige linke Intellektuelle werden sollte, die sich fernab von parteipolitischen Fragen mit den Grundproblemen des Marxismus und der Marxschen Kritik befassen können sollten.

Von Anfang an waren die Beziehungen des Instituts nach Moskau eng, nicht zuletzt weil Grünberg dem Leiter des Moskauer Instituts, David Rjazanov, freundschaftlich verbunden war. Kurze Zeit nachdem das Institut für Sozialforschung in das imposante neue Gebäude in der Frankfurter Victoria-Allee eingezogen war, gründete Pollock gemeinsam mit seinem Freund Felix Weil – dem eigentlichen Mastermind und Finanzier des Instituts – im September 1924 die Marx-Engels-Archiv-Verlagsgesellschaft mbH, deren vorrangiger Zweck die Herausgabe einer Gesamtausgabe des Marxschen und Engelsschen Werkes in Verbindung mit dem MEI war. Die besondere Schwierigkeit lag darin, dass ein großer Teil der Manuskripte im SPD-Parteiarchiv lag, die Komintern und insbesondere der linke Flügel in der KPD

aber 1924 erstmals den Kampf gegen die »Sozialfaschisten« der SPD
als Kernforderung für die politische Agitation in Deutschland aus-
gegeben hatten. Es war nun an dem als parteiunabhängig geltenden
Institut für Sozialforschung, vertreten durch Friedrich Pollock und
Felix Weil, in zähen Verhandlungen beim SPD-Parteivorstand die
Erlaubnis zum Kopieren der Marxschen Manuskripte zu erwirken.
In enger Zusammenarbeit mit dem men'ševistischen Historiker Boris
Nikolajevskij machten sich Pollock und Weil mit ihren Mitarbeitern
daran, nach und nach den gesamten Korpus im Keller des Instituts
zu vervielfältigen und die Materialien über die sowjetische Botschaft
in Berlin nach Moskau zu schaffen. Diese Bemühungen resultierten
schließlich in zwei Ausgaben des sogenannten *Marx-Engels-Archivs*,
der deutschsprachigen Zeitschrift des MEI, sowie dem ersten Halbband der Marx-Engels-Gesamtausgabe, die die Marxschen Schriften
bis 1844 enthielt. 1928 trennten sich die Wege der beiden Institute,
vor allem weil der SPD-Vorstand beschlossen hatte, aufgrund der
feindlichen Politik der Bol'ševiki jegliche Kooperation mit dem MEI
aufzukündigen. Die Marx-Engels-Archiv-Verlagsgesellschaft mbH
wurde aufgelöst, die weiteren Geschäfte von dem nun in Berlin an-
gesiedelten Marx-Engels-Verlag fortgeführt.[1]

Pollocks Engagement für eine wissenschaftliche, unzensierte Edition des Marxschen und Engelsschen Werkes spiegelt seinen Marxismus in den zwanziger Jahren wider. Wie in seiner Dissertation
(PGS 1) kam es ihm darauf an, die Kritik der politischen Ökonomie
jenseits der Vereinnahmungsversuche von sozialdemokratischer wie
kommunistischer Seite zu rekonstruieren. Er selbst verstand sich als
parteiunabhängiger, kritischer Marxist. Der bisweilen buchhalterische
Ton seiner Briefe und die wissenschaftliche Sprache seiner Veröffentlichungen sollten dennoch nicht zu dem Trugschluss führen, Pollock
sei unpolitisch gewesen. Aus der Kritik des Geldes, des Kapitals, des
Werts schloss er, dass es für das Glück der Menschheit notwendig

---

1 Siehe dazu insgesamt Rolf Hecker: Erfolgreiche Kooperation: Das Frankfurter Institut für Sozialforschung und das Moskauer Marx-Engels-Institut
(1924–1928). Beiträge zur Marx-Engels-Forschung Neue Folge, Sonderband
2. Berlin 2000, S. 9–118.

sei, eine nicht-kapitalistische, das heißt nicht an Profitmaximierung, sondern an den Bedürfnissen der Menschen orientierte Planwirtschaft zu errichten. Dieses Thema sollte ihn sein gesamtes Leben lang nicht mehr loslassen.[2]

Und so ist es wenig verwunderlich, dass er die Moskaureise nicht etwa damit verbrachte, staunend den Militärparaden und Arbeiteraufmärschen auf dem Roten Platz hinterherzuschauen, sondern stattdessen den Aufbau der sowjetischen Planwirtschaft wissenschaftlich untersuchte. Am 29. Oktober 1927 schrieb Rjazanov aus Moskau an Grünberg: »Pollock ist, wie Sie wissen, seit einiger Zeit hier und es scheint mir, dass er seine Zeit hier wohl verwendet und dass er sich leidlich gut fühlt.«[3] Tatsächlich arbeitete Pollock in Moskau die meiste Zeit. Er durchsuchte die Bibliothek des MEI, an dem er einen Arbeitsplatz eingerichtet bekommen hatte, nach Literatur zur sowjetischen Planwirtschaft und machte sich Abschriften und – vor allem sofern es sich um russischsprachige Texte handelte – Kopien von Broschüren, Anweisungen, internen Papieren, Wirtschaftsplänen und wissenschaftlichen Artikeln. Das Vorwort zu seiner 1929 auf Basis dieser Forschungen erschienenen Habilitationsschrift *Die planwirtschaftlichen Versuche in der Sowjetunion 1917–1927* zeigt, dass Pollock sich mit den wichtigsten Experten »aus der Praxis« traf. Neben Rjazanov dankte er unter anderem dem Vorsitzenden der staatlichen Planungsbehörde Gosplan, Gleb Kržižanovskij, dem stellvertretenden Vorsitzenden des Obersten Verwaltungsrates für Volkswirtschaft, Moisej L´vovič Ruchimovič, und dem stellvertretenden Vorsitzenden der Arbeiter- und Bauerninspektion, Jakov Jakovlev. Mit dem stellvertretenden Leiter der Statistischen Planungsbehörde Lev Kricman, dem stellvertretenden Landwirtschaftskommissar Aron Gajster und dem ebenfalls in der Planungsbehörde tätigen Ökonomen Roman Efimovič Vajsberg unterhielt er auch nach seiner Rückkehr noch Briefkontakt. Pollock verfügte also über Wissen aus erster Hand und war nicht auf

---

2 Siehe die Studie von Carlo Campani: Pianificazione e teoria critica. L'opera di Friedrich Pollock dal 1923 al 1943. Neapel 1992.

3 David Rjazanov an Carl Grünberg, 29. Oktober 1927. In: Hecker: Erfolgreiche Kooperation, S. 370.

die beschönigenden Verlautbarungen der Komintern angewiesen, die er im Gegensatz zur sowjetrussischen Literatur als reine Propaganda ansah. Die Auswahl von Pollocks Gesprächspartnern wie auch die von ihm verwendete russischsprachige Literatur zeigt eindrücklich, dass der sowjetische Planungsapparat in der Praxis zu großen Teilen von ehemaligen Men´ševiki erbaut wurde.

Als Pollock Mitte November 1927 nach Frankfurt zurückgekehrt war, dankte er dem »verehrten Genossen« Rjazanov noch einmal ausführlich: »Nachdem ich wohlbehalten wieder in Frankfurt eingetroffen bin, möchte ich Ihnen und Ihrer Frau nochmals meinen aufrichtigen Dank aussprechen für die freundliche Aufnahme und die energische Unterstützung, die ich bei Ihnen in Moskau gefunden habe. Ohne Ihre Hilfe wäre es mir sicher ganz unmöglich gewesen, in den wenigen Wochen, die ich mich in Moskau aufhalten konnte, einen so guten Einblick in das ökonomische Wesen und Werden der Sowjet-Union zu bekommen.«[4] Er setzte sich sofort daran, seine Erkenntnisse zu einer wissenschaftlichen Arbeit auszubauen und noch im Mai 1928 reichte er die Arbeit, die von Grünberg und dem Wirtschaftswissenschaftler Karl Eman Pribram betreut wurde, als Habilitationsschrift ein. Mit seiner Ernennung zum Privatdozenten ging die kommissarische Leitung des Instituts für Sozialforschung einher, denn Grünberg hatte im Januar 1928 einen schweren Schlaganfall erlitten, der ihn dauerhaft arbeitsunfähig machte. Bis zur Übernahme der Institutsleitung durch Pollocks Freund und Gefährten Max Horkheimer zwei Jahre später stand der frischgebackene Privatdozent also an der Spitze der wichtigsten marxistischen Forschungseinrichtung Deutschlands.

1929 erschien seine 400 Seiten starke Planwirtschaftsstudie schließlich als zweiter Band der Schriftenreihe des Instituts, gewissermaßen eingerahmt durch Henryk Grossmanns Studie über das *Akkumulations- und Zusammenbruchsgesetz des Kapitals* (Bd. 1) und Karl August Wittfogels Untersuchung zu Wirtschaft und Gesellschaft Chinas (Bd. 3). Die drei Bände spiegelten das Forschungsprofil des Grün-

---

4 Friedrich Pollock an David Rjazanov, 22. November 1927. In: Hecker: Erfolgreiche Kooperation, S. 373.

bergschen Instituts wider, erst unter Horkheimers Direktorium sollte sich die »Kritische Theorie« entwickeln, die die marxistische Theorie mit kulturwissenschaftlichen, psychoanalytischen, ästhetischen und philosophischen Fragen verband. Pollock war von Haus aus Ökonom und damit disziplinär ungeeignet, dem Institut eine neue, stärker auf die Philosophie konzentrierte Richtung zu geben. Er war somit der Leiter einer Übergangsperiode, die gleichwohl inhaltlich wie personalpolitisch notwendig war, um ein neues Kapitel der Institutsgeschichte aufschlagen zu können.

Für diesen Übergang war die Haltung zur Sowjetunion und zum Marxismus der Zweiten und Dritten Internationale entscheidend. Hier lieferte Pollock unverzichtbare Impulse. Mit kritischem Blick wägte er ab, ob der russische Weg zum Kommunismus erfolgreich sein konnte oder nicht. Seine Antwort fiel negativ aus. Obwohl er die Fortschritte lobte und empfahl, aus der sowjetischen Erfahrung zu lernen, hielt er die Rückständigkeit der russischen Gesellschaft für das entscheidende Hindernis, um eine sozialistische Planwirtschaft erfolgreich einführen zu können. Es mangele an Bildung, Maschinen, Saatgut, Transportwegen und Krediten, außerdem sei insbesondere die russische Agrarwirtschaft noch vollständig unterentwickelt. »Wenn aber den Bauern mit Gewalt und ohne nennenswerte Gegenleistung das Getreide abgenommen werden muss, wenn infolgedessen das Dorf zur primitivsten geschlossenen Hauswirtschaft zurückkehrt, wenn in Form der Arbeitspflicht bei der Holzbeschaffung die feudalen Frondienste wieder aufleben, wenn die Industrie zu Tode verwaltet wird und der ganze Wirtschaftsprozess schließlich zum Stillstand kommt, dann fällt es schwer, in einem System, das zu solchen Konsequenzen führt, eine der Verkehrswirtschaft überlegene Wirtschaftsform zu sehen,« hielt er trocken fest. Stalins und Bucharins These vom »Sozialismus in einem Lande« konnte er ohnehin nichts abgewinnen. Die Stärke von Pollocks Analyse lag insbesondere darin, dass er die theoretische Debatte, die sich in der deutsch- und englischsprachigen Fachpresse um die Möglichkeit einer effizienten Planwirtschaft zu entfalten begann, im Grunde beiseiteließ. So verweist er etwa nur sporadisch auf Ludwig von Mises und Eugen Varga und auffälliger Weise überhaupt nicht auf Otto Neurath, obwohl er dessen ökonomische Schriften kannte.[5] Dieser spärliche Bezug war jedoch insofern folgerichtig, als Pollock große Mühe darauf verwendete, die sowjetischen Planungsschritte aus der spezifischen Situation der russischen Volkswirtschaft heraus zu erklären. Seine Schrift ist bewusst organisationsgeschichtlich aufgebaut. Pollocks Verzicht auf eine modellhafte Debatte der Planwirtschaft, seine minutiöse Rekonstruktion der planwirtschaftlichen Empirie, ist jedoch nicht theoriefern, sondern beruht auf der Annahme, dass ökonomische Theorie immer auf die spezifischen gesellschaftlichen Bedingungen bezogen bleiben muss. Im sowjetischen Fall hieß das: Die verschiedenen planwirtschaftlichen Versuche lassen sich gleichsam als langgezogene Versuchsreihe lesen, das traditionelle Agrarproblem der russländischen Volkswirtschaft zu lösen. Die Zwangskollektivierung ab 1928/29 und ihre grausamen Folgen konnte Pollock in seiner Studie nicht vorhersehen, zumal diese auch in den Folgejahren nicht in vollständigem Umfange bekannt waren; wohl aber beschreibt er präzise und hellsichtig, warum die Bol'ševiki gerade dieses Problem als überlebenswichtig ansahen und gerade in diesem Bereich zu allen Maßnahmen bereit waren.

Dass Pollocks Analyse der Planwirtschaft in der Retrospektive »zu früh« aufhört, nämlich vor der endgültigen Implementierung des Fünfjahrplans und der Kollektivierung der Landwirtschaft, verleiht ihr an manchen Stellen große Aktualität. So unterscheidet Pollock die verschiedenen Versuchsphasen der Planung deutlich präziser als spätere Studien – gleich ob kritisch oder unterstützend –, die in der Geschichte der Planwirtschaft einen unausweichlichen Determinismus walten sehen. Insbesondere Pollocks Darstellung des Kriegskommunismus als eines eigenen Wirtschaftssystems, gleichsam einer zentral verwalteten Wirtschaft ohne Zentralverwaltung, darf als ebenso aktuell gelten wie seine Beobachtungen des Übergangs zur NÈP-Phase, die in einigen Bereichen die wirtschaftlichen Transformationsprobleme des Jahres 1989 vorausnehmen.

5 Siehe Thomas E. Uebel: Introduction: Neurath's Economics in Critical Context. In: Otto Neurath: Economic Writings: Selections 1904–1945. Edited by Thomas E. Uebel and Robert S. Cohen. Dordrecht 2004, S. 82 f., Anm. 99, S. 86, Anm. 134 sowie S. 87, Anm. 143.

Insgesamt blieb Pollock dennoch gegenüber der sowjetischen Entwicklung skeptisch, so sehr er auch betonte, dass er grundsätzlich den Versuch, eine sozialistische Planwirtschaft einzuführen, für gerechtfertigt hielt. In seiner Besprechung des Buches für das *Weltwirtschaftliche Archiv* hielt der sowjetische Ökonom Al'bert L. Vajnštejn fest: »Im allgemeinen ist Pollock den Versuchen der Planarbeit in Rußland günstig gesinnt und bemüht sich, sowohl die vorteilhaften wie die ungünstigen Seiten des russischen Aufbaues objektiv darzustellen«, doch komme er im Ergebnis zu »pessimistischen Schlüssen« und scheine am Ende sogar »an der Möglichkeit einer geldlosen Wirtschaft zu zweifeln«. Pollocks »wohlwollende Einstellung zum sozialistischen Aufbau« gleiche »eher der Neugier eines Zuschauers, der großes Interesse für die Versuche in der UdSSR zeigt, sich im Grunde aber skeptisch zu ihnen verhält.«[6] Das traf den Nagel auf den Kopf. Es leuchtet daher ein, dass eine sowjetische Rezeption von Pollocks Werk zumindest offiziell kaum stattfand. Zum einen erschien seine Studie mitten im heraufziehenden Stalinismus, so dass auch der wohlwollende Wainstein sich bald allgemeinen Vorwürfen ausgesetzt sah, gegenüber ›bourgeoisen‹ Theoretikern allzu freundlich eingestellt zu sein. Zum anderen waren die Theoretiker der Planwirtschaft hinsichtlich ausländischer Literatur zuallererst an empirischen Studien (insbesondere zur Agrarfrage) interessiert.

Institutspolitisch traf sich die Skepsis gegenüber der Sowjetunion mit der zunehmenden Distanzierung von der unter der Führung Ernst Thälmanns stramm bol'ševisierten KPD. Hatten in den Anfangsjahren noch zahlreiche KPD-Mitglieder zum Umfeld oder sogar zu den Mitarbeitern des Instituts gehört, war dieses im Laufe der Zeit immer mehr zu einem Auffangbecken für Links- und Rechtsabweichler des leninistischen Kurses geworden. Karl August Wittfogel – übrigens inzwischen einer der wenigen nichtjüdischen Institutsmitarbeiter – war zwar noch immer Parteimitglied, besonders Pollocks unmittelbare

6 Albert L. Wainstein: Die planwirtschaftlichen Versuche in der Sowjetunion 1917–1927 von Friedrich Pollock. In: Weltwirtschaftliches Archiv 34 (1931), S. 195–198.

Mitarbeiter aber waren längst aus der KPD ausgetreten oder sogar ausgeschlossen worden: Julian Gumperz beispielsweise, Pollocks erster Doktorand und seit 1921 Mitherausgeber der *Roten Fahne*, wendete sich 1927 von der Partei ab. Kurt Mandelbaum, der 1922 in die KPD eingetreten war und mit Pollock insbesondere im Bereich der Krisentheorie eng zusammenarbeitete, war 1926 sogar aus der Partei ausgeschlossen worden, ebenso Heinz Langerhans und einige andere.

Die kritische Haltung zu den Entwicklungen in der Sowjetunion und in der KPD wirkte auf Pollock, der nie allzu große Erwartungen in die Oktoberrevolution gesetzt hatte, eher stimulierend für die eigene Arbeit. Wie schon in seiner Dissertation 1923, als er den dogmatischen Marxismus links liegen ließ und sich stattdessen auf den Marxschen Text selbst zurückwendete, konnte ihn 1929, als die Weltwirtschaftskrise ausbrach, der marxistische Konsens nicht zufriedenstellen. Seine krisentheoretischen Untersuchungen knüpften zwar an die Theorien von Hilferding und Luxemburg, Kautsky und Lenin an, aber er ging an entscheidender Stelle über diese hinaus. Dafür war die institutsinterne Auseinandersetzung mit Henryk Grossmann, der einst als Assistent Grünbergs nach Frankfurt gekommen war, emblematisch. In seinem bereits erwähnten Buch *Das Akkumulations- und Zusammenbruchsgesetz des Kapitals*, das im selben Jahr wie Pollocks Planwirtschaftsstudie erschien, behauptete Grossmann, der Kapitalismus müsse unweigerlich an seinen eigenen Widersprüchen zugrunde gehen und schließlich auch zusammenbrechen. Die Wirtschaftskrise schien Grossmann zunächst recht zu geben, aber Pollock, der die Theorie als Neuaufguss der alten sozialdemokratischen Erwartung eines naturnotwendig bevorstehenden ›großen Kladderadatsches‹ wahrnahm, stellte Grossmann eine politische Theorie der Krisenlösung gegenüber. In seinem 1932 im ersten Heft der unter Horkheimer neugegründeten *Zeitschrift für Sozialforschung* veröffentlichten Aufsatz *Die gegenwärtige Lage des Kapitalismus und die Aussichten einer planwirtschaftlichen Neuordnung* verknüpfte Pollock seine krisentheoretischen Überlegungen mit seinen Erkenntnissen aus der Planwirtschaftsstudie. »Heute sind viele Unternehmungen in der Industrie und im Bankwesen so riesenhaft angewachsen, dass keine Staatsgewalt, möge sie sich noch so liberalistisch gebärden, ihren Untergang untätig mit ansehen kann«, erklärte

er. »Von einer bestimmten Größe des Kapitals an darf das Unternehmen
zwar den Gewinn noch für sich allein beanspruchen, das Risiko aber
auf die Masse der Steuerzahler abwälzen...« Damit war die »Rettung«
bankrotter Unternehmen, die als systemrelevant galten, angespro-
chen, die Pollock nicht als punktuelle Maßnahmen verstand, sondern
als grundlegendes Eingeständnis, dass der Marktmechanismus nicht
mehr funktionierte. Darin hätten ihm die meisten Ökonomen wohl
zugestimmt, nicht nur die marxistischen, aber seine Schlussfolgerung
lautete, dass – anders als die Liberalen glaubten – die Rückkehr zur
liberalen Marktwirtschaft weder möglich noch wünschenswert sei, dass
aber – anders als die Marxisten meinten – der Kapitalismus trotzdem
erstaunlich robust und widerstandsfähig sei und mit einem endgültigen Zusammenbruch nicht zu rechnen sei. Kapitalistische Krisen,
so wusste Pollock mit dem Zynismus der Apologeten des Kapitals,
mochten zwar mit einer »massenhaften Vernichtung von Werten und
Menschenleben« verbunden sein, aber dies sei aus der Perspektive des
Kapitals lediglich ein reinigendes Gewitter, ein kathartischer Prozess
der Eliminierung der Unproduktiven. Die Krise des Kapitals musste
kategorisch von einer Krise für die dem Kapital Unterworfenen unterschieden werden. Ökonomie und Moral waren nun mal nicht dasselbe.

Pollocks Eintreten für die Einführung einer Planwirtschaft war demnach nicht nur durch das Argument der Dysfunktionalität motiviert,
sondern er wies auch darauf hin, dass das »normale« Funktionieren
der Marktwirtschaft – anders als liberale Ökonomen wie Hayek und
Mises behaupteten – alles andere als harmonisch war. Die Normalität,
nach der sich unter dem Eindruck der Krise viele sehnten, hatte für die
Mehrheit der Menschen immer schon eine alltägliche Krise bedeutet.
Deshalb hob er hervor, »dass der kapitalistische Automatismus zwar
Großartiges geleistet hat, dass er sich dazu aber der barbarischen
Mittel eines erbarmungslosen Vernichtungskampfes bediente, dessen
Kosten – nicht die privatwirtschaftlich ausgewiesenen allein, sondern
die Kosten für die gesamte Gesellschaft – bisher nie berechnet worden
sind.« Im Unterschied zu den bürgerlichen Ökonomen war Pollock nicht
der Meinung, die Sanierung der Marktwirtschaft sei wünschenswert.
Die Vernunft gebot daher die Einführung einer sozialistischen Planwirtschaft. Die Dysfunktionalitäten von dessen sowjetischer Variante

entsprangen für ihn nicht dem System an sich, sondern den spezifisch russischen Bedingungen sowie der mangelhaften Durchführung. Das Fazit seines Aufsatzes lautete daher, dass in den Industrienationen alle *ökonomischen* Voraussetzungen für die Planwirtschaft gegeben seien, dass es aber eine ganz andere Frage sei, ob sie auch *politisch* umsetzbar sei. Hier erwartete er vorerst unüberwindliche Widerstände. Man müsse sich im Klaren darüber sein, dass dieser politische Widerstand der Herrschenden zu einer »Katastrophe« führen könne, »deren vernichtende Wirkungen heute noch nicht annähernd übersehbar sind«.

Die sich anbahnende Katastrophe warf in Pollocks düsteren Prognosen bereits ihren Schatten voraus. Es wäre zwar verfehlt, in Pollocks Worten eine Vorahnung des deutschen Vernichtungskrieges oder gar des Holocaust zu sehen, dennoch sind die Begriffe, die er verwendete, um die heraufziehende Katastrophe zu beschreiben – »Vernichtungskampf«, »Zerstörung«, »massenhafte Vernichtung von Menschenleben«, »barbarische Methoden« etc. – schwerlich als bloße Metaphern abzutun.

Zwei Jahre später, im Oktober 1933, ein halbes Jahr nach der Machtübernahme der Nationalsozialisten, stellte Pollock, bereits im Genfer Exil, seinen Aufsatz *Bemerkungen zur Wirtschaftskrise* fertig, der an diese Überlegungen anknüpfte. Er warnte vor einer »steigenden Notwendigkeit kriegerischer Auseinandersetzungen«, denn aufgrund des Verlaufs der Krise und der von den verschiedenen Staaten beschlossenen Maßnahmen »zeichnen sich die Umrisse neuer Kriege« bereits ab. In Auseinandersetzung mit den verschiedenen kursierenden Krisentheorien skizzierte er seine Auffassung, dass es sowohl endogene als auch exogene Krisenursachen gebe, dass aber die endogenen, also in der Struktur des Kapitalismus angelegten, die entscheidenden seien.[7] Im Zentrum stand dabei die von Marx stammende Erkenntnis, dass ein systemimmanenter Widerspruch in der steigenden »organischen Zusammensetzung des Kapitals« liege. Demnach sinkt durch den technischen Fortschritt der Anteil an variablem (menschliche Arbeitskraft)

---

7 Zu Pollocks Krisentheorie im Kontext siehe Manfred Gangl: Politische Ökonomie und Kritische Theorie. Ein Beitrag zur theoretischen Entwicklung der Frankfurter Schule. Frankfurt am Main 1987, S. 168–200.

gegenüber dem konstanten Kapital (Maschinen, Rohstoffe etc.), was zu einem tendenziellen Fall der Profitrate führt. Umgekehrt steigt dadurch die Masse der vom Produktionsprozess Ausgeschlossenen, denen in einer auf Lohnarbeit basierenden Gesellschaft die Konsumptionsmittel fehlen – immer größere Teile der Bevölkerung sind auf staatliche Alimentierung angewiesen. Die immer rationeller, aber unter sinkendem Einsatz menschlicher Arbeitskraft produzierten Waren können nicht mehr abgesetzt werden, womit es zu einer Überakkumulationskrise kommt. In Pollocks Worten: »Die menschenarme, kapitalintensive Massenproduktion wächst an Bedeutung und mit ihr die Gefahr dauernder Überproduktion und ›struktureller‹ Arbeitslosigkeit.«

Eine Reaktion auf diese Krise, die besonders in Deutschland über eine gewisse Tradition verfügte, war Fichtes Idee des »geschlossenen Handelsstaates«, die vor allem durch Friedrich List populär wurde. Pollock sah in den Autarkiebestrebungen der Nationalsozialisten (oder auch Japans) die Vorbereitung eines großen Krieges und der Zerstörung des Nationalstaates: »Die logische Konsequenz dieser Einstellung ist vielmehr ein imperialistischer Autarkismus, der auf die Schaffung eines vom Ausland möglichst unabhängigen Imperiums zielt.« Die auf den ersten Blick als gegensätzlich erscheinenden Begriffe »Imperialismus« und »Autarkismus« lassen sich nur vor dem Hintergrund einer völkischen Siedlungspolitik und einer Revision nationalstaatlicher Grenzen verbinden. Die dann im Weltkrieg eroberten »Ostgebiete« wurden dem Reich einverleibt, der Binnenmarkt also faktisch vergrößert. Dadurch konnte vorübergehend das Problem der Überproduktion eingehegt werden. Doch die Autarkie war letztlich nur Schein, die Abhängigkeit vom Weltmarkt blieb erhalten. Die defizitären Industrien Deutschlands, insbesondere die Stahl-, Montan- und Betonindustrie, waren international, anders als die Elektro-, Maschinenbau- und Chemieindustrie, nicht konkurrenzfähig und konnten nur durch staatliche Interventionen gestützt werden.[8] Dies betraf zuvörderst die Rüstungsindustrie, also Waren,

8 Siehe dazu Alfred Sohn-Rethel: Industrie und Nationalsozialismus. In: Ders.: Die deutsche Wirtschaftspolitik am Übergang zum Nazifaschismus. Analysen 1932–1948. Schriften II. Freiburg, Wien 2015, S. 219–362.

deren Gebrauchswert einzig in der Vernichtung bestand, aber die im Krieg entfesselte Wertvernichtung wurde gekoppelt mit unmittelbarer Aneignung von gesellschaftlichem Reichtum. Der von der Krise geschwächte, kapitalschwache Staat benötigte Ressourcen, um die imperialistische Autarkie und den Krieg zu finanzieren: er plünderte und raubte die Länder, die er überfiel, aus und versklavte die unterworfene Bevölkerung.

Als Pollocks Aufsatz erschien, waren diese Entwicklungen noch in weiter Ferne. Zwar hielt Pollock 1932/33 noch die Möglichkeit eines großen europäischen Krieges für durchaus gegeben, aber sein Fokus lag immer noch auf dem Nachweis, dass der Kapitalismus nicht an seinen eigenen Widersprüchen zugrunde gehen werde. Vielmehr trete er – ob mit Krieg oder ohne – in eine neue Phase ein: »Was zu Ende geht, ist nicht der Kapitalismus, sondern nur seine liberale Phase.« Diese neue Phase sei durch starke staatliche Eingriffe bis hin zu Enteignungen, Preisregulierungen, Lohndiktaten und einer Entkopplung der Produktion vom Marktgeschehen gekennzeichnet, unter Umständen auch durch die Verstaatlichung von Kartellen und Monopolen. Was Pollock hier formulierte, war eine Revision der marxistischen Krisentheorie, die zwar mit deren Grundprämissen einverstanden war, aber durch die Einbeziehung des Politischen andere, pessimistischere Schlüsse aus ihnen zog. Somit handelt es sich bei den krisentheoretischen Überlegungen von 1932/33 um eine erste Fassung seiner berühmten Staatskapitalismusthese, die im dritten Band seiner *Gesammelten Schriften* im Zentrum stehen und dort genauer vorgestellt werden wird. Im Kontext des vorliegenden Bandes ist lediglich darauf hinzuweisen, dass der Begriff des »Staatskapitalismus« bereits in der Planwirtschaftsstudie in der auf Hilferding zurückgehenden Verwendung als vermeintlich notwendiges Übergangsstadium vom »Organisierten Kapitalismus« zum Sozialismus diskutiert wird. Pollock betonte zudem wiederholt den Übergangscharakter der sowjetischen Planwirtschaft. In den krisentheoretischen Aufsätzen ist die Möglichkeit eines nicht-sozialistischen Staatskapitalismus, der zu einer dauerhaften Stabilisierung des kapitalistischen Systems führt, bereits angedacht. Pollocks Institutskollege Henryk Grossmann dagegen hielt einen solchen Staatskapitalismus für ein Ding der Unmöglichkeit.[9]

Die Idee, dass es neben einem bol'ševistischen und einem nationalsozialistischen auch einen demokratischen Staatskapitalismus geben könnte, sollte Pollock erst in seinem gleichnamigen Aufsatz von 1941 entfalten und dort als einzig realistische Alternative zur totalitären Ordnung anpreisen.[10] 1933 hatte er sich noch immer nicht ganz vom Ziel des »klassen- und grenzenlosen Weltstaates« verabschiedet und hielt eine tiefgreifende »Neuorganisierung der Gesellschaft«, in der das Wertgesetz außer Kraft gesetzt und die Arbeitszeit erheblich verkürzt wäre, für unverzichtbar. Aber er war nicht naiv. Dass die Chancen auf eine erfolgreiche sozialistische Revolution in Nazideutschland außerordentlich gering waren, wusste er nur zu gut. Und so schließen seine krisentheoretischen Überlegungen nicht zufällig mit revolutionstheoretischen Erwägungen: Die »große Masse der Arbeitnehmer« sei ohnmächtig, »da die Streikwaffe stumpf geworden ist und eine eigene politische Interessensvertretung nicht zugelassen werden wird. Gewaltsamer Widerstand kann angesichts des Standes der Waffentechnik kaum Aussicht auf Erfolg haben. Aber auch der Kampfwille der großen Massen wird gebrochen werden, sowohl durch die modernen Methoden der Massenbeherrschung als auch durch eine Entwicklung zu einer Art der Verbeamtung, die sich heute bereits deutlich abzeichnet.« Die »Widerstandskraft der Arbeiterklasse« werde endgültig vernichtet werden. Nichts anderes perhorreszierte Pollock als die Schaffung einer totalitären, auf Propaganda, Terror und Vernichtung basierenden »Volksgemeinschaft«.

9 Henryk Grossmann: Das Akkumulations- und Zusammenbruchsgesetz des kapitalistischen Systems. Leipzig 1929, S. 603–623.
10 Friedrich Pollock: State Capitalism: Its Possibilities and Limitations. In: Studies in Philosophy and Social Science 9, 2 (1941), S. 200–225, bald wieder abgedruckt in PGS III.

Zur Textauswahl

Damit erweisen sich insbesondere die *Bemerkungen zur Wirtschafts-krise* als ein Text, der werkimmanent als Übergang von den plan-wirtschaftlichen und krisentheoretischen Überlegungen (PGS II) zur Analyse des Nationalsozialismus und Antisemitismus (PGS III) eingeordnet werden kann. Freilich ist dies eine von den Herausgebern getroffene analytische Unterscheidung, die nicht so zu verstehen ist, als würde in den späteren Texten nicht mehr über Krisentheorie und Planwirtschaft gesprochen. Ganz im Gegenteil: Beide spielen auch für die Analyse des Nationalsozialismus und des Staatskapitalismus eine zentrale Rolle, aber Pollock entwickelt diese Konzepte vor dem Hintergrund der weltgeschichtlichen Ereignisse weiter und wendet sein Interesse von der Sowjetunion ab.

Die in diesem Band versammelten Texte stammen im Wesent-lichen aus dem Zeitraum von 1928 bis 1933, also aus der Endphase der Weimarer Republik und auf dem Höhepunkt der Weltwirt-schaftskrise. Lediglich zwei Rezensionen stammen aus den Jahren 1938 beziehungsweise 1940 und wurden aufgenommen, da sie kri-sentheoretische Fragen im engeren Sinne behandeln. Verschiedene krisentheoretische Aufzeichnungen aus dem Nachlass, sowohl aus den zwanziger Jahren als auch aus der Nachkriegszeit, wurden nicht für die Publikation berücksichtigt. Zum einen liegt der Fokus der *Gesammelten Schriften* auf einer möglichst vollständigen Zusam-menstellung aller *publizierten* Texte, zum zweiten handelt es sich bei den Dokumenten aus dem Nachlass größtenteils um Exzerpte und Fragmente. Es sei zukünftigen Forschern überlassen, sich intensiver mit dem vor allem im Archivzentrum der Universitätsbibliothek Frankfurt am Main zugänglichen Nachlass auseinanderzusetzen. Im dritten Band werden einige, vom Herausgeber für bedeutsam gehaltene Texte abgedruckt werden, ebenso im geplanten fünften Band mit den *Vermischten Schriften*. Der sechste Band, der eine Auswahl an Briefen enthält, wird vollständig auf den verschiedenen Nachlässen und Archivmaterialien basieren.

Editionsgeschichte

Pollocks Habilitationsschrift *Die planwirtschaftlichen Versuche in der Sowjetunion 1917–1927* erschien 1929 im Hausverlag des Instituts, C. L. Hirschfeld in Leipzig, als zweiter Band der noch von Carl Grünberg herausgegebenen Schriftenreihe. Ein unveränderter Reprint mit einem einführenden Essay von Renate Schmucker erschien 1971 im Frankfurter Verlag Neue Kritik als 21. Band der Reihe *Archiv sozialistischer Literatur*. Beide Ausgaben sind vereinzelt auf dem antiquarischen Markt erhältlich, allerdings insbesondere die Erstauflage zu horrenden Preisen. In verschiedenen Bibliotheken ist das Buch ausleihbar. Nach Erscheinen wurde es breit in der Fachwelt rezipiert. Besprechungen erschienen unter anderem im *Weltwirtschaftlichen Archiv*, in der *Kölner Sozialpolitischen Vierteljahresschrift*, in den *Jahrbüchern für Nationalökonomie und Statistik*, in *Die Arbeit* sowie in den russischsprachigen Zeitschriften *Weltwirtschaft und Weltpolitik* und *Die Volkswirtschaft der UdSSR*.[11]

Die beiden Aufsätze *Die gegenwärtige Lage des Kapitalismus und die Möglichkeit einer planwirtschaftlichen Neuordnung* und *Bemerkungen zur Wirtschaftskrise* erschienen ursprünglich in der von Max Horkheimer herausgegebenen *Zeitschrift für Sozialforschung*.[12] Der erste Band der Zeitschrift war noch bei C. L. Hirschfeld erschienen, der zweite Band dann bei der Libraire Félix Alcan in Paris.[13] Ein voll-

11   Albert L. Wainstein: Die planwirtschaftlichen Versuche (siehe oben); Kölner Sozialpolitische Vierteljahresschrift 8 (1929), S. 200–203; Jahrbücher für Nationalökonomie und Statistik 133 (1930), S. 611–613 (Karl Elster); Die Arbeit 7 (1930), S. 347–350 (Judith Grünfeld); Weltwirtschaft und Weltpolitik 8/9 (1929) (Ju. Goldstein); Die Volkswirtschaft der UdSSR 19 (1929), S. 62–64.

12   Friedrich Pollock: Die gegenwärtige Lage des Kapitalismus und die Möglichkeit einer planwirtschaftlichen Neuordnung. In: Zeitschrift für Sozialforschung 1, 1 (1932), S. 8–27; Friedrich Pollock: Bemerkungen zur Wirtschaftskrise. In: Zeitschrift für Sozialforschung 2, 3 (1933), S. 321–354.

13   Die Bände 8 (1939/40) und 9 (1941) der Zeitschrift erschienen schließlich als Studies in *Philosophy and Social Science* im Eigenverlag des Instituts in Amerika.

ständiger Reprint der Zeitschrift mit einem ausführlichen Vorwort von Alfred Schmidt erschien 1970 im Münchner Kösel Verlag sowie als Re-Reprint 1980 im Deutschen Taschenbuch Verlag, ebenfalls in München. Beide Aufsätze wurden in dem von Helmut Dubiel 1975 im C. H. Beck Verlag erschienenen Band *Stadien des Kapitalismus* nachgedruckt, der allerdings nur noch sehr selten antiquarisch angeboten wird. Auch der 1973 im niederländischen Van Eversdijck Verlag erschienene Band *Möglichkeiten und Grenzen gesellschaftlicher Planung im Kapitalismus, Bd. 1: Bemerkungen zur Wirtschaftskrise*, in dem die Aufsätze nachgedruckt wurden, ist inzwischen sehr rar.

Die Rezensionen sind, was wenig überraschend ist, sowohl in der *Zeitschrift für Sozialforschung* als auch in deren Vorgänger, dem noch von Carl Grünberg herausgegebenen *Archiv für die Geschichte des Sozialismus und der Arbeiterbewegung*, veröffentlicht worden. Letzteres erschien von 1911 bis 1930 zunächst drei Mal jährlich, am Ende nur noch jährlich im Verlag C. L. Hirschfeld und ist 1979 als Reprint im Grazer Syndikat Verlag nachgedruckt worden. Inzwischen sind alle Bände bis 1926 von der Bibliothek der Friedrich Ebert Stiftung digitalisiert worden und frei zugänglich.[14] Pollocks Rezensionen der Bücher von Boris Eliacheff und Gerhard Dobbert sind in der seinerzeit führenden nationalökonomischen *Zeitschrift für die gesammte Staatswissenschaft* veröffentlicht worden, die zu diesem Zeitpunkt von Georg Brodnitz im Tübinger Verlag Mohr Siebeck herausgegeben wurde. Der Veröffentlichungsort zeigt an, dass Pollock als Ökonom durchaus von der Fachwissenschaft anerkannt wurde, wenngleich er sicherlich eher als randständige Figur betrachtet werden muss.

Editorisches

Im Einklang mit den in Band 1 vorgelegten Richtlinien der *Gesammelten Schriften* werden alle Texte wie im Original wiedergegeben, allerdings mit drei Ausnahmen: Erstens werden offenkundige Fehler stillschweigend korrigiert, zweitens wird die Verwendung von »ß«

---

14   www.library.fes.de/gruenberg/ga-chro.html (letzter Zugriff: 9.12.2020).

und »ss« um der besseren Lesbarkeit willen der neuen Rechtschreibung angepasst; Sperrungen sind allesamt kursiv gesetzt worden. Zudem wurden alle im Original lediglich mit Initialen abgekürzten Vornamen – soweit identifizierbar – sowie fehlende bibliographische Angaben in eckigen Klammern ergänzt. Das von Pollock für die *Planwirtschaftsstudie* angelegte Literaturverzeichnis ist, wie er selbst einräumt, unvollständig. Als historisches Dokument wurde es trotzdem in der Originalform belassen. Eine weitere Besonderheit der *Planwirtschaftsstudie* ist die inkohärente Transliteration russischer Namen und Begriffe: Um das Ganze einheitlich zu gestalten, wurde – da Pollock selbst eine wissenschaftlich korrekte Umschrift beabsichtigte (siehe S. 33) – dem in der Slavistik üblichen Standard DIN 1460:1982 gefolgt. Die einzige Ausnahme sind direkte Zitate sowie Namen, die in nichtrussischsprachigen Titeln verwendet wurden. Diese Vorgehensweise führt leider dazu, dass bisweilen zwei verschiedene Schreibweisen von Namen vorkommen. Im Personenregister sind daher beide Schreibweisen mit einem jeweiligen Verweis aufgeführt.

Alle *editorischen Kommentare* finden sich, wie im ersten Band, am Ende des Buches wieder und sind mit der Textstelle, auf die sie sich beziehen, sowie der Seitenzahl markiert.

Alle Zitate aus den Werken von Marx und Engels wurden mit einem Querverweis auf die heute leicht zugängliche 43-bändige Ausgabe der *Marx-Engels-Werke* (Dietz Verlag, Berlin-Ost 1956 ff.) versehen (Abkürzung: MEW). Allen Zitaten Lenins wird eine Referenz auf die jeweilige Stelle in der 40-bändigen Werkausgabe Lenins (Dietz Verlag, Berlin-Ost 1956 ff.) zugefügt (Abkürzung: LW). Verweise auf andere Bände der *Gesammelten Schriften* Pollocks werden als PGS mit römischer Ziffer I–VI abgekürzt.

Die
planwirtschaftlichen Versuche
in der Sowjetunion
1917—1927

Von

Friedrich Pollock

Verlag von C. L. Hirschfeld / Leipzig 1929

Titelblatt der Erstauflage von 1929

Die planwirtschaftlichen Versuche in der Sowjetunion 1917–1927 [1929]

Inhalt

Sechstes Kapitel
Vorläufige Ergebnisse 417

Vorwort

Dieses Buch berichtet über Geschichte, Methoden und Resultate der planwirtschaftlichen Versuche in der Sowjetunion während der Jahre 1917–1927; eine spätere Arbeit soll das Material theoretisch auswerten.

Größere wissenschaftliche Arbeiten über das Thema liegen meines Wissens bis heute weder in einer westeuropäischen, noch in russischer Sprache vor.

Der erste, von nicht-bol'ševistischer Seite unternommene Versuch, wenigstens die allgemeine russische Wirtschaftsgeschichte der letzten zehn Jahre wissenschaftlich darzustellen, ist das sehr beachtenswerte Buch von Maurice Dobb, *Russian Economic Development since the Revolution* (London 1928). Dieses bildet in vielen Punkten eine Ergänzung zu der vorliegenden Arbeit, da sein Thema wesentlich weiter gesteckt ist. Begreiflicherweise werden aber gerade die planwirtschaftlichen Versuche in Dobbs Werk nur nebenbei behandelt.[1]

Eine Auswahl der bis Anfang 1928 veröffentlichten in Betracht kommenden Literatur findet sich im Literaturverzeichnis zusammengestellt. Zeitschriftenartikel wurden nur aufgenommen, soweit sie für die vorliegende Arbeit besonders wichtig sind. Der bibliographisch genaue Titel ist nur im Literaturverzeichnis angegeben, während die Anmerkungen sich mit einer verkürzten Wiedergabe begnügen.[*]

---

1 Das Buch ist mir erst kurz vor dem im Juni 1928 erfolgten Abschluss meiner Arbeit zugänglich geworden und konnte deshalb nicht mehr in nennenswertem Maße für sie benutzt werden. Leider war es auch nicht möglich, die während der Drucklegung erschienene Literatur zu berücksichtigen.

[*] [*Anm. d. Hrsg.:* Hier erfolgt die Zitierweise gemäß den Richtlinien der *Gesammelten Schriften* (siehe Band I, S. 21 f.). Bei Erstnennung wird der vollständige Titel genannt (Vor- und Nachname: Titel. Ort Erscheinungsjahr), ab der zweiten Nennung erscheint nur noch ein Kurztitel. Wird ein Titel mehrfach direkt nacheinander zitiert, wird »ebd.« verwendet.

Da Pollocks Literaturverzeichnis, wie von ihm selbst angegeben, nur eine Auswahlbiographie ist, die zudem auch noch zahlreiche Fehler ent-

Bei allen die Planarbeit betreffenden Angaben habe ich, wo möglich, Material aus erster Hand herangezogen und in Zweifelsfällen versucht, durch Gegenüberstellung verschiedener Quellen den wirklichen Sachverhalt zu ermitteln. Die Zuverlässigkeit bol'ševistischer Berichte wird von den Gegnern der Bol'ševiki grundsätzlich geleugnet; demgegenüber ist zu betonen, dass jedenfalls die Wirtschaftspolitik in der sowjetrussischen Literatur ebenso wie auf den Parteitagen und Kongressen mit größter Offenheit und Schärfe diskutiert wird. Die Veröffentlichungen der Kommunistischen Internationale tragen dagegen häufig den Stempel politischer Propaganda.

Die Benutzung von russischem statistischem Material stößt auf große Schwierigkeiten, da es infolge des schlechten Urmaterials meistens sehr unzuverlässig ist. Auch die Berechnung bis auf Dezimalstellen ändert nichts daran, dass diese Zahlen sich häufig widersprechen, d. h. in Beziehung auf denselben Tatbestand stark voneinander abweichen. Soweit Statistiken hier wiedergegeben werden, geschieht es mit dem Vorbehalt, dass sie nur als ungefähre Anhaltspunkte angesehen werden dürfen.

Wo Literatur in russischer und deutscher Sprache vorlag, wird in der Regel nach der deutschen Übersetzung zitiert. Zweifelhafte Stellen wurden mit dem Original verglichen und Übersetzungsfehler ausgemerzt, ohne dass jedes Mal auf diese Verbesserungen besonders hingewiesen wird.

Eine philologische Schwierigkeit bietet die Transkription russischer Worte und Eigennamen. Zugrunde gelegt wurden die *Instruktionen für die alphabetischen Kataloge der preußischen Bibliotheken* (zweite Ausgabe, Berlin 1925), doch haben sich Abweichungen nicht vermeiden lassen. Denn es mussten die zitierten Übersetzungen in der von den jeweiligen Übersetzern gewählten Schreibweise wiedergegeben werden, und ferner erschien es nicht angängig, sehr bekannte Namen statt in der gewohnten in der fremdartig wirkenden wis-

hält, wurden in den Fußnoten alle Titel bei Erstnennung, soweit möglich, vollständig ergänzt. Die Einfügungen der Herausgeber sind mit eckigen Klammern markiert und bleiben daher nachvollziehbar.]

senschaftlichen Übertragung anzuführen (z. B. Trockij statt Trotzki, Zinovev statt Sinowjew, Sovet statt Sowjet usw.).[**]

Bei der Durchführung meiner Arbeit haben mir die Einrichtungen des Instituts für Sozialforschung an der Universität Frankfurt a. M. die wertvollsten Dienste geleistet. Dem Direktor, meinem Lehrer und väterlichen Freund Professor Carl Grünberg, bin ich für seine unermüdliche Förderung zu großem Dank verpflichtet. Auch Herrn Prof. Pribram, Frankfurt a. M., verdanke ich mannigfache Anregung.

Von den vielen sowjetrussischen Persönlichkeiten, die mich trotz ihrer Arbeitsüberlastung während meiner Studienreise in Russland und nachher durch Auskünfte und Beschaffung von oft schwer zugänglichem Material unterstützt haben, kann ich hier nur wenige nennen. Besonderer Dank gebührt den Herren D. B. Rjazanov, Direktor des Marx-Engels-Instituts, Moskau, [G]. M. Kržižanovskij, Vorsitzendem des Gosplan der Union und seinem Mitarbeiter R. E. Vajsberg, N. Efimov vom Gosplan der Ukraine, dem stellvertretenden Vorsitzenden des OVWR der Union Ruchimovič und den Herren J. E. Lur'e und A. Štern, ebenfalls vom Unions-OVWR, sowie D. B. Ivenskij vom OVWR der RSFSR; ferner dem stellvertretenden Vorsitzenden der Arbeiter- und Bauerninspektion Jakovlev, dem stellvertretenden Vorsitzenden der Zentralen Statistischen Verwaltung Keržencev und seiner Mitarbeiterin Frau Professor Smit-Fal'kner; schließlich den Herren M. Bronskij vom Finanzkommissariat, Direktor G. L. Nagler von der Industrie- und Handelsbank und den Professoren L. Kricman, A. Gajster, M. Kubanin, A. Leont'ev von der Kommunistischen Akademie.

[**] [*Anm. d. Hrsg.*: Aus Gründen der Übersichtlichkeit und Kohärenz wurden alle russischen Namen und Begriffe im Fließtext einheitlich gemäß dem in der Slavistik üblichen Standard DIN 1460:1982 transliteriert, da auch Pollock eine wissenschaftliche Transliteration gewählt hatte. Die Ausnahme sind die Namen der Autoren von anderssprachigen (meist auf Deutsch) publizierten Übersetzungen. Dort wurde die originale Schreibweise beibehalten, um entsprechende Titel leichter identifizieren zu können, was bisweilen zu unterschiedlichen Schreibweisen desselben Namens führt. Leider ließ sich dies nicht vermeiden, wie auch schon Pollock anmerkte, der genauso vorging.]

Ferner danke ich Herrn Dr. W. Biehahn (Frankfurt a. M.) für seine Mitarbeit bei der Sammlung des Materials, ihm und Herrn stud. rer. pol. R. Selke für ihre Unterstützung bei der Anfertigung der Übersetzungen, sowie Frau E. Bloch-Orsech für die Ausführung zahlreicher Hilfsarbeiten.

Frankfurt a. M., im März 1929
Friedrich Pollock

Einleitung

»Aufbau des Sozialismus«, d. h. einer klassenlosen Gesellschaft mit marktloser, »gesellschaftlich-planmäßiger Regelung der Produktion nach den Bedürfnissen der Gesamtheit wie jedes Einzelnen«,[1] mit fortgeschrittenster Technik und Gemeineigentum an den Produktionsmitteln – das ist das proklamierte Endziel, um dessentwillen die bol'ševistische Partei Russlands im November 1917 die politische Macht an sich riss.

Nach ihrer Interpretation des Marxismus steht es fest, dass nur das Proletariat und nur unter Zuhilfenahme der Gewalt eine dem Kapitalismus überlegene Wirtschafts- und Gesellschaftsordnung herbeiführen kann.

Nicht mit einem Schlage wird der Sozialismus verwirklicht, vielmehr soll die Eroberung der Staatsgewalt nur der erste Schritt dazu sein. Ihm folgt nach der bol'ševistischen Anschauung eine längere Zeit des Überganges, die »Diktatur des Proletariats«, die allmählich zum Sozialismus hinüberführen soll. Dabei entsteht auf wirtschaftlichem Gebiet eine Übergangsform, in der sich die alten Wirtschaftseinrichtungen – vor allem der Markt – in Auflösung befinden, ohne dass die neuen bereits voll entwickelt sind. Ebenso wie der Staat soll auch der Markt allmählich absterben, in dem Maße, wie an seine Stelle eine neue und bessere Organisation tritt.[2]

In dieser Theorie können zwei Gruppen von Problemen unterschieden werden, die politischen und die wirtschaftlichen. Allerdings ist die Trennung nur eine mechanische, da beide Gruppen in engen Beziehungen zueinander stehen. Die Schicksale der »Diktatur des

---

1 F[riedrich] Engels: Herrn Eugen Dührings Umwälzung der Wissenschaft. Berlin 1921, S. 301 [MEW 20, S. 261].
2 Vgl. hierzu [Wladimir Iljitsch] Lenin: Staat und Revolution [LW 25, S. 393–507], sowie Bd. xx der deutschen Ausgabe von Lenins Werken. [Lenin: Sämtliche Werke, Bd. 20/ɪ: Von Mitte März bis Anfang Juni. Wien, Berlin 1928 und Bd. 20/ɪɪ: Von Anfang Juni bis zur Julikrise. Wien 1928, Berlin, enthalten in LW 24 und 25.]

Proletariats« müssen Form und Inhalt der Übergangswirtschaft entscheidend beeinflussen und umgekehrt.

Trotzdem lässt die vorliegende Arbeit zum Zwecke der wissenschaftlichen Analyse von den beiden Problemgruppen die politischen Fragen völlig unbeachtet. Aber auch aus der Fülle der wirtschaftlichen Probleme greift sie nur eine Teilfrage heraus: die planwirtschaftlichen Versuche und ihre Bedeutung für die Theorie des Sozialismus.

Alle sozialistischen Theorien sind sich darin einig, dass die sozialistische Wirtschaft im Gegensatz zur »anarchischen« kapitalistischen unter einer planmäßigen Leitung stehen muss,[3] wenn dies auch nicht als ihr einziges Merkmal gelten darf. Denn im letzteren Falle müssten so verschiedenartige Wirtschaftsformen wie die Pharaonenwirtschaft, der Merkantilismus, die deutsche Kriegswirtschaft und der zu Ende gedachte faschistische Staat ebenso wie ein völlig vertrusteter Kapitalismus als sozialistisch angesehen werden.

Mag aber auch nicht jede Planwirtschaft eine sozialistische Wirtschaft sein, so ist doch keine sozialistische Gesellschaftsordnung denkbar, in der sich der Wirtschaftsprozess nicht auf Grund eines von der Gesellschaft beschlossenen Planes ohne Hilfe des Marktes vollzieht.[4]

3 Dem widerspricht nicht, dass die Revisionisten und heute auch der führende Theoretiker der deutschen Sozialdemokratie, [Rudolf] Hilferding, auf dem Standpunkt stehen, dass die kapitalistische Wirtschaft sich allmählich organisiere und sich damit einer sozialistischen Wirtschaft nähere.

4 Hier wie im Folgenden verstehen wir unter »Planwirtschaft« ein Wirtschaftssystem und keinen einzelnen Wirtschaftsbetrieb. Mit planwirtschaftlichen Versuchen meinen wir demnach solche Versuche, die auf die planmäßige Leitung der ganzen Wirtschaft gerichtet sind. Wir sehen also davon ab, dass in der Literatur unter Planwirtschaft gelegentlich auch jede »Großwirtschaft ohne kapitalistische Spitze« verstanden wird, z. B. Genossenschaften oder staatliche und kommunale Wirtschaftsbetriebe ([Werner] Sombart: Der moderne Kapitalismus, Bd. III/2. München, Leipzig 1927, S. 1015 f.).
   Wenn wir im Folgenden von einer »sozialistischen« Planwirtschaft reden, so soll damit neben dem wirtschaftlichen auch der politische Tatbestand des Sozialismus (klassenlose Gesellschaft und damit gesellschaftliches Eigentum an den Produktionsmitteln) gemeint sein.

Gerade das ist aber das Hauptargument gegen eine sozialistische Wirtschaft, dass eine Gesellschaft ohne Markt dem Schicksal eines Schiffes ohne Kompass ausgeliefert sei: nur mit den Mitteln der Verkehrswirtschaft, der freien Konkurrenz, der reagiblen Preise und des Geldes ließen sich die im Voraus nicht errechenbaren Bedürfnisse einer wachsenden Bevölkerung auf die beste Weise befriedigen.

Von [Albert] Schäffle bis [Ludwig] Mises und Max Weber wiederholen alle wissenschaftlichen Gegner des Sozialismus, dass marktlose Wirtschaft unrationelles Wirtschaften, Unfähigkeit der Anpassung an veränderliche Bedürfnisse und Unmöglichkeit des Herausfindens verbesserter Produktionsumwege bedeute,[5] damit aber eine weit unter dem Maße des produktionstechnisch Möglichen liegende Versorgung mit materiellen Gütern zur Folge haben müsse.[6]

Dieser Meinung steht die Ansicht der sozialistischen Theoretiker gegenüber, die erklären, die von den Gegnern an der sozialistischen Wirtschaft kritisierten Schäden seien im Gegenteil Wesensmerkmale des Kapitalismus. Allein eine sozialistische Planwirtschaft ermögliche die höchste Entfaltung der Produktivität und die reichlichste und gerechteste Verteilung. Seit zehn Jahren bietet der mit allen staatlichen Machtmitteln unter Führung radikaler Sozialisten, der Bol'ševiki, unternommene Versuch, in einem großen Lande eine sozialistische Planwirtschaft aufzubauen, eine einzigartige Gelegenheit zur Bereicherung unseres Wissens um dieses und andere wirtschaftliche Probleme des Sozialismus.[7]

---

5 A[lbert] Schäffle: Die Quintessenz des Sozialismus. Gotha [14]1906, S. 47 f., 50 f. Ders.: Kapitalismus und Sozialismus mit besonderer Rücksicht auf Geschäfts- und Vermögensformen. Tübingen 1870, S. 393 f., 401 f. Ludwig Mises: Die Gemeinwirtschaft. Untersuchungen über den Sozialismus. Jena 1922. Max Weber: Wirtschaft und Gesellschaft, 1. Halbband. Tübingen [2]1925, S. 44 ff.

6 Dieselben Argumente, speziell auf die ersten fünf Jahre der russischen Revolution angewendet, finden sich in der Schrift von B[oris] Brutzkus: Die Lehren des Marxismus im Lichte der russischen Revolution. Berlin 1928.

7 Der Merkantilismus und die Zwangswirtschaft der großen französischen Revolution müssten zwar in einer Geschichte der planwirtschaftlichen Versuche ausführlich behandelt werden, können aber in unserem Zusam-

Gegen eine solche Auswertung der russischen Erfahrungen könnten folgende Bedenken geltend gemacht werden: Die entscheidenden Probleme einer sozialistischen Planwirtschaft treten erst dann auf, wenn der Markt völlig beseitigt ist. Solange es noch unbeschränkt oder in nennenswertem Umfang reagible Preise gibt, können die Anhänger der liberalistischen Wirtschaftsordnung einwenden, dass der Kompass, nach dem gesteuert werden muss, zwar nicht mehr ganz richtig funktioniere, aber dennoch eine gewisse Orientierung ermögliche. Solange es einen Markt gebe, habe man auch Geld und damit die Möglichkeit, wirtschaftlich zu rechnen.[8] Der Beweis für die Richtigkeit der sozialistischen Theorie könne empirisch nur in einer marktlosen Wirtschaft geführt werden, und deren Verwirklichung sei in Sowjetrussland bis heute nicht gelungen.

Ohne hier auf die Fragen der sozialistischen Wirtschaftsrechnung näher einzugehen, lässt sich darauf folgendes erwidern: Zweifellos werden sich die Probleme einer marktlosen Wirtschaft erst nach dem Verschwinden des Marktes voll entfalten, jedoch müssen in dem Maße, wie der Markt zurückgedrängt wird, seine Funktionen bei der Durchführung des Wirtschaftsprozesses durch planwirtschaftliche Maßnahmen ersetzt werden, sofern nicht der ganze Wirtschaftskreislauf gestört werden soll. Bei dem Studium des Übergangs einer Marktwirtschaft zu einer marktlosen Wirtschaft dürfte sich also (je nach den allgemeinen Bedingungen dieses Überganges) bis zu einem gewissen Grade ein Urteil über die Stichhaltigkeit der aus beiden theoretischen Lagern für oder gegen eine sozialistische Wirtschaft vorgebrachten Argumente bilden lassen.

Ferner ist es zwar richtig, dass in Sowjetrussland auch in den Jahren 1919 und 1920, als der legale Markt völlig unterdrückt war,

menhang wenig nützen, da es sich bei ihnen weder um die Abschaffung des Marktes noch um die Aufhebung des Privateigentums an den Produktionsmitteln handelte. Dasselbe gilt für den sogenannten Kriegssozialismus. Allerdings müsste seine gründliche theoretische Untersuchung, die bis heute leider noch nicht geleistet worden ist, wichtige Resultate für Teilgebiete unseres Problems ergeben (Zentrale Verwaltung, Bürokratismus usw.).

8 Mises: Die Gemeinwirtschaft.

ein Schleichhandelsmarkt bestand, der obendrein noch eine große Rolle spielte. Aber es ist ebenso richtig, dass seit zehn Jahren die freie Konkurrenz aus wichtigen Teilen der russischen Wirtschaft ganz oder teilweise ausgeschaltet ist und dass seit der NEP unter den Fesseln der staatlichen Preispolitik auch von reagiblen Preisen außerhalb des Privathandels nur noch vorübergehend und bei wenigen Warengruppen die Rede sein kann. Trotzdem ist es gelungen, ohne nennenswerte ausländische Hilfe und unter auch sonst überaus ungünstigen Bedingungen in sechs Jahren (seit 1921) die Wirtschaft aus einem Zustand völligen Zusammenbruchs über den Vorkriegsstand hinaus zu heben.

Es scheint deshalb die Annahme zulässig, dass eine Analyse der sowjetrussischen Wirtschaftserfahrungen eine Reihe von Antworten geben kann auf die Frage, ob und auf welche Weise eine Planwirtschaft die Funktionen des Marktes ersetzen kann.

Welches sind diese Funktionen?[9]

Auch in der kapitalistischen Wirtschaft gibt es eine Art Plan, aber dieser stellt sich erst während des Wirtschaftsprozesses und unter mehr oder weniger großen Erschütterungen heraus. Es ist die entscheidende Leistung des Marktes, dass er die Durchführung der Proportionalität der einzelnen Wirtschaftszweige über die Köpfe der Menschen hinweg erzwingt und so erst die Befriedigung der Bedürfnisse der Gesellschaft durch isolierte selbständige Produzenten ermöglicht.

Damit der Markt diese seine Hauptfunktion voll erfüllen kann, bedarf er der freien Konkurrenz. Diese entfesselt nach dem Wort der klassischen Nationalökonomie das Selfinterest jedes wirtschaftenden Menschen und bestimmt jedes Wirtschaftssubjekt zu rationellem Wirtschaften.

Untrennbar mit der freien Konkurrenz verbunden ist der Unternehmer, der Pionier des technischen Fortschritts und einer rationellen Wirtschaftsführung, kurz: der Bahnbrecher der »billigsten« Produk-

---

9 Wir geben hier nur einige Stichworte. Eine eingehende Analyse der verschiedenen Funktionen auf ihre Ersetzbarkeit durch Planmaßnahmen und die dogmengeschichtliche Darstellung dieser Probleme bleibt einer späteren Arbeit vorbehalten.

tionsmethoden, der in der Marktwirtschaft die Produktion leitet, sie
dem Bedarf anpasst.

Bei seiner Tätigkeit stützt er sich auf die reagiblen Preise – diese
allein geben einen Anhaltspunkt für den (zahlungsfähigen) Bedarf –
und reguliert so die Bildung und Verteilung von Kapital und Arbeitskraft und den Umfang der Produktion derart, dass das Gleichgewicht zwischen den einzelnen Produktionszweigen sowohl als auch
zwischen Nachfrage und Angebot immer wieder hergestellt wird.
Schließlich vollzieht sich auf dem Markt auch die Verteilung der
Konsumtionsmittel, ohne dass es dazu eines ungeheuren statistischen
Apparates bedürfte.[10]

Diese sehr bekannten Dinge wurden hier aufgezählt, um sogleich
am Anfang an die unübersehbaren Schwierigkeiten zu erinnern, die
sich dem Versuch entgegenstellen, die Verkehrswirtschaft durch
eine marktlose Wirtschaft zu ersetzen. Alle die oben angedeuteten
Funktionen in ihrer ganzen Kompliziertheit – Leitung der Produktion
und der Verteilung, Feststellung des Bedarfs an Produktions- und
Konsumtionsmitteln, Antrieb zu größtem technischem Fortschritt und
zur äußersten Entfaltung aller Kräfte der Wirtschaftssubjekte – sollen
durch neue planwirtschaftliche Einrichtungen ersetzt werden, deren
Brauchbarkeit von allen nichtsozialistischen Theoretikern energisch
bestritten wird.

Eine Darstellung der Versuche, welche in dieser Richtung in der
Sowjetunion in den Jahren 1917 bis 1927 unternommen worden sind,
bildet das Thema des vorliegenden Buches.

---

10 Auf die Modifikationen, die durch die Ausbreitung des Vertrustungspro-
    zesses eintreten, soll hier noch nicht eingegangen werden.

Erstes Kapitel
Die russische Wirtschaft von 1905 bis zur Oktober-Revolution

I. 1905–1914

Ein deutliches Bild der Grundstruktur der russischen Wirtschaft in den Jahren vor dem Beginn des Weltkrieges, ihrer Schicksale während der drei Kriegsjahre und ihres Zustandes im Herbst 1917 ist eine unerlässliche Voraussetzung für die Beurteilung der bol'ševistischen wirtschaftspolitischen Versuche und ihrer Ergebnisse. Deshalb müssen hier die wichtigsten Tatsachen der russischen Wirtschaft und ihre Geschichte in den zwölf Jahren, die zwischen den beiden großen Revolutionen liegen, in Erinnerung gebracht werden.[1]

In diesem ungeheuren Agrarland, das heute, nach dem Verlust zahlreicher Provinzen, noch etwa ein Sechstel des gesamten Festlandes der Erde einnimmt, einem Lande, das berühmt ist durch seine unermesslichen Bodenschätze und seine breiten Gebiete fruchtbarster Ackererde,[2] lebte die übergroße Mehrheit seiner Bewohner in den Jahren vor dem Weltkriege unter den elendesten Verhältnissen. Auf dem Lande, wo im Jahre 1912 von der 171 Millionen zählenden Bevölkerung 147,2 Millionen Menschen (zirka 86 %) wohnten,[3] war eine chronische

1 Die Titel einiger wichtiger Veröffentlichungen über das Vorkriegsrussland sind im Literaturverzeichnis angegeben. Besonders verweisen wir auf das häufig zitierte Werk [*Rußland. Eine kritische Untersuchung über die amtlichen Veröffentlichungen der Sowjet-Republik* (München, Leipzig 1919)] von [Otto] Hoetzsch, in dem sich auch ausführliche Literaturangaben befinden. Eine Ergänzung dazu bietet das Buch [*The Economic Development of Russia. 1905–1914* (London 1926)] von M[argaret] S. Miller, in dem ebenfalls viel Literatur angegeben ist.

2 Im sogenannten Schwarzerdgürtel sind von 103 Millionen Desjatinen fast drei Viertel anbaufähig, während 1913 die Saatfläche in ganz Russland nur ungefähr 100 Millionen ausmachte. Vgl. hierzu P[eter] und [Irma] Petroff: Die wirtschaftliche Entwicklung der Sowjet-Union. Berlin 1926, S. 265 f.

3 Hoetzsch: Rußland, S. 16. H[oetzsch] macht folgende Angaben über die Berufs- bzw. Standesstatistik (ohne Finnland) auf Grund der Zählung von

Übervölkerung. Der Landanteil von 70 % aller Bauernwirtschaften ergab oft nicht das Notwendigste zum Leben, und obendrein mussten von den Bauern viele Hunderte Millionen Rubel an den Staat und die Großgrundbesitzer in Form von Steuern und Pachtzins gezahlt werden. Nach den Berechnungen von Ščerbina[4] hat die bäuerliche Bevölkerung Russlands um das Jahr 1900 in ihrem Ausgabebudget ein Defizit von mehr als einer Milliarde Rubel, von dem nur ungefähr die Hälfte aus Arbeitslohn und anderer nicht landwirtschaftlicher Arbeit gedeckt werden kann. »Um satt zu werden, fehlt dem Bauernstand eine halbe Milliarde Rubel im Jahr. Daher sind die ärmeren Schichten der Bevölkerung auf chronisches Hungern angewiesen. In den Jahren, in welchen die Ernte gut ausfällt, sind die Landeinwohner satt, in den schlechten Jahren dagegen verwandelt sich das chronische Unterernähren in eine akute Hungersnot.«

Hätte sich die russische Bevölkerung ebenso satt essen sollen wie die deutsche, so hätte sie bei einer durchschnittlichen Getreideernte nicht nur die ganze Ernte selbst verbrauchen müssen, sondern

1897. Es ist dabei allerdings zu berücksichtigen, dass die Bildung eines Proletariats juristisch erst nach der Stolypinschen Agrarreform (1906) möglich war. Die 1897 gezählten 2,39 Millionen Fabrikarbeiter stecken in den Gruppen 3, 4 und 8.

	Mill.	%
1. Adel	1,80	1,5
2. Erbliche Ehrenbürger und Kaufleute (Bourgeoisie)	0,58	0,5
3. Kleinbürger	13,30	10,7
4. Bauern	96,90	77,1
5. Geistlichkeit	0,58	0,5
6. Kosaken	2,90	2,3
7. Fremdstämmige	8,20	6,5
8. Andere	–	0,9

4 Zitiert bei S[ergej] Prokopowitsch: Über die Bedingungen der industriellen Entwicklung Rußlands. Tübingen 1913, S. 29.

obendrein, statt Getreide zu exportieren, eine Brotgetreideeinfuhr von 10–25 % der Ernte notwendig gehabt.[5] Alle Berichte über die Lebenshaltung der russischen Bevölkerung und vor allem auch der Bauern zeigen einen Grad von Verelendung an, der in Westeuropa als Massenerscheinung in den Jahren vor dem Krieg nicht mehr vorkam. Auf den Kopf der Bevölkerung kamen im Jahre 1910 in kg:[6]

	in Deutschland	in Russland
Weizen	82,5	96
Roggen	139,3	128
Kartoffeln	565,8	218

5 [Hans von] Eckardt: Die Kontinuität der russischen Wirtschaftspolitik [von Alt-Moskau bis zur UdSSR. In: Archiv für Sozialwissenschaft und Sozialpolitik 55 (1926)], zitiert auf S. 761 die Berechnungen von [Peter] Lochtin, denen die Exportzahlen aus den Jahren von 1883–98 zugrunde gelegt sind.

J[akov] S[amojlovič] Rozenfel'd: Die Industriepolitik der UdSSR. Moskau 1926, gibt auf S. 34 folgende interessante Gegenüberstellung für den Durchschnitt der Jahre 1909/10 bis 1913/14 (Die Zahlen in kg pro Kopf der Bevölkerung):

Land	Getreideernte	Einfuhr	Ausfuhr	Verbrauch
Deutschland	417	80	–	497
Rußland	445	–	64	381

6 Zahlen für Russland nach W[ladimir] Sarabianow: An der Schwelle [des zweiten Jahrzehnts. Hamburg, Berlin 1926], S. 22, für Deutschland nach [Graf von Schwerin-Löwitz:] Die Deutsche Landwirtschaft. Berlin 1913, S. 169.

Auch der Fleischkonsum war auf dem Lande sehr gering. Um die Jahrhundertwende essen die Bauern des Gouvernements Woronesch im Jahr pro Kopf nicht mehr als neun Pfund Fleisch, während in Petersburg zur selben Zeit der Fleischkonsum pro Kopf der Bevölkerung 156,7 Pfund beträgt. Allerdings liegt die Petersburger Ziffer auch weit über der Durchschnittsziffer für die Städte. Der gesamte Fleischverbrauch wird in den Städten auf 47,2 Mill. Pud, auf dem Lande auf 18,3 Mill. Pud berechnet. Prokopowitsch: Über die Bedingungen, S. 9.

Zu der schlechten Versorgung mit Getreide kommt noch hinzu, dass
der russische Bauer Zwangsvegetarier war und Fleisch nur selten
auf seinem Tische sah. Auch seine Versorgung mit Industriewaren
war sehr gering.[7]

Die Gründe für diese elende Lage des größten Teils der Bauern
sind bekannt: es waren der Mangel an Land, die rücksichtslose Eintreibung der relativ hohen Steuern und Pachtzinsen[8] und endlich die
unglaublich niedere Agrartechnik.

Viehzucht mit Stallfütterung und Anbau von Futtergräsern kannte
man kaum, die Ausstattung mit Werkzeugen und Maschinen war
ganz ungenügend, Kunstdünger wurde nur auf den großen Gütern
verwendet, vielfach waren Holzpflüge und Eggen mit Holzzähnen im
Gebrauch[9] und die Ernteerträge entsprechend niedrig. Die Durchschnittserträge an Getreide für die Jahre 1905–14 betrugen für einen
Hektar in Quintalen (zirka 1 Doppelzentner):[10]

7 Zahlen für den Verbrauch der ländlichen Bevölkerung waren nicht zu
   beschaffen. Über die Kopfquoten für die Gesamtbevölkerung vgl. Anm. 20.
8 Auf den Kopf der landwirtschaftlichen Bevölkerung kamen nach den
   Berechnungen von A[l'bert] L. Vajnštejn: Steuerbelastung und Zahlungen
   der Bauern in der Vorkriegs- und in der Revolutionszeit. Versuch einer
   statistischen Untersuchung (russ.). Moskau 1924, S. 116, im Jahre 1912 an
   Steuern und Gebühren 6,36 Vorkriegsrubel, an Pachten und Versiche-
   rungsbeiträgen 4,01, im Ganzen also 10,37 Vorkriegsrubel. Die Zahlen
   erscheinen im Vergleich zu westeuropäischen Ziffern relativ niedrig, doch
   gibt es zahllose Zeugnisse dafür, dass sie wegen der geringen Erträge der
   Bauernwirtschaft und der rücksichtslosen Eintreibung sehr drückend
   gewirkt haben.
9 »Kunstdünger fand nur in relativ verschwindendem Maße Verwendung.
   Die Zahl der verwendeten Maschinen wuchs zwar von Jahr zu Jahr, aber
   daneben arbeiteten noch viele Bauernwirtschaften mit Holzpflügen (in
   manchen Bezirken bis zu 80 %) und anderen vorsintflutlichen Instrumen-
   ten.« Petroff: Die wirtschaftliche Entwicklung, S. 33.
10 Die Zahlen für Deutschland nach [Schwerin-Löwitz:] Die Deutsche
   Landwirtschaft, S. 148, Durchschnittserträge für die Jahre 1906–10 für
   einen ha in Doppelzentner. Für Russland nach Rozenfel'd: Die Industriepolitik, S. 33.

	Deutschland	Europ. Russland
Weizen	20,1	6,6
Roggen	17,0	7,3
Gerste	19,6	8,1
Hafer	19,7	7,5
Kartoffeln	136,0	72,0

Das Gutsland war bis zum Kriegsausbruch wesentlich intensiver bewirtschaftet und lieferte etwa sieben Zehntel des gesamten Marktgetreides.[11]

An diesen Verhältnissen hat die Stolypinsche Agrarreform manches geändert dadurch, dass sie die im Jahre 1861 nur zum Teil beseitigte Bindung an den Boden aufhob. Nach der Reform machte sich eine stärkere Kaufkraft des inneren Marktes bemerkbar, insbesondere zeigte sich ein wachsender »Eisenhunger« des Dorfes. Die Nachfrage nach landwirtschaftlichen Geräten und Düngemitteln war in den Jahren nach der Reform im Steigen, wurde aber durch eine geradezu agrarfeindlich protektionistische Industriepolitik gedämpft.[12] Jedenfalls zeigen alle Verbrauchszahlen seit der Stolypinschen Reform steigende Tendenz. In besonders hohem Umfang gilt das für landwirtschaftliche Maschinen, bei denen sich der Absatz von 1906–1912 verdreifachte.[13]

Bemerkenswert ist auch das in diesem Zeitraum beobachtete starke Wachstum der Genossenschaften. Von 1906–1913 entstanden in Russland etwa 8600 Bauernkonsumgenossenschaften, dagegen von 1900–1905 nur 641.[14] So sind eine Reihe von Anzeichen dafür

11 A[dolf von] Vogel: Der Wirtschaftskrieg. Jena 1918, S. 148.
12 G[ustav von] Stryk: Die russische Landwirtschaft und der industrielle Protektionismus. [In: Zeitschrift für Wirtschafts- und Sozialwissenschaften 37, 1–2 (1913)], S. 181 ff.
13 N[ikolaj Nikolaevič] Vanag und S[emen][Grigor′evič] Tomsinskij, Die ökonomische Entwicklung Russlands von der zweiten Hälfte des xix. Jahrhunderts bis zur Februarrevolution 1917 (russ.). Rostov 1925, S. 239.
14 Ebd., S. 242.

vorhanden, dass für einen Teil der russischen Bauernschaft eine
Besserung der Lage durch die Stolypinsche Reformgesetzgebung
erreicht worden ist. Als das Reformwerk in dem ersten Kriegsjahr
ein jähes Ende gefunden hatte, gab es zweifellos Ansätze für eine
weitere Hebung der russischen Landwirtschaft. Allerdings hielt der
Landhunger der russischen Bauern an, es war eine große Armee
landwirtschaftlichen Proletariats in Bildung begriffen, die nur zum
kleinen Teil durch Schaffung neuer Bauernstellen in Sibirien unter-
gebracht werden konnte. An der Hypertrophie des Körnerbaus und
der Vernachlässigung der Viehzucht änderte sich wenig, und die
Bewirtschaftung war im Durchschnitt immer noch sehr extensiv.
Selbst wenn sich das Stolypinsche Reformwerk die Aufgabe gestellt
hätte, den Landhunger der Bauern zu befriedigen (es ist bekannt, dass
es Stolypin vor allem darauf ankam, eine der Regierung unbedingt
ergebene konservative Schicht wohlhabender Bauern zu schaffen),
wäre das bei der gegebenen Agrartechnik unmöglich gewesen. Denn
zur Deckung des Bodenbedarfs der Bauernschaft hätte man 190 Millionen Desjatinen gebraucht, während im Ganzen nur 140 Millionen
zur Verfügung standen.[15]

Für die russische Vorkriegsindustrie sind charakteristisch ihr geringer Umfang im Verhältnis zur Gesamtbevölkerung und der relativ
große Anteil von Großbetrieben an der Gesamtindustrie. Von 2,4 Millionen Arbeitern[16] waren im Jahre 1913 54 % in Betrieben über 500
Arbeiter beschäftigt, und diese Betriebe machten von den in dieser
Statistik erfassten Unternehmungen nur 5 % aus (894 von 17 877).[17]

Über die Entwicklung der russischen Vorkriegsindustrie geben
folgende Zahlen interessante Aufschlüsse:

15 H[ans von] Eckardt: Schicksal und Bedeutung der Industrie in der rus-
    sischen Revolution [1917–1922. In: Archiv für Sozialwissenschaften und
    Sozialpolitik 51 (1924)], S. 191.
16 Die Gesamtzahl der Fabrikarbeiter einschließlich der Bergwerke und
    Eisenbahnen wird für 1913 auf 3 Millionen angegeben, die Zahl der im
    Kustar' (Hauswerk) Tätigen auf 10–12 Millionen. Hoetzsch: Rußland,
    S. 193.
17 Sarabianow: An der Schwelle, S. 27.

Jahresproduktion in Millionen Rubel[18]			
	Russland 1887	Russland 1912	U.S.A. 1914
Bergbau	85,2	520	ca. 3800 (1911)
Metallproduktion	147,9	715 (Eisen, Stahl)	4300
Bearbeitung von Holz	23,5	165	
Bearbeitung von mineralischen Stoffen	28,9	153	1240
Chemische Produktion	42,8	218	5400
Textilien	315,4	1158	6900
Nahrungsmittel	305,8	1350	9600
Verarbeitung von tierischen Stoffen	73,0	162 (Leder)	2400
Papier u[nd] graphisches Gewerbe	20,1	124	2900
	1042,6	4565	

Die vorstehende Tabelle zeigt deutlich zweierlei: die stürmische Entwicklung der russischen Industrie in den Jahren 1887–1912 und die relativ niedrige Gesamtproduktion verglichen mit der industriellen Jahresproduktion eines Industrielandes. Noch deutlicher wird der relativ geringe Umfang der Industrieproduktion in Russland, wenn man die Menge der jährlich verbrauchten Rohmaterialien, berechnet auf den Kopf der Bevölkerung, mit den entsprechenden Zahlen anderer Länder vergleicht (1911).[19]

18 Die Zahlen für Russland nach Rozenfel'd: Die Industriepolitik, S. 24, für USA nach [Department of Commerce:] Statistical Abstract of the USA. 1926. Washington 1927, S. 748, 701. Die Zahlen sind nicht ohne weiteres mit russischen vergleichbar.
19 Rozenfel'd: Die Industriepolitik, S. 38.

	Russland	Deutsch-land	U.S.A.
Steinkohle (in Pud)	12,00	205,0	291,0
Gusseisen (in Pud)	1,13	13,4	17,8
Kupfer (in Pud)	0,44	8,0	19,1
Zucker (in russ. Pfd.)	17,00	42,7	88,0
Baumwolle (in russ. Pfd.)	5,60	16,2	ca. 30,0

Die Übersichten über den jährlichen Kopfverbrauch an Fertigfabrikaten geben ein ähnliches Bild.[20] Eine große Bedeutung hatte die Hausindustrie und das Kleingewerbe. Sie lieferte 27 % des Gesamtproduktes der russischen Industrie. Nach einer Berechnung von Rybnikov[21] war das Verhältnis zwischen Klein- und Großindustrie vor dem Krieg das folgende:

	Zahl der Arbeiter		Produktion	
	in Tausend	%	Mill. Rbl.	%
Großindustrie	2780	37	4900	73
Städt[ische] Kleinindustrie	530	12	530 (?)	7

20 Wir geben, um eine Wiederholung dieser Zahlen zu vermeiden, hier auch die entsprechenden Zahlen für 1922/23 (nach: Sozialistische Wirtschaft 1 (1925), S. 10):

Kopfverbrauch an	Einheit	1913	1922/23
Salz	russ. Pfd.	28,06	14,93
Baumwollgewebe	Aršin	17,30	5,30
Streichhölzer	Schachteln	21,60	10,40
Zucker	russ. Pfd.	19,30	3,20
Papier	russ. Pfd.	6,60	1,70

21 Zitiert bei Rozenfel'd: Die Industriepolitik, S. 40.

Ländl[iche] Kleinindustrie	3755	51	1350	20
	7165	100	6780	100

Der Grad der Arbeitsintensität war ein sehr niedriger. Die Arbeiter, die aus noch zu erwähnenden Gründen aus dem ländlichen Proletariat ergänzt werden mussten, arbeiteten schlecht und tranken viel. Es fehlte an gelernten Arbeitskräften in den Fabriken und den Kontoren, die Büro- und Handels-Unkosten überstiegen bei weitem diejenigen in westeuropäischen Ländern, so dass trotz der außerordentlich niedrigen Löhne die Preise der Fertigfabrikate enorm hoch waren. Es ist bekannt, dass die russische Industrie künstlich mit Unterstützung des Auslandes in kurzer Zeit treibhausmäßig hochgezüchtet worden war. Der überwiegende Teil der Industriezweige konnte trotz der niederen Löhne nur durch eine rücksichtslose Hochschutzzollpolitik am Leben erhalten werden und war überdies in doppelter Hinsicht vom Auslande abhängig: in Bezug auf die Zufuhr neuer Kapitalien und die Ausstattung mit Maschinen, Rohstoffen und technischem Personal. Im Hinblick auf die neueste Industrialisierungspolitik ist es wichtig, darauf hinzuweisen, dass der größere Teil der russischen Industrie der Herstellung von Konsumtionsmitteln diente und dass nicht nur ein großer Teil der maschinellen Ausrüstung der Gesamtindustrie, sondern auch der notwendigen Ersatzteile aus dem Auslande bezogen wurde.[22] Es ist ferner daran zu erinnern, dass die russischen Eisenbahnen zum größten Teil mit ausländischer Hilfe erbaut worden waren und dass von ungefähr 2,3 Milliarden ausländischen Kapitals, die vor der Revolution in der russischen Industrie, dem Handel und dem Bankwesen angelegt waren, mehr als die Hälfte in der Berg-

---

22 Von einem Import, der im Jahresdurchschnitt von 1909–1913 jährlich 1 139,6 Millionen Goldrubel ausmachte, entfielen beinahe 70 % auf ausländische Rohstoffe und Produktionsmittel. (G[leb Maksimilianovič] Kržižanovskij: Zehn Jahre Wirtschaftsaufbau in der Sowjetunion 1917–1927 (russ.). Moskau 1927, S. 8.) Nach Vanag: Die wirtschaftliche Entwicklung, S. 235, betrug der Gesamtverbrauch an landwirtschaftlichen Maschinen 1912 118,17 Millionen Rubel, von denen 54,6 % auf Import entfielen.

werks- und metallverarbeitenden Industrie investiert war. Die Zufuhr
ausländischen Kapitals gestaltete sich seit 1893 im Verhältnis zu den
inländischen Kapitalinvestierungen folgendermaßen:[23]

Jahr	Inländisches Kap[ital]	Ausländisches Kap[ital]
	in Millionen Rubel	
1893–1896	104	145
1897–1900	112	451
1901–1904	209	182
1905–1908	339	371
1909–1911	913 (?)	284

Infolge der teuren Produktionsweise war die Industrie auf den in-
neren Markt angewiesen, d. h., soweit sie nicht Konsumtionsmittel
herstellte, zum großen Teil auf Staatsaufträge. Der Anteil industrieller
Fertigfabrikate am Export war gering. Er betrug im Jahre 1913 beim
Gesamtexport von 1421 Millionen Rubel nur 5,6 % und setzte sich in der
Hauptsache aus Glas-, Metall-, Holz- und Gummiwaren zusammen.[24]
Die Lage der Industrie hatte sich nach der Stolypinschen Agrarreform
bedeutend gebessert. Nachdem der stürmische Aufschwung der 90er
Jahre um die Jahrhundertwende abgeebbt war und in den Jahren vor
der ersten Revolution einer schweren Depression Platz gemacht hatte,
begann 1909 ein neuer Aufschwung, der in den Jahren 1910–13 zu
einer solchen Hochkonjunktur führte, dass stellenweise Rohstoff- und

23 Sarabianow: An der Schwelle, S. 25.
24 Miller: The Economic Development, S. 72, 60. Der gesamte Export hatte
    folgende Struktur:

	1909/13
Nahrungsmittel	60,5
Rohstoffe und Halbfabrikate	33,2
Tierische Produkte	1,8
Fertigwaren	4,5

Arbeitermangel eintrat.[25] Die industrielle Jahresproduktion stieg von
1908–1912 dem Werte nach um fast 25 %.[26] Inwieweit es der Politik
Vittes und Stolypins bei einer friedlichen Entwicklung gelungen wäre,
das Missverhältnis zwischen der hochkapitalistischen Industrie und
ihrem Markt, einer noch überaus primitiven Bauernwirtschaft und
einer kleinen, zum großen Teil sehr schlecht bezahlten städtischen
Bevölkerung auszugleichen, lässt sich heute kaum noch feststellen.

Die Lage der Arbeiter war auch während der Hochkonjunktur
sehr schlecht. Der Durchschnittslohn der Petersburger Arbeiter betrug nach offiziellen Quellen im Jahre 1905 ungefähr 25–30 Rubel im
Monat, derjenige für das ganze europäische Russland nur 200 Rubel
im Jahr.[27] Für die bestqualifizierten Arbeiter wurden wesentlich
höhere Löhne bezahlt, so z. B. für Druckerei-Arbeiter ohne Familie
in Petersburg im Jahr 480,9 Rubel.[28] Allerdings zählen gerade die
Druckereiarbeiter zu den bestbezahlten, müssen sie doch in der Regel
des Lesens und Schreibens kundig sein, während im Jahre 1897 von
sämtlichen im europäischen Russland beschäftigten Arbeitern nur
53,6 % lesen konnten.[29] Dagegen gab es auch Industriezweige, in denen
die Löhne weit unter dem Durchschnitt lagen.[30] Nach den Berechnun-

25 Vanag: Die wirtschaftliche Entwicklung, S. 237 ff.
26 Von 4307 Mill. Rubel im Jahre 1908 auf 5134 Millionen Rubel im Jahre
    1912. Hoetzsch: Rußland, S. 192.
27 S[ergej] Prokopowitsch: Haushaltungsbudgets Petersburger Arbeiter. [In:
    Archiv für Sozialwissenschaft und Sozialpolitik xxx, 1 (1910)], S. 70.
28 S[iegfried] Köhler: Die russische Industriearbeiterschaft von 1905–17.
    Leipzig, Berlin 1921, S. 17.
29 Prokopowitsch: Haushaltungsbudgets, S. 71.
30 [Konstantin A.] Pashitnow: Die Lage der arbeitenden Klassen in Ruß-
    land. Stuttgart 1907, gibt folgende Zahlen für die Arbeitslöhne des Jahres
    1900/01 nach den Angaben der Fabrikinspektion (S. 117):

Gruppe	Zahl der Arbeiter	Durchschnittl. Jah-reslohn, Kinder u[nd] Frauen eingerechn[et]
Baumwollverarbeitung	372 136	180
Wollverarbeitung	127 796	172

gen von Manujlov[31] sind die Löhne der russischen Industriearbeiter von 1901–1910 etwa um 18 % gestiegen, dagegen die Lebensmittel in derselben Zeit um 37,6 %, so dass sich in diesen Jahren trotz Revolution und Hochkonjunktur der Reallohn bei steigenden Nominallöhnen wesentlich verschlechtert hat. Ein Vergleich der Lebenshaltung des Petersburger Arbeiters mit dem Berliner ergibt, dass selbst bei gleichem Nominallohn der Berliner Arbeiter bedeutend besser lebte als der Petersburger.[32] Die Wohnungsverhältnisse in den Städten waren – abgesehen von wenigen Unternehmungen, die den Arbeitern Werkwohnungen zur Verfügung stellten – geradezu grauenhaft und stellten die schlimmsten Erscheinungen des Wohnungselendes in den westeuropäischen Großstädten in den Schatten.[33] Neue Kleider konn-

Seidenindustrie	24 774	178
Flachsverarbeitung	71 515	140
Verarbeitung gemischter und Faserstoffe	26 320	227
Papierindustrie u[nd] polygraphisches Gewerbe	66 713	218
Mechan[ische] Holzverarbeitung	73 964	189
Metallverarbeitung u[nd] Maschinenbauindustrie	235 785	342
Industrie der Steine und Erden	127 970	206
Verarbtg. d[er] animal. Prod[uktion]	46 633	198
Industrie der Nahrungs- u[nd] Genussmittel	71 042	187
Chemische Industrie	30 430	260

31 Zitiert bei Köhler: Die russische Industriearbeiterschaft, S. 17.
32 Prokopowitsch: Haushaltungsbudgets, S. 94.
33 Ebd., S. 93. Über den Zustand, in dem sich manche Werkwohnungen befanden, mögen nachstehende Ausführungen eine Vorstellung geben. Sie stammen aus dem Bericht über die Arbeiter der Lena-Goldminen-Ge-

te sich der Arbeiter meist nicht anschaffen; trotz der Ansteckungs-
gefahr musste er sich in der Regel mit dem Kauf getragener Kleider
begnügen. Mit seinem Einkommen konnte der Durchschnittsarbeiter
kaum seine dringendsten Bedürfnisse befriedigen, so dass er nicht
in der Lage war, Kinder aufzuziehen. Hier liegt der Hauptgrund, warum die Ergänzung des Industrieproletariats im Wesentlichen durch
Zustrom vom flachen Lande erfolgte.[34] Prokopovič schließt seine
Untersuchungen über die Lebenshaltung des Petersburger Durch-
schnittsarbeiters mit folgenden Worten: »Er hat keine Familie, mehr
als 80 % seines Verdienstes wird auf die Erhaltung seiner physischen
Existenz verbraucht, er lebt in Winkelwohnungen [d. h. er mietet
sich in einem Zimmer nur einen Winkel, dessen Fläche die Ausmaße
einer gewöhnlichen Bettstelle nur wenig übersteigt; Pollock], die ihn
der Unzucht und der Trunksucht in die Arme treiben, er ernährt sich
in den »Schindereien« von Abfällen und trägt alte fremde Kleider.
Ankömmlinge aus dem flachen Lande ergänzen seine Reihen und
liefern den Fabriken die notwendige Zahl der Arbeiterbestände.«[35]
  Bis zur Revolution des Jahres 1905 gab es keine legalen Gewerkschaften im engeren Sinne, sondern nur die von der Polizei unter-

sellschaft, der im Jahre 1912 bei der Untersuchung über die Ursachen des
blutig unterdrückten Streiks von einer besonderen Kommission erstattet
wurde: »In diesen finsteren von Schmutz starrenden Kasematten herrschte eine solche Kälte, dass die Haare der Schlafenden an die Kopfunterla-
gen anfroren. Die aus den Schächten heimkehrenden Arbeiter mussten,
um die angefrorenen Stiefel von den Füßen ziehen zu können, diese in
kochendes Wasser stecken. Die Lena-Arbeiter wurden mit angefaultem
Fleisch gefüttert, und zwar erhielten sie solche Teile des Pferdefleisches,
die man sonst nicht einmal Hunden vorwirft. Dabei waren die Arbeiter
gezwungen, diese Abfälle bei der Proviantniederlage der Gesellschaft
zu hohen Preisen zu kaufen. Damit nicht genug. Nicht nur, dass man
den Arbeitern verdorbene und ungenießbare Nahrungsmittel verkaufte,
man übervorteilte sie noch durch systematisch betriebenes falsches Ab-
wiegen.« Zitiert bei Köhler: Die russische Industriearbeiterschaft, S. 82.

34 Prokopowitsch: Haushaltungsbudgets, S. 75. Nach seinen Angaben war es
    in der Regel für einen Durchschnittsarbeiter, der weniger als 600 Rubel
    im Jahr verdiente, unmöglich, Kinder aufzuziehen.

35 Ebd., S. 93.

stützten Werkvereine Gaponscher und Zubatovscher Richtung. Die in der ersten Revolution zugestandene Koalitionsfreiheit wurde in den darauffolgenden Reaktionsjahren beseitigt und die Gewerkschaften wieder in die Illegalität getrieben. Eine Arbeiterversicherung, die allerdings nicht annähernd so gut ausgebildet war wie die deutsche, gab es seit 1912.[36] So war also weder von legaler Selbsthilfe noch von sozialpolitischen Maßnahmen eine wesentliche Besserung der verzweifelten Lage der Arbeiterschaft zu erwarten.

II. 1914–1917

Der Weltkrieg warf die nach den Stürmen des russisch-japanischen Krieges und der ersten Revolution gerade wieder etwas gefestigte russische Wirtschaft sehr bald völlig aus dem Gleichgewicht. Die Landwirtschaft wurde zunächst vor allem durch die Requisition der Pferde stark betroffen.[37] Die notwendige Folge war ein Sinken der Anbaufläche und geringere Erträge. Besonders verhängnisvoll war der Umstand, dass mangels genügender Arbeitskräfte die dem Bauernbetrieb technisch überlegenen Großbetriebe große Teile ihres Landes an die Bauern verpachten mussten.[38] Nach der Erhebung von 1916 betrug der Anteil der Großbetriebe an der gesamten Saatfläche nur noch 10,7 % und sank fortwährend weiter. Im Jahre 1917 stellte man fest, dass in den verschiedenen Gouvernements 20–25 % des Ackerbodens nicht bestellt waren. Außerdem ließ die Qualität der Bestellungen sehr stark nach, so dass nach den Ausweisen der Landschaftsämter die Ertragsfähigkeit des Bauernlandes in den drei Kriegsjahren sich durchschnittlich um 25 % gesenkt hat. Daran war nicht nur der Mangel

36 W. Grinewitsch [d. i. Michail Grigor'evič Kogan]: Die Gewerkschaftsbewegung in Rußland. Bd. 1: 1905–1914. Berlin 1927, S. 303 ff.

37 B[oris] Brutzkus: Agrarentwicklung und Agrarrevolution in Rußland. Berlin 1925, S. 139.

38 Die Angaben über die höhere Ertragsfähigkeit des Gutslandes gehen stark auseinander. Vogel: Der Wirtschaftskrieg, S. 148, gibt die Mehrerträge mit durchschnittlich 38 % an.

an Arbeitskräften schuld,[39] sondern auch das Fehlen der landwirtschaftlichen Geräte und Maschinen, deren Produktion im Inland zu
Gunsten der Kriegsindustrie so gut wie eingestellt war und die nur
in ganz ungenügenden Mengen eingeführt werden konnten.

Trotz alledem hätte es bei gleichbleibendem Konsum der Bauern
nicht zu einer wirklichen Nahrungsmittelknappheit kommen dürfen,
denn es waren bei Beginn des Krieges große Vorräte im Lande, und
der Ernteausfall erschien, abgesehen von der schlechten Ernte des
Jahres 1917, durch die Unterbindung der Ausfuhr reichlich gedeckt.
Aber schon im ersten Kriegsjahr machte sich eine Knappheit an Nahrungsmitteln bemerkbar, die von Jahr zu Jahr wuchs. Da die Gründe
dieser Getreideknappheit auch in den Jahren nach der Oktoberrevolution anhielten und die Wirtschaftspolitik der Bol'ševiki mehr als
einmal durchkreuzten, seien sie hier kurz genannt.[40]

Einmal war, wie bereits erwähnt, die Getreidekopfquote vor dem
Kriege sehr niedrig und reichte nicht aus, um den zum Heer eingezogenen Bauern zu ernähren. Neben dem steigenden Verbrauch des
Bauernsoldaten wuchs auch der Konsum der zu Hause gebliebenen
ländlichen Bevölkerung, da die Pachten für das Land stark gesunken
waren, die Steuern nicht mehr mit derselben Rücksichtslosigkeit
eingetrieben wurden wie vor dem Krieg und durch das Alkohol-
verbot 300 Millionen Rubel, die die Bauern bis dahin im Jahr für
Spirituosen ausgegeben hatten, erspart wurden. Auch sonst hatte der
Zwang zum Verkauf des Getreides stark nachgelassen, vor allem auch
deswegen, weil für das so erlangte Geld sehr wenig oder überhaupt
keine Industriewaren zu kaufen waren. Denn der größte Teil der
Industrie arbeitete für den Krieg, so dass für den Inlandsmarkt nicht
viel übrig blieb. Endlich trug die Preispolitik der Regierung, welche
für das Heer billiges Getreide beziehen wollte, nicht dazu bei, die
Verkaufslust der Bauern zu vergrößern. Wenn aber trotz alledem die
Bauern im Süden und Südosten, wo es große Getreideüberschüsse

---

39 Er nahm allerdings in manchen Provinzen groteske Formen an. So z. B. waren
    in dem Gouvernement Tomsk in Sibirien bereits im Jahre 1916 von 640 000
    Familien ungefähr 200 000 ohne männliche Arbeitskräfte. Ebd., S. 149.
40 Brutzkus: Agrarentwicklung und Agrarrevolution, S. 140 ff.

gab, sich entschlossen hatten, Getreide zu verkaufen, dann war es
außerordentlich schwer, dieses Getreide bei dem völligen Versagen
der Transportmittel in die Industriestädte zu befördern.

Schon im Jahre 1915 wurde das gesamte Getreide der Zwangsbewirtschaftung unterworfen, im Jahre 1916 Höchstpreise nicht nur
für die staatlichen Käufe, sondern für den ganzen Getreidehandel
festgesetzt und Ende 1916 eine Zwangsgetreideumlage von 772 Millionen Pud angeordnet.

Aber alle diese Regierungsmaßnahmen schlugen ziemlich fehl.

Nach der Februarrevolution[41] führte die vorläufige Regierung das
Getreidemonopol ein, unter Erhöhung der Getreidepreise zuerst um
50 und später noch einmal um 100 %. Doch verschlechterte sich die
Ernährungslage bis zum Herbst des Jahres 1917 von Tag zu Tag.

Die Umstellung der Industrie auf die Kriegsbedürfnisse vollzog
sich unter den schwersten Erschütterungen. Bei dem Mangel an
qualifizierten Arbeitern wurden die Großbetriebe durch die Mobilisierung ihrer Facharbeiter stark in Mitleidenschaft gezogen. Es fehlte
überdies von Anfang an an Brennstoffen, da die englische Kohle
ausblieb, und an Rohstoffen überhaupt. Die Abhängigkeit vom Ausland in diesen wichtigen Materialien ebenso wie in der maschinellen
Ausrüstung machte sich um so rascher geltend, als es bei der geringen industriellen Entwicklung des Landes sehr schwer war, Ersatz
zu finden. Ein Sinken der Produktivität ebenso wie der Produktion
in allen nicht dem Heeresbedarf dienenden Unternehmungen war
unter diesen Umständen unvermeidbar. Besonders schwierig gestaltete sich die Lage der Industrie dadurch, dass das Transportwesen,
insbesondere aber das Eisenbahnwesen schon bei Beginn des Krieges
versagte. Das Eisenbahnnetz hatte ebensowenig wie das rollende
Material mit der ökonomischen Entwicklung des Landes Schritt
gehalten, vor allem deswegen, weil aus den Eisenbahnen möglichst
hohe Überschüsse für die Staatskasse herausgewirtschaftet werden
sollten. Der Bau von Lokomotiven und Waggons war in der Hochkonjunktur von 1909–1913 gegenüber der Produktion von 1904–1908
erheblich zurückgegangen, ebenso hatte man die Reparaturen des

41 11. März 1917 (neuen Stils).

rollenden Materials und des Unterbaus möglichst eingeschränkt. Schon in den beiden letzten Jahren vor dem Krieg wurde eine Transportkrise verzeichnet, und während des Krieges war es natürlich zu spät, das Versäumte nachzuholen.[42] Endlich erwies sich auch die zaristische Eisenbahnbürokratie gänzlich unfähig, den vorhandenen Eisenbahnapparat den veränderten Bedürfnissen anzupassen, so dass im Jahre 1915 Industrie und Handel zur Selbsthilfe schritten und die Verwaltung der Eisenbahnen in die Hand nahmen. Ähnlich geschah es mit der Organisierung der gesamten Kriegswirtschaft, nachdem das Bürgertum fast ein ganzes Jahr vergeblich darauf gewartet hatte, dass die Regierung entsprechende Maßnahmen treffe. Unter Führung des Petersburger Industrie- und Handelstages wurde eine Organisation der gesamten Kriegswirtschaft ins Leben gerufen, die auch für den Übergang zur Friedenswirtschaft und sogar nach dem Kriege beibehalten werden sollte.[43] Daneben entstanden zahlreiche Syndikate und Trusts. Auf diese Weise gelang es der russischen Industrie nicht nur enorme Kriegsgewinne zu machen,[44] sondern auch die Produktion einigermaßen dem Kriegsbedarf anzupassen. Im Jahre 1917 arbeiteten 71 % aller Industrieunternehmungen für Munitions- und Waffenherstellung und nur 6,4 % in der Hauptsache für den Bedarf der Zivilbevölkerung.

Im Hinblick auf die späteren Erfahrungen ist es wichtig, festzustellen, dass die Resultate dieses ersten Versuches einer zentralen Leitung der russischen Wirtschaft wesentlich schlechter ausfielen als in den westlichen Industrieländern. Das ist leicht verständlich, denn in Russland fehlten dafür die elementarsten Voraussetzungen, vor allem ein Heer von kaufmännisch gut ausgebildeten Angestellten, wie es in hochentwickelten kapitalistischen Staaten als Resultat dieser Entwicklung selbst verfügbar ist. Wenn schon von der deutschen Kriegswirtschaft gesagt werden kann, dass sie in Bezug auf Überorganisierung, schwere Mängel in der Verteilung und eine Reihe anderer

42 Vanag, Tomsinskij: Die wirtschaftliche Entwicklung, S. 243 ff., 308 ff.
43 Vogel: Der Wirtschaftskrieg, S. 186.
44 Ebd., S. 180. Es wurden bereits im Jahre 1915 Dividenden bis 42,6 % ausgeschüttet.

Missstände zu scharfer Kritik Anlass gibt, so scheint sie im Vergleich zum russischen »Kriegssozialismus« noch musterhaft funktioniert zu haben.[45] »Es muss gleich gesagt werden, dass auch in der Industrie die Regulierungsmaßnahmen keine fühlbaren Resultate ergaben. Nicht nur vereitelten die während des Krieges üppig aufblühenden Missbräuche und das Bestechungswesen alle Maßnahmen der planmäßigen Regulierung, auch eine ganze Reihe technischer Besonderheiten der Industrie machte häufig eine konsequente planmäßige Versorgung, sei es auch nur zu Kriegszwecken, unmöglich. Je mehr die Verteilung der Metalle während des Krieges geregelt und je größer der Metallmangel während des Krieges wurde, desto mehr häuften sich die Vorräte in den Metallwerken an, um fruchtlos und zwecklos die Fabrikläger anzufüllen, anstatt dorthin gebracht zu werden, wo sie gebraucht wurden. Nicht besser stand es mit der Regulierung des Innenhandels ... Die fehlende Übereinstimmung in der Tätigkeit der zahlreichen ›besonderen Konferenzen‹, ›Ausschüsse‹, ›Bevollmächtigte‹ usw. hatte aber die entgegengesetzten Resultate zur Folge. Statt einer Regelung ergab sich ein Wirrwarr, der von geschickten Machern missbraucht wurde ... Die Bedürfnisse der Zivilbevölkerung verlangten eine, sei es auch minimale Befriedigung: Dabei war diese Befriedigung nur möglich durch Kniffe und Machinationen, die ganze Cadres von Meistern in diesem Fache ... großzüchtete. ... Mit zunehmender kriegsmäßiger ›Regulierung‹ wuchsen das Chaos und die Missbräuche.«[46]

45 Vgl. hierzu die außerordentlich positive Stellungnahme Lenins, Kricmans und anderer Bol'ševiki zu der deutschen Kriegswirtschaft. »Deutschland und Russland verkörperten 1918 am anschaulichsten die materielle Verwirklichung der produktiven sozialwirtschaftlichen Vorbedingungen des Sozialismus auf der einen und der politischen Bedingungen auf der anderen Seite... Wenn in Deutschland die Revolution noch zögert, ›zur Welt zu kommen‹, so ist es unsere Aufgabe, am Staatskapitalismus der Deutschen zu *lernen*, ihn *mit aller Macht* zu übernehmen...« Lenin: Die Vorbedingungen und die Bedeutung der neuen ökonomischen Politik Sowjetrusslands (Über die Naturalsteuer). Leipzig 1928, S. 12 f. [Siehe: Lenin: Über ›linke‹ Kinderei und Kleinbürgerlichkeit [1918]. In: LW 27, S. 333.]
46 Rozenfel'd: Die Industriepolitik, S. 75 f.

Ende 1916 mehrten sich die an die »Sonderkonferenz für Landesverteidigung« von der Kriegsindustrie gerichteten Eingaben über die
Unhaltbarkeit des Systems. Besonders charakteristisch ist ein am
23. Februar 1917 an diese Stelle gerichtetes Telegramm, welches über
die Lage im Süden, dem Hauptsitze der Metallindustrie, eine deutliche
Sprache redete:[47]

»Die Jekaterinoslawer Betriebskonferenz... ist zu dem Ergebnis
gekommen, dass der Landesverteidigung infolge der in letzter Zeit
entstandenen Verhältnisse eine Katastrophe droht... Die Hälfte aller
Hochöfen ist auf unbestimmte Zeit mangels Rohstoffe stillgelegt. Die
übrige Hälfte ist nur beschränkt im Betrieb und wird ebenfalls dem-
nächst stillgelegt werden. Die meisten Martin- und Walzwerke liegen
still... Die dauernde Untätigkeit der Hoch- und Martinöfen und Erzgruben muss unweigerlich zu ihrer vorzeitigen Unbrauchbarkeit führen
und sie für lange Zeit außer Betrieb setzen. Wir verlangen, dass unverzüglich Notmaßnahmen zur Versorgung der Eisenbahn, der Fabriken
und Erzgruben mit Verpflegung und Brennstoffen getroffen werden.«

III. Die Februarrevolution

Das liberale Bürgertum, das sich in der Februarrevolution der Regierung bemächtigte und die Selbstherrschaft stürzte, erwies sich als
zu schwach, um den Verfall der Wirtschaft aufzuhalten. Weder die
Einführung des Getreidemonopols noch die Erhöhung der Getreidepreise waren imstande, die städtische Bevölkerung und die Armee mit
genügenden Nahrungsmitteln zu versehen. Zu den oben erwähnten
Gründen für die Nahrungsmittelknappheit trat noch der immer stärker werdende Wille der Bauern, den Krieg um jeden Preis zu beenden.
»Wollen mal sehen, wie sie mit hungrigem Magen kämpfen werden«,
das war der Gedankengang der Bauern.[48]

---

47 Das Telegramm erreichte wegen des Ausbruchs der Februar-Revolution
   seinen Adressaten nicht mehr, sondern wurde einige Tage später an die
   provisorische Regierung abgegeben. Zitiert nach ebd., S. 77.
48 Vogel: Der Wirtschaftskrieg, S. 51.

Im Laufe des Jahres 1917 wuchs die Teuerung rasch an, eine Folge der immer mehr sinkenden Produktivität der Industrie und der maßlosen Inanspruchnahme der Notenpresse. Der Teuerungsindex in Moskau betrug im April 1917 333, im Oktober 750, also mehr als das Doppelte. In der Zeit vom Februar bis zum Oktober 1917 warf die bürgerliche Regierung über 3 Milliarden Papiergeld in den Verkehr, d. h. ebenso viel wie die zaristische Verwaltung in den vorhergehenden Kriegsjahren emittiert hatte. Die Produktion ging rapid zurück. Zahlreiche Fabriken mussten infolge Mangels an Rohstoffen, Brennmaterialien usw. schließen.[49] Das Transportwesen geriet immer mehr ins Stocken. Auf der Strecke Archangelsk-Moskau hatten sich z. B. 4 000 beladene Waggons angestaut, so dass der Güterverkehr dort ganz eingestellt werden musste.[50]

Im September 1917 schildert Lenin das wirtschaftliche Chaos folgendermaßen: »Russland steht vor einer unabwendbaren Katastrophe. Das Transportwesen ist schon unglaublich zerrüttet und wird immer mehr zerrüttet. Die Eisenbahnen werden stillstehen. Die Zufuhr von Rohmaterial und Kohle wird aufhören… Eine Katastrophe von unausdenkbaren Dimensionen und der Hunger stehen vor der Türe… Das Land ist ohne Waren, das Land leidet an Mangel von Lebensmitteln, an Mangel von Arbeitskräften, obwohl genügend Getreide und Rohmaterialien vorhanden sind. Und in einem solchen Lande entstand in einem solchen kritischen Moment die Massenarbeitslosigkeit.«[51]

Das Brot wurde knapper, in Petersburg hatte man die Brotration auf ein halbes Pfund täglich herabgesetzt, und dieses halbe Pfund konnte oft nicht verteilt werden. Von dem flachen Lande kamen bedrohliche Meldungen, die Bauern forderten stürmisch die Neuverteilung des gesamten Ackerlandes. So war die Lage, als am 25. Oktober (alten Stils) die Bol'ševiki durch einen bewaffneten Aufstand die Macht an sich rissen.[52]

49 Ebd., S. 197.
50 Ebd., S. 229.
51 [Wladimir Iljitsch] Lenin: Die drohende Katastrophe und wie soll man sie bekämpfen. Wien 1920, S. 3 [LW 25, S. 331f.].
52 Eckardt: Schicksal und Bedeutung, S. 175, erklärt, die »weit verbreitete Version«, dass das gesamte Wirtschaftsleben schon bei Ausbruch der Oktoberrevolution in Auflösung gewesen sei, entspreche nicht den Tat-

IV. Die bolʹševistische Revolution und die Aussichten auf Verwirklichung ihrer Wirtschaftsziele

Stellen wir zusammenfassend fest, welches die wirtschaftlichen Bedingungen waren, unter denen die Bolʹševiki die Verwirklichung der Absicht, mit dem Aufbau des Sozialismus zu beginnen, in Angriff

sachen, sondern sei von den Bolʹševiki nachträglich verbreitet worden. Jedoch berichtigt sich von Eckardt selbst, wenn er in einem anderen Artikel schreibt: »Man muss nicht vergessen, dass der Zarismus im März 1917 zusammenbrach, weil es bereits ein wirtschaftliches Chaos gab, und dass die Revolution und die Regierung Kerenskijs dies beginnende Chaos noch gefördert haben.« [Hans von] Eckardt: Der Kreislauf der Wirtschaftspolitik des russischen Kommunismus. In: Weltwirtschaftliches Archiv 17 (1921/22), Chronik und Archivalien, S. 2.

Wir geben nachstehend eine interessante Tabelle, welche die »Rechtsverletzungen und Exzesse« der Bauern und Arbeiter während der Regierung Kerenskijs zusammenstellt, im Auszug wieder (Aus: K. G. Kotelʹnikov und V. L. Meller: Die Bauernbewegung 1917. Moskau 1927, S. 364 ff.):

Monat	Bauernbewegung		Arbeiterbewegung			
	Zahl der Gouv.-u[nd] Verwaltungsdistr[ikte]	Zahl der Land-, Wald- etc. Enteignungen	Fabrikbesetzungen	Streiks	Absetzung von Fabrikleitern u[nd] Angest[ellten]	Pogrome
März	41	17	–	3	59	21
April	46	204	2	1	5	20
Mai	53	259	1	3		46
Juni	56	577	10	11	5	38
Juli	68	1122	15	98	4	95
August	75	691	2	141	17	112
September	68	629*)	8	108	21	389*)

*) unvollständig

nahmen: Abgesehen davon, dass sie die politische Macht in Händen
hielten, fehlten alle wesentlichen Voraussetzungen zur erfolgreichen
Durchführung ihrer Pläne. Der verlorene Krieg hatte das Land in jeder
Hinsicht ungeheuer geschwächt, große Teile wichtigster Provinzen,
darunter die industriell verhältnismäßig hochentwickelten Randgebie-
te waren vom Feinde besetzt und rissen sich später von dem russischen
Staatsverbande los. Die Massen der bäuerlichen Soldaten waren in
voller Auflösung und kehrten in Scharen auf das Dorf zurück, um
zu der stürmisch geforderten Verteilung des Herrenlandes nicht zu
spät zu kommen. An einen Zusammenschluss der bäuerlichen Wirtschaften im sozialistischen Sinn war nicht zu denken in einer Zeit,
wo die schon bestehenden landwirtschaftlichen Großbetriebe überall
zerschlagen wurden. Auch sonst war die Möglichkeit der Einwirkung
auf die Landwirtschaft sehr gering, da es an allem dazu Notwendigen
fehlte, an allem, was zu einer intensiveren Wirtschaftsführung nötig
gewesen wäre, und an Industrieprodukten, die man den Bauern im
Austausch gegen ihre eigenen Erzeugnisse hätte geben können. Die
Verbindungen zwischen der Zentrale und der Provinz, zwischen Stadt
und Land waren fast abgerissen und konnten nur wiederhergestellt
werden, wenn man das Transportwesen und die industrielle Produktion in Gang brachte. Damit stand es aber schlimm.

Der technische Apparat war zwar in manchen Industrien, insbesondere in den früher schwächsten Branchen der metallverarbeitenden und der chemischen Industrie gewachsen, aber relativ zu den
Bedürfnissen des Landes immer noch sehr klein und durch den Krieg
stark heruntergewirtschaftet.

Die Produktion in Gang bringen, hieß die stillgelegten Werke
wieder in Betrieb setzen, den technischen Apparat erneuern, die
Transport-, Brennmaterial-, Rohstoff-, Finanz- und Nahrungsmittel-
krise erfolgreich bekämpfen.[53] An eine Fortsetzung der Einfuhr von

53 »Die Eisenbahnen besaßen nur für zehn Tage Kohlenvorräte. Von au-
    toritativen Vertretern wurde kurz vor der Umwälzung dem früheren
    Ausschuss des Petersburger Sowjets ein offizieller Bericht über die Unab-
    wendbarkeit des völligen Aufhörens des Eisenbahnverkehrs erstattet. Die
    Arbeitsintensität der Eisenbahner... war geringer als jemals früher oder

Kohle oder Rohstoffen aus dem Ausland war nicht mehr zu denken. Obendrein hielten die Truppen der Mittelmächte und der Entente die wichtigen Rohstoffgebiete im Süden und Südosten besetzt.

Der staatliche und wirtschaftliche Verwaltungsapparat war im Zerfall, es fehlte an geschultem, arbeitswilligem Personal. Überdies durfte nach der Theorie Lenins der alte Staatsapparat von dem siegreichen Proletariat gar nicht übernommen werden, und die durch und durch bürokratisch erstarrten und korrumpierten kriegswirtschaftlichen Organisationen erschienen ebenfalls als ein untaugliches Mittel für die zentrale planmäßige Leitung der gesamten Produktion. Endlich standen alle diese Aufgaben an zweiter Stelle gegenüber dem Grundproblem, die verhältnismäßig leicht eroberte politische Macht zu halten und zu befestigen: »Die Sicherung seines dauerhaften Sieges unter allen Umständen ist die erste und wichtigste Aufgabe des Proletariats. Wegen des Erfolges der Revolution darf das Proletariat selbst vor einem zeitweiligen Rückgang der Produktion nicht zurückschrecken.«[54]

Die Aufgabe, den Sozialismus in Russland aufzubauen, erforderte also von den Bol'ševiki die Bewältigung zahlloser schwierigster, sich vielfach widersprechender Teilaufgaben. Sie sollten die soeben eroberte Staatsmacht nach innen und außen verteidigen, eine neue Staatsverwaltung einrichten, den hungernden Städten Lebensmittel, den Bauern Boden geben, den zerstörten Wirtschaftsapparat wieder in Gang setzen und auf Friedensproduktion umstellen. Aber das war nur ein Teil ihres Programmes und vielleicht noch nicht einmal der schwierigste. Denn gleichzeitig sollte damit begonnen werden, das gesamte Wirtschaftsleben auf eine völlig neue Grundlage zu stellen, das bisherige System durch ein völlig neues zu ersetzen, für das überhaupt noch keine Erfahrungen vorlagen.

später.« J[urij] Larin und L[ev Natanovič] Kritzmann: Wirtschaftsleben und wirtschaftlicher Aufbau in Sowjet-Rußland 1917–1920. Berlin 1921, S. 9.
54 Manifest des zweiten Kongresses der Kommunistischen Internationalen, S. 776 des Protokolls des 2. Weltkongresses der Kommunistischen Internationale.

Im Folgenden soll eine Übersicht über die Lösungsversuche der Bol'ševiki gegeben werden, jedoch unter bewusster Vernachlässigung derjenigen Momente, die für die Probleme der »Übergangswirtschaft«
nicht von Bedeutung sind.

Zweites Kapitel
Der sogenannte Kriegskommunismus

1. Erste Phase: Staatskapitalistische Versuche
(Oktober 1917 bis Mai 1918)

Der in diesem Teil zu behandelnde Abschnitt der russischen Revolution lässt sich datenmäßig genau bestimmen. Er beginnt mit dem 7. November 1917 und endet am 21. März 1921 mit der Einführung der sogenannten »Neuen ökonomischen Politik«. Man hat sich in Russland daran gewöhnt, das Wirtschaftssystem dieser dreieinhalb Jahre als »Kriegskommunismus« zu charakterisieren. Damit soll ausgedrückt werden, dass die während dieser Zeit getroffenen Maßnahmen Kriegsmaßnahmen sind, durch die Not diktiert, »außerordentliche Maßnahmen, die die Wirtschaft der belagerten Festung am Leben erhalten sollten«,[1] und nicht etwa ein Weg, den man freiwillig eingeschlagen hatte, um unmittelbar zur sozialistischen Wirtschaft zu gelangen. Es wird zu zeigen sein, dass der Name, in diesem Sinn gebraucht, aus mehreren Gründen den damit bezeichneten Zeitabschnitt nicht richtig darstellt, und es ist charakteristisch, dass er erst am Ende der ganzen Periode häufiger auftritt. Für unser Thema ist es notwendig, diese 42 Monate in drei ungleiche Zeitabschnitte zu trennen, von denen jedem eine besondere theoretische Bedeutung zukommt. Der erste Abschnitt umfasst die Zeit vom Ausbruch der Oktoberrevolution bis zum ersten allrussischen Kongress der Volkswirtschaftsräte im Mai 1918.[2]

---

1 L[eo] Trotzki: Grundfragen der russischen Revolution. Hamburg 1922, S. 402.
2 Die Grenzziehung zwischen den einzelnen Phasen des »Kriegskommunismus« ist eine ziemlich willkürliche, weil die einzelnen Phasen ineinanderfließen. In der Literatur werden infolgedessen als Abschluss der ersten Phase (soweit überhaupt eine Einteilung nach Phasen erfolgt) verschiedene Zeitpunkte angegeben, z. B. das erste Dekret über die Nationalisierung der Großindustrie Ende Juni 1918 (bei [Lev Natanovič] Kricman: Die heroische Periode der großen russischen Revolution (russ.). Moskau, Leningrad ²1926, S. 39) oder das Ende des Jahres 1918 (z. B. bei

Die ursprüngliche bol'ševistische Theorie
der Übergangswirtschaft

Die in diesem Zeitabschnitt getroffenen wirtschaftspolitischen Maßnahmen stützen sich auf die von Lenin in zahlreichen, dem halben
Jahr der Machtergreifung vorangehenden Reden und Schriften entwickelten Anschauungen über den für Russland allein gangbaren
Weg zur Herbeiführung des Sozialismus. Diese Anschauungen, die
in den späteren Phasen des Kriegskommunismus großenteils über
den Haufen geworfen wurden, sind, soweit sie für unsere Probleme
von Bedeutung sind, hier zunächst darzustellen.

Die Grundlage dieser Anschauungen bildet die Auffassung, dass
der Kapitalismus nicht nur in Westeuropa, sondern sogar in Russland
so weit fortgeschritten sei, dass die nächste Phase der Entwicklung
zum Sozialismus führen müsse. Denn schon vor dem Kriege herrschte der Imperialismus, d. i. nach Lenin die Form des Kapitalismus,
in der im Wesentlichen das System der freien Konkurrenz bereits
aufgehoben und er zum monopolistischen Kapitalismus geworden
ist.[3] Der Krieg hat den »monopolistischen Kapitalismus« in den
»staatsmonopolistischen« verwandelt, d. h. die Monopole, die sich
während seiner Dauer an »Zahl, Rolle und Bedeutung verzehnfacht«
haben, die Verteilung der Arbeitskräfte und der wichtigen Nahrungsmittel unter Staatskontrolle gebracht. Was man in Deutschland
»Kriegssozialismus« genannt habe, sei nichts anderes als ein »staats-
militärisch-monopolistischer Kapitalismus«, der eine »vollkommene
materielle Vorbereitung des Sozialismus ist, die Eingangspforte zu
ihm, weil er in der historischen Leiter jene Stufe bedeutet, zwischen
der und der folgenden Stufe, die man Sozialismus nennt, es keine
zwischenliegenden Stufen gibt«.[4] Denn der Sozialismus unterscheide

---

[Lev Abramovič] Leont'ev, [Elizaveta Leonidovna] Chmel'nickaja: Die
Sowjetökonomik (russ.). Moskau, Leningrad 1926, S. 58). Für jede dieser
Abgrenzungen lassen sich ausreichende Gründe anführen.

3   Vgl. hierzu [Wladimir Iljitsch] Lenin: Der Imperialismus als jüngste
Etappe des Kapitalismus. Hamburg 1921, passim [LW 22, S. 189–309].

4   Lenin: Die drohende Katastrophe, S. 40 ff. [LW 25, S. 368–370].

sich von dem monopolistischen Staatskapitalismus im Wesentlichen durch nichts anderes, als dass seine Einrichtungen nicht mehr den Profitinteressen der Kapitalisten dienen, sondern dem »Nutzen des ganzen Volkes und insofern kein kapitalistisches Monopol mehr« bilden. Um zum Sozialismus zu gelangen, hat also die »revolutionäre Demokratie« auf wirtschaftlichem Gebiet zunächst nichts anderes zu tun als dem »reaktionär-bürokratischen Staat« die Monopole zu entreißen und mit ihrer Hilfe »Kontrolle, Aufsicht, Berechnung,... planmäßige Verteilung der Arbeitskräfte in der Produktion und Verteilung der Lebensmittel, das Sparen der Volkskräfte, die Ausschaltung jeder überflüssigen Kraftanstrengung und das Zusammenhalten der Kräfte«[5] durchzuführen. Nur dadurch, dass der Kapitalismus »mit seiner Herrschaft der Banken über die Produktion«, seinen Syndikaten und seinen »kriegssozialistischen« Einrichtungen die gesamte Wirtschaft aufs höchste organisiert hat, können derartige Maßnahmen mit Aussicht auf Erfolg durchgeführt werden. Ohne diese Vorarbeit des Kapitalismus wären »alle Versuche, den Sozialismus einzuführen, technisch unmöglich«.[6]

Auf welche Weise soll nach Lenin »Kontrolle, Aufsicht, Berechnung«, d. h. die Überführung der kapitalistischen Wirtschaft in die sozialistische geschehen? Folgendermaßen wird das siegreiche Proletariat vorgehen: »Es wird die Volkswirtschaftler, die Ingenieure, die Spezialisten der Landwirtschaft unter der Kontrolle der Arbeiterorganisationen zur Ausarbeitung und zur Prüfung eines Planes verwenden, wird durch sie Wege ausfindig machen lassen, um durch Zentralisation Arbeit zu ersparen, und wird durch sie Mittel und Methoden aufsuchen lassen, um die einfachste, bequemste, billigste und allgemeinste Kontrolle zu erzielen.«[7] Aber noch ehe diese Pläne aufgestellt sind, können und müssen eine Reihe von Maßnahmen durchgeführt werden, deren wichtigste sind: erstens die Nationalisierung der Banken, zweitens die Nationalisierung der Syndikate,

---

5 Ebd., S. 4 [LW 25, S. 332].
6 Ebd., S. 15 f. [LW 25, S. 344].
7 [Wladimir Iljitsch] Lenin: Werden die Bolschewiki [die Staatsmacht behaupten? Wien 1921], S 43 f. [LW 26, S. 102].

drittens die Zusammenschließung aller nicht syndizierten Gewerbebetriebe in Zwangssyndikate, viertens der Zusammenschluss der ganzen Bevölkerung in Konsumgenossenschaften, fünftens die Arbeiterkontrolle und die Mittel zu ihrer Durchführung.[8]

Für die planmäßige Leitung des Wirtschaftslebens erscheint Lenin die Nationalisierung der Banken als die entscheidendste Maßnahme. »Ohne die Großbanken wäre der Sozialismus nicht zu verwirklichen.«[9] Sie sind der wichtigste Apparat der gesellschaftlichen Rechnungsführung und bereits vor der Revolution so hoch entwickelt, dass das siegreiche Proletariat sie »vom Kapitalismus in fertigem Zustande übernehmen« kann, so dass seine Hauptaufgabe nur darin besteht, die »diesen ausgezeichneten Apparat« entstellenden Auswüchse auszumerzen und ihn »noch größer, noch demokratischer, noch umfassender zu gestalten«. Die Zusammenfassung aller Banken zu einer »riesengroßen« Staatsbank mit einem System von Filialen, die jedes Dorf und jede Fabrik umfassen, »das bedeutet schon neun Zehntel des sozialistischen Apparates«. Eine solche Bank wäre gleichbedeutend mit einer »gesamtstaatlichen Buchführung« über die Produktion und die Verteilung und damit »sozusagen das Gerippe der sozialistischen Gesellschaft«.[10] Bemerkenswert ist, dass die Nationalisierung der Banken das Eigentum ihrer Kunden nicht antasten soll: »Wem 15 Rubel ins Sparbuch vermerkt waren, bleibt Eigentümer dieser 15 Rubel auch nach der Nationalisierung der Banken, und wer 15 Millionen hatte, wird sie in Form von Aktien, Obligationen, Wechseln, Warenscheinen und ähnlichem mehr auch nach der Nationalisierung der

8 Lenin: Die drohende Katastrophe, S. 9 [LW 25, S. 337 f.]. Lenin: Werden
   die Bolschewiki, S. 21 f. [LW 26, S. 89–91]. Gelegentlich weist Lenin darauf
   hin, dass in dem kleinbürgerlichen Russland der Sozialismus nicht früher
   »eingeführt« werden könne, als bis die Notwendigkeit einer solchen
   Maßnahme der »überwiegenden Mehrheit der Bevölkerung« bewusst
   geworden wäre. Die oben erwähnten Maßnahmen ebenso wie die Nationalisierung des Grund und Bodens seien »nur Anfangsschritte zum
   Sozialismus«. [Wladimir Iljitsch] Lenin: Die Aufgaben des Proletariats in
   unserer Revolution. Wien 1921, S. 34 [LW 24, S. 59].
9 Lenin: Werden die Bolschewiki, S. 29 [LW 26, S. 89].
10 Ebd., S. 29 f. [LW 26, S. 89 f.].

Banken behalten.«[11] Da der Kapitalismus die ökonomische Voraussetzung für die Nationalisierung der Banken und ihre Vereinigung in
eine einzige bereits geschaffen hat, sei es möglich, diese Maßnahme
ohne »besondere vorbereitende Schritte« auf Grund eines Dekrets
durch die Bankdirektoren und Angestellten selbst durchführen zu
lassen. Widerstände der Direktoren und höheren Angestellten sollten durch Drohung mit Beschlagnahme des Vermögens und Ker-
ker beseitigt werden. Sonst seien »nicht die geringsten technischen
Schwierigkeiten« zu erwarten.[12]

Nach den Banken spielen die wichtigste Rolle bei der monopolistischen Organisierung des Kapitalismus die Syndikate. Sie wurden
bereits vor der Revolution vom Staate kontrolliert und es sei »die
denkbar einfachste Sache«, sie durch eine Anzahl einfacher Dekrete
der Kontrolle des revolutionär-demokratischen Staates zu unter-
werfen.[13]

Die Zwangssyndizierung der nichtkartellierten Gewerbezweige
bedeutet, wenn sie von einem kapitalistischen Staat wie Deutschland
durchgeführt wird, dass der Staat die kapitalistische Entwicklung
weitertreibt und damit gleichzeitig weitere Voraussetzungen für die
planmäßige Leitung der Industrie schafft. Der proletarische Staat habe
in Russland das nachzuholen, was der kapitalistische versäumt hat,
um so mehr, als durch eine solche Zwangsvereinigung eine bessere
Ausnutzung der leitenden Kräfte möglich und in Russland besonders
notwendig sei.[14]

Auch für die zur Regulierung des Konsums notwendigen Maßnahmen führt Lenin das kapitalistische Deutschland an, das man
»als Muster der sorgfältigsten, pedantischsten, strengsten Konsum-
regulierung ansehen« könne.[15] Allerdings sei das noch nicht die
»richtige Regulierung«, da sie die Reichen nicht treffe, aber grund-

---

11 Lenin: Die drohende Katastrophe, S. 10 [LW 25, S. 339].
12 [Ebd.,] S. 12 [LW 25, S. 340].
13 [Ebd.,] S. 16 ff. [LW 25, S. 344–347, Zitat auf S. 345].
14 [Ebd.,] S. 23 ff. [LW 25, S. 352–355].
15 [Ebd.,] S. 27 [LW 25, S. 356]. Das Brotkartensystem war übrigens noch
     von der alten Regierung eingeführt, scheint aber in Russland nie richtig
     funktioniert zu haben.

sätzlich könne man daraus lernen. Zu der Zwangsbewirtschaftung
aller lebenswichtigen Waren müssten noch eine Anzahl Maßnahmen
hinzutreten, wie die Zwangsvereinigung der Bevölkerung in Konsum-
vereinen, durch die alle Konsumgüter gleichmäßig verteilt würden
und in denen die Reichen auf Grund des Arbeitszwanges unentgeltlich
als Sekretäre arbeiten und das Proletariat die Kontrolle der Verteilung
durchführen sollte.[16]

Alle diese Maßnahmen würden aber durchkreuzt werden und
für die Herbeiführung des Sozialismus bedeutungslos sein, wenn sie
nicht unter der Kontrolle der Arbeiterschaft durchgeführt werden.
Es komme nicht etwa auf die Konfiskation des kapitalistischen Privateigentums an, denn eine derartige Konfiskation allein enthalte
kein Element der Organisation und könne leicht durch eine »ge-
rechte Steuer« ersetzt werden. Die »Hauptsache« und die »Haupt-
schwierigkeit« der proletarischen Revolution sei »die allgemeine,
allumfassende Arbeiterkontrolle über die Kapitalisten und über ihre
Anhänger«.[17] Um diese Kontrolle wirksam zu gestalten, müsse vor
allem das Geschäftsgeheimnis aufgehoben und nicht nur besonders
dazu bestimmten Räten, sondern »jeder Gruppe von Bürgern,
die eine genügende demokratische Menge bilden (z. B. 1000 oder
10 000 Wähler), das Recht der Durchsicht aller Dokumente jedes
großen Unternehmens« gesichert werden.[18] Als weitere Mittel der
Kontrolle gelten das Getreidemonopol, das Brotkartensystem und
die allgemeine Arbeitspflicht. Mit ihrer Hilfe wird der revolutionäre
demokratische Staat die Kapitalisten und ihre Anhänger aus der Zahl
der »Ingenieure, Agronomen, Techniker, wissenschaftlich gebildeten
Spezialisten aller Art« zwingen, sich in seinen Dienst zu stellen. Für
die Übergangszeit soll ihnen eine höhere Entlohnung gelassen werden, doch wird man sie »unter vollständige Arbeiterkontrolle stellen
und den Grundsatz: ›Wer nicht arbeitet, soll auch nicht essen!‹ restlos
zur Durchführung bringen«.[19]

16 [Ebd.,] S. 29 [LW 25, S. 358].
17 Lenin: Werden die Bolschewiki, S. 31 [LW 26, S. 91].
18 Lenin: Die drohende Katastrophe, S. 19 ff. [LW 25, S. 349].
19 Lenin: Werden die Bolschewiki, S. 34 [LW 26, S. 94].

Im Gegensatz zu den für die Industrie vorgesehenen Maßnahmen wurde das Agrarprogramm von Anfang an diktiert nicht so sehr im Hinblick auf die Durchführung des Sozialismus auf dem Lande, als auf die Gewinnung der kleinbäuerlichen Massen als Verbündete der Bol'ševiki. In einem offenen Brief an die Delegierten des allrussischen Rates der Bauerndeputierten schreibt Lenin im Mai 1917, dass der ganze Großgrundbesitz den Bauern ohne jede Entschädigung überlassen werden müsse, und fordert die Bauern auf, »sich sofort des Landes zu bemächtigen, diese Maßnahme so planmäßig wie möglich durchzuführen, unter keinen Umständen die Zerstörung des Eigentums zuzulassen und alle Anstrengungen anzuwenden, um die Produktion... zu steigern...«[20] Er macht jedoch zwei wichtige Vorbehalte. Erstens soll die Konstituante später die endgültigen Gesetze über den Grund und Boden ausarbeiten. Ferner sollen »im Interesse der Entwicklung der zweckmäßigsten großen Wirtschaftsbetriebe und der Einführung der Staatskontrolle über sie« aus den 30 000 größten Gütern Musterwirtschaften von je 100–300 Desjatinen unter der Kontrolle der Landarbeiterräte gebildet werden.[21]

Die wirtschaftspolitischen Maßnahmen

Es ist charakteristisch und bedeutungsvoll für die bol'ševistische Revolution, dass sie bereits am zweiten Tage nach der Machtergreifung ein Dekret erließ, in dem die sofortige entschädigungslose Enteignung der Gutsbesitzer verfügt und der Übergang der Ländereien samt Inventar bis zur Einberufung der Nationalversammlung an die Bauernräte angeordnet wurde. In den Ausführungsbestimmungen zu diesem Dekret ist von der Erhaltung der Großbetriebe nicht mehr die Rede, nur Betriebe mit hochkultivierter Wirtschaft (Pflanzen-, Baumschulen usw.) werden von der allgemeinen Verteilung, die übrigens periodisch »im Zusammenhang mit der wachsenden Be-

20 [Wladimir Iljitsch] Lenin: Zur Agrarpolitik der Bolschewiki. Wien 1921, S. 9 [LW 24, S. 365].
21 Lenin: Die Aufgaben des Proletariats, S. 31 ff., 60 [LW 24, S. 56 f., unklar]. Ferner XIV/1, S. 171.

völkerungszahl und der Hebung der Produktionskraft« wiederholt werden soll, ausgenommen.[22] Das Dekret war die Grundlage für die berühmte »Smyčka«, das Bündnis zwischen den Bol'ševiki und den großen Bauernmassen, auf dem die Herrschaft der ersteren beruht. Es ist bekannt, dass die Konstituante nicht dazu kam, das Gesetz über den Boden zu beschließen, denn sie wurde kurz nach ihrem Zusammentritt durch die Bol'ševiki auseinandergejagt und in Russland die Räteverfassung errichtet. Am 27. Januar 1918 (alten Stils) wurde das »Grundgesetz über den Boden« erlassen. Es bedeutet die völlige Preisgabe der Möglichkeit, die ökonomischen Grundlagen für die Durchführung der sozialistischen Wirtschaftsweise auf dem Lande zu erhalten oder gar zu stärken. Der Inhalt des Gesetzes ist im Wesentlichen eine Wiedergabe des Agrarprogramms der kleinbürgerlichen linken Sozialrevolutionäre und läuft darauf hinaus, dass der Boden »in die Nutznießung des gesamten werktätigen Volkes« übergehen und möglichst gleichmäßig verteilt sein soll.[23] In Wirklichkeit waren Dekret und Gesetz nichts anderes als die Legalisierung der bereits von den Bauern ziemlich chaotisch durchgeführten Neuverteilung des Landes. Soweit das Nationalisierungsgesetz auch den Boden der reicheren Bauern betroffen hatte, wurde es zunächst nicht durchgeführt.

Die Ergebnisse dieser ersten Agrarrevolution für die Bauern sind mangels zuverlässiger Statistiken schwer zu beurteilen. Der bäuerliche Besitz scheint sich um ungefähr 20 % vergrößert zu haben, in manchen Gegenden, z. B. in der Ukraine, allerdings um mehr als 40 %. Die Großbetriebe verschwanden fast vollständig; da sie aber 1916 nur zirka 11 % der bebauten Fläche ausgemacht hatten, war der Zuwachs an Land für den einzelnen Bauern*betrieb* verhältnismäßig gering. Die Hauptbedeutung der *ersten* Agrarrevolution liegt in der Befreiung der Bauern von zahlreichen schweren Steuer- und Pacht-

22 [Sammlung von Dekreten und Verordnungen des Volkskommissariats für Landwirtschaft 1917–1920 (russ.). Moskau 1921, im Folgenden zitiert als:] Landwirtschaftliche Dekrete, S. 1f.

23 Brutzkus: Agrarentwicklung und Agrarrevolution, S. 149. [Cirill] Zaitzew: [Das Agrarrecht] in dem Sammelwerk *Das Recht Sowjetrußlands*. [Herausgegeben von Aleksandr Vasil'evich Makletzow u. a. Tübingen 1925], S. [1]61.

lasten und in der schlechthin antisozialistischen Nivellierung der landwirtschaftlichen Betriebe.

Die übrigen wirtschaftspolitischen Maßnahmen der Bol′ševiki entsprechen in dieser Phase im allgemeinen ihrem ursprünglichen Programm. Entscheidend für unser Problem sind hier das Dekret über die Arbeiterkontrolle, die Errichtung des Obersten Volkswirtschaftsrates, die Nationalisierung der Banken und die übrigen Nationalisierungsmaßnahmen.

Das Dekret über die Arbeiterkontrolle vom 14. November 1917 verordnet,[24] dass die unter Leitung der alten Besitzer durchzuführende Produktion unter Kontrolle der Arbeitervertreter des betreffenden Unternehmens vor sich gehe. Die Organe der Arbeiterkontrolle waren zusammengefasst in den lokalen Räten für Arbeiterkontrolle, ihre Beschlüsse waren für die Eigentümer der Betriebe bindend. So sehr sich auch die Arbeiterkontrolle als brauchbares Werkzeug zur politischen Lahmlegung der alten Unternehmer und zur Ausdehnung der Macht der Arbeiterschaft auf jeden einzelnen Betrieb erwies, so wenig bewährte sie sich als Hebel zur Organisierung der Produktion und der Verwaltung der Industrie. Die fortwährenden Eingriffe und verständnislosen Anordnungen hemmten die Produktion, anstatt sie zu fördern, und schließlich entwickelten sich die Arbeiterkontrollräte zu einer ernsten Gefahr für eine zentrale Leitung der Industrie, da in ihnen immer mehr syndikalistische Strömungen die Oberhand gewannen: »Ohne auf die wirtschaftliche Zweckmäßigkeit Rücksicht zu nehmen, klammerten sich die Betriebsräte an die ›eigene‹ Fabrik, mochten andere Betriebe auch wichtiger für den Staat und besser ausgerüstet sein. Die Konkurrenz und das Bestreben, einander die die Existenz des Unternehmens sichernden dürftigen Mittel zu entreißen, stellten die Betriebsräte in einen ökonomischen Kampf und verwandelten die Fabriken und Betriebe in ›autonome Föderationen‹ von halbanarchistischem Typ.«[25]

24 [Aleksej Ivanovič] Rykov: [Aufsätze und Reden (russisch). Bd. 1. Moskau 1926], [S.] 307.

25 Die Notlage der Arbeiter spielte dabei eine wichtige Rolle. A[nna M.] Pankratova: Die Betriebsräte Rußlands [im Kampf um die sozialistische Fabrik (russisch). Moskau 1923], S. 238.

Auch eine weitere Aufgabe, die man der Arbeiterkontrolle zugedacht
hatte, wurde von ihr nicht gelöst. Sie sollte eine Art Zusammenarbeit
zwischen Kapital und Arbeit darstellen, in der die Arbeiterklasse bei
den Kapitalisten sozusagen in die Schule gehen sollte, um die Leitung
und Verwaltung der Industrie zu erlernen. Aber das kapitalistische
Bürgertum, das eben erst mit leichter Mühe den Zarismus überwältigt
hatte, dachte nicht daran, sich der Partei eines Teiles des Industrieproletariats zu fügen. Nachdem seine ersten Versuche, bewaffneten
Widerstand zu leisten, niedergeschlagen waren, verteidigte es sich
durch die Mittel der passiven Resistenz und der Sabotage. Große
Teile der Angestellten und Beamten und die meisten Unternehmer
weigerten sich, unter der neuen Regierung zu arbeiten. Als Strafe
stand auf Nichtbefolgung der Anordnungen der Arbeiterkontrollräte
Konfiskation der Betriebe, und es ist besonders kennzeichnend sowohl
für die ursprüngliche Scheu der Bol'ševiki, die Industriebetriebe zu
enteignen, als auch für die Ausdehnung des Widerstandes der Unternehmer, dass von den bis zum 1. Juni 1918 enteigneten Unternehmungen 70 % strafweise enteignet wurden.[26]
    Das wichtigste Nationalisierungsdekret betraf die Banken. Es
wurde am 14./27. Dezember 1917 erlassen, verwandelte alle Banken
in Staatsbetriebe und verfügte ihre Vereinigung mit der Staatsbank.
Die Leitung aller Bankgeschäfte wurde in der Staatsbank zentralisiert;
alle Unternehmungen sollten nur von ihr Kredite eingeräumt erhalten
und alle Zahlungen durch sie ausführen. Man wollte dadurch den
Verrechnungsverkehr übersichtlich und möglichst einfach gestalten.
Die übrigen Sozialisierungsmaßnahmen bis zum Juni 1918 sind von
geringerer Bedeutung. Zu erwähnen sind vor allem die Nationalisierung des Wassertransports (26. Januar 1918) und des Außenhandels
(23. April 1918).[27]

26 [Lev Natanovič] Kricman: Die heroische Periode [der großen russischen
    Revolution (russisch). Moskau, Leningrad ²1926], S. 44.
27 Bankgesetz: [In: Systematische Sammlung der wichtigsten] Dekrete [1917–
    1920 (russisch). Moskau 1920], S. 200 ff. Wassertransport: [In: Dekrete],
    S. 184 ff. Außenhandel: [Vladimir Pawlowitsch] Miljutin: Geschichte [der
    ökonomischen Entwicklung der UdSSR 1917–1927 (russisch). Moskau,
    Leningrad 1928], S. 106.

Sehr bald stellte sich die Notwendigkeit heraus, ein zentrales Organ zur Durchführung der Leitung und Organisierung der gesamten Wirtschaft zu schaffen, da die alten von dem Zarismus und der provisorischen Regierung übernommenen Ministerien und sonstigen Ämter dieser Aufgabe nicht gewachsen waren. So wurde durch Dekret vom 5. Dezember 1917 der Oberste Volkswirtschaftsrat als oberstes Ministerium für die Leitung und Organisierung der gesamten Wirtschaft gegründet.[28] In der Praxis hat er diese Aufgabe nie bewältigen können, sondern sich immer in der Hauptsache mit der industriellen Produktion und der allgemeinen Regulierung der Verteilung beschäftigt. Zunächst war überhaupt nicht von einer planmäßigen Arbeit die Rede, da das erste halbe Jahr nach der Gründung mit dem Aufbau eines Verwaltungsapparates ausgefüllt war. Es wurde ein System von Produktionsabteilungen für die Hauptzweige der Industrie geschaffen, denen besondere Komitees für einzelne Industrien, die sogenannten »Glavki«[29] und »Zentren«[30] angegliedert waren. Nach dem Muster dieser zentralen Einrichtung wurden Lokalorgane für die Abteilungen des Obersten Volkswirtschaftsrates und für die bis zu einem gewissen Grade selbständigen Glavki eingerichtet. Auf die neue Organisation setzte man die größten Hoffnungen. »Diesem... Apparat des alten Staates ist es beschieden, abzusterben, während es dem Apparat vom Typ des Obersten Volkswirtschaftsrates bestimmt ist zu wachsen, sich zu entwickeln und zu erstarken und die gesamte wichtigste Tätigkeit der organisierten Gesellschaft auszuüben.«[31]

Die Wirtschaftslage am Ende der ersten Phase

Am Ende der ersten Phase des Kriegskommunismus steckte die Organisation des Obersten Volkswirtschaftsrates noch in den ersten Anfängen und hatte noch nicht begonnen, planvoll zu arbeiten. Der

28 Dekrete, S. 144.
29 Abkürzung für Glavnoe Upravlenie = Hauptverwaltung.
30 Die Zentren sind die Vorgänger der Glavki, »Zentralverwaltungen« einzelner Industriezweige; sie bestanden z. T. neben den Glavki weiter.
31 [N. Lenin (Vl. Ul'janov): Sobranie sočinenij. T. xv. Proletariat u vlasti. 1918 god. Moskau 1922–1925], S. 279.

ganze Wirtschaftsprozess wurde im Gegenteil immer chaotischer.
Auf dem Lande hatte die erste Agrarrevolution dazu geführt, dass
der Landhunger der großen Massen befriedigt war, dass aber die
wirkliche Macht im Dorf bei den reicheren Bauern lag, die über das
notwendige Inventar verfügten, um den Boden zu bestellen. Immer
weniger Getreide kam in die Städte, so dass bereits am 9. Mai 1918 dem
Verpflegungskommissariat (Narkomprod) das Recht zur Beschlagnahme der Getreidevorräte bei den Bauern eingeräumt und am 13. Mai das
Staatsmonopol für Getreide erneut eingeführt werden musste.[32] Das
war eine starke Belastung für die »Smyčka«, und es ist bekannt, dass
diese immer schärfer durchgeführten Zwangsrequisitionen schließlich zum Zusammenbruch der ganzen Wirtschaftspolitik des Kriegskommunismus geführt haben. Hier am Ende dieser ersten Phase der
bol'ševistischen Wirtschaftspolitik beginnen schon die eigentlichen
»kriegskommunistischen«, d. h. aus der Not des Tages geborenen
Maßnahmen. Die Städte hungerten, freiwillig gaben die Bauern kein
Getreide heraus; die von ihnen geforderten Industriewaren konnte
man auch nicht in genügenden Mengen herbeischaffen – was blieb
da anderes übrig als die Beschlagnahme? Auf allen Gebieten häuften
sich die Schwierigkeiten für die Sowjetmacht. Am 16. Mai hatte der
Aufstand der Sozialrevolutionäre begonnen, ihm folgte wenige Tage
später (25. Mai 1918) der tschechoslowakische.
      Die Lage in der Industrie war dadurch charakterisiert, dass nach
einem Worte von Rykov »der unmittelbare Kampf, der Barrika-
denkampf zwischen der Arbeiterklasse und der Bourgeoisie, in die
einzelnen Fabriken und Betriebe verlegt wurde.«[33] Aber wenn auf
diese Weise auch die Arbeiterkontrollräte sich zu Herren der Fabriken machten, so war damit die planmäßige Weiterführung der
Produktion in keiner Weise gesichert. Die Führer Lenin und Trockij
richteten in alarmierenden, seither berühmt gewordenen Ansprachen

32 Dekrete, S. 156. Am 27. Mai 1918 wurde das Narkomprod in ein allge-
    meines Verpflegungs- und Verteilungszentrum umgewandelt. [Siehe: A.
    Swiderski: Die Lebensmittelpolitik der Sowjet-Regierung. In:] Russ[ische]
    Korr[espondenz 1, 11 (1920)], [S. 497–508, hier] S. 499.
33 Rykov: [Aufsätze und Reden 1], S. 11.

an die Arbeiterschaft die Mahnung, dass es sich jetzt vor allem darum
handele, durch »Rechnungslegung und Kontrolle« Ordnung in die
Produktion zu bringen und »ein außerordentlich kompliziertes und
feines Netz von neuen Organisationsbeziehungen auszuspannen,
die die planmäßige Produktion und Verteilung von Erzeugnissen...
unter selbständigem historischen Schaffen der Mehrheit der Bevölkerung...« durchführen sollten.[34] Schon vier Wochen vor der Rede
Lenins hatte Trockij Alarm geschlagen und »Arbeit, Disziplin und
Ordnung« gefordert.[35] In beiden Reden wird ausgesprochen, dass
zwar der offene Bürgerkrieg als beendet angesehen werden könne
(was sich als ein schwerer Irrtum erwies) und dass es sich jetzt darum handele, den *versteckten* Krieg zu gewinnen, d. h. die Sabotage
der Beamten und technischen Angestellten, »aller qualifizierten und
halbqualifizierten Kräfte, die in der bürgerlichen Gesellschaft als
natürlicher Mechanismus der technischen Leitung und gleichzeitig
der Klassenherrschaft und Klassenregierung dienen«,[36] zu unterbinden. Lenin und Trockij sehen klar, dass für die nächste Zeit ohne die
Hilfe der Fachleute, der »Spec«, die gewaltigen organisatorischen
Aufgaben nicht gelöst, dass aber ihre Hilfe nur durch »sehr hohe
Bezahlung« gewonnen werden könne. Ein solches Kompromiss, das
»ein Abrücken von den Prinzipien der Pariser Kommune« bedeute,
sei nichts anderes als ein »Tribut für unsere eigene Rückständigkeit bei der Organisation der allgemeinen Rechnungslegung und
Kontrolle von unten«.[37] Ohne eine solche, bisher ganz ungenügend
organisierte Rechnungslegung und Kontrolle könne man nicht »die
nächsten Aufgaben... auf dem Gebiete der Nationalisierung der Ban-

---

34 [Wladimir Iljitsch] Lenin: Die nächsten Aufgaben [der Sowjetmacht.
   Berlin 1919], S. 5 [LW 27, S. 231]. Über »Rechnungslegung und Kontrolle«
   vgl. in derselben Schrift S. 9, 11, 19, 20, 22 f. [LW 27, S. 233, 235, 238–241].
   Die Rede Lenins wurde vom VCIK [Allrussischen Zentralexekutivkomitee
   der Arbeiter-, Bauern- und Rotarmistendeputiertenräte] als Grundlage
   der Wirtschaftspolitik angenommen.
35 L[eo] Trotzki: Arbeit, Disziplin und Ordnung [werden die sozialistische
   Sowjetrepublik retten. Berlin 1919].
36 [Ebd.], S. 7.
37 Lenin: Die nächsten Aufgaben, S. 16, 19 [LW 27, S. 239, 241].

ken, der Monopolisierung des Außenhandels, der staatlichen Kontrolle des Geldverkehrs, der Einführung einer vom proletarischen Standpunkte genügenden Vermögens- und Einkommenssteuer, der Einführung einer Arbeitspflicht richtig bestimmen«.[38] Auch müsse endlich daran gegangen werden, durch Einführung von Arbeits- und Konsumbudgetbüchern für jeden Bourgeois, auch den bäuerlichen, mit der Arbeitspflicht Ernst zu machen,[39] andererseits aber auch Arbeitsgerichte einzuführen, die »gewissenlose«, d. h. arbeitsscheue Arbeiter zur Rechenschaft zu ziehen hätten.[40] Es wird gefordert, den »Meetings-Demokratismus« mit der »alltäglichen Arbeitsdisziplin«, d. h. mit der widerspruchslosen Unterordnung unter den Willen des Leiters des Arbeitsprozesses zu vereinigen. Diese »eiserne Disziplin« aber sei eine der Voraussetzungen für die Steigerung der Arbeitsproduktivität, die noch ganz im Argen liege. Zu ihrer Hebung bedürfe es außerdem der Bereitstellung der Rohstoffe und des kulturellen und Bildungsaufstieges der Bevölkerungsmasse.[41]

In diesen Alarmrufen spiegelt sich deutlich die kritische Lage. Sie kam einige Wochen später wieder auf dem ersten allrussischen Kongress der Volkswirtschaftsräte (Mai 1918) zum Ausdruck. Auf diesem Kongress gelangte man zur Überzeugung, dass es mit der planlosen Besetzung der Betriebe durch die Arbeiterkontrollräte und mit der zufälligen Nationalisierung einzelner Unternehmungen nicht weitergehen könne, sondern dass es notwendig sei, die wichtigeren Industriezweige als Ganze zu sozialisieren (Bergwerke, Naphtha, Chemie, Metallverarbeitung und Textilindustrie). Diese Sozialisierung müsse systematisch von einer Stelle, zweckmäßigerweise vorn Obersten Volkswirtschaftsrat, durchgeführt werden. Ende Juni wurde dieser Beschluss des Kongresses in einer durch die Umstände erzwungenen, bedeutend weitergehenden Form zum Gesetz erhoben.

Welches ist die Bedeutung dieser ersten Phase des Kriegskommunismus für unsere Probleme? Entscheidend für die Beantwortung

---

38 [Ebd.], S. 20 [LW 27, S. 241f.].
39 [Ebd.], S. 22 [LW 27, S. 243].
40 Trotzki: Arbeit, Disziplin und Ordnung, S. 17.
41 Lenin: Die nächsten Aufgaben, S. 47, 28 [LW 27, S. 261, 249].

ist der Umstand, dass in Theorie und Praxis nirgends eine marktlose Wirtschaft sofort durchgeführt werden sollte, im Gegenteil: alle Vorschläge und alle Maßnahmen setzen als selbstverständlich voraus, dass der Markt zunächst erhalten bleibt. Offenbar hat sich Lenin das Schicksal des Marktes in der sozialen Revolution ähnlich vorgestellt wie dasjenige des Staates: beide müssen zuerst erobert und alle ihre beherrschenden Positionen in die Hand des Proletariats gebracht werden. Im Laufe der Zeit werden sich dann neue Organisationsformen herausbilden, die den einen wie den anderen überflüssig machen. Ebenso wie der Staat wird der Markt nicht etwa »abgeschafft«, sondern stirbt ab aus Mangel an Funktionen.

Es sei hier auf die Verwandtschaft dieser Gedankengänge ebenso wie der aus ihnen heraus getroffenen Maßnahmen mit den wirtschaftspolitischen Ausführungen des *Kommunistischen Manifestes* hingewiesen. Auch bei Marx und Engels werden die Mittel des Marktes bewusst in den Dienst des siegreichen Proletariats gestellt, steht die Forderung »Zentralisation des Kredits in den Händen des Staates durch eine Nationalbank mit Staatskapital und ausschließlichem Monopol«.[42] Es ist heute leicht, über die Naivität der oben dargestellten Leninschen Entwürfe für die Übergangsmaßnahmen zu spotten. Alles erscheint dort allzu »einfach«, die Übernahme der Banken und die Weiterführung der Produktion durch die Kapitalisten unter Kontrolle des Proletariats ebenso wie die Vorstellung, dass die Proletarier zunächst einmal bei den Kapitalisten lernen sollen, wie der Wirtschaftsprozess geleitet wird. Aber man sollte nicht vergessen, dass die Naivität mehr in der Form als im Inhalt liegt. Lenin sprach und schrieb für Arbeiter und Bauern, aber er war mit den Verfassern des »Kommunistischen Manifestes« davon überzeugt, dass die anfänglichen Maßregeln, »die ökonomisch unzureichend und unhaltbar erscheinen..., im Laufe der Bewegung über sich selbst hinaus treiben und als Mittel zur Umwälzung der ganzen Produktionsweise unvermeidlich sind.«

42 K[arl] Marx und F[riedrich] Engels: Das [K]ommunistische Manifest, S. 44 [MEW 4, S. 481].

Auch die von Lenin weiter geplanten Maßnahmen, die infolge des
Bürgerkriegs nicht mehr zur Durchführung kamen, sind charakteristisch durch ihre Anlehnung an den Markt und ihre Verwandtschaft
mit den eben erwähnten Forderungen des »Kommunistischen Manifestes«. Die Verteilung sollte allmählich an »Konsumtions-Produktions-
Kommunen« übergehen, d. h. die ganze Bevölkerung sollte in nach
Produktionseinheiten (Fabrik, Betrieb usw.) organisierten Konsumgenossenschaften zusammengefasst werden, jedoch unter Beibehaltung
von Markt und Geld und unter Zulassung von freiem Kauf und Verkauf, sofern diese Transaktionen eine gewisse Summe nicht übersteigen und in die Konsumtions- bzw. Arbeitsbücher eingetragen würden.
Mit der Zeit sollten alle Käufer und Verkäufer gezwungen werden, bei
der Zentralbank ein laufendes Konto zu führen und alle Zahlungen
nur durch die Bank, d. h. bargeldlos, auszuführen. Bemerkenswert
ist, dass für bestimmte gesellschaftlich wichtige Arbeiterkategorien
naturale Entlohnung vorgesehen war.[43] Alle diese Maßnahmen setzen
zu ihrer Verwirklichung das Bestehen des Marktes voraus. Sie sind
gedacht als Bestandteile einer »staatskapitalistischen« Übergangswirtschaft: das kapitalistische Wirtschaftssystem besteht zwar noch,
aber der vom Proletariat eroberte Staat hat eine Reihe wirtschaftlicher
Machtpositionen besetzt, um mit ihrer Hilfe die Marktwirtschaft in
eine sozialistische, marktlose Wirtschaft überzuleiten.

Insofern diese Maßnahmen sowohl planmäßig geschehen als auch
allmählich die planmäßigen Elemente in der Wirtschaft zur Alleinherrschaft bringen sollen, kann man sie zu den planwirtschaftlichen
Versuchen zählen. Ihre praktische Bedeutung für die Planarbeit ist
gering; es sind die ersten tastenden Schritte, die auch da zu keinem
Erfolg führten, wo man den richtigen Weg eingeschlagen hatte. Die
Behutsamkeit, mit der Lenin diese Übergangsmaßnahmen durchgeführt wissen wollte und die ihm von einem Teil seiner eigenen Partei-
genossen sehr übel genommen wurde,[44] war vor allem diktiert durch

43 Programmentwurf Lenins [in: Vladimir Il'ič Lenin: Sämtliche Werke, Bd.]
     XV. [Moskau 1928], S. 162 f. (Russ.) [LW 27, S. 143 f.]
44 Vgl. hierzu die Thesen der »Linken Kommunisten« vom April 1918, ab-
     gedruckt in [Vladimir Il'ič] Lenin: [Sämtliche Werke, Bd.] XV. [Moskau

das Bewusstsein der eigenen Schwäche und die Unerforschtheit des zu begehenden Weges. Lenin schwebte eine Anzahl von Einzelmaßnahmen vor und das zunächst zu erreichende Ziel,[45] und »dann wird man klarer sehen, denn die praktische Erfahrung erweitert unendlich unseren Horizont und ist Millionen mal mehr wert als die allerbesten Programme... Wie mir erinnerlich, hat Napoleon geschrieben: ›On s'engage et puis on voit‹. In freier russischer Übertragung heißt das: ›Erst müssen wir uns in einen ernsten Kampf verwickeln, und dann wird man schon sehen.‹ Nun, wir haben uns zuerst im Oktober 1917 in einen ernsten Kampf verwickelt und dann erst solche Einzelheiten... gesehen, wie den Frieden von Brest, oder die Nep und ähnliche...«[46] Diese Leninsche Maxime beleuchtet scharf den unzerreißbaren Zusammenhang zwischen Politik und Wirtschaft in den Zeiten einer revolutionären Umwälzung und die Tendenz der Politik, das Diktat über die wirtschaftlichen Maßnahmen an sich zu reißen. Diese Tendenz hat sich in der nächsten nun zu behandelnden Phase in einer für die Wirtschaft katastrophalen Weise durchgesetzt.

II. Zweite Phase: Der Kriegskommunismus im engeren Sinne (Juni 1918 bis Dezember 1919)

Was die russischen Theoretiker heute unter dem Begriff Kriegskommunismus verstehen, wurde bereits dargelegt: eine Wirtschaftspolitik,

1928], S. 660 ff. (Russ.) [Wladimir Iljitsch Lenin: Thesen der »Linken Kommunisten« über die gegenwärtige Lage. In: Ders.: Sämtliche Werke, Bd. 22. Zürich 1934, S. 627–640.]

45 »Der sozialistische Staat kann nur entstehen als ein Netz von produktiv konsumierenden Kommunen, die gewissenhaft ihren Konsum und ihre Produktion buchen, mit der Arbeit ökonomisch umgehen, die Produktivität der Arbeit unentwegt steigern und dadurch die Möglichkeit erzielen, den Arbeitstag bis auf sieben, bis auf sechs Stunden und auf noch weniger herabzusetzen.« Lenin: Die nächsten Aufgaben, S. 24 f. [LW 27, S. 245].

46 Zit[iert] bei [Lev Abramovič] Leont'ev, [Elizaveta Leonidovna] Chmel'nickaja: Die Sowjetökonomik (russ.). Moskau, Leningrad 1926], S. 76 f.

die zwar manche dem Kommunismus eigene Züge trägt, deren Maßnahmen aber in der Regel nicht auf Grund eines wohldurchdachten
Planes zur Herbeiführung einer sozialistischen Wirtschaft, sondern
aus der Not des Augenblicks entsprungen sind, ähnlich denjenigen
einer belagerten und ausgehungerten Festung. Unter dem dreifachen
Druck von Bürgerkrieg, ausländischer Intervention und Blockade
musste das ursprünglich konstruktive Programm bald der Sorge
um die Befriedigung der primitivsten Bedürfnisse von Armee und
Bevölkerung weichen. Maßnahmen, die unter rein wirtschaftlichen
Gesichtspunkten von allen Einsichtigen verurteilt wurden, rechtfer-
tigten sich dadurch, dass sie wenigstens für den Augenblick aus einer
bedrohlichen, vielleicht sogar lebensgefährlichen Lage heraushalfen.
Es handelte sich einfach darum, aus der bereits schwer darniederlie-
genden Wirtschaft »die allernotwendigsten Produkte für die Armee
im Kriege und für die Arbeiterklasse ziehen zu können. Dies war
eigentlich keine wirtschaftliche Aufgabe im breiten Sinne dieses
Wortes, sondern eine militärisch-industrielle«.[47] Dass unter solchen
Umständen von dem Aufbau oder gar der Durchführung eines einheitlichen Planes für die zielbewusste Leitung der Gesamtwirtschaft
keine Rede sein konnte, liegt auf der Hand. Es gab zwar eine Reihe
von Teilplänen, aber diese waren nicht zusammengefasst und mussten
immer wieder verändert werden. Die positiven Ergebnisse dieser Phase für die planwirtschaftliche Entwicklung sind infolgedessen gering,
dennoch muss sie hier etwas ausführlicher behandelt werden, da sich
in diesen anderthalb Jahren von Mitte 1918 bis Ende 1919 nahezu alle
Elemente herausbildeten, aus denen dann im Jahre 1920 eine streng
zentralisierte marktlose Wirtschaft geschaffen werden sollte.

Die Aufstellung eines allgemeinen Wirtschaftsplanes auf längere
Zeit war schon deswegen unmöglich, weil die Zentralgewalt nie

47 Trotzki: Grundfragen, S. 399. Über den Umfang der Aufgabe kann man
    sich eine Vorstellung machen, wenn man bedenkt, dass die Rote Ar-
    mee von 200 000 Mann auf 3,3 Millionen im Sommer 1920 gewach-
    sen war. Staatsenzyklopädie [d.i. Ènciklopedija Gosudarstva i Prava.
    Kommunističeskaja Akademija sekcija obščej teorii gosudarstva i prava.
    Pod redakciej P. Stučka. Bd. 1. Moskau 1925], S. 193.

wusste, über welche Teile des Landes sie am nächsten Tage noch verfügen konnte. In allen Teilen des Reiches flammte der Bürgerkrieg auf, die gegenrevolutionären Generäle erzielten bedeutende Erfolge, Petersburg und Moskau waren mehr als einmal bedroht. Die Ukraine, das Don-Gebiet und der Kaukasus, unentbehrlich für die Versorgung mit Getreide, Kohle, Eisen und Petroleum, waren fast ununterbrochen Kriegsschauplatz, und es gab Zeiten, wo 60% des gesamten Eisenbahnnetzes sich in der Hand der Gegner befanden.[48]

Agrarpolitik

Um die notdürftigste Verpflegung des Heeres und der Städte sicherzustellen, hatte man schon im Mai 1918 damit begonnen, den »Überschuss« der Bauernwirtschaften an Getreide zu beschlagnahmen. Diese Maßnahme erwies sich als ungenügend, da die Sowjetmacht nicht genug Stützpunkte auf dem Lande hatte, um sie durchzuführen. Es wurde deshalb beschlossen, »den Klassenkampf auf das Dorf zu tragen«, und am 11. Juni 1918 durch Dekret die Bildung von Dorfarmen-Komitees angeordnet. Mit diesem Dekret beginnt die zweite Agrarrevolution, die zunächst die politischen Positionen der Sowjetregierung stärkte, wirtschaftlich aber dem antisozialistischen Charakter der seit Oktober 1917 getroffenen agrarpolitischen Maßnahmen die Krone aufsetzt. Denn durch diese Komitees der von der Stadt abgewanderten Proletarier und der armen Bauern wurden nun auch die meisten größeren Bauernwirtschaften aufgelöst, Land und Inventar verteilt und damit die Produktivität der russischen Landwirtschaft schwer geschädigt. Die »Komitees der Dorfarmut« hatten die Funktion von Regierungsorganen mit dem Recht der Beschlagnahme des Getreides und der Verteilung der den Dörfern zugewiesenen Industriewaren. Die Verteilung sollte gleichmäßig erfolgen unter Bevorzugung der proletarischen Elemente, so dass die Eigentümer der beschlagnahmten Getreidemengen häufig wenig oder gar nichts für ihre Erzeugnisse erhielten. Andererseits erreichte die Sowjetregierung durch diese neue Einrichtung nur sehr bedingt ihr ursprüngliches Ziel, denn die

48 Larin, Kritzmann: Wirtschaftsleben, S. 40.

»Komitees« neigten dazu, das beschlagnahmte Getreide nicht an die
Stadt abzuliefern, sondern im Dorfe zu behalten. Da außerdem der
Widerstand der wohlhabenderen Bauern ständig wuchs und sich
schließlich in einer Reihe von Bauernaufständen Luft machte, wurde die ganze Einrichtung (außer in der Ukraine) bereits nach einem
halben Jahre ihres Bestehens im Dezember 1918 wieder aufgehoben.[49]
Die Getreiderequisitionen wurden von da ab durch bewaffnete Abteilungen von Arbeitern, bestehend »aus mindestens 75 Mann mit
zwei bis drei Maschinengewehren«, durchgeführt, was erst recht zu
schweren Bauernaufständen führte.[50]

Außer mit blutigen Aufständen reagierten die Bauern auf die
Maßnahmen der Regierung dadurch, dass sie die Anbaufläche, insbesondere für technische Kulturen, immer mehr einschränkten und in
weitestem Umfang zur geschlossenen Hauswirtschaft zurückkehrten.

Neben der Nivellierung der landwirtschaftlichen Betriebe hatte die
zweite Agrarrevolution zur Folge, dass das ländliche Proletariat, das
1917 noch fast anderthalb Millionen zählte, nahezu verschwand. Aus
den Landarbeitern waren Kleinbauern geworden, aber ihr Landanteil
und insbesondere ihre Versorgung mit Inventar war meist viel zu
klein, um ihnen eine einigermaßen ausreichende Existenz zu sichern.

Entfernte sich die Landwirtschaft immer mehr von dem sozialis-
tischen Ideal, so fehlte es doch nicht ganz an Versuchen, sie in der
Richtung zu einer sozialistischen Wirtschaft zu drängen. »Um die
Abschaffung jeder Ausbeutung von Menschen durch Menschen zu
sichern, um die Landwirtschaft auf sozialistischer Grundlage mit der
Anwendung sämtlicher Entdeckungen der Wissenschaft und Technik

49 Vgl. Brutzkus: Agrarentwicklung und Agrarrevolution, S. 159 f.
50 Ebd., S. 160. Soweit die Dorfarmenkomitees nicht aus Industriearbeitern
    zusammengesetzt waren, gehörten ihre Mitglieder den kulturell rückstän-
    digsten Teilen der Bauernschaft an. Dass die Vertreter dieser Schichten
    zu einer sachgemäßen Erfüllung der ihnen zugewiesenen Aufgaben nicht
    fähig sein konnten, sondern oft eine furchtbare Misswirtschaft trieben,
    ist nicht zu verwundern. Eine der Folgen war der enorme Rückgang des
    Anbaus von Zuckerrüben, der bis dahin vornehmlich in Großbetrieben
    durch Landarbeiter erfolgt war, und damit die Lahmlegung der Zucker-
    industrie.

zu organisieren, um die arbeitenden Massen im Geiste des Sozialismus zu erziehen, um das Proletariat mit der ärmsten Bauernschaft in ihrem Kampfe gegen den Kapitalismus zu vereinigen, ist es notwendig, die individuellen Formen der Bodenbenutzung zu verlassen und die kollektivistischen in Anwendung zu bringen. Große staatliche Betriebe, Kommunen, genossenschaftliche Bodenbearbeitung usw. sind als beste Mittel zu diesem Zwecke anzusehen, aus welchem Grunde die heutigen individuellen Formen als etwas Vorübergehendes und Absterbendes zu betrachten sind.«[51] Die Formen, in denen man die kollektive Landbestellung durchführen wollte, waren die Sowjetwirtschaften (staatliche Mustergüter) und die Kollektivwirtschaften (landwirtschaftliche Produktivgenossenschaften). Praktische Bedeutung kam ihnen zunächst nicht zu. Beide Formen fristeten die ersten Jahre ein überaus kümmerliches Dasein, denn außer Menschen und Land fehlte ihnen nahezu alles zur erfolgreichen Führung eines landwirtschaftlichen Großbetriebes. Die Erklärung alles Grund und Bodens zu Staatseigentum blieb vollends nichts als eine bloße Geste: »Die russischen Bauern haben den *feudalen Grund und Boden*, den sie bisher bearbeiteten, zu ihrem Eigentum gemacht. Das ist eine Tatsache, die man durch verschiedene juristische Fiktionen verschleiern kann, die jedoch bestehen bleibt und nur durch einen langsamen Prozess aufgehoben werden kann. Das Wirtschaftsprogramm der kommunistischen Partei zeigt den Weg zur Sozialisierung der Landwirtschaft... landwirtschaftliche Kommunen... freiwilliger Zusammenschluss der Bauern, landwirtschaftliche Bildung, um die landwirtschaftliche Technik zu heben,... einen anderen Weg zur Sozialisierung der Landwirtschaft gibt es nicht.«[52]

Die Misserfolge der Sozialisierungspolitik auf dem Lande wurden von Lenin auf dem 8. Parteitag der K.P.R. (März 1919) rückhaltlos festgestellt. Auf diesem Parteitag beginnt die entscheidende Wendung in der Agrarpolitik der Bol'ševiki, sie verzichten endgültig darauf,

51 Ausführungsbestimmungen zu der »sozialistischen Bodenregulierungsordnung«, zit[iert] nach Zaitzew: Das Agrarrecht, S. 162 f.
52 K[arl] Radek: Das Programm der Komm[unistischen] Partei Russlands. Zürich 1920, S. 28.

sich allein auf die Dorfarmut zu stützen, und erklären von da ab den Mittelbauer zur »zentralen Figur«.[53]

Industriepolitik

Am 28. Juni 1918 wurde das erste umfassende Nationalisierungsdekret für die Industrie erlassen. Es erstreckte sich auf alle Betriebe mit einem Grundkapital von mehr als 1 Million Rubel, sowie auf sämtliche Unternehmungen ohne Rücksicht auf die Höhe des darin investierten Kapitals im Bergbau, den Eisenbahnen, in der Gummi-, Holz- und Celluloseverarbeitung. Die Nationalisierung erfolgte nicht aus rein wirtschaftlichen Erwägungen; vielmehr erschien es notwendig, in das systemlose und die Produktion schwer schädigende Vorgehen der lokalen Instanzen Ordnung zu bringen. Ferner trugen außenpolitische Erwägungen (der Stand der Verhandlungen mit Deutschland) zu dem Entschluss bei. Bezeichnenderweise sollten die Betriebe »in unentgeltlicher Pacht- und Nutznießung« seitens der ehemaligen Besitzer bleiben.[54] Doch konnte dieses Dekret den Verfall der Industrie nicht aufhalten.

Die Transport- und die Brennstoffkrise dauerten an, und überdies wurde es notwendig, die kaum demobilisierte Industrie wieder auf die Fabrikation von Kriegsbedarf umzustellen. Ferner wurde es immer schwieriger, Arbeiter und vor allem gelernte Arbeiter zu bekommen, da die Ernährungslage sich dauernd verschlechterte und seit dem Jahre 1917 große Massen der Industriearbeiterschaft vor dem Hunger auf das Land flüchteten. Die Entvölkerung der Städte, insbesondere der beiden wichtigsten Industriezentren Petersburg und Moskau, hatte bereits größten Umfang angenommen; im Frühjahr 1918 war die Bevölkerung Petersburgs um eine Million gesunken, die von Moskau um eine halbe, so dass beide Städte jetzt nur noch ungefähr je anderthalb Millionen Einwohner zählten.[55] Mit dem Jahre 1919 verschärfte sich der Mangel an Nahrungsmitteln, Rohstoffen und Brennmaterial

---

53 Vgl. hierzu Zaitzew: Das Agrarrecht, S. 165.
54 Industriegesetze I, S. 50.
55 Larin, Kritzmann: Wirtschaftsleben, S. 10.

ungeheuer, denn die alten Vorräte waren aufgebraucht und die Zufuhr von neuen stockte. Man versuchte, sich mit Ersatzmitteln zu helfen, so z. B. wurden statt mit der fehlenden Kohle die Lokomotiven und die Dampfkessel in den Fabriken mit Holz geheizt. Die einzelnen Betriebe kämpften einen »krampfhaften Kampf gegen den Erstickungstod«, und mit verzweifelten Mitteln wurde daran gearbeitet, der allgemeinen Disziplinlosigkeit der Arbeiterschaft zu steuern und die Arbeitsintensität zu heben. Zu diesen letzten Maßnahmen gehört auch die Propagierung der »kommunistischen Samstage« [Subbotnik], wie sie in Lenins berühmter Schrift *Die große Initiative* erfolgte.[56] »Die Produktivität der Arbeit ist letzten Endes die Hauptsache für den Sieg der neuen Gesellschaftsordnung... Der Kommunismus beginnt dort, wo der selbstlose, die schwere Arbeit überwindende Wille der Arbeitermasse zur Steigerung des Arbeitsertrages in Erscheinung tritt, der Wille, jeden Scheffel Getreide, jeden Zentner Kohle, Eisen und andere Produkte zu behüten, die nicht für die Arbeitenden selbst und ihre ›Nächsten‹ bestimmt sind, sondern für die ›Fernen‹, d. h. für die Gesellschaft in ihrer Gesamtheit... Die ›kommunistischen Samstage‹ sind außerordentlich wertvoll als faktischer Anfang des Kommunismus, und dies ist etwas sehr Seltenes, denn wir befinden uns auf einer Stufe, wo die ›ersten Schritte zum Übergang vom Kapitalismus zum Kommunismus‹ getan werden.«[57]

56 Geschrieben im Juni 1919. Die »kommunistischen Samstage« waren angeblich aus der eigenen Initiative einer Arbeitergruppe der Eisenbahn Moskau-Kazan entstanden. Man hatte dort am 7. Mai 1918 beschlossen, den Arbeitstag freiwillig um eine Stunde zu verlängern und diese sechs Stunden am Samstag nach der offiziellen Arbeitszeit für besonders dringende Arbeiten zu verwenden. Die Resultate, die Lenin in der zitierten Broschüre angibt, waren, gemessen an der gewohnten Arbeitsintensität, überraschend groß. Doch war die moralische Bedeutung dieser Einrichtung, die bis ins Jahr 1920 beibehalten wurde, wohl größer als die praktische. Im Januar 1919 beteiligten sich an solchen Samstagen 4300 Personen, im Januar 1920 35 000. (Larin, Kritzmann: Wirtschaftsleben, S. 65 f.)

57 [Wladimir Iljitsch] Lenin: Die große Initiative. Bern 1920, S. 23 [LW 29, S. 416 f].

Aber trotz der unerhörten Anstrengungen, die an vielen Stellen
gemacht wurden, sank die Produktivität der Wirtschaft von Monat
zu Monat. Zahlreiche gelernte Arbeiter kämpften an den Fronten,
bildeten doch die schon Ende Mai 1918 mobilisierten Gewerkschaften
den Kern der neugeschaffenen Armee. Es wurde immer schwieriger,
überhaupt Arbeitskräfte für die notwendigsten Arbeiten zu bekommen, so dass schließlich der am 30. November 1918 neugeschaffene
Rat für Arbeit und Verteidigung (STO) am 21. November 1919 die Militarisierung der Holzbeschaffung dekretierte.[58] Das war der Anfang
zur Einführung der allgemeinen Arbeitspflicht, die bis dahin lediglich formell für die Angehörigen der vormals herrschenden Klasse
bestanden hatte. Noch im April 1918 hatte sich die linke Opposition
in der Kommunistischen Partei dagegen verwahrt, dass nach den
Prinzipien einer halbbürokratischen Zentralisation die Arbeitspflicht
auch auf Arbeiter ausgedehnt werde.[59] Die Verordnung wurde in
einem Augenblick äußerster Not erlassen und sollte wenigstens die
Durchführung der dringendsten Arbeiten sichern. Erweitert wurde
sie durch Dekret vom 29. Januar 1920, welches, gestützt auf den im
Grundgesetz der Sowjetrepublik und in dem Kodex der Arbeit erklärten Grundsatz der allgemeinen Arbeitspflicht, bestimmt, dass die
gesamte arbeitsfähige Bevölkerung heranzuziehen sei »zu einmaliger
oder periodisch wiederholter Ausführung folgender, der Arbeitspflicht unterstehenden Arbeiten...: Heranschaffung von Heizmaterial,
landwirtschaftliche Arbeit, ... Lebensmittelversorgungsarbeiten, Bau-
und Transportarbeiten, Säuberung von Schnee und Eis, Kampf gegen
Epidemien usw.«[60] Soweit lebendes oder totes Inventar notwendig
war, musste es von den Arbeitspflichtigen, soweit vorhanden, zur
Verfügung gestellt werden. Durch die Arbeitspflicht wurden beson-

58 Dekret vom 21. November 1919: Arbeitspflicht für Holzbeschaffung, Land-
    wirtschaftliche Dekrete, S. 144. – Gesetz vom 30. November [19]18 betr.
    STO, Dekrete, S. 62.
59 [Lenin:] Thesen der »Linken Kommunisten«, S. 660.
60 2. Dekret über Arbeitspflicht vom 29. Januar 1920. [In: Systematische
    Sammlung der wichtigsten Dekrete. 1917–1920 (russ.). Moskau 1920],
    S. 94, und [Tagung des Allrussischen Zentral-Exekutiv-Komitees. In:]
    Russ[ische] Korr[espondenz] 8/9 (1920), [S. 32–48, hier] S. 38.

ders schwer die Bauern getroffen. In den Waldgouvernements sollen
bis zu 60 % der Bevölkerung derartige »Frondienste« geleistet haben.
Der Entschluss eines Teiles der Arbeiter, an den kommunistischen
Samstagen freiwillig unbezahlte Mehrarbeit zu leisten, bedeutet um so
mehr, als ihre Lage in dieser Zeit erbärmlich schlecht war. Die Löhne
blieben weit hinter der Teuerung zurück, auf dem freien Markt war
gegen Geld kaum etwas zu haben, besonders nachdem er seit Ende
1918 mit der Nationalisierung des Handelskapitals in die Illegalität
gedrängt worden war. Seit September 1918 mehren sich die Forderungen auf »Naturalisierung des Arbeitslohns«, d. h. auf Lohnzahlung
in Naturalien.

Ernährungspolitik

Man fängt mit einzelnen Naturalzuweisungen an die Arbeiter an,
während der Geldlohn zunächst noch den Hauptteil des Lohnes
bildet, bis sich das Verhältnis schließlich umkehrt und die Arbeiter
neben ihren Naturalzuweisungen an Lebensmitteln, Arbeitskleidung,
Wohnung und sehr wenigen Industriewaren Geld nur dazu erhalten, um die unzureichenden Zuweisungen auf dem illegalen, aber
unentbehrlichen und deshalb geduldeten Schleichhandelsmarkt zu
ergänzen. Mit der Zeit bildete sich ein Kartensystem heraus, das die
städtische Bevölkerung in drei Kategorien einteilte, Fabrikarbeiter,
ihre Angehörigen und die früher herrschende Klasse. Schwerarbeiter
erhielten Zusatzkarten, Kinder besondere Karten. Aber schon die an
die bestversorgten Kategorien verteilten Nahrungsmittel sicherten
kaum ein Hungerdasein, von der zweiten und dritten Kategorie gar
nicht zu reden. In den größeren Städten wurden Speiseanstalten
eingerichtet, die schließlich die Verpflegung großer Teile der Bevölkerung übernehmen mussten. In den kleinen Städten und gar auf
dem flachen Lande spielte das Kartensystem nur eine geringe Rolle.
Als untere Verteilungsorgane dienten die Konsumgenossenschaften,
in denen die Bevölkerung zwangsweise vereinigt wurde (März 1919).
   Die Grundsätze der Lebensmittelpolitik lassen sich folgendermaßen zusammenfassen: 1. Staatliche Versorgung der ganzen Bevölkerung mit Lebensmitteln und Bedarfsartikeln; 2. Monopolisierung

der wichtigsten Lebensmittel und Bedarfsartikel; 3. zunehmende
staatliche Erfassung der nicht monopolisierten Produkte; 4. auf dem
Dorfe »kollektiver Warenaustausch« für alle landwirtschaftlichen
Produkte; 5. Ablieferungspflicht für den »Überschuss« an Getreide
und anderen wichtigen landwirtschaftlichen Produkten; 6. Bekämpfung des Privathandels.[61]

Besonders interessant ist der eben erwähnte Versuch eines kollektiven Warenaustausches mit dem Lande. Er konnte allerdings
nur so lange eine Rolle spielen, als man dem Dorfe überhaupt noch
Industriewaren zu bieten hatte. Später lastete das Hauptgewicht der
Beschaffung von Agrarprodukten auf den oben erwähnten bewaffneten Arbeiter-Detachements. Der kollektive Warenaustausch spielte
sich in der Weise ab, dass Industrieerzeugnisse auf dem Lande nur an
die ländlichen Konsumgenossenschaften abgegeben werden durften,
und zwar nach Maßgabe der Produktenmengen, die die betreffenden
Gebiete abgeliefert hatten. Nach dem Dekret vom 8. August 1918
mussten mindestens 85 % der ausgehändigten Waren von Genossenschaften und den damals noch zugelassenen Privathändlern mit
Agrarprodukten bezahlt werden, nur für 15 % war Geldzahlung gestattet. Die Abrechnung erfolgte nach festgesetzten Preisen. Mit der
völligen Beseitigung des legalen Privathandels am 21. November 1918
wurde die Leitung der Beschaffung und Verteilung aller Mittel des
persönlichen Gebrauchs dem Verpflegungskommissariat (Narkomprod) übergeben.[62] Dieses Ministerium, das in der Epoche des Kriegskommunismus eine immer wachsende Rolle spielte und schließlich
noch das einzige wirklich funktionierende Wirtschaftsamt darstellte,
bezog die Industrieprodukte direkt durch die »Glavki«, die Agrarprodukte von den einzelnen ländlichen Bezirken durch Vermittlung der
Konsumgenossenschaften oder der Requisitionsorgane. Die Konsumgenossenschaften blieben in der Verwaltung der Genossenschaftler,
waren aber dem Narkomprod unterstellt. Der Oberste Volkswirt-

61 Swiderski: Die Lebensmittelpolitik der Sowjetregierung, S. 499.
62 [Systematische Sammlung von Dekreten und Verordnungen der Re-
    gierung in Angelegenheiten der Verpflegung 1917–1920 (russ.). Moskau
    1919/1920], S. 167 ff., 14.

schaftsrat verlor das Recht, über die Gegenstände des persönlichen Konsums zu verfügen, und hatte nur noch über Produktionsmittel sowie industrielle Roh- und Hilfsstoffe zu disponieren.[63]

Im März 1919 war die Ernährungslage so schwierig geworden, dass man zu neuen Maßnahmen greifen musste. An die Stelle der Konsumgenossenschaften, von denen bisher an jedem Ort zwei (eine Arbeitergenossenschaft und eine bürgerliche) zulässig waren, trat eine Konsumkommune, der die Bürger des betreffenden Ortes (bzw. Stadtbezirkes) beitreten mussten und die im Genossenschaftsverband (Centrosojuz) unter Kontrolle des Narkomprod zusammengefasst wurden.[64]

Unter solchen Umständen musste die Bedeutung des Marktes fortwährend sinken. Die offiziell festgesetzten Preise hatten nur noch rein nominellen Charakter und dienten lediglich der Verrechnung für die durch den Staat und seine Organe erfassten Waren. Man hatte im Jahre 1918 für den Austausch zwischen ländlichen und Industrieerzeugnissen Friedenspreise festgesetzt, aber in dem Verhältnis, dass bei Zugrundelegung dieser Preise gegen Industriewaren im Friedenswert von 100 Rubeln Agrarprodukte im Friedenswerte von 300 Rubeln gegeben werden mussten; dieses Verhältnis wurde im August 1919 von 1:3 auf 1:2 reduziert. Auf dem Schleichhandelsmarkte war das Verhältnis bereits im September 1919 wie 1:6, ein deutliches Zeichen für die katastrophale Knappheit der Industrieerzeugnisse.[65]

In den letzten Monaten des Jahres 1919, die der Roten Armee glänzende Siege brachten, erreichte die Wirtschaft den bis dahin tiefsten Punkt des Verfalls. Abgesehen von der Kriegsindustrie war die Produktion auf ein Minimum gesunken; es sollte sich allerdings zeigen, dass der tiefste Stand damit noch nicht erreicht war. Inmitten dieses allgemeinen Verfalls der Produktion war nun aber ein gewaltiger, streng zentralisierter Apparat zur Leitung und Verwaltung der Industrie entstanden. Der Oberste Volkswirtschaftsrat hatte sich zu einer mächtigen Organisation entwickelt, die scheinbar das gesamte der Gewalt der Sowjets unterstehende Land umspannte. Mit dieser

---

63 Dekret vom 27. Mai 1918, 2. [In:] Dekrete, S. 157 ff.
64 Dekret vom 16. März 1919. [In:] Dekrete, S. 172.
65 Larin, Kritzmann: Wirtschaftsleben, S. 28 f.

Organisation, welche die eigentliche planwirtschaftliche Leistung der gesamten kriegskommunistischen Epoche darstellt, haben wir uns ausführlich zu beschäftigen, jedoch soll zuvor noch eine Übersicht über die dritte (letzte) Phase des Kriegskommunismus gegeben werden.

III. Dritte Phase: Versuch der Organisierung einer marktlosen Volkswirtschaft (Januar 1920 bis März 1921)

Das Jahr 1919 schloss für die Sowjetregierung mit großen militärischen Siegen. Nach der Räumung der Ukraine durch die gegenrevolutionären Truppen und der Gefangennahme von Kolčak war der Bürgerkrieg zunächst beendet. Die Entente erklärte sich bereit, mit Russland Frieden zu schließen, und hob am 26. Januar 1920 die Blockade auf. Zum ersten Mal seit mehr als 18 Monaten konnte der Bestand der Sowjetmacht als politisch gefestigt gelten. Es schien jetzt möglich, ohne Störungen durch Krieg und Bürgerkrieg alle Kräfte auf die Wirtschaftsfront zu konzentrieren. Jetzt musste sich erweisen, ob die erzwungenen Maßnahmen der Jahre 1918 und 1919 wirklich nur als »kriegskommunistische« Notmaßregeln getroffen waren; war dem so, dann musste man sie aufheben, so rasch es irgend ging, und dem für die Übergangswirtschaft als unentbehrlich anerkannten Markt wieder zu seinem Rechte verhelfen. Nichts dergleichen geschah. Das ganze Jahr 1920 hindurch machte man im Gegenteil unerhörte Anstrengungen, eine marktlose, auf Grund eines Planes geleitete zentrale Verwaltungswirtschaft aufzubauen. Infolge einer allein durch die Erfolge der jungen Roten Armee verständlichen Überschätzung der Möglichkeiten spezifisch militärischer Mittel wollte man nun mit ihrer Hilfe die Wirtschaft aufbauen. Die entbehrlichen Teile der Armee wurden zu Arbeitsarmeen umgebildet, die an den bedrohten Teilen der Wirtschaftsfront eingesetzt werden sollten. An Stelle der Kriegspläne trat ein Wirtschaftsplan, zu dessen Durchführung die Arbeitsarmeen kommandiert wurden – in dieser wahrhaft militaristischen Vorstellungswelt blieb kein Platz für den Markt und seine Gesetze.[66]

66 Protokoll des 9. Kongresses der [K. P. R. im April 1920].

Militarisierung der Arbeit

Die wirtschaftlichen Aufgaben, die man sich Anfang 1920 stellte, sind in der folgenden Resolution klar formuliert:»Neben den wichtigen und unaufschiebbaren Aufgaben des Transportes, zur Beseitigung der Heizmaterial- und Lebensmittelkrise, zur Bekämpfung von Epidemien und zur Organisierung disziplinierter Arbeitsarmeen,– ist Sowjet- russland augenblicklich die Möglichkeit gegeben, seinen wirtschaft- lichen Aufbau planmäßig durchzuführen, ihm eine wissenschaftliche Grundlage zu geben und einen einheitlichen Plan der Volkswirtschaft ins Leben zu rufen.«[67]

Zur planmäßigen Durchführung der notwendigen einschneidenden Maßnahmen wurde ein Hauptkomitee für allgemeine Arbeitspflicht unter dem Vorsitz Trockijis bereits am 27. Dezember 1919 errichtet. Die Bedeutung der Durchführung der Arbeitspflicht für die in diesem Augenblick aktuellen Probleme der Demobilisierung war sehr groß. Erstens hatte sie die Folge,»dass der aus den Reihen der Armee kom- mende qualifizierte Arbeiter mit dem Arbeitsbuch in der Hand im Namen des Wirtschaftsplans des Landes dorthin gehen muss, wo seine Anwesenheit notwendig ist«. Ferner konnte man durch sie die Arbeiter zwingen, aus dem Hausgewerbe in die Staatsbetriebe herzugehen, oder »die Versetzung der Arbeitskraft aus einem Unternehmen ins andere, in Abhängigkeit von dem Wirtschaftsplan, der Nähe des Rohstoffes und anderer ökonomischer Beziehungen...« verfügen. Zweitens aber schuf sie die gesetzliche Unterlage für die Verwandlung der Armeen, die man aus Furcht vor einem Wiederaufflammen des Krieges nicht demobilisieren wollte, in Arbeitsarmeen. Am 15. Januar 1920 wurde das dritte Armeekorps in die erste Arbeitsarmee verwandelt, im Februar folgten die zweite und siebente Armee.[68] Es handelte sich um eine »Mi- litarisierung« der Arbeit im großen Stil, mit der man hoffte, die Wirt-

---

67 [Tagung des Allrussischen Zentral-Exekutiv-Komitees], S. 39.
68 [Leo] Trotzki: [Die Wirtschaft in Sowjetrußland und in Westeuropa.] Bericht auf der vereinigten Sitzung des 3. Kongresses der Volkswirt- schaftsräte und des Moskauer Arbeiter- und Bauernrates. [Abgedruckt in:] Russ[ische] Korr[espondenz] 8/9 (1920), [S. 9–19, hier] S. 13.

schaft nicht nur in Gang zu bringen, sondern auch planmäßig gestalten
zu können. »Wenn wir ernsthaft von einer planmäßigen Wirtschaft
sprechen wollen, wenn die Arbeitskraft in Übereinstimmung mit dem
Wirtschaftsplan im gegebenen Entwicklungsstadium verteilt werden
soll, darf die Arbeiterklasse kein Nomadenleben führen. Sie muss ebenso wie die Soldaten verschoben, verteilt, abkommandiert werden.«[69]
Dem Einwand der Gegner einer derartigen Militarisierung, dass man
hier zu den Methoden der Pharaonen zurückkehre, begegnet Trockij
mit dem Hinweis auf die Verschiedenheit des Klassenzweckes.[70] Die
Ergebnisse der Militarisierung der Arbeit waren in dem ersten halben
Jahr, insbesondere auf dem Gebiet der Holzbeschaffung nicht unbedeutend, allerdings gab es unter den Arbeitern zahlreiche Deserteure.
»In den wichtigsten Industriezweigen sind bei uns 1 150 000 Arbeiter
verzeichnet, in Wirklichkeit aber arbeiteten nur 850 000 ... Wo sind
die 300 000 geblieben? Sie sind fortgegangen. Wohin? Ins Dorf, vielleicht in andere Industriezweige, vielleicht beschäftigen sie sich mit
Spekulation.«[71] Angesichts der gesamten Lage versteht es sich, dass
die Durchführung der Arbeitermobilisierung unter den schwersten
Reibungsverlusten vor sich ging. Man mobilisierte Hunderte und Tausende von Bauern, hielt sie tagelang ohne Beschäftigung zusammen,
ohne sie auch nur mit Unterkunft und den nötigsten Nahrungsmitteln
zu versorgen, und schickte sie dann wieder weg, weil weder ein Plan
ausgearbeitet noch Geräte vorhanden waren.[72]

Allerdings scheinen schon damals bei manchem Zweifel an der
Wirksamkeit der kriegskommunistischen Maßnahmen aufgetaucht
zu sein. Im Februar 1920 forderte Trockij, die Getreiderequisitionen
durch eine Naturalsteuer zu ersetzen. Doch wurde diese Forderung
entrüstet als »Freetradertum« abgelehnt.[73]

69 [Leo Trotzki: Ueber die gegenwärtigen Aufgaben des wirtschaftlichen
     Aufbaus. Rede auf dem IX. Kongreß der Kommunistischen Partei Ruß-
     lands. Moskau, April 1920. In: Russische Korrespondenz 10 (1920), S. 11–19,
     hier] S. 12.
70 [Lev Trotzkij: Werke (russ.), Bd. XV. Moskau 1927], S. 4 ff.
71 Trotzki: [Ueber die gegenwärtigen Aufgaben], S. 12.
72 Protokoll des 7. Sowjetkongresses, S. 172 ff.
73 Protokoll des 10. Kongresses der K. P. R., S. 146.

Landwirtschaft

In der Landwirtschaft verschlechterten sich die Verhältnisse zusehends. Im kollektiven Warenaustausch zwischen Stadt und Land war nach Lenins Worten die Sowjetmacht »Schuldner des Bauern« geworden, sie hatte ihm gegen wertlose Geldzeichen sein Getreide fortgenommen, »Schulden bei ihm gemacht«. An die Zurückzahlung dieser Schulden konnte erst nach Wiederherstellung der Industrie gedacht werden, aber Voraussetzung dieser Wiederherstellung war, die Überschüsse der landwirtschaftlichen Produktion auch weiter in Beschlag zu nehmen.[74] Es ist bekannt, dass die Bauern für diese Argumentierung wenig Verständnis hatten und dass sie auf die Beschlagnahmungen von Getreide, Kartoffeln, Fleisch usw. damit antworteten, dass sie den Anbau und die Viehhaltung einschränkten. Unter solchen Umständen gingen auch die Bodenerträge stark zurück; nach den Berechnungen des statistischen Amtes betrug der Rohertrag an Brotgetreide auf einer Desjatine vor dem Krieg 48 Pud, im Jahre 1920 nur noch 36 Pud.[75] Die Saatfläche ging von 93,6 Millionen Desjatinen im Jahre 1917 (in den gegenwärtigen Grenzen der UdSSR ohne Turkestan, Transbaikal und Transkaukasien) auf 86,1 Millionen im Jahre 1920 zurück, d. i. um 8 %, verglichen mit dem Jahre 1917, und um 12½ %, bezogen auf das Jahr 1913. Der Ernteertrag betrug in % vom Erntedurchschnitt des letzten Vorkriegsjahrzehnts:[76]

74 [Wladimir Iljitsch Lenin: Die Auswärtige und innere Politik Sowjet-Russlands. Rede auf dem VIII. Sowjetkongress. Dezember 1920. In: Russische Korrespondenz 1/2 (1921), S. 10–25, hier] S. 19.

75 Zitiert bei Brutzkus: [Agrarentwicklung und Agrarrevolution], S. 175.

76 Sämtliche Zahlen nach den Zusammenstellungen von Kricman: [Die heroische Periode], S. 153 ff. Die verschiedenen Zahlen bei der Getreideablieferung nach zwei verschiedenen Schätzungen. Alle Zahlen haben nur illustrativen Charakter, insbesondere ist die Saatflächenstatistik überaus zweifelhaft. Brutzkus ([Agrarentwicklung und Agrarevolution], S. 220) stellt vier verschiedene Saatflächenberechnungen zusammen, die für das Jahr 1920 um 20 Millionen Desjatinen, also um ein Viertel der höchsten Schätzung differieren. Kricman ([Die heroische Periode], S. 34) erklärt, dass die von den Bauern aus Furcht vor dem Abgabezwang verheimlichte

1917	93 %	1919	80 %
1918	89 %	1920	70 %

Die gesamte Getreideablieferung betrug in Millionen Pud:

Jahresdurch- schnitt	1909–13	4774	3850
	1917	4217	3350
	1920	2914	2082

Dabei ist zu berücksichtigen, dass zwei Drittel bis drei Viertel des Ertrages von den Bauern selbst konsumiert wurden. Besonders charakteristisch ist der Rückgang im Anbau der sogenannten technischen Kulturen. Es betrug prozentuell zum Jahre 1913 im Jahre 1920:

	die Anbaufläche	die Ernte
Hanf	40 %	10 %
Flachs	50 %	25 %
Zuckerrüben	26 %	15 %
Baumwolle	13 %	11 %
Tabak	10 %	10 %

Der Viehbestand verminderte sich ebenfalls stark, am wenigsten das Großvieh (ungefähr um ein Fünftel), Schweine um 28 %, Schafe fast um die Hälfte.

Ohne eine bessere Belieferung der Bauern war an eine Veränderung dieser Zustände nicht zu denken. »Wenn ihr den Bauern Waren gebt, so braucht ihr keine Kommunisten zur Getreidebeschaffung zu schicken,«[77] erklärte ein Bauerndelegierter auf dem 7. Sowjetkongress.

Saatfläche 9 Millionen betrug, so dass von schätzungsweise 67,5 Millionen Desjatinen nur 58,2 Millionen statistisch erfasst wurden. Nach dem bekannten Statistiker [Stanislav Gustavovič] Strumilin soll die verheimlichte Saatfläche sogar 14 Millionen betragen haben.

77 Protokoll des 7. Sowjetkongresses, S. 56 f.

Die Versuche der Sowjetregierung, die landwirtschaftliche Produktion durch die Einführung »sozialistischer« Organisationsformen zu heben, scheitern auch in dieser Phase des Kriegskommunismus. Die meist schlecht ausgerüsteten und geleiteten landwirtschaftlichen Staatsbetriebe (Sovchozy) und die landwirtschaftlichen Produktionsgenossenschaften verzehrten den größten Teil ihrer Produkte selbst. Während des Jahres 1919 wurden 2500 Wirtschaften mit 600 000 Desjatinen Ackerland in Sowjetwirtschaften umgewandelt, 1920 soll ihre Gesamtfläche rund 1,2 Millionen Desjatinen betragen haben, der von ihnen an die städtische Bevölkerung abgelieferte Überschuss wird auf 2 Millionen Pud Getreide und andere landwirtschaftliche Produkte angegeben.[78]

Bezogen auf die gesamte Getreidebeschaffung für Stadt und Armee ist diese Zahl sehr klein. Es wurden vom Narkomprod beschafft:[79]

1917/18	47,5 Millionen Pud
1918/19	107,9 Millionen Pud
1919/20	212,5 Millionen Pud
1920/21	367,0 Millionen Pud

Die Zahlen zeigen, dass es im Wirtschaftsjahr 1920/21, welches formell zur Hälfte, faktisch jedoch zu einem viel größeren Teil der Epoche des Kriegskommunismus zuzurechnen ist, gelang, annähernd 70 % der Brotgetreidemengen, die vor dem Krieg auf den innerrussischen Markt kamen, durch das Narkomprod aufzubringen; im Mai 1920 wurden 60 % des von der Stadtbevölkerung verzehrten Getreides durch das Narkomprod verteilt, und diese Ziffer stieg von Monat zu Monat.[80] Aber dieser Erfolg war nur scheinbar, denn in dem Maße, wie die Stadtbevölkerung mehr zu essen bekam, verschlechterte sich

78 Larin, Kritzmann: [Wirtschaftsleben], S. 32 f.
79 Brutzkus: [Agrarentwicklung und Agrarevolution], S. 162. Die Zahl für 1919/20 wird von Spectator [Wirtschaftsstatistisches Handbuch für Sowjetrussland. Berlin 1922] mit 270 Millionen Pud angegeben. Vgl. Anm. 13, S. 121.
80 Nach Brutzkus: [Agrarentwicklung und Agrarevolution], S. 162 f.

die Lage der Bauern. Es wurden ihnen immer weniger Nahrungsmittel
belassen, immer mehr wurde die Beschlagnahme des »Überschusses«
zu einer Wegnahme der notwendigsten Vorräte der Bauernwirtschaft
an für die eigene Ernährung bestimmtem Getreide und Saatgut.[81]
Obendrein brachte das Jahr 1920 eine Missernte, und die Aussichten
für die Frühjahrsbestellung waren denkbar schlecht.

Angesichts dieser verzweifelten Lage und der sich mehrenden
Bauernaufstände entschloss sich die Regierung zu einer Maßnahme, die von vornherein zum Scheitern verurteilt sein musste: man
dekretierte die Sozialisierung der 18 Millionen Bauernwirtschaften,
ihre Unterstellung unter eine einheitliche Leitung und die Schaffung
von »Saatkomitees«, die dafür sorgen sollten, dass die zur »Pflicht
gegenüber dem Staat« erklärte Bestellung »einer in dem staatlichen
Ackerplan festgelegten Bodenfläche« durchgeführt würde.[82] Der
Entwurf zu diesem vom 8. Sowjetkongress (Ende Dezember 1920)
erlassenen Dekret stammt von Osinskij, der diesen Plan schon seit
Monaten propagiert hatte. Er begründete ihn damit, dass die Bauern
in großem Umfang die Arbeits-, Verpflegungs- und Steuerpflicht anerkannt und sich damit auf den Boden des Staatssozialismus gestellt
hätten. Staatliche Einmischungen in die letzte Frühjahrskampagne
hätten Erfolge gehabt, der sozialistische Umbau der Landwirtschaft
lasse sich nicht durch Staats- oder Kollektivwirtschaften erreichen,
die zunächst bloß Musterwirtschaften sein könnten, sondern nur
durch die staatliche Zwangsregulierung der ganzen Agrarproduktion. Das Produkt könne für eine gewisse Übergangszeit Privateigentum bleiben und das persönliche Interesse durch ein Prämiensystem
stimuliert werden. Durch eine derartige Zwangsregulierung sei es
allein möglich, überhaupt einmal zur ersten Stufe einer sozialistischen Wirtschaft zu kommen, nämlich zu einem Produktionsplan
für die Landwirtschaft. Der von manchen gemachte Vorschlag, von
den Requisitionen zur Naturalsteuer überzugehen und damit dem
Bauer einen Teil seines Überschusses zur freien Verfügung zu lassen,

---

81 [Ebd.], S. 177.
82 Beschlüsse des 8. Allrussischen Sowjetkongresses. [Abgedruckt in:] Rus-
    s[ische] Korr[espondenz] 1/2 (1921), S. 60.

bedeute die Wiederherstellung des freien Handels, einen »Kurs auf den Kulak«, den Zusammenbruch der staatlichen Beschaffungen in jeder Form.[83] Das blinde und durch die bisherigen Erfahrungen wenig begründete Vertrauen, das mit Osinskij der 8. Allrussische Sowjetkongress in die Macht derartiger Dekrete setzte, wurde schwer enttäuscht. Zwar wurden die Aussaatkomitees eingesetzt, aber ihre Erfolge waren gleich Null. Unter dem Donner der Geschütze, mit denen zahlreiche Bauernaufstände und schließlich der Kronstädter Aufstand (2.–13. Mai 1921) niedergeschlagen wurden, begrub man auch diesen allzu utopisch angelegten Versuch, das Problem Sozialismus und Landwirtschaft mit einem Schlage zu lösen.

Industrie

Das Jahr 1920 begann in der Industrie mit einer schweren Krise auf dem Gebiet des Transports, der Brennstoff- und Lebensmittelversorgung und der Beschaffung von Arbeitskräften. Man schien in einen fehlerhaften Kreislauf hineingeraten zu sein, denn ohne Besserung der Transportverhältnisse war an keine Behebung der Brennstoffkrise zu denken und umgekehrt; ohne die Beseitigung der krisenhaften Zustände auf diesen beiden Gebieten konnten die beschafften Nahrungsmittel nicht in die Städte gebracht werden, und ohne eine einigermaßen gesicherte Versorgung mit Lebensmitteln erschien es unmöglich, der Flucht der städtischen Bevölkerung auf das Land Einhalt zu tun. Die Verteilung der Lebensmittel und Rohstoffe funktionierte sehr schlecht, zahlreiche Fabriken mussten aus Mangel an Materialien und Arbeitskräften stillgelegt werden.[84]

Die Beendigung der Kriege und Bürgerkriege ermöglichte eine gewisse Freiheit in der Wahl der Mittel, mit denen man dieser schweren Lage Herr werden wollte, und wir wissen bereits, welchen Weg

83 [Nikolaj] Osinskij: Staatliche Regulierung der Bauernwirtschaften. Moskau [o. J.], S. 8 ff. [Zitiert nach: Eugen Varga: Die Agrarfrage im revolutionären Russland. In:] Russ[ische] Korr[espondenz] 1/2 (1921), [S. 99–101, hier] S. 101.
84 Protokoll des 7. Sowjetkongresses, S. 170 ff., 180 ff.

man einschlug. Es wurde beschlossen, gleichzeitig mit der Bekämpfung der schweren Krisen eine sozialistische Wirtschaft aufzubauen. Nicht die Rückkehr zu den Methoden des Marktes wurde am Anfang dieses verhängnisvollen Jahres dekretiert, sondern die Einführung der allgemeinen Arbeitspflicht und die Bildung von Arbeitsarmeen. Der Ernst der Lage zeigte sich in der Versorgung der Wirtschaft mit Heizmaterial. Es betrug der Anteil der drei wichtigsten Brennstoffe in Prozenten zur verbrauchten Gesamtmenge:[85]

	Steinkohle	Naphtha	Holz
1916	67,0	19,0	14
1919	3,5	5,0	88
1920	36,0	10,5	50

Bei Berücksichtigung des Rückgangs der absoluten Ziffern zeigt sich, dass zwar eine Besserung in der Gesamtlage eingetreten, jedoch die Situation immer noch überaus kritisch war. Immerhin war wenigstens eine gewisse Entspannung gegenüber dem Jahre 1919 eingetreten, wo die in das Donezbecken geschickten Kohlentransportzüge leer zurückkamen, weil sie unterwegs von der Bevölkerung geplündert worden waren, die erklärte, sich lieber von den Begleitmannschaften der Züge niederschießen zu lassen, als vor Kälte zu sterben.[86]

Organisierung des Transports

Die schwerste Gefahr drohte der Wirtschaft der Sowjetrepublik durch den Zustand des Transportwesens. Im Herbst 1919 konnte man »fast mit der Uhr in der Hand« berechnen, wann der Eisenbahntransport vollständig zum Zusammenbruch kommen müsse: spätestens im

85 [Tagung des Allrussischen Zentral-Exekutiv-Komitees. In:] Russ[ische] Korr[espondenz] 8/9 (1920), [S. 32–48, hier] S. 37.
86 [J. Rosselewitsch: Die Torfgewinnung im Nordgebiet. In:] Russ[ische] Korr[espondenz] 12/13 (1920), [S. 723–725, hier] S. 724.

Laufe des Jahres 1920.[87] Das notwendige Holz zur Feuerung der Maschinen (geschweige denn die Kohle) fehlte, und die Zahl der »kranken« Lokomotiven und Waggons wuchs rasch. Bereits im März 1919 hatte man den Passagierverkehr vorübergehend einstellen müssen, um das notwendigste Getreide aus dem Osten und Süden herbeizuschaffen.[88] Im Januar des Jahres 1919 waren 47,7 % aller Lokomotiven betriebsunfähig, im Februar 1920 sogar 64,5 %. Der Prozentsatz der betriebsuntauglichen Güterwagen war von Juli 1920 mit 16,6 % bereits zwei Monate später auf 23,6 % gestiegen. Auf je 1000 Werst kamen an betriebsfähigen Lokomotiven:[89]

1. Januar 1918	273
1. Dezember 1919	88
1. Juli 1920	139

Dazu war durch die Bürgerkriege ein großer Teil des Netzes ganz oder teilweise zerstört worden.[90]

Die Wendung der Lage zum Besseren wird auf zwei berühmt gewordene »Befehle«[91] zurückgeführt, die sich zu einem Plan für die Reorganisierung des Transportwesens und die Reparatur des rollen-

---

87 [Leo] Trotzki: Die Hebung des Transportes. Rede auf dem VIII. Sowjetkongress. [Moskau,] Dezember 1920. [In:] Russ[ische] Korr[espondenz] 1/2 (1921), [S. 43–47, hier] S. 43.

88 [Wladimir Iljitsch] Lenin: Erfolge [und Schwierigkeiten der Sowjetmacht. Leipzig 1921], S. 34 [LW 29, S. 66].

89 Sarabianow: [An der Schwelle], S. 59 f.; Larin, Kritzmann: [Wirtschaftsleben], S. 41.

90 Trotzki: [Die Hebung des Transports], S. 43, berichtet, dass von etwa 54 000 Werst Eisenbahnnetz fünf Sechstel unter dem Krieg zu leiden hatten, dass fast 3000 Brücken und mindestens 1000 Werst Geleise vollständig zerstört worden seien.

91 [G. Bergmann: Das sozialistische Examen. In:] Russ[ische] Korr[espondenz] [11] (1920), [S. 568–569, hier] S. 568 [sowie Leo Trotzki: Aufbau der Transportmittel. Ausführung des Befehls sub Nr. 1042. In: Russische Korrespondenz 17/18 (1920), S. 1063–1066, hier S.] 1063.

den Materials ergänzten. Die größten Schwierigkeiten schufen die zahlreichen verschiedenen Maschinentypen, welche die Belieferung mit Ersatzteilen zu einem fast unlösbaren Problem machten. »Wir selbst haben den Markt abgeschafft, aber mit Hilfe der Maschinen und Hilfsmittel, die diesem Markt entstammen. Und wenn unsere Lokomotiven auf den großen Stationen mit ihren verschiedenartigen Stimmen pfeifen, so erinnern sie uns damit an die Vielstimmigkeit der kapitalistischen Produktionsweise, deren Kinder sie sind. Dadurch entstehen auch die größten Schwierigkeiten für die Reparaturarbeiten. Zur sozialistischen Wirtschaft können wir uns erst dann durchkämpfen,... wenn unser Plan... nicht nur oberflächlich die Produktion umfasst, sondern wenn er... zu einem Besen wird und diese sonderbare Buntscheckigkeit hinauskehrt, die weiter nichts ist als ein technisches Kleingewerbe... In der technischen Sprache heißt das – Normalisierung.«[92]

Ende 1920 konnte festgestellt werden, dass auf dem seit 1918 von 36 000 Werst auf 60 000 Werst gewachsenen Eisenbahnnetz die anfängliche tägliche Beladung von 6000 Waggons sich mehr als verdoppelt hatte. Im Ganzen hat man 30 % der Vorkriegsleistung im Güterverkehr und 27 % im Personenverkehr wieder erreicht.[93] Wesentlich zu diesen Erfolgen hatte die vorübergehende Einstellung der Kriegshandlungen beigetragen, die im Jahre 1919 zwei Drittel aller gebrauchsfähigen Maschinen für sich in Anspruch genommen hatten. Auch war es im Frühjahr 1920 möglich, einen Teil der Reparaturwerkstätten wieder in Gang zu bringen.[94]

An eine fühlbare Entlastung des Transportwesens durch die Schifffahrt war nicht zu denken. Der Bestand an Flussschiffen war auf ein Drittel, derjenige an Seeschiffen auf weniger als ein Sechstel der Vorkriegszeit zurückgegangen. Die Baggerarbeiten waren in vielen

92 Trotzki: [Die Hebung des Transports], S. 46.
93 [Jemschanow: Die Fragen des Transportes. Rede auf dem VIII. Sowjetkongress. Moskau, Dezember 1920. In:] Russ[ische] Korr[espondenz] 1/2 (1921), [S. 47–49, hier] S. 48. Sarabianow: [An der Schwelle], S. 60. Sarabianow: [An der Schwelle], S. 60.
94 Larin, Kritzmann: [Wirtschaftsleben], S. 43.

Häfen eingestellt, so dass die Ladung der Schiffe wegen der Versandung auf offener Reede gelöscht werden musste.

Sozialisierung der Kleinindustrie

Die Maßnahmen zur Sozialisierung der Industrie erreichten ihren Höhepunkt in zwei Dekreten. Am 20. Mai war die Hauptverwaltung für die Heimindustrie (Glavkustprom) eingerichtet worden, und am 7. September wurde das Dekret über die Regulierung des Handwerks und der nicht nationalisierten Industrie erlassen. Diese Betriebe wurden nicht eigentlich nationalisiert, ebensowenig wie die Bauernwirtschaften. Aber sie wurden dazu verpflichtet, alle ihnen durch den Glavkustprom zugewiesenen Aufträge auszuführen und alle Produkte an ihn abzuliefern, soweit nicht für einzelne Produktionszweige den Handwerkern ohne Lohnarbeiter der Verkauf auf dem lokalen Markt gestattet war. Jeder Zwischenhandel wurde ausdrücklich verboten, die Belieferung mit Rohstoffen und Produktionsmitteln sollte durch den Glavkustprom erfolgen.[95]

Die zweite, weit einschneidendere Maßnahme erfolgte durch Dekret des OVWR vom 29. November 1920 mit der Sozialisierung aller Kleinbetriebe von mehr als 5 Arbeitskräften und motorischer Kraft oder 10 Arbeitskräften ohne Motore.[96] Durch dieses Dekret wurde ein Prozess legalisiert, der bereits viel früher eingesetzt hatte. Schon im Jahre 1919 hatte die Verstaatlichung des Kleingewerbes begonnen,[97]

95 Landwirtschaftliche Dekrete, S. 152, 167.
96 Dekrete, S. 265.
97 Am 1. Februar 1920 war der Stand der Sozialisierung folgender:

Industriezweig	Zahl d[er] Glavki u[nd] Zentren	Zahl d[er] soz[ialisierten] Betriebe	Zahl d[er] nichtsoz[ialisierten] Betriebe
1. Steine u[nd] Erden	6	437	561
2. Montanindustrie	5	81	6
3. Metallbearb[eitung]	8	553	601

und am 28. August 1920 wurden bereits über 37 000 Betriebe mit fast zwei Millionen Arbeitern als Staatseigentum registriert. Über zwei Drittel waren Unternehmungen, die im Durchschnitt nur 1–15 Arbeiter und im Ganzen 5,9 % sämtlicher Arbeiter zählten, während das übrige Drittel mit Betrieben von mehr als 16 Arbeitern 94,1 % aller Arbeiter umfasste. Fast die Hälfte aller 37 000 Betriebe verfügte über keinerlei motorische Kraft.[98] Am 1. November 1920 befand sich weniger als ein Fünftel unter der unmittelbaren Leitung des OVWR, und auch dieser Bruchteil konnte von ihm nicht in Gang gehalten werden. Die Organisierung der nationalisierten Betriebe war also weit hinter der Deklaration der Enteignung zurückgeblieben. In dem Dekret vom 29. November 1920 wird diesem Umstand insofern Rechnung getragen, als es bestimmt, dass die Besitzer und Direktoren unter Strafandrohung auf ihrem Posten bleiben müssen, dass das gesamte

4. Holzbearbeitung	1	158	84
5. Chemische Industrie	7	195	57
6. Nahrungsmittelindustrie	10	1799	838
7. Verarbeit[ung] tier[ischer] Produkte	5	195	2226
8. Papier u[nd] polygr[aphische] Gewerbe	2	146	–
9. Verarbeitung v[on] Faserstoff	2	615	232
10. Brennstoffe	4	32	–
11. Sonstige	1	62	4
	51	4273	4609

In den sozialisierten Betrieben waren rund 1 Million Arbeiter beschäftigt, in den übrigen kaum der zehnte Teil. (Miljutin: Geschichte der ökonomischen Entwicklung, S. 184 f.)

98 Kricman: [Die heroische Periode], S. 132 f.

technische Personal in den Staatsdienst übergehe und das Verlassen der Posten als Desertion bestraft werde.

Der Zusammenbruch der Industrie

Am Ende der kriegskommunistischen Epoche unterstanden dem OVWR formell 37 226 Betriebe mit über 2 Millionen Arbeitern. Bei einer derartigen Menge von Betrieben blieben alle Maßnahmen zur Durchorganisierung der Volkswirtschaft und zur Ausgestaltung des zentralen Verwaltungsapparates, von denen weiter unten ausführlich berichtet wird, letzten Endes erfolglos. Einige Zahlen mögen den Zustand der wichtigsten Industriezweige im Jahre 1920 beleuchten: Die Bruttoproduktion war, berechnet für die ganze Industrie, auf 18 % des Standes von 1913 gesunken. Doch gibt diese Zahl nur einen rohen Durchschnitt und schließt solche Gegensätze ein wie 42,7 % für die Naphtha-Produktion, 27 % für Kohlegewinnung und 2,4 % für die Produktion von Gusseisen.[99] Von allen in dem Bericht des OVWR für 1920 genannten Industriezweigen erreicht nur ein einziger ungefähr die Vorkriegsproduktion, nämlich die Torfindustrie (97,7 %), bei allen Übrigen bleibt die Produktion unter der Hälfte der Vorkriegszahlen. Das Sinken der Produktion spiegelt sich deutlich in den folgenden Zahlen für die beiden wichtigsten Zweige der Textilindustrie:[100]

	Wollindustrie			Baumwollindustrie		
	1912	1920	in % von 1912	1912	1920	in % von 1912
Zahl der Betriebe	1092	303	27,7	592	78	13,20
Zahl der Spindeln in Arbeit	444 604	218 485	49,0	7 200 000	500 000	7,00

99 Kricman: [Die heroische Periode], S. 163 f, Sarabianow: [An der Schwelle], S. 59.
100 Spectator: Wirtschaftsstatistisches Handbuch [für Sowjetrussland. Berlin 1922], S. 100 f.

Zahl der Stühle in Arbeit	23 626	7620	32,0	190 610	19 422	10,20
Zahl der Arbeiter	75 618	42 975	57,0	429 634	160 000	37,20
Brennstoffver-brauch (in Mill[ionen] Pud)	16,0	7,1	45,0	124,7	34,0	24,40
Garn pro Arbeiter (in Pud)	27,5	11,43	41,0	42,7	5,15	12,05
Gewebe pro Arbeiter (in Pud)	31,7	15,31	49,0	37,9	4,55	12,00
Garnpro-duktion (in 1000 Pud)	2100	530	25,0	18 300	800	4,50
Gewebe (in 1000 Pud)	2400	280	12,0	15 800	700	4,60

Zur Herstellung eines knappen Zwanzigstel der Vorkriegsproduktion beanspruchte die Baumwollindustrie ein Viertel des damaligen Bedarfs an Brennstoffen und mehr als ein Drittel der Arbeiter. Auf einen Arbeiter entfielen kaum ein Achtel der 1912 pro Kopf erzeugten Textilien. Ähnlich, wenn auch nicht ganz so schlimm, stand es in der Wollindustrie. Bemerkenswert ist es, dass zu einer Zeit, wo in fast allen anderen Industriezweigen schärfster Arbeitermangel herrschte, in der Textilindustrie zwei Drittel der Arbeitsuchenden keine Arbeit fanden. Auf 100 Arbeitsuchende kamen im Monatsdurchschnitt Januar bis März 1920 offene Stellen:[101]

Textilarbeiter	33,9
Bergarbeiter	545,4

101 [Ebd.], S. 146.

Metallarbeiter	351,8
Transportarbeiter	161,9

Eine der zahlreichen Ursachen für die geringe Produktivität liegt in der Unregelmäßigkeit der Arbeit. Stockende Zufuhr von Rohstoffen und Heizmaterial, der tägliche Kampf der Arbeiter um die Beschaffung der notwendigsten Lebensmittel, zahllose Versammlungen und Demonstrationen hatten zur Folge, dass in manchen Monaten des Jahres 1920 nur an wenigen Tagen wirklich gearbeitet wurde. In der metallverarbeitenden Industrie entfielen im Jahre 1920 auf einen Arbeiter nur 218 wirklich geleistete Arbeitstage, in der Textilindustrie sogar nur 182. Der schlechteste Monat Januar weist für die beiden Industriezweige pro Arbeiter nur 14 bzw. 9 Arbeitstage auf.[102] Es ließen sich noch zahlreiche andere Ziffern anführen, die fast ausnahmslos dasselbe Bild zeigen: den Zusammenbruch der russischen Industrie im Jahre 1920.[103]

Der Kampf gegen den Markt

Die massenhafte Sozialisierung, die weit über das hinausging, was wirtschaftlich noch einigen Erfolg versprach, und die den ursprünglich von den Bol'ševiki vertretenen Ansichten ins Gesicht schlug, ergab sich zwangsläufig aus der Gesamtpolitik. Man wollte die Bourgeoisie aus ihren letzten ökonomischen Stützpunkten vertreiben und auch die Ansätze zu einem Wiederaufleben des kapitalistischen Systems im Keim vernichten. Zu diesem Zweck führte man einen erbitterten Kampf gegen den Markt. Bei der Eröffnung des III. Allrussischen Gewerkschaftskongresses im April 1920 erklärte Lenin: »Jeder Verkauf von Getreide im freien Handel, der Schleichhandel und das Schiebertum bedeuten die Wiederherstellung der Warenwirtschaft und somit des Kapitalismus. Die Bauern bleiben Eigentümer

102 [Ebd.], S. 148.
103 Nach Brutzkus: [Agrarentwicklung und Agrarrevolution], S. 176 war die Industrieproduktion im Jahre 1920 sogar auf 13,8 % des Vorkriegsstandes gesunken.

ihrer Anwesen und schaffen neue kapitalistische Beziehungen. Wir
führen den Klassenkampf, und unser Ziel ist die Beseitigung der
Klassen, denn solange es Arbeiter und Bauern gibt, solange wird
der Sozialismus unverwirklicht bleiben, und in der Praxis spielt sich
auf Schritt und Tritt ein unversöhnlicher Kampf ab. Nun ersteht vor
uns die Bedeutung der Diktatur des Proletariats in neuer Beleuchtung: das Proletariat muss gegenwärtig die Rolle eines Organisators
übernehmen.«[104]

In dem Maße, wie es gelang, den freien Markt zu vernichten,
mussten natürlich auch seine Funktionen von anderen Organen übernommen werden. Da die zentralen Verwaltungsinstanzen mit dem
Übergang zu naturalwirtschaftlichen Verhältnissen die Verteilung
aller produzierten Güter besorgten, fiel ihnen auch die Leitung der
Wirtschaft zu. Die Gesetze zur Beseitigung des Marktes stammten
schon aus dem Jahre 1918 (Dekrete vom 9. Mai und 21. November) und
wurden immer schärfer zur Anwendung gebracht. Das Kartensystem
wurde weiter ausgedehnt[105] und durch Dekret vom 30. April 1920
angeordnet, dass die Löhne ganz in Naturalien auszuzahlen seien.[106]
Am 11. Oktober erschien dann die Verfügung, dass die »Benutzung
von Telefon, Wasserleitung, Kanalisation, Gas, Elektrizität« und der
Transportmittel, ebenso wie die Lieferung von Brennstoffen und
die Mieten für die Arbeiter und Angestellten aller Staatsbetriebe
sowie für Invaliden, Familienangehörige der Roten Armee usw. unentgeltlich seien.[107] Dieses Dekret wurde am 4. November ergänzt
durch die Bestimmung, dass die Konsumgüter ausschließlich durch
Narkomprod verteilt und an Arbeiter und Angestellte von Staatsbetrieben unentgeltlich abgegeben werden sollten. Da der größte Teil
der städtischen Bevölkerung unter die obengenannten Kategorien fiel,

---

104 [Beitrag Lenins auf dem III. Allrussischen Gewerkschaftskongreß. In:]
    Russ[ische] Korr[espondenz] 6/7 (1929), [S. 15–23, hier] S. 20/21 [LW 30,
    S. 599 f.].
105 Vgl. Kricman: [Die heroische Periode], S. 113, 138.
106 Dekrete, S. 171. Das Dekret kam erst gegen Ende des Jahres zur Durch-
    führung.
107 Dekrete, S. 267.

war er für seine Verpflegung auf das Narkomprod angewiesen. Dieses
Ministerium hatte gegen Ende der letzten Phase des Kriegskommunismus 38 Millionen Personen zu versorgen und war seiner Aufgabe
aus leicht erklärlichen Gründen nicht gewachsen. Zwar hatte es in der
Getreidebeschaffung Erfolge, aber sie beruhten vor allem auf rücksichtsloser Beschlagnahme der bäuerlichen Vorräte. Für die Verteilung
stand dem Narkomprod der Genossenschaftsapparat zur Verfügung,
doch war wenig zum Verteilen da, und der Apparat funktionierte sehr
schlecht. Der Bevölkerung fehlte es an dem Notwendigsten, und auf
dieser Grundlage erwuchs ein schwunghafter Schleichhandel größten
Umfangs. Die Menschen flohen aus den Städten, die Einwohnerschaft
von Petrograd sank auf weniger als ein Drittel, die von Moskau auf
die Hälfte des Standes von 1917.[108] Nach den interessanten Ausführungen von Kricman zerfiel damals die Wirtschaft in einen legalen
und einen illegalen Teil, sichtbar war die offizielle »proletarische
Naturalwirtschaft«, die in immer steigendem Maße Markt und Geld
verdrängte, aber unter dieser Oberfläche und mit ihr wachsend ver-
barg sich der private Handel in den Formen der einfachen und der
kapitalistischen Warenzirkulation.[109] Die Regierung musste diesem
Umstand dadurch Rechnung tragen, dass sie lange Zeit einen Teil des
Lohnes in Geld auszahlte und die »schwarzen Märkte« zwar häufig
aufhob, dann aber doch wieder stillschweigend neu entstehen ließ.[110]

---

108 Brutzkus: [Agrarentwicklung und Agrarrevolution], S. 160.
109 Kricman: [Die heroische Periode], S. 131 ff.
110 Über die Rolle des Schleichhandels vgl. Kricman: [Die heroische Periode],
S. 139 bis 141. Danach wurden 1919 zwei Drittel bis vier Fünftel aller Konsummittel für die städtische Bevölkerung durch Schleichhandel geliefert.
75–85 % der städtischen Bevölkerung kauften auf dem freien Markt. Die
»Hamsterei« wird gelegentlich legalisiert und bringt im September 1918
doppelt so viel Brot in die Hauptstädte wie Narkomprod. Ähnliches
gilt für die Holzbeschaffung. Nach Brutzkus: [Agrarentwicklung und
Agrarrevolution], S. 162, erhält dagegen die städtische Bevölkerung im
Mai 1920 60 % ihres Getreideverbrauchs durch Narkomprod, im nächsten
Jahr überhaupt kein Getreide mehr auf freiem Markt. »Die Ausgaben
für Wohnung und für die vom Staat gelieferten Nahrungsmittel, Kleider
usw. machten im Frühjahr 1920 weniger als 5 % des Gesamtbudgets einer

Der berühmteste dieser Schleichhandelsmärkte, der Sucharevskij-
Bazar in Moskau, wurde definitiv erst im Dezember 1920 geschlossen.
Die Worte, die Lenin auf dem 8. Sowjetkongress diesem Ereignis
widmete, sind charakteristisch für die Einstellung der Führer zu dem
Kampfe gegen den Markt noch wenige Monate vor der Einführung
der neuen ökonomischen Politik:»Darf Russland ökonomisch zum
Kapitalismus zurückkehren? Wir haben den Schleichhandel auch
an der Sucharevka bekämpft. Vor einigen Tagen hat der Moskauer
Arbeiter- und Soldatenrat diese wenig angenehme Institution zur
Begrüßung des Kongresses aufgelöst. Die Sucharevka ist geschlossen; gefährlich ist uns aber nicht die Sucharevka am Sucharevplatz.
Die zu beseitigen, war nicht schwer. Gefährlich ist die Sucharevka,
die in der Seele eines jeden kleinen Besitzers, in seinen Handlungen
lebendig ist. Diese Sucharevka gilt es zu schließen. Diese Sucharevka
bildet die Grundlage des Kapitalismus. Solange sie besteht, können die

Arbeiterfamilie aus, obgleich die Lieferungen des Staates nicht weniger
als die Hälfte aller ihrer Bedürfnisse befriedigten. Die übrigen 95 % werden für den Ankauf im freien Handel verwendet.« (Larin, Kritzmann:
[Wirtschaftsleben], S. 64.)
     M[ichail] [Matveevič] Žirmunskij: Das [Privatkapital in der Volkswirt-
schaft der UdSSR (russisch). Moskau 1927], S. 38, gibt für 1918/19 folgende
Zahlen (in %):

	Belieferung der städt[i-schen] Bevölkerung			Belieferung der Landbevölkerung		
	Insge-samt	durch Nar-kom-pod	durch Schleich-handel	Insge-samt	durch Nar-kom-pod	durch Schleich-handel
Produktions-Gouvernements	100,0	46,3	52,7	–	–	–
Konsumtions-Gouvernements	100,0	37,7	62,3	100	34,8	65,2

Über die Geschichte der Rolle der Konsumgenossenschaften bei der Versorgung der Bevölkerung vgl. [Nikolai Nikolajewitsch] Krestinski: Die
Konsumkooperation in Russland. [In]: Russ[ische] Korr[espondenz] 8/9
(1920), [S. 50–53, hier] S. 50 ff.

Kapitalisten nach Russland zurückkehren und können stärker werden als wir... Solange wir in einem kleinbürgerlichen Lande leben, bildet Russland für den Kapitalismus eine solidere Wirtschaftsbasis als für den Kommunismus... Jeder, der das Leben im Dorf genau beobachtet,... weiß, dass wir den inneren Feind nicht bei der Wurzel gepackt, sein Fundament, seine Grundlage nicht vernichtet haben. Er stützt sich auf die Kleinwirtschaft, es gibt nur ein Mittel, diesen inneren Feind zu besiegen, nämlich die Umstellung der Wirtschaft im Lande, einschließlich des Ackerbaues, auf eine neue technische Basis... die Elektrizität.«[111] Die Verdrängung des Marktes wurde beschleunigt durch die wachsende Inflation. Am 1. Januar 1920 waren 225 Milliarden Rubel im Umlauf, nach Jahresfrist war dieser Betrag auf nahezu das Sechsfache gestiegen. Die Indices der wichtigsten Nahrungsmittel stiegen in dieser Zeit um 300–1300 %.[112] Die Geldsteuern wurden abgeschafft, da ihre Einziehung sich nicht mehr lohnte. Stolz wies man darauf hin, dass mit dem Markt auch seine Einrichtungen zu Grunde gingen, dass selbst der Name Bank verschwunden war, da sämtliche Kreditinstitute in die Verwaltung des Finanzkommissariats übergegangen waren.[113] Soweit es offizielle Preise gab, wurden sie durch die Preiskommissionen des OVWR festgesetzt. Aber diese gesetzlichen Preise verloren immer mehr jede praktische Bedeutung. Man hatte sich daran gewöhnt, die Inflation, die in Russland wie in allen anderen Staaten in erster Linie die leere Staatskasse füllen sollte,[114] als einen Hebel zur Beseitigung des Marktes und zur beschleunigten Herbeiführung der sozialistischen Wirtschaft zu betrachten. Schon durch die Sozialisierung der Banken habe sich das Geld aus Kreditbilletten in bloße Rechnungszeichen verwandelt, und die Inflation habe es

111 [Wladimir Iljitsch] Lenin: [Die Auswärtige und innere Politik Sowjet-Russlands. Rede auf dem VIII. Sowjetkongress. Dezember 1920. In:] Russ[ische] Korr[espondenz] 1/2 (1921), [S. 10–25, hier] S. 23 f. [LW 31, S. 512 f.]

112 Sarabianow: [An der Schwelle], S. 62 f.

113 Larin, Kritzmann: [Wirtschaftsleben], S. 156.

114 [Jewgeni Alexejewitsch] Preobraschenski: Papiergeld und Zwangswirtschaft. [In:] Russ[ische] Korr[espondenz] 6 (1921), [S. 484–486, hier] S. 484 f.

schließlich völlig seiner Funktion als Wertmesser beraubt. Durch
die Verfügung des OVWR über die geldlose Abrechnung innerhalb
seiner Organe sei auch die Bedeutung dieser Rechenzeichen weiter
gesunken, und mit der Zunahme der Lohnzahlungen in natura ver-
liere es immer mehr an Wichtigkeit. Selbst im Verkehr mit dem Dorf
habe die Verfügung über den kollektiven Warenaustausch das Geld
verdrängt.[115] An seine Stelle müsse eine brauchbare Rechnungseinheit
für den Abrechnungsverkehr zwischen den einzelnen die Wirtschaft
regulierenden Stellen treten. Zahlreiche Vorschläge wurden für die-

115 »Wenn bei uns in Russland der Geldwert sinkt, so ist das gewiss sehr
schwer für uns zu ertragen… Aber wir haben einen Ausweg, eine Hoffnung. Wir gehen der völligen Aufhebung des Geldes entgegen. Wir natu-
ralisieren den Arbeitslohn, wir führen kostenlose Straßenbahnbenutzung
ein, wir haben freien Schulunterricht, kostenloses, wenn auch einstweilen
schlechtes Mittagessen, freie Wohnung, Beleuchtung usw. Wir führen das
sehr langsam durch, unter äußerst schwierigen Umständen, wir müssen
ununterbrochen kämpfen, aber wir haben einen Ausweg, eine Hoffnung,
einen Plan…« G[rigori] Sinowjew: Zwölf Tage in Deutschland. [Hamburg
1921], S. 74 (geschrieben im Herbst 1920).
    Nach P[aul] Haensel: Das Steuersystem [Sowjetrusslands. Berlin 1926],
fasste der Allrussische Kongress der Finanzarbeiter im Mai 1919 folgende
Resolution: »Die Entwicklung und Festigung der Naturalbesteuerung im
Sinne einer teilweisen Entäußerung (gemeint ist Abgabe) der Arbeits-
produkte in natura zugunsten des Staates und einer Arbeitsdienstpflicht
muss als das Hauptziel der Steuerpolitik des Sowjetstaates und als eine der
wichtigsten Aufgaben der Sowjetregierung auf dem Gebiete der Beseitigung der Geldwirtschaft angesehen werden.« ([Ebd.], S. 11.) Haensel selbst
erklärt: »Eine Zeitlang konnte man annehmen, dass das Papiergeld sich
derartig entwerten würde, dass es von selbst verschwinden würde und in
einer auf Naturalversorgung und Naturalbesteuerung umgestellten Volkswirtschaft keinen Platz mehr hätte. Unter diesen Umständen erschien es
sinnlos, die Geldsteuern aufrecht zu erhalten, zumal sie immer mehr an
Bedeutung verloren und dem natürlichen Absterben des Geldes und des
Geldverkehrs nur hindernd im Wege standen. Infolgedessen verordnete
die Sowjetregierung am 3. Februar 1921 (sechs Wochen vor Übergang zur
NEP!) die grundsätzliche Abschaffung aller Geldsteuern und Geldabgaben
und stellte ihre Erhebung ein.« ([Ebd.], S. 11 f.)

se neue Rechnungseinheit gemacht; selbstverständlich spielten in diesem Zusammenhang Projekte zur Einführung von »Arbeitsgeld« eine große Rolle.[116] Über mehr oder weniger stichhaltige theoretische Ausführungen kam man aber nicht hinaus.

Die bisher skizzierten Anstrengungen der Bol'ševiki, zu einer zentralen Verwaltungswirtschaft zu gelangen, sind dadurch charakterisiert, dass die einzelnen Maßnahmen gleichzeitig dazu dienen sollten, Schwierigkeiten des Augenblicks möglichst schnell zu überwinden. Die Durchführung der Arbeitspflicht und die Schaffung von Arbeitsarmeen sollten die notwendigsten Arbeitskräfte mobilisieren; der Plan Osinskijs hatte zum Ziel, dem drohenden weiteren Rückgang der Anbauflächen Einhalt zu tun, die Nationalisierung der Kleinindustrie sollte die Versorgung der Bevölkerung mit den notwendigsten Industrieprodukten sichern, die Abschaffung des Marktes der Konterrevolution jede materielle Basis entziehen. Allen diesen Maßregeln ist ferner gemeinsam, dass sie nur unter Voraussetzung eines die ganze Wirtschaft umfassenden Planes mit Erfolg durchgeführt werden können, während sie selber einen solchen Plan weder darstellen müssen noch wirklich darstellten.

Der Elektrifizierungsplan

Anders verhält es sich mit dem jetzt zu behandelnden groß angelegten Plan zur Elektrifizierung Russlands. Er versucht neben der Lösung seiner technischen Aufgaben zum ersten Male einen Plan für die Entwicklung der ganzen russischen Wirtschaft, Industrie und Landwirt-

---

116 Vgl. hierzu [Fedor Fedorovič] Syromolotov: Sozialismus und Geld. [In]: Zwei Jahre [proletarische Diktatur 1917–1919 (russisch). Moskau 1919], S. 56 ff., [Michael] v[on] Bernatzki: Der Zusammenbruch der russischen Währung [und die Aussichten auf ihre Wiederherstellung. (In: Alfred Ammon, Michael von Bernatzki (Hg.): Währungsreform in der Tschechoslowakei und in Sowjetrussland. München und Leipzig 1924], S. 48 f. Ferner die bei [Ludwig von] Mises: Neue Beiträge zum Problem der sozialistischen Wirtschaftsrechnung, und J[acob] Marschak: Wirtschaftsrechnung und Gemeinwirtschaft (beide im Archiv für Soz[ial]wiss[enschaft] und Soz[ial]pol[itik] Bd. [51 (1923)]) angegebene Literatur.

schaft, aufzustellen, und zwar nicht nur für den Augenblick, sondern
für 1–15 Jahre. Am 20. März 1920 begann die »Staatskommission zur
Elektrifizierung Russlands« (Goélro) mit einem Stab von 180 Fachleuten ihre Arbeit, als deren Ergebnis sie im Dezember desselben Jahres
dem 8. Sowjetkongress den »Plan der Elektrifizierung der RSFSR«
vorlegen konnte. Er fand enthusiastische Aufnahme. Lenin nannte ihn
eine »erste Skizze eines gewaltigen Wirtschaftsplans«, das »zweite
Programm unserer Partei«. Wenn das politische Programm, so führte
er aus, die Aufgaben der Partei vorzeichne, so zeige dieses »zweite
Programm«, wie die Aufgaben des wirtschaftlichen Aufbaus, ohne
den auch das Parteiprogramm wertlos sei, gelöst werden könnten.
Seine Rede gipfelte in der berühmten Losung: »Kommunismus ist
Rätemacht plus Elektrifizierung des Landes«.[117]
    Welches sind die Grundgedanken dieses ersten großen Planes
zum Wieder- und Neuaufbau der russischen Wirtschaft? Man geht
davon aus, dass die elektrische Energie imstande ist, die menschliche
Produktivkraft ungeheuer zu steigern, dass die systematische Anwendung der Elektrizität durch das Privateigentum an den Produktionsmitteln überall gehemmt werde und erst durch eine sozialistische
Wirtschaft voll entfaltet werden könne. Es handle sich also darum,
die gesamte Wirtschaft auf eine neue »vernünftige« Grundlage zu
stellen und damit alle krisenhaften Zustände, die Transport-, Lebens-
mittel- und Brennstoffkrise und den Mangel an Arbeitskräften von
Grund auf zu beseitigen.[118]
    Die Schicksalsfrage der Industrie, die Beseitigung der Brenn-
stoffkrise, sei dadurch zu lösen, dass das Donezbecken elektrifiziert
und für die Elektrizitätswerke in ganz Russland überall die örtlich
vorhandenen Brennstoffe verwendet werden. Die neuen Elektrizi-

---

117 [Wladimir Iljitsch Lenin: Die Auswärtige und innere Politik Sowjet-
     Russlands. Rede auf dem VIII. Sowjetkongress. Dezember 1920. In:] Rus-
     s[ische] Korr[espondenz] 1/2 (1921), [S. 10–25, hier] S. 23 f. [LW 31, S. 513].
118 Hierfür wie für das folgende vgl. [Gleb Maksimilanovič Krschischanowski:
     Die Elektrifizierung Sowjet-Russlands. Rede auf dem VIII. Sowjetkongress.
     Moskau, Dezember 1920. In:] Russ[ische] Korr[espondenz] 1/2 (1921),
     [S. 38–43, hier] S. 38 ff.

tätswerke sollen nur dann mit Kohle betrieben werden, wenn sie in der Nähe gefördert wird, sonst je nach den örtlichen Verhältnissen mit Wasserkraft, Torf, Naphtha oder Holz.

Die Versorgung der wichtigsten agrarischen Gebiete mit Elektrizität werde die Landwirtschaft von Grund auf revolutionieren. Nicht nur werden elektrische landwirtschaftliche Maschinen eine Intensivierung der Wirtschaft und damit die Lösung der Ernährungsfrage sichern, sondern das Verhältnis der Bauern zur Sowjetmacht total verändern. »Freiwillig werden die Bauern sich zusammenschließen, um in landwirtschaftlichen Produktionsgenossenschaften der Vorteile der neuen Agrartechnik teilhaftig zu werden. Damit wird aber ihre bisherige Gegnerschaft gegen die Regierung wegfallen.«[119] »Die Elektrifizierung der Dörfer des Südens ist das beste Mittel im Kampfe gegen die russische Vendée.«[120]

Die Elektrifizierung der Eisenbahnen werde die Verkehrsdichte verdoppeln und verdreifachen, elektrische Leitungsdrähte, die an den Ufern der Wolga und des Dnjepr entlang geführt werden, das Schleppen der Flusskähne durch Menschen überflüssig machen. In der Industrie werde die Elektrifizierung erst die Voraussetzung für ihre höchste Entwicklung schaffen. Alles in allem müsse die russische

119 »Der Kleinproduzent wird nicht mit außerökonomischen Zwangsmitteln in den Bereich der nationalisierten Wirtschaft hineingezogen werden, sondern hauptsächlich durch jene Vorteile, die ihm durch den Traktor, durch die elektrische Lampe, landwirtschaftliche Maschinen usw. geliefert werden. Er wird zum eigenen Vorteil mit elektrischen Leitungen umstrickt werden, die mit sich die die ganze Wirtschaft befruchtende lebensschaffende Energie bringen.« [Nikolai] Bucharin: [Die Neuorientierung in der ökonomischen Politik. In:] Russ[issche] Korr[espondenz] 7/9 (1921), [S. 671–676, hier] S. 675.

120 [Ebd.], S. 745. Ferner Lenin: Thesen zum [Referat über die Politik der Kommunistischen Partei Russlands. Angenommen in der 17. Sitzung des III. Kongresses der Kommunistischen Intern[ationale. 5. Juli 1921. In:] Russ[ische] Korr[espondenz] 7/9 (1921), [S. 667–671, hier] S. 670: »Die einzige materielle Grundlage des Sozialismus Kann nur die maschinelle Großindustrie sein, die imstande ist, auch die Landwirtschaft zu organisieren... Das ist die Elektrifizierung des ganzen Landes.« [LW 32, S. 481.]

Wirtschaft nach der Durchführung des Elektrifizierungsplanes einen total anderen Anblick bieten. Die Elektrifizierung werde überall, selbst in der Landwirtschaft, den Kleinbetrieb verdrängen und damit die technische Voraussetzung für eine hochentwickelte sozialistische Wirtschaft bringen.

Der Plan besteht »im Großen und Ganzen in einem regelrechten Schema«, dessen Einzelheiten den »realen inneren und internationalen Verhältnissen« angepasst werden sollten.[121] Er sieht vor, dass zunächst 27 große Elektrizitätswerke gebaut und die vorhandenen zusammengeschlossen werden. Das Tempo seiner Ausführung sollte davon abhängen, ob es gelingen würde, die notwendigsten großen Maschinen aus dem Auslande zu beziehen.[122]

121 Aus der Resolution des 8. Allrussischen elektrotechnischen Kongresses. [Zitiert in Gleb Maksimilanovič Krschischanowski: Auf der Schwelle. Eindrücke vom VIII. Allrussischen Elektrotechnischen Kongress. In:] Russ[ische] Korr[espondenz] 12 (1921), [S. 1012–1015, hier] S. 1015.

122 Bei der Aufstellung der Pläne zum Aufbau der russischen Wirtschaft zeigte es sich, dass sie ohne die Hilfe der westeuropäischen Technik nicht oder wenigstens nicht in einem einigermaßen erträglichen Tempo durchgeführt werden könnten. Mit Dekret des Rates der Volkskommissare vom 23. November 1920 wurde deshalb die gesetzliche Grundlage geschaffen, um das ausländische Kapital durch Erteilung von Konzessionen ins Land zu ziehen. Ebenso erwies es sich als unumgänglich, mit dem Ausland wieder in Warenaustausch zu treten. Bereits im Jahre 1919 wurde damit begonnen, einen Vorrat an Rohstoffen für den Export zu sammeln. Jedoch war der Außenhandel 1919/20 praktisch gleich Null, wie folgende Zahlen zeigen:

	Einfuhr	Ausfuhr
	In Millionen Pud	
1913	936,6	1472,1
1919	0,5	0,0
1920	5,2	0,7

(Nach Kricman: [Die heroische Periode], S. 51.)
Die grundsätzliche Bereitschaft zum Wirtschaftsverkehr mit dem kapitalistischen Ausland, während man im Innern das Kapital mit Feuer und Schwert verfolgte, wurde damit begründet, dass man die ausländischen Kapitalisten

In dem Elektrifizierungsplan finden sich bereits die entscheidenden
Elemente eines Planes für die gesamte Wirtschaft. Das Ziel ist genau
umschrieben, und die Mittel, es zu erreichen, werden in großen Um-
rissen aufgezeichnet. Zugrunde gelegt ist der wirtschaftspolitische
Grundsatz der »Industrialisierung«, der später in der sowjetrussischen Wirtschaftspolitik eine entscheidende Rolle spielt und besagt,
dass vor allem die Produktionsmittelindustrie und die Produktion
ihrer Rohstoffe ausgebaut werden müssten und erst in zweiter und
dritter Linie die Konsummittelindustrie und die übrigen Wirtschaftszweige entwickelt werden dürften.

Es wird später gezeigt werden, wie man versucht hat, den doch allzu allgemein gehaltenen Elektrifizierungsplan zu präzisieren dadurch,
dass man ihn in ein System von Plänen einbezog. Seine historische
Bedeutung wird durch die mehr oder minder vollständige Durchführung der einzelnen Positionen wenig berührt. Sie liegt vielmehr
darin, dass durch ihn zum ersten Mal ein Plan aufgezeichnet wurde,
der den Umbau einer ganzen riesigen Volkswirtschaft in ein neues
Wirtschaftssystem zum Ziele hatte und bewusst die Bedürfnisse des
Tages den Interessen der Zukunft opferte.

iv. Der Oberste Volkswirtschaftsrat und die Organisation der Industrie unter dem Kriegskommunismus

Aufgabe des OVWR und Organisation des Zentralapparates

Schon wenige Wochen nach der Oktober-Revolution zeigte es sich,
dass es nicht genügte, die einzelnen Industrieunternehmungen unter

zu Dienern des sozialistischen Aufbaus machen wolle. »Man soll es nicht
bedauern, wenn wir den Kapitalisten einige Hundert Kilogramm Naphtha
zur Verfügung stellen unter der Bedingung, dass sie uns helfen, unser Land
zu elektrifizieren.« ([Wladimir Iljitsch] Lenin: [Die Politik der Kommunistischen Partei Russlands. Referat auf dem ii. Kongress der Kommunistischen
Internationale. Juni-Juli 1921. In:] Russ[ische] Korr[espondenz] 7/9 (1921),
[S. 657–667, hier] S. 666 [LW 32, S. 517].) Das Land elektrifizieren, erschien
aber damals gleichbedeutend mit Aufbau des Sozialismus.

die Kontrolle der Arbeiterschaft zu bringen, um die Industrie planmäßig in Gang zu setzen. Die von den Bol'ševiki stets vertretene
Forderung einer streng zentralistischen Leitung der ganzen Wirtschaft ebenso wie die Erfahrungen mit der dezentralisierten und nur
in lokalen Räten oberflächlich zusammengefassten Arbeiterkontrolle
verlangten gebieterisch die Schaffung einer zentralen Instanz für die
planmäßige Leitung des ganzen Wirtschaftsprozesses. Die am 15. Dezember 1917 erfolgte Gründung des Obersten Volkswirtschaftsrates[123]
sollte neben der Sozialisierung der Banken und der Eisenbahnen die
Möglichkeit geben, den Aufbau der neuen sozialistischen Gesellschaft
in Angriff zu nehmen.[124] In dem Gründungsdekret werden die Aufgaben des OVWR folgendermaßen präzisiert:

»Aufgabe des OVWR ist die Organisation der Volkswirtschaft und
der Staatsfinanzen. Zu diesem Zweck arbeitet der OVWR die Normen
und den Plan für die Regulierung des Wirtschaftslebens des Landes
aus. Er fasst zusammen ... die Tätigkeit der zentralen und lokalen regulierenden Behörden (Heizmaterial-, Transport-, Metall-, zentrale Ver-
pflegungskommission usw.), ferner die Tätigkeit der entsprechenden
Volkskommissariate (Handel, Industrie, Ernährung, Landwirtschaft,
Finanzen, Krieg usw.), des allrussischen Rats der Arbeiterkontrolle und
der Betriebs- und Gewerkschaftsorganisationen der Arbeiterklasse.«[125]

Aus diesem Dekret ergibt sich, dass dem OVWR Aufgaben zugewiesen wurden, von deren Größe sich die Verfasser des Gesetzes
wohl keinen Begriff machten und die tatsächlich die restlose Regulierung der gesamten Wirtschaft des Landes einschließen. Man
dachte sich den OVWR offenbar als eine Art allmächtigen General-
kartells im Sinne Hilferdings, als »Nachfolger und Fortführer der
Bestrebungen des Finanzkapitals«.[126] In der Epoche des wirtschaft-

123 Fernerhin abgekürzt OVWR. Die russische Abkürzung lautet VSNCh =
     Vysšij Sovet Narodnogo Chozjajstva. Dekrete S. 144.
124 [Vladimir Il'ič] Lenin: Rede auf dem 3. Sowjetkongress. [In: Ders.: Ge-
     sammelte Werke (russ.), Bd. xv. Moskau 1926], S. 77 [LW 26, S. 468].
125 Rykov: [Aufsätze und Reden 1], S. 308.
126 Vgl. R[udolf] Hilferding: [Das] Finanzkapital. Wien 1910. Larin, Kritz-
     mann: [Wirtschaftsleben], S. 144.

lichen Chaos, in das seine Gründung fiel, sollte er zunächst einmal Ordnung in die systemlose Enteignung der Einzelbetriebe bringen und eine Organisation schaffen, die es ermöglichte, eine Übersicht über den von der gestürzten Gesellschaft übernommenen Produktionsapparat und seine Bestände an Rohstoffen und Arbeitern zu gewinnen.[127] Außerdem sollte er die planvolle Verbindung zwischen den einzelnen Wirtschaftsorganen herstellen, zunächst einmal ihre Kompetenzen abgrenzen, um sie schließlich alle in einer Organisation zu vereinigen.[128]

Dieses so aus dem Nichts geschaffene oberste Wirtschaftsministerium wurde gebildet aus dem Allrussischen Rat der Arbeiterkontrolle, aus den Vorsitzenden aller Volkskommissariate und aus Fachleuten, die mit beratender Stimme zugezogen werden sollten. Seit August 1918 erhielt es ein Plenum aus 69 Personen, von denen 30 von den Gewerkschaften und 20 von den Gebietswirtschaftsräten gestellt wurden. Entsprechend den am Anfang der bol´ševistischen Revolution noch stark betonten demokratischen Gepflogenheiten sollte es monatlich mindestens einmal zusammentreten. Es hatte aus seiner Mitte ein Präsidium von 8 Köpfen zu wählen; der Vorsitzende wurde durch das VCIK ernannt.[129] Der Vorsitzende war in dieser Eigenschaft

127 Kricman: [Die heroische Periode], S. 201.
128 »Alle auf dem Gebiet der Volkswirtschaft existierenden regulierenden Behörden werden dem OVWR unterstellt; er hat das Recht, sie zu organisieren.« Dekret vom 5. Dezember 1920. [In:] Dekrete, S. 144.
129 VCIK = Vserossiskij Centralnyj Ispolnitel´nyj Komitet Sovetov Rabočich Krest´janskich i Krasnoarmejskich Deputatov = Allrussisches Zentralexekutivkomitee der Arbeiter-, Bauern- und Rotarmistendeputiertenräte.
    Das Dekret vom 8. August 1918 (Dekrete, S. 144) bestimmt die Zusammensetzung des Plenums folgendermaßen:

VCIK	10
Gewerkschaften	30
Gebietswirtschaftsräte	20
Arbeiter- und Konsumgenossenschaften	2
Narkomprod	1

Mitglied des VCIK, und der OVWR erhielt seit Anfang die Rechte eines Volkskommissariats.[130] Aber mit alledem war noch sehr wenig getan. Es musste erst der Apparat geschaffen werden, durch den die gesamte Wirtschaft beherrscht werden konnte. Alle notwendigen Vollmachten dazu waren dem OVWR durch das Gründungsdekret erteilt worden. Bei der Durchführung konnte er sich auf die seit der Oktoberrevolution stark gewachsenen, nach Industrieverbänden organisierten und in einem Zentralrat zusammengefassten Gewerkschaften stützen.[131] Die Organisationsprinzipien waren verhältnismäßig einfach und trotz mancher demokratischer Verzierungen in Wirklichkeit rein bürokratisch und streng zentralistisch.

Der OVWR hatte einen Wirtschaftsplan aufzustellen, der unter seiner Leitung durch besondere Organe durchgeführt werden sollte. Da solche Organe auf allen Gebieten, abgesehen von der Industrie, bei seiner Gründung bereits bestanden, so hatte er zunächst nur diejenigen für die Verwaltung der Industrie neu zu schaffen, und

Verkehrskommissariat	1
Arbeitskommissariat	1
Landwirtschaftskommissariat	1
Finanzkommissariat	1
Industrie- und Handelskommissariat	1
Innenkommissariat	1
	69 Del[egierte]

130 Die Bezeichnung »Volkskommissariat« deckt sich faktisch mit der in Russland stark in Misskredit geratenen Bezeichnung »Ministerium«. Über die Entstehung des Ausdrucks vgl. [Leo] Trotzki: Über Lenin. [Material für einen Biographen. Berlin 1924], S. 108.

131 Von der durch das Parteiprogramm den Gewerkschaften zugedachten Aufgabe, dass sie mit der Zeit »tatsächlich die gesamte Verwaltung der ganzen Volkswirtschaft als einer wirtschaftlichen Einheit in ihren Händen konzentrieren« sollten ([ebd.], S. 55), ist nicht viel übriggeblieben. Vgl. hierzu die im Literaturverzeichnis angegebenen Schriften. Eine größere Bibliographie findet sich in dem vom Internationalen Arbeitsamt 1927 herausgegebenen Werk über die Gewerkschaftsbewegung in Sowjetrussland.

diese Aufgabe füllte ihn derart aus, dass bis zum Ende der kriegskom-munistischen Epoche die vielen anderen von ihm zu bewältigenden Probleme einschließlich der Aufstellung des Wirtschaftsplans völlig vernachlässigt wurden.

Organisation der Industrieverwaltung

Die Organisierung der Industrie erfolgte derart, dass für jeden Indus-triezweig eine besondere Produktionsabteilung geschaffen wurde, im Ganzen 16, z. B. für metallgewinnende und metallverarbeitende Industrie, Bergbau, elektrotechnische Industrie, Chemie, Ernäh-rungs- und Genussmittelindustrie. Textilindustrie usw. Jede dieser Produktionsabteilungen, an deren Spitze ursprünglich ein Kollegium von fünf bis sieben Personen stand, war in verschiedene Unterabtei-lungen geteilt (technische, finanzielle usw.) und bildete für die ihr unterstehenden Industriezweige eine Haupt- oder Zentralverwal-tung, die berüchtigten »Glavki« und »Zentren«.[132] Zunächst gab es wenig Glavki, so zählte man im September 1918 erst 18, die sich aber nach der Sozialisierung der gesamten Großindustrie auf ungefähr 60 vermehrten. Mitte 1920 unterstanden der Produktionsabteilung für Chemie davon allein 22 verschiedene Glavki und Zentren, z. B. für

---

132 »Eine ganze Reihe Glavki – schreibt Gen[osse] Larin in seinen Erinnerun-gen – kam ›anarchisch‹ zustande – einfach dadurch, dass im Regierungs-blatt das Dekret über ihre Gründung mit meiner Unterschrift veröffentlicht wurde (die Glavki für Zucker, Papier, Flachs und Seife), eine ganze Reihe anderer Glavki erhielten dann später die Unterschrift des Genossen Rykov (Glavki für Tabak, Streichhölzer usw.) – ebenfalls ohne Beratung einer der drei bei uns existierenden gesetzgebenden Instanzen (Zentralexeku-tivkomitee, Rat der Volkskommissare und Präsidium des OVWR). Weitere Glavki endlich wurden gelegentlich durch den Rat der Volkskommissare eingesetzt (z. B. Glavtorf). Allmählich gewöhnte man sich an die Glavki, überzeugte sich von ihrer Zweckmäßigkeit in der Praxis und übertrug ihre Form auf verschiedene Institutionen (Rat für Außenhandel) und übergab ihnen immer mehr die Organisation der Industrie, indem man sie in ›Hauptverwaltungen der nationalisierten Industrie‹ verwandelte.« (Leont'ev, [Chmel'nickaja: Die Sowjetökonomik], S. 245.)

Explosivstoffe, Elektrochemie, Drogen, Baumaterialien, Knochen, Zucker, Spiritus, Stärke, Zement, Glas, Papier, Anilinfarben usw.[133] Für die örtliche Zusammenfassung der nationalisierten Industrie schuf sich diese selbst besondere Organe, die sogenannten »Kusty«, die nur lokale Bedeutung hatten.[134] Die Glavki und Zentren entsprachen ungefähr dem, was man in Westeuropa unter monopolistischen Trusts versteht,[135] sie waren Vereinigungen aller wichtigen Betriebe desselben Industriezweiges, wobei der einzelne Betrieb seine Selbständigkeit verliert und alle Weisungen – wie wir noch sehen werden, oft für die lächerlichsten Kleinigkeiten – von der Hauptverwaltung erhält. Die Aufgaben der Glavki und Zentren lassen sich also charakterisieren als planmäßige Leitung der Produktion und damit zusammenhängend Kontrolle und Verfügung über alle Vorräte an Rohstoffen, Halb- und Fertigfabrikaten in den ihnen unterstehenden Betrieben. Für die Verwaltung der Industrie hatte sich der OVWR noch zwei weitere Gruppen von Abteilungen geschaffen: der einen

133 [Wladimir Pawlowitsch] Miljutin: Die Organisation der Volkswirtschaft in Sowjetrussland. [Berlin 1921]. Larin, Kritzmann: [Wirtschaftsleben], S. 139 f. Kricman: [Die heroische Periode], S. 103 f. Rozenfel'd: [Die Industriepolitik], S. 549.

134 »Derartige Kusty bestanden in beträchtlicher Zahl in der Textilindustrie, der Metallindustrie u. a. 1920 wurden 179 solcher Vereinigungen von Trusts gezählt (davon 46 in der Textil-, 46 in der Nahrungsmittel-, 20 in der Metallindustrie). Sie umfassten 25 % aller untersuchten Betriebe und… über 50 % der in ihnen beschäftigten Arbeiter. Die Entstehung dieser Vereinigungen fällt fast ganz in die Periode vom 1. Oktober 18 bis zum 1. Juli 1919, in der vier Fünftel aller 1920 existierenden Vereinigungen geschaffen wurden.« ([Lev Abramovič] Leont'ev, [Elizaveta Leonidovna] Chmel'nickaja: Die Ökonomik der Industrie [(russisch). Moskau 1926], S. 239.)

135 Tatsächlich haben sie sich auch aus den Syndikaten der russischen Kriegswirtschaft entwickelt. »Diese Hauptverwaltungen und Zentren sind aus den Syndikaten, den Trusts der bürgerlich-kapitalistischen Industrie, entstanden. Wir haben sie erweitert, ergänzt, aber ihnen dieselben Organisationsformen zugrunde gelegt, die beim Kapitalismus bei vorgeschrittensten Industriezweigen vorhanden waren.« Trotzki: [Ueber die gegenwärtigen Aufgaben], S. 16.

war die eigentliche Planarbeit zugewiesen, die andere umfasste die Hilfsorgane.[136]

Neben diesem zentralen Apparat verfügte der OVWR über ein Netz von lokalen Organisationen. An erster Stelle standen hier die Gouvernements-Volkswirtschaftsräte, von denen es am 1. Dezember 1920 81 gab. Sie waren analog wie der OVWR selbst organisiert, von einem Präsidium geleitet und mit eigenen Produktionsabteilungen, die sowohl dem Präsidium des Gouvernements-Volkswirtschaftsrates als auch den entsprechenden Produktionsabteilungen des OVWR unterstanden. Die Gouvernements-Volkswirtschaftsräte errichteten Bezirks-Volkswirtschaftsräte, die ihre Anordnungen in den kleineren Verwaltungsbezirken durchführten.

Ursprünglich sollten auch oberste Wirtschaftsräte für die einzelnen Räterepubliken gebildet werden, außerdem Rajonwirtschaftsräte für die Zusammenfassung mehrerer Gouvernements. Beide Einrichtungen wurden sehr früh aufgehoben. Doch war es notwendig, als Ersatz vorübergehend in besonders wichtigen oder abgelegenen Wirtschaftsgebieten (Ukraine, Ural, Sibirien und Turkestan) zeitweilige außerordentliche Vertretungen des OVWR einzurichten (Gebietsbüros).[137]

136 Die letztere bestand (nach Rozenfel'd: [Die Industriepolitik], S. 112) aus sechs Unterabteilungen:
   1. Die Produktionskommission, welche die Produktionsprogramme der einzelnen Industriezweige zu prüfen und zusammenzufassen hatte;
   2. die finanzwirtschaftliche und Rechnungsabteilung, die alle Voranschläge prüfte und die Industrie finanzierte;
   3. die Verwertungskommission, der die Regelung der Verteilung industrieller Massenprodukte oblag;
   4. der Rat für Versorgung und Verteilung (dessen Kompetenzen gegenüber 1. und 3. nicht deutlich abgegrenzt waren);
   5. die Abteilung für Betriebsstatistik, und
   6. die Abteilung für die Verbindung zwischen allen Volkswirtschaftsräten. Diese Abteilung fehlt in anderen Übersichten über die Organisation des OVWR, z. B. bei Miljutin: [Die Organisation der Volkswirtschaft], S. 24 f. Vergleiche hierzu das Organisationsschema [Nr. 5] im Anhang.
137 Larin, Kritzmann: [Wirtschaftsleben], S. 143.

Die Fühlung zwischen den einzelnen lokalen Volkswirtschaftsräten
wurde hergestellt durch die allrussischen Kongresse der Volkswirtschaftsräte, die bis zum Frühjahr 1921 dreimal nach Moskau einberufen
wurden.

Die Kompetenzabgrenzung in der Verwaltung der Industrie sollte
durch eine besondere Einteilung aller Betriebe in drei Gruppen gesichert werden. Die Unternehmungen der ersten Gruppe wurden direkt
durch die Produktionsabteilungen des OVWR oder durch seine Glavki
und Zentren verwaltet. Die Gouvernements-Volkswirtschaftsräte hatten über diese wichtigsten Betriebe eine gewisse Aufsicht, aber kein
Recht der Einmischung. Zur zweiten Gruppe wurden solche Betriebe
gerechnet, die eine mehr als lokale Bedeutung haben, ohne jedoch
für die Gesamtwirtschaft unentbehrlich zu sein. Sie produzierten
auf Grund von Plänen, die durch die Glavki oder Zentren bestätigt waren, unterstanden aber der Verwaltung der Gouvernements-
Volkswirtschaftsräte. Die dritte Gruppe bestand aus Unternehmungen
von ausschließlich lokaler Bedeutung, z. B. kommunale Werke oder
andere Betriebe, die nur den örtlichen Markt beliefern. Derartige
Unternehmungen wurden ausschließlich durch die Gouvernements-
Wirtschaftsräte verwaltet.

Von den am 1. November 1920 durch den OVWR verwalteten
6908 Unternehmungen zählten 2374 (35 %) zu der ersten Gruppe,
unterstanden also direkt dem OVWR, während 3450 (50 %) unter die
zweite und 1084 (15 %) unter die dritte Gruppe fielen.[138]

Die direkte Verwaltung der einzelnen Betriebe lag entweder in den
Händen einzelner Betriebsleiter oder eines Verwaltungskollegiums.
In beiden Fällen war sie nichts anderes als ausführendes Organ der
vorgesetzten Wirtschaftsbehörde. »Das durchgeführte System der
Zentralisierung der Verwaltung reduzierte ... die Selbständigkeit der
Betriebsleitung auf null und vermehrte damit den Bürokratismus und
den Schlendrian.«[139]

Die Betriebsräte, welche die untersten Organe der Gewerkschaften darstellten, hatten nach der Durchorganisierung des OVWR nur

138 Kricman: [Die heroische Periode], S. 105.
139 Rozenfel'd: [Die Industriepolitik], S. 122.

noch den Schutz der Interessen der Arbeitnehmer, sowie gewisse beaufsichtigende Funktionen hinsichtlich der Durchführung der Produktionspläne auszuüben. In der Praxis aber »wurden die Grenzen zwischen Betriebsrat und Betriebsleitung so sehr verwischt, dass weder die Arbeiter noch selbst die Wirtschaftsorgane wussten, wo die Funktionen der Betriebsleitung begannen und die des Betriebsrates aufhörten«.[140]

Die Geschichte der wirtschaftlichen (und politischen) Verwaltung in Sowjetrussland ist überall die Geschichte des Übergangs von großen Kollegien zu kleineren und von den kleineren sehr häufig zur personellen Verwaltung. Ursprünglich war in den Betrieben z. B. durch die Arbeiterkontrolle die Kollegialverwaltung eingeführt worden, und selbst in der Armee gab es in Form der Soldatenräte und der politischen Kommissare etwas Analoges. Nur die Eisenbahn hat man schon sehr früh nach dem System der Personalverwaltung aufgebaut.[141]

Der Grund für die ursprüngliche Vorliebe zum Kollegialsystem in der Verwaltung liegt ebenso nahe wie derjenige für seine Abschaffung im Jahre 1920. Das siegreiche Proletariat stand den politisch unzuverlässigen und sabotierenden alten Betriebsleitern und Spezialisten mit größtem Misstrauen gegenüber und versuchte, durch die kollegiale Verwaltung eine lückenlose Kontrolle über sie auszuüben. Mit der Zeit zeigte es sich, dass durch dieses Kollegialsystem die Verwaltung maßlos schwerfällig wurde und bei der Unsicherheit der Kompetenzen niemand die Verantwortung für die zahlreichen Misserfolge tragen wollte. Im März und April 1918 machten Trockij und Lenin die ersten Vorstöße zugunsten des personellen Systems in der Verwaltung.[142] Aber noch zwei Jahre dauerte dieser Kampf an, bis Lenin gegen eine »unzulässige Unwissenheit« und die »Feindseligkeit gegenüber dem Spezialistentum« den Sieg davontrug und der neunte Parteitag beschloss: »Auf jeden Fall ist die tatsächliche Verwirklichung... des oftmals proklamierten Prinzips der genauen Verantwortlichkeit ei-

140 Pankratova: [Die Betriebsräte Rußlands], S. 289.
141 Sitzung des VCIK der vierten Wahlperiode (1918), S. 226.
142 In den oben erwähnten Reden.

ner bestimmten Person für eine bestimmte Arbeit die unerlässliche Bedingung der Verbesserung der wirtschaftlichen Organisation und des Wachstums der Produktion. Die Kollegialverwaltung, soweit sie im Prozess der Beratung und Entscheidung angewandt wird, muss im Prozess der Ausführung unbedingt der Alleinverwaltung den Platz räumen. Der Grad der Tauglichkeit einer jeden Organisation muss daran gemessen werden, wie streng in ihr die Pflichten, Funktionen und die Verantwortlichkeit verteilt sind.«[143]

Fehlen eines einheitlichen Wirtschaftsplanes

Damit kennen wir die Grundlinien des ersten Versuchs einer planmäßigen Verwaltung der gesamten russischen Industrie. Es fragt sich nun, wieweit seine Ausführung gelungen ist.

Da ist zunächst daran zu erinnern, dass bis zum Ende der kriegskommunistischen Periode ein wirklicher Wirtschaftsplan nicht zustande kam. In seiner Rede auf dem 9. Parteikongress der K.P.R. erklärte Trotzkij: »[W]ir haben noch jenen einheitlichen Wirtschaftsplan nicht, der die elementare Arbeit der Gesetze der Konkurrenz ersetzen muss. Hieraus entstehen dem OVWR Schwierigkeiten. Es gibt einen bestimmten Wirtschaftsplan. Dieser Plan ist von zentralistischen Ansichten über die Wirtschaftsaufgaben diktiert, der Plan aber wird in Wirklichkeit an Ort und Stelle nur im Umfang von 5–10 % verwirklicht.«[144] Der 9. Kongress nahm auf diese Rede hin in seine Beschlüsse ausführliche Richtlinien über einen einheitlichen Wirtschaftsplan auf, die aber zunächst nur papierene Konsequenzen hatten. Auf Grund dieser Richtlinien wurde auch der oben erwähnte Elektrifizierungsplan der Goëlro aufgestellt. Doch auch er konnte das in der kriegskommunistischen Wirtschaft immer mehr einreißende Chaos nicht überwinden.

Schon auf dem 2. Kongress der Volkswirtschaftsräte im Dezember 1918 geißelte Rykov, dass man immer wieder die fehlerhafte Methode

143 Die Beschlüsse des 9. Kongresses der Komm[unistischen] Partei Russlands. [In:] Russ[ische] Korr[espondenz] 11 (1920), [S. 451–468, hier] S. 455.
144 [Trotzki: Ueber die gegenwärtigen Aufgaben,] S. 16.

der ersten Monate der Revolution wiederhole, nämlich eine Menge Leute Wochen und Monate in Kanzleien verbringen lasse, um auf dem Papier schöne Pläne aufzustellen, und dass diese Pläne und Schemata dann ein Leben für sich führten und die Wirtschaft auch ein Leben für sich.[145] Neben diesen bürokratischen Schwierigkeiten verhinderten aber auch politische, vor allem Krieg und Bürgerkrieg, das Zustandekommen des immer wieder geforderten einheitlichen Wirtschaftsplans. Endlich kam noch – wie bei vielen anderen missglückten Versuchen – als erschwerender Faktor die große wirtschaftliche Rückständigkeit Russlands und damit die Schwerfälligkeit und Ungeschultheit der Verwaltungsbeamten hinzu.

Sie zeigte sich besonders drastisch darin, dass der OVWR es nicht fertigbrachte, die verschiedenen die Wirtschaft regulierenden Stellen zusammenzufassen. Ursprünglich sollte ihm allein die Regulierung des gesamten Wirtschaftslebens obliegen. Aber es gelang ihm noch nicht einmal, die Kompetenzen innerhalb seiner eigenen Organisation sowie zwischen sich und den neben ihm bestehenden Wirtschaftsorganen abzugrenzen. Neben dem OVWR bestanden besondere Ministerien für Finanzen, Verkehrswesen, Innen- und Außenhandel, Landwirtschaft und insbesondere das bereits öfters erwähnte Verpflegungsministerium, das sich in der Zeit des Kriegskommunismus schließlich zu dem wichtigsten Wirtschaftsministerium entwickelte.

Während der OVWR sich seit 1919 mehr und mehr von der ihm ursprünglich zugewiesenen Haupttätigkeit der Wirtschaftsleitung entfernte und zu einem Industrieministerium herabsank, das in seiner eisernen Umklammerung die Industrie allmählich ganz zum Erliegen brachte, nimmt das Narkomprod schließlich die ganze Verteilung in die Hand,[146] und der OVWR muss ihm eine ganze Reihe seiner ursprünglichen Funktionen wie z. B. die Kontrolle über die agrarische Industrie, die Beschaffung der agrarischen Industrierohstoffe abgeben.[147] In der Verschiebung des wirtschaftlichen Schwergewichts vom OVWR zum Narkomprod spiegelt sich ein Prozess wider, der

145 Rykov: [Aufsätze und Reden I], S. 81.
146 Kricman: [Die heroische Periode], S. 201 ff., 213.
147 Larin, Kritzmann: [Wirtschaftsleben], S. 142.

die kriegskommunistische Wirtschaft charakterisiert: die gewerbliche Produktion, insbesondere die großbetriebliche, soweit sie nicht der Armee dient, verliert dauernd an Bedeutung, und das Wirtschaftsleben erschöpft sich praktisch in der Erfassung und Verteilung der knappen Vorräte.

Besondere Aufmerksamkeit beansprucht die Tätigkeit der Glavki. Denn nicht umsonst hat das ganze System nach ihnen seinen Namen erhalten. Glavkismus bedeutet in Russland heute den Inbegriff aller bürokratischen Exzesse, die Karikatur einer zentralen Verwaltungswirtschaft, die sich unterfängt, von einem Zentrum aus die kleinsten wirtschaftlichen Vorgänge in den entlegensten Orten des weiten Reiches zu regulieren. Und dieser Versuch geschah obendrein in einer Zeit, wo das Transport- und Nachrichtenwesen oft gänzlich darniederlag und wo es – abgesehen von den rein militärischen Operationen – fast nie gelang, Menschen, Nachrichten und Güter zur geplanten Zeit an den geplanten Ort zu befördern.

Mängel der industriellen Organisation

Schon auf dem ersten Kongress der Volkswirtschaftsräte (Mai 1918) musste Rykov die Glavki in Schutz nehmen gegen die Beschwerden, dass sie sich zu Unrecht in alles Mögliche einmischten. Er tat das mit der Begründung, dass die Lokalinstanzen sich aus Betriebsegoismus um den allgemeinen Zusammenhang überhaupt nicht kümmern würden und dass die Einmischung der Glavki nur insoweit vorkäme, als es notwendig sei, um diesen allgemeinen Zusammenhang und damit die Unterordnung unter die Gesamtpolitik wiederherzustellen.[148] Mit der Entwicklung der kriegskommunistischen Wirtschaft mehren sich die Klagen, dass die Glavki unfähig seien, ihre immer wachsenden Aufgaben zu bewältigen und dass sie statt zur Stützung des Wirtschaftslebens zu seinem völligen Erliegen führen müssten. Die Verwaltung und Versorgung einer großen ständig wachsenden Menge von Betrieben von einem Zentrum aus setzte eine ausgezeichnete Informierung dieses Zentrums über alle Vorgänge in den einzelnen Betrieben ebenso

148 Rykov: [Aufsätze und Reden I], S. 28.

voraus wie eine reibungslose und sichere Durchführung der vom
Zentrum an die Betriebe gehenden Anordnungen. Mit beidem stand
es sehr schlecht. Die Hauptverwaltungen besaßen höchstens über
die Betriebe der Kriegsindustrie genaue Angaben, über die meisten
anderen Unternehmungen fehlten ihnen die elementarsten Unterlagen. »Wenn Meldungen auch eingingen, so mit großer Verspätung,
und bei dem Umfang des Apparates war es nicht möglich, Leitung
und Beaufsichtigung der Produktion vom Zentrum aus rechtzeitig
durchzuführen. Infolgedessen entsprachen die an die Orte ergehenden
Direktiven durchweg nicht der wirklichen Sachlage, oder sie kamen
dort zu spät an und vermehrten nur den Wirrwarr. Außerdem erwies
sich als Hauptdefekt in der Struktur unserer Glavki und Zentren...
ihre Organisierung nach Produktionsmerkmalen. Alle metallverarbeitenden Unternehmungen bildeten eine Gruppe, die Bergwerksbetriebe
eine zweite, die Brennstofforganisation eine dritte, die Textilfabriken
eine vierte usw. Bei aller Geschlossenheit dieses Schemas auf den
ersten Blick erwies es sich in der Praxis als äußerst verwickelt und
widerspruchsvoll und züchtete einen Bürokratismus schlimmster
Sorte.«[149] Der eben gerügte schwere organisatorische Fehler wurde
in der Praxis noch verschärft durch das Fehlen jeder selbständigen
Verbindung der Glavki untereinander. Sie bildeten Trusts, die »wirtschaftlich voneinander getrennt und nur auf ihrem Gipfel durch den
OVWR verbunden« waren.[150] Die Volkswirtschaft war auf diese Weise
in zahlreiche wenig zusammenhängende Teile zerrissen, aber diese
organisatorische Zerstückelung konnte die Tatsache nicht aufheben,
dass die einzelnen Teile nur als Teile eines Ganzen funktionieren
konnten. Da es nicht gelang, dieses Ganze wiederherzustellen, war
auch die Arbeit der einzelnen Teile zur Unfruchtbarkeit verurteilt.[151]
   Die Organisation der glavkistischen Verwaltung hatte zur Folge,
dass ein einzelner Betrieb unter Umständen von Dutzenden von Glav-

149 Rozenfel'd: [Die Industriepolitik], S. 124.
150 [Die Beschlüsse des ix. Kongresses der Kommunistischen Partei Russ-
    lands. In:] Russ[ische] Korr[espondenz] 11 (1920), [S. 451–468, hier]
    S. 453.
151 [Lev Trockij: Werke. Bd.] xv, S. 218 f.

ki für die Versorgung mit Rohmaterialien abhing, mit dem Ergebnis, dass er in seiner Produktion fortwährend Stockungen aus Mangel an Roh- oder Hilfsstoffen ausgesetzt war. Zu der maßlosen Knappheit an diesen Materialien kam also noch die Unfähigkeit, sie rasch und richtig zu verteilen. Anstelle der Einkäufe auf dem Markt war ein überaus kompliziertes Anforderungs- und Anweisungssystem getreten, das die einzelnen Betriebe vor unlösbare Aufgaben stellte; hatte doch z. B. eine einzige Hauptverwaltung, die Hauptbrennstoffverwaltung, Tausende vom OVWR verwaltete Betriebe mit Brennstoff zu versorgen. Die allgemeinen Bedingungen, unter denen die glavkistischen Methoden zur Anwendung kamen, der Verfall von Produktion und Verkehrswesen und die »außerordentliche Ungenauigkeit der Methoden und Resultate der wirtschaftlichen Registrierung« mussten schließlich »ungeheuerliche Formen der Verschleppung« zur Folge haben.[152]

Das ganze System wurde auf die Spitze getrieben durch die bereits Ende November 1918 erfolgte Einrichtung der »Verwertungskommission«, die darüber zu entscheiden hatte, was aus den Anforderungen der einzelnen Betriebe auszuführen war. »Da die verschiedenen Produkte und Materialien, für die die Kommission zuständig war, nach Tausenden zählten, so haben wir im Resultat zehn und hunderte Millionen, vielleicht sogar Milliarden Ordres, wenn man in Betracht zieht, dass diese Ordres meist nicht auf ein Jahr, sondern auf kürzere Fristen ausgestellt worden waren. ›Diese Sintflut‹, bemerkt einer der Leiter der Verwertungskommission, L. N. Kricman, ›hätte auch den Berg Ararat ersäuft ...‹«[153]

Zu allem Überfluss arbeitete dieses System noch mit der lächerlichsten bürokratischen Engherzigkeit. Jede Hauptverwaltung, jede lokale Organisation wachte »bis zum Stumpfsinn« darüber, dass ihre nach den zweckwidrigsten Grundsätzen abgesteckten Kompetenzen von allen anderen Stellen respektiert würden. So wurde z. B. aus dem Uralgebiet berichtet, dass es dort Rohmaterialien, Fabriken und Menschen genug gebe, dass aber alles durch die Verwaltung ausein-

152 [Die Beschlüsse des IX. Kongresses], S. 453.
153 Rozenfel'd: [Industriepolitik], S. 126.

andergerissen sei.[154] In einem Gouvernement aßen die Menschen Hafer, während im benachbarten die Pferde mit Weizen gefüttert werden mussten. Dem Gouvernementsverpflegungskomitee war dieser Sachverhalt wohl bekannt, aber es wagte nicht, ohne besondere Erlaubnis der Zentrale einen Austausch vorzunehmen, obwohl dieser ohne Störungen des Verteilungsplans hätte durchgeführt werden können.[155] Kompetenzstreitigkeiten waren an der Tagesordnung. Besonders schlimm gestalteten sie sich in Bezug auf die Betriebe der zweiten Gruppe, die zwar der Aufsicht der lokalen Wirtschaftsräte unterstanden, aber vom Zentrum aus geleitet werden sollten. Infolge der schlechten Informiertheit der Zentrale und der endlosen Zeit, die die Beförderung der Nachrichten in entferntere Gebiete in Anspruch nahm, entsprachen die Anordnungen der Zentrale bei ihrer Ankunft in dem betreffenden Betrieb sehr häufig nicht mehr der Lage am Platze. Wenn die inzwischen sinnlos gewordenen Anordnungen nicht durchgeführt werden sollten, dann musste der zuständige Gouvernements-Volkswirtschaftsrat in einen endlos dauernden Kampf mit der Zentrale eintreten, um wenigstens die wichtigsten lokalen Interessen vor dem Verwaltungseifer der Moskauer Zentralinstanzen zu schützen. Während des ganzen Kriegskommunismus tobte dieser Kampf zwischen der Provinz und Moskau.[156]

Die Gegner des Glavkismus verlangten energisch, dass man die Glavki abschaffen oder ihre Befugnisse wenigstens stark einschränken und die Verwaltung aller nicht lebenswichtigen Betriebe den lokalen Instanzen überlassen solle. Jede lokale Initiative werde heute unterdrückt, man sei den Launen der anti-bol'ševistischen »Spezialisten« ausgeliefert, und »wenn man fragen würde: was muss man am Tage nach der Vernichtung Kolčaks und Denikins vernichten? – so werden 90 % antworten: die Glavki und Centry«.[157] Aber lange Zeit stießen sie mit ihrer Forderung auf heftigsten Widerstand. Die Glavki, so

154 Kricman: [Die heroische Periode], S. 212.
155 Trotzki: [Ueber die gegenwärtigen Aufgaben,] S. 16.
156 Rozenfel'd: [Die Industriepolitik], S. 126 f.
157 Protokoll des 7. Sowjetkongresses. [In:] Russ[ische] Korr[espondenz] 10 (1920), S. 218.

hieß es, seien das Hauptfundament des sozialistischen Aufbaus, ohne
Zentralisation gebe es keinen Sieg, die Übergabe der Verwaltung an
die Ortsgewalten züchte den Lokalpatriotismus und führe zur Auflösung der ökonomischen und politischen Leitung. Schließlich sei die
glavkistische Organisation »dem Plane nach, wenn man sie als groben
Entwurf nimmt, eine richtige sozialistische Wirtschaft, eine planmäßige Wirtschaft; sie wird nach grundlegenden Betrieben organisiert, sie
vereint die Produktion von oben bis unten.« Allerdings weist gerade
Trockij, von dem diese Äußerung herrührt, nachdrücklich darauf hin,
dass dieser »Planwirtschaft« noch die beiden entscheidenden Faktoren
fehlen, der Plan und der Apparat zu seiner Durchführung. »Unsere
Wirtschaft orientiert sich nach einem einheitlichen Plan – aber dieser
Plan selbst existiert nicht – und mehr noch: es existiert noch nicht
einmal ein Apparat zur Ausarbeitung und zur Durchführung des einheitlichen Planes.«[158] Und ferner setzt die glavkistische Organisation
voraus, »dass der zentrale Verwaltungsapparat ein idealer Registrie-
rungs- und Verteilungsapparat ist, der mit dem Wirtschaftsplan in
Einklang steht. Sie setzt voraus, dass unter der Leitung des OVWR eine
ideale Klaviatur vorhanden ist, so dass man nur eine bestimmte Taste
anzuschlagen braucht, um eine entsprechende Menge Kohle, Holz,
Arbeitskraft dorthin zu verschieben, wo sie dem Plane nach gebraucht
werden. Natürlich haben wir noch in keinem Ressort und vor allem
nicht im OVWR, dem kompliziertesten und schwerfälligsten Ressort,
eine solche ideale sozialistische Klaviatur«.[159] Dieser scheinbar so
streng zentralisierten glavkistischen Wirtschaft fehlte das Zentrum,
das sie wirksam vereinigt und aus einer »Föderation unabhängiger,
nur vertragsweise miteinander verbundenen Glavki« den Wirtschaftsapparat einer zentralen Verwaltungswirtschaft geschaffen hätte.

Zentralisation und Dezentralisation

Einen Grund für diesen Misserfolg haben wir darin gefunden, dass
man zu viel zentralisieren wollte. Gewiss war diese Zentralisierung

158 [Lev Trockij: Werke. Bd.] xv, S. 218.
159 Trotzki: [Ueber die gegenwärtigen Aufgaben,] S. 16.

zum großen Teil durch die äußeren Verhältnisse erzwungen, vor allem bei der Nationalisierung der Kleinbetriebe und bei der durch die Kriegsnot bedingten zentralen Verteilung aller vorhandenen Vorräte. Auch erlaubte das großen Teils berechtigte Misstrauen gegen alle diejenigen, die man in der Zentrale nicht fortwährend kontrollieren konnte, nicht, den unteren Organen irgendwelche Vollmachten einzuräumen. Wie dem auch sein mag, es war nicht gelungen, die Organisationsprinzipien der Zentralisierung und Dezentralisierung derart zu vereinigen, dass der glavkistische Wirtschaftsapparat funktionierte. Beides versuchte man im Laufe des Jahres 1920 nachzuholen. Die Anhänger der Dezentralisierung hatten schon im Frühjahr 1920 auf dem 9. Parteitag gewisse Erfolge erzielt. Dieser beschloss, dass der »vertikale Zentralismus« der Glavki zwar erhalten und entwickelt werden solle, dass er aber zu ergänzen sei durch die lokale horizontale Organisation der Unternehmungen verschiedener Industriezweige, die auf die gleichen Rohstoffe, Verkehrsmittel und Arbeiter angewiesen seien und dass die Rechte der Gebietswirtschaftsorgane wesentlich zu erweitern seien.[160] Ferner sollten besondere Kommissionen gebildet werden, »zum Studium der Fragen über die richtigsten Wechselbeziehungen zwischen den verschiedenen Wirtschaftsorganen, den zentralen und örtlichen, sowie über die einfachsten Methoden der Versorgung der Unternehmen…, ohne dass die Unternehmen gezwungen wären, sich jedes Mal ans Zentrum zu wenden, aber auch ohne Störung der allgemeinen Wirtschaftspläne.«[161]

Daneben wurde aber das Bedürfnis nach einer einheitlichen Zusammenfassung aller die Wirtschaft leitenden Instanzen immer dringender. Auf dem 8. Sowjetkongress im Dezember 1920 forderte Lenin an Stelle des dazu unfähigen OVWR »ein Organ, das in der ganzen wirtschaftlichen Tätigkeit die Hauptrolle zu spielen hat und sich dieser Stellung voll bewusst ist«.[162] Zu diesem Organ wurde der am

160 [Die Beschlüsse des IX. Kongresses,] S. 453f.
161 [Ebd.]
162 [Wladimir Iljitsch Lenin: Die Auswärtige und innere Politik Sowjet-Russlands. Rede auf dem VIII. Sowjetkongress. Dezember 1920. In:] Russ[ische] Korr[espondenz] 1/2 (1921), S. 10–25, hier] S. 22.

30. November 1918 gegründete »Rat für Arbeit und Verteidigung« (STO)[163] bestimmt, ursprünglich eine Sonderkommission der wichtigsten Ministerien für die Fragen der Verteidigung. In dem Rat wurden die Vorsitzenden des OVWR, des Narkomprod, des Verkehrskommissariats usw. vereinigt, um auf diese Weise wenigstens ein Surrogat für eine einheitliche Leitung der Volkswirtschaft zu schaffen, die es bis zum Ende des Kriegskommunismus nicht gab.[164]

Andere wichtige Beschlüsse des 8. Sowjetkongresses standen unter der Losung weitgehender Dezentralisation, so z. B. die Reorganisation des OVWR. Die Rechte der Gouvernements-Volkswirtschaftsräte wurden erneut erweitert und wirtschaftliche Gouvernementskonferenzen geschaffen, welche bereits in der Provinz die Tätigkeit der verschiedenen örtlichen Wirtschaftsorgane ebenso in Einklang bringen sollten, wie für die Zentralorgane der STO.

Besonders wichtig ist das neu gefundene Prinzip der Scheidung zwischen »Zentralisierung der Leitung und Dezentralisierung der Verwaltung«. Es kommt in dem dritten Paragraphen dieses Beschlusses deutlich zum Ausdruck: »Die Zentral- und Hauptstellen des OVWR werden zu leitenden Organen umgebildet, die die Arbeiten zu verteilen, die Tätigkeit der Gouvernements-Volkswirtschaftsräte auf Grund eines einheitlichen staatlichen Wirtschaftsplanes zu regeln und zu kontrollieren haben, während die unmittelbare Verwaltung des Unternehmens den entsprechenden Abteilungen des Gouvernements-Volkswirtschaftsrates übertragen wird.«[165]

So zeigen sich am Ende der kriegskommunistischen Epoche sowohl Tendenzen zu einer strafferen Zusammenfassung der zentralen Leitung als auch zu einer radikalen Dezentralisierung der Verwal-

---

163 STO = Sovet Truda i Oborony = Rat für Arbeit und Verteidigung.

164 Kricman: [Die heroische Periode], S. 209.

165 [Beschlüsse des VIII. Allrussischen Sowjet-Kongresses. Moskau, Dezember 1920. In:] Russ[ische] Korr[espondenz] 1/2 (1921), [S. 49–62, hier] S. 54. Von den Ende 1920 bestehenden Glavki blieben nur 16 übrig. Über 1800 Betriebe der ersten Gruppe wurden der Verwaltung des OVWR entzogen und den Gouvernementsvolkswirtschaftsräten unterstellt. (Die russische Industrie [im Jahre 1921 und ihre Perspektiven. Jahrbuch des OVWR (russ.). Moskau 1921], S. IV f.)

tung. Ansätze dazu sind bereits viel früher bemerkbar, etwa in der Zusammensetzung des Präsidiums des OVWR aus den Leitern der wichtigsten Wirtschaftsministerien.[166] Auswirken konnten sich diese Tendenzen allerdings erst später, denn die Wirtschaft des Kriegskommunismus war am Ende des Jahres 1920 durch organisatorische Veränderungen nicht mehr zu retten.

Man muss sich fragen, wieso der Glavkismus das gesamte russische Wirtschaftsleben fast drei Jahre lang »verwalten« konnte und der Zusammenbruch erst am Ende dieser Epoche erfolgte, während in der Zwischenzeit sogar zeitweise gewisse positive Resultate zu verzeichnen waren. (So z. B. in der ersten Hälfte 1920.) Bei der Beantwortung dieser Frage ist zuerst wieder auf den agrarischen Charakter des Landes hinzuweisen, in dem die Rolle der Industrie während dieser Jahre auf ein Minimum reduziert war. Wenn auch »die Zersplitterung der Kleinproduzenten, ihre Bettelarmut, ihre Unkultur, ihr Analphabetentum, die Wegelosigkeit, der Mangel eines Umsatzes zwischen Ackerbau und Industrie...«[167] den Aufbau einer arbeitsfähigen marktlosen Wirtschaftsorganisation letzten Endes unmöglich machte, so erlaubte sie auf der anderen Seite, das Experiment lange Zeit fortzusetzen. Ferner war es entscheidend, dass die einzelnen Betriebe z. T. noch über beträchtliche Vorräte an Rohstoffen verfügten, die sie ohne Rücksicht auf die aus der Zentrale kommenden Anweisungen verwendeten. Als aber die Vorräte erschöpft waren, musste das ganze System, das faktisch im Wesentlichen nur auf dem Papier bestanden hatte, zusammenbrechen.[168]

v. Einige Ergebnisse der kriegskommunistischen Versuche für die Theorie und Praxis der Planwirtschaft

Ohne an dieser Stelle schon die Bedeutung der kriegskommunistischen Versuche für Theorie und Praxis der Planwirtschaft erschöpfend

166 Vgl. Larin, Kritzmann: [Wirtschaftsleben], S. 158.
167 Lenin: Über die Naturalsteuer, S. 74 ff. [LW 32, S. 365].
168 Vgl. Rozenfel'd: [Die Industriepolitik], S. 125, 127.

behandeln zu wollen, sollen doch einige in diesem Zusammenhang
wesentliche Punkte hervorgehoben und gewisse Ergänzungen zu dem
oben Mitgeteilten gegeben werden.

Der Kriegskommunismus als Weg zum Sozialismus

Wie sind die kriegskommunistischen Versuche für das Problem des
Aufbaus des Sozialismus zu beurteilen? Ist die Beseitigung des Marktes und der Versuch, die kapitalistische Wirtschaft unmittelbar in eine
sozialistische überzuführen, durch die Not erzwungen oder vielmehr
bewusst gewählt als kürzester Weg zum Sozialismus? Kann die kriegskommunistische Wirtschaft als eine Übergangsform gelten, die eine
Brücke zur entfalteten sozialistischen Wirtschaft bildet, oder ist sie
ein Umweg oder gar ein ganz untaugliches Mittel? Die Antworten
auf derartige Fragen gehen weit auseinander.

Der Anschauung, dass es sich im Kriegskommunismus, vor allem
in den beiden späteren Phasen nur um die Organisation des Krieges
gehandelt habe und dass man »den Übergang zum Sozialismus nur
simulierte«,[169] steht entgegen, dass Lenin und die übrigen maßge-
benden Führer der Bol'ševiki lange Zeit der festen Überzeugung
waren, mit Hilfe der kriegskommunistischen Maßnahmen auf dem
raschesten Weg zu einer sozialistischen Wirtschaft zu gelangen.[170]

---

169 Kricman: [Die heroische Periode], S. 71.
170 Vgl. Rede Lenins vom 7. Oktober 1921. [In: Ders.: Gesammelte Werke
(russ.), Bd.] XVIII [LW 33, S. 29 f.]; Rede Lenins vom 29. Oktober 1921. [In:]
Ebd. [LW 33, S. 63–89]. In dem Nachwort zur deutschen Ausgabe seines
Buches über die Ökonomik der Transformationsperiode schreibt Bucharin, der Übergang zur NEP sei eine spezifisch russische Wendung, deren
tiefste Vorbedingung der bäuerlich-agrarische Charakter des Landes ist.
(Dezember 1921!) ([Nikolai Bucharin: Ökonomik der Transformationsperiode. Hamburg 1922], S. 198)
Auf dem 10. Parteitag charakterisiert Bucharin den Übergang zur NEP
als etwas Ähnliches wie der drei Jahre vorher von den Deutschen auf-
gezwungene Friede, als »eine Art von Bauern-Brest«. (Protokoll, S. 104.)
Ähnliche Äußerungen anderer bedeutender Bol'ševiki sind in den ersten
Jahren der NEP sehr häufig.

L[ev] Kricman, einer der bedeutendsten sowjetrussischen Theoretiker, hat in seinem oft zitierten Buch über den Kriegskommunismus diesen charakterisiert als »den ersten grandiosen Versuch einer proletarischen Naturalwirtschaft«.[171]

Er konfrontiert diese mit der »kapitalistischen Naturalwirtschaft«, d. h. der Kriegswirtschaft der kapitalistischen Länder, die nach seiner Meinung dem Kapitalismus der freien Konkurrenz und dem monopolistischen Kapitalismus gegenüber eine höhere Form bildet. Denn in dieser staatskapitalistischen Kriegswirtschaft Westeuropas werde eine möglichst rationelle Ausnutzung der Produktionskräfte erreicht dadurch, dass Markt und Geld ihrer Herrscherrolle entkleidet und »rein naturale Reproduktions- und Distributionsformen« entwickelt würden. Da aber diese Art der Wirtschaft die »wirkliche Diktatur einer kleinen Clique von Kapitalmagnaten« vor aller Augen bloßstelle, lassen die Kapitalisten nach Beendigung des Krieges »den schützenden Schleier des Geldfetischs« fallen und diskreditieren diese Wirtschaft als »Kriegssozialismus«. Dieses Manöver zur Verschleierung der geschichtlichen Entwicklung, die in der »staatskapitalistischen Naturalwirtschaft« bereits über den Kapitalismus hinausgeführt habe, dürfe man schon in Bezug auf den »Kriegssozialismus« nicht mitmachen. Der »proletarischen Naturalwirtschaft« gegenüber sei es vollends unverzeihlich.[172]

Die Ausführungen Kricmans über die »kapitalistische Naturalwirtschaft« sind charakteristisch für die bereits erwähnte maßlose Überschätzung der westeuropäischen, insbesondere der deutschen Kriegswirtschaft durch die bol'ševistischen Theoretiker.[173] Jedoch verdient seine Theorie der proletarischen Naturalwirtschaft ernsteste Aufmerksamkeit.

Die Wirtschaft des Kriegskommunismus ist danach nicht eine Naturalwirtschaft im Sinne einer früheren Wirtschaftsstufe, sondern (darauf will der Ausdruck »proletarische Naturalwirtschaft«

---

171 Kricman: [Die heroische Periode], S. 77.
172 [Ebd.], S. 72 ff.
173 Vgl. hierzu außer Lenins Schriften von 1917 und 1921 auch Bucharin: Ökonomik [der Transformationsperiode], S. 28 ff.

hinweisen) in ihr als einer höheren Stufe der Entwicklung sind die kapitalistischen Marktverhältnisse wenigstens z. T. bereits überwunden. Nach Kricman repräsentiert sie überhaupt eine Wirtschaft von ganz neuem Typus, und zwar aus folgenden Gründen: Es sei in ihr die unter dem Kapitalismus bestehende Trennung zwischen politischer und wirtschaftlicher Organisation der Gesellschaft aufgehoben, die einzelne Produktionseinheit bilde die Grundlage für die gesamte Verwaltung, alle Zwischenklassen und besonders das Bauerntum seien um den proletarischen Kern organisiert. Durch diese Neuorganisierung sei mit dem Warenfetisch der Fetischismus auf allen Gebieten des gesellschaftlichen Lebens vernichtet, eine neue Arbeitsdisziplin entwickle sich, und ein »konzentrierter Enthusiasmus«, eine »stählerne kameradschaftliche Disziplin« bilde sich heraus.[174] Die »proletarische Naturalwirtschaft« sei wesentlich Naturalwirtschaft und zentralisierte Wirtschaft gewesen.[175] »Diese Charakterzüge ... waren ohne Zweifel sozialistische Verhältnisse, weil auch der Sozialismus eine zentralisierte Naturalwirtschaft sein wird.«[176]

Gegen diese Ausführungen ist eine Reihe von Bedenken geltend zu machen. Vor allem erscheint es höchst zweifelhaft, ob man die bloße Verdrängung des Marktes als einen Schritt zum Sozialismus ansehen darf, wenn es nicht gelungen ist, die Marktfunktionen mit den Mitteln der zentralen Verwaltungswirtschaft ebenso gut oder womöglich besser zu versehen. Erinnert man sich an das, was oben über den Zustand von Produktion und Zirkulation unter dem Kriegskommunismus gesagt wurde, an die Rolle, welche der illegale Markt spielte, dann erscheinen die Behauptungen Kricmans doch ziemlich unberechtigt. Ferner ist gegen ihn einzuwenden, dass er bei diesen theoretischen Ausführungen viel zu wenig berücksichtigt, welche geringe und fortwährend sinkende Rolle die Industrie in der Gesamtwirtschaft des Landes in den Zeiten des Kriegskommunismus gespielt hat. Wenn aber den Bauern mit Gewalt und ohne nennenswerte Gegenleistung das Getreide abgenommen werden muss, wenn infolgedessen das Dorf

174 Kricman: [Die heroische Periode], S. 78 ff.
175 [Ebd.], S. 100.
176 [Ebd.], S. 118.

zur primitivsten geschlossenen Hauswirtschaft zurückkehrt, wenn in Form der Arbeitspflicht bei der Holzbeschaffung die feudalen Frondienste wieder aufleben, wenn die Industrie zu Tode verwaltet wird und der ganze Wirtschaftsprozess schließlich zum Stillstand kommt, dann fällt es schwer, in einem System, das zu solchen Konsequenzen führt, eine der Verkehrswirtschaft überlegene Wirtschaftsform zu sehen. Kricman sagt selbst, dass in der »proletarischen Naturalwirtschaft Ausbeutung und Markt beseitigt waren, ohne dass aber die Anarchie des Wirtschaftslebens überwunden gewesen wäre«, dass infolgedessen von einer sozialistischen Wirtschaft hier noch nicht gesprochen werden könne.[177] Allerdings handle es sich in der kapitalistischen Wirtschaft um eine Anarchie der Distribution, während in der proletarischen Naturalwirtschaft diese streng geregelt gewesen, dagegen die Belieferung der einzelnen Unternehmungen mit allen Produktionsfaktoren in anarchischer Weise vor sich gegangen sei.[178]

Verschiedene Theorien über den Charakter des Kriegskommunismus

Die Kricmansche Theorie bildet das Gegenstück zu der offiziellen Theorie des Kriegskommunismus, nach der alle wesentlichen kriegskommunistischen Maßnahmen von außen aufgedrängt worden und die Erwartung, auf diesem Wege zum Sozialismus zu gelangen, nur durch die Hoffnung auf die Unterstützung durch eine siegreiche Revolution im Westen begründet gewesen sei. Nach deren Ausbleiben sei der Rückzug unvermeidlich geworden. »Die Politik der Zwangserfassung der Getreidevorräte führte unvermeidlich zum Abbau und Rückgang der landwirtschaftlichen Produktion. Die Politik des gleichen Arbeitslohnes führte notwendigerweise ein Sinken der Arbeitsleistung herbei. Die Politik der zentralisierten bürokratischen Leitung der Industrie machte eine zentralisierte und vollkommene Ausnutzung der technischen Ausrüstung und der vorhandenen Arbeitskräfte unmöglich. Aber diese ganze Politik des Kriegskommunismus war

177 [Ebd.], S. 119.
178 [Ebd.], S. 121.

uns aufgedrängt durch das Regime der blockierten Festung bei einer
desorganisierten Wirtschaft und erschöpften Ressourcen ... Man wird
fragen: Haben wir denn nicht gehofft, vom Kriegskommunismus zum
Sozialismus ohne größere wirtschaftliche Umwälzungen, Erschütterungen und Rückzüge, d. h. mehr oder weniger auf gerade aufsteigen-
der Linie überzugehen? Ja, in der Tat. In jener Periode glaubten wir
fest, dass die revolutionäre Entwicklung in Westeuropa ein rascheres
Tempo einschlagen würde ... Mit ... Recht konnten wir annehmen:
wenn das europäische Proletariat 1919 die Macht ergreifen wird, so
wird es unser in wirtschaftlichem und kulturellem Sinne rückstän-
diges Land ins Schlepptau nehmen, wird uns technisch und organisatorisch zu Hilfe kommen und uns auf diese Weise die Möglichkeit
geben, durch Verbesserung und Veränderung der Methoden unseres
Kriegskommunismus zu einer wahrhaft sozialistischen Wirtschaft
zu gelangen.«[179]

Kricman bekämpft die offizielle Theorie als »Muster der Wortklau-
berei und des Opponierens mit oberflächlichsten Analogien«.[180] Beide
streitenden Parteien berufen sich für ihren Standpunkt auf Lenin, und
zwar mit Recht. Denn der Führer der russischen Revolution hat gerade
in der Frage des Kriegskommunismus in den verschiedenen Phasen
seines Ablaufes eine verschiedene Stellung eingenommen.[181] Als eine
besonders klare abschließende Beurteilung der kriegskommunistischen Ära geben wir nachstehende Ausführungen Lenins aus einer
Rede vom Oktober 1921: »Teils unter dem Einfluss der militärischen
Aufgaben und jener, wie es schien, verzweifelten Lage, in der sich
die Republik damals (Mitte 1918) befand, unter dem Einfluss dieser
Umstände und vielleicht einiger anderer, ... begingen wir den Fehler,
dass wir uns entschlossen, *den unmittelbaren Übergang zur kommunistischen Produktion und Distribution vorzunehmen.* Wir kamen zu
dem Schluss, dass die Bauern uns auf dem Wege der Requisition die

179 [Leo] Trotzki: Bericht auf dem 4. Kongress der Komm[unistischen] Intern-
     n[ationale]. In: [Ders.]: Grundfragen, S. 399 f.
180 Kricman: [Die heroische Periode], S. 77.
181 Vgl. hierzu [Lev Abramovič] Leont'ev, [Elizaveta Leonidovna] Chmel'nick-
     aja: Sowjetökonomik, S. 60 ff.

nötige Menge Getreide geben und wir sie an die Fabriken und Betriebe verteilen würden, und dass bei uns eine kommunistische Produktion und Verteilung herauskommen würde. Ich kann nicht behaupten, dass wir uns einen solchen Plan so bestimmt und anschaulich aufgezeichnet hätten, aber ungefähr in diesem Sinn handelten wir. Das ist leider Tatsache. Ich sage: leider, weil eine nicht sehr lange Erfahrung uns zur *Überzeugung von der Irrigkeit dieser Konstruktion brachte, die dem widersprach, was wir früher über den Übergang vom Kapitalismus zum Sozialismus geschrieben hatten*, zur Überzeugung, dass es, ohne die Periode der sozialistischen Rechnungslegung und Kontrolle zu durchlaufen, unmöglich ist, selbst zur untersten Stufe des Kommunismus zu gelangen. In der theoretischen Literatur von 1918 an... wurde ausdrücklich betont, dass ein langer und schwieriger Übergang von der kapitalistischen Gesellschaft über die sozialistische Rechnungslegung und Kontrolle selbst bis zur Vorstufe der kommunistischen Gesellschaft erforderlich sei. Das wurde von uns gewissermaßen vergessen, als wir im Fieber des Bürgerkrieges die nötigen Schritte zum Aufbau tun mussten... An der Wirtschaftsfront haben wir bei dem Übergang zum Kommunismus im Frühjahr 1921 eine ernstere Niederlage erlitten, als irgend eine Niederlage vorher, die wir uns von Kolčak, Denikin oder Piłsudski holten, sie kam darin zum Ausdruck, dass unsere ökonomische Politik sich in den oberen Gliedern von den unteren isoliert erwies und nicht den Aufschwung der Produktivkräfte zeitigte, der im Programm unserer Partei als grundlegende und unaufschiebbare Aufgabe anerkannt ist. Die Requisition auf dem Dorf und die unmittelbare kommunistische Durchführung der Aufbauaufgaben in der Stadt, diese Politik hinderte den Aufschwung der Produktivkräfte und erwies sich als die Hauptursache der schweren wirtschaftlichen und politischen Krise, auf die wir im Frühjahr 1921 stießen...«[182] Mit diesen Ausführungen deckt sich im Wesentlichen der in der vorliegenden Schrift in der Frage des Kriegskommunismus vertretene Standpunkt.

---

182 [Vladimir Il'ič] Lenin: [Werke, Bd.] xviii, 1, S. 370 f. Rede auf dem 2. Allrussischen Kongress der politischen Aufklärungsarbeiter, 17. Oktober 1921 [LW 33, S. 42–44].

Mag die Vernichtung des Marktes politisch eine für die Machterhal-
tung der Bol'ševiki unentbehrliche Maßnahme gewesen sein, rein
wirtschaftlich betrachtet war es eine Utopie, in dem wirtschaftlich
rückständigen, durch Krieg und Bürgerkrieg entkräfteten Bauern-
lande unmittelbar eine zentrale Verwaltungswirtschaft auf naturaler
Basis aufbauen zu wollen. Das haben die Bol'ševiki »im Fieber des
Bürgerkriegs« nicht erkannt, sonst hätten sie Anfang 1920 ihre ökonomische Politik anders gestaltet und damit vielleicht ungeheure
Verluste an Menschen und Gütern vermieden. Die Erfahrungen der
Jahre 1919 und 1920 haben gezeigt, dass in einem Lande, dessen wirtschaftliches Schwergewicht in seinen mehr als 20 Millionen kleiner
Bauernwirtschaften liegt, alle Voraussetzungen für den sofortigen
Aufbau einer marktlosen Wirtschaft fehlen. Abgesehen von allem
anderen muss ein derartiger Versuch schon an den Schwierigkeiten
der Verwaltungstechnik scheitern. Denn es fehlen sowohl die Erfahrungen als auch die zur Verwaltungsarbeit qualifizierten Menschen,
die in einem hochentwickelten Industrieland einen solchen Versuch
nicht von vornherein als aussichtslos erscheinen lassen.

Besonders charakteristisch hierfür ist es, dass man in Sowjetrussland
jahrelang nicht einsehen wollte, dass sich zwar gewisse Funktionen von
einem Zentrum aus selbst für eine große Volkswirtschaft noch durchführen lassen, während für andere Tätigkeiten eine Dezentralisierung
unerlässlich ist. Erst mit der Zeit lernte man, dass die Einzelheiten der
Verwaltung nur an Ort und Stelle richtig angeordnet und den jeweiligen
Bedürfnissen angepasst werden können und dass es dieser Einsicht
durchaus nicht widerspricht, wenn die allgemeinen Richtlinien von
einer Zentrale aus gegeben werden. Über drei Jahre hat es gedauert,
bis die Sowjets die verhältnismäßig einfache Formel der Synthese von
Zentralisierung und Dezentralisierung gefunden hatten, ohne die ihre
Wirtschaftspolitik zur Erfolglosigkeit verdammt war: Zentralisierung
der Leitung, Dezentralisierung der Verwaltung.[183]

Aber nur in einem kapitalistisch so wenig entwickelten Land
wie Russland konnte es zu solchen Ausartungen des Bürokratismus
kommen wie denjenigen, unter denen die kriegskommunistische Wirt-

[183] Rozenfel'd: [Die Industriepolitik], S. 145 ff.

schaft schließlich zusammenbrach. Da es zu den häufigsten Einwänden gegen die Brauchbarkeit einer zentralen Verwaltungswirtschaft gehört, dass ihr bürokratischer Apparat teurer und schlechter arbeiten müsse als der Markt, und da die unter dem Kriegskommunismus zu Tage getretene Verantwortungsscheu, Erstickung jeder Initiative und mangelnde Sachkenntnis und Anpassungsfähigkeit diesen Einwand scheinbar bestätigen, soll hier noch einiges zur Frage des Sowjetbürokratismus gesagt werden. Es wird sich dann zeigen, dass zumindest ein großer Teil dieser bürokratischen Misswirtschaft in den Besonderheiten der russischen Verhältnisse seine Erklärung findet.

Der Sowjetbürokratismus

In seiner berühmten Schrift *Staat und Revolution* hatte Lenin ausgeführt, dass allein das Proletariat imstande sei, den Bauern eine »billige« Regierung zu geben.[184] Dadurch, dass es den bürgerlichen Staatsapparat zerstört, könne das Proletariat die Verwaltung von Grund auf neu gestalten. Es bedient sich dabei der Einrichtungen der »kapitalistischen Kultur«, durch welche die Mehrzahl der Verwaltungsfunktionen außerordentlich vereinfacht worden sind. Sie können jetzt »auf so einfache Operationen wie Registrierung, Vermerk, Kontrolle zurückgeführt werden, so dass diese Funktionen alle Leute, die des Lesens und Schreibens kundig sind, auszuüben imstande sein werden, so dass man sie zum gewöhnlichen Arbeiterlohn wird leisten, ihnen den Nimbus des privilegierten, eines ›Vorgesetzten‹ wird nehmen können (und müssen).«[185] Auch in seinen unmittelbar vor der Machtergreifung veröffentlichten Schriften hat Lenin stets erklärt, dass man dem Beispiel der Kommune folgen und das Beamtentum aufheben müsse. Die Besitzlosen hätten die Staatsverwaltung zu übernehmen, und da »ein beliebiger Hilfsarbeiter und eine beliebige Köchin« dazu nicht ohne weiteres imstande seien, müssten sie »von fortgeschrittenen Arbeitern und Soldaten« darin unterrichtet werden.[186]

184 Lenin: Staat und Revolution, S. 40 [LW 25, S. 434].
185 [Ebd.], S. 39 [LW 25, S. 433].
186 Lenin: Werden die Bolschewiki, S. 38 [LW 26, S. 97].

Statt diese Versprechungen zu erfüllen und dem Land eine »wohlfeile Regierung« zu geben, schufen die Bol'seviki einen bürokratischen Apparat in einem Umfange und von einer Unfähigkeit, dass selbst die zaristische Bürokratie in den Schatten gestellt wurde. Über die Hypertrophie des bürokratischen Apparates sprechen die nachstehenden Zahlen eine beredte Sprache:[187]

Arbeitnehmer	in Tausend		in % zur Gesamtzahl	
	1913	1920	1913	1920
in der Zensusindustrie	2777	1820	55	33
im Eisenbahnwesen	815	1229	16	22
im bürokratischen Apparat	1500	2444	29	45

187 Kricman: [Die heroische Periode], S. 199. Die Zahlen können keinerlei Anspruch auf Genauigkeit erheben, da sie z. T. auf bloßen Schätzungen beruhen. Auch ist aus den K[ricman]schen Erläuterungen nicht ersichtlich, inwiefern eine Umrechnung der Vorkriegszahlen auf das neue Gebiet der Union erfolgt ist. In welchem Umfang der Verwaltungsapparat ursprünglich überflüssige Arbeitskräfte aufgenommen hatte, ergibt sich aus einem Bericht des OVWR über Personalabbau bei den Gouvernementsvolkswirtschaftsräten (GVWR) im Jahr 1922:
»Im Zusammenhang mit der Reorganisation wurde der Personalbestand der GVWR beträchtlich eingeschränkt. Anstatt vieler Hunderte oder mancher Tausende von Angestellten zählen die meisten GVWR heute nur noch einige Dutzend, wenn man nur die in Anrechnung bringt, die im Personaletat geführt werden. Der GVWR von Archangelsk hat heute 30 Mitarbeiter statt 946, der Gomelsker 48 statt 1504, der von Samara 150 statt 4361, der Moskauer 284 statt 8105 usw. Allerdings muss man hier noch dazu rechnen die Angestellten der Handelsorgane, der Gouvernements und der lokalen Trusts, die in besonderem Etat geführt werden, – nichtsdestoweniger bleibt der Abbau sehr bedeutend. An der Spitze der GVWR standen ursprünglich Präsidien von 3–5 Leuten; im Verlauf des Jahres vollzog sich immer mehr der Übergang vom kollegialen zum persönlichen Verwaltungssystem, und heute wird die Mehrzahl der GVWR geleitet von einem Vorsitzenden und dessen Stellvertreter.« [Vgl. Die russische Industrie im Jahre 1922 und ihre Perspektiven. Jahrbuch des OVWR (russisch). Moskau 1922.]

Während die Arbeiterzahl in den zugrunde liegenden Betrieben um ein Drittel gesunken ist, stieg die Zahl der Eisenbahnbeamten um mehr als 50 % und diejenige der übrigen Staatsbeamten um mehr als 60 %. Wenn auch die absoluten Kosten des Beamtenapparates geringer wurden, da der durchschnittliche Beamte im Jahre 1920 unter der Herrschaft des »Pajok« nicht mehr erhielt als der Arbeiter (während er 1913 ungefähr das Vierfache bekommen hatte),[188] so war dafür die gesamte bürokratische Maschinerie noch viel schwerfälliger und weniger leistungsfähig als vor dem Kriege. Es wurden unendlich viele Kommissionen gebildet, Sitzungen abgehalten und Berichte geschrieben, bis in den Fluten von Tinte und Papier die Wirtschaft untergegangen war.[189] Ein groteskerer Widerspruch als das Versprechen der billigen Regierung und die Wirklichkeit dieses bürokratischen Ungetüms lässt sich kaum vorstellen. Wie ist dieser Widerspruch zu erklären, der doch viel mehr ist als bloß ein Kompromiss, »ein Abrücken von den Prinzipien der Pariser Kommune und jeder proletarischen Macht«?[190]

Bereits das auf dem 8. Parteitag (März 1919) der K.P.R. angenommene Programm der K.P.R. hatte versucht, eine Erklärung für das »teilweise Wiederaufleben des Bürokratismus innerhalb der Räteordnung« zu geben:[191] Schuld daran sei »das zu tiefe Kulturniveau der breiten Massen, der Mangel an der erforderlichen Praxis im Verwaltungsdienst der von den Massen an verantwortliche Posten gestellten Vertreter, die Notwendigkeit, unter schwierigen Verhältnissen Fachleute der alten Schule schleunigst heranzuziehen, und die Abberufung der am

---

188 Kricman: [Die heroische Periode], S. 200.
189 »Auf den Kongressen und in der Presse kursierten damals zahllose Anekdoten über die Zustände, zu denen der Glavkismus geführt hatte, der sich auf dem Papier sehr stattlich machte, in Wirklichkeit aber lebensunfähig war. Der Leser erinnert sich vielleicht jenes, damals Aufsehen erregenden, Gedichts von Dem'jan Bednyj über die krepierte Stute auf einer Moskauer Straße und seiner Darstellung des Streites zwischen den Glavki, in welches Ressort diese Stute gehöre. Diese Phantasiedarstellung kam der Wirklichkeit sehr nahe.« (Rozenfel'd: [Die Industriepolitik], S. 125.)
190 Lenin: [Die nächsten] Aufgaben [der Sowjetmacht], S. 16.
191 [Radek:] Das Programm der K[ommunistischen] P[artei] R[usslands], S. 46.

meisten entwickelten Schicht der städtischen Arbeiter zum Kriegs-
dienst«. In diesen Ausführungen sind einige wichtige Wurzeln der
bürokratischen Misswirtschaft in Russland bezeichnet. Die Erziehung
breiter Massen zu gewissenhafter Verwaltungsarbeit, die in hochentwickelten Industrieländern durch den kapitalistischen Mechanismus
geleistet worden ist und eine der unentbehrlichen Voraussetzungen für
den Aufbau einer zentralen Verwaltungswirtschaft darstellt, fehlte in
Russland. Die neuen Beamten hatten nicht nur schwierige Aufgaben
zu lösen, sondern brachten dafür noch geringere Qualitäten mit als
die alten, die wenigstens über eine gewisse Routine verfügten. Das
Gefühl der eigenen Ohnmacht musste den Tendenzen jeder Bürokratie, die Verantwortung möglichst auf Vorgesetzte oder noch besser
auf anonyme Kommissionsbeschlüsse abzuwälzen, sehr förderlich
sein. Solchen Wünschen kam das nur zu berechtigte Misstrauen der
zentralen Instanzen entgegen, die den unteren Stellen möglichst wenig Entscheidungen anvertrauen wollten. Dieses Misstrauen richtete
sich sowohl gegen die Unfähigkeit der meisten neuen Beamten wie
gegen den bösen Willen der alten. Und damit kommen wir zu einem
entscheidenden Punkt für das Verständnis des sowjetrussischen Bürokratismus in der Zeit des Kriegskommunismus und später. Man konnte
ohne die bürgerlichen Spezialisten bei der Verwaltung des Staats- und
Wirtschaftsapparates nicht auskommen. Daraus ergaben sich Konsequenzen, die Lenin sehr drastisch folgendermaßen schildert: »Die
Geschichte war so, dass im Jahre 1917, nachdem wir die Macht an uns
gerissen hatten, der Staatsapparat uns sabotierte. Damals waren wir
sehr erschrocken und sagten: Bitte schön, kehren Sie zu uns zurück,
und alles kam zurück. Das war unser Unglück. Wir haben jetzt eine
enorme Masse von Funktionären, aber wir haben noch nicht genügend Kräfte, um wirklich über sie zu verfügen. Tatsächlich geschieht
es sehr oft, dass hier oben, wo wir die Staatsmacht haben, zwar der
Apparat funktioniert, während sie unten eigenmächtig verfügen und
so verfügen, dass sie gegen unsere Maßnahmen arbeiten ...«[192]

192 [Wladimir Iljitsch] Lenin: Rede vom 13. November 1922. [Abgedruckt
    in]: Protokoll des 4. Kongresses der Komm[unistischen] Intern[ationale],
    S. 228. [LW 33, S. 414 f.]

Was hier von den alten Verwaltungsbeamten gesagt wird, gilt erst recht von den bürgerlichen, wirtschaftlichen und technischen Spezialisten, dem »sozialen Niederschlag der organisatorischen und technisch-wissenschaftlichen Erfahrung«.[193] Bucharin hat in sehr interessanter Weise dargestellt, warum »das innere Grundproblem der aufbauenden Phase« jeder proletarischen Revolution die Überwindung des Widerstandes der bürgerlichen Kopfarbeiter bilden müsse. Denn diese sind auf absehbare Zeit nicht zu entbehren, und ihre Unterordnung »unter das Proletariat wird unvermeidlich auf dem Weg des Zwanges von Seiten des Proletariats und der Sabotage von Seiten dieser Kopfarbeiter durchgeführt«.[194] Das letztere gilt sowohl für diejenigen »Spezialisten«, denen in der vorrevolutionären Wirtschaft leitende Stellungen anvertraut waren, als auch für große Teile der subalternen Wirtschaftsfunktionäre. Je unsicherer die Stellung der neuen Regierung ist und je weniger sie den »Spezialisten« zu bieten hat, um so stärker wird der Widerstand sein. Während der ganzen Zeit des Kriegskommunismus erwartete man auf bürgerlicher Seite täglich den Sturz des bol'ševistischen Regimes, und dieses konnte seine bürgerlichen Mitarbeiter nicht einmal dadurch zu gewinnen suchen, dass es ihnen eine gehobene Lebenshaltung und eine sichere Zukunft garantierte. Was die bol'ševistische Regierung den Spezialisten gab, war in der Regel ein Hungerdasein, schwerste Arbeitsbedingungen und die Aussicht, bei erster Gelegenheit durch einen neu angelernten Proletarier ersetzt und auf die Straße geworfen zu werden. Abgesehen von den relativ wenigen Intellektuellen, die sich ehrlich für den Aufbau einer neuen Gesellschaftsordnung einsetzten, sabotierten die Beamten oder arbeiteten sie, um »sich die Arbeit vom Hals zu schaffen«.

Ein interessantes Bild von der Stimmung der Beamten gibt eine Enquete aus dem Sommer 1922, also aus einer Zeit, in der die Herrschaft der Bol'ševiki schon viel stärker gefestigt und die Lage der Beamten

---

193 [Bucharin: Ökonomik der Transformationsperiode, S. 77.]
194 [Ebd.], S. 78 ff. Vgl. auch [Eugen] Varga: [Die wirtschaftspolitischen Probleme der proletarischen Diktatur. Hamburg 1921], S. 59, Anm.

eine viel bessere war als in den Jahren des Kriegskommunismus:[195]
»Diese Enquete (die selbstverständlich nicht mittels Ausfüllen von
Formularen, sondern mittels Gesprächen mit Bekannten usw. durchgeführt wurde), umfasste 270 Ingenieure, die in Moskau in Trusts
und anderen Staatsorganen arbeiteten und verantwortliche Posten
(Mitglieder der Direktionen, Direktoren usw.) bekleideten. Die Befragten wurden sodann in zwei Gruppen geteilt: in die erste Gruppe
kamen diejenigen, die vor der Revolution in der kapitalistischen
Hierarchie eine angesehene Stellung bekleidet hatten, in die zweite
Gruppe diejenigen, die vor der Revolution einfache Ingenieure gewesen waren. Es zeigte sich, dass die Frage, ob sie mit der Sowjetmacht
sympathisieren, mit Ja beantworteten:

in Gruppe I	9 %
in Gruppe II	13 %

Die erdrückende Mehrzahl war also noch im Sommer 1922 Gegner
der Herrschaft der Arbeiterklasse...
    Auf die Frage, ob sie ihre Arbeit für nützlich halten, antworteten
bejahend:

in Gruppe I	30 %
in Gruppe II	75 %

Demnach arbeiteten fast drei Viertel der ersten und ein Viertel der
zweiten Gruppe noch 1922 nur, um mit der Arbeit fertig zu werden.
    Der Charakter der Arbeit der kapitalistischen Intelligenz tritt unge-
mein scharf hervor in der Antwort auf die Frage, ob sie Schmiergelder
für absolut unzulässig halten. Diese Frage beantworteten mit Ja, d. h.
dass sie Schmiergelder für unzulässig hielten:

in Gruppe I	25 %
in Gruppe II	30 %

195 Zit[iert] b[ei] Kricman: [Die heroische Periode], S. 148 f.

Folglich hielten drei Viertel beider Gruppen ihre Arbeit nicht für eine gesellschaftliche Arbeit, sondern betrachteten sie als ›Verproviantierung im feindlichen Lager‹.«

Die Ergebnisse der Enquete werden allgemein trotz der geringen Zahl der Befragten als zutreffend für den ganzen Kreis der Spezialisten bürgerlicher Herkunft angesehen. Und diese gleichgültige, ungläubige und übelwollende Bürokratie sollte Aufgaben lösen, die auch bei dem besten Willen oft unlösbar waren. Zweifellos versagte der Verteilungsapparat, aber teilweise eben deshalb, weil wenig zum Verteilen da war. So erklärte Zinov'ev auf dem 8. Sowjetkongress mit einem gewissen Recht: »Wir befinden uns in einer Lage, wo wir zehn Paar Schuhe unter 500 und mehr Menschen verteilen müssen. Diese Verhältnisse sind das Hauptfundament und der Boden, auf dem der Bürokratismus erwächst.«[196] Aber auch in einer anderen Hinsicht standen die Sowjetbeamten vor unlösbaren Aufgaben. Der schon an und für sich schlecht konstruierte bürokratische Apparat war einer überaus zersplitterten Wirtschaft aufgepfropft worden, die gerade wegen dieser Zersplitterung in zehntausende gewerblicher und Millionen bäuerlicher Kleinbetriebe auch mit der wohlmeinendsten und bestausgebildeten Beamtenschaft schwerlich von einem Zentrum aus unter Ausschaltung des Marktes hätte geleitet werden können. Andererseits erforderte gerade die geringe Entwicklungsstufe der russischen Wirtschaft und damit ihre geringe Organisiertheit ein Heer von Beamten für die Durchführung der von der Zentrale ergehenden Anordnungen. Je mehr Beamte man aber brauchte, je schwieriger die von ihnen zu lösenden Aufgaben sich gestalteten, um so mehr musste das technische, moralische und kulturelle Niveau des Durchschnitts sinken, bis schließlich der ganze Apparat sich als ein alles zerstörender »Aufbau über dem zersplitterten und an die Wand gedrückten Kleinproduzenten« offenbarte.[197]

196 [Grigorij] Sinowjew: Der Ausbau der Sowjets und die Bekämpfung des Bürokratismus. [Rede auf dem VIII. Sowjetkongress. Moskau, Dezember 1920. In:] Russ[ische] Korr[espondenz] 1/2 (1921), [S. 33–38, hier] S. 33.
197 Lenin: Vorbedingungen, S. 46 [LW 32, S. 366].

Der Versuch, den Markt durch einen zentralen Verwaltungsapparat zu ersetzen, müsste ohne vorherige gründliche Durchorganisierung der Wirtschaft, d. h. Zusammenfassung der Produzenten und Konsumenten in selbständig arbeitende Körperschaften in jedem Lande mit einer schweren bürokratischen Misswirtschaft bezahlt werden. In Sowjetrussland, wo alle wirtschaftlichen Voraussetzungen für die erfolgreiche Ausführung eines solchen Versuchs fehlten und eine in der Mehrheit unfähige und übelwollende Beamtenschaft vor praktisch unlösbare Aufgaben gestellt worden war, übertraf der kriegskommunistische Bürokratismus noch die schlimmsten Erwartungen.

Nach allem bisher Gesagten kann aber dieser schwere Misserfolg nicht als Beweis dafür angeführt werden, dass jeder Versuch, den Markt durch eine zentrale Verwaltungswirtschaft zu ersetzen, an der Unfähigkeit jedes bürokratischen Apparats scheitern müsse.

Als letzte unserer Ergänzungen zu der oben gegebenen Skizze des »Kriegskommunismus« soll ein kurzer Überblick über den vergeblichen Kampf um den Plan folgen.

»Der Kampf um den Plan«

Im Laufe der Darstellung war schon vielfach Gelegenheit, darauf hinzuweisen, wie immer wieder die Forderung nach einem »Einheitsplan« auftaucht, ohne dass es während dieser Jahre gelungen wäre, einen solchen umfassenden Wirtschaftsplan aufzustellen. In den ersten Monaten nach der Machtergreifung ist allerdings von einer planmäßigen Leitung nur insofern die Rede, als man hofft, sie mittels der Sozialisierung der Banken ohne weiteres durchführen zu können. Erst Anfang 1918 taucht die Forderung auf, dass die Glavki ein »Produktionsprogramm« aufzustellen hätten, auf Grund dessen die ganze wirtschaftliche Arbeit zu leisten sei.[198] Aber die schon hinreichend oft erwähnten Schwierigkeiten, unter denen der Aufbau der Wirtschaft unter dem bol'ševistischen Regime zu leisten war, vernichteten eine solche Planarbeit bereits in den ersten Anfängen. Wohl gab es eine Anzahl von Plänen in einzelnen Zweigen der Wirtschaft (z. B. den oben

198 Larin, Kritzmann: [Wirtschaftsleben], S. 87.

erwähnten auf mehrere Jahre berechneten Plan zur Reorganisation des Transportwesens). Auch bestand eine besondere Kommission für einen Produktionsplan im OVWR. Aber bis zur Einführung der neuen ökonomischen Politik lag als einziger Versuch eines Wirtschaftsplans der Elektrifizierungsplan der Goêlro vor, und in dem Rat für Arbeit und Verteidigung war zwar die immer wieder geforderte Vereinigung aller die Wirtschaft regulierenden Organe formell geschaffen, blieb aber zunächst noch ohne Wirkung. Die notwendigste Anpassung der verschiedenen Wirtschaftszweige aneinander wurde schlecht und recht erreicht durch das System des »Udarnost'«, d. h. des schlagartigen, stoßweisen Konzentrierens aller Kräfte auf die bedrohtesten Punkte.[199] Dieses Verfahren konnte allerdings einen wirklichen Plan nur ganz notdürftig ersetzen, um so mehr, als das Organ des verborgenen kapitalistischen Wirtschaftsplanes, der Markt, immer mehr in Wegfall kam. Gegen Ende des Jahres 1920 nimmt die Diskussion über den »Einheitsplan« unter den russischen Wirtschaftlern einen immer größeren Umfang an. Aber noch im Oktober 1920 erklärte Rykov: »Es wäre eine Phantasterei, wenn man glauben würde, wir könnten jetzt einen einheitlichen und genauen Wirtschaftsplan für die Republik ausarbeiten, der alle Seiten des Wirtschaftslebens umfasst. Nicht nur dass wir bisher nicht imstande gewesen sind, die wirtschaftliche Tätigkeit der ungeheuren Mehrheit der Bevölkerung, die im Ackerbau beschäftigt ist, zu regeln, – nein, sogar die Organisierung der Volkswirtschaftsräte befindet sich erst im Anfangsstadium der Entwicklung... Die Hauptaufgabe des Planes besteht darin, die Praxis unserer Organisationen zu verbessern, dafür zu sorgen, dass die Ausführung jener Aufgaben, über deren Notwendigkeit wir uns klar sind, gewährleistet wird.«[200] Und einige Wochen später sagte er, dass an einen Wirtschaftsplan, der bei den gegenwärtigen Verhältnissen nur theoretische Bedeutung hätte und für dessen Durchführung es keinerlei Garantie gebe, jetzt nicht zu denken sei. Zehnmal wichtiger sei es, die

199 Kricman: [Die heroische Periode], S. 125 f.
200 [Aleksej Ivanovič] Rykow: Resultate der aufbauenden Tätigkeit der Sowjet-Regierung. In:] Russ[ische] Korr[espondenz 3/4 (1921), S. 262–277, hier] S. 276 f.

Einheitlichkeit des Vorgehens der verschiedenen Wirtschaftsorgane in der Versorgung mit Brennstoff, Brot usw. zu sichern und die Industrie mit den Methoden des Udarnost' wieder in Gang zu bringen.[201] Doch kurz darauf, auf dem 8. Sowjetkongress, macht sich Rykov die immer lauter ertönende Forderung nach einem Wirtschaftsplan zu eigen. Entgegen seinen früheren Äußerungen erklärte er, dass der Stand der Planarbeiten auf den Gebieten des Transport-, Brennstoff- und Verpflegungswesens und einem Teil des Maschinenbaus die Möglichkeit gebe, mit Aussicht auf Erfolg die planmäßige Leitung auch der übrigen Wirtschaftszweige zu übernehmen. Der Plan könne zunächst nur unvollständig sein, da er nur die Hauptzweige des Wirtschaftslebens umfasse, aber er werde die Grundlage bilden zur Ausarbeitung eines detaillierten, die gesamte Wirtschaft umfassenden Einheitsplanes.[202] Eine der wichtigsten Voraussetzungen für diesen Plan seien die neuen dem Kongress zur Beschlussfassung vorliegenden Anordnungen für die staatliche Leitung der landwirtschaftlichen Produktion. Aus ihnen sowie den zahlreichen anderen Plänen (Transport, Elektrifizierung, Kohlen- und Hüttenwesen) erwachse der Produktionsplan für die Gesamtwirtschaft.

Varga hat mit Recht ausgeführt, dass eine wirkliche Planwirtschaft gerade umgekehrt vorgehen müsse, dass sie zunächst einen allgemeinen Wirtschaftsplan aufzustellen habe und dass das Produktionsprogramm jedes einzelnen Wirtschaftszweiges nichts anderes

201 Rykov: [Aufsätze und Reden 1], S. 246 ff.
202 Protokoll des 8. Sowjetkongresses, S. 116. Mit eindringlichen Worten hat Lenin auf demselben Kongress die Notwendigkeit der Aufstellung und Durchführung der Pläne begründet: »Wir müssen die Wirtschaftspläne nach einem bestimmten Programm durchführen und die fortschreitende Durchführung dieses Programms feststellen und ermöglichen. Die Massen sollen nicht nur wissen, sondern auch fühlen, dass das Ende der Periode von Hunger, Kälte und Elend vollständig davon abhängt, dass sie selbst unsere Wirtschaftspläne so schnell wie möglich durchführen. Alle Pläne für die einzelnen Industriezweige müssen streng koordiniert und miteinander verbunden werden und in ihrer Gesamtheit jenen einheitlichen Wirtschaftsplan bilden, den wir so notwendig brauchen.« ([Ebd.], S. 27 [LW 31, S. 508].)

sein dürfe, als »die Konkretisierung der auf diesen Wirtschaftszweig bezüglichen Skizze des Wirtschaftsplanes«.[203] Es sei gerade ein Fehler der deutschen Kriegswirtschaft, wie übrigens auch des russischen Kriegskommunismus gewesen, dass die Verwaltungsinstanzen für die einzelnen Produktionszweige ihre Tätigkeit zwar nach Dringlichkeitsskalen durchgeführt hätten, dass aber wegen des Fehlens eines einheitlichen Planes auch keine einheitliche Dringlichkeitsskala vorhanden war, so dass etwa »der Betrieb irgend einer Fabrik zeitweilig stillgelegt werden musste, weil von den zehn Behörden, die die Mittel zur Führung des Betriebs zuweisen, einige die nötigen Mittel versagten«.[204] Ein Wirtschaftsplan müsse von zwei Grundgedanken ausgehen: einmal müsse die Arbeitskraft als der Produktionsfaktor, der nicht aufbewahrt werden kann, voll ausgenutzt werden. Die Feststellung einer einheitlichen Dringlichkeitsskala schaffe auch feste Richtlinien für die Verteilung sowohl der Materialien als auch der Lebensmittel. Die Zuweisung der persönlichen und sachlichen Produktionsfaktoren müsse im Sinne des »Minimumgesetzes« durchgeführt werden, d. h. es müsse »mit der Zuteilung jenes Produktionsfaktors begonnen werden, der, verglichen mit den anderen, in geringster Quantität vorhanden ist«.[205] Voraussetzung für die Aufstellung des Wirtschaftsplanes sei die Entscheidung darüber, wie lange gearbeitet und wie viel akkumuliert werden solle. »In der Periode der Diktatur müssen neben dem rein Wirtschaftlichen politische Momente stark berücksichtigt werden. Es muss erwogen werden, ob es zweckmäßig ist, dem Volke in diesem Jahre Entbehrungen aufzuerlegen und einen Teil der Produktionskraft zur Erweiterung des Produktionsapparates zu verwenden oder umgekehrt.«[206]

Aber von der Einsicht in die Struktur und die Notwendigkeit eines Wirtschaftsplanes bis zur Aufstellung eines Planes, auf des-

203 Eugen Varga: Die Schaffung eines einheitlichen Wirtschaftsplanes in Sowjetrussland. [In:] Russ[ische] Korr[espondenz] 1/2 (1921), [S. 62–67, hier] S. 67.
204 [Ebd.], S. 65.
205 [Ebd.], S. 64.
206 [Ebd.], S. 64.

sen Grundlage die gesamte Wirtschaft geleitet werden kann, ist ein
weiter Weg. Die Schwierigkeiten sind groß und werden in einem
wirtschaftlich so rückständigen und so ausgedehnten Lande wie
Russland noch vervielfacht. In Ungarn, das doch auch nicht zu den
fortgeschrittensten Industrieländern gehört, war man der Verwirklichung eines Wirtschaftsplanes in der kurzen Zeit des Bestehens der
Räteherrschaft näher gekommen als in der Sowjetunion während der
Jahre des Kriegskommunismus.[207] Das Hauptproblem liegt darin, dass
eine vollständige planmäßige Beherrschung der Gesamtwirtschaft
nicht »aus der Spekulation heraus, kanzleimäßig geschaffen werden
(kann); sie kann nur aus einer allmählichen Anpassung der laufenden
praktischen wirtschaftlichen Berechnung sowohl an die vorhandenen
materiellen Ressourcen und Möglichkeiten, als auch an die neuen
Bedürfnisse der sozialistischen Gesellschaft entstehen«.[208]

Erst mehr als vier Jahre nach dem völligen Zusammenbruch des
Kriegskommunismus, im August 1925, war man nach einer radikalen
Änderung der wirtschaftlichen Organisation des Landes und vielen
vergeblichen Anstrengungen so weit gekommen, dass der erste einigermaßen brauchbare Versuch eines Wirtschaftsplanes für das
bevorstehende Jahr veröffentlicht werden konnte.

207 Rozenfel'd: [Die Industriepolitik], S. 140.
208 Trotzki: Grundfragen, S. 398.

Drittes Kapitel
Die neue ökonomische Politik (NEP)
Übersicht über die Hauptetappen

1. Die wirtschaftliche und politische Lage im Frühjahr 1921 und der Übergang zur NEP

»Grundsätzlich ergibt sich folgende Lage: entweder wir müssen das mittlere Bauerntum wirtschaftlich zufriedenstellen und uns zur Freiheit des Umsatzes verstehen, oder es ist bei dem langsamen Tempo der internationalen Revolution unmöglich, in Russland die Macht des Proletariats aufrecht zu erhalten. Wir sind wirtschaftlich nicht dazu in der Lage. Das muss klar erkannt und offen und furchtlos ausgesprochen werden.«[1] Derart charakterisierte Lenin die Lage in seiner großen Rede, in der er auf dem 10. Parteitag der kommunistischen Partei einen radikalen Kurswechsel in der ökonomischen Politik der Sowjetregierung forderte (März 1921). Viel Bedenkzeit konnte er seinen Zuhörern nicht geben: »Heute Abend schon muss ein Radio nach allen Enden der Welt berichten, dass der Kongress der Regierungspartei im Prinzip die Kontingentierung durch die Steuer ersetzt und ... dass hierdurch ein festes Verhältnis zwischen Proletariat und Bauernschaft geschlossen wird.«[2]

Die Lage war im Frühjahr 1921 politisch und wirtschaftlich in der Tat unhaltbar geworden. Die Ernte des Jahres 1920 war schlecht gewesen, und das traf vor allem die fruchtbarsten Gouvernements Zentralrusslands und des Südens. Der Ernteertrag betrug ungefähr 2,2 Milliarden Pud Getreide, d. h. kaum die Hälfte einer mittleren Vorkriegsernte. Die Saatfläche war um 25 % zurückgegangen; ebenso stand der Ertrag pro Desjatine weit unter Vorkriegsnorm. Eine Missernte an Futtermitteln, insbesondere Heu, dezimierte den Viehbestand. Reserven hatten die mittleren oder kleinen Bauernwirt-

---

1   [Wladimir Iljitsch] Lenin: Das Verhältnis der Arbeiterklasse [zum (mittleren) Bauerntum. Leipzig 1921], S. 22 [LW 32, S. 228].
2   Ebd., S. 26 [LW 32, S. 231 f.].

schaften wenig oder keine. Trotzdem wurden die Konfiskationen der Agrarprodukte rücksichtslos durchgeführt, denn die Städte wollten essen. Gröbste Willkür war an der Tagesordnung. An einzelnen Orten wurde die Zwangsablieferung zweimal gefordert, an anderen konnte das Getreide versteckt werden.[3] Obendrein erhielten die ländlichen Genossenschaften nur ganz unbedeutende Mengen Industriewaren, so dass dem Bauern schließlich jeder Anreiz fehlte, mehr anzubauen, als er für seinen eigenen Konsum unbedingt brauchte.[4] Denn auch das wichtigste Agitationsmittel, dass nämlich das Heer, welches den heimatlichen Boden verteidigte, nicht hungern dürfe, war mit der Einstellung der letzten Kriegshandlung im Laufe des Jahres 1920 weg-

3   [Jewgeni Alexejewitsch] Preobraschenski: Ein neuer Zeitabschnitt. [In:] Russ[ische] Korr[espondenz] 6 (1921), [S. 409–420, hier] S. 413. [Wladimir Iljitsch] Lenin: Zur Frage der Naturalsteuer. [Rede auf der Allrussischen Konferenz der Kommunistischen Partei Russlands. Moskau, Mai 1921. In:] Russ[ische] Korr[espondenz] 6 (1921), [S. 424–437, hier] S. 429. [LW 32, S. 434 f.].

4   Dass der katastrophale Rückgang des Getreideanbaus schließlich für den Kurswechsel in der Wirtschaftspolitik den Ausschlag gab, geht aus zahlreichen Äußerungen der führenden Männer hervor.
So machte z. B. [Lev] Kamenev auf der 11. Parteikonferenz folgende Angaben: »Die Ernte von 1920 betrug nur die Hälfte einer normalen Vorkriegsernte. Der Rückgang des Ertrages betrug 2,1 Milliarden Pud, wovon 900 Millionen auf die Missernte zu rechnen sind, während 1,2 Milliarden auf Einschränkung der Saatfläche kommen. Gegenüber 1916 wurden 25 % des Ackerlandes überhaupt nicht benutzt. Diese 1,2 Milliarden entsprechen gerade dem Bedarf der städtischen Bevölkerung und der Armee, und gerade um dieses Quantum hat der Bauer den Anbau reduziert. Dies ist die Antwort auf unsere ökonomische Politik.« (Stenographischer Bericht, S. 8.)
Ähnlich [Aleksej Ivanovič] Rykov: Aufsätze und Reden (russisch). Bd. 11. Moskau 1928], S. 29: »Der wesentliche Grund zum Übergang vom Requisitionssystem zur Naturalsteuer lag nicht in politischen Erwägungen, sondern in dem 4 Jahre lang beständig fortschreitenden Rückgang der Anbaufläche infolge der Requisitionsmaßnahmen, von welchem Rückgang besonders stark die technischen Kulturen und die Exportprodukte betroffen wurden.«

gefallen. Die Unzufriedenheit der Bauern hatte sich schon im Jahre 1920 hier und dort in bewaffneten Aufständen gezeigt; im Frühjahr 1921 standen nahezu alle Gouvernements, die für die Belieferung der Städte mit Nahrungsmitteln in Frage kamen, in Flammen. Sibirien war mehrere Wochen durch einen Bauernaufstand vom übrigen Russland abgeschnitten, und ruhig blieb es nur in dem getreidearme Norden und im Industriezentrum – bis der Kronstädter Aufstand zeigte, dass in einem Agrarland mit allgemeiner Wehrpflicht die Unzufriedenheit der Bauern nicht auf die ländlichen Distrikte beschränkt werden kann.[5]

Die Lage in der Industrie wurde schon im vorigen Abschnitt gekennzeichnet: man hatte weder genügend Nahrungsmittel, um die Arbeiter zu ernähren, noch Roh- und Brennstoffe, um die wenigen, noch betriebsfähigen Großbetriebe und die Eisenbahn regelmäßig in Gang zu halten. Viele in der Großindustrie verbliebenen Arbeiter, die dort nicht das Notwendigste zum Leben erhielten, fertigten auf eigene Faust allerhand Kleinkram (z. B. Feuerzeuge) aus dem Material ihrer Fabriken an und versuchten, ihn gegen Lebensmittel direkt beim Bauern auszutauschen.[6]

Unter solchen Umständen konnte von der Durchführung der Ende 1920 beschlossenen planwirtschaftlichen Maßnahmen nicht mehr die Rede sein. Jetzt handelte es sich vor allem um die Verständigung mit dem Bauerntum, ohne die es unmöglich war, die notwendigen Nahrungsmittel zur Verhinderung des völligen wirtschaftlichen Zusammenbruchs zu beschaffen. Dass das hierzu notwendige Mindestquantum von 400 Millionen Pud Getreide auf dem bisherigen Weg nicht beigebracht werden konnte, hatten die Jahre 1919 und 1920 gezeigt.[7] Denn der Bauer war nicht gewillt, ohne eine genügende Gegenleistung ein solches Quantum herzugeben, die Industrie aber konnte auf

---

5 Preobraschenski: [Ein neuer Zeitabschnitt,] S. 416.

6 Lenin: [Zur Frage der Naturalsteuer,] S. 428 [LW 32, S. 433]. Eine anschauliche Schilderung dieser Zustände gibt [Fjodor Wassiljewitsch] Gladkow in seinem Roman Zement, (deutsch[e Ausgabe:] Berlin 1927).

7 Lenin: Das Verhältnis [zum (mittleren) Bauerntum], S. 5 und [Lenin: Zur Frage der Naturalsteuer], S. 428 [LW 32, S. 433].

absehbare Zeit die für eine solche Gegenleistung notwendigen Produkte nicht herstellen. Was war also zu tun? »Entweder versucht man, jegliche Entwicklung privaten nichtstaatlichen Austausches, d. h. des Handels, des Kapitalismus völlig zu unterbinden, zu verbieten, der bei Vorhandensein von Millionen Kleinproduzenten unvermeidlich ist. Eine solche Politik würde eine Dummheit und den Selbstmord der Partei bedeuten, die sie versuchen sollte. Eine Dummheit, denn diese Politik ist wirtschaftlich unmöglich. Ein Selbstmord, denn die Partei, die eine solche Politik versuchen sollte, würde unvermeidlich zusammenbrechen.«[8] Aus dieser Erkenntnis musste die Konsequenz gezogen und versucht werden, den als unvermeidlich erkannten privaten Handel, d. h. den Markt zwar zuzulassen, ihn aber soweit wie möglich in den Dienst des »sozialistischen Aufbaus« zu stellen. Sollte etwas Derartiges überhaupt möglich sein? Man hatte sich doch daran gewöhnt, im Kapitalismus den Inbegriff allen Übels und im Sozialismus die einzige Rettung zu sehen. Echt dialektisch antwortete darauf Lenin: »Der Kapitalismus ist ein Übel, gemessen am Sozialismus. Der Kapitalismus ist das Heil gegenüber dem Mittelalter, gegenüber der Kleinproduktion, gegenüber dem mit der Zersplitterung der Kleinproduzenten verbundenen Bürokratismus.« Es handle sich nur darum, den Kapitalismus »in das Bett des Staatskapitalismus zu leiten« und ihn »als Mittelglied zwischen der Kleinproduktion und dem Sozialismus, als Mittel, Weg und Methode zur Hebung der produktiven Kräfte« auszunutzen.[9]

8 Lenin: Die Vorbedingungen, S. 31 [LW 32, S. 357].
9 Ebd., S. 43 [LW 32, S. 364]. Zum Problem des Staatskapitalismus geben wir vorläufig die folgenden Ausführungen Bucharins, die zeigen, in welchem Sinn der Begriff in der Sowjetunion gebraucht wird: »Der Staatskapitalismus in dem sozusagen westeuropäischen und amerikanischen Sinne dieses Wortes ist die zur höchsten Entfaltung gebrachte Alleinherrschaft der Bourgeoisie, wo sich die Produktion in den Händen des bürgerlichen Staates konzentriert. In diesem Falle wird zum Eigentümer und obersten Verwalter aller Produktionsmittel das Bürgertum in der Person seines Staates. Wenn der proletarische Staat dem Konzessionär eine Unternehmung verpachtet,... bleibt der Eigentümer der Unternehmung die ganze Zeit lang die Arbeiterklasse. Hieraus ergibt sich ein ganz verschiedener

Erste Gesetzgebung unter der NEP

An erster Stelle unter den gesetzgeberischen Akten, mit denen die neue ökonomische Politik (NEP)[10] eingeleitet wurde, steht das Dekret über die Naturalsteuer vom 21. März 1921.[11] Dieses Gesetz bricht mit der Beschlagnahme des gesamten »Überschusses« der Bauernwirtschaft und setzt an ihre Stelle eine progressive, in Naturalien zu zahlende Steuer. Die Höhe dieser Steuer soll geringer sein als die durchschnittlich bisher beschlagnahmten Mengen und sich mit dem Wiederaufbau der Gesamtwirtschaft ermäßigen. Die entscheidende Wendung liegt weniger in der Ersetzung der bisherigen willkürlichen Beschlagnahme durch eine der Leistungsfähigkeit angepasste genau begrenzte Abgabe, sondern in der folgenden Bestimmung: »Die Bauern dürfen über alle Vorräte an Lebensmitteln, Rohstoffen und Futtermitteln, die ihnen nach der Steuerentrichtung verbleiben, nach Belieben verfügen und können dieselbe zur Verbesserung und Stärkung ihrer Wirtschaft, zur Hebung des eigenen Konsums und zum Tausche gegen Erzeugnisse der Fabrik und Hausindustrie sowie der Landwirtschaft verwenden. Der Tausch wird in den Grenzen eines lokalen wirtschaftlichen Umsatzes, sowohl durch Vermittlung der Genossenschaften, als auch auf Märkten und Bazaren zugelassen.«[12]

Entwicklungsgang. Unter dem Staatskapitalismus im eigentlichen Sinne des Wortes steht der gesamte Mehrwert dem bürgerlichen Staate, d. h. der Bourgeoisie zur Verfügung. Unter *unserem* ›Staatskapitalismus‹ (Konzessionen, Pacht u. dgl. mehr) spaltet sich der Mehrwert unmittelbar in zwei Teile ... Je mehr wir selbst wachsen werden, desto günstigere Verträge werden wir schließen, desto größer wird der Anteil des Proletariats, der allmählich wachsend schließlich den Anteil des Kapitalisten verschlingen wird.« ([Nikolai Bucharin:] Die Neuorientierung in der ökonomischen Politik. [In:] Russ[ische] Korr[espondenz] 7/9 (1921), [S. 671–676, hier] S. 675f.)

10   »NEP« Novaja Ėkonomičeskaja Politika.

11   Deutsch in: Die neue Sowjetgesetzgebung. Eine Gesetzessammlung. Berlin 1922, S. 3f. Dieses Dekret stellt nur die Richtlinien auf, vgl. [Gesetze über Naturalsteuer. In:] Russ[ische] Korr[espondenz] 6 (1921), [S. 420–424, hier] S. 422.

12   Die neue Sowjetgesetzgebung, S. 4.

Bei der Bemessung der Höhe der gesamten Steuereingänge ging man davon aus, dass unter allen Umständen 240 Millionen Pud Getreide als Mindestquantum für die dringendsten Bedürfnisse von Heer, Arbeitern und Angestellten als Steuer geliefert werden müssten. Da man den Überschuss der Bauernwirtschaften bei einer mittleren Ernte (ohne die Ukraine) auf 500 Millionen Pud berechnet hatte, hielt man eine solche Belastung für tragbar und ausreichend für einen Anreiz zur Erweiterung der Produktion.[13]

Das Gesetz über die Naturalsteuer bedeutet die Wiederkehr des seit Jahren verfemten und mit Gewalt unterdrückten Marktes. Zwar versucht man die Bedeutung eines derartigen Rückzuges möglichst dadurch einzuschränken, dass nur der Warentausch, also der geldlose Austausch der Überschüsse und obendrein nur auf den lokalen Märkten gestattet wurde, aber die Folge zeigte, dass diese Beschränkungen nicht aufrechterhalten werden konnten. Über die Tragweite des Schrittes war man nicht im Zweifel. »Freiheit des Umsatzes bedeutet Freiheit des Handels, Freiheit des Handels aber bedeutet zurück zum Kapitalismus... Wir alle wissen,... dass aus diesem Umsatz und dem freien Handel unweigerlich die Teilung der Warenproduzenten in

13 [Wladimir Pawlowitsch] Miljutin: Die gegenwärtigen Fragen der russischen Volkswirtschaft. [Bericht auf der Allrussischen Konferenz der Kommunistischen Partei Russlands. Moskau, Mai 1921. In:] Russ[ische] Korr[espondenz] 6 (1921), [S. 440–445, hier] S. 441.
Die Zwangseintreibungen des Jahres 1919/20 hatten 270 Millionen Pud Getreide erbracht und das Beschaffungsprogramm folgendermaßen durchgeführt (in Millionen Pud):

	Vorauszahlung	Ergebnis	(Steuer)
Kartoffeln	112	69	(60)
Getreide	423	270	(240)
Fleisch	32	23	(12)
Butter und Fett	35	–	(2,2)
Eier (Mill[ionen] Stück)	682	–	(400)

(Nach Spectator: Der neue Kurs [in der Wirtschaftspolitik Sowjetrusslands. Berlin 1921], S. 62 f.)

Kapitalbesitzende und Arbeitskraftbesitzende hervorgeht, die Teilung in Kapitalisten und Lohnarbeiter, d. h. die Wiedererrichtung der kapitalistischen Lohnsklaverei, die nicht vom Himmel fällt, sondern in der ganzen Welt aus der landwirtschaftlichen Warenproduktion erwächst.«[14] Diese Tendenzen mussten noch dadurch verstärkt werden, dass es notwendig war, die Wiederherstellung der Kleinindustrie zu beschleunigen, da diese allein in kurzer Zeit die Landwirtschaft mit den notwendigsten Geräten versehen konnte,[15] doch bestritt Lenin, »dass der auf der Grundlage des kleinindustriellen Ackerbaues entstehende Kapitalismus uns gefährden könnte, … eine solche Befürchtung bedeute eine völlige Verkennung der Kräfteverhältnisse in unserer Ökonomik«.[16] »Für die proletarische Macht liegt hierin nichts Gefährliches, solange das Proletariat die Staatsmacht, das Transportwesen und die Großindustrie fest in Händen hält.«[17] Die

14 Lenin: Das Verhältnis [zum (mittleren) Bauerntum], S. 10 [LW 32, S. 220].
15 Die Rolle der Klein- und Hausindustrie war in Russland schon vor dem Kriege sehr beträchtlich und hatte infolge des Zusammenbruchs der Großindustrie zu Anfang der NEP noch an Bedeutung gewonnen. 1913 rechnete man im ländlichen und städtischen Kleingewerbe mindestens 5 Millionen Handwerker, davon auf dem Territorium der Sowjetunion 3,7 Millionen; der Wert der von ihnen hergestellten Waren wird auf 24–35 % der industriellen Gesamtproduktion berechnet. In manchen Industriezweigen war der Anteil des Kleingewerbes natürlich bedeutend höher, so z. B. stieg er in der Ausrüstung der Fuhrwerke bis auf 99 %. Lohnarbeiter gab es 1910 in dem städtischen Kleingewerbe 735 000 bei 1,32 Millionen Beschäftigter, d. h. im Durchschnitt 1 Lohnarbeiter auf 1 Eigentümer. Die jährliche Gesamtproduktion berechnete man 1913 in der Großindustrie auf 2163 Rubel pro Kopf, im städtischen Kleingewerbe dagegen auf 561 Rubel, im ländlichen auf 372 Rubel. (W[ladimir] Sarabianow: NEP. [Das Privatkapital in Industrie und Handel der UdSSR. Berlin o. J.], S. 7 ff.)
16 Lenin: Zur Frage der Naturalsteuer, S. 430 [LW 32, S. 435]. An anderer Stelle betont aber Lenin die Gefahren der NEP: »Das Element des Krieges ist die Gefahr … Und was ist die Diktatur des Proletariats? Das ist ein Krieg, und ein viel grausamerer, langwierigerer und zäherer als einer der Kriege, die je gewesen sind. Hier droht jedem unserer Schritte Gefahr.« (Rede vom 29. Oktober 1921, zit[iert] b[ei] Rozenfel'd: [Die Industriepolitik], S. 94.)
17 Lenin: Die Vorbedingungen, S. 69 [LW 32, S. 379].

Naturalsteuer war als Übergangsmaßnahme gedacht. Ein Mindestquantum an Lebensmitteln und Rohstoffen sollte durch die Steuer
gesichert, der Rest gegen Industrieerzeugnisse, die nötigenfalls vom
Staat im Auslande zu kaufen sind, eingetauscht werden. Später wollte
man die Verpflegungspolitik auf eine neue Grundlage stellen und
von den Steuereingängen unabhängig machen. »Eine richtige Politik des Proletariats, das seine Diktatur in einem kleinbürgerlichen
Lande verwirklicht, ist der Austausch von Getreide gegen die für die
Bauernschaft notwendigen Industrieerzeugnisse. Nur eine solche
Verpflegungspolitik entspricht den Aufgaben des Proletariats, nur
sie ist befähigt, die Grundlagen des Sozialismus zu festigen und ihn
zu einem vollen Sieg zu führen.«[18]
Die von der Entwicklung des Marktverkehrs drohenden Gefahren
sollten eingedämmt und in ihr Gegenteil verwandelt werden durch
strengste staatliche Kontrolle. Jedes »direkte oder indirekte, offene
oder versteckte Ausweichen vor einer staatlichen Kontrolle, Aufsicht
und Erfassung« sollte »mit dreifacher Strenge« verfolgt und bestraft
werden.[19]
Neben dieser, durch seine Beschränkung auf den »lokalen Umsatz«
erleichterten Beaufsichtigung des Marktes waren eine Reihe weiterer
Maßnahmen vorgesehen, um die Kräfte des privaten Kapitalismus
dem neuen Wirtschaftssystem dienstbar zu machen. Dazu gehörte vor
allem, dass man die Genossenschaften zum »grundlegenden Apparat
für die Durchführung des Warenaustausches« bestimmte, denen das
Narkomprod den »Warentauschfonds« vornehmlich zu übergeben
habe. Die Aufhebung der Unterordnung der Genossenschaften unter
das Narkomprod sollte ihnen eine größere Anpassungsfähigkeit an die
lokalen Bedürfnisse erleichtern. Mit Hilfe einer Reihe von Vergüns-
tigungen hoffte man den freien Verkauf der nicht durch die Steuer
eingezogenen agrarischen Überschüsse durch die Genossenschaften
zu erfassen. Der »Genossenschaftskapitalismus« wurde als eine Art
Staatskapitalismus betrachtet, weil er »die Erfassung und Kontrolle
der vertraglich festgelegten Beziehung zwischen dem Staat (in diesem

18 Ebd., S. 28 [LW 32, S. 355f.].
19 Ebd., S. 57 [LW 32, S. 372].

Falle zwischen dem Rätestaat) und dem Kapitalisten erleichtert«. Ferner bevorzugte man die Genossenschaft gegenüber dem Privathandel, »weil sie den Zusammenschluss, die Organisation einer nach Millionen zählenden Bevölkerung und späterhin der gesamten Bevölkerung erleichtert, was wiederum ein gigantisches Plus vom Standpunkte des späteren Überganges vom Staatskapitalismus zum Sozialismus bedeutet«.[20] Aus denselben Gründen soll der Zusammenschluss von Kleinproduzenten in Industrie und Landwirtschaft zu Produktivgenossenschaften weitgehend gefördert werden.[21]

Aber noch andere Formen des »Bündnisses« mit dem Privatkapital erwiesen sich als notwendig: Bereitwilligkeit zu weit gehenden Konzessionen und die Verpachtung der Betriebe, die der Staat aus eigener Kraft nicht betreiben konnte.[22] Die Verpachtung sollte in erster Linie an Produktivgenossenschaften oder an Handwerkervereinigungen (Arteli) erfolgen, dann aber auch an Privatpersonen; damit wollte man einem Zustand ein Ende bereiten, in dem beispielsweise von 1700 Schuhfabriken über die Hälfte stillstanden, während an Schuhen größter Mangel herrschte. »Weshalb sollen wir unter diesen Umständen diese Unternehmungen nicht an Genossenschaften oder selbst an Privatpersonen verpachten? Wir konnten dies nicht tun, solange die Gesamtrohstoffe monopolisiert waren, da wir dann nur eine Vergeudung von Material erreicht hätten. Nachdem jedoch für die Beschaffung von Rohmaterial der freie Markt zugelassen worden ist, erscheint die Verpachtung von Unternehmungen unter solchen Verhältnissen durchaus möglich.«[23] Durch die Verordnung des Rates der Volkskommissare über die Verpachtung der dem OVWR unterstellten Unternehmungen wurde anerkannt, dass man dem siegreich vordringenden Markt abermals eine Position hatte räumen müssen.[24] Die Losung für die Beurteilung der NEP hat Lenin in seiner am 21. April

---

20 Lenin: Die Vorbedingungen, S. 38 [LW 32, S. 360 f.].
21 Verordnung vom 17. Mai 1921, ebd., S. 15 f.
22 Zur Frage der Konzessionen vgl. das Buch von G[erson] Gerschuni: Die Konzessionspolitik Sowjetrusslands. Berlin 1927.
23 Miljutin: Die gegenwärtigen Fragen, S. 444.
24 Lenin: Die Vorbedingungen, S. 38.

1921 abgeschlossenen berühmten Schrift *Über die Naturalsteuer* ausgegeben und in zahlreichen Reden wiederholt: Was jetzt geschehe,
sei nichts Neues, man kehre lediglich zu derjenigen Wirtschaftsform
zurück, die man im Jahre 1918 einem »durch die äußerste Not, durch
Krieg und Zerstörung erzwungenen eigenartigen ›Kriegskommunismus‹« geopfert habe, nämlich zum »Staatskapitalismus«.[25] Schon
einmal, am 30. Oktober 1918, sei ein Gesetz über die Naturalsteuer
erlassen worden, aber wegen des Bürgerkrieges nicht zur Anwendung
gekommen.[26] Der Staatskapitalismus stehe »wirtschaftlich ungleich
höher« als der Kriegskommunismus[27] und sei »die vollständigste
materielle Vorbereitung zum Sozialismus, dessen Vorhof..., eine Stufe
der historischen Leiter, wobei es zwischen ihr und der als Sozialismus
bezeichneten Stufe keinerlei Zwischenstufe gibt«.[28]

Von seinen Anhängern wird dann diese Losung in zahllosen Fas-
sungen variiert: »Im Wesentlichen geschieht im Jahre 1921 nur eine
entschiedene Rückkehr zu dem, was 1918 bereits vorgesehen und zum
Teil verwirklicht worden war, kurzum, es erfolgt nichts anderes als
ein Ausrichten der Front.«[29]

Es ist ohne Zweifel richtig, dass die NEP zunächst eine Rückkehr
zu den wirtschaftspolitischen Grundsätzen darstellt, die man in der
ersten Phase des Kriegskommunismus vertreten hatte. Es ist auch
begreiflich, dass die Bol´ševiki diesen Zusammenhang besonders
stark betonten. Aber es ist falsch zu leugnen, dass es sich bei dieser
Rückkehr um einen radikalen Rückzug handelt, um eine Preisgabe
alles dessen, was man in der zweiten Phase des Kriegskommunismus
unfreiwillig, aber in der dritten mehr oder weniger freiwillig und unter ungeheuren Opfern unternommen hatte. Fast drei Jahre lang hatte

25 Ebd., S. 3 ff. [LW 32, S. 355 ff.].
26 [Wladimir Iljitsch] Lenin: Die gegenwärtige Lage [Sowjetrusslands. Leip-
    zig 1921], S. 32 ff. [LW 32, S. 353].
27 Lenin: Die Vorbedingungen, S. 11 [LW 32, S. 346].
28 Ebd., S. 16 [LW 32, S. 348]. Lenin zitiert diese Worte aus seiner eigenen
    im September 1917 verfassten Broschüre: Die drohende Katastrophe.
29 [Jurij] Larin: Zurückbiegung oder Ausrichten der Front? [Über den neuen
    Wirtschaftskurs. In:] Russ[ische] Korr[espondenz] 6 (1921), [S. 437–440,
    hier] S. 440.

man sich zu einer »revolutionären Methode« bekannt »im Sinne der direkten und vollständigen Vernichtung der alten Zustände, um sie durch eine neue soziale und wirtschaftliche Ordnung zu ersetzen«.[30] Erst als man mit dieser Methode dem sicheren Untergang verfallen schien, riss Lenin, gestützt auf seine ungeheure Popularität, im letzten Augenblick das Steuer herum. Er hat die Herrschaft der Bol'ševiki damit zunächst gerettet, aber indem er die Wirtschaftspolitik in ein ruhigeres Fahrwasser steuerte, brachte er sie in die neue Gefahr, immer mehr von dem alten Ziel abgetrieben zu werden.

II. Die wichtigsten Etappen der NEP vom März 1921 bis 1. Oktober 1927

Wenn im nachstehenden versucht werden soll, einen Abriss der ersten sechs Jahre der neuen ökonomischen Politik zu geben, so muss zuvor darauf hingewiesen werden, dass es sich hier nur um eine sehr schematische Zusammenfassung handeln kann. Sie hat nicht die Aufgabe, die einzelnen Ereignisse in lückenlosem Zusammenhange darzustellen, sondern lediglich den Hintergrund zu zeigen, auf dem sich die planwirtschaftlichen Versuche dieser Jahre abspielen. Es wäre Aufgabe einer sehr umfangreichen, von einem Einzelnen kaum zu bewältigenden Arbeit, die russische Wirtschaftsgeschichte dieser Jahre in ihrer ungeheuren Mannigfaltigkeit auszubreiten. Schon allein die Geschichte solcher Einzelprobleme wie des Kampfes zwischen der Staatswirtschaft und dem Privatkapital oder der Rolle der Gewerkschaften bei der Bewältigung ihrer zwiespältigen Aufgabe als staatliche Wirtschaftsorgane und Vertreter der Arbeiterinteressen machen Ausführungen von einem Umfang notwendig, die für das Thema der vorliegenden Arbeit keinen Platz mehr übrig ließen.

Wir geben deshalb zunächst eine kurze schematische Darstellung der wichtigsten wirtschaftspolitischen Grundsätze, die sich im Laufe

---

30 [Wladimir Iljitsch] Lenin: Über die Bedeutung des Goldes jetzt und nach dem vollen Siege des Sozialismus. [In:] Russ[ische] Korr[espondenz] 12 (1921), [S. 980–984, hier] S. 981 [LW 33, S. 91].

der NEP herausgebildet haben, und beschränken uns im Übrigen auf die Darstellung der für das Verständnis der planwirtschaftlichen Versuche, vornehmlich aber der Organisation der Industrie und der wichtigsten Arbeiten des Gosplan unentbehrlichen Ereignisse.[31]

Das Endziel der neuen ökonomischen Politik ist dasselbe, das die Bol'ševiki bei der Übernahme der Macht proklamiert hatten: die Herbeiführung einer sozialistischen Wirtschaft. Nachdem aber der Versuch gescheitert war, aus den Trümmern der kapitalistischen Ordnung unmittelbar eine marktlose Wirtschaft aufzubauen, wird jetzt versucht, auf einem Umweg zum Ziel zu gelangen. Der Hauptgrund des Misserfolges der kriegskommunistischen Experimente ist nach der Meinung der Bol'ševiki der Widerstand der Bauern. Deshalb sollen die neuen Wirtschaftsmethoden die große Mehrheit der Bauern wenigstens zu einer wohlwollenden Neutralität, womöglich aber zu einem »Bündnis«, zu aktiver Mitarbeit veranlassen. Eine derartige »Smyčka« mit den vielen Millionen Bauernwirtschaften erschien auch um den Preis der Wiederherstellung des Marktes nicht zu teuer erkauft, wenn sie die Voraussetzungen für den Aufbau des Sozialismus schuf. Mit den Bauern in Frieden leben und eine marktlose Wirtschaft durch planmäßige Ausnutzung aller Mittel des Marktes herbeiführen – das ist der wirtschaftspolitische Grundgedanke der NEP.

Es kann sich also bei der neuen Wirtschaftspolitik nicht um die bedingungslose Rückkehr zu liberalistischen Methoden handeln; im Gegenteil: die entscheidenden Punkte, von denen der Wirtschaftsprozess ganz oder teilweise beherrscht werden kann, die »Kommandohöhen« der Wirtschaft bleiben vom bol'ševistischen Staat besetzt. Zu diesen »strategisch« entscheidenden Bollwerken rechnen die Bol'ševiki vor allem die Großindustrie, die Banken, das Verkehrswesen, das Außen-

---

31 Es ist unvermeidlich, dass wir uns auch bei solchen Problemen mit gelegentlichen Andeutungen begnügen müssen, die für die Beurteilung der planwirtschaftlichen Versuche ein größeres Interesse bieten (z. B. Kredit-, Finanz- und Preispolitik), wenn die vorliegende Arbeit sich im geplanten Rahmen halten soll. Weitere Literatur ist im Literaturverzeichnis angegeben; wir verweisen nochmals auf das schon im Vorwort genannte Buch [*Russian Economic Development since the Revolution*] von Maurice Dobb, das eine leicht zugängliche Ergänzung unserer Arbeit bietet.

handelsmonopol und den Staatsapparat mit seinen legislativen und administrativen Machtmitteln. Von diesen Stützpunkten aus soll der »Feind«, d. h. die auf dem Boden des wiederhergestellten Marktes notwendig entstehenden kleinen und großen »Kapitalisten« in Gewerbe, Handel- und Landwirtschaft zunächst in Schranken gehalten und allmählich ganz vernichtet werden.

Wir werden später auf Einzelheiten dieses Feldzugsplanes zu sprechen kommen. Seine Grundgedanken sind: Industrialisierung des Landes, im Zusammenhang damit Revolutionierung der technischen und gesellschaftlichen Basis der Landwirtschaft und schließlich Unterordnung immer weiterer Gebiete der Volkswirtschaft unter einen einheitlichen Plan.

Dass ein Bauernland bei schwacher proletarischer Bevölkerung auf die Dauer nicht als wirtschaftliche Grundlage einer sozialistischen Gesellschaft dienen könne, stand von Anfang an außer Frage. Bei der Machtergreifung waren die Bol'ševiki überzeugt, dass Russland in kurzer Zeit den agrarischen Teil der Vereinigten Sozialistischen Staaten von Europa bilden würde. Aber die Weltrevolution blieb aus, und damit war der Rätestaat für seinen Fortbestand zunächst auf sich selbst angewiesen. Das ökonomische Übergewicht der Landwirtschaft bedeutete für ihn eine stete Bedrohung; wollte er seine Existenz als Rätestaat und damit auch seinen Endzweck nicht aufs Spiel setzen, dann musste er versuchen, so schnell wie möglich die wirtschaftliche Struktur des Landes von Grund auf zu verändern, d. h. aus dem Agrarland ein Industrieland machen. Unter einem Industrieland verstehen die Bol'ševiki einen Staat, in dem das wirtschaftliche Schwergewicht nicht allein bei der großen Industrie schlechthin liegt, sondern sie betrachten die Industrialisierung erst dann als durchgeführt, wenn innerhalb der vorherrschenden Großindustrie die Schwerindustrie, d. h. die Produktion von industriellen Rohstoffen und Produktionsmitteln, vor allem also Bergbau, Maschinen- und Krafterzeugung (die »Abteilung I« im Sinne der Marxschen Schemata) ausschlaggebender Faktor geworden ist. Ein Land mit hochentwickelter Leichtindustrie, das die zur Durchführung der Konsumgüterproduktion notwendigen Maschinen und Rohstoffe im Wesentlichen aus dem Ausland beziehen muss, kann nach bol'ševistischer Anschauung nicht als selbständiges Industrieland gelten, sondern nur als Anhängsel seiner schwerindustriellen Lieferanten. Soweit aber eine isolierte sozialistische Wirtschaft in einer kapitalistischen Umwelt auf die Dauer überhaupt denkbar ist, muss sie über einen schwerindustriellen Produktionsapparat verfügen und damit von dem »feindlichen« Ausland wirtschaftlich unabhängig sein.

Die aus der zaristischen Zeit übernommene Industrie entsprach in keiner Weise derartigen Forderungen. Sie war zum großen Teil Leichtindustrie, technisch rückständig und für ihre Weiterentwicklung auf ausländische Maschinen, Ersatzteile und Rohstoffe und sogar auf ausländische Ingenieure und Facharbeiter angewiesen. Die nach dem Weltkrieg allenthalben erhobene Forderung nach wirtschaftlicher Unabhängigkeit tritt also in Sowjetrussland unter besonders ungünstigen Voraussetzungen, aber auch mit größter Dringlichkeit auf: »Der wirtschaftliche Aufbau«, so heißt es in einer Resolution des XIV. Parteitages der russischen kommunistischen Partei, »muss unter dem Gesichtspunkt durchgeführt werden, dass die Sowjetunion aus einem Maschinen- und Fabrikausrüstungen importierenden Lande sich in ein Maschinen- und Fabrikausrüstungen produzierendes Land verwandelt, damit auf diese Weise die Sowjetunion, die von kapitalistischen Ländern eingekreist ist, nicht zu einem wirtschaftlichen Anhängsel der kapitalistischen Weltwirtschaft werde, sondern zu einer selbständigen wirtschaftlichen Einheit...«[32]

Als wichtigste Mittel zur planmäßigen Durchführung der Industrialisierung betrachten die Bol'ševiki die Zusammenfassung der Großindustrie in den Händen des Staates, die staatliche Finanzierung der Industrie, das Außenhandelsmonopol, die Konzessionspolitik und die planwirtschaftlichen Maßnahmen. Daneben sollen demselben Ziel alle übrigen wirtschaftlichen Machtpositionen nutzbar gemacht werden.

Die einheitliche Leitung der staatlichen Großindustrie ermöglicht die planmäßige Entwicklung aller Industriezweige im Sinne einer

---

32 Hier zitiert nach: Die Kommunistische Partei der Sowjetunion und der Oppositionsblock. [Die grundlegenden Streitfragen in Zitaten und Dokumenten. Hamburg, Berlin 1927], S. 85.

wohlüberlegten Industrialisierungspolitik, ohne dass Störungen durch
das Gewinninteresse inländischer kapitalistischer Konkurrenzen zu
befürchten wären. Entscheidend gefördert wird die Durchführung des
Industrialisierungsprogrammes dadurch, dass der Staat große Teile
des Sozialprodukts, die ihm aus seinen eigenen Unternehmungen
und aus Steuereingängen zufließen, sowie den in- und ausländischen
Staatskredit und die Verfügung über das Bankwesen in weitem Umfang für den Ausbau der Industrie benutzt.

Eine ebenso wichtige Rolle spielt das Außenhandelsmonopol. Es
garantiert nicht nur den vollständigen Schutz der eigenen Industrie
vor einer überlegenen ausländischen Konkurrenz, sondern gibt die
Möglichkeit, den größten Teil des Exportes zum Ankauf der für den
Aufbau einer modernen Schwerindustrie in Russland unentbehrlichen Fabrikausrüstungen und Rohstoffe zu verwenden. Mit Getreide
und anderen landwirtschaftlichen Produkten, mit Pelzen, Holz und
Naphtha will der Sowjetstaat die gewaltigen elektrischen Stationen,
den riesigen Maschinenpark und alle anderen Waren bezahlen, die er
zur Durchführung seines Industrialisierungsprogrammes im Ausland
kaufen muss. Ebenso wie der inländische Aufwand für den Aufbau
der Leichtindustrie in engsten Grenzen gehalten wird, soll diese auch
aus dem Ausland nur die allernotwendigsten Maschinen und Rohmaterialien erhalten. Mit den knappen Auslandsguthaben sollen nur die
unentbehrlichsten Konsumgüter beschafft werden, um alle Mittel in
erster Linie dem Aufbau der Schwerindustrie zugutekommen zu lassen. Dass bei wachsender Kaufkraft des Inlandsmarktes und geringer
Entwicklung der inländischen Leichtindustrie eine derartige Politik
solange zu einem chronischen Mangel an industriellen Konsumgütern
führen muss, bis die in den neuen Bergwerken und Fabriken erzeugten Rohstoffe und Maschinen konsumreife Güter herstellen, gilt als
eines der unvermeidlichen Opfer, das die Bevölkerung für den Aufbau
einer besseren Zukunft zu tragen hat.

Mehr als in jedem anderen Staat muss die Außenhandelspolitik
Sowjetrusslands darauf gerichtet sein, den Export mit allen Mitteln
zu fördern. Soweit nicht ausländische Anleihen zur Verfügung stehen, bestimmt der Wert des Exports die Grenzen für die Einfuhr
ausländischer Produktionsmittel. Von dem Umfang dieser Einfuhr

hängen in hohem Maße das Tempo der Industrialisierung und damit
die Aussichten des Kampfes ab, den die Bol'ševiki um die Verlegung
des wirtschaftlichen Schwergewichtes von der Landwirtschaft auf
eine unabhängige Großindustrie führen. Die Kosten dieses Kampfes
müssen in erster Linie die Bauern zahlen, deren Millionenmassen als
Steuerzahler, als Käufer überteuerter Industriewaren und als Anlei-
hezeichner dem Staat die Mittel für seine Industrialisierungspolitik
verschaffen sollen. Dauert dieses Experiment jahrelang an, ohne
dass den Bauern ein sichtbarer Vorteil dafür geboten wird, werden
im Gegenteil die von ihnen geforderten Opfer immer schwerer, dann
muss die Regierung mit einem wachsenden und erbitterten Widerstand gegen ihre Wirtschaftspolitik rechnen, der das Schicksal des
Industrialisierungsprogramms besiegeln kann.

Bei dieser Sachlage wird man begreifen, welche entscheidende
Rolle das Exportprogramm in allen Wirtschaftsplänen spielt, und
was es bedeutet, wenn die Regierung nicht genügend Exportwaren
bereitzustellen vermag. In diesem Zusammenhang wird es verständlich, warum seit 1923, also seit Überwindung des durch die NEP
zunächst entstandenen wirtschaftlichen Chaos, der Gang der Getreidekampagne, d. h. der Erfolg der staatlichen Getreideaufkäufe alle
volkswirtschaftlich interessierten Kreise Sowjetrusslands in atemloser
Spannung hält. Denn im Vorkriegsrussland bestand die Gesamtaus-
fuhr zur Hälfte aus Getreide, zu vier Fünfteln aus Erzeugnissen der
Land- und Forstwirtschaft, und der Anteil der Industrie am Export
betrug weniger als ein Fünftel. Diese Struktur des Exportes kann
nur allmählich verändert werden. Soweit bei einer misslungenen
Getreidekampagne der Ausfall an Exportgetreide nicht durch andere
Waren gedeckt werden kann, bedeutet er eine Erschütterung aller
wirtschaftlichen Teilpläne, deren Durchführung von dem Eingang
der nun ausbleibenden Auslandswaren abhängig ist. Ein besonders
lehrreiches Beispiel für diese Zusammenhänge gibt die gescheiterte
Getreidekampagne des Wirtschaftsjahres 1925/26 (s[iehe] unten).

Wesentliche Hilfe für die Durchführung der Industrialisierung
versprach man sich von der Erteilung von Konzessionen an Ausländer. Das ausländische Kapital sollte durch die Aussicht auf große
Gewinne veranlasst werden, auf eigene Rechnung mustergültige

Großbetriebe in Sowjetrussland einzurichten, sei es durch Ingangsetzung und Modernisierung schon bestehender Betriebe oder durch
Errichtung neuer. Damit hoffte man, sich in doppelter Hinsicht die
Mitarbeit des ausländischen Kapitals an der Industrialisierung zu
sichern: durch beispielhafte Arbeitsmethoden und durch materielle
Beteiligung an der Produktion. Aus einer Reihe von Gründen, unter
denen die zahlreichen schweren, an die Verleihung von Konzessionen
geknüpften Bedingungen wohl an erster Stelle zu nennen sind, blieb
die Bedeutung der Konzessionen an Ausländer für die Industrialisierung verschwindend klein.

Nach der Meinung der Bol'ševiki wird die Industrialisierung die
wirtschaftliche Struktur des Landes nicht bloß dadurch verändern,
dass sie eine mächtige Großindustrie schafft, sie wird auch die Landwirtschaft auf neue technische Grundlagen stellen. Denn, so argumen-
tieren die leitenden Männer, in dem Maße, wie es gelingen wird, in
Sowjetrussland eine Maschinenindustrie aufzubauen, die alle Betriebe
mit den modernsten technischen Einrichtungen versieht, in dem Maße
also, wie das Industrialisierungsprogramm durchgeführt und das ganze Land mit einem Netz von elektrischen Kraftstationen überzogen
wird, ist auch das Schicksal der Millionen antisozialistischer (weil sich
einer zentralen Regulierung entziehender) Kleinbetriebe in Gewerbe
und Landwirtschaft besiegelt. Dann wird die technische Möglichkeit
bestehen, die gesellschaftlichen Bedürfnisse an allen Erzeugnissen
von Industrie und Landwirtschaft in gewaltigen Großbetrieben besser und billiger zu produzieren als bisher. Das Kleingewerbe wird
verschwinden, und an die Stelle der zersplitterten, unproduktiven,
schwer regulierbaren kleinen Bauernwirtschaften treten große genossenschaftliche oder staatliche »Korn- und Viehfabriken«.

Mit der Verdrängung der Kleinbetriebe und ihrer Ersetzung durch
großbetriebliche, mit den fortgeschrittensten Methoden und Einrichtungen arbeitende Produktion werden alle technischen und gesellschaftlichen Hemmnisse beseitigt sein, die heute noch einer marktlosen Wirtschaft entgegenstehen. Dann ist nach der Meinung der
Bol'ševiki der Zeitpunkt gekommen, wo das sozialistische Russland
beweisen kann, dass sein planmäßiges krisenloses Wirtschaftssystem
dem Kapitalismus in allen Punkten überlegen ist.

Aber man will mit den Bemühungen um einen Wirtschaftsplan nicht warten, bis die Industrialisierung zu Ende geführt ist. Vielmehr versucht man, gestützt auf die Kommandohöhen, von Jahr zu Jahr den Wirtschaftsprozess planmäßiger zu gestalten, und dieser Planarbeit fällt selbst eine wichtige Rolle bei der Durchführung des Industrialisierungsprogrammes zu.

Das ist in groben Strichen der Gedankengang, der der sowjetrussischen Wirtschaftspolitik seit dem Frühjahr 1921 zugrunde liegt. Er birgt zahllose Probleme und war im Laufe der Jahre manchen Schwankungen unterworfen. Häufig hat er mit wirtschaftsfremden, politischen Erwägungen Kompromisse eingehen müssen, aber in den Grundlinien ist er für den ganzen von uns behandelten Zeitraum der NEP derselbe geblieben.

Der Gang der neuen ökonomischen Politik seit 1921 lässt sich ziemlich zwanglos in drei deutlich voneinander unterschiedene Etappen einteilen. Die erste Etappe beginnt mit den entscheidenden Dekreten des Frühjahrs 1921 und endet mit der Herbstkrise des Jahres 1923. Die zweite umfasst die Wirtschaftsjahre 1923/24 bis 1925/26.[33] Der Anfang der dritten Etappe kann mit dem Beginn des Wirtschaftsjahres 1926/27 angesetzt werden; ihr Ende ist heute noch nicht abzusehen, jedenfalls gehört ihr das ganze Wirtschaftsjahr 1926/27 an, über dessen Grenze die vorliegende Arbeit im Allgemeinen nicht hinausgeht.

1. Die erste Phase der NEP: Wirtschaftliches Chaos (Frühjahr 1921 bis Herbst 1923)

Im Gegensatz zu der Wirtschaft des Kriegskommunismus mit ihren Orgien der Zentralisation und der Bevormundung der einfachsten und belanglosesten Wirtschaftsvorgänge lässt man nun in diesen zweieinhalb Jahren die Zügel immer mehr schießen, so dass zeitweilig völlige Wirtschaftsanarchie herrscht. Man weiß zwar, dass das bisherige System zum völligen Untergang führt, aber es herrschen unklare Vorstellungen darüber, was an seine Stelle treten soll. Man

33 Das russische Wirtschaftsjahr beginnt am 1. Oktober und endet am 30. September des folgenden Jahres.

hat eingesehen, dass ohne Markt, ohne ausländische Waren und ohne Privatkapital zunächst noch nicht einmal das nackte Leben der Bevölkerung garantiert werden, geschweige denn eine Großindustrie aufgebaut oder gar der Elektrifizierungsplan in absehbarer Zeit durchgeführt werden kann. Aber mit der Beseitigung der alten Bindungen war noch keine neue Ordnung geschaffen, und es mussten sich Erscheinungen einstellen, die eine gewisse Ähnlichkeit aufweisen mit denen, die bei dem Übergang von der feudalen Zwangswirtschaft zur freien Konkurrenz auftraten. Man hat den Eindruck, dass jetzt, wie vor 140 Jahren in Frankreich, ungeheure chaotische Kräfte, die bis dahin gefesselt waren, zur Auslösung kommen.

Nach der Überwindung der ersten Schwierigkeiten macht sich überall eine fieberhafte Tätigkeit bemerkbar. Zahllose Menschen, die bis dahin von den Zuweisungen des Narkomprod überaus kümmerlich ihr Dasein gefristet oder ein etwas besseres Leben durch eine lebensgefährliche Schleichhandelstätigkeit erkauft hatten, durften sich nun auf einmal wirtschaftlich wieder frei betätigen. Dabei zeigten sich dann bald alle Auswüchse der sogenannten ursprünglichen Akkumulation, nämlich eine maßlose Ausbeutung der Arbeitskräfte in den neu in Betrieb genommenen Privatunternehmungen.[34]

Bei den Vergleichen mit der Zeit unmittelbar nach der Aufhebung des Feudalsystems in Frankreich, oder, was ebenfalls naheliegt, mit der Beseitigung der Zwangswirtschaft im Nachkriegsdeutschland, darf allerdings nicht übersehen werden, dass die Initiative des Privatkapitals sich im Wesentlichen auf den Innenhandel sowie die Klein- und Mittelbetriebe in der Industrie beschränken musste. Die wichtigen Transportmittel, die ganze Großindustrie, sowie der größte Teil der wichtigeren mittleren Industriebetriebe blieben in der Hand des Staates. Grundsätzlich war allerdings auch der Großbetrieb bzw. die Errichtung von großindustriellen Unternehmungen für das Privatkapital freigegeben, aber in der Praxis wurde davon nur von ausländischen Konzessionären Gebrauch gemacht. Mit der Zulassung des Marktes und bis zu einem gewissen Grade auch der freien Konkurrenz

---

34 Das Privatkapital [in der Volkswirtschaft der Sowjetunion (russisch). Moskau 1927], S. 290.

bildeten sich wenigstens im Keim wieder alle diejenigen Beziehungen, die für eine kapitalistische Wirtschaft charakteristisch sind. In diesen Jahren wurde in Russland, wie ein treffender Ausspruch lautet, Adam Smith von neuem entdeckt; man kam aus dem Staunen nicht heraus, dass der Markt erfolgreich die Kräfte mobilisierte, die sich für den Zugriff des Glavkismus als unzulänglich erwiesen hatten.[35]

Landwirtschaft und Industrie

Ursprünglich hofften die Bol'ševiki, mit der Zulassung des lokalen Warenaustausches auskommen zu können, d. h. mit Naturaltausch ohne Vermittlung von Geld und unter Beschränkung auf die einzelnen Orte. Der Bauer sollte das Recht haben, sein Getreide nach Zahlung der Naturalsteuer auf dem Markte feilzubieten und die ihm notwendigen Waren dagegen einzuhandeln. Noch ganz im Geiste des Kriegskommunismus dachte man sich den Austausch zwischen Stadt und Land durch Vermittlung der Genossenschaften »in Gestalt eines Naturalaustausches bestimmter Mengen landwirtschaftlicher Produkte gegen Industriefabrikate«.[36] Aber es zeigte sich rasch, dass auf diese Weise das gewünschte Ziel nicht zu erreichen war. Schon im Juni 1921 mussten die Beschränkungen des Geldumlaufs aufgehoben, im August der inländische Warenverkehr zum Teil freigegeben werden, und im Dezember fielen die letzten Beschränkungen des freien Handels.[37]

35 »Es ist allgemein bekannt, dass die schlechteste Ökonomie heute besser funktioniert, als alle administrativen, juristischen und planmäßigen Nonnen.« [Ivar Tenisovič] Smilga: [Der] Wiederaufbauprozess. [Reden und Aufsätze (russisch). Moskau 1927], S. 41.

36 [Lev Kamenew: Die ökonomische Politik Sowjet-Russlands. Referat, gehalten auf der Allrussischen Konferenz der Kommunistischen Partei Russlands, Moskau, Dezember 1921. In:] Russ[ische] Korr[espondenz] 1 (1922), [S. 21–36, hier] S. 27.

37 Neue landwirtschaftliche Gesetze, S. 226. Industriegesetze I, S. 14 ff. [Michail Matveevič] Žirmunskij: [Das Privatkapital in der Volkswirtschaft der UdSSR (russisch). Moskau 1927], S. 42: »Der Warenaustausch, der durch die Genossenschaften durchgeführt werden sollte und seitens der Führer

Jedoch kam die Wendung in der Wirtschaftspolitik zu spät, um eine furchtbare Katastrophe in der Landwirtschaft rechtzeitig abzuwenden. Schon das Jahr 1920 hatte eine Missernte gebracht, die Reserven der Bauern in den Hauptgetreidegebieten des Schwarzerdgürtels waren infolge der rigorosen Getreidebeschlagnahmungen erschöpft, und als der Entschluss zum Übergang zur Naturalsteuer bekannt wurde, war es schon zu spät, fehlte auch wohl an Mitteln, um eine wesentlich bessere Bestellung der Felder als im Vorjahr durchzuführen. Der Sommer 1921 brachte eine furchtbare Dürre und mit ihr eine Missernte, wie man sie in diesem Umfang in Russland seit 30 Jahren nicht mehr gekannt hatte. Die Anbaufläche war in diesem Jahr auf zirka 80 Millionen Desjatinen gesunken, der Ausfall an Getreide betrug nahezu 800 Millionen Pud, das sind fast ein Drittel der Ernte von 1920; die Gesamternte erreichte keine zwei Milliarden Pud gegenüber viereinhalb im Durchschnitt von 1909–1913.[38] Die Regierung war nicht in der Lage, ernsthafte Hilfe zu leisten; auch der von Nansen angerufene Völkerbund versagte, und die ausländischen privaten Wohltätigkeitsaktionen konnten nicht verhindern, dass annähernd fünf Millionen Menschen verhungerten.[39]

Im Jahr 1922 war die Ernte ungewöhnlich gut, so dass im Süden und Südosten trotz der geringen Bestellung verhältnismäßig viel Getreide

der ökonomischen Politik als Hauptmethode zur Wiederherstellung der Tauschbeziehungen zwischen Industrie und Landwirtschaft gedacht war, war objektiv zum Misslingen verurteilt. Denn ein einziger zentralisierter Apparat für sich allein war nicht. im Stande, die gigantische Totalität der Tauschbeziehungen zwischen Stadt und Land zu erfassen; am wenigsten ein Apparat wie die Genossenschaftszentralen...«

Am 14. Juli 1921 wurde die gesetzliche Arbeitspflicht aufgehoben. (Neue landwirtschaftliche Gesetze, S. 37.)

38 Zahl der Desjatinen nach [Simon] Zagorsky: La Renaissance du Capitalisme dans la Russie des Soviets [(Le bilan de la »Nouvelle Politique«). Paris 1924], S. 375. Die übrigen Zahlen nach Berechnungen von Groman, zit[iert] bei Brutzkus: [Agrarentwicklung und Agrarrevolution], S. 223.

39 Die Zahl ist von der zentralen statistischen Verwaltung berechnet, zit[iert] bei Brutzkus: [Agrarentwicklung und Agrarrevolution], S. 166, jedoch werden auch höhere Zahlen angegeben.

eingebracht werden konnte und die Gesamternte über 50 Prozent größer war als die des Vorjahres; auch die Ernte des Jahres 1923 fiel gut aus, so dass in diesen beiden Jahren die wichtigste Voraussetzung für die Erholung der Landwirtschaft gegeben war. Aber sie wurde nun von einer anderen Seite bedroht, nämlich durch die unerschwinglich gewordenen Preise der Industriewaren.

Die veränderten Verhältnisse in der Landwirtschaft fanden ihren gesetzlichen Niederschlag in dem Agrarkodex der RSFSR vom 30. Oktober 1922.[40] In diesem Gesetz wird das Recht auf »werktätige Landnutzung« festgestellt; sozialistische Grundsätze sind zwar noch zu finden, so etwa im ersten Paragraphen der Grundbestimmungen, der erklärt, dass das Privateigentumsrecht auf Grund und Boden auf immer aufgehoben ist und dass »der Kauf, Verkauf oder der Verkaufsabschluss, die Erbvermachung oder Schenkung und auch die Verpfändung von Land« verboten sind (§ 27). Im § 11 jedoch wird bestimmt, dass das Recht auf werktätige Landnutzung unbefristet ist und nur auf Grund genau im Gesetz beschriebener Ursachen (freiwilliger Verzicht, Aufgeben der Selbstbewirtschaftung, Gerichtsbeschluss usw. § 18) verloren gehen kann. Durch die Bestimmung der §§ 141 und 142, mit denen weiteren Landverteilungen ein Ende gemacht wird, ist, wie Bruckus richtig bemerkt, die russische Agrarrevolution beendet.[41]

In der *Industrie* versuchte man zunächst, die mit der wahllosen Beschlagnahme der gewerblichen Betriebe begangenen Fehler wiedergutzumachen. Mit Dekret vom 17. Mai 1921 erfolgte ein Verbot, weitere Betriebe zu konfiszieren, und gleichzeitig wurde das allge-

---

40 Deutsche Ausgabe s[iehe] Literaturverzeichnis.

41 Brutzkus: [Agrarentwicklung und Agrarrevolution], S. 193. Die Bestimmungen über den Austritt aus der Feldgemeinschaft sind der Stolypinschen Reformgesetzgebung nachgebildet. Jedoch darf man daraus nicht den häufig vertretenen Schluss ziehen, dass die russische Agrarrevolution zu dem von Stolypin geschaffenen Zustand zurückgekehrt sei. Denn abgesehen von der Unverkäuflichkeit des Bodens und der Enteignung des Gutsbesitzes besteht ein entscheidender Unterschied darin, dass von der Sowjetregierung mit allen administrativen Mitteln die Entwicklung des Bauerntypus unterbunden wird, den Stolypin großziehen wollte: des wohlhabenden Großbauern.

meine Nationalisierungsdekret vom 29. November 1920 annulliert. Eine wichtige Ergänzung dieses Gesetzes erfolgte am 27. Oktober, wo bestimmt wurde, dass alle Betriebe, die am 17. Mai nicht faktisch in Staatsregie gewesen, sondern nur formell konfisziert waren, an ihren Eigentümer zurückzugeben seien.

Die Mittel- und Großindustrie, die nationalisiert blieb, befand sich zu Beginn der NEP in einer sehr schwierigen Lage. Die neue Gesetzgebung verlangte von jedem Unternehmen »eine strenge, genaue Registrierung der Produktion, der Materialien, der Rohstoffe, des Wertes der Fabrikate usw.« und außerdem eine Organisierung nach dem »Prinzip der Defizitlosigkeit«.[42] Ferner musste jede Unternehmung sich die Mittel zur Aufrechterhaltung des Betriebes, also vor allem die Rohstoffe, später auch das Geld für die Löhne vom Markte beschaffen.[43] Jedoch fehlte gerade der Staatsindustrie jede Verbindung zum Markt. Sie half sich dadurch, dass sie an die Stelle der früheren Glavki nun in völlig anarchischer Weise zahllose »Trusts« setzte, d. h. Zusammenfassungen einzelner Fabriken zum Zwecke des gemeinsamen Vorgehens auf dem Markte.

Der Forderung, eine geordnete Rechnungsführung in den Betrieben einzurichten, stand man zunächst ziemlich hilflos gegenüber. Von einer kaufmännischen Kalkulation konnte noch keine Rede sein, und da obendrein die Aufnahmefähigkeit des Marktes sehr beschränkt war, wurde zu Preisen verkauft, die die Selbstkosten nicht

---

42 Dekret vom 16. September 1921. [In:] Die neue Sowjetgesetzgebung, S. 38: »mit Ausnahme derer, die im System der Staatswirtschaft sich als unentbehrlich erweisen, unabhängig von dem Grade ihrer wirtschaftlichen Nützlichkeit, wie z. B. einige zur Herstellung von Verteidigungsmitteln dienende Unternehmungen«.

43 Die notwendigsten Lebensmittel für die Arbeiter wurden zunächst noch durch das Narkomprod geliefert, das sie den Eingängen aus der Naturalsteuer entnahm. Die Zahl der vom Narkomprod zu verpflegenden Personen war von 38 Millionen im Jahre 1920 auf 8 Millionen Ende 1921 reduziert worden. [Vgl. Wladimir Iljitsch Lenin: Die neue ökonomische Politik Sowjet-Russlands. Rede auf dem IX. Allrussischen Sowjetkongress. Moskau, Dezember 1921). In:] Russ[ische] Korr[espondenz] 1 (1922), [S. 1–21, hier] S. 13.

annähernd deckten. Mit der Preisgestaltung in dieser ersten Zeit
des Überganges war es überhaupt eine eigentümliche Sache. Eine
wirkliche Konkurrenz war nur insoweit vorhanden, als die einzelnen
Trusts sich gegenseitig die Käufer abjagten, um sich in den Besitz der
notwendigen Umsatzmittel setzen zu können. Die Produktionsfähigkeit der Industrie war auch eine sehr geringe, aber im Verhältnis zu
der nur langsam sich stärkenden Kaufkraft und der Enge des Marktes
für viele Waren häufig zu groß. Die Verbindung der Städte, vor allem
der Großstädte zum flachen Lande, war sehr schlecht und wurde nur
allmählich durch den wachsenden Privathandel ausgebaut. überhaupt
musste ein Handelsapparat erst geschaffen werden. Die Gesetze von
Angebot und Nachfrage konnten in dieses Chaos nur langsam Ordnung hineinbringen.

Den Trusts war es vor allem darum zu tun, rasch und gegen sofortige Zahlung, sei es in natura, sei es in Geld, zu verkaufen, da das
Fehlen nennenswerter Umlaufsmittel es ihnen unmöglich machte,
Kredit zu geben. Dazu kam eine ständig wachsende Inflation, der
»asiatische Zustand« der Buchhaltung, das Fehlen kaufmännischer
Erfahrung bei zahlreichen Betriebsleitern und endlich die ganze Vorstellungswelt des Kriegskommunismus, bei dem es sich nur darum
gehandelt hatte, überhaupt zu produzieren, ohne Rücksicht auf die
Kosten. Als Anhaltspunkt für die Preisgestaltung dienten zunächst –
die Vorkriegspreise, die natürlich bei der herrschenden Inflation nur
schwer zu ermitteln waren und im Übrigen den völlig veränderten
Verhältnissen, insbesondere der stark gesunkenen Arbeitsproduktivität, in keiner Weise mehr entsprachen. Die Ähnlichkeit dieses Prozesses mit der »Substanzverschleuderung« der deutschen Industrie
in den Inflationsjahren ist nicht zu übersehen.[44]

44 Man hat in Russland diesen Vorgang sehr prägnant »razbazarivanie«,
   »Ausverkauf« genannt. Von dem Zustand des Kalkulationswesens geben
   die folgenden Äußerungen eine deutliche Vorstellung:
   »Man muss gründlich Schluss machen mit der im vergangenen Jahr
   angewandten Methode, die Preise entsprechend der Vorkriegskonjunktur
   festzusetzen. Man muss ein für alle Mal feststellen, dass es in der Natur
   keine Vorkriegspreise und Vorkriegsrubel gibt. Die Weltkonjunktur wie
   unsere eigenen inneren Verhältnisse haben sich derart geändert, dass

Trotz dieses »Ausverkaufs« der Industrie kam es im Frühjahr 1922 zu
einer Absatzkrise, denn der durch die Hungersnot eingeschrumpfte
Markt war nicht imstande, für Industriewaren nennenswerte Ausgaben zu machen. Diese Absatzkrise dauerte bis in den Sommer 1922.
In diesen Monaten war es gelungen, den Rubel eine Zeitlang stabil
zu halten, auch die Organisation des Handels in allen ihren Formen
(Staat, Genossenschaften und Private) hatte sich gebessert, und es
begann eine gewisse Konjunktur für die Leichtindustrie, die infolge der guten Ernte in den folgenden Monaten weiter anstieg.[45] Im

es der größte Fehler wäre, mit Vorkriegsäquivalenten zu rechnen... Die
Orientierung auf Vorkriegsrechnung hat unsere Industrie im vergangenen
Jahr zu ihrer unglücklichen Preissenkung gedrängt. Unsere Pflicht ist
heute, innerhalb des Staatsbudgets die Industrie auf solche Grundlagen
zu bringen, dass sie nicht nur existieren, sondern dass sie sich entwik-
keln kann. Am schwierigsten ist hier die Frage der Selbstkosten. Das
Fehlen einer festen Währungseinheit und der asiatische Zustand unseres
Rechnungswesens in unseren Betrieben erschweren die kalkulatorische
Arbeit aufs Äußerste. Alle unsere Kräfte müssen auf Verbesserung der
Rechnungslegung und Buchführung konzentriert werden...« (Smilga:
Wiederaufbauprozeß, S. 62; der Artikel ist im August 1922 geschrieben.)
»Nach dem Urteil der Arbeiter- und Bauerninspektion ist es unmöglich,
genaue oder auch nur annähernde Daten über die wirtschaftliche Lage
der Staatsindustrie zu geben, da es an Berichten, Abrechnungen, Ziffern
und irgendwelchen Bilanzen fehlt. Die Untersuchungen des Gosplan
bestätigen diese Auffassung. Im STO hatten wir Fälle, wo sich zeigte,
dass selbst die Preisfestsetzungen rein aus den Fingern gesogen oder
einfach administrativ verfügt werden, wobei manchmal die Referenten
selbst nicht wussten, warum sie gerade diese und nicht andere Zahlen
festgesetzt hatten... Bei derartigen Zuständen in Rechnungsführung und
Berichterstattung kann von wirklichen ›Chozrasčet‹ keine Rede sein...
Bis jetzt haben wir nicht einmal Angaben über das fixe Kapital.« (Rykov:
[Aufsätze und Reden II], S. 97.)

45 Bei der Organisierung des Marktes spielte auch die Einrichtung von
Warenbörsen eine Rolle. Sie war auf dem 9. Sowjetkongress am 27. Dezember 1921 beschlossen und der OVWR mit ihrer Einrichtung beauftragt
worden. Bereits am 29. Dezember wurde vom OVWR gemeinsam mit
dem Zentralverband der Genossenschaften (Centrosojuz) in Moskau die
Zentralwarenbörse errichtet. Eine Verfügung des OVWR vom 21. Januar

September 1922 hatten die Preise in der Leichtindustrie ungefähr die Selbstkostengrenze erreicht und stiegen nun dauernd an, während die Getreidepreise ebenso kontinuierlich sanken. Es entwickelt sich jenes Phänomen, das nach einem Ausdruck Trockijs die »Schere« genannt wird.[46]

Im Oktober 1922 erhielten die Bauern für ihr Getreide eine etwas geringere Menge an Industriewaren als vor dem Krieg, im April 1923 nur noch die Hälfte und im Herbst 1923 kaum noch ein Drittel. Dabei sind diese Zahlen errechnet auf Grund der in den Hauptstädten verlangten Preise. In abgelegenen Orten, wo die Industriewaren durch Hausierer hingebracht wurden, war das Verhältnis noch viel krasser: die Bauern erhielten weniger für ihr Getreide als in der Stadt und mussten das Doppelte der hohen städtischen Preise für Industriewaren zahlen. Der Grund für die enormen Preissteigerungen der Industrieprodukte lag darin, dass die Trusts die gute Konjunktur rücksichtslos ausnutzten. Sie wollten aus dem Markt so viel wie möglich herausholen, ohne Rücksicht auf die Kaufkraft der Konsumenten.[47] Unter diesen

1922 wies alle Staatsbetriebe an, sich an dieser Warenbörse vertreten zu lassen und ihre Umsätze durch ihre Vermittlung zu tätigen. (Staatsenzyklopädie I, S. 252.) Diese Verfügungen hatten zunächst wenig praktische Wirkungen und mussten mehrfach wiederholt werden. Um die Benutzung der Warenbörsen durch die Staatsunternehmungen zu erzwingen und das immer mehr überhand nehmende private Vermittlerwesen zurückzudrängen, bestimmte der STO am 1. September 1922, dass alle außerhalb der Warenbörse getätigten Umsätze der Staatsunternehmungen gegen eine hohe Gebühr registriert werden müssten (Industriegesetzgebung I, S. 293). Angaben über Umsätze der Warenbörsen und Einzelheiten ihrer Tätigkeit bei N[ikolaus] Basseches: Das wirtschaftliche Gesicht der Sowjetunion. [Wien, Leipzig 1925], S. 82 ff.

46 Das Bild ist genommen von der graphischen Darstellung der Preise von Industrie- und landwirtschaftlichen Waren. Die Linie der industriellen Preise geht in die Höhe, während diejenige der landwirtschaftlichen sinkt, d. h. die Schere öffnet sich. Bei einer rückläufigen Bewegung nähern sich die beiden Linien wieder, eine Analogie zum Schließen der Schere.

47 »Unter dem Einfluss der schweren Lage der Industrie und aus dem Wunsche heraus, die Industrie möglichst rasch wiederherzustellen, setzten wir

»Wiederaufbaupreisen« hatte sowohl die Arbeiterschaft, deren Reallohn rapid sank, wie die Bauern schwer zu leiden, und diese Ausbeutung der Konsumenten wurde noch verschärft durch eine schnell anwachsende Inflation, die den Wert der Geldzeichen unter den Händen ihrer Besitzer rasch schwinden ließ. Vergeblich forderte Trockij im Frühjahr 1923 die »Warenintervention«, d. h. die Einfuhr ausländischer Fertigfabrikate, deren Konkurrenz die russische Industrie zu einer erträglichen Preispolitik zwingen sollte. Die Teuerung dauerte an bis zum Herbst 1923 und mündete in eine schwere Absatzkrise. Diese wurde noch dadurch verschärft, dass bis zum Herbst 1923 der Hauptmarkt für die Industrie in der Stadt gelegen hatte, wo bis dahin fast drei Viertel der Gesamtproduktion der Industrie verzehrt worden waren. Als sich aber der städtische Markt einigermaßen gesättigt hatte, war die Industrie für ihre weitere Entwicklung auf den ländlichen angewiesen, der aus den erwähnten Gründen versagen musste.[48] »Diese Krise hat ... die ganze Unrichtigkeit ... einer beschränkt industriellen Orientierung in der Wirtschaftspolitik vor Augen geführt, die dem Mangel an Verständnis für die gegenseitige Abhängigkeit der industriellen und der landwirtschaftlichen Entwicklung entsprach. Die grundlegende Lehre der Krise von 1923, als der Transmissionsapparat des Warenumlaufs zwischen Stadt und Land äußerst schlecht funktionierte und die Industrie (trotz der gewaltigen Reserven noch nicht in Gang gesetzter Fabriken und Werke) eine Absatzkrise durchmachte, bestand darin, dass die Entwicklung der Industrie mit der Entwicklung der Landwirtschaft verbunden

damals, d. h. während der Zeit der ›Schere‹ Preise für Industriewaren fest, die infolge des niedrigen Preisniveaus für Agrarprodukte für den Bauern nicht tragbar waren. Infolgedessen reduzierte sich innerhalb des Landes der Konsum der hauptsächlichsten Gebrauchswerte in kolossalem Ausmaß, und unsere Industriewaren fanden keinen Absatz.« ([Feliks] Dzeržinskij: Die nächsten Aufgaben der Industriepolitik [(russisch). Moskau 1925], S. 9.)

48 Vgl. Protokoll des 5. Kongresses d[er] Komm[unistischen] Intern[ationale]. Bd. 2. Hamburg o. J., S. 548 f.

werden muss.«[49] Mit den Folgerungen, die aus dieser und anderen Lehren der Herbstkrise in der Wirtschaftspolitik gezogen werden, beginnt ein neuer Abschnitt in der Geschichte der NEP.

Der Markt

Ehe wir zu ihm übergehen, ist es notwendig, noch auf einige charakteristische Erscheinungen der ersten Phase hinzuweisen. Über die ersten Versuche zur Neuorganisierung der Industrie auf Basis der Geldzirkulation und der Vertrustung sowie über den Beginn einer neuen planwirtschaftlichen Arbeit auf Basis der Marktwirtschaft wird weiter unten im Zusammenhang die Rede sein. Hier ist lediglich zu notieren, dass durch Dekret vom 17. März 1921 die Staatsplankommission (Gosplan) geschaffen wurde, bei welcher alle Arbeiten zur planmäßigen Gestaltung der gesamten Wirtschaft konzentriert werden sollten.

Für die Gestaltung des Zirkulationsprozesses ist es wichtig, dass durch Dekret vom 7. April 1921 die Verpflichtung für jeden Staatsbürger, bei einer Genossenschaft Mitglied zu sein, erneuert wurde; man versprach sich davon eine leichtere Übersicht über den Markt. Allerdings erfüllten die Genossenschaften die in sie gesetzten Erwartungen zunächst nicht. Man hoffte, dass sie durch ihre günstigeren Arbeitsbedingungen den Privathandel mittels billigerer Preise in Schranken halten könnten; aber es zeigte sich, »dass sie mit dem Privathandel nicht in Bezug auf billigere Verkaufspreise, sondern darin konkurrieren, einen größeren Profit zu erzielen«.[50] Auf dem Dorfe vollends, wo es meist keine Genossenschaften gab, herrschte der Privathandel unumschränkt. Ende 1923 befand sich zwar mehr als drei Viertel des Großhandels in der Hand des Staates, und weitere

49 A[leksej Ivanovič] Rykov: Das Problem der Industrialisierung. In: Jahrbuch für Wirtschaft, Politik u[nd] Arbeiterbewegung 1925/26. [Hamburg, Berlin 1926], S. 341.
50 [Aleksej Ivanovič] Rykov: Rede vom 29. Dezember 1923. [In:] Jahrbuch [für Wirtschaft, Politik u[nd] Arbeiterbewegung] 1923/24. [Hamburg o. J.], S. 331. Dekret in: Neue landwirtschaftliche Gesetze, S. 285.

8 Prozent gingen durch die Genossenschaften, dagegen beherrschte der Privathandel den Kleinverkauf fast vollständig.[51]

In dieser Zeit dehnte sich der Markt auch auf vielen anderen Gebieten immer weiter aus und überwand ein Hindernis nach dem anderen. Der Freigabe des Geldverkehrs im Juni 1921 folgte die Reorganisierung der Staatsbank (13. Oktober 1921) und die Legalisierung des freien Handels im Dezember.[52] Schritt für Schritt wurden die naturalwirtschaftlichen Überbleibsel aufgehoben: der Lohn wurde zum Geldlohn;[53] alle unentgeltlichen wirtschaftlichen Leistungen des

51 [Rykov: Rede vom 29. Dezember 1923], S. 330. Ferner Rykov: [Aufsätze und Reden II], S. 128: »Für das Privatkapital bleibt immer noch ein nützliches Tätigkeitsfeld in der Organisation und Entwicklung unseres Marktes. Unser Handel leidet ja doch nicht nur daran, dass er schlecht organisiert ist, sondern auch daran, dass er selbst nicht die nötigen Anstrengungen macht, um den Markt zu erweitern. Jedes Mal, wenn ich bei einer Handelskrise fragte: ›Aber sagen Sie doch bitte, wieviel Werst rechts und links von der Eisenbahn strecken unsere Handelsorgane denn ihre Fühler vor?‹ nannte man mir immer nur eine bestimmte Zahl von einigen Dutzend Werst... In einem riesigen Teile Sowjetrusslands ist noch nicht einmal ein ständiger Handelsapparat organisiert, ja, es ist dort möglicherweise überhaupt noch kein einziger Händler hingekommen, weder vom staatlichen, noch vom Genossenschafts-, noch vom Privathandel. Bis in die letzte Zeit ging der Handel immer nur längs der Eisenbahn entlang.... Bei Berechnung der Nachfrage zieht man oft alte Unterlagen aus der Vorkriegszeit zu Rate, orientiert sich an Büchern, die noch vor dem Kriege geschrieben waren, und auf Grund dieser längst veralteten Auskünfte, ohne die riesigen Veränderungen der Kriegs- und Revolutionszeit zu berücksichtigen, versendet man nicht Waren dahin, wo sie gebraucht werden, sondern irgendwohin, wo gar kein Bedarf nach dieser Ware besteht.«

52 Industriegesetze II, S. 733, [Industriegesetze] I, S. 4–10.

53 Über den Zustand der Lohnarbeit in der ersten Zeit der NEP gibt das Dekret vom 16. September 1921 sehr interessante Auskünfte. Es fordert neben der Vereinfachung des Tarifsystems und der Schaffung eines Fonds von Verbrauchsgegenständen für die in der staatlichen Industrie beschäftigten Arbeiter und Angestellten »die Entfernung alles dessen aus dem Unternehmen, was nicht mit der Produktion im Zusammenhang steht und was den Charakter der sozialen Versorgung trägt«. Ferner wird verlangt,

Staates, abgesehen von den sozialpolitischen, wurden eingestellt (z. B. durch Dekret vom 28. November 1921 der unentgeltliche Bezug der Zeitungen), und selbst die Naturalsteuer wurde nach mannigfachen

dass die gelernten Arbeiter an ihrem Platz verwendet werden und nicht wie bisher »Ingenieure die Stellung oberer Stallknechte einnehmen, das Verpflegungswesen leiten oder sich mit der Reparatur von Küchengeräten oder Brennern befassen;... (dass) gelernte Arbeiter... sich mit dem Setzen von Kartoffeln und der Reinigung von Abfallgruben beschäftigen«. Für die Festsetzung der Löhne sollen folgende Grundsätze gelten: »1.... ein Minimum an Lohn einem Minimum an Arbeit. Die Erhöhung des Lohnes soll geradezu und unmittelbar verbunden sein mit einer Vergrößerung der Produktivität, mit dem Grade der Teilnahme des Arbeiters an einer Erhöhung der Produktion. 2. In den Arbeitslohn sollen eingerechnet werden alle Formen der Leistungen an die Arbeiter und Angestellten wie:
a) Barlohn;
b) Wohnung, Beheizung, Beleuchtung, Wasserversorgung;
c) Gegenstände der Verpflegung und des Bedarfes;
d) Bekleidung, außerordentliche Lieferungen usw.;
e) Barbierstuben, Bäder, Theater, Erzeugnisse von Gemüsegärten und Rätewirtschaften und alle von dem Unternehmen und der Behörde gemachten Aufwendungen und sonstige Dienste, die von Kommunalabteilungen geleistet werden;
f) Beförderungsmittel: Eisenbahn, Straßenbahn, Lastauto u. dgl.;
g) Familiendeputate...
Alle Arten der empfangenen Staatsleistungen (Naturalleistungen) werden nach dem Marktpreise abgeschätzt, um dem Arbeiter und Angestellten die Möglichkeit zu geben, klar und genau die Ausgaben mit den realen Einnahmen in Einklang zu bringen und die Notwendigkeit der Aufwendung intensiver Arbeit zu erkennen, die tatsächliche Mittel zum Lebensunterhalt gewährt.« In diesem Dekret wird ferner die Zulassung der Akkordarbeit vorgesehen und außerdem bestimmt, dass bei der Aufstellung der Tarifsätze für die verschiedenen qualifizierten Arbeiter und Angestellten »jegliche Gedanken an Gleichberechtigung fallen gelassen werden« müssen. Die durch die neuen Maßnahmen arbeitslos Gewordenen »gehen in die Staatsfürsorge nach besonderen Normen über, deren Ausmaß streng bestimmt werden muss nach dem Vorhandensein von Staatshilfsmitteln...« (Die neue Sowjetgesetzgebung, S. 83 ff.)
   Aus der nachstehenden Statistik ist der prozentuale Anteil des Naturallohnes und seine Abnahme in den Jahren 1922 und 1923 zu ersehen:

Vereinfachungen und nach einem Übergang zur fakultativen Geldzahlung (10. Mai 1923) in eine reine Geldsteuer verwandelt (2. Dezember 1923).[54]

Wie in anderen Inflationsländern erwies sich ein »wertbeständiges« Geld als unentbehrlich; Ende 1922 wurde die neue Rechnungseinheit, der Červonec,[55] geschaffen, und Anfang 1923 ging man im Großhandel auf die Červonecrechnung über. Der Herbst brachte den Höhepunkt der Inflation. Die Geldmenge stieg vom 1. Januar 1922 bis zum 1. Oktober 1923 von 17 Billionen alten Sowjetrubeln[56] auf

Anteil des Naturallohns in %	für ganz Russland	für Moskau	für Petrograd	für die Provinz
Januar 1922	77,5	62,2	57,1	83,6
Juni 1922	54,4	24,5	26,4	63,8
Oktober 1922	31,1	6,6	24,4	39,4
Januar 1923	21,1	4,9	7,0	25,7
Juni 1923	15,9	1,8	4,2	21,1
Oktober 1923	8,9	–	1,2	12,7

(Die russische Industrie [im Jahre 1923 und ihre Perspektiven. Jahrbuch des OVWR (russisch). Moskau 1923], S. 126.)

54 Haensel: Steuersystem, S. 88 ff.

55 Ein Červonec = 10 Vorkriegsrubel. Zunächst wurden jedoch nur Scheine von zehn Červonec und höher ausgegeben, da für den Kleinverkehr die mehrfach devalvierten Papierrubel dienen sollten. (Vgl. Smilga: Wiederaufbauprozeß, S. 53):

»Der lokale Warenaustausch hat sich zum allrussischen Austausch erweitert. Man musste die Industrie ... an diese Formen (des Austausches) anpassen, und der Inhalt dieser Formen war die Auferstehung der Geldwirtschaft, d. h. die völlige Negation derjenigen Prinzipien, nach denen wir die Industrie bis zu diesem Zeitpunkt geleitet hatten. Vorher waren wir auf Vernichtung des Geldes ausgegangen, jetzt müssen wir uns der Geldwirtschaft anpassen.«

56 D. h. die Währungseinheit bis zur ersten Devalvation. Am 3. November 1921 wurden 10 000 Rubel früherer Ausgabe in einen Rubel »Geldzeichen

22701 Billionen, bis schließlich jeder, der es konnte, sich weigerte, die immer wertloser werdenden Zettel in Zahlung zu nehmen. Ohne Zweifel trug auch die Geldentwertung zur Verschärfung der Herbstkrise bei, da die Bauern nichts mehr verkaufen wollten und dadurch auch nichts kaufen konnten. Der private Kleinhandel wurde durch die Inflation schwer geschädigt und zahllose der neugeschaffenen privatwirtschaftlichen Existenzen vernichtet. Wie auch in anderen Ländern versuchte die Industrie und der wirtschaftlich stärkere Großhandel, die Kursverluste in die Warenpreise einzukalkulieren mit der Wirkung, dass dadurch eine weitere Verteuerung eintrat. Die kaufmännische Rechnungslegung, die ohnehin auf schwachen Füßen stand, wurde durch diese Entwicklung der Inflation vollends illusorisch. Die Abschaffung der alten Sowjetgeldzeichen und die Einführung kleiner Stücke der relativ stabilen Noten der neuen Währung für den Kleinhandel Anfang Februar 1924 wurde deshalb allgemein als eine Erlösung begrüßt.

Am Ende des ersten Abschnittes der NEP war es unter größten Anstrengungen und vielen Rückschlägen gelungen, die Produktion in Landwirtschaft und Industrie, sowie den Handel wieder in Gang zu bringen. Am Ende des Wirtschaftsjahres hatte die Landwirtschaft ungefähr drei Viertel ihres Vorkriegsumfanges wieder erreicht (Saatfläche 71% von 1913), dagegen die Groß- und Mittelindustrie nur ungefähr 35%, die Heimindustrie etwa drei Fünftel von 1913.[57]

Die Produktivität der Arbeit in der Industrie stieg relativ rasch und erreichte zwei Drittel der Vorkriegsproduktivität. Die folgende Tabelle gibt ein ungefähres Bild dieser Entwicklung:[58]

des Jahres 1922« devalviert und am 24. Oktober 1922 100 Rubel 1922 in einen Rubel 1923. Dieser neue Rubel von 1923 war demnach 1 Million Rubel alter Währung. Bekanntlich wurde diese Leistung durch die deutsche Devalvation weit in den Schatten gestellt. Sämtliche Zahlen nach Bernatzki, Der Zusammenbruch [der russischen Währung], S. 50.

57 Jahrbuch [für Wirtschaft, Politik und Arbeiterbewegung] 1923/24. [Hamburg o. J.], S. 312, 321 f.

58 [Die] Volkswirtschaft [der UdSSR] 1922/23, S. XII–XIII, zitiert nach Dobb: [Russian Economic Development], S. 223.

Produktivität der Arbeit in der Industrie:			
In den Jahren	Zahl der Arbeiter %	Brutto-Produktion %	Produktion pro Arbeiter %
1913	100	100	100
1920–22	57	18	32
1921–22	48	27	55
1922–23	56	35	62

Langsam wurden die notwendigsten Reserven gebildet; so z. B. konnte die Eisenbahn, die am 1. Januar 1921 Brennmaterial für nur elf Tage hatte, am 1. Oktober 1923 über einen Vorrat für 70 Tage verfügen.[59] Auch auf dem Gebiete der Neuorganisierung der Industrie hatte man wichtige Erfolge aufzuweisen; hierüber wird noch ausführlich die Rede sein.

Doch diese Erfolge hatten mit einer Reihe von schwersten Opfern bezahlt werden müssen; in jedem Jahre der NEP erschien der Bestand des bol'ševistischen Staates aufs neue bedroht; die furchtbare Hungersnot von 1921, die Absatzkrise des Frühjahres 1922 und die schwere Herbstkrise von 1923 mahnten deutlich, dass man die Gefahrenzone noch lange nicht verlassen hatte. Dazu kam, dass der Markt und das Privatkapital energisch ihre Rechte anmeldeten. Am 1. Dezember 1922 zählte man bereits über eine Viertelmillion Arbeitslose, und diese Zahl war ständig im Wachsen.[60] Schritt für Schritt hatte der staatliche

59 Jahrbuch [für Wirtschaft, Politik und Arbeiterbewegung] 1923/24, S. 324.
60 Über die Zahl der Arbeiter und der Arbeitslosen vgl. [Die russische Industrie im Jahre 1923 und ihre Perspektiven. Jahrbuch des OVWR (russisch). Moskau 1923], S. 33 f. (für 1922/23).

	Arbeiter in der großen Zensusindustrie	Arbeitslose in 52 Gouvernementsstädten (Statistik der Arbeitsbörsen)
Oktober 1922	950 464	245 700
Januar 1923	1 052 413	283 000
April 1923	1 055 533	448 000

Sektor der Wirtschaft vor dem privaten zurückweichen müssen. Im
Oktober 1923 waren von den im Gang befindlichen Betrieben 72 %
an Private und Genossenschaften verpachtet, und der Kleinhandel
wurde durch die Privaten fast völlig beherrscht.[61]

Und während so auf der einen Seite viele Anzeichen dafür sprachen,
dass man mit großer Geschwindigkeit der Wiederherstellung eines
privatkapitalistischen Systems zusteuere, erschien auf der anderen die
»Smyčka« mit den Bauern, die unentbehrliche Voraussetzung für die
Herrschaft der Bol'ševiki, durch die Wirtschaftskrise aufs neue bedroht.

2. Die zweite Phase der NEP: »Wiederaufbau«
(Oktober 1923 bis Oktober 1926)

Industrie

Den energischen Maßnahmen der Regierung gelang es verhältnismäßig rasch, die Herbstkrise zu überwinden. Zunächst wurden die
Preise der Industriewaren stark herabgesetzt. Innerhalb eines Jahres

September 1923	1 116 722	—
Oktober 1923	—	538 800

In derselben Zeit, in der die Zahl der Arbeiter um 166 000 stieg, wuchsen
die Arbeitslosen um 293 000.

61 Vgl. hierzu Zagorsky: La Renaissance, S. 7 ff. Z[agorsky] gibt eine Tabelle,
    nach welcher im September 1922 in 1207 verpachteten Betrieben 22 338
    Arbeiter gezählt wurden. ([Ebd.,] S. 21.) Über die Rolle des Privathandels
    im Jahre 1922/23 sagt derselbe Autor auf Grund eines reichen Materials
    ([Ebd.,] S. 125 f.):
    »Les organes de commerce de l'État spécialement créés afin d'éliminer
    la concurrence du commerce privé réalisent plus de la moitié de leurs
    opérations commerciales avec le concours des particuliers. De même
    l'industrie d'État dont les organes commerciaux de l'État étaient appelés
    à assurer les besoins, réalise le quart, le tiers, voire les deux cinquièmes de
    son chiffre d'affaires par l'intermédiaire des commençants privés. De plus,
    le commerce privé l'emporte, non seulement sur celui de l'État, mais sur la
    coopération. Il se subordonne de plus en plus le marché libre, et l'industrie
    d'État se trouve de plus en plus dépendante vis-à-vis du commerce privé.«

gelang eine Preissenkung von durchschnittlich 35 %. Bei wichtigen
Waren, z. B. Textilfabrikaten, war der Unterschied noch viel größer.
Im Oktober 1923 hatte sich die Relation zwischen Textilerzeugnissen
und landwirtschaftlichen Produkten derart zu Ungunsten der letzteren verschoben, dass der Bauer für sein Getreide nur noch ungefähr
ein Fünftel der Menge von Textilien erhielt, die er vor dem Krieg
dafür bekommen hatte. Ein Jahr später musste er Textilien statt fünf-
mal nur ungefähr doppelt so teuer bezahlen wie 1913. Das bedeutet
aber, dass die Kaufkraft seines Getreides sich verzweieinhalbfacht
hatte. Allerdings ist dieser Erfolg nicht allein der Preissenkung der
Industriewaren zuzuschreiben, sondern auch den von der Regierung
betriebenen systematischen Getreideaufkäufen, die zu einem starken
Anziehen des Getreidepreises führten.[62] Mit der Ankaufspolitik hatte
die Regierung einen doppelten Erfolg: es gelang ihr, die Bauern zu
beruhigen und außerdem große Getreidemengen für den Export
bereitzustellen.[63]

Charakteristisch für die Verfassung der Wirtschaftsleitung in
dieser Zeit ist es, dass es erst der schlimmen Erfahrungen dieser
Krise bedurfte, um sie zu lehren, »dass nicht immer die Selbstkosten
den Preis bestimmen müssen, sondern dass ... vielleicht einmal –
der Preis die Selbstkosten bestimmen muss ..., dass die Selbstkosten

62 Aus der Volkswirtschaft [der Union der Sozialistischen Sowjetrepubli-
    ken 1 (1925)], S. 21. Protokoll des 5. Kongresses der Komm[unistischen]
    Intern[ationale], S. 546 ff.
63 Getreideexport:

Mill[ionen] Pud	1922/23	1923/24	1924/25	1925/26
Roggen	26,1	82,7	4,0	11,0
Weizen	1,0	35,5	0,5	45,0
Gerste	4,3	18,7	4,3	49,1
Hafer	1,5	8,5	0,1	1,2
Zusammen	32,9	145,4	8,9	106,3
Nebenkulturen	4,0	19,4	15,1	18,7

[Daten nach:] Osteuropa [1 (1925/1926)], S. 584.

nichts Objektives sind ... , (sondern) durch gemeinsame Bemühungen verändert werden können«.[64] Allerdings gelang es nicht, diese Erkenntnis sofort in die Tat umzusetzen; die Preissenkungen erfolgten vielfach auf Kosten der Gewinne bzw. einer unrichtigen Kalkulation der Amortisationsquoten.[65]

Man nennt diese drei Jahre vom Herbst 1923 bis zum Oktober 1926 die Wiederaufbauperiode und will dadurch zum Ausdruck bringen, dass es in dieser Zeit gelungen ist, den von dem Vorkriegsrussland übernommenen, teilweise zerstörten und großenteils stillgelegten industriellen Apparat wieder aufzubauen und in Gang zu setzen. Verhältnismäßig rasch erholte sich die Leichtindustrie, die schon im Jahre 1924 teilweise 90 % ihrer Vorkriegsproduktion wieder erreicht hatte. Viel langsamer ging es mit der Schwerindustrie, wo man zunächst von den alten Metallvorräten zehrte, da die Produktion von Schwarz- und farbigen Metallen im Jahre 1920 so gut wie aufgehört hatte und nur sehr langsam wieder in Gang kam. Auch am Ende des Wirtschaftsjahres 1925/26 war hier der Vorkriegsstand noch nicht überall erreicht, allerdings in einigen Zweigen auch weit überschritten.[66]

Allmählich gelang es auch, die Arbeitsleistung weiter zu steigern und ungefähr auf die Friedensleistung zu bringen. An der steigenden

64 F[eliks] Dzeržinskij, damals Vorsitzender des OVWR, in einer Rede vom 2. Dezember 1924, abgedruckt in: Aus der Volkswirtschaft [der Union der Sozialistischen Sowjetrepubliken 1 (1925)], S. 17.

65 Die russische Industrie [im Jahre 1924 und ihre Perspektiven. Jahrbuch des OVWR (russisch). Moskau 1924], S. XCIX.

66 Die Entwicklung der Produktion von 1923–1926 zeigt folgende Tabelle:

	Einheit	1923/24	1924/25	1925/26	Quelle
Kapitalinvestierung Industrie	Mill[ionen] Červ[onecrubel] in Preisen von 1925/26	245,3*)	410,0	872,0	K[ontrollziffern] 27/28, S. 30.
Elektrifizierung	Mill[ionen] Červ[onecrubel]	49,6**)	39,2	60,0	Persp[ektivplan] 26, 27–30, S. 78.
	Millionen Kilowattstunden	897,0	1132,0	3220,0	Ebd., S. 71.

Produktivität erhielten die Arbeiter ihren vollen Anteil: der Durchschnittslohn hatte im Jahre 1925/26 den Friedensstand erreicht. Die nachstehende Tabelle gibt ein Bild dieser Entwicklung:

	Produktenmenge pro Arbeiter in %[67]	Durchschnittslohn in %	Registrierte arbeitslose Personen in Tausend[68]
1913	100,0	100,0	–
1920	14,9	26,4	–
1923/24	65,7	73,9	ca. 500
1924/25	87,8	90,9	882,7
1925/26	99,3	101,8	1085,2

Bau davon: Wohnungsbau	Mill[ionen] Červ[onecrubel] in Pr[eisen von] 1925/26***)				
Bau		–	2076,0	2824,8	K[ontrollziffern] 27/28, S. 58.
davon: Wohnungsbau		116,5	264,5	450,7	Ebd., S. xx.
Bruttoproduktion der Zensusind[ustrie]*)	Mill[ionen] Vorkriegsr[ubel]+)	2627,0	4060,3	5796,7	K[ontrollziffern] 26/27, S. 321.
davon: Petroleum		270,0	390,0	375,4	Ebd.
davon: Kohle		97,6	104,7	160,2	Ebd.
davon: Metallind[ustrie]		–	496,6	768,7	K[ontrollziffern] 27/28, S. 499.
davon: Textilind[ustrie]		496,4	904,1	1195,5	K[ontrollziffern] 26/27, S. 321.

*)   K[ontrollziffern] der Volkswirtschaft der UdSSR für 1926/27 (russisch). Moskau ²1927], S. 312.
**)   Nur Finanzierung aus Staatsbudget, andere Quellen nicht berechnet.
***)   Wohnungsbau 1923/24 nach K[ontrollziffern] 1926/27], S. 318 (nur städtisch).
+)   loco Fabrik ohne Akzise.

67   Kržižanovskij: [Zehn] Jahre, S. 124.
68   K[ontrollziffern der Volkswirtschaft der UdSSR für 1927/28 (russisch). Moskau 1927], S. 214.

Mit der Intensivierung der Arbeit wuchs die Arbeitslosigkeit. Allerdings wird mit Recht von den Sowjetwirtschaftlern immer wieder darauf hingewiesen, dass der Anteil der gelernten Arbeiter an der Arbeitslosenzahl relativ gering sei. Die Existenz einer »industriellen Reservearmee« im Lande des »sozialistischen Aufbaus« sei in der Hauptsache auf die relative Übervölkerung auf dem flachen Lande und die dadurch bedingte Abwanderung in die Städte zurückzuführen.

Mit dem Wirtschaftsjahr 1924/25 beginnt eine verstärkte Bautätigkeit in der Staatsindustrie. Auch die Elektrifizierung konnte bedeutende Fortschritte aufweisen.[69] Es darf jedoch nicht vergessen werden, dass bis zum Jahre 1925 von einer wirklich planvollen Aufbauarbeit nur in den wenigsten Industriezweigen die Rede sein kann und dass infolgedessen die Kapitalanlagen nicht immer sehr rationell waren. Ende 1924 beschwert sich Dzeržinskij in der oben erwähnten Rede, es gebe »eine ganze Reihe von Beispielen von Produktionserweiterungen, die in keiner Weise gerechtfertigt werden können. Von der Don-Kohle will ich gar nicht erst sprechen. Jeder weiß, welches Unheil diese Produktionserweiterung gebracht hat, die von niemand sanktioniert war, von niemand erwartet wurde und nur auf finanzieller Verantwortungslosigkeit beruhte. Unsere Metallindustrie träumt von einer gewaltigen Produktionssteigerung, aber ... in der Praxis sehen wir, dass in der Zeit von Oktober 1923 bis zum November 1924 kein einziger Monat ohne Defizit abschloss«.[70]

Ein weiterer wunder Punkt in der Entwicklung der Industrie ist die Unterlassung von ausreichenden Rückstellungen für Amortisation. Die für den Ersatz des verbrauchten fixen Kapitals zurückgestellten

69 Über diese »Kapitalarbeit« geben die nachstehenden Zahlen einen gewissen Überblick. Das Programm A, welches »Wiederherstellung, Vereinigung und Umgruppierung der wichtigsten vorhandenen Kraftstationen« vorsieht, war bereits im Jahre 1925 beendet. Und das Programm B, das die Erweiterungsbauten bis zum Jahre 1930 enthält, schreitet verhältnismäßig rasch fort. Bis zum 1. Oktober 1927 wurden für die Elektrifizierung im Ganzen 600 Millionen Rubel aufgewendet. Vgl. [Genosse Stalin über die Fragen der KPD. Moskau, 4. Februar 1925. In:] Inprekorr 22 (1925), [S. 307–308, hier] S. 307f. und Kržižanovskij: [Zehn Jahre], S. 93.

70 Dzeržinskij: Rede vom 2. Dezember 1924, S. 23.

Beträge wurden häufig für ganz andere Zwecke, insbesondere die Erweiterung der Produktion verwendet und damit der Produktionsapparat immer weiter heruntergewirtschaftet.[71] Während in der ersten Zeit der NEP der Mangel an genügendem flüssigen Kapital besonders drückend war und durch solche Gewaltmaßnahmen wie die Verschleuderung der nicht liquiden Reserven an das Privatkapital behoben werden sollte,[72] zeigte sich in der zweiten Hälfte der zweiten

71 Über den Zustand des russischen Produktionsapparates im Jahre 1923 werden folgende Angaben gemacht: »In der Ukraine wurde festgestellt, dass ›über 20 Proz[ent] der Dampfkessel ein Alter von 30–50 Jahren und die sogenannte ›Metallkrankheit‹ aufweisen, ihre Verwendung ist lebensgefährlich, sie bleiben aber trotz des Verbots der technischen Aufsicht im Gebrauch, weil infolge der Kapitalnot keine Möglichkeit ihrer Erneuerung bestand. Die amtliche technische Aufsicht, die die Verhältnisse in 499 Betrieben des Hauptindustriegebiets (Zentralrussland) untersucht hat, stellte fest, dass im Jahre 1923 über 42 % der Dampfkessel mehr als 25 Jahre in Gebrauch waren‹ (S. Molčanov: Die Gestehungskosten der Industrie in der Sowjetunion. Moskau 1926, S. 24). Der Verbrauch von Brennstoffen pro Pud Eisen beträgt in Russland 1,7 Pud gegenüber einem Aufwand von nur 0,3 Pud im Auslande. M[olčanov] führt sogar einen Fall an, wo acht Dampfkessel im Betrieb blieben, deren Wärmeeffekt lediglich 0,5 % ausmachte, während 99,5% der Wärme durch den Schornstein entwich. ›Im Allgemeinen übertreffen unsere Kraftanlagen nur wenig den Wärmeeffekt der Kraftanlagen vor 200 (?) Jahren‹ (Molčanov, S. 171, 86).« Judith Grünfeld: Russland und der Weltmarkt. In: Die Gesellschaft 4, 6 (1927), S. 513, Anm. Vgl. auch A[ron] Jugow: Grundprobleme der russischen Volkswirtschaft. In: Die Gesellschaft 4, 11 (1927), S. 419 ff.

72 Verordnung des STO vom 3. Oktober 1924 über die Mobilisierung der illiquiden Fonds. ([Abram Moiseevič Ginzburg:] Gesetzgebung über die Trusts und Syndikate. [Moskau, Leningrad 1926], S. 196.) [Jurij] Larin berichtet darüber in der Industrie- und Handelszeitung 165 (1927):
»Der Leningrader Bekleidungstrust verschleuderte eben erst reparierte Autos zu 4–600 Rubel das Stück, Schreibmaschinen wurden für 5–35 Rubel, 5000 Fass Zement für 1,35 Rubel das Stück verkauft. Kupferarmaturen und Instrumentenstahl gingen als Schrott weg. Aus dem Besitz der baltischen Flotte wurden an eine einzige Privatfirma für insgesamt 5000 Rubel verkauft: ein Dampfer mit 44 PS, ein Ponton von zehn Sažen Länge, ein Frachtboot von 7000 Pud Ladefähigkeit, vier Leichter mit

Phase deutlich, dass das fixe Kapital bei weitem nicht ausreichte, um den Ansprüchen des Marktes gerecht zu werden. Die Erneuerung und Erweiterung des fixen Kapitals wurden schließlich, insbesondere seit dem Jahr 1927, zum brennendsten Problem.

Die Verfeinerung der Methoden der Marktwirtschaft schuf neue Probleme: Mobilisierung aller verfügbaren Mittel für den Wirtschaftsaufbau und die Beschränkung der Entwicklung der einzelnen Industriezweige auf Grund der verfügbaren Mittel. Die Aufgabe, diese relativ außerordentlich knappen Mittel richtig zu verteilen, wurde zu einem der stärksten Antriebe für die Entwicklung der Planarbeiten.

Die Entwicklungstendenz der russischen Industrie in diesen drei Jahren des Wiederaufbaus ist eine rasch aufsteigende. Besonders das Jahr 1924/25 zeigt trotz der schlechten Ernte in der Industrie einen »stürmischen Aufschwung«, ihre Produktion vermehrt sich statt der für diese Zeit vorgesehenen 30 % um 63 %.[73]

Eine der Voraussetzungen für den wirtschaftlichen Wiederaufbau war die Herstellung einer festen Währung und die damit zusammenhängende Ausbalancierung des Budgets. Im Frühjahr 1924 gelang es unter allerhand durch den Mangel an kleinen Geldzeichen der neuen Währung mitbedingten krisenhaften Erscheinungen, die letzten Reste des alten Papiergeldes durch die neuen Geldzeichen zu ersetzen. Bereits im letzten Quartal des Jahres 1923 war es gelungen, ein Červonec-Budget für drei Monate aufzustellen. Die wachsenden Budget-Zahlen

einer Ladefähigkeit von 6, 7, 9, 10 000 Pud und zwei Hafendampfer... Das betreffende Privatunternehmen ist jetzt ein scharfer Konkurrent des staatlichen Frachtverkehrs. Insgesamt wurden während 1925 und Anfang 1926 bei der Realisierung der illiquiden Fonds unter Durchführung der ›Sparkampagne‹ an das Privatkapital 1600 Autos verkauft, darunter 400 Lastautos; 4000 Motorräder zum Durchschnittspreis von 400–500 Rubel. Infolgedessen gehören heute 9 % aller Autos in der Sowjetunion dem Privatkapital. ›Das Privatkapital erhielt durch diese Verschleuderungen so viel Material, dass ganze neue Privatunternehmungen, ja ganze Industriezweige entstanden.‹«

73 Aus der Volkswirtschaft [der Union der Sozialistischen Sowjetrepubliken 6 (1926)], S. 7.

und der sinkende Anteil des jeweiligen Defizits spiegeln deutlich den raschen Gang der wirtschaftlichen Entwicklung wider.[74]

	Entwicklung des Budgets			
	1923/24	1924/25	1925/26	1926/27
	in Millionen Červonecrubel			
1. Steuereinnahmen	789	1329	1845	2314
2. Nicht steuerliche Einnahmen	965	1426	2007	2335
3. Staatskredit	184	211	165	296
	1938	2966	1017	4945

Der Kampf mit dem Privatkapital

Die Herbstkrise des Jahres 1923 hatte gezeigt, wie wenig es bis dahin den Sowjetbehörden gelungen war, den Verteilungsapparat in die Hand zu bekommen. Nach den offiziellen Angaben gingen 85 % aller Kleinhandelsumsätze durch Privathändler, und ihre Rolle im Großhandel war wohl bedeutend größer, als die offizielle Zahl von 14 % ausdrückt. Manche Zweige, z. B. der Vieh- und Fleischmarkt, wurden fast ausschließlich durch den Privathandel beherrscht; im Januar 1924 wurde über die Hälfte aller Umsätze in Manufakturwaren an der Moskauer Handelsbörse durch private Unternehmer getätigt. Auch zeigte es sich immer deutlicher, dass Preisherabsetzungen der Staatsindustrie den Konsumenten gar nichts nützten, wenn es nicht gelang, durch einen den staatlichen Weisungen folgenden Handelsapparat diese Preissenkungen auch den Konsumenten zukommen zu lassen. Denn bei der herrschenden und sich mit der Zunahme der bäuerlichen Kaufkraft ständig verschärfenden Warenknappheit erwiesen sich die Preisherabsetzungen auch in den kommenden Jahren häufig als ein Schlag ins Wasser und dienten vor allem der Erhöhung der Gewinne des Privathandels. Es sei hier vorweg bemerkt, dass

---

74 K[ontrollziffern 1927/28], S. 307.

es allen Anstrengungen der Behörden bis heute nicht gelungen ist, diesen Missstand, insbesondere auf dem flachen Lande, aufzuheben, wenn auch Erfolge zu verzeichnen sind.[75]

Die Jahre 1924 bis zur Gegenwart bieten ein interessantes Bild des wechselnden Kampfes zwischen dem Sowjetstaat und dem Privatkapital. Der Staat hat alle politischen Machtmittel auf seiner Seite, aber das Privatkapital versteht es, immer wieder seine Unentbehrlichkeit geltend zu machen. Aus einem Wirtschaftszweig verdrängt, setzt es sich in einem anderen fest, von der Stadt flüchtet es auf das Land, und den vom Staat an seine Stelle gesetzten staatlichen oder genossenschaftlichen Unternehmungen gelingt es sehr häufig nicht, diesen Platz auch nur annähernd so gut auszufüllen wie ihre

75   Vgl. Wirtschaftsbulletin des Konjunkturinstituts 11/12 (1927), S. 114:

Indices für Klein- und Großhandelspreise von 1922/23 bis 1926/27 (1913 = 100)					
	22/23	23/24	24/25	25/26	26/27
Unionsindex des Konjunkturinstituts für den privaten Kleinhandel	138	198	212	232	237
Unionsindex des Konjunkturinstituts für den privaten Kleinhandel mit Industriewaren	195	248	230	257	265
Unionsindex des Konjunkturinstituts für den privaten Kleinhandel mit landwirtschaftlichen Waren	97	155	194	209	210
Moskauer Index des Konjunkturinstituts für den Kleinhandel	151	210	223	237	240
Unionsindex der CSU (Gosplan) für den Großhandel	122	170	179	186	176
Unionsindex der CSU (Gosplan) für Industriewaren	169	216	192	201	197
Verhältnis der Indices für Industriewaren zum Index der landwirtschaftlichen Waren (landwirtschaftliche Waren = 100)					
Unionsindex des Konjunkturinstituts für den Kleinhandel	201	160	119	123	126

Vorgänger. Das Ende des Jahres 1923 zeigt eine heftige Offensive des
Staates gegen das Privatkapital. Es wird ein besonderes Kommissariat für Innenhandel gegründet, mit der Aufgabe, »die Eroberung
des Marktes für den Staatshandel und die Genossenschaften und die
Verdrängung des Privatkapitals, in erster Linie des privaten Großhandels« durchzuführen.[76] Als Mittel sollen neben der Festsetzung
von Höchstpreisen für gewisse Waren (Petroleum, Salz, Zündhölzer)
Kreditentzug, Steuererhöhung und ihre rücksichtslose Eintreibung,
vor allem die Genossenschaften dienen, und zwar nicht nur in den
Städten, sondern auch auf dem Lande. »Die Genossenschaft ist heute
der Ausweg, auf dem der Kommunismus das Privatkapital schlagen
kann … Diese kostbare Waffe … müssen wir hinaus in die Dörfer, aufs
Land tragen. Unser Staat ist arm; es ist zwar schwierig, aber unumgänglich notwendig, einen bäuerlichen Kredit zu schaffen, damit sich
der Bauer, wenn er ein Werkzeug, ein Pferd, eine Maschine braucht,
nicht an den neuen Reichen des Dorfes, sondern den proletarischen
Staat als Kreditgeber wendet.«[77] Die Genossenschaften sollen auf
jede Weise vor dem Privatkapital bevorzugt werden, sowohl durch
die Kreditpolitik als auch durch Steuervergünstigungen und Steuer-
aufschübe. Ferner soll die Staatsindustrie die Genossenschaften bei
den Lieferungen möglichst bevorzugen und eine enge Verbindung
zwischen ihr und dem Genossenschaftsverband durch die seit August
1925 propagierten »Generalverträge« geschaffen werden.[78]

Die Ergebnisse dieses Kampfes bis zum Ende des Wirtschaftsjahres
1925/26 lassen sich aus den nachstehenden Zahlen ablesen. Bei ihrer
Beurteilung darf man nicht vergessen, dass es im Herbst 1926 noch
lange nicht gelungen war, in jedem russischen Dorf eine Genossenschaft zu gründen. Allerdings unterliegt es auch keinem Zweifel,

76 [R. Albert: Mit Hilfe der Genossenschaften gegen das Privatkapital. Am
Vorabend eines scharfen ökonomischen Kampfes. In:] Inprekorr 23 (1924),
[S. 518 f., hier] S. 519.
77 [Lev Borisovič] Kamenev in einer Rede vom 8. Mai 1924 [auf einer Kon-
ferenz der Parteisektion Krasnoya-Premia (Moskau) zitiert nach Albert:
Mit Hilfe der Genossenschaften], S. 519.
78 Die Generalverträge sind langfristige Abschlüsse für die zukünftige
Produktion.

dass durch die riesige Entfaltung des genossenschaftlichen Apparates und durch seine enge Verbindung mit der Staatsindustrie trotz seines bis heute sehr mangelhaften Funktionierens die Übersichtlichkeit des Marktes gegenüber den ersten Jahren der NEP ganz bedeutend gewachsen ist. Eine ähnliche Rolle spielen die Syndikate, von denen weiter unten noch die Rede sein wird.[79]

Entwicklung der russischen Konsumgenossenschaften:					
	Einheit	1914	1.10.1924	1.10.1925	1.10.1926
Zahl der Konsumge- nossenschaf- ten	Stück	12 000	22 621	25 536	27 438
Mitglieder- zahl	Millionen	2	7,1	9,3	11,4
			1923/24	1924/25	1925/26
Brutto- Umsatz	Mill[ionen] Č[ervonec- rubel]	300 (Rubel)	1799	3788	6305
Anteil am Zwischenhandel					
Genossen- schaften	%	–	28,2	37,5	42,3
Staat	%	–	31,0	35,5	34,0
Privathändler	%	–	40,8	27,0	23,7

Landwirtschaft

Die nach der Herbstkrise von 1923 einsetzende Getreidepreis- und Auf- kaufpolitik der Regierung führte nur kurze Zeit zu einer Entspannung

79 Zahlen für 1914 nach N[ikolaj Nikolaevič] Popov: Die Konsumgenossen- schaften in der UdSSR. [Wien], Berlin [1927], S. 16. Die übrigen Zahlen nach Sarabianow: An der Schwelle, S. 122.

der Beziehungen zwischen Stadt und Land. Die Ernte von 1924 fiel mit Ausnahme Sibiriens schlecht aus, im unteren Wolgagebiet wurde wieder wie im Jahre 1921 der größte Teil vernichtet. Zwar hatte sich die Gesamtlage soweit gebessert, dass die Regierung relativ leicht die Wiederholung einer Katastrophe wie die von 1921 verhindern konnte, aber es musste doch zu besonderen Maßnahmen, wie Höchstpreisen für Getreide geschritten werden, und die kleineren Bauern mussten in den folgenden Monaten ihre Getreidevorräte zu einem höheren Preise ergänzen, als sie selbst bei der Ablieferung erhalten hatten. Zahlreiche Unruhen auf dem Lande, Ermordung der »Dorfkorrespondenten«,[80] schließlich ein schwerer Bauernaufstand in Georgien zeugten von dem Ernst der Lage. Die wirtschaftlichen Schwierigkeiten erfuhren außerdem noch eine Verschärfung durch die Verfolgung des »Privatkapitals«, d. h. auch der kleinen Hausierer, die bis dahin das Dorf wenigstens mit den unentbehrlichsten Industrieprodukten versorgt hatten.

Wieder einmal musste die herrschende Partei im Interesse der Smyčka vor den Forderungen der Bauern zurückweichen. Der Druck auf den privaten Kleinhandel wurde gemildert, in der Agrarpolitik wurden »die Reste des Kriegskommunismus liquidiert«. Im Frühjahr 1925 erfolgte eine Revision der Bestimmungen über die Pacht von Land und die Verwendung von landwirtschaftlichen Lohnarbeitern sowie eine Herabsetzung der Agrarsteuer. Offen wurde die »Freiheit der landwirtschaftlichen Akkumulation« proklamiert, und Bucharin rief den Bauern sein berühmtes »Enrichissez-vous!« zu.[81] Der neue Kurs in der Agrarpolitik wurde unterstützt durch die Gunst der Witterung, die Jahre 1925 und 1926 brachten ausgezeichnete Ernten und ein Anwach-

80 Dorfkorrespondenten sind wie die Arbeiterkorrespondenten in der Fabrik Vertrauensleute der bol'ševistischen Partei auf dem Dorfe, die an die Parteipresse über die Lage auf dem Dorfe berichten. über die Bauernbewegung im Sommer 1924 vgl. [Nikolaj Nikolaevič] Popov: [Grundriss der Geschichte der Kommunistischen Partei der UdSSR (russisch). Moskau, Leningrad ²1926.]

81 Pravda vom 24. April 1925. Bucharin hat dieses etwas zu NEP-freudige Wort später zurückgenommen. Das ändert nichts daran, dass er es ausgesprochen hat und dass es die damalige Einstellung der Partei – Zufriedenstellung der Mittel- und Großbauern und Steigerung der landwirtschaftlichen Produktion um jeden Preis – trefflich charakterisiert.

sen der Saatflächen auf 91,2 Millionen bzw. 96,7 Millionen Desjatinen
gegenüber 86 Millionen Desjatinen im Jahre 1923.[82] Trotzdem musste
die Regierung in beiden Jahren unangenehme Überraschungen mit
der Landwirtschaft erleben. 1925 warf das Scheitern der staatlichen
Getreidekampagne den ganzen Wirtschaftsplan über den Haufen, und
das Jahr 1926 brachte infolge der verkehrten Preispolitik des Vorjahres
einen so starken Rückgang der technischen Kulturen, dass in manchen
Industriezweigen ein beunruhigender Rohstoffmangel eintrat.

Die produktionstechnischen Erfolge auf dem Gebiete des Wiederaufbaus der Landwirtschaft in der zweiten Phase der NEP dürfen nicht darüber hinwegtäuschen, dass sie erkauft wurden durch eine Entwicklung
der Bauernwirtschaften, die zunächst immer weiter von einer planmäßigen Gestaltung des gesamten Wirtschaftsprozesses hinwegführte. Man
hat mit Recht darauf hingewiesen, dass die Erleichterung des Austritts
aus dem Mir und des Übergangs zu selbständigen bäuerlichen Kleinbe-
trieben antikollektivistisch wirken musste. Es mag richtig sein, dass der
Sowjetregierung kein anderer Weg zur Hebung der landwirtschaftlichen
Produktivität blieb, jedenfalls kommt er in seinen Auswirkungen auf
eine Fortsetzung der Stolypinschen Reform hinaus.[83] Während die
Jahre 1917–1921 eine weitgehende Nivellierung der Bauernwirtschaften
gebracht hatten, spielt sich seit dem Beginn der NEP und insbesondere
seit ihrer zweiten Phase ein bedeutungsvoller Differenzierungsprozess
auf dem Lande ab. Man beobachtet eine starke Zunahme der wirtschaftlich kräftigeren Bauern auf der einen Seite, während auf der anderen
die Zahl der armen Bauern, die ihr Land verpachten müssen und sich
als Landarbeiter verdingen, rasch zunimmt. Dieser Prozess spielt sich
in versteckten Formen ab, die sich der statistischen und steuerlichen
Erfassung entziehen und nur durch sorgfältige Spezialuntersuchungen
festgestellt werden können. Es ist ein großes Verdienst von L[ev] Kricman, in das Dunkel dieser Prozesse hineingeleuchtet zu haben und
energisch an ihrer weiteren Aufhellung zu arbeiten.[84] An zahlreichen

82 Kržižanovskij: [Zehn Jahre], S. 124.
83 Brutzkus: [Agrarentwicklung und Agrarrevolution], S. 246.
84 [Lev Natanovič] Kricman: Klassendifferenzierung im Sowjetdorfe [(rus-
    sisch). Moskau 1926], sowie in vielen Artikeln in der Monatsschrift *An
    der landwirtschaftlichen Front.*

Einzelstudien wird von ihm und seinen Schülern gezeigt, wie entgegen
den Resultaten der offiziellen Statistik das wirtschaftliche Gewicht des
wohlhabenderen Bauern zunimmt. Eine wichtige Rolle spielt hier der
Kulak[85], der landwirtschaftliche Geräte, Arbeitsvieh, Getreide und Geld

85 Unter Kulak versteht man ursprünglich den Dorfwucherer, heute wird der
    Ausdruck auf jeden »wohlhabenden« Bauern angewendet. Die wissen-
    schaftliche Begriffsbestimmung ist strittig; jedenfalls weiß man seit den
    Untersuchungen von Kricman, dass der Landanteil als Merkmal nicht ge-
    nügt. Es sind eine Reihe von Versuchen gemacht worden, andere Merkmale
    festzulegen, so vor allem die von drei Schülern Kricmans durchgeführte
    Untersuchung ([Iva Dmitrievič] Vermeničev, [Aaron Izrailevič] Gajster
    und [Georgij Ivanovič] Raevič] über »die sozialen Verhältnisse der Dörfer
    im Gouvernement Samara« (In: An der landwirtschaftl[ichen] Front 8/9
    (1927), S. 84–148). In einem Artikel über »die soziale Struktur der UdSSR
    zur Zeit der Zehnjahresfeier« ([in:] Pravda vom 9./10. November 1927) gibt
    Larin folgende auf die Arbeiten einer Spezialkommission zurückgehende
    Definition: Als Kulak gilt, wer je eines der folgenden Merkmale erfüllt:
    1. Beschäftigung zweier Dauerarbeiter, wenn auch einer weniger als ein
       halbes Jahr;
    2. Besitz von mehr als drei Kepfen Arbeitsvieh (in Kasachstan mehr als
       vier);
    3. eine übernormal große Saatfläche – je nach den Gebieten über 10, 12,
       14, 16 Desjatinen;
    4. Vorhandensein eines Gewerbebetriebs, wenn auch in diesem oder
       einem anderen Wirtschaftszweig nur ein Arbeiter beschäftigt wird;
    5. Handelsbetrieb, wenn auch ganz ohne fremde Arbeitskräfte;
    6. Besitz einer teureren komplizierteren landwirtschaftl[ichen] Maschine
       (Traktor, Dreschmaschine usw.) allein oder gemeinsam mit einer klei-
       nen Gruppe oder einer größeren Menge wertvollerer landwirtschaft-
       licher Geräte.
    Zu diesen Kulaken gehören 4 % aller Bauernhöfe, 4¼ % der landwirt-
    schaftlichen Bevölkerung, zwei Drittel aller Höfe, die Dauerarbeiter, d. h.
    mindestens ein halbes Jahr, beschäftigen.
    Für die vorliegende Arbeit ist die Abgrenzung von Kulak und Mit-
    telbauer nicht entscheidend, da beide antikollektivistische Formen der
    Landarbeit darstellen. Allerdings ist der »Kulak« kraft seiner größeren
    Unabhängigkeit planwirtschaftlichen Direktiven schwerer zugänglich
    als der Mittelbauer.

zu verleihen hat und den sich der arme Bauer als »Landarbeiter mit Pferd« zur Bestellung seines sonst brachliegenden Bodens »mietet«. Diese »Miete«, für die der arme Bauer meist den größten Teil seiner Ernte und obendrein noch persönliche Dienste in der Wirtschaft des Kulaken zu zahlen hat, ist nichts anderes als eine versteckte Form der gesetzlich lange Zeit verbotenen und noch heute von der Regierung ungern gesehenen Verpachtung des Bodens. Die Intensivierung der Bodenbewirtschaftung schreitet sehr langsam fort. Kapital und Antrieb dazu sind gering, letzterer, weil die Mehrerträge steuerlich sehr stark belastet werden und, was besonders ins Gewicht fällt, sich nur wenig dafür kaufen lässt und das Wenige zu sehr hohen Preisen. Oben drein haben unter den gegenwärtigen Verhältnissen die wohlhabenderen Bauern ein Interesse daran, den technischen Fortschritt, z. B. Übergang zur Vielfelderwirtschaft und Flurbereinigung, zu verhindern, weil durch die bestehenden Verhältnisse die armen Bauern gezwungen werden, ihnen das Land billig zu verpachten.

Die »Traktorisierung«, d. h. die Ausrüstung der Bauernwirtschaften mit Traktoren und damit ihre Umstellung auf eine neue technische Basis wird zwar gefordert, aber sie macht sehr langsame Fortschritte, ebenso ist von den Wirkungen der Elektrifizierung noch wenig zu spüren. 1927 kamen auf 24 Millionen Bauernwirtschaften 27 000 Traktoren.[86] Aber auch an weniger komplizierten landwirtschaftlichen Geräten ist noch großer Mangel, ja, es gibt noch Millionen Bauernwirtschaften, die noch nicht einmal einen eisernen Pflug oder eine eiserne Egge ihr eigen nennen. Dem Bezug dieser Waren aus dem Ausland sind durch die russische Industrialisierungspolitik enge Grenzen gezogen, und die russische Industrie kann bisher nur einen Bruchteil des Bedarfs befriedigen.[87] So wirken eine ganze Reihe von Faktoren darauf hin, dass die

86 Kržižanovskij: [Zehn] Jahre, S. 27.
87 »Gegenwärtig erreicht die Versorgung mit landwirtschaftlichen Maschinen erst 64,4 % des Friedensstandes. Nach einer Erhebung des Volkskommissariats für Landwirtschaft entfallen auf 24 Millionen Bauernbetriebe nur 9 Millionen Pflüge und 8 Millionen Eggen, während 7 Millionen der Bauernwirtschaften weder über einen Pflug noch über eine Egge verfügen (Arbeiterzeitung, Moskau, vom 19. Juni 1927).« Jugow: [Grundprobleme], S. 447. Über die Verwendung künstlichen Düngers berichtet Jugow:

Landwirtschaft sich nur langsam und im Wesentlichen in antikollektivistischem Sinne entwickelt. Der landwirtschaftliche Großbetrieb spielt trotz aller Anstrengungen der Regierung heute eine verschwindende Rolle, und die Grundsätze der bol'sevistischen Wirtschaftspolitik haben ohne Zweifel bis jetzt zur Folge gehabt, dass die Produktivität der Landwirtschaft eher gefesselt als gefördert wurde. Die rasch anwachsende Bevölkerung bedeutet unter diesen Umständen eine Übervölkerung auf dem Lande. Der Boden, der bei fortgeschrittener Agrartechnik das Vielfache seiner heutigen Bewohner reichlich ernähren könnte, gewährt heute den Söhnen der armen Bauern und oft genug diesen selbst nicht das Notwendigste zum Leben, so dass Scharen von Menschen in die Städte abwandern, um dort das Heer der Arbeitslosen zu vermehren.[88]

»Während vor dem Kriege in Deutschland pro Hektar der Ackerfläche 166 kg Düngemittel und in Russland nur 6,9 kg Düngemittel verwendet wurden, hat Deutschland den Verbrauch an Düngemitteln pro ha bis zum Jahre 1926 verdoppelt. In Russland dagegen werden gegenwärtig nur 1,1 kg pro ha verwendet.

Die Produktion von Mineraldünger beträgt in Russland ein Fünfundzwanzigstel des Bedarfs; da aber die Preise sehr hoch (viermal so hoch wie die Auslandspreise) sind, bleibt auch diese geringe Menge der Bauernwirtschaft unzugänglich. Infolgedessen hat sich die Einfuhr gegenüber der Vorkriegszeit auf ein Sechsundzwanzigstel vermindert.« [Ebd.]

88 Daneben dürfen allerdings nicht die Anzeichen vergessen werden, die dafür vorliegen, dass die Lage eines großen Teils der Bauern sich dauernd verbessert. Ein sicheres Symptom dafür ist z. B. die Abnahme der Kindersterblichkeit auf dem Lande, wie sich aus der folgenden Tabelle ergibt (K[ontrollziffern] 1927/28, S. 96). Von 100 Kindern im Alter bis zu 1 Jahr starben im Gouvernement:

	Tambov	Kaluga	Jaroslavl	Tver	Pskov	Smolensk
1908	27,4	32,5	31,3	28,2	26,3	32,2
1909	28,3	31,2	25,5	32,0	25,5	28,6
1910	28,0	34,9	36,3	31,4	28,6	32,6
1925	23,5	22,3	20,4	20,0	22,0	21,9
1926	22,3	19,5	16,2	15,1	16,4	15,4

So sind die Zustände auf dem Lande eine Quelle ständiger Sorge
für die Sowjetregierung. Sie erkennt selbst als das wirtschaftliche
und politische Zentralproblem das Verhältnis zwischen Stadt und
Land. »Der leninistische Standpunkt hinsichtlich der Beziehungen
zwischen Stadt und Land lautet, dass wir für den Bauern *billiger*
produzieren müssen, als es der Kapitalist getan hat, und dass wir auf
dieser Grundlage das Bündnis zwischen Stadt und Land befestigen
sollen.«[89] Alle die »ungeheuren und eigenartigen Schwierigkeiten«
der Sowjetregierung mündeten schließlich in dieser Grundfrage.
Weder werde sich das Außenhandelsmonopol auf die Dauer aufrechterhalten lassen, wenn es dazu benutzt würde, das Preisniveau für Industriewaren wesentlich über den Weltmarktpreisen zu halten, noch
könnten die Industrialisierungspolitik oder die planwirtschaftlichen
Versuche zu Ende geführt werden, wenn die Bauern darin keinen
Vorteil für sich fänden. »Eine *jede beliebige* der laufenden Wirtschaftsfragen stößt direkt oder indirekt, letzten Endes aber *unvermeidlich*
auf dieses zentrale *Wirtschaftsproblem* der Beziehungen zwischen
Stadt und Land, zwischen Arbeiterklasse und Bauernschaft – auf
das Problem, das gleichzeitig auch das zentrale politische Problem
darstellt. Das ist der Knoten, von dem alles ausgeht und in dem sich
alles zusammenfindet.«[90]
    Wie denkt sich die Sowjetregierung die Überführung dieser
widerstrebenden, immer antikollektivistischer werdenden Bauernschaft in eine sozialistische Wirtschaftsordnung? Die Antwort auf
diese Frage ist uns bereits bekannt: durch zielbewusste Förderung
des landwirtschaftlichen Großbetriebes und des landwirtschaftlichen Genossenschaftswesens. Daneben tritt neuerdings noch das
Kontraktsystem.
    Nur kleine Erfolge sind bisher mit den beiden Formen des land-
wirtschaftlichen Großbetriebes, den Sowjetwirtschaften und den
Kollektivwirtschaften erzielt worden. Viele von ihnen waren nach

89 [Nikolai] Bucharin: Referat auf der 15. Moskauer Gouvernements-Partei-
     konferenz, Januar 1927. Deutsch[e Übersetzung] u[nter] d[em] T[itel]: Die
     internationale [und innere] Lage [der Sowjetunion. Hamburg 1927], S. 36.
90 Bucharin: [Die internationale und innere Lage], S. 42.

dem Übergang zur NEP zugrunde gegangen, doch befindet sich ihre Zahl seit 1923 wieder im Anstieg. Die grundlegende Bedeutung der vom Staat betriebenen Sowjetwirtschaften liegt darin, dass sie als Musterwirtschaften fungieren sollten, während die durch den Zusammenschluss einer Anzahl armer Bauern und arbeitsloser städtischer Proletarier gebildeten »Kolchozy«[91]

91 R[oman] E[fimovič] Vajsberg macht in [Der] Bolschewi[st] 19/20 (1927), S. 41, über die Entwicklung der Kollektivwirtschaften folgende Angaben: »Die Zahl der Kollektivwirtschaften stieg von 1924/25 bis 1926/27 von 15 000 auf 20 500. Die Zahl der in ihnen Beschäftigten soll im nächsten Jahr 1 168 000 betragen; Saatfläche, Vieh (ohne Arbeitsvieh) und Warenmasse haben bedeutend zugenommen. Besonders charakteristisch für die Kollektivwirtschaften ist die große Rolle der Maschine gegenüber dem Pferd. Die Kollektivwirtschaft entwickelt sich mehr auf der Basis der Maschine als auf der der Pferdekraft. Zweitens ist Produktivität der Arbeit und Warenanteil größer als bei den Bauernwirtschaften.« Spezifisches Gewicht des Warenanteils in der Bruttoproduktion: Bauernwirtschaften 1925/26 16,9 %, 1926/27 18,2 %, 1927/28 19 %. Für die Kollektivwirtschaften in den entsprechenden Jahren 46,1, 47,7 und 50,8 %. 1919 während des Kriegskommunismus waren von den in den Kollektivwirtschaften Beschäftigten nur 50 % Bauern, gegenwärtig 92 %. In etwas schlechterer Lage befänden sich die Sowjetwirtschaften, die indessen ebenfalls eine Reihe Errungenschaften aufzuweisen hätten. So sei die Arbeitsproduktivität größer als in den Bauernwirtschaften: 1925 ist in den Sowjetwirtschaften der Ertrag für Winterroggen pro Desjatine 58,2 Pud, in der Bauernwirtschaft 45,7 Pud, 1926 55,9 bzw. 54,2 Pud. Die entsprechenden Zahlen für Winterweizen 1925 76,4 bzw. 70,3 Pud und 1926 64,3 bzw. 58,3 Pud. Das spezifische Gewicht der Kollektivwirtschaften ergibt sich aus folgender Übersicht (nach Kržižanovskij: Zehn Jahre, S. 109 f.):

Anteil der Kollektivwirtschaften an der gesamten landwirtschaftlichen Produktion (in %):				
	Saatfläche	Arbeits-vieh	Bruttopro-duktion	Waren-produk-tion	Bevölke-rung
Kolchozy					
1924/25	1,0	0,56	0,6	1,6	0,70

einen ersten Schritt zur Überwindung des bäuerlichen Kleinbetriebes
darstellen sollen.

Die praktische Bedeutung beider Wirtschaften ist noch gering,
immerhin ist es bemerkenswert, dass ihr Anteil an der Marktbeliefe-
rung trotz ihrer teilweise sehr schlechten Ausstattung mit lebendem
und totem Inventar bedeutend größer ist als der auf sie entfallende
Prozentsatz der Saatfläche. Für ihre zukünftige Rolle in der russischen
Wirtschaft wird alles davon abhängen, ob es der Sowjetregierung
gelingen wird, bessere materielle Voraussetzungen für den landwirtschaftlichen Großbetrieb zu schaffen. Hierzu gehört neben der Durchführung des Elektrifizierungsprogramms vor allem die Bereitstellung
von landwirtschaftlichen Maschinen, Saatgut, künstlichem Dünger
und von Kredit in nennenswertem Umfang, der an die Stelle des – bis
jetzt – nicht zulässigen Hypothekarkredits treten muss.

Eine praktische Rolle in der Überwindung der Zersplitterung der
Landwirtschaft spielen heute schon die übrigen landwirtschaftlichen
Genossenschaften, die sich in den Jahren des Wiederaufbaus entwik-
kelt haben. Hier laufen die Interessen der Bauern und der staatlichen
Wirtschaftspolitik zusammen, denn diese Genossenschaften in allen
ihren Formen, Konsum-, Kredit-, Einkaufs- und Verkaufsgenossen-
schaften können die Lage der einzelnen Bauernwirtschaft bessern,
ohne dass damit zunächst deren Grundstruktur aufgehoben wird.
Auf die Dauer soll, belehrt durch die Erfahrung über die »Vorteile
kollektiver Arbeitsformen… sich ein Zweig der Bauernwirtschaft
nach dem anderen, ähnlich wie die Molkereien, auf neuer Grundlage
organisieren«, um so mehr als dieser Prozess durch die wachsende
Großindustrie und den Staat nachhaltige Unterstützung erwarten

1925/26	1,1	0,53	0,7	2,6	0,77
1926/27	1,2	0,54	0,9	2,4	0,80
Sovchozy					
1924/25	1,2	0,40	1,4	4,5	0,71
1925/26	1,2	0,50	1,4	4,5	0,72
1926/27	1,2	0,50	1,6	5,1	0,73

darf.[92] Wenn die Bauerngenossenschaften auf diese Weise mit den durch den Staat beherrschten Teilen der Wirtschaft in immer engeren Kontakt kommen, »so bedeutet das die wirtschaftliche Führung durch das Proletariat, die Festigung des Arbeiter- und Bauernbündnisses, so bedeutet das, dass wir uns mit großen Schritten dem Sozialismus nähern«.[93] Es besteht also ein entscheidender Unterschied zwischen der Stellung der Sowjetmacht zu der Privatunternehmung in Handel und Industrie und der Bauernwirtschaft. »Die staatlichen Unternehmungen konkurrieren mit den Privatunternehmungen und schlagen sie schließlich nieder. Die staatlichen Unternehmungen konkurrieren nicht mit der Bauernwirtschaft, sondern helfen ihr, sich auf eine höhere Stufe zu erheben, sie... organisieren sie mit Hilfe der Genossenschaft.«[94]

Ob die ländlichen Genossenschaften die auf sie gesetzten Hoffnungen erfüllen und die Grundlage für die Einordnung der Landwirtschaft in die staatliche Planwirtschaft geben werden, bleibt abzuwarten. In den Wirtschaftsjahren 1925/1926 bis 1926/1927 ist es gelungen, die Zahl der bäuerlichen Genossenschaftsmitglieder von 5,4 Millionen auf 7,4 Millionen und damit auf 32 % aller Bauernwirtschaften auszudehnen, und dieser Prozess geht in raschem Tempo vorwärts.[95]

Mit voller Absicht haben wir uns bei der Betrachtung der landwirtschaftlichen Zustände und der Gestaltung der Beziehungen zwischen dem bol′ševistischen Staat und der Bauernwirtschaft länger aufgehalten, als man in dem Rahmen einer Skizze der Wirtschaftsentwicklung erwarten sollte. Denn hier ist ein Punkt, von dem aus der bol′ševistischen Herrschaft und der Durchführung ihrer planwirtschaftlichen Versuche schwerere Gefahren drohen, als von irgendeiner ausländischen Intervention. Wenn die durch die bol′ševistische Revolution geschaffenen Produktionsverhältnisse aus ihrer ursprünglichen Rolle eines Befreiers der Produktivkräfte in der Landwirtschaft umschlagen sollten in eine Fessel der wirtschaftlichen Entwicklung –

92 Bucharin: Der Weg zum Sozialismus. [Wien 1925], S. 47.
93 [Ebd.], S. 45 f.
94 [Ebd., S. 84.]
95 Wirtschaftsbericht der Staatsbank der UdSSR 3, 18 (1924).

und das ist in der dritten Phase des Kriegskommunismus schon
einmal geschehen – dann müssen nach der von den Bol'ševiki selbst
vertretenen Marxschen Theorie diese Fesseln schließlich gesprengt
werden. Das würde dann die Rückkehr zu einer durch keinen Plan
und keine »Kommandohöhen« regulierten Marktwirtschaft, d. h. zum
reinen kapitalistischen System bedeuten. Nichts anderes bedeuten
die folgenden, wenn auch etwas dehnbar formulierten Sätze eines
der führenden bol'ševistischen Politiker: »Nachdem ... die Festigung
der Wirtschaft zur Hauptaufgabe geworden ist, kann der steigende
politische Einfluss der Arbeiterklasse auf die Bauernschaft ... insoweit
gesichert werden, als die Sowjetmacht fähig ist, das Land wirtschaftlich zu verwalten. Wäre dies nicht der Fall, ... so würde dies unbedingt
zum Sturz der Sowjetmacht und Wiederherstellung des bürgerlichen
Regimes führen.«[96]

Krisen unter der NEP

Es wäre grundfalsch, die Wiederaufbauperiode der NEP als eine
ununterbrochene stürmische Entwicklung der Produktivkräfte zu
charakterisieren. Im Gegenteil, der Aufbauprozess vollzog sich unter
einer Reihe mehr oder weniger heftiger Krisen. Einige von ihnen
wurden bereits erwähnt, so die vom Frühjahr 1924, die mit der Ausgabe der neuen Geldzeichen zusammenhing, und diejenige vom
Winter 1924/25, in der die Folgen der Missernte von 1924 zum Ausbruch kamen. Nur flüchtig angedeutet wurden aber die schweren
Erschütterungen der russischen Wirtschaft, die mit der missglückten
Getreidekampagne von 1925/26 zusammenhängen. Auf diese Erscheinungen soll hier etwas näher eingegangen werden, weil sie die
Schwierigkeiten einer planvollen Gestaltung der Wirtschaft in einem
Agrarlande besonders deutlich beleuchten.[97]

96 Bucharin: [Der Weg zum Sozialismus], S. 35 f.
97 Die folgende Darstellung nach: [Ivar Tenisovič] Smilga: Referat vom
    2. Februar 1926. In: Aus der Volkswirtschaft [der Union der Sozialistischen
    Sowjetrepubliken] 7 (1926), S. 5 ff. [Aleksej Ivanovič] Rykov: Rede vom
    3. März 1926. [In: Aus der Volkswirtschaft der Union der Sozialistischen
    Sowjetrepubliken 6 (1926)], S. 7 ff. Protokoll des 14. Parteitages. [Nikolai]

Die Ernte von 1925 war sehr gut ausgefallen. Dieser Umstand und das »stürmische Tempo« der industriellen Entwicklung führte zu einer überaus optimistischen Stimmung der leitenden Instanzen und damit zu einer Überschätzung der eigenen Kräfte. Es wurde eine Wiederaufbau-Anleihe von 300 Millionen aufgelegt und ein großzügiger Wirtschaftsplan für 1925/26 ausgearbeitet. Von der grundsätzlichen Bedeutung dieses Planes, der »Kontrollziffern« für 1925/26 wird später zu reden sein, hier erwähnen wir bloß, dass er aufgebaut war auf einem Getreideexport von 380 Millionen Pud und Neuinvestierungen von rund einer Milliarde Rubel in der Staatsindustrie vorsah. Man hatte die hochgespanntesten Hoffnungen für das kommende Wirtschaftsjahr, doch bereits im September 1925 begannen die Schwierigkeiten damit, dass wider Erwarten die Getreidepreise stiegen und der Warenhunger trotz der um 60 % gestiegenen gewerblichen Produktion sich verschärfte. Vor allem aber gelang es nicht, die vorgesehenen Getreidemengen für den Export bereitzustellen. Der Getreidebeschaffungsplan musste von 840 auf 640 Millionen Pud reduziert werden, und zur Ausfuhr gelangten nur 125 Millionen Pud anstatt 380. Damit war der ganze Wirtschaftsplan über den Haufen geworfen. Obwohl man die durch das fehlende Getreide verursachte Lücke im Exportprogramm durch verstärkte Ausfuhr anderer Waren (Naphtha, tierische Nahrungsmittel usw.) auszufüllen versuchte, wurde die Zahlungsbilanz passiv, die Einfuhr musste ohne Rücksicht auf die Dringlichkeit des Bedarfes überall beschnitten werden, wo es noch möglich war, und die Neuinvestierungen in der Industrie von 1000 auf 800 Millionen Rubel vermindert werden.[98] Jedoch

Bucharin: [Die internationale und innere Lage]. [Vladimir Gustavovič] Groman: Die Volkswirtschaft [der Union im Wirtschaftsjahr 1926/27 (russisch). In: Planwirtschaft 2 (1926)].

98 Der Außenhandel entwickelte sich folgendermaßen (nach Groman: [Die Volkswirtschaft], S. 10):

	in Millionen Vorkriegsrubel	
	projektiert	tatsächlich
Ausfuhr	680	410

hatte die Erweiterung der Produktion auf Grund des ersten Planes bereits begonnen, und das Ausbleiben vieler im Ausland bestellter Maschinen ebenso wie die notwendig gewordene Einschränkung der Kredite führte zu den schwersten Störungen in der Industrie und zu Massenentlassungen von Arbeitern im April 1926. Welches sind die Ursachen für diese krisenhaften Erscheinungen, an denen der ganze Wirtschaftsplan scheiterte? Das Fiasko der Getreidebeschaffungskampagne wird heute gern mit dem Regenwetter erklärt, das die Erntearbeiten störte und einen Teil der Ernte verdarb.[99] Doch genügt dieser Grund nicht, entscheidend war vielmehr die schlechte Organisation des staatlichen Getreidehandels und die wirksame Konkurrenz, die ihm durch den seit Herbst 1924 wieder erstarkten Privathandel gemacht wurde. Je mehr die Beschaffungszahlen hinter dem Beschaffungsprogramm zurückblieben, um so rücksichtsloser überboten sich gegenseitig die staatlichen Aufkäufer, um so mehr stiegen die Getreidepreise. Trotzdem gelang es dem Staat nicht, die erforderlichen Getreidemengen an sich zu bringen. Die Bauern zogen es häufig vor, selbst mehr zu essen, Vieh aufzuziehen und sich für künftige Missernten eine Getreidereserve hinzulegen, anstatt zu verkaufen. Denn für das eingenommene Geld waren nur sehr teure Industriewaren zu haben, oft nicht in der von den Bauern gewünschten Qualität und gebunden an ein »Zwangssortiment«.[100] Die von den Bauern zurückgewiesenen minderwertigen Waren blieben in den Konsumgenossenschaften liegen, was zu Zahlungsschwierigkeiten führte. Die Rückwirkungen auf die Lieferanten konnten nicht ausbleiben. Zahlungsschwierigkeiten und Verlangsamung des Absatzes waren auch dort die Folge. Andererseits herrschte an vielen wichtigen Industriewaren große Knappheit, besonders auf dem Lande,

Einfuhr	518	460
Aktivsaldo	162	–
Passivsaldo	–	50

99 [Ebd.], S. 10 f.
100 Verpflichtung, beim Kauf einer gangbaren Ware eine weniger oder gar nicht gewünschte Ware mit zu erwerben.

da die städtischen Lohnempfänger infolge starker Lohnsteigerungen den größten Teil der begehrten industriellen Konsumartikel an sich rissen. Verschärft wurde diese Warenknappheit noch durch die staatliche Wirtschaftspolitik, die das Hauptgewicht auf den Ausbau der Produktionsmittelindustrie legte und damit dem Markt Waren zunächst ohne Gegenleistung entzog. Weitere Schwierigkeiten und besonders starke Preissteigerungen entstanden durch verkehrte Plandispositionen, die etwa dem Markt der Baumaterialien zur Durchführung des Bauprogramms viel mehr Aufträge zuleiteten, als dieser aufnehmen konnte. Die Preissteigerungen verminderten aber wiederum die Kauflust der Bauern.

Die Städte erhielten also Getreide vom Land, ohne dorthin eine ausreichende Gegenleistung geben zu können, das ins Dorf gegebene Geld floss deshalb nur langsam zurück mit der Folge, dass die Kreditnot der Industrie noch wuchs. Im Frühjahr 1926 sah man sich in einer recht schwierigen Lage, alle Gebiete der Wirtschaft waren von der Krise erfasst, Preissteigerungen, Warenhunger, Getreidemangel, Brennstoff- und Transportschwierigkeiten, Kreditrestriktion, drohende Inflation, wachsende Arbeitslosigkeit und eine passive Handelsbilanz standen als kaum überwindliche Schwierigkeiten vor den verantwortlichen Wirtschaftsführern. An die Stelle des Wirtschaftsplanes, der die elementaren Kräfte des Marktes hätte regulieren sollen, waren diese selbst getreten in der Gestalt des »Kulaken« und »regulierten« den Plan.[101]

Wenn es auch gelungen ist, für die Getreidekampagne 1926/27 den Beschaffungsapparat derart neu zu organisieren, dass das Programm voll durchgeführt werden konnte, so liegt darin keinerlei Sicherheit gegen eine Wiederholung analoger krisenhafter Vorgänge. Die Erfahrungen von 1925/26 mögen eine erste Vorstellung davon geben, auf welche unübersehbaren Schwierigkeiten die Ausführung eines Wirtschaftsplanes in der Sowjetunion stoßen kann. Ob angesichts dieser Umstände nicht überhaupt die Möglichkeit einer wirkungsvollen Regulierung des Wirtschaftsprozesses, d. h. die Möglichkeit praktischer Planarbeit verneint werden muss, bis die wirtschaftliche

101 Der Ausdruck stammt von Kamenev (14. Parteitag).

Struktur des Landes von Grund auf verändert ist,– darüber wird später zu reden sein.[102]

3. Die dritte Phase der NEP: »Neuaufbau« (seit Herbst 1926)

Das Wirtschaftsjahr 1926/27 zählt in der Regel als erstes Jahr einer neuen Epoche in der Wirtschaftsgeschichte Räterusslands. Der »Wiederaufbauprozess« der Vorkriegswirtschaft gilt mit dem Jahr 1925/26 im Wesentlichen als abgeschlossen, das neue Jahr soll die Wirtschaft über den Vorkriegsstand hinausführen, den Prozess des »Neuaufbaus« und der »Industrialisierung« einleiten.[103] Daraus ergibt sich für die Leitung der Wirtschaft eine Reihe neuer schwieriger Aufgaben. Von nun ab handelt es sich nicht mehr darum, stillliegende Fabriken wieder in Betrieb zu setzen und überhaupt Produktion und Verteilung wieder in Gang zu bringen, sondern das Schwergewicht liegt jetzt auf der Erweiterung und Modernisierung des Produktionsapparates, man muss mehr, besser und billiger produzieren. Ein wesentlicher Unterschied zu den Jahren des Wiederaufbaus zeigt sich in der viel langsameren Zunahme der Produktion. Da der alte Produktionsapparat nahezu voll ausgenutzt ist, lässt sich eine Produktionserweiterung in der Regel nur mit Hilfe neuer Anlagen durchführen. Dabei stößt man aber an die engen Schranken, die durch die relativ geringen inländischen Ersparnisse und ausländischen Anleihen gezogen sind.

Die Landwirtschaft stand unter dem Zeichen von drei einander folgenden guten Ernten. Die Getreideerträge waren im Jahr 1927 gegenüber dem Vorjahr etwas zurückgegangen (98,5 % des Vorjahres),

---

102 Seit der Niederschrift dieser Zeilen hat der schwere Misserfolg der Getreidekampagne 1927/28 erneut gezeigt, dass der passive Widerstand der Bauern gegen die Wirtschaftspolitik der Regierung die planwirtschaftlichen Versuche aufs empfindlichste stören kann.

103 In einer Reihe von Wirtschaftszweigen wurde der Vorkriegsstand auch 1926/27 noch nicht erreicht, so z. B. in der Produktionsmittelindustrie (86 %; Eisenproduktion nur ca. 70 %).

dagegen war der Anbau von »technischen Kulturen« infolge der Preiserhöhung um mehr als ein Viertel gestiegen, so dass der Ausfall des
Vorjahres (-18 %) reichlich wieder eingeholt wurde. Unter Anwendung
aller staatlichen Machtmittel – Steuererhöhung, Kreditentzug usw. –
hatte man das Privatkapital aus dem Handel zurückgedrängt, so dass
sich mit Hilfe des reorganisierten staatlichen Beschaffungsapparates
der Getreideaufkauf im Gegensatz zum Vorjahre ziemlich reibungslos
abwickelte. Die Saatfläche hatte im Jahre 1927 95,1 %, die Bruttoproduktion 96,3 % des Umfanges von 1913 erreicht.[104] Ein deutliches Bild der
Entwicklung der Landwirtschaft geben die folgenden Zahlen:

Jahr	in Millionen Rubel nach Vorkriegspreisen	
	Brutto-Produktion	Warenteil, der auf dem nichtbäuerlichen Markt verkauft wird
1913	11 907	2639
1925/26	11 046	1817
1926/27	11 462	1932

Während also die landwirtschaftliche Bruttoproduktion im Jahre 1927
ungefähr die Vorkriegszahl erreichte, blieb der auf den städtischen
Markt gebrachte Teil um fast 30 % dahinter zurück. Der Export von
landwirtschaftlichen Produkten betrug kaum ein Viertel der Vorkriegszahlen.[105]
    Große Schwierigkeiten ergeben sich aus der raschen Zunahme der
ländlichen Bevölkerung, die bei dem immer noch überaus niederen
Stand der Agrartechnik auf dem Land keine Nahrung findet. Hunderttausende strömen jedes Jahr in die Städte und vermehren dort
die Massen der Arbeitslosen. Die Gegenmaßnahmen der Regierung
(Umsiedlung, Verbesserung der Agrartechnik) können wenig dagegen
ausrichten, weil es an Mitteln fehlt, um sie energisch durchführen
zu können. Ferner war durch die Erhöhung der Preise für landwirt-

104 Wirtschaftsbulletin 11/12 (1927), S. 47.
105 [Ebd.], S. 52, 60.

schaftliche Produkte bei gleichzeitiger Senkung der Industriepreise
die Kaufkraft des Dorfes bedeutend gewachsen. Seit dem dritten
Quartal des Wirtschaftsjahres 1926/27 machte sich wieder ein starker
Warenhunger geltend, der für die künftige Getreidekampagne Böses
ahnen ließ.

Besonders bedenklich für die Zukunft der planwirtschaftlichen
Versuche auf dem Lande gestaltet sich der Differenzierungsprozess
im Dorfe. Das wirtschaftliche Schwergewicht verschiebt sich immer
mehr zu dem wohlhabenden Bauern, dem »Kulak«, der die Macht und
den Willen hat, die planwirtschaftlichen Maßnahmen der Regierung
zu durchkreuzen. »Das Dorf hat sich entwickelt und ist reicher geworden. Entwickelt und bereichert hat sich in erster Linie der Kulak.
Die drei aufeinanderfolgenden Jahre mit guter Ernte blieben nicht
ohne Wirkung. Die erhöhten Einnahmen der Bauernschaft aus dem
Verkauf der übrigen Produkte der Landwirtschaft, der Produkte der
Viehzucht und ihre Einnahmen aus Saisonarbeiten machten es bei
einem verhältnismäßigen Zurückbleiben des Angebotes von Industriewaren der Bauernschaft überhaupt, insbesondere dem Kulaken,
möglich, das Getreide zurückzuhalten, um eine Steigerung der Getreidepreise zu erzielen. Wohl ist der Kulak nicht der Hauptbesitzer
der Getreideprodukte, er ist aber eine wirtschaftliche Autorität im
Dorfe und arbeitet im Zusammenschluss mit dem städtischen Spe-
kulanten, der das Getreide teurer bezahlt; er ist ferner imstande, die
Mittelbauern in der Frage der Erhöhung der Getreidepreise, in der
Frage der Vereitelung der Preispolitik der Sowjetmacht hinter sich
herzuführen, sofern ihm seitens unserer Beschaffungsorganisationen
kein Widerstand geleistet wird.«[106]

So zeigt das erste Jahr der Neuaufbauperiode in der Landwirtschaft
eine Entwicklung, die zahlreiche ungelöste Probleme in sich birgt.
Aber auch in der Industrie haben die Wirtschaftsinstanzen mit vielen
schwer überwindbaren Schwierigkeiten zu kämpfen.

106 Pravda vom 15.2.1928 (zit[iert] nach [Die Entwicklung der Getreidebe-
    schaffungskampagne und die Aufgaben der KPSU. Leitartikel der Prawda
    vom 15. Februar 1928. In:] Inprekorr 17 (1928), S. 355–357, hier] S. 355).

Die Produktionsziffern zeigen zunächst allerdings ein günstiges Bild.[107] Die Pläne für die Produktionserweiterung sind fast hundertprozentig realisiert worden, die Produktion wuchs gegen das Vorjahr in der Zensusindustrie um 15,8 %, in der vom OVWR geleiteten Industrie um 18,6 % und erreichte in der Gesamtindustrie ungefähr den Vorkriegsstand, während sie ihn in der Großindustrie bis zu 17,9 % übertraf.[108]

Bruttoproduktion 1926/27 (nach Vorkriegspreisen loco Fabrik, ohne Akzise) in % des Jahres 1925/26		
	nach dem Plan	faktisch
Gesamte Industrie	113,5	114,3
Zensusindustrie	114,5	115,8
Klein- u[nd] Kustar'industrie	108,0	107,0
Vom OVWR geleitete Industr[ie]	120,1	118,6
davon:		
Produktion von Produktionsmitteln	123,2	123,8
Produktion von Konsummitteln	117,2	113,5

Hinsichtlich der Aufteilung der Produktion nach sozialen Faktoren wuchs das spezifische Gewicht des »sozialistischen« Sektors. Von der Bruttoproduktion (auf Grundlage der Vorkriegspreise) entfielen auf:

		1924/25	1925/26	1926/27
Staat	»sozialistischer« Sektor	72,2 %	74,7 %	77,1 %
Genossenschaften		9,1 %	9,0 %	8,8 %

107 Für die folgenden Zahlen vgl. Wirtschaftsbulletin [11/12 (1927)], S. 63 ff.
108 In % von 1913 betrug die Produktion:

Gesamte Großindustrie	103,7
Schwerindustrie	85,7
Bergbau	117,9
Leichtindustrie	119,2

Private und Konzes-sionäre		18,7 %	16,3 %	14,1 %
		100,0 %	100,0 %	100,0 %

Einen ebenso günstigen Eindruck machen die über die Kapitalanlagen veröffentlichten Zahlen, nach denen 1926/27 über eine Milliarde Rubel für maschinelle Ausrüstung, Vergrößerung von Betrieben und Bau neuer Fabriken ausgegeben worden sind. 73 % dieser Ausgaben entfielen auf die Produktionsmittelindustrien. Die Zahl der Arbeiter in der staatlichen Großindustrie wuchs gegen das Vorjahr um 5,6 % auf 2,015 Millionen, die Produktivität der Arbeitsleistung stieg um 13,3 %, der Reallohn um 12,6 %.[109]

Bei näherem Zusehen erweist sich aber die Lage der Industrie im Jahre 1926/27 als lange nicht so glänzend, wie die vorstehenden Zahlen zu beweisen scheinen. Die maschinelle Ausrüstung ist überaus veraltet und abgenutzt, und ein Vielfaches der jährlich für ihre Erneuerung verfügbaren Mittel wäre notwendig, um sie in wenigen Jahren auf den Stand der modernen Technik zu bringen.[110] Diese technische Rückständigkeit zusammen mit dem Fehlen gelernter Arbeitskräfte (bei Überfluss an Ungelernten) und der Schwerfälligkeit des Verwaltungsapparates haben zur Folge, dass im Durchschnitt teurer und schlechter fabriziert wird als in hochkapitalistischen Ländern.

Eine Reihe von Verwaltungsmaßnahmen sollten Abhilfe schaffen. Im Sommer 1926 wurde das »régime économique« verkündet und eine große Sparkampagne eingeleitet.[111] Ein energischer Kampf gegen die bürokratischen Entartungen wurde eröffnet, 20 % aller Staatsbeamten sollten abgebaut und die Unkosten in Staat und Wirtschaft radikal verringert werden. Im Juli 1926 erging eine Verordnung, nach welcher die Trusts, der Staatshandel und die Genossenschaften die Preise für Industriewaren um 10 % herabsetzen müssten. Die Nichterfüllung dieser Verordnung wurde mit schweren Strafen bedroht. Da es meist nicht gelang, die Selbstkosten in Produktion und Handel zu

109 [Ebd.], S. 86 ff.
110 Vgl. hierzu Jugow: [Grundprobleme].
111 Vgl. hierzu z. B. Pravda vom 16. August 1926.

reduzieren, versuchte man, die befohlene Preissenkung durch Qualitätsverschlechterung auszugleichen.[112] Wo das nicht möglich war, wurden die Preise trotz gleicher oder sogar gestiegener Selbstkosten herabgesetzt mit der Folge, dass die Staatsindustrie in diesem Jahr fast 200 Millionen Rubel durch zu niedere Verkaufspreise verlor.[113] Die Wirkung auf die Finanzlage der am stärksten betroffenen Trusts, Syndikate und Genossenschaften, denen ohnehin flüssiges Kapital fehlte, war eine weitere Verschärfung der Kreditnot.[114] Obendrein erwies sich die ganze Preissenkungskampagne insofern als ein Fehlschlag, als gerade diejenigen Konsumenten, denen sie vor allem zugutekommen sollte, die Bauern, am wenigsten davon spürten. Denn die städtischen Käufer erhielten zwar die Waren zu herabgesetzten Preisen in den Konsumgenossenschaften, auf dem Land aber, wo sich in der zweiten Hälfte des Wirtschaftsjahres der Warenhunger besonders stark fühlbar machte und der größte Teil der Umsätze durch private Händler getätigt wurde, kam die Preissenkungsaktion großenteils den letzteren zugute.

Ebenso wie der Mangel an Kapital einen der Hauptgründe für das Scheitern der Preispolitik bildet, durchkreuzt er auch die Maßnahmen der Regierung bei der Bekämpfung der Arbeitslosigkeit in den Städten. Das ständige Anwachsen der Arbeitslosen bildet eine der ernstesten Sorgen der sowjetrussischen Wirtschaftspolitiker und hat eine entscheidende Rolle bei der Proklamierung des Siebenstundentages im November 1927 gespielt.[115] Im Jahre 1926/27 waren an den

---

112 Wirtschaftsrundschau 4 (1927), S. 122 ff.

113 [Ebd.], S. 69.

114 Der Geld- und Kreditmarkt zeigte 1926/27 alle Zeichen größter Anspannung, besonders in der zweiten Hälfte des Jahres, wo die Notenausgabe bedenklich wuchs und man zu energischen Kreditrestriktionen schreiten musste. (Wirtschaftsbulletin [11/12 (1927)], S. 30 ff.)

115 Die Zahl der an den Arbeitsbörsen registrierten Arbeitslosen betrug nach den Angaben des Arbeitskommissariats im Jahresdurchschnitt ([Ebd.], S. 87):

	Tausend	in % des vorhergehenden Jahres
1924/25	848,0	–

281 Arbeitsbörsen durchschnittlich 1,26 Millionen Arbeitslose registriert. Diese Zahl umfasst nur einen Teil der arbeitslosen städtischen
Bevölkerung, da die Registrierung an bestimmte Voraussetzungen
gebunden ist.[116] Das Konjunkturinstitut schätzt die Gesamtzahl der
Arbeitslosen (ohne die Übervölkerung auf dem Lande) 1926/27 auf
2,1 Millionen.[117] Die Zusammensetzung der registrierten Arbeitslosen
ergibt folgendes Bild:[118]

	Jahresdurchschnitt in % der Gesamtzahl	
	1925/26	1926/27
Industriearbeiter	15,6	16,3
Kopfarbeiter	18,7	21,2
Unqualifizierte Arbeiter	53,6	50,4
vom Lande neu hinzugekommen	14,0	11,6
Gewerkschafts-mitglieder	47,8	56,9

Trotz des Mangels an gelernten Arbeitern gibt es auch unter dieser
Kategorie 1926/27 durchschnittlich über 200 000 Arbeitslose; die vom
Land neu zuströmenden Arbeitskräfte werden nur allmählich regi-
striert und stellen das Gros der 900 000 unregistrierten Arbeitslosen.
    Nicht allein in der Industrie, auch in allen anderen Zweigen der
Wirtschaft steht das Jahr 1926/27 unter dem Zeichen ernstester
Schwierigkeiten. Das *Budget* schließt zwar ohne Defizit, ist aber äu-

1925/26	1015,6	120,0
1926/27	1255,7	123,6

116   Vgl. Trud vom 29. März 1924.
117   Wirtschaftsbulletin [11/12 (1927)], S. 88.
118   [Ebd.], S. 87. Die Prozentzahlen sind nicht exakt berechnet, so dass ihre
       Summe 101,9 bzw. 99,5 ergibt.

ßerst angespannt.[119] Das *Kreditwesen* kann nur einen Bruchteil der
Ansprüche der Wirtschaft befriedigen. Der *Eisenbahnverkehr* erreichte
82 % des Vorkriegsstandes, aber die festen, ebenso wie die rollenden
Anlagen befinden sich in sehr schlechtem Zustand und bedürfen
dringend der Erneuerung.[120] Trotz der Preissenkungskampagne sind
die *Warenpreise* noch sehr hoch, die Kaufkraft des Rubels betrug am
1. Oktober 1927 kaum die Hälfte seiner Vorkriegskaufkraft.[121] Besonders schlimm steht es im *Bauwesen*, das doch eine der Grundlagen
für die Industrialisierung bildet. Der Index der Baukosten beträgt
ungefähr das Dreifache der Friedenshöhe.

Der *Handel* arbeitet mit außerordentlich hohen Unkosten, verursacht durch die Schwerfälligkeit seines Apparates, den Mangel an
Kapital und die sehr hohen Mieten.

Die *Außenhandelsbilanz* schloss mit einem Aktivsaldo von 57,8 Millionen Rubel, aber die Umsätze betrugen nur ein Drittel der Vorkriegszahlen, und die notwendigen ausländischen Kredite erreichten keine
nennenswerte Höhe.

Zu allem übrigen kam noch der Abbruch der diplomatischen Beziehungen zu England, der die Regierung dazu veranlasste, beträchtliche
Mittel den eigentlichen Industrialisierungsarbeiten zu entziehen und

119 Die Summe der Einnahmen beträgt ohne Eisenbahn und Post (durch-
     laufende Posten) rund 3500 Millionen Červonec-Rubel. Davon entfällt
     ein Drittel auf Verbrauchssteuern. (Für Einnahmen aus alkoholischen
     Getränken sind im Budget 1926/27 539,8 Millionen Rubel vorgesehen, für
     1927/28 sogar 644,8 Millionen Rubel!) Die Volkswirtschaft [der UdSSR] 4
     (1928), S. 6 f. Ferner K[ontrollziffern] 1927/28, S. 308.

120 Ėkonomičeskaja Žizn' vom 14. Juli 1927: »Das Transportwesen ist durch
     die Anforderung unserer Wirtschaft schon jetzt stärker in Anspruch
     genommen als vor dem Kriege, während der technische Zustand und
     die Kapazität der Transportkräfte bedeutend hinter dem Vorkriegsniveau
     zurückbleiben. Die Lage ist ernst: wenn wir das allgemeine Tempo der
     wirtschaftlichen Entwicklung nicht aufhalten wollen, müssen wir für
     rasche Gesundung des Transportwesens sorgen, indem wir sein Grund-
     kapital reproduzieren.«

121 Nach dem Kleinverkaufspreis des Konjunkturinstituts. Wirtschaftsbulletin
     [11/12 (1927)], S. 27.

für die Landesverteidigung auszugeben. Der Ernst der Lage wird am
besten dadurch charakterisiert, dass jeder Zweig der Wirtschaft »eine
ungeheure Anzahl von Gründen dafür anführen (kann), dass er sich
im Minimum befindet, d. h. dass er Hilfe braucht, um seine Funktion
im Wirtschaftsganzen ausüben zu können, dass er die Entwicklung
aller übrigen Zweige zum Stillstand bringen muss, wenn ihm nicht
geholfen wird«.[122]

Woher aber die Mittel zu einer großzügigen Hilfeleistung genommen werden sollen, lässt sich schwer sagen. Die innerrussische
Akkumulation ist für die Unzahl von Ausgaben zu klein, und auf
ausreichende ausländische Unterstützung scheint man ohne Konzessionen größten Stils nicht rechnen zu dürfen. Von Regierungsseite
hat man erklärt, dass man sich durch diese »Wachstumsschwierigkeiten« nicht abschrecken lasse und den Sozialismus nötigenfalls »im
Schildkrötentempo« aufbauen werde.[123] Ob ein derartiger Versuch
irgendwelche Aussichten auf Erfolg hat, mag dahingestellt bleiben.
Wir begnügen uns hier mit dem Hinweis, dass die Planarbeiten durch
die allgemeinen wirtschaftlichen Bedingungen, unter denen sie ausgeführt werden müssen, aufs äußerste erschwert werden.

122 Groman: Die Wirtschaftslage 1926/27. In: Ėkonomičeskaja Žizn' vom
    8. Juli 1927.
123 Bucharin auf der xv. Konferenz der VKP.

Viertes Kapitel
Die neue ökonomische Politik (NEP)
Die Organisation der Staatsindustrie

I. Die leitenden Wirtschaftsbehörden der Sowjet-Union und der Bundesrepubliken[1]

Im Folgenden geben wir einen kurzen Überblick über diejenigen sowjetrussischen Regierungsorgane, welche bei der Verwaltung der Wirtschaft eine leitende Rolle spielen.

Die letzte Entscheidung über die Wirtschaftspolitik der Union liegt bei den gesetzgebenden Körperschaften, Unionsrat und Nationalitätenrat bzw. bei der aus ihnen gebildeten Regierung, dem Zentralen Exekutivkomitee (ZIK). Ausführendes Organ des ZIK und ihm verantwortlich ist der *Rat der Volkskommissare* (Sovnarkom), dem sowohl Exekutive als auch (im Rahmen der vom ZIK gegebenen Vollmachten) Legislative zusteht.[2] Der Sovnarkom ist ein Ministerkabinett, das sich zusammensetzt aus dem vom ZIK ernannten Vorsitzenden, dessen Stellvertreter und den Vorsitzenden der Unions-Volkskommissariate.[3]

Direkt vom Sovnarkom ernannt wird die für die Wirtschaftsleitung wichtigste Behörde, der »*Rat für Arbeit und Verteidigung*« (STO). Er hat die Rechte einer Kommission des Sovnarkom und setzt sich neben den Volkskommissaren für Äußeres und Heerwesen aus den Vorsitzenden der wirtschaftlichen Volkskommissariate, sowie des

---

1 Eine deutsche Übersetzung der Verfassung vom 6. Juli 1923 ist abgedruckt bei Sarabianow: An der Schwelle. Viele Einzelheiten über die verschiedenen Behörden bei [Heinz] Fenner: Politisch-statistisches Handbuch der Sowjetunion. [Mit wirtschaftsstatistischem Anhang. Berlin 1926.] Ferner in: Fünf Jahre Sowjetherrschaft [in Rußland 1917–1922. Berlin 1923].
2 Staatsenzyklopädie IV, S. 900 ff.
3 An seinen Sitzungen nehmen mit beratender Stimme Vertreter der Bundesrepubliken und der wichtigsten Wirtschaftsbehörden teil. Fenner: [Politisch-statistisches Handbuch], S. 43.

Gosplan und der Staatsbank zusammen.[4] Den Vorsitz im STO führt
der Vorsitzende des Sovnarkom der Union. Der STO hat die Aufgabe,
die Leitung des gesamten Wirtschaftslebens durchzuführen und die
notwendigen Maßnahmen für die Landesverteidigung zu treffen.
Im Einzelnen gehören zu seinem Arbeitsgebiet: »die Prüfung und
Durchführung des Wirtschafts- und des Finanzplans, die Prüfung
von Fragen der Landesverteidigung und die Ergreifung von Maßregeln zur Verbesserung des Militärwesens; die Prüfung der Lage
der verschiedenen Zweige der Volkswirtschaft (Finanzen, Industrie,
Handel und Transportwesen), soweit sie Unionsbedeutung haben,
und die Ergreifung von Maßregeln zu ihrer Entwicklung; die Leitung
der Volkskommissariate der UdSSR auf dem Gebiete des Staates, der
Wirtschaft und der Verteidigung; die unmittelbare Leitung der ›Wirt-
schaftskonferenzen‹, der staatlichen Plankommission und anderer
ständiger Kommissionen des STO; die Entscheidung von Fragen der
Vermögensverteilung zwischen den einzelnen Staatsorganen und
Republiken.«[5]
In unserem Zusammenhang interessiert der STO nur als oberste
Wirtschaftsbehörde. Seine Verordnungen sind für alle anderen Behörden verbindlich, ausgenommen den Rat der Volkskommissare, der
das Recht hat, sie aufzuheben. Neben der Unionsregierung bestehen
noch die Regierungen der sechs Bundesrepubliken, deren jede nach
ihrem Muster (ZIK, Sovnarkom, Ėkoso an Stelle des STO) aufgebaut
ist. Die Volkskommissariate zerfallen in drei Gruppen:

1. »Allunions-Volkskommissariate«, die in den Bundesrepubliken
   ihre eigenen ausführenden Organe haben.
2. »Vereinigte Volkskommissariate«. Für ihre Ressorts bestehen
   sowohl für die Union als auch die Bundesrepubliken eigene Kommissariate. Diejenigen der Bundesrepubliken unterstehen sowohl
   dem Sovnarkom ihrer Republik als dem entsprechenden Unions-
   kommissariat.

4 Über die Geschichte des STO vgl. [Evgenij Aleksandrovič] Ėngel': Grundlagen der Sowjetverfassung. [Petersburg 1923], S. 151 ff.
5 Staatsenzyklopädie IV, S. 119.

3. Die »autonomen« Volkskommissariate der Bundesrepubliken unterstehen allein ihrem Sovnarkom. Nur auf dem Weg über diesen
kann der Sovnarkom der Union auf sie einwirken.

Unmittelbar dem STO unterstellt ist die *Staatsplankommission* (Gosplan), deren Präsidium vom Sovnarkom ernannt wird. Obwohl sie
bis heute formal nichts anderes ist als eine Hilfseinrichtung des STO,
die kein Recht hat, Verfügungen zu erlassen, liegt gerade bei ihr das
Schwergewicht der ganzen Planarbeiten.

Von ihr ebenso wie dem OVWR, der im Gegensatz zum Gosplan
den Rang eines Volkskommissariats besitzt und zur zweiten Gruppe
zählt, ist an anderer Stelle dieser Arbeit ausführlich die Rede. Die
übrigen wirtschaftlichen Volkskommissariate sind die folgenden:

1. Das V[olks]K[ommissariat] für *Handel* (Narkomtorg) ist entstanden durch Verschmelzung des Kommissariats für Innenhandel
   (das selbst 1923/24 aus dem Verpflegungskommissariat gebildet
   wurde) mit dem Außenhandelskommissariat (November 1925). Es
   regelt auf Grund des Außenhandelsmonopols den gesamten Außenhandel und ist für die Durchführung der Innenhandelspolitik
   verantwortlich (Aufstellung eines Plans für den Warenverkehr,
   Kontrolle des genossenschaftlichen und privaten Handels, Leitung
   der ihm direkt unterstellten Betriebe, Regulierung der Groß- und
   Kleinhandelspreise usw.).[6]
2. V[olks]K[ommissariat] für *Verkehrswesen* (Narkomput').
3. Volkskommissariat für *Post und Telegraphie* (Narkompočtel).
4. Das V[olks]K[ommissariat] für *Finanzen* (Narkomfin), dem neben
   den Aufgaben eines jeden Finanzministeriums die Durchführung
   der Finanzierung der Wirtschaft obliegt. Mit Hilfe der ihm unmittelbar unterstellten Staatsbank reguliert es das Geld- und Kreditwesen im Sinne des Wirtschaftsplanes.[7]
5. V[olks]K[ommissariat] für *Arbeit* (Narkomtrud).

6 [Ebd.], S. 1108 ff.
7 [Ebd.], S. 1234 ff.

6. Das *Volkskommissariat für Arbeiter- und Bauerninspektion* (RKI)
hat sich aus der alten »Staatskontrolle« entwickelt und ist eng
mit der zentralen Kontrollkommission der bol'ševistischen Partei
verbunden. Es soll den gesamten staatlichen Wirtschafts- und
Verwaltungsapparat durch besonders zuverlässige Arbeiter und
Bauern revidieren lassen und das Vertrauen der breiten Bauern-
und Arbeitermassen zu der Regierung dadurch sichern, dass es allen Klagen über Misswirtschaft in der Verwaltung nachgeht und
für ein sachgemäßes und sparsames Funktionieren des gesamten
Staatsapparates Sorge trägt. Seine Aufgaben finden sich genau
formuliert in einer Verordnung vom 20. März 1920. »Kampf
gegen den Bürokratismus und den Schlendrian in den Sowjet-
organen, Ausbau der faktischen Kontrolle durch überraschende
Revisionen und Untersuchung aller Organe der Sowjetmacht
sowohl auf dem Gebiet der Verwaltung wie auf dem Gebiet
der wirtschaftlichen und öffentlichen Organisationen. Prüfung
der Tätigkeit aller Regierungsorgane vom Gesichtswinkel der
erzielten Resultate usw., Vorlegung von Gutachten über Vereinfachung des Sowjetapparates, Beseitigung des Parallelismus, der
Misswirtschaft, des Kanzleischlendrians und über Umwandlung
des ganzen Verwaltungssystems auf einzelnen Gebieten des
Staates.«[8]

7. Die *Zentrale Statistische Verwaltung* (CSU) besitzt die Rechte eines Volkskommissariats, und ihr Vorsitzender hat im Sovnarkom
beschließende Stimme. Diese in der Welt einzigartige Stellung
eines statistischen Amtes beweist, welche hohe Bedeutung man
in Russland den statistischen Arbeiten als einer unentbehrlichen
Voraussetzung jeder Planwirtschaft zuerkennt.[9]

Die bisher genannten Volkskommissariate sind »Allunions«
bzw. »Vereinigte« Kommissariate und unterstehen unmittelbar
dem Sovnarkom der Union. Die beiden folgenden zählen zu den

8 [Ebd.], S. 1101 ff.
9 Über den organisatorischen Zustand der staatlichen Statistik vgl. [das]
Referat des Direktors der CSU Osinskij auf der Reichskonferenz der
Statistiker. [In:] Ėkonomičeskaja Žizn' vom 5. Februar 1927.

autonomen Narkomaten. Unionsvolkskommissariate gibt es für ihr Gebiet nicht.[10]

8. *Volkskommissariat für Landwirtschaft* (Narkomzem). Es ist charakteristisch für die Schwierigkeiten, mit denen Sowjetrussland auf staatsrechtlichem Gebiet zu kämpfen hat, dass es bis heute nicht gelungen ist, die staatliche Verwaltung der Landwirtschaft bei der Regierung der Union zu zentralisieren. Die landwirtschaftliche Gesetzgebung ist demnach Sache der Bundesrepubliken, die auf diesem Gebiet ängstlich auf die Wahrung ihrer Rechte bedacht sind.[11] Eine der Folgen davon ist, dass bei der Durchführung staatlicher Maßnahmen in der Landwirtschaft jeder einheitliche Plan fehlt, da jedes Landwirtschaftskommissariat seine eigenen Pläne durchführt. Der Gosplan hat in den Kontrollziffern 1927/28 dringend die Beseitigung dieses jede Planarbeit verhindernden Missstandes gefordert und vorgeschlagen, für die ganze Union einen landwirtschaftlichen Einheitsplan aufzustellen.

Als letztes der wirtschaftlichen Volkskommissariate wäre zu nennen:

9. das *Volkskommissariat für soziale Fürsorge* (Narkomsobes), dessen vielfältige Aufgaben im umgekehrten Verhältnis zu seinen geringen Mitteln stehen.

Das System der oberen Wirtschaftsbehörden bietet nach alledem das Bild eines recht schwerfälligen Apparates.[12] Eine gewisse Korrektur kommt dadurch zustande, dass zahlreiche wichtige Stellen durch Personalunion miteinander verknüpft sind, aber trotzdem ist der Staatsapparat auch in den wirtschaftlichen Ressorts noch weit davon entfernt, die Wünsche nach einer rationellen, gut funktionierenden Verwaltung zufrieden zu stellen.

10 Nach deutschem Staatsrecht wäre ihre Verwaltung nicht Sache des Reiches, sondern der Länder.
11 So war z. B. die Höchstgrenze für Landpacht auf 6 Jahre beschlossen, während in der RSFSR und in der Ukraine diese Grenze durch die Landwirtschaftskommissariate auf 12 Jahre erhöht worden war. Pravda vom 17. Februar 1928.
12 Vgl. das Schema [Nr. 1] im Anhang.

II. Zur Geschichte der Organisation der Staatsindustrie

Voraussetzung für die Durchführung ebenso wie für die Aufstellung des einheitlichen Wirtschaftsplanes ist eine weitgehende Organisierung der Wirtschaft, das Vorhandensein eines Apparates, der die Unterlagen für die Planarbeit liefert und die Durchführung der Pläne leistet. Die einzelnen Bestandteile dieses Apparates haben wir soeben summarisch kennen gelernt; im Folgenden wird die Geschichte der Organisation dargestellt werden, an deren Spitze der OVWR steht und mit deren Hilfe die Staatsindustrie die ihr im Wirtschaftsplan zugewiesenen Aufgaben durchführen soll.

Leicht ist den Russen der Aufbau dieser Organisation ihrer Staatsindustrie nicht gefallen. Obwohl bereits im Dezember 1920 das Organisationsprinzip durch den achten Rätekongress als »Zentralisierung der Leitung – Dezentralisierung der Verwaltung (Ausführung)« sehr prägnant formuliert worden war, hat es sieben Jahre gedauert, bis es gelungen ist, eine einigermaßen befriedigende Organisationsform für die Industrie zu finden. Diese sieben Jahre zeigen einen unausgesetzten Kampf der beiden Organisationsprinzipien des Zentralismus und des Dezentralismus, einen Kampf, dessen Darstellung die Anwendung der Kategorien der Dialektik nahelegt.

Seine erste Phase (1921–23) stellt die Antithese zu dem maßlosen Zentralismus der glavkistischen Periode dar und zeigt ein hartnäckiges Vordringen dezentralistischer Grundsätze auf allen Gebieten. Der Umschlag erfolgt mit der Herbstkrise 1923; man wendet wieder zentralistische Prinzipien an, aber lange nicht mehr mit dem kritiklosen Glauben an ihre Allmacht, wie zu den Zeiten des Glavkismus. Diese Phase dauert bis etwa zum Herbst 1926. Wiederum erfolgt eine Neuorganisierung des OVWR und mit ihm der ganzen Staatsindustrie, durch die man hoffte die beiden Prinzipien auf höherer Stufe miteinander versöhnt zu haben. Ob diese Versöhnung eine endgültige ist, mag dahingestellt bleiben; der Umstand, dass im Laufe des Jahres 1927 bereits wieder organisatorische Veränderungen im OVWR vorgenommen wurden, spricht nicht gerade für eine solche Annahme.

1. Dezentralistische Phase (Frühjahr 1921 bis Herbst 23)

Der Übergang zur NEP war das offene Eingeständnis des Zusammenbruchs der bisherigen Wirtschaftspolitik. Doch mit dem, wenn auch zögernden Übergang zur Marktwirtschaft war noch nicht ausgemacht, dass man auch die bisherigen zentralistischen Grundsätze der Industrieverwaltung aufgeben müsse. Trotz seiner Misserfolge hatte der Glavkismus noch einflussreiche Anhänger, die geneigt waren, den Zusammenbruch nicht dem System, sondern äußeren Gründen, vor allem dem Widerstand der Bauern zuzuschreiben. Dieser Einfluss äußert sich in der zwiespältigen Natur der Industriegesetzgebung der ersten Jahre, in der zahlreiche Bestimmungen noch von dem alten Geiste der Bevormundung und des obrigkeitlichen Hineinredens selbst in die lächerlichsten Einzelheiten der Verwaltung diktiert sind.[13]

13 Allerdings entsprangen diese »konservativen« Tendenzen z. T. auch der widerspruchsvollen Situation, in der sich die ganze russische Staatsindustrie damals befand. Einerseits bedingte der Übergang zur NEP große Selbständigkeit der einzelnen Staatsbetriebe. »Manövrieren« wurde das große Schlagwort. Damit entstand sofort die Gefahr völliger Auflösung der Staatsindustrie in selbständige, nur noch nominell staatliche Betriebe. Die Glavki suchten sich gegenüber dem OVWR, die Betriebe gegenüber den Glavki selbständig zu machen und das bisherige Abhängigkeitsverhältnis auf ein reines Vertragsverhältnis zu reduzieren ([N.] Percovič: Sowjettrusts und -syndikate. [Organisation der Großindustrie der Sowjetunion (russisch). [Charkiw] 1925], S. 41). Auf der anderen Seite standen die Tendenzen, welche die dem Staat entgleitende Industrie wieder straffer zusammenfassen wollten. Man wies darauf hin, dass durch das Recht der Trusts, auf freiem Markte zu verkaufen, ihre gesamte Produktion für den Staat verloren zu gehen drohe, da der Staat keine Mittel habe, um sie aufzukaufen. Den Standpunkt dieser Richtung – die sich selbst als Vertreter der »Kommunistischen Reaktion gegen den neuen Liberalismus« bezeichnete – erläuterte Larin folgendermaßen:
   Die Meinungsverschiedenheiten beträfen nicht die Frage Naturalsteuer oder Requisitionssystem, ebenso wenig die der Zulassung des Privatkapitals, sondern einzig und allein die Frage der Staatsindustrie. In der Presse und in den Versammlungen werde darüber diskutiert, ob man die Staatsindustrie weiter in der Hand des Staates halten oder in

Die erste wichtige Veränderung in der Organisation des OVWR ist
der radikale Abbau der Glavki. Bereits im Mai 1921 hatte man die
52 Hauptverwaltungen und Zentren des Kriegskommunismus auf
16 Hauptverwaltungen reduziert, deren jeder die Ausgabe von Direktiven für einen Industriezweig zufiel. Der unmittelbaren Leitung
des OVWR sollen nur noch die wichtigsten und leistungsfähigsten
Betriebe unterstehen; diese allein werden auch künftighin durch
ihn mit Rohmaterialien und Nahrungsmitteln beliefert. Weniger
wichtige Betriebe werden den Gouvernements-Volkswirtschaftsräten
unterstellt, nötigenfalls verpachtet oder geschlossen. Die Bedeutung
der Kleinbetriebe, die obendrein durch günstige Standorte häufig
gerade jetzt leistungsfähiger waren als die großen, wurde dabei völlig
ignoriert; es zeigte sich bald, dass sie für den lokalen Markt und den
Aufbau der Industrie gar nicht zu entbehren waren.[14]

Entstehung von Trusts und Syndikaten

Durch den Wegfall bzw. die Funktionsveränderung der Glavki sa-
hen sich die bis dahin am Gängelband geführten Betriebe auf einen
Schlag ziemlich hilflos einem noch völlig unorganisierten Markte
gegenüber. Von dem OVWR, der damals über sehr geringe Hilfsmittel
verfügte, war wenig Unterstützung zu erwarten; man griff deshalb
zur Selbsthilfe, und spontan begann im Sommer 1921 jene Zusammen-
schlussbewegung von Betrieben, die etwas irreführend Vertrustung
genannt wird. Während man in den westlichen Industrieländern
unter Trusts mächtige wirtschaftliche Zusammenschlüsse versteht,
die einen ganzen Wirtschaftszweig oder doch einen wesentlichen Teil
davon unter einer einheitlichen Leitung zusammenfassen, sind die

Privateigentum zurückverwandeln solle. Solle man die Staatsindustrie
in ein für sich selbständiges Ganzes verwandeln, das seine Beziehungen
zum Handel nach eigenem Ermessen regelt, oder solle sie zentral nach
einem einheitlichen Plan geleitet werden, natürlich mit der nötigen Ma-
növrierfähigkeit? (Stenographischer Bericht der xi. Parteikonferenz, S. 38.)

14 L[eonid] M[oiseevič] Sabsovič: Die Organisation der Industrie [(russisch).
Moskau 1926], S. 27 f.

russischen Trusts Vereinigungen von Betrieben, die oft zusammen nur wenige hundert Arbeiter beschäftigen, keinerlei monopolistische Marktbeherrschung beanspruchen und von denen keiner seine Selbständigkeit auf zugeben brauchte, da er sie von vornherein gar nicht besaß. Spontan entstanden aus dem Bedürfnis isolierter Unternehmungen, durch gemeinsames Vorgehen bei der Beschaffung von Rohstoffen und Brennmaterialien ihre Position zu stärken, erhielten sie erst durch die Verfügung des STO vom 12. August 1921 eine gesetzliche Grundlage.[15] In diesen *Grundsätzlichen Bestimmungen zur Wiederherstellung der Großindustrie und zur Hebung und Entwicklung der Produktion* wird die Zusammenfassung der größten und wichtigsten Unternehmungen zu »einer besonderen Vereinigung, die nach den Grundsätzen der Wirtschaftlichkeit organisiert ist«, angeordnet.[16] Es ist charakteristisch, dass nur in ganz wenigen Fällen die neugegründeten Trusts sämtliche Staatsbetriebe derselben

15 Deutsch in: Die neue Sowjetgesetzgebung, S. 41.
16 Jedoch können diese Bestimmungen auch auf eine einzelne Unternehmung Anwendung finden, ebenso wie diejenigen des Trustgesetzes vom 10. April 1923 (Anm. zu 3 des Gesetzes). Bis Ende 1921 waren vom OVWR folgende Trusts bestätigt worden ([Die] russische Industrie [im Jahre] 1921, S. xxv ff.):
    1. Ljnopravlenie – insgesamt 17 Fabriken mit zusammen 20 190 Arbeitern. (Flachs.)
    2. Severoles – 42 Sägewerke mit 7365 Arbeitern. (Holz.)
    3. Chimugol – 16 Werke mit 2882 Arbeitern. (Chemie.)
    4. Farmapravlenie – 7 Werke mit 1652 Arbeitern. (Arzneimittel.)
    5. Čaepravlenie – 13 Werke mit 1652 Arbeitern. (Tee.)
    6. Jugostal – 3 Werke mit 35 000 Arbeitern. (Stahl.)
    7. Anilinwerke – 9 Werke mit 1136 Arbeitern.
    8. Zinktrust – 4 Werke mit 1600 Arbeitern.
    9. Uralplatina – 8 Werke mit 2628 Arbeitern. (Platin.)
    10. Lackfarbentrust – 4 Werke mit 471 Arbeitern.
    11. Zapodol (keine Angaben). (Holz.)
    12. Acetanmethyltrust – 6 Werke mit 350 Arbeitern. (Chemie.)
    13. Lenagold – mehr als 6 Werke. (Gold.)
    14. Uralasbest – 7 Werke. (Asbest.)
    15. Dneproles (keine Angaben). (Holz.)

Branche zusammenfassen, die Gründung derartiger einheitlicher
Organisationen, sogenannter »allrussischer« Trusts, wurde zwar von
den Anhängern des Glavkismus lebhaft propagiert, aber aus Furcht
vor einer Fortdauer des glavkistischen Bürokratismus in der Regel
abgelehnt.[17] Mit dem allmählichen Übergang zur kaufmännischen
Rechnungsführung, zu Kauf und Verkauf auf dem Markt und der
Einschränkung der Staatsbelieferung.[18] schreitet der Vertrustungs-
prozess rasch vorwärts. Allerdings herrscht dabei noch ein ziemliches
Chaos, eindeutige Kompetenzabgrenzung zwischen Trustleitung und
OVWR einerseits, Betriebsleitung andererseits gibt es vorläufig noch
nicht. Dabei ist die Stellung einzelner Trusts dem zunächst noch sehr
geschwächten OVWR gegenüber ziemlich stark, und aus diesem
Machtbewusstsein heraus werden dann Forderungen laut, die für
den Trust alle bisherigen Rechte des OVWR verlangen, nur etwaige
Defizite sollen aus Staatsmitteln gedeckt werden.[19] Im Januar 1922
zählt man bereits 42 Trusts, Ende 1922 sind es schon 450.[20] Mitte 1923
sind von 478 Trusts 133 dem OVWR direkt unterstellt, der Rest den

17 Sabsovič: [Die Organisation der Industrie], S. 27. Bei dem Widerstand
    gegen die Bildung »allrussischer« Trusts soll allerdings der Lokalpatrio-
    tismus der Gouvernementsvolkswirtschaftsräte auch eine große Rolle
    gespielt haben, die sich die Verfügung über gut ausgerüstete Betriebe
    nicht nehmen lassen wollten, auch wenn der Zusammenschluss produk-
    tionstechnisch geboten war. Vgl. Rozenfel'd: [Die Industriepolitik], S. 215.
18 Im April 1921 werden noch 1,6 Millionen Arbeiter und Angestellte von
    Staatsbetrieben durch den Staat mit Lebensmitteln versorgt, ein Jahr
    später noch knapp 600 000. In dem Maße, wie die Belieferung durch den
    Staat eingeschränkt wird, erhalten die betreffenden Betriebe das Recht,
    ihre Erzeugnisse auf dem Markt zu verkaufen, wobei dem Staat ein Vor-
    kaufsrecht eingeräumt wird. Gelegentlich werden ganze Industriezweige
    von der staatlichen Belieferung abgesetzt, z. B. durch Dekret vom 21. März
    1922 die gesamte Brennstoffindustrie. ([Die] russische Industrie [im Jahre]
    1922, S. XXXIV f.)
19 Percovič: Sowjettrusts und -syndikate, S. 41.
20 Sabsovič: [Die Organisation der Industrie], S. 30. über die Größe dieser
    Trusts gibt es folgende interessante Einzelheiten: Von 450 Ende 1922 vom
    OVWR untersuchten Trusts liegen folgende Angaben vor:

Lokalorganen.[21] Eine Zeitlang hat es den Anschein, als ob die Trusts nicht nur einen Teil der Funktionen der alten Glavki übernehmen, sondern auch in dasselbe bürokratische Fahrwasser geraten sollten, andererseits versuchen die noch bestehenden Glavki sich der Trusts zu bemächtigen. Der Dezember des Jahres 1921 bringt eine Reihe von Entschließungen, die sich gegen eine Wiederkehr des Glavkismus wenden, und durch ein Dekret vom 12. Dezember 1921 wird den Glavki ausdrücklich jede Einmischung in die Verwaltungsgeschäfte der Trusts untersagt.[22] Die in der ersten Zeit der NEP herrschende »Diktatur des Getreides«, die Schwierigkeit, bei dem Fehlen eines Handelsapparates auf dem Markt zahlungskräftige Käufer für Industriewaren zu finden, bei dringendstem Bedarf nach flüssigen Geldmitteln, führen zu einer Schleuderkonkurrenz der Staatsbetriebe gegeneinander und schließlich seit März 1922 zu einer ziemlich regellosen Bildung besonderer Absatzorganisationen, der sogenannten Syndikate. Vielfach sind sie einfach die Nachfolger der aufgelösten Glavki, über deren flüssige Mittel sie häufig verfügten. Mit Hilfe dieser

Größenklasse der Trusts nach Zahl der Arbeiter	Zahl der Trusts	Zahl der in ihnen beschäftigten Arbeiter	Auf einen Trust kamen im Durchschnitt		Auf einen Betrieb kamen Arbeiter
			Betriebe	Arbeiter	
		(in 1000)			
Bis 500	170	37,6	6	221	38
500–1000	70	48,7	8	691	82
1000–5000	99	231,3	9	2342	246
5000–10 000	21	146,2	13	6963	518
10 000 und mehr	20	375,9	14	18 795	1318

21 Sabsovič: [Die Organisation der Industrie], S. 32.
22 Industriegesetzgebung I, S. 95. Ferner [Resolutionen der Allrussischen Konferenz der Kommunistischen Partei Russlands, Moskau, Dezember 1921. In:] Russ[ische] Korr[espondenz] 1 (1922), [S. 73–79, hier] S. 73 ff.

Geldmittel sowie des Absatzes der Waren und der Beschaffung der Rohstoffe gelingt es ihnen öfters, einen entscheidenden Einfluss auf die Trusts zu gewinnen.[23] Manche Syndikate erhielten später teilweise oder ganz Zwangscharakter, so das Naphthasyndikat, das die Verkaufsorganisation der drei großen Petroleumtrusts darstellt und als solche auf dem Weltmarkt einer einheitlichen Leitung bedurfte. Bei dem Wiederaufbau des Marktes spielten die Syndikate eine große Rolle; ihrer Tätigkeit ist es vor allem zuzuschreiben, dass bereits zu Beginn des Jahres 1923 die »Diktatur des Getreides« durch die »Diktatur der Industrie« abgelöst wurde. Allerdings wurden sie durch ihre Gewohnheit, »den Weg des geringsten Widerstandes zu gehen und organisatorische Defekte durch willkürliche Preissteigerungen auszugleichen«,[24] zu Mitschuldigen an der Herbstkrise von 1923. Anfang 1922 bildet sich ein provisorischer modus vivendi zwischen dem OVWR und den Trusts heraus, der später in der »typischen Satzung für vereinigte Unternehmungen der Staatsindustrie (Trusts)« seinen Niederschlag fand. Danach hat der OVWR etwa die dem Aufsichtsrat nach dem deutschen Aktienrecht zustehenden Rechte der Ernennung der Direktoren, der allgemeinen Aufsicht über die Geschäftsführung und darüber hinaus die Möglichkeit, dem Trust das Produktionsprogramm vorzuschreiben. Im Ganzen war die Selbständigkeit der Trusts, wie wiederholt erwähnt wurde, damals noch sehr groß,[25] da der OVWR über kein Kapital verfügte und seine Organisation noch sehr schwach war.

23 Rozenfel'd: [Die Industriepolitik], S. 230 ff. betont, dass im Gegensatz zum Westen die Beschaffungssyndikate in Russland überwiegen und dass ihr größter Teil in der Leichtindustrie tätig ist. Das letztere ist leicht zu verstehen, da die Schwerindustrie nur wenig für den Markt arbeitet und in den ersten Jahren der NEP überhaupt keine Rolle spielte. Dagegen stand bei der Gründung der Syndikate die Sorge um den Absatz mindestens ebenso, wenn nicht mehr, im Vordergrund wie die Schwierigkeiten der Rohstoffbeschaffung.

24 [Abram Moiseevič] Ginzburg: Vorwort zur 2. Auflage. [In:] Gesetzgebung über Trusts [und Syndikate (russisch). Herausgegeben von A. M. Ginzburg. Moskau ³1926.]

25 Percovič: [Sowjettrusts und -syndikate], S. 41 f.

Am Ende des Jahres 1922 ist die Forderung nach Durchführung der kaufmännischen Rechnungsführung in den wichtigsten Betrieben einigermaßen erfüllt, dagegen fehlt es noch an den elementarsten Maßnahmen zur Vereinheitlichung der Produktion und zur Konzentration aller Kräfte auf die leistungsfähigsten Betriebe. Zwar waren im Laufe des Jahres 1922 die größeren Trusts selbst dazu übergegangen, weniger leistungsfähige Betriebe auszuscheiden, aber das erfolgte ohne einen Plan. Im Frühjahr 1923 wurde vom OVWR eine Kommission zur Prüfung der Lage der Trusts eingesetzt, mit deren Bildung manche Autoren den Beginn einer zweiten Phase in der Entwicklung der Industrieorganisation ansetzen.[26] Von dieser Zeit an gelingt es dem OVWR allmählich, Einfluss auf die Trusts zu gewinnen und damit den Prozess der chaotischen Vertrustung abzuschließen. Bis Anfang 1923 schien es, als ob bei der in Arbeit befindlichen Gesetzgebung über die Trusts die Wünsche der letzteren in allen Punkten zugrunde gelegt werden sollten. Sie verlangten eine Beschränkung der Rechte des OVWR auf diejenigen des einzigen Aktionärs einer A[ktien]-G[esellschaft], Bestellung der Direktoren, Prüfung des Jahresabschlusses und Verteilung des Reingewinnes am Ende des Geschäftsjahres, während jede Einmischung in der Zwischenzeit zu unterbleiben habe. Erst wenige Monate vor der definitiven Formulierung des Gesetzes konnte die im OVWR vertretene zentralistische Richtung, die vor allem die Verfügung über die Produktion dem OVWR vorbehalten wollte, durchsetzen, dass der OVWR die Verwaltung des Trusts mit dessen Leitung teile.[27]

Der im April 1923 abgehaltene Parteitag der Kommunistischen Partei, der für die Neuorganisation der Industrie von großer Bedeutung ist, äußerte sich ausführlich über die Rolle der Trusts und die Notwendigkeit ihrer Umgestaltung. Er stellt fest, dass der Übergang vom Kriegskommunismus zur NEP in großem Umfang mit den Methoden des Kriegskommunismus durchgeführt worden sei und dass deshalb »die Gruppierungen der Unternehmungen, ihre Einteilung in Trusts, die Verteilung der Mittel unter die Trusts, die Kreditge-

---

26 Sabsovič: [Die Organisation der Industrie], S. 34.
27 [Ebd.], S. 60.

währung... einen provisorischen, einen bürokratischen Charakter«
tragen.[28] Dass es bisher nicht gelungen sei, über »grob entworfene
Versuche« hinauszukommen, bewiesen die fortwährenden Klagen
über den Mangel an Umsatzmitteln. Der Staat habe immer noch viel
mehr Betriebe unter seiner Verwaltung, als er bei der gegenwärtigen
Wirtschaftslage leiten könne, und müsse endlich energisch zu einer
Konzentration der Produktion in den technisch bestausgerüsteten
und geographisch bestgelegenen Unternehmungen schreiten. Die
wirtschaftlichen Hauptaufgaben beständen jetzt in der »Versorgung
der Staatsindustrie mit den nötigen Umsatzmitteln, der Verringerung
der Selbstkostenpreise, der Ausdehnung des Marktes, der Erzielung
von Gewinnen«. Ihnen gegenüber müsse man »von den Vorurteilen
der bürokratischen Einheitlichkeit, d. h. der Koordinierung der Unternehmungen nach horizontalem oder vertikalem Prinzip Abstand
nehmen«.[29] Die Bedeutung des OVWR wird gegenüber den Ansprüchen der Trusts stark unterstrichen: »Nur bei der alltäglichen und
festen Leitung der Trusts durch den OVWR, der alle Grundelemente
der Industrie im Sinne der genannten Direktiven koordiniert, der die
richtige und rechtzeitige Ausnützung aller Faktoren der Produktion in
allen ihren Stadien sichert,... sind nicht nur teilweise, sondern allgemeine Erfolge an der Industriefront möglich.«[30] Besonderes Gewicht
wird auf die Erzielung von Gewinnen und damit auf die Durchführung
des Wirtschaftsprozesses nach kaufmännischen Grundsätzen gelegt.[31]

Das Dekret über die Trusts vom 10. April 1923

Das zeigt sich schon im ersten Paragraphen des Dekrets vom 10. April
1923 »über die staatlichen industriellen Unternehmungen, die auf der

28 Resolutionen des 12. Parteitages der K[ommunistischen] P[artei] R[ussland]
    (russisch). Moskau 1923], S. 21.
29 [Ebd.], S. 28.
30 [Ebd.], S. 23.
31 »Eine Industrie, die auf Kosten des Budgets, d. h. auf Kosten der Landwirt-
    schaft lebt, könnte keine standhafte und dauernde Stütze für die Diktatur
    des Proletariats bilden. Die Frage der Bildung von Mehrwert in der Staats-
    industrie ist die Frage des Schicksals der Sowjetgewalt.« ([Ebd.], S. 14.)

Grundlage kaufmännischer Rechnungsführung arbeiten (Trusts)«.[32] Dort werden die Trusts definiert als »*staatliche* Industrieunternehmungen, ... denen der Staat Selbständigkeit bei der Durchführung ihrer Geschäfte entsprechend der für jeden von ihnen bestätigten Satzung gewährt hat und die nach den Grundzügen der *kaufmännischen Rechnungsführung zum Zwecke der Erzielung von Gewinnen* tätig sind«.[33] Das Verhältnis der Trusts zu ihren vorgesetzten Behörden wird derart bestimmt, dass der STO über die Existenz des Trusts, d. h. seine Gründung, seine Statuten, das Stammkapital und seine Liquidierung verfügt, Richtlinien für die Bilanzgrundsätze gibt, die Produktionspläne bestätigt und nötigenfalls die Fabrikpreise reguliert. Bis der STO endgültig entschieden hat, bearbeitet der OVWR diese Fragen, außerdem unterstehen ihm die Direktion und die sehr wichtige Revisionskommission, deren Personal er ernennt oder absetzt. Demnach sind die Vollmachten der leitenden Organe über die Trusts dreifacher Art: 1. nur mit ihrem Einverständnis kann der Trust über Grundkapital, Reserven und Gewinn verfügen; 2. die Direktoren und Revisionsbeamten (Aufsichtsräte in weiterem Sinne) werden durch sie ernannt und sind ihnen gegenüber nicht nur zivil- und strafrechtlich, sondern auch disziplinarisch verantwortlich; 3. sind bestimmte Handlungen der Trusts von ihrer Zustimmung abhängig (Bestätigung der Produktionsprogramme, Bildung von Syndikaten, unter Umständen Festsetzung der Preise).[34] Jede direkte Einmischung in die Verwaltungsarbeit der Trusts ist den vorgesetzten Behörden untersagt. Insbesondere soll den Trustdirektoren die Verwaltung der einzelnen Fabriken, die Rohstoffbeschaffung, der Verkauf der Produkte usw. in der Regel überlassen bleiben. Ginzburg, der Verfasser eines allgemein anerkannten Kommentars über die Trustgesetzgebung, ist der Meinung, dass das Gesetz vom 10. April die Vereinigung der Grundsätze: Zentralisierung der Leitung und Dezentralisierung der Verwaltung auf das beste verwirklicht habe. »Wenn die Zentrale die Verfügungs-

---

32 Gesetzgebung über Trusts, S. 3 ff. Deutsch bei H[einrich] Freund: Das Zivilrecht [Sowjetrusslands. Mannheim, Berlin, Leipzig 1924], S. 136.
33 [Ebd.], S. 136. Sperrungen von uns.
34 Nach Ginzburg: [Vorwort zur 2. Auflage], S. xiv.

gewalt über Vermögen und Personalbestand der Trustleitung besitzt,
so genügt das vollkommen, um die Arbeit der Trusts im Großen
und Ganzen in die durch das Staatsinteresse geforderte Richtung zu
lenken. Kommen dazu noch einige Rechte direkter Einwirkung auf
das Produktionsprogramm und die Realisierung der Produktion, so
ist das alles Notwendige, um die wirtschaftliche Selbständigkeit der
Trusts mit den allgemeinen Grundgedanken des Wirtschaftsplans in
Einklang zu bringen. Gut organisierte europäische und amerikanische
Trusts gehen richtigerweise in der Regulierung der Arbeit ihrer einzelnen Bestandteile auch nicht weiter.«[35] Es wird sich später zeigen,
dass Ginzburg die Dauerhaftigkeit des Gesetzes vom 10. April 1923
überschätzt hat. Zunächst allerdings war es von größter Bedeutung,
dass die Kompetenzen der verschiedenen Wirtschaftsorgane einmal
genau festgelegt wurden.

Das gilt freilich nicht für die Stellung der Trustleitung zu den
Direktoren der Betriebe, die erst mehr als ein Jahr später durch das
Gesetz vom 10. Mai 1924 geregelt wurde. Die Betriebe haben nach dem
Dekret vom 10. April 1923 nur produktionstechnische Selbständigkeit,
aber nicht die Rechte einer juristischen Person. Die kaufmännische
Leitung und Rechnungslegung ist zunächst in den Trusts konzentriert,
in denen jeder Betrieb sein eigenes Konto hat. Allerdings spielte die
Rechnungslegung während der ersten Jahre erst wegen des Fehlens
des Marktes und dann immer mehr wegen der Zerrüttung des Geldwesens keine große Rolle. Besonders wichtig sind die Bestimmungen über die juristische und kaufmännische Unselbständigkeit der
Einzelbetriebe deshalb, weil damit über das flüssige Kapital allein
die Trustleitung verfügt, die es nach ihrem Ermessen dahin dirigie-
ren kann, wo es ihr am notwendigsten erscheint. Man hat sich von
dieser Zentralisierung der Umsatzmittel große Ersparnisse und eine
intensive Ausnutzung des zirkulierenden Kapitals versprochen.[36]
Diese Grundsätze, die sich mit der Zeit herausgebildet hatten, wurden durch die Verordnung vom 10. Mai 1924 bestätigt. Nach ihr ist
der Fabrikdirektor mehr oder weniger nur ausführendes Organ des

35 [Ebd.], S. xv.
36 Rozenfel'd: [Die Industriepolitik], S. 273.

Trusts. Der Betrieb empfängt vom Trust die Produktionsaufträge, die Rohstoffe und alle entscheidenden Direktiven; der Betriebsdirektor ist für die technische Durchführung der vom Trust erhaltenen Aufträge verantwortlich, doch kann ihm auch durch die Trustleitung das Recht zum Ein- und Verkauf auf dem Markte übertragen werden.[37]

Die kaufmännische Unselbständigkeit des Fabrikdirektors kam vor allem noch in der Bestimmung zum Ausdruck, dass er nicht das Recht hatte, Aufträge der Trusts, die für seine Fabrik verlustbringend waren, abzulehnen, er konnte sich lediglich beim OVWR darüber beschweren. In dieser Stellung der Betriebsdirektoren finden sich noch starke Reminiszenzen an das glavkistische System, die erst mehrere Jahre später beseitigt wurden, als sich deutlich genug herausgestellt hatte, dass durch diese Bevormundungspolitik den einzelnen Betrieben gegenüber jede Initiative ihrer Leiter erstickt werden musste. »Das Dekret wollte nur die allgemeinen Prinzipien entwickeln, nach denen die Trusts verwaltet werden sollten, und alles weitere der Erfahrung überlassen... Die Frage der Stellung der Betriebe wurde immer brennender, je mehr sich die neuen organisatorischen Formen befestigten, und diese Frage verwandelte sich rasch in die nach den Rechten der Direktoren. Ähnlich wie der Trust sich gegenüber dem OVWR selbständig zu machen drohte, strebten auch die Fabriken nach einer gewissen Selbständigkeit gegenüber den Trusts. Das wirtschaftliche Leben zwang zu Dezentralisation, verstärkter Initiative und zu schöpferischer Tätigkeit der Wirtschaftsleiter. Es bildete sich eine ganze Organisation – der Klub der Roten Direktoren – unter der Losung: Erweiterung der Rechte des Direktors.«[38]

Sehr charakteristisch sind die Bestimmungen des Dekrets vom 10. April 1923, in welchen das Verhältnis der Trusts zur Staatskasse festgelegt wird. Oberster Grundsatz ist dabei, dass der Staat für die Schulden der Trusts nicht aufzukommen braucht. Wird der Trust zahlungsunfähig, so steht es dem Staat frei, das Defizit zu decken (§ 20). Geschieht dies nicht, so haftet der Trust seinen Gläubigern gegenüber zivilrechtlich mit seinem Umsatzkapital, dagegen kann das

---

37   Gesetzgebung über Trusts, S. 165 f.
38   Ginzburg: [Vorwort zur 2. Auflage], S. XLVI.

»Grundkapital« zur Deckung der Forderungen nur mit besonderer
Genehmigung des OVWR herangezogen werden.[39]

Neuorganisation der Industrieverwaltung

Mit der Bildung des Bundes der Sozialistischen Sowjetrepubliken
im Dezember 1922 entstand die Frage, wie die Leitung der in den
verschiedenen Republiken gelegenen Trusts zu verteilen sei. Ursprünglich bestand die Absicht, dem OVWR der Union die gesamte

39 Der § 16 des Dekrets definiert die beiden Arten des Kapitals, die damit
wohl zum ersten Male juristisch unterschieden werden, während sie bis
dahin nur in der Wirtschaftswissenschaft begrifflich geschieden wurden:
   Grundkapital ist alles Eigentum des Trust, »das in einem Produkti-
onsakt nicht vollständig verbraucht wird; Fabrik- und andere Gebäude, Maschinen, Ausrüstung, Instrumente, lebendes und totes Inventar
usw. Umsatzkapital ist: Geld, Wertpapiere, die Produktion, sowie alle
Gegenstände, die im Produktionsprozess nur einmal benutzt werden
können: Brennstoff, Rohstoffe, verschiedene Materialien usw.« ([Ebd.],
S. 32; Freund: [Das Zivilrecht], S. 137.)
   Man hat sich in Russland öfter darüber den Kopf zerbrochen, inwiefern
sich die Sowjettrusts und überhaupt das Sowjetkapital von den westlichen
kapitalistischen Einrichtungen unterscheiden. Ginzburg ist der Ansicht,
dass der russische Staatskapitalismus alle organisatorischen Formen der
Privatwirtschaft übernommen, ihnen aber einen anderen Inhalt gegeben
habe (Ginzburg: Vorwort zur 2. Auflage], S. XXII). Die Veränderung des
Inhalts soll darin bestehen, dass das Kapitalverhältnis keine Ausbeutung
mehr einschließt, dass die Trusts keine Ziele haben, die die Interessen der
Konsumenten schädigen, dass die Akkumulation eine »sozialistische« sei
und dass die Verfügungsgewalt des proletarischen Staates über sämtliche staatskapitalistische Einrichtungen sie dem Aufbau des Sozialismus
dienstbar mache. Vgl. hierzu die Ausführungen von [Fritz] Bauer: [Die
rechtliche Struktur der Trusts. Mannheim, Berlin, Leipzig 1927]; [Paul]
Wohl: [Die russischen Trusts. In: Finanz- und Volkswirtschaftliche Zeitfragen 86. Herausgegeben von Georg von Schanz u. Julius Wolf. Stuttgart
1925] und [Adolf von] Vogel: [Der Wirtschaftskrieg. Herausgegeben vom
Königlichen Institut für Seeverkehr und Weltwirtschaft an der Universität
Kiel. Abteilung II Russland. Jena 1918].

Großindustrie mit ungefähr 150 Trusts zu unterstellen, doch wurde dieser Plan vorwiegend aus innerpolitischen Gründen schließlich aufgegeben und stattdessen folgende Aufteilung vorgenommen: Zunächst wurden aus der gesamten Industrie diejenigen Zweige zusammengefasst und der Bundesleitung unterstellt, die für die Verteidigung, die Verbindung mit dem Weltmarkt oder die planmäßige Gestaltung der Wirtschaft von Wichtigkeit waren. Es handelte sich dabei um 72 Trusts mit 800 Betrieben und 545 000 Arbeitern, die allerdings 14 % aller Trusts, 25 % aller Betriebe und 60 % aller Arbeiter umfassten. Die Leitung der übrigen Industrie blieb den Obersten Volkswirtschaftsräten der Bundesrepubliken vorbehalten. Da hierbei noch zahlreiche Trusts und Betriebe in Frage kamen, wurde die den Republiken unterstellte Industrie wieder nach ihrer Wichtigkeit in Industrie von republikanischer und in solche von nur lokaler Bedeutung eingeteilt.[40] Entsprechend finden wir drei Arten von Trusts, nämlich die »Unionstrusts«, die dem Präsidium des OVWR der UdSSR direkt unterstehen, »republikanische« Trusts, die den Präsidien der OVWR der sechs Bundesrepubliken unterstellt sind (dazu gehören auch die Gebietstrusts, die den Industriebüros bzw. den Gebietswirtschaftsräten unterstellt sind), und schließlich »lokale« Trusts, die von den lokalen wirtschaftlichen Organisationen ihre Direktiven empfangen.[41]

40 Ginzburg: [Vorwort zur 2. Auflage], S. XLV.
41 Die Einteilung der Trusts nach ihrer verschiedenen Bedeutung wurde festgelegt durch Verordnung vom 12. November 1923. Zu den Unionstrusts zählen die wichtigsten Industriezweige, insbesondere die Schwerindustrie, die chemische und elektrotechnische Industrie usw. Die Trusts von republikanischer Bedeutung sind solche, auf die sich die Wirtschaftspolitik im Rahmen der betreffenden Republiken besonders stützen muss (Holz, Torf, Elektrizität), oder die sonst für die Industrie der betreffenden Republik von besonderer Bedeutung sind. Die lokalen Trusts gehören größtenteils zur Leichtindustrie und sind im Wesentlichen nur für den lokalen Markt von Bedeutung. Durch das Dekret vom 17. Juli 1923 wurden für die lokalen Trusts Sonderbestimmungen geschaffen, welche ihnen eine noch größere Selbständigkeit gewähren, als für die übrigen Trusts durch das Dekret vom 10. April vorgesehen ist. Um eine möglichst rasche Anpassung der Lokaltrusts an die Bedürfnisse des Markts zu sichern, wurde eine

Es zeigt sich hier eine ziemlich weitgehende Dezentralisation, die
noch verstärkt wird dadurch, dass von den dem OVWR des Bundes
unterstehenden 72 Trusts ungefähr die Hälfte mittels eines sogenannten »Verwaltungsmandates« an die OVWR der verschiedenen
Republiken übergeben wurde. Die weite Entfernung dieser Trusts
macht eine direkte Verwaltung von Moskau aus zu schwerfällig;
doch handeln die republikanischen OVWR nicht selbständig, sondern
als Beauftragte mit beschränkten Vollmachten und unter ständiger
Fühlungnahme mit dem OVWR der Union.[42]
Diese teilweise durch innerpolitische Erwägungen bestimmte
weitgehende Dezentralisation der Trusts hatte natürlich auch große Nachteile im Gefolge: sie verhinderte die einheitliche Leitung
solcher Industriezweige, bei denen ein geschlossenes Vorgehen auf
dem Markte sowohl in Bezug auf den Verkauf der Produkte als auch
insbesondere auf den Einkauf der Rohstoffe von der Landwirtschaft
notwendig gewesen wäre.[43]
Dieselben Gründe, die zur Neueinteilung der ganzen Industrie
geführt hatten, hatten auch eine Veränderung in der Organisation der
zentralen und lokalen Volkswirtschaftsräte zur Folge. An der Spitze
der gesamten Industrie steht als Bundesministerium der OVWR der
Union, der den Plan für die Gesamtindustrie auszuarbeiten, die allgemeinen Direktiven zu geben und die ihm unterstellten Trusts zu verwalten hat. Er besitzt, wie wir gesehen haben, keine örtlichen Organe,

Anzahl der sonst dem OVWR vorbehaltenen Rechte den lokalen Wirtschaftsbehörden übertragen. Auch hier zeigt sich der Zug zu möglichst
weitgehender Dezentralisation. Vgl. Rozenfeĺd: [Die Industriepolitik],
S. 265 ff.

42 Sabsovič: [Die Organisation der Industrie], S. 35; Rozenfeĺd: [Die Indus-
triepolitik], S. 266 ff.

43 Sabsovič: [Die Organisation der Industrie], S. 35 f. Vgl. auch die Ausführungen von S[absovič] über zwei verschiedene Tendenzen, die sich seit
der zweiten Hälfte 1923 bemerkbar machen, nämlich einerseits diejenige
zur Vergrößerung der bestehenden Trusts, andererseits die zu ihrer
Auflösung, zur Abspaltung selbständiger Betriebe oder Betriebsgruppen.
([Ebd.], S. 36 ff.) S[absovič] stellt fest, dass schließlich die Zentralisationstendenzen sich als die stärkeren erwiesen haben.

sondern muss sich durch die OVWR der Republiken vertreten lassen. Diese verwalten die ihnen unterstellten Trusts selbständig auf Grund der Gesetze und der allgemeinen Richtlinien, die sie vom OVWR der Union erhalten, mit Hilfe eines Netzes von lokalen Organen.[44]

44 So verfügt z. B. der OVWR der RSFSR über Gouvernementsvolkswirt-schaftsräte, Gebietsvolkswirtschaftsräte und Industriebüros. Die letzteren sind Vertreter des OVWR der Republik innerhalb eines gewissen Bezirkes und führen dessen Anweisungen aus, während den beiden anderen die Trusts von Gebiets- bzw. lokaler Bedeutung unmittelbar unterstellt sind, sie also deren Direktoren ernennen, absetzen usw. über die Verteilung der Trusts geben folgende Zahlen Auskunft (zit[iert] nach Rozenfel'd: [Die Industriepolitik], S. 263 f.): Im Frühjahr 1924 arbeiten von rund 1,2 Millionen in Staatstrusts beschäftigten Arbeitern zwei Drittel auf dem Territorium der RSFSR. Der Gesamtwert der Industrieproduktion im Wirtschaftsjahr 1923/24 in Höhe von rund 1,5 Milliarden Rubel (berechnet nach Friedenspreisen) verteilt sich wie folgt:

Unionstrusts	899,6 Millionen Rubel
Republikanische (RSFSR)	86,0 Millionen Rubel
Gebietstrusts (RSFSR)	63,4 Millionen Rubel
Republikanische (UdSSR)	76,1 Millionen Rubel
Lokale	378,3 Millionen Rubel

Zur weiteren Vereinfachung der Verwaltung wurde durch Verfügung vom 3. November 1923 angeordnet, dass in Gouvernements mit unentwickelter lokaler Industrie die Gouvernementsvolkswirtschaftsräte (GVWR) aufzulösen und ihre Funktionen von Abteilungen für Lokalwirtschaft bei den Gouvernementsexekutivkomitees übernommen werden sollten. ([Ebd.], S. 281.)
Zur Erläuterung der Zusammensetzung des provinziellen Verwaltungsapparates, der einem republikanischen OVWR zur Verfügung steht, mag hier die Gliederung des Apparates bei dem bedeutendsten, dem OVWR der RSFSR aufgeführt werden. Bei der Verwaltung der »sowjetrussischen« Industrie und der ihm anvertrauten Unionstrusts verfügt er ([Ebd.], S. 285) über:
a) 4 Industriebüros (Nordwest, Südost, Sibirien und Ferner Osten);
b) 1 GebietsVWR (Ural);

2. Zentralistische Phase (Herbst 1923 bis Herbst 1926)

Es wurde gezeigt, dass in dem Dekret vom 10. April 1923 im Sinne der Tendenzen zur Dezentralisation den Trusts eine weitgehende Selbständigkeit eingeräumt worden war. Doch mit dem Anwachsen des Warenhungers und dem Übergang der Preispolitik der Trusts zu jener Ausplünderung der Konsumenten, die man die »Diktatur der Industrie« genannt und die dann in der Herbstkrise 1923 zu schweren wirtschaftlichen Störungen geführt hat, gewinnen die zentralistischen Tendenzen wieder erneut an Boden. Die Herbstkrise führt zu einer Neuorganisation des OVWR (Dekret vom 12. November 1923), die eine viel straffere Führung der Trusts durch den OVWR vorsieht, und im weiteren Verlauf der nächsten drei Jahre macht sich eine immer stärkere Einmischung der Zentralstellen in die Tagesarbeiten der Trusts bemerkbar. Ein besonderes Einmischungsfeld der vorgesetzten Behörden ist in dieser Zeit die Verfügung über die Produktion. Nach dem 48 des Dekrets vom 10. April 1923 sollen sich der OVWR bzw. der STO nur ausnahmsweise in die Preispolitik und in die Disposition über die produzierten Waren einmischen. Aber in dem Maße, wie sich in den Jahren des Wiederaufbaus die wirtschaftlichen Schwierigkeiten vermehrten, die »Schere« sich öffnete und schloss, mehrten sich die Verfügungen über zwangsweise Preisfestsetzungen oder die Dirigierung der Waren in bestimmte Bundesgebiete oder Anordnungen über den Abschluss von Generallieferungsverträgen mit Genossenschaften.[45]

Ferner hatte die im Mai 1922 gegründete Kommission für Binnenhandel im Oktober desselben Jahres das Recht erhalten, Preise festzusetzen, so dass die Trusts bereits seit dieser Zeit in ihrer Preispolitik auch von diesem Wirtschaftsorgan abhängig waren,[46] eine Abhän-

---

c) 7 ZentralVWR (Kirgisen, Turkestan, Tataren, Baschkiren, Karelien, Dagestan und Wolgadeutsche);
d) 18 GVWR;
e) 45 Abteilungen für Lokalwirtschaft.

45 Ginzburg: [Vorwort zur 2. Auflage], S. XVI.
46 Verfügung des STO vom 6. Oktober 1922. [In:] Industriegesetzgebung I, S. 262.

gigkeit, die sich noch verstärkte, als an Stelle dieser Kommission das Volkskommissariat für Binnenhandel getreten war.

Neuorganisierung des OWR (Cugprom-Periode)

Der entscheidende Stoß gegen die Selbständigkeit der Trusts und damit auch gegen die Verwirklichung des Prinzips weitgehender Dezentralisation wurde bewusst geführt durch die oben erwähnte Neuorganisierung des OVWR der Union und nach seinem Muster auch der OVWR der Republiken. Der Kern dieser Neuorganisierung ist die Schaffung einer besonderen Abteilung im OVWR, der »Zentralverwaltung der Staatsindustrie« (Cugprom)[47], nach welcher diese Organisationsform des Bundesindustrieministeriums ihren Namen erhalten hat. Diese Abteilung sollte alle wichtigen Trusts zu einem Trust der Trusts zusammenfassen und ihre straffste Führung durch den OVWR gewährleisten. Hier handelt es sich nicht mehr um bloße Direktiven, sondern darum, dass dieser neugeschaffene Apparat mit seinem Stab von Direktoraten »seine ganze Arbeit auf die Entwicklung und Verstärkung der ihm unterstellten großen Industrie konzentrieren, alle ihre Schritte verfolgen, ihre Grundtendenzen bestimmen, ihr die Mittel zuweisen, ihre personelle Leitung ernennen und so eine Art von operativer Einheit schaffen« sollte.[48] Bedenkt man ferner, dass der Cugprom die Finanzpläne für die ihm unterstellten Trusts aufstellte, die Gewinne verteilte, nötigenfalls die Reorganisation einzelner Trusts vornehmen konnte und dass alle diese Tätigkeiten verknüpft waren mit einer Einforderung von ausführlichen Berichten über alle Geschäftsvorgänge, so zeigt sich, dass der vor wenigen Jahren scheinbar endgültig begrabene Glavkismus in dieser neugeschaffenen Instanz, wenn auch auf höherer Stufe, wieder auferstanden war.[49] Am Ende der Cugprom-Periode bildete sie »das Zentrum eines grandiosen Industriekonzerns, der zwei Drittel der

---

47 Central'noe Upravlenie Gosudarstvennoj Promyšlennosti.
48 Ginzburg: [Vorwort zur 2. Auflage], S. xlvi.
49 Sabsovič: [Die Organisation der Industrie], S. 65.

gesamten Industrie der UdSSR umfasst und die Funktion der operativen Leitung ausübt«.[50]

Im Ganzen bestand der neuorganisierte OVWR aus folgenden Abteilungen:[51]

1. Präsidium,
2. Geschäftsverwaltung,
3. Hauptökonomische Verwaltung (GĖU),
4. Zentralverwaltung der Staatsindustrie (Cugprom),
5. Wissenschaftlich-technische Abteilung,
6. Geologisches Komitee,
7. Oberste geodäsische Verwaltung,
8. Hauptverwaltung für Presse,
9. Hauptverwaltung für Kriegsindustrie,
10. Hauptverwaltung für elektrotechnische Industrie,
11. Hauptverwaltung für Metallindustrie.

In dem Präsidium wird die gesamte Leitung der Behörde zusammengefasst, die Funktionen des Cugprom sind uns bereits bekannt, diejenigen der dritten wichtigen Abteilung, der »hauptökonomischen Verwaltung« (GĖU),[52] müssen uns jetzt beschäftigen, um so mehr, als dieser Stelle die Aufgabe zufiel, die eigentliche Planarbeit innerhalb des OVWR durchzuführen.

Durch die Trennung von Cugprom und GĖU wollte man die »operativen« und »planierenden« Funktionen streng voneinander trennen. Aber wie ein Blick auf das Organisationsschema zeigt, ist diese Trennung nicht gelungen. Denn die neuen »Hauptverwaltungen«, die zugleich mit Cugprom und GĖU geschaffen wurden, vereinigen für die Industrien, denen sie vorstehen, beide Funktionen. Allerdings

50 Rozenfel'd: [Die Industriepolitik], S. 284.
51 Vgl. hierzu die schematische Darstellung [Nr. 6] im Anhang. Für die Überlassung dieses Schemas und der beiden anderen, die die späteren Organisationsformen des OVWR darstellen, ist der Verfasser dem stellvertretenden Vorsitzenden des OVWR der Union, Herrn [Moisej L'vovič] Ruchimovič, zu besonderem Dank verpflichtet.
52 Glavnoe ėkonomičeskoe upravlenie.

waren die Rechte dieser neuen Hauptverwaltungen den Glavki des Kriegskommunismus gegenüber bedeutend eingeschränkt, und zwar sowohl durch die Bestimmungen des Dekretes vom 10. April 1923 über die Trusts als auch dadurch, dass ihnen nur die wichtigeren Betriebe direkt unterstanden.

Die Teilung der Industrie in Bundes- und republikanische Trusts und die übrigen auf Dezentralisierung gerichteten Maßnahmen im Rahmen dieser Unterteilung hatten die Schaffung einer besonderen Abteilung im OVWR zur Folge, die für die Durchführung eines einheitlichen Industrieplanes innerhalb der ganzen Sowjetunion Sorge tragen sollte. Diese Aufgabe fiel [der] GĖU zu. Auf Grund der Direktiven der GĖU und der Arbeitspläne der Trusts stellte der OVWR jeder Republik eigene Pläne für seine Industrie auf und gab sie an [die] GĖU . Diese brachte die Pläne der verschiedenen OVWR in Übereinstimmung und stellte auch allgemeine Bedingungen für Absatz, Rohstoffbezug, Finanzierung jedes einzelnen Industriezweiges auf. Daneben sollte sie aber auch einen einheitlichen Plan für die Gesamtindustrie entwerfen, eine Aufgabe, deren Lösung ihr erst nach langwierigen Versuchen und nur sehr unvollkommen gelungen ist.[53] Diese Tätigkeit der GĖU führte direkt hinüber in die eigentliche Planarbeit des Gosplan und schuf, wenigstens auf dem Papier, eine zufriedenstellende Eingliederung des OVWR in das gesamte Plansystem der russischen Wirtschaft.

Man rühmt an der Neuorganisation des OVWR, dass sie »das Verdienst hat, erstens in der ganzen Linie der Organe des OVWR eine Teilung durchgeführt zu haben in die Volkskommissariatsfunktionen der Regulierung des gesamten industriellen Lebens und die Funktionen der Verwaltung der jeder Abteilung des OVWR unterstehenden Gruppe von Industrieunternehmungen. Zweitens ist eine genaue Abgrenzung der Staatsunternehmungen in ihrer Unterordnung unter Unionszentrum, republikanisches Zentrum, Gebiets- oder Lokalzentrum durchgeführt. Drittens ist die neue Verwaltung direkt an die nationalisierte Industrie herangerückt, indem sie sie von oben bis unten erfasst, ihr aber größtmögliche Selbständigkeit in der operativen und administrativen Arbeit belässt und sogar höchste Verwaltungs-

53 Sabsovič: [Die Organisation der Industrie], S. 67.

funktionen an Organe überträgt, die den Unternehmungen näher stehen«. Endlich habe das Prinzip der Zentralisierung der Leitung bei Dezentralisierung der Verwaltung eine »klare und präzise Ausgestaltung in einer geschlossenen auf praktischer Erfahrung gegründeten Organisation gefunden«.[54]

Es muss bedenklich stimmen, dass dieses günstige Urteil über die neue Organisationsform des OVWR weniger als ein Jahr vor der Auflösung des Cugprom und dem Übergang zu einer anderen Organisation geschrieben ist. Und bei näherem Zusehen findet sich dann auch, dass die beiden neugeschaffenen Abteilungen lange nicht so reibungslos funktionierten, wie es Rozenfel'd darstellt. Die Bewegungsfreiheit der Trusts hatte unter den zentralistischen Methoden des Cugprom immer mehr zu leiden, und die Planarbeiten der GĖU spielten sich ab »ohne Berührung mit dem wirklichen Leben in den Arbeitszimmern des OVWR…, während das wirkliche Leben seinen eigenen Weg ging. Die Pläne oder Produktionsprogramme gaben nicht nur keine Richtlinien für die Industrie, sie spiegelten noch nicht einmal den wirklichen Gang der industriellen Entwicklung richtig wider«.[55]

Die Angewohnheiten des Kriegskommunismus, sich bis in die kleinsten Einzelheiten der Arbeit einzumischen, spielten wieder eine große Rolle, und den Produktionsprogrammen wird nachgesagt, dass sie sich auszeichneten durch »übermäßige Kleinigkeitskrämerei« und das Fehlen großer richtungweisender Perspektiven, sowie eines wirklichen Zusammenhangs »nicht nur zwischen der Industrie und der Volkswirtschaft im Ganzen, sondern sogar zwischen den einzelnen Industriezweigen und sogar zwischen verschiedenen Trusts ein- und desselben Produktionszweiges«.[56]

Mängel der Planarbeit in der Industrie

Ganz besonders schlimm stand es mit den Arbeitsmethoden der Planarbeit. Man verlangte von den Trusts Berichte, die über alle

54 Rozenfel'd: [Die Industriepolitik], S. 258.
55 Sabsovič: [Die Organisation der Industrie], S. 65.
56 [Ebd.], S. 65.

Kleinigkeiten Auskunft geben sollten und deren Lesen bald ebenso viel Zeit in Anspruch nahm wie ihre Zusammenstellung. Ferner sollten die Trusts die Unterlagen für die Produktionsprogramme des kommenden Wirtschaftsjahres sehr frühzeitig, d. h. schon im Mai oder Juni des Vorjahres abliefern, also zu einer Zeit vorbereiten, wo sich insbesondere bei dem damaligen Stand der Konjunkturforschung die weitere Entwicklung schwer voraussagen ließ. Das Studium der von den Trusts abgelieferten »Riesenfolianten« hielt nun die mit der Kontrolle beauftragten Organe (OVWR und Gosplan) solange auf, dass die Pläne erst um die Mitte, manchmal sogar erst am Ende des Wirtschaftsjahres, für das sie bestimmt waren, fertig wurden und damit allen Sinn verloren hatten. Besonders zeitraubend war es, dass die nächsthöhere Instanz immer wieder sämtliche Arbeiten aller vorhergehenden Stellen nachprüfte, so dass die Planarbeit von unten nach oben ging und die Pläne, lawinenartig anschwellend, folgenden Weg durchliefen: Die Fabriken gaben ihre Pläne an den zuständigen Trust, dieser kontrollierte sie und stellte daraus ein Programm für den ganzen Trust zusammen, das er dem Cugprom einreichte. Cugprom nahm eine neue Kontrolle vor, fasste die Pläne der Trusts, die demselben Industriezweig angehörten, zusammen und gab sie an [die] GĖU weiter. [Die] GĖU versuchte, die ihr vom Cugprom und dem OVWR der Republiken übergebenen Pläne zu einem Industrieplan (Promplan) zusammenzufassen, den sie an Gosplan weiterleitete, »der von neuem dieselbe Arbeit machte, die schon von Cugprom und GĖU geleistet wurde«.[57]

<hr/>

57 [Ebd.], S. 69. Eine deutliche Vorstellung von der Schwerfälligkeit, mit der dieser Apparat arbeitete, gibt beispielsweise die Verordnung des OVWR der Union vom 20. Mai 1925 über »die Ordnung der Zustellung der Produktionsprogramme«, [Gesetzgebung über Trusts], S. 270 ff. Diese Verordnung, welche gegenüber dem bisherigen Zustand eine Verbesserung darstellen und analog auch für die OVWR der Republiken gelten sollte, setzt die Termine fest, innerhalb deren die Produktionspläne der Trusts an Cugprom und die OVWR der Bundesrepubliken und die Gesamtpläne an GĖU eingereicht werden müssen. Die Termine sind sehr kurz und laufen für die Trusts in der Zeit vom 10. bis zum 30. August, während die Gesamtpläne bereits am 10. September abgeliefert sein müs-

An Verbesserungsvorschlägen fehlte es nicht. Vor allem wurde mit Recht daran Kritik geübt, dass der Gang der Aufstellung der Pläne von vornherein verkehrt sei. Im Gegensatz zu der bisherigen Reihenfolge müsse der Industrieplan von oben nach unten aufgebaut werden. Vor allem habe der OVWR rechtzeitig Direktiven für die Gesamtindustrie und für die einzelnen Wirtschaftszweige auszuarbeiten, die zusammen mit den Kontrollziffern die Grundlage für das Programm der Trusts zu geben hätten. Cugprom solle unter Mitarbeit der Trusts innerhalb der vorgeschriebenen Grenzen die Pläne für die Trusts ausarbeiten und diese wieder die Pläne für ihre Fabriken.[58] Aber bis zum Frühjahr 1927 gelang es nicht, eine wesentliche Besserung zu schaffen. Im Wirtschaftsjahr 1925/26 wurden die Pläne von den obersten Instanzen erst im zweiten und dritten Quartal bestätigt, im Jahr 1926/27 war im Februar die seit Oktober fällige Bestätigung noch nicht eingegangen. Das führte zu größter Material- und Geldverschwendung, denn die Trusts konnten natürlich nicht so lange warten, wenn die Produktion nicht stillstehen sollte, sondern mussten

sen. Dass solche Termine nicht eingehalten worden sind, ist kein Wunder. Der Konstruktion des Industrieplans der einzelnen Industriezweige und Wirtschaftseinheiten müssen folgende Einzelheiten zugrunde liegen:
1. Der Produktionsplan, der enthalten soll »den Umfang der Produktion nach ihren Arten, den Bedarf an Arbeitskraft, die Verbindung der letzteren mit Arbeitslohn und Arbeitsproduktivität, die technischen Normen des Brenn- und Rohstoffverbrauchs, die Kalkulationen der Selbstkosten für die wichtigsten Produktionsarten, die Versorgung mit Rohstoffen, Brennstoffen und Materialien und endlich die Ausgaben für Kapitalerneuerung und Neubauten«. ([Ebd.], S. 277.)
2. Der »Realisierungsplan« soll angeben, welche Möglichkeiten für den Verkauf der einzelnen Produkte bestehen, durch wen der Verkauf ausgeführt werden soll, wer als Hauptverbraucher in Frage kommt und bis wann mit dem Absatz zu rechnen ist.
3. Der Finanzplan soll Aufschluss geben über die Vermögenslage auf Grund der Bilanzdaten, einen Voranschlag über die Einnahmen und Ausgaben, die bei der Durchführung von 1) und 2) zu erwarten sind, ebenso wie über die voraussichtlichen geschäftlichen Ergebnisse und ferner einen Plan für die Finanzierung im kommenden Geschäftsjahr.

58 Sabsovič: [Die Organisation der Industrie], S. 70.

Abschlüsse für den Einkauf ihrer Rohmaterialien und den Verkauf ihrer Produkte machen. Wenn dann mit der auf Grund des nichtbestätigten Planes vorgesehenen Produktion längst begonnen war, kam er erst mit zahlreichen Abänderungen von der vorgesetzten Stelle an den Trust zurück. Dieser hatte aber bereits auf längere Zeit ganz anders disponiert und konnte den abgeänderten Plan jetzt nicht mehr ausführen, wodurch häufig genug die zusammenfassende Arbeit des Zentrums völlig in Frage gestellt war. Wenn ein Beschluss aber nur durch die höhere Instanz getroffen werden durfte, dann begann »ein hoffnungsloses Bemühen, um die Entscheidung herbeizuführen... ein endloser Instanzenweg, wobei kein Mensch ahnt, wann die Frage entschieden werden wird«.[59]

Ein zweites Unglück in der Industrieverwaltung ist die Hypertrophie des Kontrollwesens. Nach dem Dekret vom 10. April 1923 wurde innerhalb des Trusts eine Revisionskommission gebildet, deren Mitglieder »die disziplinarische und kriminelle Verantwortung für unrichtige Handlungen und Fahrlässigkeiten in der Erfüllung ihrer Pflichten, insbesondere bei der Abgabe von Gutachten zu den Rechnungslegungen und Bilanzen« trugen (Art. 43). Dieser »Aufsichtsrat« nahm es mit seinen Aufgaben so genau, dass er zu einem Parallelorgan der Verwaltung wurde. Überdies war das Resultat seiner geräuschvollen Tätigkeit mangels hochqualifizierter Kontrolleure sehr gering.[60]

Neben der Revisionskommission gab es aber noch zahlreiche andere Kontrollinstanzen, die entweder dauernd Kontrollfunktionen auszuüben hatten, wie die Arbeiter- und Bauerninspektion, oder zur Kontrolle der Durchführung bestimmter Maßnahmen eingesetzt worden waren. Fälle wie der nachstehend geschilderte scheinen unter

59 [Stanislaw Wikentjewitsch] Kossior: Zur Vereinfachung der Industrieverwaltung. In: Wirtschaftliche Rundschau (Februar 1927), S. 27 ff.

60 Die Revisionen arten deshalb »in Kleinigkeitskrämerei aus, decken solche Mängel auf, die jedem bekannt, aber dank der gegenwärtigen Finanzlage nicht abzustellen sind, bringen sie vor obere Instanzen und halten mit einem riesigen Schriftwechsel die ganze Arbeit auf. 90 % aller Arbeit der Revisionskommissionen gehen auf überflüssige Sitzungen...« ([Ebd.], S. 38.)

diesen Umständen nicht zu den Seltenheiten gehört zu haben: »Neu-
lich«, so berichtet der Direktor eines Trusts, »waren in einer unserer
Fabriken gleichzeitig vier Untersuchungskommissionen tätig – die
Arbeiter- und Bauerninspektion, die Trustrevisionskommission, die
Kommission für Realisierung der illiquiden Fonds und noch eine
weitere – und dies zur Zeit der Aufstellung des Jahresberichts, wo
die Fabrikleitung ohnehin mit Arbeit überlastet ist. Infolgedessen
konnte ich als Vorsitzender des Trusts mich mit der Fabrik nicht beschäftigen, denn wenn ich auch noch mit irgendwelchen Forderungen
gekommen wäre, so hätte überhaupt alles auf dem Kopf gestanden. So
blieb mir nichts übrig, als wieder abzureisen. Im Trust selbst konnte
die Hauptarbeit – die Zusammenstellung der Fabrikproduktionsplä-
ne – nicht gemacht werden, weil alle verantwortlichen Leiter mit
Arbeit im Auftrage der Revisionskommission oder der Behörden der
Republiken beschäftigt waren.«[61]
   Eine der Folgen dieser Verhältnisse war die starke Belastung des
Personaletats bei den unteren Stellen, da nur mit einem sehr großen
Aufwand an Arbeitskräften die notwendigen Tagesarbeiten noch
durchgeführt werden konnten. Diese Renaissance der glavkistischen
Methoden dauerte während der ganzen »Wiederaufbauperiode«, und
es erscheint fast wie ein Wunder, dass trotz einer solchen »Verwal-
tung« der Aufbau der Industrie bei den vielen ihm entgegenstehenden
Hindernissen in relativ so kurzer Zeit möglich war. Allerdings hat
die Sowjetmacht in diesen Jahren bei der Erlernung der Industrieverwaltung sehr viel Lehrgeld bezahlen müssen.

61 [Ebd.], S. 28. Die Kleinlichkeit und Planlosigkeit der Industriekontrolle
   bilden ein in der Wirtschaftspresse ständig wiederkehrendes Thema. In
   der *Handels- und Industriezeitung* werden über die Mängel des Kontrollwesens folgende Angaben gemacht: Vom 1. Oktober bis 31. Dezember
   1926 wurde die Fabrik »Ėlektrosil« des Elektrotrusts 79 mal von Revisionskommissionen besucht, eine chemische Fabrik 84 mal, andere
   Betriebe 67 und 72 mal. Diese Revisionen kosteten die davon betroffenen
   Werke zwischen 290 und 400 Arbeitstage. (?) [In: Handels- und Industriezeitung 65 (1927).]

Beginn der Aufstellung einheitlicher Industriepläne seit 1925
Die Arbeiten des OSVOK

Mit dem Herannahen des Abschlusses der Wiederaufbauperiode stellte sich die Notwendigkeit heraus, sich nicht mehr mit der mehr oder weniger »naturwüchsigen« Entwicklung der einzelnen Industriezweige zu begnügen, sondern einen bewussten Plan für den Neuaufbau der Industrie aufzustellen. Da man es als wichtigstes Ziel ansah, das Land zu industrialisieren, musste man auch den Gang dieser Industrialisierung im Einzelnen vorbereiten, damit die Neuinvestierung in den verschiedenen Industriezweigen dem Gesamtplan entspräche. Der einzige Plan auf mehrere Jahre, der bis zum Frühjahr 1925 bestand, war der Elektrifizierungsplan der Goèlro, aber er genügte natürlich nicht als Arbeitsprogramm für die gesamte Industrie.

Durch Verfügung vom 21. März 1925 wurde beim Präsidium des OVWR eine besondere Kommission zur Ausarbeitung von Perspektivplänen für die industrielle Entwicklung geschaffen. Sie bestand aus Vertretern des OVWR, theoretischen und wirtschaftlichen Sachverständigen, Vertretern verschiedener Organisationen und zählte manchmal gegen 1000 Mitarbeiter.[62] In den ersten neun Monaten hielten die einzelnen Sektionen 1228 Sitzungen ab und hörten 592 Referate an. Die Ergebnisse ihrer Arbeiten liegen in einer großen Reihe von Publikationen vor.[63] Es kam darauf an, für die Entwicklung aller Industriezweige in den nächsten fünf Jahren Unterlagen für die Beantwortung folgender Fragen zu schaffen:[64]

---

62 Materialien zur Kritik der Hypothesen. [Heft 1]: Über die Arbeit des OSVOK im Jahre 1925 [(russisch). Moskau 1926], S. 43 ff. »Hypothesen« nannte man in abgekürzter Sprechweise die Gutachten über die hypothetische Entwicklung der Wirtschaft.

63 Materialien der besonderen Kommission für den Wiederaufbau des Grundkapitals [beim OVWR der SSSR]. Die russische Bezeichnung der Kommission ist Osoboe Soveščanie po Vosstanovleniju Osobnogo Kapitala Pri Prezidiume VSNCh SSSR = OSVOK.

64 Materialien zur Kritik der Hypothesen, S. 43.

1. Voraussichtliche Entwicklung des Absatzmarktes unter Berücksichtigung der Verbilligung der Produkte durch Massenproduktion,
   Ersatz des Imports durch eigene Produktion und Steigerung des
   Exports;
2. Versorgung der Industrie mit Arbeitskräften;
3. Verfügbare Rohmaterialien sowie die Aussichten für vermehrte
   Rohmaterialienproduktion und Schaffung von Ersatzstoffen;
4. Versorgung der Industrie mit Nutzkraft, insbesondere mit Elektrizität. Voraussichtliche Leistungsfähigkeit des Transportwesens
   und Vorschläge für seine Verbesserung durch die Erweiterung aller
   Transportmittel (Bahn, Wasser, Kraftfahrzeuge);
5. Finanzierung der Industrie sowohl auf Grund eigener Akkumulation als auch durch das Staatsbudget, innere und äußere Anleihen,
   Flüssigmachung illiquider Mittel und Beschleunigung des Kapital-
   umlaufes.

Auf Grund dieser Unterlagen hoffte man zu einem allgemeinen Industrieplan kommen zu können. Allerdings fehlten in jener Zeit noch fast
alle Einzelheiten, die für die Aufstellung eines solchen Planes notwendig waren. Man hatte nur eine sehr dunkle Vorstellung davon, in welchem Tempo die wirtschaftlichen Kräfte des Landes steigen und welche
Mittel nach Abschluss der Wiederaufbauperiode für die Entwicklung
der Industrie zur Verfügung stehen würden. Ferner kannte man noch
nicht einmal den Zustand des fixen Kapitals oder die Hilfsquellen, die
von anderen Zweigen der Wirtschaft für die Industrie zu erwarten
waren. Die ganze Problematik der Aufstellung eines Planes für mehrere
Jahre in einer Wirtschaft, über deren Kräfte und Entwicklungsmöglichkeiten man noch so gut wie keine Erfahrung hatte, für die in nahezu
allen wichtigen Fragen exakte Unterlagen fehlten, liegt auf der Hand.
Die von der Kommission hinzugezogenen Sachverständigen standen
schon bei der Beschaffung der notwendigsten Materialien vor einer
häufig fast unlösbaren Aufgabe. Wie sollte etwa die Aufnahmefähigkeit
eines erst im Entstehen begriffenen Marktes für die nächsten fünf Jahre
ermittelt werden? Kannte man doch weder die Entwicklungsmöglichkeiten der Landwirtschaft noch die der anderen Wirtschaftszweige oder
auch nur der einzelnen Industriezweige selbst, so dass man faktisch

vor einer Gleichung mit fast lauter Unbekannten stand. Den einzigen Anhaltspunkt wenigstens für den Markt der Konsumgüter bot das Vorkriegsniveau, und gerade die wichtigsten Abteilungen gingen bei der Beantwortung der ersten Frage davon aus, dass dieses Vorkriegsniveau in etwa zehn Jahren erreicht würde. Aber selbstverständlich war eine solche Annahme durchaus willkürlich und setzte im Übrigen die Lösung der gestellten Probleme bereits voraus.[65] Bei dem Markt für Produktionsmittel tappte man vollends im Dunkeln.

Trotzdem machte man sich mit einem in der Sowjetunion häufig zu beobachtenden ungeheuren Enthusiasmus an die Arbeit.[66] Aber über die summarische Aufstellung der Pläne für die wichtigsten Industriezweige, die Energiewirtschaft und die Rohstoffbasis ist diese Kommission nicht hinausgekommen. Im September 1926 wurde eine neue Sonderkommission für die Aufstellung eines Fünfjahresplanes der Industrie gebildet, die das gesamte OSVOK-Material sichten und statt bloßer Hypothesen einen richtigen Plan aufstellen sollte. In den von dieser Kommission im Jahre 1927 vorgelegten Materialien[67] heißt es ziemlich lakonisch, die von ihrer Vorgängerin aufgestellten Hypothesen spiegelten alle »Mängel der Wiederaufbauperiode« wider und entsprächen den Erfahrungen, über die die Mitarbeiter des OVWR in dem Zeitraum ihrer Aufstellung verfügten. Trotzdem stellen die Arbeiten des OSVOK eine wichtige Etappe in den Bemühungen um die Aufstellung eines Planes für mehrere Jahre dar.

3. Radikale Dezentralisierung der operativen Funktionen (seit Herbst 1926) Liquidierung des Cugprom

Mit dem Herannahen des Abschlusses der Wiederaufbauperiode und mit den ständig wachsenden Produktionsziffern der Industrie wuchs

65 [Ebd.], S. 17. Obendrein übersieht der Vergleich mit dem Vorkriegsstand die seit 1917 geschehenen Umwälzungen in der Wirtschaftspolitik und im Konsum (Nivellierung!).
66 [Ebd.], S. 12 ff.
67 Materialien zum Fünfjahresplan [der industriellen Entwicklung der UdSSR 1927/28–1931/32 (russisch). Moskau 1927], S. 3.

auch der Widerstand der Trusts gegen die Bevormundung durch Cugprom. Im August 1926 wurde der organisatorische Umbau des OVWR
beschlossen, dem der Cugprom zum Opfer fiel. Künftighin sollte der
OVWR sich weniger in die Verwaltungsarbeit der Trusts einmischen
und das Schwergewicht seiner Arbeit auf die planmäßige Leitung
der gesamten Staatsindustrie und nicht mehr bloß der Bundesindustrie legen. Durch Verfügung des Rates der Volkskommissare vom
24. August 1926 wurde der Cugprom aufgelöst.[68] Die Verbindung mit
den Trusts sollte künftighin durch zehn an seiner Stelle geschaffene
Glavki aufrecht erhalten werden, denn Cugprom habe seine Aufgabe,
»die Bundesindustrie unter einer einheitlichen Organisation zusammenzufassen und ihr die Kunst zu wirtschaften und auf dem Markt
zu operieren, beizubringen«, jetzt erfüllt.[69]

Trotzdem der Cugprom schließlich zu einer lästigen Fessel für
die Weiterentwicklung der Industrie geworden war, darf man seine Bedeutung für die Ausgestaltung der Wirtschaftsleitung nicht
unterschätzen. Durch ihn hat der OVWR ein Grundkapital von
Erfahrungen gesammelt, das ihm allein ermöglicht, die Angaben der
Trusts nachzuprüfen. Wenn z. B. heute ein Trust versucht, durch
ein Bombardement von Telegrammen, die mit unmittelbar bevorste-
hendem Zusammenbruch drohen, die Erfüllung seiner Forderungen
zu erzwingen, so steht die zentrale Leitung diesen Methoden nicht
mehr so hilflos gegenüber wie vor der Cugprom-Periode, denn
damals war die Verbindung mit dem praktischen Wirtschaftsleben
erst ganz lose, die Direktiven wurden von den Trusts kaum oder
gar nicht eingehalten, und es drohte eine Rückkehr zu den Methoden der freien Konkurrenz und ein völliger Zusammenbruch der
zentralen Leitung. Unter der energischen Führung seines Direktors
Pjatakov hat der Cugprom in kurzer Zeit die Trusts völlig in die
Hand bekommen. Jedes Jahr wurde jeder Trust auf das genaueste
untersucht, und von dem Ergebnis dieser Prüfung wurde die Wei-

68 Handels- und Industriezeitung 197 (1926).
69 Aus dem Referat [Valerian] Kuibyševs vor dem Rat der Volkskommissare
    über die Notwendigkeit der Reorganisation des OVWR der UdSSR. [In:]
    Pravda 197 vom 28. August 1926.

teranstellung des Trustdirektors abhängig gemacht. Mit diesen und ähnlichen Methoden gelang es dem Cugprom, diejenigen engen Verbindungen des OVWR mit der ihm unterstehenden Industrie herzustellen, welche die erste Voraussetzung für eine planmäßige zentrale Leitung darstellen.

Der Notwendigkeit, die Planarbeit und Regulierungstätigkeit des OVWR zu verstärken und auf die ganze Industrie auszudehnen, wurde dadurch Rechnung getragen, dass die bisher bei der GÊU bestehende Plankommission in eine selbständige Planverwaltung umgewandelt wurde. Diese neue Abteilung hat insbesondere die Aufgabe, für eine planmäßige, auf Jahre hinaus vorgezeichnete Entwicklung der Industrie, also für die Aufstellung und Durchführung von Jahresplänen und eines Fünfjahresplanes Sorge zu tragen.

Neuorganisation des OVWR

Um die Leitung der Industrie in eine engere Verbindung mit den übrigen Wirtschaftszweigen zu bringen, wurde ein Plenum des OVWR beim Präsidium geschaffen, das aus 75 Köpfen bestehen und in der Regel vierteljährlich zusammentreten sollte.[70]

Die Organisation des OVWR blieb in der im August 1926 gewählten Form nur ungefähr ein Jahr lang bestehen. Im Laufe des Jahres 1927 wurde die neugebildete Planabteilung mit [der] GÊU zu einer »planwirtschaftlichen Verwaltung« vereinigt, außerdem wurden einige neue Komitees zur Ergänzung der Glavki geschaffen. Am Ende des Wirtschaftsjahres 1926/27 setzt sich der Stab des Bundesindustrieministeriums folgendermaßen zusammen:[71]

70 Das Plenum setzte sich zusammen aus den Vertretern der wichtigsten Volkskommissariate, der größten Trusts, der OVWR der Bundesrepubliken, des Allrussischen Gewerkschaftsbundes, der wichtigsten Gewerkschaften, sowie aus einer Reihe von Sachverständigen. [Ebd.]

71 Nach den dem Verfasser im OVWR Anfang November 1927 gemachten Angaben. Vgl. auch die beiden Organisationsschemata [Nr. 8 und 9] im Anhang.

	Personal
Verwaltungs- und Finanzabteilung	274
Planwirtschaftliche Abteilung	335
Hauptverwaltung für die Textilindustrie	60
Hauptverwaltung für die Elektrotechn[ischen] Industrie	104
Hauptverwaltung für die Metallindustrie	170
Hauptverwaltung für die Bergwerks- u[nd] Brennstoffindustrie	114
Hauptverwaltung für die Chemische Industrie	69
Hauptverwaltung für die Landwirtschaftl[iche] u[nd] Fischereiindustrie	33
Hauptverwaltung für die Holz- u[nd] Papierindustrie	29
Wissenschaftlich-technische Verwaltung	132
Kommission für Heim- u[nd] Handwerksindustrie	7
Kommission für Bauwesen	28
Kommission für die Lederindustrie	10
Kommission für die polygraphische Industrie	4
Hauptverwaltung für die Kriegsindustrie	?[72]

Danach arbeiten im zentralen Apparat des OVWR der Union nahezu 1500 Personen.

Die OVWR der Bundesrepubliken unterstehen direkt dem OVWR der Union und sind nach seinem Muster organisiert, die korrespondierenden Abteilungen sollen in enger Zusammenarbeit stehen, je-

72 Ohne das Plenum, doch eingerechnet das Präsidium und die Hauptverwaltung für die Kriegsindustrie, deren Zusammensetzung und Personalbestand dem Verfasser aus begreiflichen Gründen nicht angegeben wurden. Die wissenschaftlichen Institute des OVWR, von denen es über dreißig gibt und die mit einem z[um] T[eil] sehr großen Personal arbeiten, sind in der obigen Zahl ebenfalls nicht inbegriffen.

doch scheint es an Reibungen und Kompetenzstreitigkeiten nicht zu fehlen. Der Personalbestand ist wesentlich kleiner als beim OVWR der Union. Er betrug für das Rechnungsjahr 1926/27 für den OVWR der RSFSR 499 Personen und soll für das Rechnungsjahr 1927/28 um 100 Personen verringert werden.[73] Doch kann von einer größeren. Arbeit der republikanischen Volkswirtschaftsräte erst seit Frühjahr 1927 gesprochen werden, insbesondere beim OVWR der RSFSR, dessen Trennung vom OVWR der Union bis zu dieser Zeit vielfach nur eine formale war.[74] Die provinzielle Organisation ist heute derart, dass der OVWR der RSFSR über folgende Arten von Organen in der Provinz verfügt:

1. Gebietsvolkswirtschaftsräte (Leningrad, Nordkaukasus, Sibirien, Ural und Ferner Osten),
2. Zentrale Volkswirtschaftsräte (in den autonomen Republiken),
3. Gouvernementsvolkswirtschaftsräte (Moskau, Stalingrad, Woronesch usw.),
4. Abteilung für lokale Wirtschaft (heute nur noch zwei, eine dritte – Archangelsk – wird aufgelöst).[75]

Besonders wichtig ist es, dass die heute im OVWR gebildeten Glavki, insbesondere nach der weiter unten zu behandelnden Neuordnung der Kompetenzen seit März 1927, sich von den Hauptverwaltungen des Kriegskommunismus grundsätzlich unterscheiden durch die Beschränkung ihrer Tätigkeit auf die allgemeine Leitung und Kontrolle

73 Einschließlich des Präsidiums und der Abteilung für Mobilisierung. Hierzu das Organisationsschema [Nr. 9] im Anhang.
74 Diese ebenso wie die folgenden Angaben verdankt der Verfasser dem Vorsitzenden der planwirtschaftlichen Verwaltung des OVWR der RSFSR, Herrn D. B. Ivenskij.
75 Unter den zentralen Volkswirtschaftsräten befindet sich auch einer, der eine Vereinigung der Verwaltung von Handel und Industrie zu einem Volkskommissariat für Industrie und Handel darstellt. So belanglos das Gebiet [Dagestan] in wirtschaftlicher Hinsicht auch ist, in dem man diesen Versuch gemacht hat, so wichtig ist er als erster Schritt zu einer weiteren Zusammenfassung der wirtschaftlichen Verwaltung.

der ihnen unterstellten Industrie. Vor allem ist das Berichterstat-
tungswesen der Trusts oder gar der Fabriken an den Glavk stark
eingeschränkt. Eine besondere Schwäche der Hauptverwaltungen
ist heute ihre geringe Informiertheit über die den Bundesrepubliken
unterstehenden Betriebe, über welche ihnen nur summarische Berichte geliefert zu werden brauchen. Die Schwierigkeiten, die sich
daraus bei der Aufstellung des Industrieplanes für die gesamte Industrie ergeben, werden allmählich (wie überall dort, wo ein Zwang zu
detaillierter Berichterstattung nicht mehr besteht, die vorgesetzten
Stellen aber ohne Einzelheiten nur schwer auskommen können)
durch die sozusagen inoffizielle persönliche Zusammenarbeit der
Leiter der Glavki und der Trusts überwunden. Durch die Pflege der
persönlichen Zusammenarbeit der verantwortlichen Leiter besteht
die Möglichkeit, in das Verwaltungssystem eine größere Elastizität zu
bringen und damit die bisherige unbrauchbare Methode genauester
bürokratischer Vorschriften für jede Einzelheit zu überwinden. So
wird z. B. neuerdings die Aufsicht einer Hauptverwaltung über die ihr
unterstellten Trusts dadurch gewährleistet, dass einzelnen Personen
des Glavk eine Art »Patronat« über einzelne Trusts anvertraut wird.

Nach dem Abschluss der Wiederaufbauperiode erwies sich das
Verwaltungssystem der Industrie als äußerst reformbedürftig. Die
bisherige Grundlage dieses Systems, das Dekret vom 10. April 1923,
hatte dem einzelnen Betrieb so gut wie gar keine Rechte eingeräumt
und die Möglichkeiten offengelassen, dass die Trusts in ihrer Bewegungsfreiheit durch die ihnen vorgesetzten Stellen im OVWR stark
gehemmt wurden. Im März 1927 nahm das Plenum des OVWR der
Union einen Entwurf an, der das Verwaltungssystem an Haupt und
Gliedern gründlich reformieren sollte und einige Monate später auch
von dem Rat der Volkskommissare bestätigt wurde (7. Juni 1927).

Die Thesen des OVWR vom 20. März 1927

In seinen Thesen[76] geht der OVWR davon aus, »dass die Durchführung
der Aufgaben der Industrie undenkbar ist ohne besondere Sorgsam-

---

76 [Thesen des OVWR. In:] Pravda Nr. 64 vom 20. März 1927.

keit in der Arbeit, strenge Verantwortlichkeit der einzelnen Personen und Institutionen, Sicherung eines Höchstmaßes von Initiative der unteren Produktionseinheiten (Betriebe, Fabrik)«. Dieser Feststellung, die in vieler Hinsicht das Gegenstück zu dem ist, was man zehn Jahre vorher als die richtige Methode angesehen hatte, folgt eine scharfe Kritik des bisherigen Verwaltungssystems. Es sei gekennzeichnet »durch eine alles durchdringende kleinliche Reglementierung und eine Hypertrophie des Zentralismus«... (im März 1927!). Bisher habe es sich darum gehandelt, alle Möglichkeiten für die Steigerung der Produktion auszunutzen, aber in der bereits begonnenen Neuaufbau-Periode handle es sich um Aufgaben, die mit den alten Methoden nicht mehr zu bewältigen seien. Das vom achten Sowjetkongress formulierte Grundprinzip »Zentralisierung der Planleitung und Regulierung – Dezentralisierung der operativen Funktionen« müsse jetzt strikt durchgeführt werden. In den Mittelpunkt solle künftighin der Einzelbetrieb treten, seine Selbständigkeit eine bedeutende Erweiterung erfahren. Der zwölfte Parteitag (1923) hatte bereits verlangt, dass den Fabriken gegenüber »eine erstickende Zentralisierung, die Vernichtung der Initiative und die mechanischen Eingriffe in die Arbeit« unbedingt vermieden und dass jeder Betrieb durch selbständige Kalkulation und eigene Bilanz den Nachweis seiner Nützlichkeit führen solle.[77] Trotzdem hatte die einige Monate später erfolgende Verordnung über die Verwaltung der Fabriken diese zu bloßen »des freien Willens beraubten Verwaltungsobjekten« der Trusts gemacht. Wir sprachen schon davon, dass die Betriebsdirektoren sich gegen die Bevormundung wandten und dass sich ein Klub der Roten Direktoren gebildet hatte, der um die Erweiterung der Rechte des Fabrikdirektors kämpfte. Man ging sogar so weit zu verlangen, dass die Beziehungen zwischen Trust und Fabrik in rein »vertragsmäßige« umgewandelt werden und dass die Trusts für die Fabriken nur eine Art Kommissionäre darstellen sollten, die den Ein- und Verkauf auf Grund bestimmter, durch Konventionalstrafen zu erzwingender Verträge durchzuführen und ferner eine gewisse finanzielle Mithilfe zu leisten hätten. Die Annahme dieser Vorschläge hätte die Trusts

77   Resolutionen [des 12. Parteitages], S. 25 f.

zu bloßen Organen der Fabriken gemacht und die Einzelbetriebe praktisch unmittelbar dem OVWR unterstellt, was bei der Masse der Fabriken zu einem organisatorischen Chaos hätte führen müssen.[78] Die neue Verordnung geht denn auch längst nicht so weit, sondern beschränkt sich darauf, »zwischen dem Trust und der Unternehmung solche Wechselbeziehungen festzulegen, welche die der letzteren zukommende Selbständigkeit bei der laufenden Arbeit, ihre volle Verantwortlichkeit für Produktions- und Finanzoperationen... gewährleisten«.[79] Allerdings konnte man sich immer noch nicht entschließen, der Fabrik die Rechte einer juristischen Person zu geben, doch wurde festgelegt, dass der Trust den Betriebsdirektoren gewisse Vollmachten übertragen müsse, die deren Selbständigkeit garantieren sollen.[80] Wichtige Neuordnungen sind, dass jeder Betrieb in Zukunft seine eigene Buchführung haben soll, dass ihm von den durch Herabsetzung der Selbstkosten und ähnliche produktionstechnische Fortschritte gemachten Gewinnen ein Teil als laufende Mittel zur Verfügung gestellt werden müssen und dass die Direktoren bei einer ganzen Reihe von Maßnahmen mitzuwirken haben, die bisher von den Trusts selbständig vorgenommen wurden (Aufstellung des Produktionspro-

78 Kossior: [Zur Vereinfachung der Industrieverwaltung], S. 44.
79 [Thesen des OVWR.]
80 Durch die Vollmacht müssen dem Betriebsdirektor folgende Rechte gegeben werden:
    Selbständige Rohstoffversorgung und Absatz, ebenso selbständige Annahme und Erteilung von Aufträgen in bestimmtem, vom Trust festzusetzendem Umfang.
    Abschluss von Pachtverträgen, Transport von Frachtgut, Erwerb und Veräußerung von Eigentum in vom Trust festzusetzender Höhe und Rechtsgrenze.
    Eröffnung von laufenden Konten für die Unternehmung in Kreditanstalten auf den Namen des Trusts.
    Verrechnung von Käuferwechseln und -vorschüssen auf die Produktion der Unternehmung in Höhe der Vollmacht.
    Bezahlung mit auf den Namen des Trusts lautenden Wechseln in vom Trust festzusetzender Höhe. [Thesen des OVWR.]

gramms, Neubauten usw.). Ferner soll die Berichterstattungspflicht der Betriebsleitung dem Trust gegenüber wesentlich eingeschränkt werden, und zwar sowohl in Bezug auf die Zahl der abzuliefernden Berichte als auch in Bezug auf den Umfang. Beibehalten werden zehn verschiedene Arten von Berichten, die teilweise monatlich, z[um] T[eil] aber auch in größeren Abständen zu liefern sind.

Einen Begriff von der Schwerfälligkeit der bisherigen Verwaltung gibt die Aufzählung der abzuschaffenden bzw. zu vereinfachenden Berichte:

»a) abzuschaffen sind die vierteljährlichen, halbjährlichen, monatlichen allgemeinen Abrechnungen, während die Jahresabrechnung beizubehalten ist. Die Aufstellung und Anforderung solcher Ausweise ist den zentralen und örtlichen Organen zu untersagen;

b) abzuschaffen sind die Voranschläge der Betriebsleitung über die Betriebsunkosten;

c) abzuschaffen ist die Vorlegung monatlicher Bilanzkalkulation;

d) abzuschaffen sind die monatlichen und vierteljährlichen Statistiken nach Creditoren, Debitoren und Verrechnungssummen;

e) abzuschaffen ist die Verpflichtung der Betriebsleitungen zur Vorlegung von monatlichen Informationen über Waren und Materialwerte und von Inventaraufnahmen zu den Jahresausweisen...

f) abzuschaffen sind...«

noch zahlreiche andere Berichte über alle möglichen Einzelheiten des Betriebs, deren Aufzählung bis zum Buchstaben v reicht.[81]

81 Welche grotesken Formen dieses Berichtsunwesen angenommen hat, geht aus folgenden kaum glaublichen Daten hervor:
    Nach [der] Handels- und Industriezeitung empfängt das Eisenbahnkommissariat von den Eisenbahn-Gesellschaften im Jahre Berichte von insgesamt 780 000 Druckseiten. Die Berichte enthalten u. a. Statistiken darüber, wieviel »Führerportraits«, wieviel Aschbecher, Spucknäpfe usw. auf den Stationen vorhanden sind. Die Volkskommissariate für Handel der UdSSR und RSFSR beantworten in ihren Berichten jährlich 447 880 Fragen, was sie derartig belastet, dass ihnen keine Zeit bleibt, sich mit der Organisation des Handelsnetzes und der Senkung der Handelskosten

Auch die Stellung der anderen Teile des Verwaltungsapparates der
Industrie wird einer Revision unterzogen, wobei man aber auf dem
Standpunkt steht, dass es möglich und notwendig sei, alle Veränderungen »im Rahmen des bestehenden Organisationsschemas – Unternehmung (Betrieb, Fabrik, Schacht), Trust, Syndikat –« zu lösen.
Bei der Skizzierung der neuen Methoden wurden die folgenden Gesichtspunkte als grundlegend angesehen:

»1. volle Ausnützung aller Hauptglieder des bestehenden Verwal-
     tungssystems der Industrie;
 2. genaue Abgrenzung der Kompetenzen und Pflichten der einzelnen
     Glieder;
 3. Übertragung von Rechten und Verantwortlichkeit an die unteren
     Glieder dergestalt, dass jedes obere Glied sich auf das Minimum
     der Elemente beschränkt, das für die Erledigung seiner Pflichten
     wirklich notwendig ist.«

Ebenso wie die Rechte der Trusts nach der Seite der Betriebe eine
wesentliche Einschränkung erfuhren, wurden sie nach der des OVWR
erweitert. Die »operative Einmischung« des OVWR soll weiter beschränkt und dem Trust eine bedeutend größere Selbständigkeit
eingeräumt werden. Besonderes Gewicht wird auf die Rolle des Trusts
innerhalb der gesamten Planarbeit gelegt. Er soll die jährlichen Industriepläne auf Grund der ihm vom OVWR in Form von Kontrollzahlen
gegebenen Direktiven für seinen Bereich aufstellen und das Recht

zu befassen. Der Moskauer Trust MSPO berichtet jährlich an 36 andere
Organisationen und Behörden und beantwortet dabei 692 393 Fragen. Die
Autofabrik AMO beantwortete in ihren Berichten jährlich 340 000 Fragen.
Die Mehrzahl dieser Antworten seien völlig zwecklos. Manchmal habe
die fragenstellende Behörde die Sache schon längst vergessen, wenn der
Bericht einlaufe. Die Kosten dieses Berichtsunwesens belaufen sich allein
beim Moskauer Tuchtrust auf 1,3 Millionen Rubel im Jahr. [Handels- und
Industriezeitung 26 (1927).] Nach derselben Zeitung verbraucht allein das
Eisenbahnkommissariat in seinen Berichten ein Viertel der gesamten
Papierproduktion der S[owjet]u[nion]. [Handels- und Industriezeitung
293 (1926).]

haben, die Arbeit in seinen Betrieben selbständig im Rahmen seiner
Vorschläge zu organisieren, wenn der OVWR zu Beginn des Wirtschaftsjahres ihm keine genehmigten Pläne übergibt. In Bezug auf
die Verfügung über das Vermögen der Trusts sowie ihrer Umbildung
werden die Rechte der Trustdirektoren erweitert.

Auch die Verpflichtungen zur Berichterstattung gegenüber dem
OVWR wird ganz wesentlich eingeschränkt. Die neuen hier geltenden Grundsätze geben eine scharfe Kritik des bisherigen Verfahrens:
»Wenn die bestehende Praxis... nicht radikal verändert, wenn den
Trusts und Betriebsleitungen nicht die volle Verantwortlichkeit auferlegt, wenn der kleinlichen Bevormundung und der Einmischung in
die winzigsten Details ihrer Arbeit nicht ein Ende gemacht wird, so
wird unvermeidlich die Praxis der Anforderung zahlloser Abrechnungen, Informationen, Enqueten, Statistiken usw. weiter fortbestehen.
Es ist ein für allemal festzusetzen, dass bei den unteren Instanzen
die Abrechnungen in detailliertester Form auszuführen sind und
mit dem Ansteigen der Instanz immer summarischere Gestalt zu
erhalten haben.«

Die Funktion des Trusts als Mittel der Planwirtschaft soll dadurch
ausgedrückt werden, dass sie zwar kaufmännische Unternehmungen
sind, die zum Zwecke der Erzielung von Gewinnen arbeiten, andererseits aber ihre Arbeit den Plänen des OVWR und des STO bzw. den
entsprechenden republikanischen Organen unterordnen sollen. Eine
wichtige Folge dieser Abhängigkeit ist die Tatsache, dass dem Trust
kein Recht zur freien Anpassung an den Markt eingeräumt, sondern
die Möglichkeit des Eingriffs in die Festsetzung der Fabrikpreise dem
OVWR vorbehalten bleibt. Es liegt auf der Hand, dass hier versucht
wird, zwei sich widerstrebende Grundsätze zu vereinigen und dass
dieser Widerspruch immer wieder zum Ausdruck kommen muss.

Besondere Aufmerksamkeit wird bei der Neuorganisierung den
Syndikaten zugewandt. Es ist bemerkenswert, dass bis zum Jahre 1927
ein allgemeines Gesetz, das die Rechte und Pflichten der Syndikate
festlegt, nicht existiert.[82] Sie werden bis heute aufgefasst als freiwillige

---

82 Das neue Dekret über die Trusts und Syndikate. [In:] Ėkonomičeskaja
    Žizn' 126 vom 7. Juni 1927.

Ein- und Verkaufsorganisationen der Trusts, die allerdings zugleich als Hilfsorgane für die Planmaßnahmen des Staates dienen müssen. Sie sollen ihre Tätigkeit auf den Großhandel beschränken und diesen mit der Zeit womöglich monopolistisch beherrschen, während der Kleinhandel den Genossenschaften und dem Privathandel vorbehalten bleibt.

Die Verbindung zwischen Syndikaten und Genossenschaften soll durch ein System von Generalverträgen gesichert werden. Auf diese Weise hofft man mit der Zeit den Markt in allen wichtigen Produkten übersichtlich zu gestalten und das schwer regulierbare privatkapitalistische Element allmählich zu verdrängen. Das Verhältnis zwischen Trusts und Syndikaten soll ein rein vertragliches sein, und den Syndikaten ist die Einmischung in die Produktionstätigkeit der Trusts verboten. Solange aber die meisten Syndikate den Ein- und Verkauf der Trusts finanzieren, ist es nicht zu vermeiden, dass sie einen entscheidenden Einfluss auf die gesamte Tätigkeit der Trusts gewinnen.

Mit dem Wachsen der Marktbeherrschung durch die Syndikate wächst auch die Gefahr, dass diese ihre Monopolstellung missbrauchen und ihre Tätigkeit viel mehr in privatwirtschaftlichem als in volkswirtschaftlichem Sinne auffassen. So klagt [der] OVWR über eine »gewisse Kostspieligkeit« des Syndikatsapparates und über »ungenügende Aufmerksamkeit gegenüber den Fragen des Assortiments, der Qualität, der Selbstkosten, der Standardisierung und Spezialisierung der einzelnen Trusts«.[83]

Die Märzthesen des OVWR sehen auch eine Reorganisation seines eigenen Apparates vor. Der Wunsch nach möglichst weitgehender Dezentralisierung verbindet sich hier mit der Notwendigkeit einer engeren Zusammenarbeit der einzelnen Stellen. Das zeigt sich in den neuen Bestimmungen über das Verhältnis des OVWR zu den OVWR der Republiken und zu den Trusts, denen beiden sowohl größere Rechte eingeräumt als auch eine engere Zusammenarbeit

---

83 Ėkonomičeskaja Žizn' 126 vom 7. Juni 1927. Unter Assortiment versteht man die Auswahl an Waren, die von der betreffenden Stelle auf den Markt gebracht werden. Berüchtigt und bis heute noch nicht ganz aufgehoben ist das »Zwangssortiment«.

zur Pflicht gemacht wird. Während bisher der vertikale Aufbau im Vordergrund gestanden habe, müsse jetzt größte Aufmerksamkeit der horizontalen Verknüpfung gewidmet werden, »denn die vertiefte und systematische Verknüpfung der Arbeit der Industrie mit der Wirtschaft des Rajons ist eine der Voraussetzungen, die uns vor den schwersten Fehlrechnungen auf dem Gebiete der Produktion und der Investierung von fixem Kapital bewahren können«.[84] Die Verwaltung der republikanischen Industrie soll ebenso wie die Leitung der lokalen Wirtschaftsorgane ausschließlich dem OVWR der betreffenden Bundesrepubliken unterstehen, nur an diese darf sich der OVWR der Union wenden, wenn er irgendwelche Direktiven treffen oder Auskünfte über die ihnen unterstehende Industrie erhalten will. Auch bei der Aufstellung der Industriepläne wird den republikanischen OVWR größere Selbständigkeit gewährt, ebenso erfolgt die Verteilung der für die ihnen unterstellte Industrie bestimmten staatlichen Mittel ausschließlich durch sie.

Den Trusts gegenüber werden die Rechte des OVWR beschränkt auf die Erteilung allgemeiner Direktiven und die Entscheidung prinzipieller Fragen, ferner auf die Verfügung über das Grundkapital und die Anstellung bzw. Entlassung der Direktoren. Sonst soll eine Einmischung in die Arbeiten des Trusts nur erfolgen, wenn die Trustleitung von den ihr gegebenen Direktiven so weit abweicht, dass dadurch Staatsinteressen gefährdet werden. Die allgemeine Kontrolle soll auf das notwendigste Minimum beschränkt bleiben.[85]

Nach der Reorganisation bleiben dem OVWR der Union folgende Funktionen reserviert:

1. die Ausarbeitung der Grundlagen der industriellen Gesetzgebung;
2. die Festsetzung der wirtschaftspolitischen Richtlinien für die Industrie, insbesondere der Preispolitik und nötigenfalls die Festsetzung der Kartellpreise;
3. die Zusammenstellung des Gesamtindustrieplanes ebenso wie die Festlegung der für die Einzelpläne notwendigen Richtlinien;

84 [Thesen des OVWR.]
85 [Ebd.]

4. die unmittelbare Verwaltung der bestehenden und das Recht zur
   Gründung von neuen Unionstrusts;
5. die unmittelbare Leitung der Syndikate;
6. die Leitung der Investierungen von fixem Kapital sowohl für die
   Unionsindustrie als auch in Verbindung mit den republikanischen
   OVWR für die übrige Industrie;
7. die Verfügungsgewalt über die Kapitalreserven der gesamten Industrie unter Wahrung der für die OVWR der Republiken in dieser
   Hinsicht vorgesehenen Rechte.

Über die im Laufe des Jahres 1927 durchgeführte organisatorische
Neuordnung des OVWR wurde bereits oben berichtet. Bemerkens-
wert ist die verhältnismäßig streng durchgeführte Trennung in zwei
Abteilungen, eine planierende, welche durch die planwirtschaftliche
Verwaltung verkörpert wird, und eine operative, die in dem Kranz
der Hauptverwaltungen zum Ausdruck kommt. Trotz dieser auf dem
Papier so scharf durchgeführten Trennung ergeben sich fortwährend
Kompetenzschwierigkeiten. Denn die planierende Abteilung muss
häufig genug in Einzelheiten gehen und braucht dazu die operative
Abteilung, während diese bei ihren Arbeiten häufig von allgemeinen
Direktiven abhängt, die aber meist zu spät veröffentlicht werden und
die sie sich daher auf andere Weise verschaffen muss. Die Praxis
überwindet diese Schwierigkeiten z. T. durch die oben erwähnte sozusagen inoffizielle persönliche Zusammenarbeit der verschiedenen
Referenten und knüpft auf diese Weise wieder zusammen, was durch
bürokratische Maßnahmen auseinandergerissen wurde.

Aber trotz aller organisatorischen Fortschritte ist der OVWR der
Union auch im zehnten Jahre seines Bestehens noch weit davon entfernt, seine Aufgaben reibungslos und mit den geringsten Unkosten
zu erfüllen. Interessante Einzelheiten hierüber gibt der Bericht einer
Kommission der Arbeiter- und Bauerninspektion, die im Juli 1927 eine
Revision des OVWR vorgenommen hatte.[86] Nach diesem Bericht war
der bürokratische Apparat des OVWR noch »äußerst unzweckmäßig
groß und zeichnet sich aus durch den Parallelismus der einzelnen

---

86 Handels- und Industriezeitung 159 (1927).

Abteilungen und damit durch eine Vielzahl von Instanzen für die Lösung jeder Frage«. Der Parallelismus der Arbeiten innerhalb des OVWR findet sein Gegenstück in den zahlreichen Parallelarbeiten, die sowohl von einzelnen Volkskommissariaten als auch von dem OVWR ausgeführt werden.

Führend in Bezug auf derartige Parallelarbeiten scheint die planwirtschaftliche Verwaltung zu sein, welche sich nicht darauf beschränkt, die Industriepläne aufzustellen, sondern auch noch Fünfjahrespläne für Landwirtschaft, Eisenbahntransport und andere Wirtschaftszweige ausarbeitet und damit die Arbeiten des Gosplan noch einmal durchführt. Analog steht es mit zahlreichen Untersuchungen, die in das Gebiet des Handelskommissariats fallen. Ferner durchbricht die planwirtschaftliche Verwaltung das Prinzip der Dezentralisierung der operativen Funktionen dadurch, dass sie sich bemüht, »bei sich ein Maximum von Operativarbeiten zu konzentrieren, die mit gutem Erfolg von den Glavki durchgeführt werden könnten«.

Auch die Glavki scheinen noch nicht ganz die Eierschalen des Kriegskommunismus abgestreift zu haben. Es wird ihnen vorgeworfen, dass sie noch eine große Zahl von Arbeiten selber machen, die ohne weiteres an die Trusts übergeben werden könnten, und dass sie auf alle mögliche Weise versuchen, ihren Einfluss auch auf die ihnen nicht unterstehende republikanische Industrie auszudehnen. Auf der anderen Seite sei die ökonomische Leitung der Trusts durch die Glavki unzureichend, sie identifizierten sich einfach mit den Forderungen der Trusts anstelle eines auf Grund einer sorgfältigen Analyse der faktischen Lage der Trusts abgegebenen Urteils.

Aus alledem ergibt sich, dass es trotz aller Reformen nur ganz allmählich gelingt, die theoretisch erkannten Fehler in der Tagesarbeit zu überwinden.

4. Die Planarbeiten des OVWR

Mit dem Eintritt in die Neuaufbauperiode wurde die Notwendigkeit rechtzeitiger Aufstellung von Plänen immer dringender, wenn man nicht auf Planmäßigkeit verzichten und die Leitung dem in Russland dazu am allerwenigsten geeigneten Markte überlassen wollte.

Die »Materialien« zu einem Fünfjahresplan

Seit September 1926 arbeitete an dem *Perspektivplan der Entwicklung der Industrie der UdSSR für 1927/28 bis 1931/32* nicht nur die besonders dafür aufgestellte Kommission, sondern der gesamte industrielle Verwaltungsapparat der Sowjetunion, und bereits im Juni 1927 schritt man zur Schlussredaktion. Die Ergebnisse liegen in einem umfangreichen Buche vor[87] und stützen sich auf die Erfahrungen, die man bis zum Ende des Wirtschaftsjahres 1926 gemacht hatte. Das heißt aber, dass die für den Neuaufbau inzwischen gewonnenen neuen Erfahrungen noch kaum berücksichtigt worden sind.

Insbesondere hat man aus den schweren Fehlern, die bei dem Neuaufbau durch Kapitalinvestierungen am falschen Ort und durch nicht genügende Ausnutzung der durch eine stärkere Intensivierung der Arbeit gegebenen Möglichkeiten gemacht worden sind, für den Plan noch nichts gelernt, so dass die vorgesehene Bemessung und Verteilung der neu verfügbaren Kapitalien nicht aufrechterhalten werden konnte. Da aber hier für die Weiterentwicklung der Industrie gerade der entscheidendste Punkt liegt, war die praktische Bedeutung der ganzen Arbeit in Frage gestellt. Das wird auch in der von dem Vorsitzenden des OVWR, Kujbyšev, verfassten Einleitung zu dem Fünfjahresplan offen zugegeben: »Die gegenwärtige Arbeit ist ein bedeutender Schritt vorwärts in der Präzisierung und Verbesserung der Methoden der Herstellung vieljähriger Perspektivpläne. Aber trotz der ungeheuren Arbeit, die von den besten Spezialisten des OVWR der UdSSR an dieses Werk gewendet wurde, können wir diese Arbeit zum Fünfjahresplan noch nicht als endgültig oder als den abgeschlossenen Ausdruck der Perspektive der fünfjährigen Entwicklung der Industrie der UdSSR betrachten, weil die Ausgangsmomente, die für die Konstruktionen des Plans angenommen wurden, sich notwendig als einigermaßen hinter den faktisch erreichten Erfolgen seit der Zusammenstellung der Materialien zurückgeblieben erwiesen.«[88]

---

87 Materialien [zum Fünfjahresplan].
88 So wird z. B. von einer Fabrik landwirtschaftlicher Maschinen berichtet, »wo nach Einführung des laufenden Bandes die Produktivität in einer

der Werkstätten sich beinahe verdreifachte und die im Plan vorgesehene zweimalige Vergrößerung der Gebäude sich vollkommen erübrigte«. Sowohl auf dem Gebiete der Produktion wie auf dem der Bautätigkeit gebe es in allen Zweigen der Industrie viele solcher Beispiele ([ebd.], S. 4). Dem stehen allerdings die unaufhörlichen Klagen der Sowjetpresse über die unrationelle Verwendung der zur Neuanlage bestimmten Mittel gegenüber. Sogar die Zeitschrift der Kommunistischen Internationale muss zugeben, dass »mit dem tatsächlichen Bau vor der Zusammenstellung und der Bestätigung des Projektes begonnen wird, dass die Projekte durchwegs unernst angefertigt sind, dass die Frage der Rohstoffbasis nicht durchgearbeitet wird, dass der wirkliche Betrag des Baues gegenüber dem bestätigten Kostenvoranschlag um die Hälfte oder noch einmal so groß ist, dass die Fundamentierung nach einem alten, jetzt schon abgelehnten Projekt erfolgt, dass im Kostenvoranschlag des Baues sehr ernste Ausgabeposten nicht berücksichtigt sind usw. Diese zahlreichen Mängel führen dahin, dass sich die Selbstkosten bei einer Reihe neuer Werke nur wenig von jenen bei den alten Werken unterscheiden und die geplanten Selbstkosten sowie die Kosten bei gleichartigen ausländischen Werken um vieles übersteigen«. (Die Kommunistische Internationale (1928), S. 586). Besonders krass ist folgender Ende 1927 von Rykov berichteter Fall:

»Wir machen zahllose Sitzungen, um zu entscheiden, woher wir einige Millionen Rubel nehmen sollen, um sie für den Aufbau der Industrie bereitzustellen. Aber dieses ungeheuer bedeutungsvolle Problem einer Verbilligung der Bautätigkeit, deren Rationalisierung und die zweckentsprechende Anlage der Mittel können wir bis jetzt noch nicht zur Zufriedenheit lösen. Hier muss eine grundlegende Änderung eintreten. Fehlschläge bei dem Bau von Betrieben führen zu großen Erschwerungen bei deren weiterer Entwicklung. Vor mir liegen Angaben über einige Neubauten. Einer dieser Bauten sollte 7 Millionen Rubel kosten und kostet uns in Wirklichkeit 20 Millionen Rubel; ein anderer war für 8 Millionen Rubel projektiert und kam uns auf 10 Millionen Rubel zu stehen. Der dritte Bau ist besonders charakteristisch. Es handelt sich um die Fabrik für Baumwollbearbeitung in Fergana (in Turkestan); man hat mit dem Bau bereits begonnen, und zwar unter folgenden Bedingungen: 4–5 Kilometer von der Eisenbahn entfernt, 17 Werst von der nächsten Trinkwasserstelle und 14 Werst Entfernung von der Stelle, wo sich für die Produktion geeignetes Wasser befindet. Es gibt an der Stelle, wo man die Fabrik baut, keine Wohngelegenheit für die Arbeiter und Angestellten. Es sieht geradezu aus, als ob man den ungeeignetsten und schlechtesten Platz in der ganzen Sowjetunion herausgesucht habe.

Aus dieser Erkenntnis heraus hat man den Plan auch nur als »Materialien« zu einem Fünfjahresplan herausgegeben, die der breitesten öffentlichen Kritik vorgelegt werden sollten. Auf Grund der durch die öffentliche Diskussion und die weiteren Erfahrungen gewonnenen Unterlagen hofft man die notwendigen Korrekturen vornehmen zu können. Man zweifelt nicht daran, dass der neue Plan das volkswirtschaftliche Leben hinlenken wird »zu einer planvollen, krisenlosen Entwicklung, zur größten Vermehrung der Produktivkräfte, zur Industrialisierung, zur Vermehrung des Wohlstandes der Werktätigen und zum Aufbau des Sozialismus«.[89]

Aufstellung der Pläne

Die Neuordnung vom März 1927 versucht bei der Aufstellung des Jahresplanes für die Industrie (Promplan) die alten oft gerügten

Allein durch die nicht zweckentsprechende Lage des Bauplatzes kosten die Erdarbeiten pro Kubikmeter 14 Rubel statt 4 Rubel 50.« (Referat Rykovs auf dem 15. Parteitag der K[ommunistischen] P[artei] R[usslands], Dezember 1927. [Die Direktiven für die Aufstellung des Fünfjahresplanes der Volkswirtschaft. Referat des Genossen Rykow. (Ausführlicher Bericht). In:] Inprekorr 125 (1927), [S. 2921–2927, hier] S. 2926).
Der kapitalistische Unternehmer, der Proben einer solchen Unfähigkeit gibt, wird durch den Mechanismus der freien Konkurrenz mit wirtschaftlicher Vernichtung bestraft. Auch in dem vorliegenden Fall wurde die Bestrafung der Schuldigen angekündigt. Aber Rykov musste zugeben, dass die Schuld nicht allein die in diesem Fall unmittelbar Verantwortlichen treffe, sondern auch der zentralen Wirtschaftsleitung zur Last falle. »Solche Dinge konnten sich ereignen, weil wir und die führenden wirtschaftlichen Organe unsere Aufmerksamkeit einzig und allein auf die Frage der Berechnung und der Beschaffung der notwendigen Mittel beschränkten und den Fragen der Rekonstruktion, der Rationalisierung und der zweckentsprechenden Verausgabung dieser Mittel sehr wenig Aufmerksamkeit zuwandten.« ([Ebd.], S. 2926.)
89 Als erstes Ergebnis der Revision erschienen im November 1927 die am 1. November 1927 vom Präsidium des OVWR bestätigten Kontrollziffern zum Fünfjahresplan der Entwicklung der Industrie der UdSSR 1927/28–1931/32 [(russisch). Moskau 1928.]

Fehler zu vermeiden. Man hat jetzt einen Weg gewählt, der von den obersten Behörden bis zu den untersten Instanzen und von diesen wieder zurückführt. Die Grundlage für die Aufstellung des Planes für die Tätigkeit der Industrie im kommenden Wirtschaftsjahr bilden die durch den Gosplan ausgearbeiteten und den STO bestätigten vorläufigen Richtlinien für den gesamten Wirtschaftsplan des bevorstehenden Jahres. In Übereinstimmung mit ihnen gibt der OVWR der Union den OVWR der Republiken und den Unionstrusts Richtlinien für die Aufstellung der Industrie-(Finanz-)Pläne. Auf diese Weise erhalten die Trusts usw. eine Unterlage, um Vorschläge für ihren Bereich einzureichen. Insbesondere werden Angaben verlangt über das Tempo der Entwicklung, die Lohngestaltung, die Höhe der Kapitalakkumulation, die Preispolitik, den Bedarf an neuen Kapitalanlagen, den Bedarf an Staatszuschüssen und Bankkrediten, sowie die Aussichten für die Import- und Exportmöglichkeiten. Die Unionstrusts liefern ihre Pläne auf vorgeschriebenen Formularen direkt an den OVWR der Union ab. Die OVWR der Republiken stellen die Pläne ihrer Trusts nach zwei Gesichtspunkten zusammen, nämlich nach Industriezweigen und nach Rajons, und geben sie ebenfalls auf vorgeschriebenen Fragebögen an den OVWR der Union. Die Vorschrift, dass die Erläuterungen zu diesen Fragebögen als Anlagen gegeben werden sollen, hat sich in der Praxis dahin ausgewirkt, dass die Anlagen häufig einige voluminöse Bände darstellen.

Die Pläne werden dann einer Prüfung durch die Glavki unterzogen, die sie bestätigen können, wenn sie im Rahmen der Richtlinien des Gosplan bleiben. Sonst geben sie die beanstandeten Entwürfe mit ihrem Gutachten an die planwirtschaftliche Abteilung des OVWR weiter. Diese erhält von ihnen auch einen Gesamtplan, der theoretisch lediglich noch auf die Übereinstimmung mit den »Kontrollziffern« und das richtige Ineinandergreifen der einzelnen Industriezweige zu prüfen ist. Die planwirtschaftliche Abteilung leitet den von ihr auf diesen Unterlagen ausgearbeiteten Gesamtplan der Industrie an das Präsidium des OVWR mit einem Bericht weiter, das ihn seinerseits dem Gosplan übergibt, der ihn nach einer nochmaligen summarischen Prüfung dem STO zur Bestätigung vorlegt. Fünf Tage nach der Bestätigung durch [den] STO sollen die Pläne mit detaillierten

Direktiven an die einzelnen Abteilungen des OVWR zurückgegeben werden. Verzögert sich die Bestätigung durch den STO bis zum Beginn des neuen Wirtschaftsjahres, dann haben die Trusts nach Plänen zu arbeiten, die von dem für sie zuständigen OVWR bestätigt sind.[90] Bei der Aufstellung des Industrieplanes lassen sich demnach drei Phasen unterscheiden:

1. die Ausgabe der Direktiven zur Ausarbeitung der Kontrollziffern, die Mitte Mai erfolgen soll,
2. die Ausarbeitung der Pläne, die bis zum 1. August beendet werden soll, und
3. die Ausarbeitung der Details auf Grund der bestätigten Pläne, deren Resultate vor dem 1. Oktober in den Händen der unteren Wirtschaftsorgane sein müssen.

Es ist auf den ersten Blick ersichtlich, dass die Aufstellung des Jahresplanes immer noch ungeheuer schwerfällig ist und mit den größten Schwierigkeiten vor sich geht. Damit die Pläne rechtzeitig fertig werden, muss mit der Ausgabe der Direktiven zu einer Zeit begonnen werden, wo die Ergebnisse des laufenden Wirtschaftsjahres, vor allem aber die Ernte noch nicht bekannt sind. Man muss sich mit den Berichten über das erste halbe Jahr und den Prognosen der Konjunkturforschung begnügen, solange nicht ein zuverlässiger Plan für mehrere Jahre vorliegt, der wenigstens die Grenzen für das zu erreichende Mindestziel absteckt. Selbstverständlich lassen die Direktiven des STO für den OVWR noch einen großen Spielraum, und es gehört für die verantwortlichen Mitarbeiter oft eine große Entschlussfähigkeit dazu, die Einzelheiten der Pläne festzulegen. Es ist interessant, wie die Tätigkeit des Unternehmers, der bei seinen Dispositionen die zukünftige Marktgestaltung auch vorausberechnen muss, hier in veränderter Form und gerade an einem Platz wieder auf-

90 [Thesen des OVWR]; Handels- und Industriezeitung 108 vom 15. Mai 1927. Ferner verdankt der Verfasser eine Reihe von Angaben über die Praxis der Aufstellung des Industrieplans Auskünften, die ihm von den zuständigen Stellen des OVWR gegeben worden sind.

tritt, wo man eigentlich nur bürokratischen Schematismus vermuten sollte. Dieses Phänomen wiederholt sich übrigens an verschiedenen Punkten der industriellen Planarbeit. Bei der Aufstellung der Pläne durch die Direktoren der Betriebe, bzw. der Trusts, macht sich ein außerordentlicher Betriebsegoismus geltend, jeder versucht seiner vorgesetzten Stelle gegenüber sich so viel wie möglich Reserven zu schaffen, auch dann, wenn er persönlich keinerlei materielle Vorteile davon hat. Man kennt im OVWR diese Erscheinung, aber man will in ihrer Bekämpfung nicht zu weit gehen, um aus dem »Unternehmer« keinen Bürokraten zu machen.[91]

In Bezug auf das Problem der Berichterstattung der Trusts und der bundesstaatlichen Industrieorgane befindet sich der OVWR der Union in einer schwierigen Lage: Seine praktischen Erfahrungen sind relativ gering, und er muss deshalb zahlreiche Einzelheiten bei den untergeordneten Stellen erfragen. Detaillierte Berichte zu geben, ist aber ebenso lästig wie sie durchzustudieren, und es hat Jahre gebraucht, bis man einen gewissen Mittelweg zwischen dem Zuviel und Zuwenig an Einzelberichten gefunden zu haben glaubte. Ob allerdings die heutige Lösung als eine definitive gelten kann, scheint ziemlich zweifelhaft. Die nachgeordneten Stellen sollen nur Extrakte liefern, und man ist in diesen Beschränkungen so weit gegangen, dass sich die verantwortlichen Personen im OVWR häufig vor Fragen sehen, die sie auf Grund der ihnen gegebenen Unterlagen einfach nicht beantworten können. Außerdem wird über die wichtigsten Tatsachen nur einmal jährlich an den OVWR berichtet, während er selber alle halben Jahre oder noch öfter der Regierung Bericht erstatten muss. Auch hier müssen die persönlichen Beziehungen der Abteilungs- und Trustleiter die Lücke füllen. Diese Schwierigkeiten werden noch erheblich vermehrt

91 Es wird berichtet, dass nirgends so sehr gelogen werde wie in den Begründungen der von den Betrieben bzw. den Trusts eingereichten Finanzplänen; ebenso wie etwa die Trustdirektoren alles Erdenkliche tun, um für ihre Trusts Steuern zu hinterziehen. Das geschieht vielfach von Leuten, die schon viele Jahre in der kommunistischen Partei organisiert sind und infolgedessen im Gegensatz zu den »Spec« an den Gewinnen nicht beteiligt sind.

dadurch, dass zu den wichtigeren Entscheidungen nicht nur die Daten aus dem Bereich der eigentlichen Industrieverwaltung notwendig sind, sondern Informationen aus anderen Verwaltungszweigen, etwa über die Lage im Bankwesen, oft genug nicht zu entbehren sind.[92] Der Schwierigkeiten sind also auch in dieser Hinsicht sehr viele, und es ist noch ein weiter Weg zu ihrer Überwindung. Man bewegt sich zwischen Scylla und Charybdis. Auf der einen Seite steht das Schreckgespenst der kriegskommunistischen Methoden, unter denen jeder Tag neue Enqueten brachte und wo man einmal auf eine wiederholte Frage nach dem Wachstum der Produktion die Antwort erhielt, dass, wenn die Fragen jetzt nicht bald aufhörten, ihr Gegenstand auf Null herabgesunken sein werde. Auf der anderen Seite fürchtet man, die Zügel des Wirtschaftsprozesses zu verlieren, wenn man in den leitenden Stellen nicht genauestens über seinen Gang informiert bleibt.

Ein besonders wunder Punkt bei der Aufstellung der Pläne ist der Zeitpunkt ihrer Fertigstellung. Einerseits lassen sich die vorgeschriebenen Ablieferungsfristen trotz aufopferndster Arbeit der qualifizierten Mitarbeiter nicht einhalten, um so mehr, als im Verfolg der Sparmaßnahmen der technische Apparat wesentlich verringert wurde; andererseits wissen die Unternehmungen nicht, wie sie disponieren sollen, ehe sie eine Bestätigung der Pläne erhalten haben. In einer Zeit, wo die Neuanlagen eine so große Rolle spielen wie in der Periode des Neuaufbaus, macht sich das besonders störend bemerkbar. Allerdings hilft man sich auch hier dadurch, dass die Direktoren der Trusts sich bei den oberen Stellen des OVWR und des Gosplan sozusagen unter der Hand informieren, mit welchen Entscheidungen sie rechnen können, und sich dann darauf einigermaßen einrichten.

Trotzdem wirft es ein sehr bedenkliches Licht auf die Wirksamkeit der ganzen Planarbeit in der Industrie, wenn man erfährt, dass der Industrieplan für 1926/27 erst Ende Januar 1927, derjenige für 1927/28 sogar erst Anfang März 1928 bestätigt wurde.

Wie sollen Pläne durchgeführt werden, deren Einzelheiten den Wirtschaftsorganen erst vier oder fünf Monate nach Beginn des

---

92 Die Rolle, die das sowjetrussische Kreditsystem in der Planarbeit spielt, wird am Schluss kurz behandelt werden.

Wirtschaftsjahres, für das sie gelten, mitgeteilt werden? Jedoch wäre es verfrüht, heute schon ein endgültiges Urteil über die Tragweite dieser Versuche abgeben zu wollen. Denn sie sind verhältnismäßig noch jungen Datums; außerdem fehlten bis zur Wiederherstellung einer festen Währung im Frühjahr 1924 alle Unterlagen für eine Planwirtschaft, und schließlich kann man auch heute noch nicht aus dem Zustand des Experimentierens herausgekommen sein.

Zweifellos ist ein Teil der Schwierigkeiten, welche die sozialökonomische Theorie der marktlosen Wirtschaft prophezeit hat, eingetroffen, trotzdem der sowjetrussischen Wirtschaftsleitung das Hilfsmittel des Marktes bis zu einem gewissen Grade zur Verfügung steht. Aber es lassen sich auch Ansätze zu neuen Methoden aufzeigen, mit deren Hilfe diese Schwierigkeiten wenigstens zum Teil überwunden werden können. Welche grundsätzliche Bedeutung diesen neuen Methoden u[nd] E[rkenntnissen] zukommt, darüber soll weiter unten einiges gesagt werden.

Fünftes Kapitel
Die neue Ökonomische Politik (NEP)
Die Staatsplankommission (Gosplan)
und ihre Arbeiten

I. Geschichte des Gosplan[1]

1. Die Gründung des Gosplan

Dass anstelle des Marktes als Leiter der Wirtschaft ein umfassender Plan zu treten habe, der einen krisenlosen Ablauf des gesamten Wirtschaftsprozesses gewährleisten solle, ist einer der Grundgedanken der bol'ševistischen Theorie.[2] In dem Maße, in dem die Bol'ševiki dazu übergingen, den Markt einzuengen und schließlich vollends aufzuheben, mussten sich die Versuche häufen, einen derartigen Wirtschaftsplan aufzustellen. So wird zu Beginn der dritten Phase des Kriegskommunismus der OVWR durch Beschluss des Allrussischen Zentralexekutivkomitees beauftragt, »einen einheitlichen Produktionsplan für ganz Sowjetrussland und für die mit Russland befreundeten Sowjetrepubliken auszuarbeiten.«[3] Und in den Beschlüssen des 9. Parteitages (1920) wird als zweiter Punkt erklärt: »Die grundlegende Bedingung des wirtschaftlichen Wiederaufblühens des Landes ist die unentwegte Durchführung eines einheitlichen Wirtschaftsplanes, der für die nächste historische Epoche berechnet ist.«[4] Es wird dann

---

1 Gosudarstvennaja Planovaja Komissija pri STO = Staatsplankommission des STO.
2 So finden wir in dem Parteiprogramm der Bol'ševiki vom März 1919 als eine der dringendsten Aufgaben bezeichnet »die größtmögliche Zusammenfassung der gesamten Wirtschaftätigkeit des Landes nach einem für den ganzen Staat einheitlich ausgearbeiteten Plan«. (Radek: Das Programm der Komm[unistischen] Partei Russlands, S. 54.)
3 [Tagung des Allrussischen Zentral-Exekutiv-Komitees. In:] Russ[ische] Korr[espondenz] 8/9 (1920), [S. 32–48, hier] S. 41.
4 [Die Beschlüsse des IX. Kongresses der Kommunistischen Partei Russlands. In:] Russ[ische] Korr[espondenz] [11] (1920), [S. 451–468, hier] S. 451.

ausgeführt, dass angesichts der elenden Lage der Plan die Befriedigung der dringendsten Bedürfnisse schrittweise vorzusehen habe, dass mit der Verbesserung der Verkehrsverhältnisse zu beginnen sei und nach Bereitstellung der notwendigsten Vorräte an Brenn- und Rohstoffen und Getreide allmählich die Produktion der notwendigsten Bedarfsartikel wieder in Gang gebracht werden müsse. Alle Hilfsmittel, vor allem aber eine zielbewusste Elektrifizierung, müssten in den Dienst dieses Planes gestellt werden. Dass man mit den bisherigen Methoden des »schlagweisen Vorgehens« auf die Dauer nicht weiter kam, erkannte man damals schon deutlich: »Die Verwirklichung des angedeuteten Planes kann nicht durch einzelne einmalige heldenhafte Anstrengungen der Arbeiterklasse zuwege gebracht werden, sondern nur durch beharrliche systematische planmäßige Arbeit«.[5]

Ebenso wenig ließ es der achte Sowjetkongress an Resolutionen über die Notwendigkeit der Planarbeit fehlen. Die Annahme des Osinskijschen Vorschlags zur planmäßigen Regulierung der Landwirtschaft ebenso wie der Elektrifizierungsplan der Goèlro, des »zweiten Parteiprogramms«, liegen in dieser Richtung.

Aber trotz aller Anstrengungen gelang es während der ganzen Zeit des Kriegskommunismus nicht, die mit aller Deutlichkeit erkannte Aufgabe zu lösen und »eine planmäßige Regelung der gesamten Volkswirtschaft des Landes zu schaffen, die Arbeit der mitunter rivalisierenden Zweige zu einem einheitlichen Wirtschaftsorganismus zusammenzuschließen, der nach einem einheitlichen Produktionsplan arbeitet«.[6] Alle Urteile sind sich darüber einig, dass ein solcher einheitlicher Plan unter der »proletarischen Naturalwirtschaft« fehlt.[7] »Man versuchte, alles planmäßig zu leiten, in der Praxis gelang davon fast nichts,«[8] man hatte zwar viele Pläne, aber keinen Plan.

Drei Gründe sind vornehmlich dafür zu nennen, dass unter dem Kriegskommunismus die Planarbeit scheitern musste: die Wirren

5 [Ebd.], S. 452.
6 Aus dem Bericht des OVWR auf dem 8. Sowjetkongress. [Zitiert in:] Jahrbuch [für Wirtschaft, Politik und Arbeiterbewegung. Hamburg 1922/23.]
7 Hierüber z. B. ausführlich bei Kricman: [Die heroische Periode], S. 118 ff.
8 [Ivar Tenišovič] Smilga: [Gosplan]. [In:] Staatsenzyklopädie I, S. 647.

der Bürgerkriege, das Fehlen aller Reserven an Nahrungsmitteln und Brennstoffen[9] und die maßlos schwerfällige Organisation des wirtschaftlichen Verwaltungsapparates. An Organen, die Pläne aufstellen, hat es auch vor der Gründung der Goélro nicht gefehlt. Beim OVWR gab es mehrere ausgesprochen planwirtschaftliche Organe (zentrale Produktionskommission, Hauptverwaltung für Brennstoffe usw.), es existierten ein Oberster Transportrat beim Rat der Volkskommissare und daneben eine Transportkommission, ferner sei erinnert an den Narkomprod und an die Verwertungskommission, die alle auf Grund von Plänen arbeiteten.

Doch konnte von einer wirklichen Planwirtschaft deshalb keine Rede sein, weil es nicht gelang, die zersplitterten Planarbeiten zusammenzufassen. Grundsätzlich war eine solche Konzentration bereits durch den Beschluss des achten Sowjetkongresses erfolgt, dem STO die Leitung der gesamten russischen Wirtschaft zu übergeben. Aber das genügte nicht, es musste ein besonderes Organ zur Durchführung der Planarbeit geschaffen werden.

Das geschah durch die Gründung der Staatsplankommission durch Verordnung vom 22. Februar 1921. Ihr erster Punkt lautet: »Beim STO wird eine Staatsplankommission gebildet für die Ausarbeitung eines einheitlichen gesamtstaatlichen Wirtschaftsplanes auf der Grundlage des vom achten Rätekongress gutgeheißenen Elektrifizierungsplanes und zur allgemeinen Aufsicht über die Verwirklichung dieses Planes.«[10] Mit der Ausarbeitung eines Planes für das Wirtschaftsjahr 1921 sollte die neue Kommission sofort beginnen. Die ersten Arbeiten fanden unter der unmittelbaren Leitung Lenins statt, auf dessen

9 »Die wichtigste Ursache, die meiner Ansicht nach sowohl die Aufstellung der Produktionsprogramme, als auch ihre Durchführung bisher verhindert hat, besteht darin, dass wir gerade auf den zwei grundlegendsten Gebieten unserer Industrie ohne Reserven arbeiten mussten. Wir haben immer ohne Getreide- und ohne Heizmaterialvorräte wirtschaften müssen.« [Aleksej Ivanovič] Rykov: [Die Lage der russischen Volkswirtschaft. Referat auf der IV. Allrussischen Konferenz der Volkswirtschaftsräte. Moskau,] Mai 1921. [In:] Russ[ische] Korr[espondenz] 6 (1921), [S. 458–463, hier] S. 462.
10 Smilga: Gosplan.

Drängen der Gosplan errichtet worden war; zum Vorsitzenden war
der Ingenieur G[leb] M[aksimilanovič] Kržižanovskij ernannt worden,
ein alter Freund Lenins und bereits Vorsitzender der Goèlro.[11]

Anfängliche Organisation

Mit seinem Präsidenten wurden die hauptsächlichen Mitarbeiter der
Goèlro in den Gosplan übernommen, wie überhaupt dessen Tätigkeit
als eine Weiterführung der Goèlro-Arbeiten auf breiterer Grundlage
sich organisch entwickelt hatte: »Den Plan einer Volkswirtschaft
Russlands auf elektrischer Grundlage aufzustellen, ist natürlich unmöglich, ohne dass man sich mehr oder weniger klare Rechenschaft
über die Perspektiven dieser Wirtschaft im Ganzen gibt. Mehr, ein
Projekt der Elektrifizierung Russlands aufstellen, das bedeutet, für die
gesamte wirtschaftliche Aufbautätigkeit einen roten Leitfaden schaffen, die Grundpfähle errichten für die Realisierung eines staatlichen
Einheitsplans für die Volkswirtschaft.«[12]
Der neugegründete »Generalstab« der Volkswirtschaft, wie man
ihn zu nennen pflegte, bestand ursprünglich aus ungefähr 40 Mitarbeitern, davon waren sieben oder acht Mitglieder der bol'ševistischen
Partei, der Rest bürgerliche Fachleute (»Spec«), Ingenieure, Volkswirtschaftler usw.[13] Vor ihm standen wahrhaft gigantische Aufgaben.
Man erwartete nicht nur von ihm, dass er sozusagen im Handumdre-
hen einen Plan für die Inbetriebnahme der Staatsunternehmungen
schaffe, sondern er sollte gleichzeitig den Elektrifizierungsplan der
Goèlro weiter ausarbeiten und auf allen Gebieten, wo sich Stockungen
zeigten – und auf welchem wirtschaftlichen Gebiet funktionierte damals etwas reibungslos? – regulierend eingreifen. Für seine Arbeiten

11 Über den Anteil Lenins an den Arbeiten des Gosplan in der ersten Zeit
    seines Bestehens vgl. [Gleb Maksimilianovič] Kržižanovskij: Fünf Jahre
    Kampf um den Plan [(russisch)]. In: Planwirtschaft 3 (1926), S. 7 ff.
12 [Ebd.], S. 8.
13 Auf diese Zusammensetzung des Gosplan wird großer Wert gelegt, da
    hier zum ersten Mal bürgerliche Intellektuelle sich an den Aufbauarbeiten
    der Sowjetrepublik in größerem Umfang beteiligen. Vgl. z. B. Smilga:
    [Gosplan].

standen ihm weder nennenswerte praktische Erfahrungen noch eine gesicherte Methode noch ein eingespielter Apparat zur Verfügung. Die neue Kommission ging zunächst einmal daran, die Arbeit zu verteilen, und bildete sechs Sektionen, zu denen später weitere vier hinzutraten. Ihnen zur Seite standen nicht weniger als zehn weitere Plankommissionen bei verschiedenen Volkskommissariaten.[14] Die ganze Organisation erwies sich als missglückt. Es bestand keine Koordinierung der verschiedenen Kommissionen, infolgedessen auch keine planmäßige Verteilung der Arbeit, häufig wurden Parallelarbeiten gemacht, und obendrein erschwerte die verschiedene Einstellung zum Problem der Planwirtschaft bei den Leitern der verschiedenen Kommissionen überhaupt das Zusammenfassen der einzelnen Pläne. Endlich fehlte dem Gosplan jede Verbindung mit den örtlichen Wirtschaftsorganen.

14 Die ersten sechs Sektionen waren die Sektionen für Landwirtschaft, Industrie, Transport, Kraftwirtschaft, Warenaustausch, Erfassung und Verteilung (nach [Gleb Maksimilanovič] Kržižanovskij: [Die Reichsplankommission. Nach einem Vortrag. In:] Russ[ische] Korr[espondenz] 7/9 (1921), [S. 720–730, hier] S. 721 ff.). Bei den Volkskommissariaten waren im Ganzen 10 Plankommissionen bestätigt worden, nämlich:
Kommission zur Aufstellung eines allgemeinen Plans für die Land- und Forstwirtschaft beim Volkskommissariat für Landwirtschaft;
Zentralproduktionskommission beim OVWR;
Zentralkommission für staatliche Verpflegung;
Hauptkommission für das Transportwesen;
Zentralkommission für Planwirtschaft und Heizungswesen bei der Hauptverwaltung für Brennstoffe;
Verwertungskommission beim STO;
Rat für Außenhandel beim Volkskommissariat für Außenhandel;
Rohstoffkommission beim Volkskommissariat für Landwirtschaft;
Planwirtschaftskommission beim Volkskommissariat für Ernährung (Narkomprod);
Oberster Rat für das Gütertransportwesen.
(Fünf Jahre Sowjetherrschaft, S. 161.)

2. Die »Säuglingsperiode« der Planarbeit (bis Herbst 1923)

Der Gosplan in den beiden ersten Jahren der NEP

Trotz aller dieser Schwierigkeiten ging der Gosplan energisch an die Arbeit. In einem Vortrag vom Juni 1921 übte Kržižanovskij energischste Kritik an der Wirtschaftsführung derjenigen Stellen, die für die Überwindung des krisenhaften Zustandes am meisten verantwortlich waren. Von der Hauptverwaltung für Brennstoffversorgung sagte er, dass sie zwar Brennstoffdiktator für das ganze Land gewesen sei, aber »nur mit papierenen Berichten rechnete, dass sie nicht wusste, wie die von ihr zugewiesenen Heizmittel verwendet wurden, dass sie weder ihre Vorräte, noch die Bestandteile der Produktion an Ort und Stelle, noch ihre Konsumenten kannte« und dass unter solchen Umständen die Brennstoffkatastrophe unvermeidlich war.[15] Dem Verkehrskommissariat erklärte Kržižanovskij, dass es mit der bisherigen reinen Extensivwirtschaft nicht weiter gehen dürfe, dass die Berichte über die Verwertung des Bahnmaterials für die Techniker unverständlich und daher wertlos seien, dass es ein Programm haben müsse und nicht völlig planlos darauf losarbeiten dürfe.[16] Eine Nachprüfung der von dem Ernährungskommissariat aufgestellten Ernte- und Verbrauchsberechnungen habe die größten Differenzen ergeben,[17] und auf fast allen Gebieten zeige es sich, dass die bisherigen Pläne in Wirklichkeit im Wesentlichen nur auf dem Papier gestanden hätten.

Unter solchen Umständen war an die Aufstellung eines Gesamtwirtschaftsplanes für das laufende Jahr nicht zu denken. Der Gosplan musste zunächst einmal überall da einspringen, wo für den Weiterbestand

15 Kržižanovskij: Die Reichsplankommission, S. 725.
16 Kržižanovskij wirft ihm z. B. vor, dass es im Ausland, drei- bis viermal mehr Zisternen für Petroleum bestellt habe, als es befördern könne, dass bei einem Rückgang des Verkehrs auf ein Drittel des Jahres 1913 der Brennstoffverbrauch 75 Prozent des letzten Vorkriegsjahres betrage, und dass das Verkehrsprogramm »gewöhnlich ohne genauere Berechnung der Brennstoffvorräte einerseits und der Verwertung des Betriebsmaterials anderseits aufgestellt wurde«. ([Ebd.], S. 727 f.)
17 [Ebd.], S. 729.

der Wirtschaft die größten Gefahren lagen. Ein neu ausgearbeiteter Brennstoffplan konnte im Wirtschaftsjahr 1921/22 zu 97 % verwirklicht werden. Die Zahl der durch Narkomprod versorgten Personen wurde durch den Gosplan auf ein Fünftel eingeschränkt, nämlich von 35 auf 7 Millionen. Die Abteilung für Verkehrswesen im Gosplan hatte eine ungeheure Arbeit zu leisten, um »den katastrophalen Zustand der Lebensmittelzufuhr, den Schwellenhunger der Eisenbahnen, das Leerlaufen der Züge zu beseitigen, den Eisenbahntransport zu konzentrieren, ihn mit dem Wassertransport zu kombinieren und sonstige unzählige Organisationsfragen zu lösen«.[18] Die Aufstellung des Transportplanes in der zweiten Hälfte des Jahres 1921 wurde entscheidend für den Aufschwung des russischen Transportwesens.[19]

Auf dem Gebiete der Ingangsetzung der Industrie wurde durch Verordnung vom 9. August 1921 dem Gosplan »die besonders verantwortungsvolle Aufgabe der Terminausarbeitung eines allgemeinen Wirtschaftsplans und der Verknüpfung der Interessen der Industrie mit der Landwirtschaft, dem Transportwesen, dem Nahrungsmittelwesen auferlegt, zu welchem Zwecke der Staatsplan es im Besonderen sich zur Aufgabe stellen muss, in möglichst kurzer Zeit eine Auswahl der wichtigsten lebensfähigen Unternehmungen und einzelnen Industriezweige bei maximalem Zusammenziehen der Produktion, Arbeitsfähigkeit und Konzentration vorzunehmen, wobei bestimmte Richtungen für die entscheidenden Produktions- und Wirtschaftszweige anzugeben sind. Hierbei müssen die speziellen Bedürfnisse der Rajons und die Rentabilität des Prinzips der kombinierten Unternehmungen berücksichtigt werden«.[20]

Doch musste sich der Gosplan zunächst mit der Ausarbeitung industrieller Teilpläne (Metall, Zucker, Gummi) begnügen. Im Laufe der ersten Gosplanarbeiten stellte es sich heraus, dass einige für eine

---

18 Jahrbuch [für Wirtschaft, Politik und Arbeiterbewegung] 1922/23, S. 349.
19 Von welcher ungeheuren Bedeutung gerade der Aufbau des Transportwesens für Russland ist, mag man daraus ermessen, dass in Russland die mittlere Entfernung für Brennstoffe und Nahrungsmittel vom Ort der Erzeugung bis zum Ort des Verbrauchs auf 4–500 Werst angegeben wird.
20 Kržižanovskij: Die Reichsplankommission, S. 679.

erfolgreiche Planarbeit unentbehrliche Voraussetzungen fehlten. Das Budget befand sich nicht im Gleichgewicht, die Währung war nicht stabilisiert und kein Reservefonds für den Ausgleich von Fehlrechnungen vorhanden. Außerdem hatte man keine ausreichenden Unterlagen für die Bestimmung der Nahrungsmittel und Rohstoffquellen, der Verbrauchsnormen usw.[21]

Besonders kompliziert gestaltete sich das Missverhältnis zwischen dem Ziel und den zu seiner Erreichung verfügbaren Mitteln. So musste man bei der Aufstellung des Planes für das Wirtschaftsjahr 1921/22 von so geringen Quantitäten wie ca. 4 Millionen Tonnen Getreide und 6,6 Millionen Tonnen Kohle ausgehen.[22] Dasselbe Bild bietet sich bei der Elektrifizierung. Die Sowjetunion konnte für diese Zwecke für ein ganzes Jahrzehnt wenig mehr Mittel bereitstellen, als die Vereinigten Staaten von Amerika im Durchschnitt für ein Jahr für elektrische Neuanlagen vorsehen.[23]

Aber alle diese scheinbar unüberwindlichen Schwierigkeiten, alle Fehler, die bei den ersten Versuchen begangen worden waren, alle Misserfolge vermochten nicht, die Sowjetpolitiker von dem einmal beschrittenen Wege abzubringen. Inmitten der furchtbaren Hungerkrise hält der neunte Sowjetkongress unerschütterlich an dem Glauben fest, dass die planmäßige Elektrifizierung das Land aus seinem gegenwärtigen Elend herausführen wird. Die Vorschläge, die eine Tagung der russischen Elektrotechniker im Oktober 1921 in dieser Hinsicht gemacht hatten, wurden bestätigt und dem Gosplan die planmäßige Leitung der ganzen Arbeit und die Aufgabe, sie mit dem Gesamtwirtschaftsplan in Einklang zu bringen, übertragen.[24]

Wenn es erst so viele Jahre später gelungen ist, einen einheitlichen Wirtschaftsplan aufzustellen, so lag das bestimmt nicht an

---

21 [Stanislaw Gustawowitsch] Strumilin: [Zum Wirtschaftsplan für die Jahre 1921–22. Nach einem Referat. In:] Russ[ische]. Korr[espondenz] 7/9 (1921), [S. 730–743, hier] S. 730 ff.
22 [Kržižanovskij, Fünf Jahre Kampf], S. 12.
23 1200 Millionen Rubel in der Sowjetunion für 1921/1931.
24 Beschlüsse des [IX.] Allrussischen Sowjetkongresses. [Moskau, Dezember 1921. In:] Russ[ische] Korr[espondenz] 1/3 (1922), [S. 79–106, hier] S. 104.

der mangelnden Einsicht in seine Unentbehrlichkeit. Im Gegenteil, schon Anfang 1921 finden wir eine ausgiebige Diskussion über den einheitlichen Wirtschaftsplan, in der es an sehr klaren Vorstellungen über den Zusammenhang zwischen Einzelplan und Gesamtplan nicht fehlt.[25] Ausdrücklich wird darauf hingewiesen, dass es nicht genüge, für die einzelnen Wirtschaftszweige Produktionsprogramme aufzustellen, diese dann aneinanderzureihen und so rein mechanisch den Gesamtplan zu schaffen. Nicht nur müsse dieser einheitliche Wirtschaftsplan die allgemeinen Direktiven geben, sondern es soll »das Produktionsprogramm eines einzelnen Wirtschaftszweiges... nur die Konkretisierung der auf diesen Wirtschaftszweig bezüglichen Skizze des Wirtschaftsplanes« sein.[26] Es wird hervorgehoben, dass ohne genaue Kenntnis der Produktionsmittel im engeren Sinn, der verfügbaren Rohstoffe und Hilfsstoffe, der vorhandenen Arbeitskräfte, der zur Verfügung stehenden Lebensmittel und der Transportmöglichkeiten ein solcher Plan nicht aufgestellt werden könne, dass man vielmehr diese fünf »Produktionsfaktoren« auf Grund einer Wichtigkeitsskala auf die verschiedenen Wirtschaftszweige verteilen müsse. Ganz richtig wird darauf hingewiesen, dass die Gestaltung dieser Skala

25 In seinem Brief vom 16. Mai 1921 an den Gosplan beschwert sich Lenin darüber, dass man von einem einheitlichen Staatsplan für die Wirtschaft so gut wie nichts spüre und dass man das Bestreben habe, alles gleichzeitig in die Höhe zu bringen. Demgegenüber betont Lenin die Notwendigkeit einer planvolleren Arbeit, die zunächst einmal einen Generalplan der Wirtschaft durch zwei Jahre auszuarbeiten habe. Zum Ausgangspunkt sei die Ernährung zu nehmen, und zwar müsse man wegen der Unsicherheit dieses Faktors den Plan in drei Varianten aufstellen; wenn die Ernährung nicht reiche, wenn sie gerade ausreicht und wenn ein Überschuss vorhanden ist. Ähnlich sei bei der Errechnung des notwendigen Brennstoffes vorzugehen. Dringend notwendig sei es, die Konzentration der Produktion auf die besten Betriebe vorzubereiten. Auf Grund dieser Berechnung könne natürlich nur ein roher Plan zustande kommen, der dann später präzisiert werden müsse. (Erschienen in der Ėkonomičeskaja Žizn' vom 19. April 1923 [LW 32, S. 387], hier referiert nach [Zeitungsmaterial. In:] Planwirtschaft 3 (1926), S. 261.)
26 Varga: Die Schaffung eines einheitlichen Wirtschaftsplanes, S. 67.

teilweise von dem Entschluss der Gesellschaft abhänge, die darüber
zu entscheiden habe, »ob sie mehr arbeiten und mehr konsumieren
will oder leichter leben und weniger zu konsumieren wünscht«.[27]

Die so gefassten Entschlüsse, die in Russland zu einem Industrialisierungsprogramm und der entsprechenden Dringlichkeitsskala
geführt haben, werden selbstverständlich durch die allgemeine Wirtschaftslage stark modifiziert; so müsste beispielsweise die Herstellung
von unentbehrlichen Gegenständen, die wegen der Blockade nicht
vom Auslande bezogen werden können und deshalb in die erste
Stufe der Skala eingereiht wurden, in eine der untersten Stellen
gerückt werden, wenn der Außenhandel freigegeben würde. Umgekehrt stände es mit Exportgütern.[28] Dieses Verfahren sei schon
während des Krieges in Deutschland und später auch in Russland
zur Anwendung gekommen, man habe aber bisher in beiden Ländern wegen des Fehlens eines einheitlichen Wirtschaftsplanes keine
einheitliche Dringlichkeitsskala gehabt, so dass die Maßnahmen
der verschiedenen Instanzen nicht zusammenstimmten. »Es kam
in Deutschland öfter und es kommt auch gegenwärtig in Russland
vor, dass der Betrieb irgendeiner Fabrik zeitweilig stillgelegt werden
musste, weil von den zehn Behörden, die die Mittel zur Führung des
Betriebs zuweisen, einige die nötigen Mittel versagten.«[29] Das soll
durch die Aufstellung eines einheitlichen Wirtschaftsplanes und einer
entsprechenden Dringlichkeitsskala vermieden werden.

So richtig in diesen und ähnlichen Ausführungen auch das Verhältnis zwischen Dringlichkeitsskala, allgemeinem Wirtschaftsplan
und einzelnen Produktionszweigen gesehen wurde, so sehr täuschte
man sich über die Schwierigkeiten der Ausführung dieser Pläne. Man
hoffte, den bisherigen Planapparat dazu heranziehen zu können, aber
dieser erwies sich dazu als völlig unzureichend.

Auch das Jahr 1922 steht für den Gosplan unter dem Zeichen der
Bewältigung der dringendsten Tagesarbeiten. Es gibt kaum eine Re-
organisationsarbeit auf irgendeinem wirtschaftlichen Gebiet, bei dem

27 [Ebd.], S. 64.
28 [Ebd.], S. 66.
29 [Ebd.], S. 65.

er nicht als Berater oder gar Schiedsrichter hinzugezogen wird. »Das faktische Wachstum des planwirtschaftlichen Regimes in unserer Wirtschaft ist nicht derart vor sich gegangen, dass die theoretischen Schemas der Planierung vervollkommnet wurden durch die Arbeit der Fachleute und Theoretiker in den Studierzimmern, sondern durch eine wirkliche Verbindung der Planarbeit mit der praktischen Arbeit der zahlreichen Wirtschaftler, die direkt mitten in der wirtschaftlichen Praxis stehen.«[30]

So sehen wir den Gosplan bei der Organisation der Kommission zum Studium der Trusts, bei der Prüfung der Produktionspläne aller Kommissariate, bei der Aufstellung eines Export- und Importplanes, bei den Vorarbeiten für ein Budget, bei der Ausarbeitung eines Großhandelsindex und vielen anderen Arbeiten an den gefährdetsten Punkten der Wirtschaftsfront. Schon damals wurden auf Initiative Lenins vom Gosplan Pläne für die Rajonierung Russlands aufgestellt, d. h. für die Ersetzung der alten zaristischen Verwaltungseinteilung nach Gouvernements durch neue, vor allem nach wirtschaftlichen Gesichtspunkten aufgestellte Rajons.

Für das Wirtschaftsjahr 1922/23 wurden die Grundzüge eines Industrieplanes ausgearbeitet, Aufbaupläne für die landwirtschaftlichen Hungergebiete geschaffen usw.[31] Trotz des improvisierenden Charakters, den alle diese Arbeiten wegen des Fehlens genügender Unterlagen und eines zuverlässigen Apparates noch tragen mussten, lassen sich wichtige Erfolge der Planarbeit aufzeigen. Ganz abgesehen davon, dass ohne diese Arbeiten mangels eines funktionierenden Marktes das Wirtschaftsleben sich in ein völliges Chaos aufgelöst hätte, wurde beispielsweise der Außenhandelsplan für 1922/23 für den Export mit 100 %, für den Import mit 83 % ausgeführt, und für die ausgeführten Teile des Wirtschaftsplans für 1921/22 wird eine durchschnittliche

30 M[ichael] Krischanowski: Die Planwirtschaftsarbeit in der Sowjetunion [Ergebnisse des ersten Jahrzehnts. Wien, Berlin 1927], S. 110.
31 Damals hat der Gosplan auch einen Fünfjahresplan für die Konferenz von Genua ausgearbeitet, nach dem ein Wiederaufbau der Industrie bis zum Jahre 1927 möglich sei, jedoch nur mit großen ausländischen Anleihen. Planwirtschaft 3 (1926), S. 20).

Durchführung von 70 % angegeben.[32] Das Produktionsprogramm für
die Industrie für 1922/23 weist sogar eine Ausführung von 85–90 %
aus, die verarbeitende Industrie geht im allgemeinen über die im Plan
vorgesehenen Leistungen hinaus.[33]

Wie mehrfach in diesen Jahren war mit der Aufstellung dieser
Pläne und der Ausarbeitung von Vorschriften für eine geregelte
Rechnungsführung der Gosplan dem damals noch völlig hilflosen
OVWR zu Hilfe gekommen. Entsprechend der Zusammensetzung
des Gosplans aus zahlreichen Ingenieuren spielte die Propagierung
energetischer Grundsätze eine große Rolle, immer wieder wird die
eigentliche Planarbeit überwuchert von reiner Sachverständigenar-
beit.[34]

Allerdings fehlt es nicht an kritischen Stimmen über die Arbeit
des Gosplan. Lenin warnt vor einer Bürokratisierung der planwirtschaftlichen Arbeit und vor Übereilungen bei der Ausarbeitung eines Gesamtwirtschaftsplanes.[35] Bezüglich des Wirtschaftsplanes für
1921/22 wird erklärt, dass er zu viel Statistik und zu wenig Plan sei,
und dass man sich bei der durchschnittlichen 70 %igen Durchführung
nicht beruhigen dürfe, denn in manchen Industriezweigen bleibe der
Grad der Durchführung unter 30 %. Die Planarbeit berücksichtige viel
zu wenig die Rolle eines festen Budgets, einer richtigen Kreditpolitik
usw.[36]

Endlich wurden auch die verschiedenen Planorgane auf Vorschlag des Gosplan einer Reorganisierung unterzogen, da sich das
Fehlen einer klaren Koordinierung der zahlreichen mit Planarbeiten
betrauten Stellen und die Unbestimmtheit der Kompetenzen des
Gosplan als Quelle von Störungen und Parallelarbeiten gezeigt hatte. Vor allem wurde den Plankommissionen bei den verschiedenen

---

32 Krischanowski: [Die Planwirtschaftsarbeit in der Sowjetunion], S. 109 ff.
33 Kržižanovskij: Fünf Jahre Kampf um den Plan, S. 20.
34 [Ebd.], S. 11 ff.
35 Krischanowski: [Die Planwirtschaftsarbeit in der Sowjetunion], S. 110.
36 A[lexandr Antonovič] Troj[a]novskij: Statistik oder Plan. [In:] Ėkono-
    mičeskaja Žizn' vom 13. August 1922, hier zit[iert] nach Planwirtschaft 3
    (1926), S. 261.

Volkskommissariaten der Behördencharakter genommen und sie der Leitung des Gosplan unterstellt. Ebenso wurde es allen Behörden zur Pflicht gemacht, ihre Anträge in Finanz- und Wirtschaftsfragen bei den gesetzgebenden Organen nicht ohne ein Gutachten des Gosplan einzureichen, und schließlich schritt man zur Bildung von Gebietsplankommissionen, welche eine engere Verbindung zwischen [dem] Gosplan und den lokalen Wirtschaftsorganen herstellen sollten.[37]

Eine Reorganisation des Gosplan selbst erfolgte erst ein Jahr später. Wie sehr es ihm gelungen war, seine Stellung in der Leitung der gesamten Wirtschaft zu festigen, geht daraus hervor, dass von Trockij der Vorschlag gemacht wurde, die staatliche Planwirtschaftskommission aus einem beratenden zu einem beschlussfassenden Organ zu machen. Dieser Vorschlag, der übrigens auf eine von Lenin bereits früher geäußerte Absicht zurückgeht, wurde abgelehnt mit der rein politischen Begründung, dass man dieser »vollkommen bürgerlichen Körperschaft« von 300 Professoren und Technikern, die lediglich eine kommunistische Leitung an der Spitze habe, die Leitung der gesamten Wirtschaftspolitik nicht anvertrauen könne.[38]

Die Stellung des Gosplan im Jahre 1923

Im Jahr 1923 konnte man nach der unter Führung des Gosplan vorgenommenen Neueinteilung der Industrie in drei Gruppen darangehen, die seit Beginn der NEP erhobene Forderung nach Konzentrierung der verfügbaren Mittel auf die wichtigsten Teile der Staatsindustrie systematisch durchzuführen. Eine weitere wichtige Tätigkeit des Gosplan bestand in den Vorbereitungen zur Ordnung des Geldwesens. Auch die Vorarbeiten für einen Fünfjahresplan für die Industrie wurden von ihm begonnen.

Der zwölfte Parteitag der Bol'ševiki beschäftigte sich eingehend mit den Aufgaben der Planarbeit und betonte nochmals, dass die

---

37 Bulletin des Gosplan, Juni 1922, hier zit[iert] nach Planwirtschaft 3 (1926), S. 250.

38 [Grigorij] Sinowjew: Probleme der Kommunistischen Partei Russlands. In: Jahrbuch [für Wirtschaft, Politik und Arbeiterbewegung] 1923/24, S. 444.

Direktiven für den allgemeinen Wirtschaftsplan ebenso wie für die Planarbeit der Industrie nicht durch den OVWR gegeben werden könnten, sondern nur durch den Gosplan. Dieser allein sei eine überindustrielle Organisation und verbinde die Industrie mit den anderen Zweigen der Wirtschaft.

Es wurde gefordert, dass dem Gosplan »ein bestimmteres Reglement, eine festere Organisation, klarste und unbestreitbarste Rechte, insbesondere aber Pflichten gegeben würden. Es muss als unerschütterliche Grundlage beschlossen werden, dass keine einzige allgemeine staatliche Wirtschaftsfrage von den höheren Organen der Republik entschieden werden darf, ohne den Staatsplan zu passieren«.[39] Alle Versuche der verschiedenen Wirtschaftsorgane, bei der Herbeiführung von Beschlüssen den Gosplan zu umgehen, seien als »Äußerung der wirtschaftlichen Kurzsichtigkeit und als schädlichste Überbleibsel des administrativen Partisanentums« zu verurteilen. Sache des Gosplan sei es, dafür zu sorgen, dass die Unzahl der verschiedenartigsten »zeitweiligen und zufälligen Kommissionen, die untersuchen, leiten, prüfen, vorbereiten usw.« überflüssig gemacht würden. Ob es dem Gosplan gelinge, seinen Aufgaben gerecht zu werden, sei zu beurteilen »vom Gesichtspunkt der rechtzeitigen Aufstellung von wirtschaftlichen Fragen, der richtigen Abschätzung des morgigen Tages, der Anspornung der einzelnen Ämter zu rechtzeitiger finanzieller und praktischer Koordinierung derjenigen Gebiete und Zweige ihrer Arbeit, die eine solche Koordinierung erfordern ...«[40]

Obwohl auch in diesen Beschlüssen dem Gosplan keine administrativen Rechte eingeräumt werden, sondern er für die Anwendung von Zwangsmitteln auf die Organe der Zentralgewalt verwiesen wird, zeigt sich hier schon mit aller Deutlichkeit, was heute jedem bekannt ist: dass der Gosplan sich sehr rasch, wenn nicht formal, so doch faktisch zu dem Leiter der sowjetrussischen Planwirtschaft entwickelt hat.

Über den Stand, die Aufgaben und Methoden der Planarbeit gegen Ende dieser ersten Phase der Planarbeiten unter der NEP gibt dieser

39 Resolutionen [des 12. Parteitages], S. 18 f.
40 [Ebd.], S. 19.

Parteitag, der sich sehr eingehend mit Wirtschaftsfragen beschäftigt hat, interessante Aufschlüsse.

Vor allem hat man eingesehen, dass es nicht möglich ist, den »sozialistischen Wirtschaftsplan« rein theoretisch zu konstruieren, sondern dass er, »der alle Zweige der Industrie und ihre Beziehungen zueinander und die Wechselbeziehungen zwischen der Industrie und der Landwirtschaft umfaßt«,[41] nur auf Grund langer praktischer Erfahrungen aufgestellt werden könne. Für absehbare Zeit müsse deshalb die Gosplan-Arbeit vorbereitenden Charakter tragen, sich zunächst dem Markt anpassen und erst allmählich nach Entwicklung der Planmethoden an die Beseitigung des Marktes herangehen. Aus dieser Aufgabenstellung ergeben sich zwei Gefahren: Es kann versucht werden, die regulierende Funktion des Marktes durch administrative Maßnahmen zu ersetzen, ohne dass dazu schon die notwendigen Erfahrungen vorhanden sind, wodurch dann krisenhafte Erscheinungen unvermeidlich werden.[42] Auf der anderen Seite aber besteht die Gefahr, dass die staatlichen Regulierungsmaßnahmen auch dann zu spät getroffen werden, wenn sie auf Grund der vorhandenen Erfahrungen technisch rechtzeitig möglich wären. Eine Reihe von wirtschaftlichen Vorgängen durfte aber auch damals schon unter keinen Umständen allein der Regelung durch den Markt überlassen werden, so z. B. die Entwicklung der Schwerindustrie, da dies die bestehenden schwerindustriellen Anlagen zunächst zum Stillstand verurteilt hätte.

Der Unterschied zwischen den Planmaßnahmen des Kriegskommunismus und denjenigen der NEP liege nicht in ihren wirtschaftlichen Grundlagen. Hier wie dort halte der Staat die wirtschaftlichen

41 [Ebd.], S. 16.
42 So hatte man beispielsweise die Kohlenproduktion derart forciert, dass der Kohlenabsatz überaus schwierig wurde und man den Brennstoffplan aufheben musste. ([Ivar Tenisović] Smilga: Plan und Markt. In: [Probleme der Planarbeit. Stenographischer Bericht des 1. Kongresses der Präsidien des Gosplan der UdSSR und der Gosplane der Bundesrepubliken (russisch). Moskau 1926], S. 415.) Wegen der Schwierigkeiten auf dem Gebiet des Kohlenabsatzes wurden sowohl die Staatsverwaltung für Brennstoffe als auch der Brennstoffplan aufgehoben.

Kommandohöhen besetzt. Aber der Unterschied liege oder solle liegen in den Methoden: »das glavkokratische Administrieren wird von dem wirtschaftlichen Manövrieren abgelöst«, anstelle der wirklichkeitsfremden Verordnungen solle die Anpassung an die Bedürfnisse des Tages und die sachgemäße Ausnutzung aller zur Verfügung stehenden Mittel treten. So z. B. müssten die Erfahrungen über die mit dem Einbringen der Ernte sich ergebenden Erscheinungen (Abströmen von Geld in das Dorf, steigende Nachfrage vom Dorfe usw.) für die den einzelnen Industriezweigen zu gebenden Direktiven als Grundlage dienen.

Dass der Gosplan zu diesem Zeitpunkt noch weit davon entfernt war, allen den ihm zugewiesenen Aufgaben gerecht zu werden, beweist die schwere Herbstkrise des Jahres 1923. Diese katastrophale Absatzstockung in der kaum in Gang gebrachten Industrie bildet auch für seine Arbeiten einen so tiefen Einschnitt, dass es erlaubt ist, von da ab von dem Beginn einer neuen Phase seiner Entwicklung zu sprechen.

Ein Rückblick auf die erste Phase seiner Arbeiten, die »Säuglingsperiode«, wie sie einer seiner Präsidenten genannt hat,[43] zeigt, dass sie im Wesentlichen als eine produktionstechnische angesehen werden kann. »Die Erforschung des Zustandes und der Produktionsfähigkeit der nationalisierten Betriebe, die Erforschung der natürlichen Produktivkräfte, die Kontrolle und Abstimmung der einzelnen Produktions- und Transportpläne – das ist der Grundcharakter der Wirksamkeit des Gosplan in dieser Periode.«[44] Zahllose wichtige und vorbereitende Einzelarbeiten für die Regulierung des Marktes wurden begonnen, aber es war in dieser Zeit noch nicht möglich, sie für die Praxis fruchtbar zu machen. Die Ausarbeitung von Indices, die Vorbereitung zur Schaffung einer festen Währung, die Rajonierung und viele anderen Arbeiten machen sich in der Praxis erst in den folgenden Jahren bemerkbar.

Auch die Erfolge bei den eigentlichen produktionstechnischen Arbeiten lassen noch viel zu wünschen übrig, so wird z. B. 1923 auf

43 Smilga: Wiederaufbauprozeß, S. 415.
44 [Ebd.], S. 412.

dem Januarplenum des Gosplan festgestellt, dass im Transportwesen der Personalbestand noch doppelt so groß sei wie 1913, die geleistete Arbeit aber viermal geringer und die Qualität sechsmal schlechter als 1913.[45] Die Erfolge auf dem Gebiet der Industrie sind noch unbedeutend. Es waren zwar Pläne ausgearbeitet für die Entwicklung der wichtigsten Zweige, der Metallurgie, der Textilindustrie, der chemischen Industrie u. a., aber die Interessen der sogenannten »ursprünglichen sozialistischen Akkumulation« kümmerten sich wenig um die Einhaltung dieser Pläne.[46]

Doch darf über diesen negativen Momenten nicht vergessen werden, dass der Gosplan nach diesen zweieinhalb Jahren auf grundlegende Erfolge zurückschauen konnte. Es war ihm gelungen, einen Wirtschaftsstab für die Republik zu gründen, der die besten ökonomischen und technischen Kräfte des Landes vereinigte, und ferner hatte er wichtige Erfahrungen gesammelt für den Ausbau und die Präzisierung des Perspektivplanes der Goélro.[47]

45 Planwirtschaft 3 (1926), S. 26.

46 Der Ausdruck »ursprüngliche sozialistische Akkumulation« findet sich in den ersten Jahren der NEP häufig. Er ist gebildet nach dem Marxschen Begriff der »ursprünglichen Akkumulation«; ebenso wie im kapitalistischen System einmal damit begonnen werden musste, Kapitalien zu bilden, so auch in dem Wirtschaftssystem der neuen ökonomischen Politik, wo, wie wir gezeigt haben, die Trusts eine Preispolitik eingeschlagen haben, die nur mit der Notwendigkeit, das vorher im Prozess der razbazaryvanie [Ausverkauf] verschleuderte Grundkapital wieder einigermaßen zu ersetzen, gerechtfertigt werden kann. (Krischanowski: [Die Planwirtschaftsarbeit in der Sowjetunion], S. 108.)

47 Kržižanovskij: Zwei Jahre Arbeit des Gosplan. [In:] Ėkonomičeskaja Žizn' vom 19. April 1923, zit[iert] [nach:] Planwirtschaft 3 (1925), S. 262. In einem Rückblick über die Planarbeit der ersten 2½ Jahre betont K[ržižanovskij], dass zu den bedeutendsten Erfolgen des Gosplan die weitere Festigung seiner Autorität in breiten technischen und wissenschaftlichen Kreisen zu zählen sei, ein Erfolg, den der Gosplan durch eine weitgehende Verbesserung seiner Methoden und der Qualität und Quantität seiner Arbeiten wohl verdient habe. Die Methoden der Arbeit seien bereits so weit entwickelt, dass man darangehen könne, gemeinsam mit dem Finanzkommissariat Budgetpläne für ein Vierteljahr auszuarbeiten. Die

3. Die zweite Periode der Planarbeit
(Herbst 1923 bis August 1925)

Vorbereitung der Wirtschaftspläne

Die neue Phase der Gosplan-Arbeiten, die ungefähr zwei Jahre
dauert und mit dem Erscheinen der Kontrollziffern für 1925/26
als abgeschlossen gelten kann (August 1925), beginnt mit einer
Neuorganisierung der Staatsplankommission. Sie war bereits auf
dem im Juli 1923 abgehaltenen ersten Kongress der Planarbeiter
beschlossen worden und setzte anstelle der bisherigen Arbeitsver-
teilung nach Wirtschaftszweigen (operative Einteilung) eine solche
nach Funktionen.[48]
  Neben dem Präsidium, das für die gesamte Tätigkeit verantwortlich ist, sie zusammenfasst und die Kommission der Regierung gegenüber vertritt, wurden drei Sektionen gebildet, deren Vorsitzende
gleichzeitig als stellvertretende Vorsitzende des Gosplan fungieren.[49]
Die drei Abteilungen waren gegliedert nach Wiederaufbau, Produktion und Wirtschaftspolitik.

Bedeutung solcher Pläne könne gar nicht hoch genug eingeschätzt werden, da in ihnen grundlegende Elemente des gesamten Wirtschaftsplanes
fixiert würden. Auch mit den Ministerien gehe man jetzt an die gemeinsame Ausarbeitung von Operationsplänen. (Ėkonomičeskaja Žizn' vom
9. November 1923.)

48 Probleme der Plan[arbeit], S. 4. Nach einem Bericht der Arbeiter- und
    Bauerninspektion (Ėk[onomičeskaja] Žizn' vom 22. Mai 1927) blieb die
    Neuorganisation im Wesentlichen eine papierene Maßnahme; faktisch
    wurde die alte Einteilung nach Industriezweigen beibehalten.

49 Es zeigt sich das Bestreben, durch entsprechende Besetzung der wichtigen
    Stellen die Schwächen auszugleichen, die dem Gosplan dadurch anhaf-
    ten, dass ihm keine administrativen Rechte zustehen. So war z. B. eine
    Zeitlang der Vorsitzende des Gosplan, A[lexandr] D[mitrievič] Cjurupa,
    gleichzeitig stellvertretender Vorsitzender des Rates der Volkskommissare
    und des STO. (Staatsenzyklopädie 1, S. 652.) Allerdings zeigt sich diese
    Tendenz zur Schaffung von Personalunionen überall in den leitenden
    Organen der Sowjetrepublik.

Die *Abteilung für Wiederaufbau* hatte zur Aufgabe, den »Perspektiv-plan« der Volkswirtschaft auszuarbeiten[50] und Pläne für die Weiter-entwicklung solcher Wirtschaftszweige, die auf eine neue technische Basis gestellt werden mussten, zu entwerfen. In diesem Zusammen-hang fiel ihm die Beschäftigung mit dem Elektrifizierungsplan der Goëlro und die Arbeit an seiner Revision zu. Die wichtigsten Unter-abteilungen bildeten die Sektion für Energetik, die noch eine eigene Abteilung für Brennstoffe hatte, eine Sektion für Rajon- und lokale Wirtschaft usw.

Die *Produktionsabteilung* verfügte über Unterabteilungen für In-dustrie, Transport und Nachrichtenwesen und Landwirtschaft. Zu ihren Aufgaben zählt die Aufstellung von Produktionsprogrammen für die ihr zugewiesenen Wirtschaftszweige und Vorschläge für staatliche Maßnahmen zur Hebung der Landwirtschaft. Besondere Aufmerksamkeit musste sie den Problemen der Produktion und Re-produktion des festen Kapitals zuwenden.

Die Aufgaben der *ökonomischen Abteilung* sind am schwierigsten und mit den kompliziertesten wirtschaftspolitischen Problemen am engsten verknüpft, da sie Planarbeit gerade auf den Wirtschaftsgebieten zu leisten hat, wo der Markt noch eine entscheidende Rolle spielt. Ihr unterstehen diejenigen Gebiete, deren eigensinniges Eigenleben in der Herbstkrise des Jahres 1923 sich auf die empfindlichste Weise bemerk-bar machte. Sie besitzt Unterabteilungen für Innenhandel, Außenhan-del, Budget und Finanzen, Wirtschaftsstatistik und den Konjunkturrat.[51]

Besondere Aufmerksamkeit wurde zunächst der Marktbeobach-tung zugewandt. Man systematisierte die Konjunkturforschung, die bis dahin vernachlässigt worden war, und begann, auch in der Provinz ein Netz von Beobachtungsstellen zu schaffen, das man später zu besonderen Rajon-Konjunkturorganen ausbaute. Die ersten Bemü-hungen galten der Aufklärung der Krisenursachen, denen man durch Aufstellung sogenannter »Bilanzen« zwischen Stadt und Land auf den Grund kommen wollte.

50 Perspektivplan = in der Sowjetliteratur gebräuchlicher Ausdruck für einen Plan, der die Entwicklungsperspektiven für mehrere Jahre aufzeigt.
51 Über die Neuorganisierung des Gosplan vgl. Staatsenzyklopädie I, S. 652 f.

Außerordentliche Schwierigkeiten machte der schlechte Zustand der
Statistik. So wird z. B. berichtet, dass der OVWR über die industrielle
Produktion desselben Monats einmal angab, sie sei um 8 % gestiegen,
einen Monat später berichtigte, die Steigerung betrage nur 2 %, und
weitere vier Wochen später erklärte, man habe jetzt 5 % als die richtige
Zahl errechnet. Noch schlimmer als diese »Varianten« in der Berechnung der recht schwierig zu ermittelnden Industrieprodukte ist etwa
folgender Fall. Nach der Missernte des Jahres 1924 wurde Monate
lang berichtet, dass der Frachtverkehr auf der Bahn gegenüber dem
Erntevorjahr gestiegen sei. Man erfand eine besondere Theorie zur
Erklärung dieses merkwürdigen Phänomens, bis sich vier Monate
später herausstellte, dass der Frachtverkehr nicht um 10 % gestiegen,
sondern um 20 % gesunken sei.[52]

Aber nicht nur unter der Beschaffenheit des statistischen Materials
leidet die Konjunkturforschung, sondern auch an der mangelnden
Zusammenarbeit zwischen den verschiedenen damals mit Konjunkturforschung beschäftigten Stellen. Jahrelang brachte man es nicht
fertig, die von den verschiedenen Organen angewandten Methoden zu
vereinheitlichen, und gegen Ende der Wiederaufbauperiode muss von
dem ersten Kongress der Präsidien der Gosplane festgestellt werden,
dass zwar auf dem Gebiet der Konjunkturforschung viel Arbeit geleistet worden sei und Erfolge aufgewiesen werden könnten, dass ihr
Zustand aber den immer komplizierter werdenden wirtschaftlichen
Verhältnissen nicht genüge.[53]

Die Konjunkturforschung sollte ein Mittel sein, um den Übergang
von der bisherigen »produktionstechnischen« Methode zur »ökonomischen« zu vollziehen. Der Kampf gegen die »Elementarver-
nunft des Marktes« wurde erneut proklamiert und als Endziel völlige
Marktbeherrschung gefordert. Auf allen Gebieten sollte die Planarbeit verstärkt und energisch die »Liquidierung der Selbständigkeit
und Unabhängigkeit der Trusts« durchgeführt werden.[54] Zwischen

52 Probleme der Planarbeit, S. 259.
53 [Ebd.], S. 326.
54 [Aleksej Ivanovič] Rykov: Artikel über Krisis und Preisregulierung. [In:]
Handels- und Industriezeitung 252 vom 6. November 1923, Nr. 252.

den einzelnen Teilen der Volks- und Staatswirtschaft war die bisher
fehlende planmäßige Verknüpfung schleunigst herzustellen, so z. B.
zwischen dem Geld- und Kreditwesen und den verschiedenen Formen
der staatlichen Wirtschaftstätigkeit.[55]

Unter Mitarbeit des Gosplan kommt dann auch die Geldreform
zustande, er beteiligt sich an der Ausarbeitung des Budgets und
bereitet ein Gesetz über das Budgetrecht vor. »Das feste Budget, mit
den Interessen der Volkswirtschaft in Einklang gebrachte fiskalische
Quellen, die zweckmäßige rechtliche und finanzielle Struktur des
Budgetplanes, das balancierte Einheitsbudget als Schutz der festen
Währung«, das sind die Ziele, auf deren Erreichung die Budgetarbei-
ten des Gosplan gerichtet waren.[56]

Auch sonst ist die Staatsplankommission in den der Herbstkrise
1923 folgenden Jahren auf allen Gebieten der Wirtschaft angestrengt
tätig. Es werden von ihr Fünfjahrespläne für einzelne Spezialgebie-
te entworfen, so z. B. für Außenhandel, Transportwesen, Bau von
Elevatoren usw. Besondere Aufmerksamkeit wird den schwächsten
Teilen der Planwirtschaft gewidmet, d. i. der Regulierung des Marktes
und der Bauernwirtschaft. Alle Machtpositionen des Staates, so z. B.
die Steuer und die Kreditpolitik sollen zu einer planmäßigen Lösung
dieser Aufgaben zusammengefasst werden.

Im Mittelpunkt der praktischen Arbeit steht der Kampf um die
Preissenkung der Industriewaren und um die Schließung der »Schere«. Den Vorjahren gegenüber hat sich die Lage eben darin verändert,
dass es nicht mehr allein darauf ankommt, dass überhaupt produziert
wird, sondern dass zu Preisen produziert wird, die für die Käufer
erträglich sind. Gerade das meint man mit der Forderung, dass bei
der Aufstellung der Wirtschaftspläne die ökonomischen Momente
gegenüber den technischen vorzuwiegen haben.[57]

Ein Rückblick auf die mit dem August 1925 abgeschlossene zweite
Etappe der Planarbeit zeigt eine ganze Reihe wichtiger Erfolge. Die
Geldreform und die Sanierung des Staatsbudgets waren gelungen,

55 Ėkonomičeskaja Žizn' vom 8. Dezember 1923.
56 Kržižanovskij: Fünf Jahre Kampf, S. 3.
57 Smilga: [In:] Ėkonomičeskaja Žizn' vom 9. Mai 1924.

der Kampf gegen die »Schere« und um die Eroberung des Marktes hatte bedeutende Fortschritte gemacht, mit der Regulierung der Getreidebeschaffung und der Organisierung des Absatzes der Industrieprodukte war man wesentlich weiter gekommen, und auch die theoretischen Arbeiten, die der Erforschung der Grundtatsachen der neuen russischen Wirtschaft dienten, hatten Positives geleistet. Der Goèlro -Plan war einer Prüfung unterzogen und den veränderten Verhältnissen angepasst worden; man hatte die Kreditwirtschaft ebenso wie die Finanzwirtschaft in den Dienst der Planarbeiten gestellt, und schließlich ist es in dieser Zeit auch gelungen, einen Wirtschaftsplan für das Jahr 1925/26 auszuarbeiten.[58] Stolz wird erklärt, dass dem Gosplan bei der Wiederaufbauarbeit ein hervorragender Platz zukommt, da die Grundlinien der Wirtschaftstätigkeit des Staates entweder überhaupt nach dem Vorschlag des Gosplan oder unter seiner tätigen Mitwirkung festgelegt worden seien.[59] Am Ende der Wiederaufbauperiode sieht der Gosplan drei Hauptaufgaben vor sich: die Neuordnung der Produktivkräfte des Landes auf Basis der Elektrifizierung, die Durchführung einer Wirtschaftspolitik, die der Festigung der »Smyčka« dient, und eine gesicherte Stellung auf dem Weltmarkt.[60] Man sieht sogar bereits die Möglichkeit eines Konkurrenzkampfes mit dem kapitalistischen Westen herannahen und damit die Notwendigkeit einer Standardisierung der Produktion. Dass man bei der technischen Rückständigkeit des Landes, seiner Armut an Kapital und den Schwierigkeiten, die sich aus den Beziehungen zu den Millionen bäuerlicher Kleinproduzenten ergeben, noch einen langen und schweren Weg zur Erreichung dieser Ziele vor sich hat, wird offen zugegeben:»Wir haben vor uns selbst nicht zu verbergen, dass die vor uns stehende Aufgabe voll ungeheurer Schwierigkeiten ist. Erinnern wir uns, dass uns in dieser Richtung solche Giganten wie die Vereinigten Staaten mit ihrem jährlichen Warenumsatz von 100 Milliarden

58 Kržižanovskij: Planfragen. In: Planwirtschaft 1 (1925), 21–40. [Zachar L'vovič] Mindlin: Einige Ergebnisse der Planierung der Volkswirtschaft. [In:] Planwirtschaft 4 (1925), S. 120–132.
59 Smilga: [Gosplan], S. 654.
60 [Ebd.]

Dollar gegenüberstehen. Es ist kaum nötig, zu beweisen, dass nur die Planeinheit der staatlichen Wirtschaft, nur die Eigenart unseres ganzen staatlichen Aufbaus und die bewusste Teilnahme der Millionen Werktätigen selbst an ihm uns aus dem bevorstehenden gigantischen Kampf herausführen werden. Jeder behördliche Separatismus muss endgültig beseitigt werden. Die Interessen der Plandisziplin werden zu Interessen des Kampfes in den vorderen Stellungen der Weltwirtschaft.«[61]

Die ersten »Kontrollziffern«

Am 20. August 1925 erschienen die *Kontrollziffern der Volkswirtschaft* für 1925/26, äußerlich ein kleines unscheinbares Büchlein von knapp 100 Seiten. Ihr Erscheinen erregte größtes Aufsehen, von Trockij wurden sie in einer besonderen Arbeit[62] enthusiastisch begrüßt: Der Tag ihres Erscheinens sei »ein wahrer wirtschaftlicher Festtag« und sollte im Sowjetkalender rot angestrichen werden. Aus ihren »trokkenen statistischen Zahlenreihen und den fast genauso trockenen und zurückhaltenden Erläuterungen dazu« erklinge »die herrliche geschichtliche Musik des wachsenden Sozialismus«.[63] Diesen Zahlen komme eine »weltgeschichtliche Bedeutung« zu. »Die mehr als hundertjährige Tätigkeit der Sozialisten, die mit Utopien begann und später zur wissenschaftlichen Theorie führte, hat zum ersten Male eine mächtige ökonomische Probe angestellt, die nun schon das achte Jahr dauert ... Die Zahlen der Staatsplankommission ziehen das – wenn auch skizzenhaft, vorläufig – so doch das erste Fazit aus dem ersten Kapitel des großen Versuchs: die bürgerliche Gesellschaft in die sozialistische umzuwandeln... Von der Übersichtstabelle der Staatsplankommission führen unlösbare Fäden nach rückwärts, zum 1847er Marx-Engelsschen *Kommunistischen Manifest* und nach vorwärts – der sozialistischen Zukunft der Menschheit entgegen. Der Geist Lenins webt in diesen trockenen Zahlen weiter.«[64]

---

61 Kržižanovskij: Fünf Jahre Kampf, S. 21.
62 [Leo] Trotzki: Kapitalismus oder Sozialismus. [Berlin 1925.]
63 [Ebd.], S. 15.
64 [Ebd.], S. 38 f.

Was sind nun diese »Kontrollziffern«,[65] denen diese enthusiastische
Begrüßung galt? Sie sollen in Form von Statistiken mit erläuterndem
Text den Stand der wichtigsten Elemente der Sowjetwirtschaft – Produktion, Warenmasse, Preisbewegung, Export, Import usw. – und ihre
Verknüpfung untereinander ziffernmäßig bestimmen und ferner ihre
Entwicklung für das kommende Wirtschaftsjahr aufzeichnen, also
den immer wieder vergeblich geforderten Einheitsplan der Wirtschaft
bringen.[66] Besonderer Nachdruck wird darauf gelegt, dass es sich
hierbei nicht um mehr oder minder willkürlich angenommene Zahlenreihen handle, sondern dass »ein System von Zahlen« aufgestellt
worden sei, auf Grund dessen allen Teilen der Volkswirtschaft für
das kommende Jahr die notwendigen Direktiven gegeben werden
könnten.

Rein äußerlich betrachtet stellen also diese Kontrollziffern ein
statistisches Nachschlagewerk dar, in dem sich nicht nur die Daten
für die vergangene Zeit und die jüngste Gegenwart befinden, sondern das den Anspruch erhebt, im Zeitpunkt seines Erscheinens
die zukünftige Entwicklung der Wirtschaft für mehr als ein Jahr
ziffernmäßig festzuhalten. Die Aufgabe erscheint zunächst gänzlich
unlösbar. Wenn sie schon in einem reinen Industrieland infolge der
Unübersichtlichkeit der Marktentwicklung trotz einer hochentwik-
kelten Konjunkturforschung auf zahllose Schwierigkeiten stoßen
müsste, dann wachsen diese Schwierigkeiten ins Ungemessene in
einem Agrarland, wo wirtschaftlich nahezu alles von dem Ausfall
der Ernte abhängt. Bedenkt man obendrein noch den Zustand des

65 Der Name Kontrollziffern stammt von Kržižanovskij, der ihn in bewusster
    Analogie zu dem in der Finanzverwaltung üblichen Ausdruck gewählt
    hatte. Ebenso wie die Finanzverwaltung ein Kontrollschema für das
    kommende Jahr aufstellte, sollte auch für die gesamte Volkswirtschaft ein
    derartiges Schema aufgestellt werden. (Probleme der Planarbeit, S. 223.)
66 »Aufgabe der Kontrollziffern ist es, die Hauptkonturen der wichtigsten
    volkswirtschaftlichen Elemente im kommenden Jahr zu entwerfen, diese
    Elemente zu koordinieren und ein Gesamtbild von dem voraussichtlichen
    Stand der Volkswirtschaft zu geben.« ([Vladimir Gustavovič] Groman: Die
    Volkswirtschaft [der Union im Wirtschaftsjahr 1926/27. In: Planwirtschaft
    2 (1926)], S. 9.)

russischen Verwaltungsapparates und der russischen Statistik, dann
ist man geneigt, die Kontrollziffern von vornherein als einen Versuch
am untauglichen Objekt und mit untauglichen Mitteln, als einen
utopischen Dilettantismus abzulehnen. Die eingehende Betrachtung
der Methoden, der Ziele und, soweit möglich, der Ergebnisse der Kontrollziffern von 1925 und ihrer Nachfolger werden zeigen, inwiefern
sich trotz des ersten ungünstigen Eindrucks lebensfähige Elemente
darin finden lassen. Zunächst aber soll nur ihre äußere Geschichte
aufgezeichnet werden.

Im April 1925 war eine besondere Kommission zur Aufstellung von
Kontrollziffern im Gosplan gebildet worden, die mit einer bewunde-
rungswürdigen Arbeitsintensität in kaum vier Monaten ihre Aufgabe
zum Abschluss brachte. Von den Schwierigkeiten dieser Arbeit macht
man sich erst dann einen Begriff, wenn man hört, dass der Kommission das notwendige statistische Material in unzureichenden Mengen
und in rohester Form übergeben wurde, so dass sie nur mit Hilfe von
komplizierten Methoden herausfinden konnte, was von diesem Material nun überhaupt brauchbar wäre. Zwar hatte der Gosplan nach
Abschluss des Wirtschaftsjahres 1923/24 verlangt, dass für dieses
Jahr vom statistischen Amt eine Art volkswirtschaftlicher Bilanz
aufgestellt werde, die über die wichtigsten Vorgänge zahlenmäßig
Bericht erstatten sollte. Die »Bilanz« wurde zwar aufgestellt, aber
»vor dem Gosplan mit sieben Siegeln verschlossen«.[67] Zu der Unvoll-
ständigkeit des statistischen Materials kam noch sein tendenziöser
Charakter, und zwar nicht nur bei den Angaben der Kleinbetriebe,
sondern auch bei denen der staatlichen Großbetriebe. Der Grund war
in beiden Fällen die Angst vor dem Finanzkommissariat. Man hat z. B.
bei einer Revision festgestellt, dass ein Trust, der einen Gewinn von
300 000 Rubeln in seiner Bilanz ausgewiesen hatte, in Wirklichkeit
17 Millionen verdient hatte. Wie sollte unter solchen Bedingungen der
Gosplan einigermaßen brauchbare Angaben über die vergangene und
künftige Entwicklung der Kapitalakkumulation machen können?[68]

67 Probleme [der Planarbeit], S. 255. K[ontrollziffern der Volkswirtschaft der
    UdSSR für 1925/26 (russisch). Moskau 1925], S. 5.
68 Probleme [der Planarbeit], S. 225.

Diese und andere Schwierigkeiten kannte der Gosplan sehr wohl.
Smilga sagt in seiner Rede, mit der er die Kontrollzahlen dem STO
übergab, dass einer der Erfolge der Planarbeit gerade der sei, dass
man sich ihrer ungeheuren Schwierigkeiten bewusst geworden sei.
In der Zeit des größten Verfalls der Wirtschaft sei »der Gedanke der
Planwirtschaft, der in beträchtlichem Maße im leeren Raum schwebte,
irgendwie kühner« gewesen als heute. Damals habe man Pläne auf
fünf bis zehn Jahre geschaffen, denen als Basis nichts anderes diente
als »der Flug der Gedanken«. Heute gehe man aus von vielen Erfah-
rungsdaten und arbeite mit einigermaßen bewährten Methoden. In
dem Maße aber wie die Pläne der Wirklichkeit näherkämen, wüchsen
die Schwierigkeiten ihrer Aufstellung, die vorgelegten Kontrollzahlen seien nichts als ein Schritt auf dem Wege zur Schaffung eines
Wirtschaftsplanes und enthielten zahlreiche Fehler. Wenn man sie
trotzdem veröffentliche, so geschehe es, um die gesamte Sowjetöffentlichkeit zur Mitarbeit an der Korrektur dieser Fehler aufzufordern.
Die Kontrollzahlen müssten von den verantwortlichen Behörden mit
äußerster Vorsicht benutzt werden und könnten nur als ungefähre
Direktiven für die Aufstellung der »Operativpläne« dienen.[69] Nach
dem Vorschlag des Gosplan sollten die Behörden bis zum 15. Septem-
ber zusammen mit ihren eigenen Teilplänen ein Gutachten über die
Kontrollziffern dem Gosplan vorlegen und dieser innerhalb Monats-
frist ein Gegengutachten (sowohl zu den Teilplänen als auch zu der
Kritik am Gesamtplan) abgeben. Auf diese Weise sollte ein für die
Wirtschaftstätigkeit des bevorstehenden Jahres brauchbarer Plan auf
Grund der Kontrollziffern zustande kommen.[70]

69 K[ontrollziffern] 1925/26, S. 5 ff.
70 [Ebd.], S. 50 ff. Da die Vorschläge des Gosplan über die von den einzelnen
    Behörden vorzulegenden Teilpläne einen interessanten Querschnitt durch
    den Stand der planwirtschaftlichen Arbeit im Sommer 1925 geben, seien
    sie nachstehend wiedergegeben:
    »Es sollen vorlegen:
    der OVWR einen Gesamtindustrieplan mit Berücksichtigung der Produk-
    tion, der Zahl der Arbeiter, der Produktion pro Arbeiter, des Lohnes, des
    Zustandes der Grund- und Umsatzkapitalien, der Schuldner und Gläu-
    biger und der erwarteten finanziellen Ergebnisse (Gewinn oder Verlust).

Nicht von allen Seiten wurden die Kontrollziffern so ungeteilt begeistert aufgenommen wie von Trockij. »Als der Gosplan sie am 20. August in der Sitzung des STO vorlegte, wurden sie von den Behörden auf die verschiedenste Weise beurteilt. Der OVWR bemängelte die ungenügende Berücksichtigung des Entwicklungstempos der Industrie und die zu hohe Bewertung des Warenteils der Landwirtschaft. Das Kommissariat für Landwirtschaft und das für Finanzen fanden, dass sie zu industriell seien und die Bedürfnisse der Landwirtschaft vollkommen unberücksichtigt ließen. Einige Arbeitsmethoden und eine Reihe von Schlussfolgerungen wurden der Kritik unterworfen. Der Vorsitzende des STO, Genosse Kamenev, erkannte den Wert der geleisteten Arbeit an, lehnte es aber ab, sie als Richtschnur anzuer-

Das Volkskommissariat für Finanzen das Jahresbudget.

Die Staatsbank und die übrigen Banken orientierende jährliche Kreditpläne mit den Perspektiven der Geldemission, der Depositen und laufenden Konten, der Subventionierungsoperationen für die einzelnen Wirtschaftszweige mit besonderer Anführung der lang- u[nd] kurzfristigen Kredite und die erwarteten finanziellen Ergebnisse.

Das Volkskommissariat für Innenhandel einen Plan der Getreide- und Rohstoffbeschaffung sowie einen Plan der Versorgung der Bevölkerung mit Massenbedarf unter Angabe der Quantitäten und der Groß- und Kleinhandelspreise, sowie die zu erwartenden finanziellen Ergebnisse.

Das Volkskommissariat für Außenhandel einen Aus- und Einfuhrplan mit Angabe der Kontingente und Preise, sowie gleichfalls die erwarteten finanziellen Ergebnisse.

Das Volkskommissariat für Landwirtschaft der Republiken Operationspläne ihrer Tätigkeit und Perspektiven der Entwicklung der Landwirtschaft in der Sphäre der Produktion und ihres Absatzes mit Gutachten der Gosplane der Republiken.

Das Volkskommissariat des Innern der Republiken, mit Gutachten der entsprechenden Gosplane der Republiken zum Wohnungsbau, einen Plan der Wohnungs- und kommunalen Bautätigkeit mit Angabe der Finanzierungsquellen, sowie der Art und Weise der Verwirklichung der Überführung des Wohnungswesens auf wirtschaftliche Grundlagen.

Das Volkskommissariat für Verkehrswesen einen Transportplan, Arbeitsplan zur Gestellung der betreffenden Verkehrsmittel, zur neuen Bautätigkeit und Transportbudget.

kennen, und erkannte den Daten nur den Wert von Zahlenreihen, aber nicht den eines Systems zu. Schließlich wurde die Schaffung einer Kommission vorgeschlagen, die auf dem Wege von Resolutionen den Platz der Kontrollzahlen im System unserer Wirtschaftsleitung zu bestimmen hatte. Die Kommission trat niemals zusammen...«[71]

Gegen den STO wird in diesem Zusammenhang der Vorwurf erhoben, dass er die Arbeiten des Gosplan, der mit seinen Kontrollzahlen die Grundlage für die Herstellung des wirtschaftlichen Gleichgewichts geben sollte, vollkommen unausgenutzt gelassen habe. Die einzelnen Behörden aber nahmen nur von den Teilen der Kontrollziffern Notiz, die sich mit ihren Interessen deckten, während sie über die anderen hinweggingen. Zu diesem schweren Misserfolg der ersten Kontrollziffern trug noch das Fehlschlagen der Getreidekampagne bei.

Eine der zentralen Fragen für die Aufstellung der Kontrollziffern war die, welche Rolle die Ernte von 1925 in der wirtschaftlichen Entwicklung spielen sollte. Man war bei der Bestimmung der Erntegröße und ihres auf den Markt kommenden Teils auf Schätzungen angewiesen, die weit auseinandergingen. Es sollten betragen:[72]

nach den Schätzungen	des Statistischen Amts	des Gosplan
	Millionen Pud	
die Erntemenge	4100	4600
Warenteil	1050	900
für Export verfügbar	600	380

71 [Ivar Tenisovič] Smilga: Unsere wirtschaftlichen Schwierigkeiten. [In:] Planwirtschaft 2 (1926). [D]eutsch in: Die Volkswirtschaft [der UdSSR. Niedergang und Wiederaufstieg. Zusammengestellt von [Vladimir Gustavovič] Groman. Berlin 1927], jedoch stark gekürzt.

72 Probleme der Planarbeit, S. 228. Nach der Meinung der Mitarbeiter des Gosplan ist die viel wirklichkeitsnähere Schätzung des Marktanteils und der Exportmenge der Überlegenheit der vom Gosplan angewandten ökonomischen Methoden, insbesondere der »Bilanzmethode«, gegenüber denjenigen des statistischen Amtes zuzuschreiben.

Da in diesem Jahre mit ausländischen Krediten in nennenswertem Umfang nicht zu rechnen war, hing ein großer Teil des Importes und damit der Versorgung der Industrie mit Maschinen und Rohstoffen davon ab, dass der in den Kontrollziffern eingesetzte Getreideexport von 380 Millionen Pud auch tatsächlich zustande kam. Aber unglücklicherweise scheiterte die Getreidekampagne in einem geradezu katastrophalen Umfang. Das Defizit betrug 230 Millionen Pud. Auf die Gründe wurde bereits früher eingegangen.[73] Ob nun der Regen, die Kulaken oder die Mängel des Beschaffungsapparates die entscheidende Rolle gespielt haben, ist hier gleichgültig, jedenfalls war das Defizit da und fiel in seinem ganzen Umfang auf die für den Export zur Verfügung stehende Menge, die sich damit um die Hälfte verkleinerte, wie die folgenden Zahlen zeigen:[74]

1925/26	nach den Kontrollziffern 1925/26	in Wirklichkeit
Export	in Millionen Červonecrubeln	
1. Landwirtschaft	950	429,8
2. Industrie	150	238
Import	950	755,8

Durch die Importdrosselung um nicht weniger als 200 Millionen Rubel oder über 20 % der vorgesehenen Zahl wurden die Pläne der auf diesen Import angewiesenen Industrien empfindlich gestört, und diese Störung war noch viel größer, als sie zahlenmäßig zum Aus-

73 Vgl. noch: Probleme der Planarbeit, S. 228, ferner [Vladimir Gustavovič] Groman: Thesen zur Revision der Kontrollziffern für 1925/26. [In:] Planwirtschaft 2 (1926), S. 11:
»Auf den vom Himmel gießenden Regen antworteten wir mit einem Regen von Telegrammen, betreffend Beschleunigung der Getreidebeschaffung und mit einem Regen von Červonec zu ihrer Finanzierung.«
74 Die berichtigten Zahlen nach: Grundfragen der Ökonomik der SSR in Tabellen und Diagrammen, zusammengestellt von B[oris] A[dol'fovič] Guchman, unter der Redaktion von V[ladimir Gustavovič] Groman. [Moskau 1928], Teil 5, Tabelle 9.

druck kam, da es infolge der bereits abgeschlossenen Verträge sehr
häufig nicht möglich war, die Importeinschränkungen in den richtigen
Proportionen für alle Importwaren vorzunehmen. Die Folgen wären
noch bedrohlicher geworden, wenn es der Industrie durch eine Steigerung ihres eigenen Exports um 60 % gegenüber dem Voranschlag
des Gosplan nicht gelungen wäre, einen Teil des Defizits des landwirtschaftlichen Exports wieder auszugleichen.

»Für eine kurze Zeit kam es zu einer förmlichen Revolution«, berichtet Groman. Die Kommission für Kontrollziffern, die noch wenige
Wochen vorher eine der populärsten Organisationen der Sowjetunion
gewesen war, musste erleben, dass es plötzlich »nichts Grässlicheres
in der ganzen Union gab, als die Kontrollziffern; die kleinen Kinder
schreckte man damit«.[75] Alles fiel über die Kontrollziffern her, vor
allem natürlich die Elemente der staatlichen Wirtschaft, die wie die
großen Trusts und die Syndikate der Meinung waren, dass der Gesamtplan sich nach ihnen zu richten habe und nicht umgekehrt. Außerdem war für die separatistischen Elemente der Union die schwere
Niederlage des durch und durch einheitsstaatlich eingestellten Gosplan ein willkommener Anlass zu seiner Bekämpfung.[76]

4. Die dritte Periode der Planarbeit (seit Herbst 1925)

Doch die Mitarbeiter des Gosplan ließen sich durch diese Misserfolge
keinen Augenblick abschrecken, sondern arbeiteten konsequent an
der Verbesserung ihrer Methoden und der Aufdeckung der bei dem
ersten Versuch der Kontrollziffern unterlaufenen Irrtümer. Es wurde
darauf hingewiesen, dass es keine Möglichkeit gebe, einen Plan aufzustellen, solange nicht gewisse Reserven geschaffen seien, die zur
Ausgleichung der stärksten Schwankungen herangezogen werden
könnten. Derartige Reserven waren zwar in manchen Zweigen der
Wirtschaft vorhanden, aber sie konnten nicht erfasst werden, und
ihre Bildung war bis dahin nicht systematisch betrieben worden.
In Zukunft sollten im Rahmen des Möglichen auf dem Gebiete der

75 Probleme [der Planarbeit], S. 228.
76 [Ebd.], S. 239 f.

Valuta, der Rohstoffe usw. Reserven gebildet werden, ähnlich wie sie von den Bauern als Vorsorge für künftige Missernten traditionell geschaffen wurden.

Der erste Planarbeiterkongress

Im März 1926, in dem der Gosplan sein fünfjähriges Jubiläum feiern konnte, trat der erste Kongress der Präsidien der Staatsplankommissionen der Union und der Bundesrepubliken zusammen. So entmutigend auch die Resultate der ersten Kontrollziffern gewesen waren, so sehr sprach für die Zukunft der planwirtschaftlichen Arbeiten der Umfang, in dem sich der Planapparat inzwischen entwickelt hatte, und die Überzeugung seiner Mitarbeiter, dass man in Zukunft in der Union ohne Pläne nicht mehr werde auskommen können. Aus den paar Dutzend Sachverständigen, die den Gosplan bei seiner Gründung gebildet hatten, war eine mächtige Körperschaft geworden mit einem Netz von Organen, das die ganze Union umfasste. Neben dem Unionsgosplan zählte man sechs bundesstaatliche (»republikanische«) Gosplane, von deren Bedeutung man sich eine Vorstellung machen kann, wenn man hört, dass die größte republikanische Plankommission, diejenige der RSFSR, 950 Mitarbeiter zählte und zwölf Gebietsplankommissionen, drei Gosplane in autonomen Republiken, 42 Gouvernementsplankommissionen und 43 Bezirksplankommissionen umfasste.[77]

Der Kongress tagte eine Woche und gibt ein gutes Bild der Schwierigkeiten, mit denen man zu kämpfen hatte, und der besonderen Aufgaben, die man sich für die nächste Zeit stellte. Bemerkenswert ist die Zuversicht, mit der man trotz der erlittenen Niederlage an die Arbeiten heranging. Es fehlt nicht an scharfen Kritiken an dem bisher Geleisteten, aber keiner der Kritiker zweifelt daran, dass man grundsätzlich auf dem richtigen Wege sei. Im Vordergrund des Interesses steht die Diskussion über eine engere Verbindung der Planarbeit mit der Praxis. Als besonders hemmende Faktoren werden genannt das langsame Fortschreiten der Rajonierungsarbeiten, ohne

77 [Ebd.], S. 4.

deren Beendigung die feste Basis für die Planarbeit fehlte, sowie der
bedenkliche Zustand der Konjunkturforschung und der statistischen
Materialien. Außerdem wird eine strenge Plandisziplin gefordert, da
die außerordentliche Begrenztheit der Hilfsquellen nicht erlaube,
dass auch nur eine Kopeke ohne Plan ausgegeben werde.»In Bezug
auf dieses Jahr können wir uns dafür nicht mehr verbürgen. Darum
ist nicht nur eine verstärkte Planierung, sondern auch eine absolute
Plandisziplin nötig. Der Neuaufbau geht unter den Bedingungen
eines großen Mangels an Material und Kapital vor sich. Wir stehen
vor der Gefahr der Vergeudung unserer mühselig angesammelten
Mittel in zahllosen, täglich wachsenden Bedürfnissen. Darum haben
wir uns die Garantierung der Plandisziplin zur besonderen Aufgabe
gemacht... Die erste Hälfte dieses Jahres steht im Zeichen erstens der
Verletzung und zweitens der verspäteten Aufstellung der Pläne. Eine
Reihe Wirtschaftsorgane, mit denen ich zu tun hatte, rechtfertigen die
unnütz ausgegebenen Mittel damit, dass kein Plan da war. Um jeden
Preis ist die planlose Ausgabe unserer kargen Mittel einzustellen, alle
Schritte sind zu unternehmen, damit die Pläne in größerem Einklang
als bisher mit den realen Möglichkeiten unseres Wirtschaftslebens
konstruiert werden.«[78]

Mit der Forderung unbedingter Plandisziplin beginnen auch die
Resolutionen, in denen der Kongress die Resultate seiner Arbeit zu-
sammenfasste. Eine Reihe von Maßnahmen wurde beschlossen, die
zu diesem Ziel führen, und darüber hinaus auf allen Gebieten die
engste Zusammenarbeit aller planwirtschaftlichen Organe sowohl
untereinander als auch mit allen übrigen leitenden Wirtschaftsstellen
gefordert.[79] Als nächstes Arbeitsprogramm sieht der Kongress vor:

1. eine Revision des Elektrifizierungsplanes als Grundlage für den
   Generalplan der Volkswirtschaft,
2. die Ausarbeitung eines Fünfjahresplanes, sowie

---

78 [Aleksej Ivanovič] Rykov: [Rede] auf dem Kongreß [der Planarbeiter].
    [In:] Planwirtschaft 4 (1926), S. 7 f.
79 Probleme [der Planarbeit], S. 316 f. und S. 340 ff.

3. von Kontrollziffern für ein Jahr, welche auch Operativpläne für
   das betreffende Jahr enthalten müssen,
4. den Ausbau eines Systems der Konjunkturforschung,
5. die Aufstellung von Teilplänen für die planmäßige Gestaltung des
   Innenhandels.[80]

Ferner unterstreicht der Kongress die Notwendigkeit der weiteren
Durchführung der Rajonierung und macht Vorschläge für die Behebung des Mangels an qualifizierten Arbeitskräften.[81]

Auch aus den Resolutionen spricht der Wille, sich durch die Misserfolge sowohl bei dem Versuch der Kontrollziffern als auch bei
zahllosen Tagesarbeiten nicht einschüchtern zu lassen. Die so heftig
angegriffenen Kontrollziffern für 1925/26 finden energische Vertei-
diger, ihre Mängel werden als unvermeidlich hingestellt und ihre
Stellung in der gesamten Planarbeit als »vorbereitender Entwurf«
charakterisiert. Der Kongress weist darauf hin, dass sie »ihrem Wesen
nach ein zusammenhängendes Zahlensystem darstellen, mit dem der
Versuch gemacht ist, das reale dynamische Gleichgewicht der Volkswirtschaft im Zusammenhang mit einer bestimmten ökonomischen
Politik wiederzugeben; keinesfalls dürfen sie als bloße zahlenmäßige
Notizen für das kommende Jahr betrachtet werden«.[82] Die zahlreichen aber unvermeidlichen Mängel des ersten Versuchs will man
nicht bemänteln, aber wenn er bei der Ausarbeitung der Operativpläne nicht als richtunggebend figurieren könne, so sei das darauf
zurückzuführen, dass die höchsten Instanzen seine Prüfung nicht
zu Ende geführt haben. Die Revision der Kontrollziffern im Januar
und Februar 1926, die mit Rücksicht auf den Misserfolg der Getreidekampagne vorgenommen worden sei, habe die Grundelemente des
gesamten Systems beibehalten. Die bisher angewandten Methoden
hätten sich bewährt, bedürften aber einer Ergänzung.

Für die Kontrollziffern des Jahres 1926/27 ständen neue Schwierigkeiten bevor; sie ergäben sich vor allem daraus, dass dieses Jahr das

80 [Ebd.], S. 317–336.
81 [Ebd.]
82 [Ebd.], S. 323.

erste Jahr des Neuaufbaus sei und dass es deshalb notwendig werde, die Jahresziffern als einen Teil der noch gar nicht fertiggestellten mehrjährigen Pläne zu behandeln und außerdem die Zusammenhänge mit der Weltwirtschaft mehr in den Vordergrund zu rücken.

Die Kontrollziffern für 1926/27

Genau ein Jahr nach den ersten Kontrollziffern, im August 1926, erschienen die *Kontrollziffern der Volkswirtschaft der UdSSR* für das Jahr 1926/27. Aus der unscheinbaren Broschüre war ein großformatiger Band von 400 Seiten geworden, der sich von der ersten Ausgabe sowohl in Bezug auf die Quantität wie die Qualität des materiellen Inhalts als auch auf die Ausbildung der Methoden wesentlich unterscheidet. »Wenn im Jahre 1925/26 die Kontrollziffern des staatlichen Planwirtschaftsamtes nur zur Kenntnis genommen werden konnten, wenn über diese Ziffern Streitigkeiten in Bezug auf die Rechtmäßigkeit, sie als ›Ziffernsystem‹ zu bezeichnen, entstehen konnten, so rufen die Kontrollziffern für das Jahr 1926/27 solche Streitigkeiten nicht mehr hervor; nach den entsprechenden Korrekturen durch die wirtschaftlichen Zentralkörperschaften der Republik gelten diese Ziffern bereits als grundlegende, richtunggebende Direktiven für alle Volkskommissariate bei ihrer Ausarbeitung von wirtschaftlichen Jahresplänen. Die Operationspläne, welche den bestätigten Kontrollziffern entsprechen, können durch die Spitzen der betreffenden Ressorts bestätigt und durchgeführt«, brauchen also nicht mehr den höchsten Zentralstellen zur Bestätigung vorgelegt werden.[83]

Die sorgfältigere Ausarbeitung der Kontrollziffern, auf deren methodologische und materielle Einzelheiten wir weiter unten näher eingehen, ist nicht nur der größeren Erfahrung, sondern auch dem bedeutend erweiterten Kreis der Mitarbeiter und der wesentlich längeren Zeit, die zur Ausarbeitung zur Verfügung stand, zuzuschreiben. Waren doch an diesen Kontrollziffern die Planorgane der ganzen Union beteiligt.

83 Krischanowski: [Die Planwirtschaftsarbeit in der Sowjetunion], S. 113.

Als Haupthindernis bei der Zusammenstellung des Buches nennt man den »äußerst unbefriedigenden Zustand der Statistik in der UdSSR. Die Berichte über die Saatflächen und die Ernteerträge sind ungenügend und chaotisch«. Für die Beurteilung der »Hauptfrage der wirtschaftlichen Zukunft«, nämlich der Differenzierungsprozesse auf dem Lande, läge so gut wie kein Material vor, so dass sich hierüber in den Kontrollziffern nichts finde.[84]

Gerade das ist aber der Hauptvorwurf, den diese Ausgabe der Kontrollziffern ihrer Vorgängerin macht, dass sie nämlich im Wesentlichen nur die »quantitativen« Größen analysiert habe, während der gesellschaftliche Gehalt der Wirtschaftsprozesse aus Mangel an Daten und Zeit im Wesentlichen unberücksichtigt geblieben sei. In diesem Fehlen der »qualitativen« Analyse der Wirtschaftsprozesse und nicht in Rechenfehlern sei die Hauptschwäche der vorjährigen Kontrollziffern zu suchen.[85]

Trotz dieser Einsicht konnte mangels genügender statistischer Unterlagen auch in den neuen Kontrollziffern die qualitative Analyse nur ganz unzureichend durchgeführt werden.

Energisch betont wird der doppelte Charakter der Kontrollziffern, die nicht nur die Zukunft voraussagen wollen (Prognose), sondern auch durch die Erteilung von Direktiven die künftige Entwicklung zu dem von ihnen vorausgesagten Stand hinlenken sollen.

Die Kritik an den Kontrollziffern hatte zunächst im Wesentlichen ihren materiellen Inhalt zum Gegenstand. Ein heftiger Kampf entspann sich um den Prozentsatz, um den die Bruttoproduktion der Großindustrie im kommenden Wirtschaftsjahr zunehmen sollte. Der Gosplan hatte dafür 15,6 % eingesetzt, doch wurde diese Zahl durch den OVWR auf 18,6 und durch den STO auf 20,6 % erhöht.[86] Das

---

84 K[ontrollziffern] 1926/27, S. 9.
85 [Ebd.], S. 4.
86 [Nikolai] Bucharin: Die internationale und innere Lage der [Sowjet-union]. [Hamburg 1927], S. 30 f. B[ucharin] stellt fest, »dass die *faktische Durchführung des Planes selbst gegenüber den vom Plan angenommenen Zahlen ein Mehr* ergibt, und zwar *beträgt es über* 21 %.« (Sperrungen von Bucharin.)

Finanzkommissariat forderte eine Vergrößerung der Valutareserven, während das Handelskommissariat erklärte, dass die vorgesehene Exportziffer nicht zu erreichen sei. Auch über zahlreiche andere Punkte, insbesondere über die Gestaltung der lokalen Finanzen und die Entwicklung der Preise gab es heftige Streitigkeiten. Dazu bemerkt Smilga richtig: »Das alles halten wir für ganz normal im gegebenen Stadium der Arbeit. Wir begreifen ausgezeichnet, dass die Kontrollzahlen nicht nur ein literarisches Dokument, sondern auch die erste Fassung der Teilung des Volkseinkommens sind. Gerade dieser Umstand erklärt das Widerspruchsvolle der bisher ausgesprochenen Urteile.«[87]

Die Kontrollziffern wurden einen Monat nach ihrem Erscheinen, also immerhin noch einige Tage vor dem Beginn des neuen Wirtschaftsjahres, durch den Rat der Volkskommissare und den STO mit einigen Abänderungen bestätigt.[88]

So schien alles dafür zu sprechen, dass die zweite Ausgabe der Kontrollziffern, wenn auch ihr Inhalt nicht völlig realisiert werden konnte, doch für die praktische Arbeit ein wichtiges Hilfsmittel werden würde. Doch sind die Meinungen über ihren Erfolg geteilt. In der wissenschaftlichen Zeitschrift des STO wird z. B. erklärt, dass die Notwendigkeit der Aufstellung von Kontrollziffern für die Volkswirtschaft außer Frage stehe, dass aber bis zur Ausarbeitung brauchbarer Jahrespläne noch ein weiter Weg sei. »[D]ie ›Kontrollziffern‹ für 25/26 und 26/27 erwiesen sich als missglückt. Es handelt sich gar nicht darum, dass die eine oder die andere Zahl von der Praxis nicht bestätigt wäre, es handelt sich nicht einmal darum, dass die ›Kontrollziffern‹ in der erdrückenden Masse ihrer Zahlen im Widerspruch zur Wirklichkeit stehen. *Weit schlimmer ist, dass die Kontrollziffern und die Wirklichkeit im Grundlegendsten und Wichtigsten überhaupt nichts miteinander gemein haben*: auf der einen Seite steht der Plan – auf der anderen die Wirklichkeit. Man hat gesagt, die Kontrollziffern müssten gleichzeitig ›Prognose und Direktive‹ sein. Das ist gar nicht schlecht

87 [Ivar Tenisovič] Smilga: Über die Kontrollzahlen. [In: Planwirtschaft 8 (1926)], S. 15.
88 Pravda vom 21. September 1926.

gesagt. Die Sache ist aber gerade die, dass sie für die Volkswirtschaft weder das eine noch das andere waren, ... die Kontrollziffern für 26/27 teilen offensichtlich das Schicksal der Prognosen des vorigen Jahres, aber mit dem Unterschied, dass 26/27 die Kontrollziffern mit einer Reihe Vorbehalte ausgestattet waren. Und die ›Direktiven‹? Erst nach der Aufstellung der Kontrollziffern und *ganz unabhängig von diesen* wurde von der Regierung eine Reihe Direktiven ausgearbeitet, und sie allein wurden in der Praxis durchgeführt.«[89]

Es darf bezweifelt werden, ob dieses vernichtende Urteil den Kontrollziffern für [19]26/27 wirklich gerecht wird. Aber wenn auch nicht von einem völligen Misserfolg, von einer gänzlichen praktischen Bedeutungslosigkeit dieser zweiten Ausgabe der Kontrollziffern gesprochen werden kann, so steht jedenfalls fest, dass sie alles andere als einen vollen Erfolg verzeichnen konnten. Bei den wenigen Erfahrungen, die bis dahin über die Arbeiten an den Kontrollzahlen vorlagen, bei der geringen Entwicklung von Theorie und Methoden der Planarbeit und den besonders ungünstigen Bedingungen hat dieser zweite Misserfolg nichts Überraschendes an sich.

Der erste Entwurf eines Fünfjahresplans

Mit ungebrochenem Optimismus setzte der Gosplan seine Arbeit fort und stellte sich immer größere Aufgaben. Sofort nach Abschluss der Kontrollziffern für 1926/27 begann er mit der Ausarbeitung eines Fünfjahresplanes für die gesamte Wirtschaft. Bereits Ende März des folgenden Jahres konnte er dem zweiten Kongress der Gosplanpräsidien der Union[90] den Fünfjahresplan unter dem Titel *Perspektivische Entwicklung der Volkswirtschaft der UdSSR für 1926/27 bis 1930/31*

89 [Max] Birbraer: Zur Methodologie der Kontrollziffern. [In:] Volkswirtschaftliche Rundschau 6 (1927), S. 85. (Sperrungen von uns.)
90 Über diesen Kongress, der seinem Vorgänger an Wichtigkeit und Interesse nicht nachstehen soll, wurde ein Protokoll nicht veröffentlicht. Unser Versuch, von dem Gosplan der Union eine Abschrift des Protokolls zu erhalten, ist leider bis zur Niederschrift dieser Zeilen nicht geglückt. Die folgende Darstellung beruht auf den in der Tagespresse und verschiedenen Zeitschriften gegebenen Berichten, sowie auf persönlichen Mitteilungen.

vorlegen.[91] Die Aufgabe des Fünfjahresplans wird ganz allgemein so formuliert, dass er zu leisten habe eine »solche Neuordnung der vorhandenen Produktivkräfte der Gesellschaft einschließlich der Arbeitskraft und der materiellen Hilfsquellen des Landes, die imstande ist, in optimaler Weise die krisenlose erweiterte Reproduktion dieser Produktivkräfte in *möglichst raschem* Tempo zum Zweck *maximaler* Befriedigung der laufenden Bedürfnisse der werktätigen Massen und ihrer *schnellsten* Annäherung an die vollständige Umgestaltung der Gesellschaft auf der Grundlage des Sozialismus und Kommunismus zu gewährleisten«.[92]

In dem System von Plänen, die berufen sind, die Planwirtschaft durchzuführen – Generalplan, Fünfjahresplan, Kontrollziffern und die vierteljährlichen oder monatlichen Korrekturen dazu – gilt der Fünfjahresplan als erster Abschnitt des Generalplans und soll die »Entwicklungsgeschwindigkeiten der Hauptzweige der Wirschaft und ihre Verknüpfung untereinander und mit dem Gesamttempo der sozialistischen Akkumulation im gegebenen Zeitabschnitt« präzisieren.[93]

Für die Wahl von gerade fünf Jahren für den Perspektivplan war maßgebend, dass bei großen technischen Neuanlagen normalerweise mit einer Bauzeit von fünf Jahren zu rechnen ist.[94] Da aber die Wirksamkeit dieser Neubauten, d. h. ihr volles Eingehen in den Wirtschaftsprozess mehr als fünf Jahre in Anspruch nimmt, muss eine enge Verknüpfung mit dem auf zehn Jahre oder länger konstruierten Generalplan hergestellt werden.[95]

Streng genommen kann also der Fünfjahresplan der Gesamtwirtschaft nicht aufgestellt werden ohne die vorherige Fertigstellung des

91   Dieses Buch, künftig zitiert als »Perspektivplan« [Entwicklungsperspektiven der Volkswirtschaft der UdSSR für 1926/27–1930/31. Materialien der Zentralkommission für den Fünfjahresplan (russ.). Moskau 1920] oder »Pjatiletka«, ist ein umfangreiches Werk von 477 Seiten Text und 218 Seiten Tabellenanhang. Seine Redaktion unterstand dem bekannten Statistiker und Volkswirtschaftler S[tanislav] G[ustavovič] Strumilin.
92   Perspektivplan, S. 1.
93   [Ebd.], S. 3.
94   [Ebd.], S. XVII.
95   [Ebd.], S. 3.

Generalplanes, und von der Ausarbeitung des allgemeinen Fünfjahresplans hängen wieder die »Perspektivpläne« der Volkswirtschaft, des Transportwesens usw. ab. Ferner können die jährlichen Kontrollziffern, die theoretisch einen näher präzisierten Teil des Fünfjahresplans bilden, eigentlich erst ausgearbeitet werden, wenn dieser schon vorliegt. Die vierteljährlichen und monatlichen Korrekturen dürfen nicht mehr zu dem Plansystem gerechnet, sondern sollen als Manövriertätigkeit, als Anpassung der Pläne an die vorhandene Situation betrachtet werden.[96]

Es ist verständlich, dass diese systematische Reihenfolge der Pläne in der Praxis nicht eingehalten werden konnte, denn für die Ausarbeitung von mehrjährigen Plänen bedarf es so zahlreicher Unterlagen mit einer so reichen methodologischen Erfahrung, dass man zunächst eben mit kurzfristigen Plänen beginnen musste und erst mit der Zeit der ganze Bau des Systems von Plänen fertiggestellt werden kann. Hier liegt eine der Hauptschwächen der sowjetrussischen Planarbeit, denn ohne einen zureichenden Generalplan ist eine zuverlässige Konstruktion der Teilpläne nicht möglich.[97]

Noch in einer anderen Hinsicht war die Aufstellung des Fünfjahresplanes außerordentlich schwierig. Die Erfahrungen, die man gesammelt hatte, bezogen sich in der Hauptsache auf den »Wieder-

---

96 [Ebd.], S. 4.
97 Es wäre nicht richtig, anzunehmen, dass überhaupt kein Generalplan vorhanden war. Abgesehen davon, dass der Plan der Goélro im Wesentlichen noch in Kraft war, gab es dazu eine Reihe von Ergänzungen, in denen die wichtigsten Punkte des Wirtschaftsprogrammes für die nächsten zehn Jahre festgelegt waren. Diese Richtlinien, die natürlich lange nicht die für den Generalplan gewünschte Präzision und Reichhaltigkeit der Angaben besitzen, wurden bei der Konstruktion des Fünfjahresplans berücksichtigt. Allerdings verlangte der zweite Kongress der Gosplanpräsidien, dass »alle bereits ausgebildeten Ideen und Probleme des Generalplans... in erster Linie das Rückgrat des gesamten Neuaufbauprogrammes, die Energetik in ihrer Totalität... sowie die in der Periode des Neuaufbaus eintretende Arbeitsteilung der ökonomischen Rajons der Union und der Erschließung neuer Wirtschaftsrajons« bei der Revision des Perspektivplans soweit wie möglich als Richtlinien dienen sollen. ([Ebd.], S. 216.)

aufbau«, d. h. darauf, die vorhandenen, aber halb zerstörten und stillgelegten Produktionsanlagen wieder in Gang zu setzen. Der Fünfjahresplan musste aber mit dem Jahr 1926/27 beginnen, d. h. gerade mit dem ersten Jahr der neuartigen »Neuaufbauperiode«.

Im Hinblick auf diese misslichen Voraussetzungen erklärte der zweite Unionskongress der Gosplanpräsidien, dass der Perspektivplan nur als »vorläufige Etappe der Planarbeit bis zur Vollendung des Generalplans« angesehen werden könne, dass aber in ihm »ein ausreichender Ausgangspunkt für die Befriedigung des Bedürfnisses unseres Wirtschaftsaufbaues nach einem Perspektivplan und für die Durchführung der Regierungsdirektiven über seine Beendigung bis zu Beginn des neuen Wirtschaftsjahres gegeben ist«.[98] Allerdings dürften seine Berechnungen und erst recht seine Einteilungen nach Jahren nur als »orientierende, illustrierende, die evtl. Maßstäbe, Geschwindigkeiten und Proportionen der volkswirtschaftlichen Entwicklung und des Aufbaus in den nächsten fünf Jahren anzeigende Daten benutzt werden«.[99]

Zur Bewältigung der außerordentlichen der Aufstellung des Perspektivplans sich entgegenstellenden Schwierigkeiten forderte der Kongress die Ausarbeitung von zwei Varianten. Eine Maximalreihe solle an den entscheidenden Punkten eine günstige Entwicklung vorsehen (Kredite, Konzessionen usw.), während die Minimalreihe darauf aufzubauen sei, dass das Wirtschaftsprogramm ohne jede Hilfe von außen und nur soweit durchgeführt werden könne, dass bei einer Unterschreitung der vorgesehenen minimalen Entwicklung funktionale Störungen im Wirtschaftsorganismus eintreten müssten.[100] Erst auf Grund dieser beiden Reihen könne dann der Jahresplan sowohl dem Perspektivplan als auch der jeweiligen Wirtschaftslage angepasst werden.[101]

Bereits im Februar 1927 hatte das Zentralkomitee der bol'sevistischen Partei beschlossen, dass die Wirtschaftspläne für das Jahr

98 [Ebd.], 216.
99 [Ebd.], S. XXI.
100 [Ebd.], S. 218 und XX.
101 [Ebd.], S. XXI.

1927/28 auf Grund des Fünfjahresplanes aufgestellt werden müssten. Zu diesem Zweck sollten alle Wirtschaftsbehörden ihre Stellungnahme zum Fünfjahresplan dem Gosplan der Union vorlegen, der dann vier Wochen später die definitive Fassung des Perspektivplans ausgearbeitet haben sollte. Denn man war inzwischen zu der Überzeugung gelangt, dass ohne einen zuverlässigen Fünfjahresplan auch die Tagesaufgaben in der Zeit des Neuaufbaus nicht mehr gelöst werden könnten.[102]

Aber wie so häufig blieb es zunächst bei den Beschlüssen. Am 9. Juni lagen erst die vorgeschriebenen Berichte von drei Stellen beim Gosplan vor, nämlich die der weißrussischen Republik, des mittelasiatischen Gosplan (!) und der nordwestlichen ökonomischen Konferenz (Leningrader Rajon). Damit war es dem Gosplan natürlich unmöglich gemacht, zu dem vorgeschriebenen Termin den berichtigten Perspektivplan vorzulegen, was wiederum zur Folge haben musste, dass auch die Kontrollziffern für 1927/28 nur in loser Verbindung mit dem Perspektivplan stehen konnten. Mit Recht erklärt ein unter dem Titel

102 »Für jedes Jahr besonders ›planierend‹ und noch dazu mit bedeutender Verspätung überwanden wir mit ungeheurer Mühe und großen unproduktiven Kosten die zentrifugalen Tendenzen in der wirtschaftlichen Arbeit der Behörden und Rajons. Die jährlichen Kontrollzahlen waren tatsächlich nur ein sehr unvollkommener Versuch der Disziplinierung der Entwicklung der wirtschaftlichen Prozesse und entsprachen mit dem Übergang zur Neuaufbauperiode nicht mehr den Interessen der Wirtschaft... In den Rahmen der jährlichen Kontrollzahlen, selbst wenn sie vollkommener konstruiert wären, fügte sich nicht das ökonomische und technische Problem der Entwicklung der Produktivkräfte des Landes. Z. B. schlossen sie so wichtige Probleme unseres Aufbaus nicht ein, wie Richtung und Tempo der Industrialisierung, Tempo und Umfang der Akkumulation, Rekonstruktion des Grundkapitals, das Problem der Vertiefung des Bündnisses zwischen Stadt und Dorf auf der Basis des Neuaufbaus, das Preisproblem und endlich das Problem der Entwicklung der sozialistischen Elemente unserer Wirtschaft und der Beschränkung der Rolle des Privatkapitals. Es versteht sich von selbst, dass eine irgendwie begründete Lösung dieser Probleme bei ihrer Kompliziertheit nur möglich ist im Rahmen eines mindestens fünfjährigen Planes...« (Ėkonomičeskaja Žizn' [128] vom 9. Juni 1927.)

Verletzung einer entscheidenden Direktive in der *Ėkonomičeskaja Žizn'* erschienener Artikel, dass die ganze »Planwirtschaft auf Sand gebaut ist, wenn keine strenge Pünktlichkeit und Genauigkeit erreicht wird, erstens bei der Vorbereitung des Materials, das einen integrierenden Bestandteil des Perspektivplans bilde, zweitens bei der Ineinklangbringung dieses Materials, ferner bei seiner Zusammenfassung in einem einheitlichen Unionsplan und endlich bei seiner Prüfung und Bestätigung durch die obersten Regierungsinstanzen«.[103]

Mit der Organisation der Planarbeit war offenbar etwas nicht in Ordnung.[104] Ende Mai war der Gosplan einer Kontrolle durch die Arbeiter- und Bauerninspektion unterzogen worden. Diese forderte energisch, dass der Grundsatz der Zentralisierung der Leitung bei Dezentralisierung der operativen Funktionen auch auf den Gosplan selbst angewendet werden müsse. Die Einheitlichkeit der Planarbeit müsse künftighin dadurch garantiert werden, dass der Gosplan der Union verbindliche Direktiven über Methoden und Gang der Planarbeit an sämtliche Planorgane gebe und die Verknüpfung der Teilpläne durchführe. Dagegen müsse er von allen Vorbereitungsarbeiten entlastet werden, die vielmehr nach seinen Anweisungen durch die republikanischen Gosplane zu erledigen seien.[105] Genaue Vorschriften über den bei Ausarbeitung der Kontrollziffern einzuhaltenden Weg sollten deren pünktliche Fertigstellung gewährleisten.

Abgesehen von dem Vorschlag, dem Gosplan der Union die Rechte eines Volkskommissariats zu verleihen, zu dessen Annahme man sich auch jetzt nicht entschließen konnte, wurden die Anträge der Arbeiter- und Bauerninspektion zum Gesetz erhoben.[106]

---

103 Ėkonomičeskaja Žizn' 128 vom 9. Juni 1927.

104 Schon im April hatte Rykov darauf hingewiesen, dass die Planarbeit für die ganze Union einheitlicher gestaltet werden müsse, nachdem schon vorher der Kongress der Gosplanpräsidien die Notwendigkeit eines harmonischeren Zusammenarbeitens unterstrichen hatte. Ėkonomičeskaja Žizn' [83] vom 14. April 1927 und Perspektivplan, S. 218.

105 Ėkonomičeskaja Žizn' 132 vom 5. Juni 1927.

106 Verordnung des Rates der Volkskommissare vom 25. Juni 1927. Ėkonomičeskaja Žizn' 142 vom 26. Juni 1927.

Gegen den Widerstand einzelner Bundesrepubliken mit ihren ausgesprochen zentrifugalen Tendenzen[107] schuf man die gesetzlichen
Grundlagen für eine solche Einheitlichkeit der Planarbeit, ohne die
an eine befriedigende Lösung ihrer Aufgaben nicht gedacht werden
konnte.

Inzwischen war der Fünfjahresplan Gegenstand eines erbitterten
Kampfes geworden. Es wurden sowohl seine Methoden in Frage
gezogen als auch erklärt, dass er nur ganz äußerlich einen in sich
geschlossenen Plan darstelle, während er in Wirklichkeit voller ökonomischer Widersprüche sei.[108] Obendrein spielte die Kritik an ihm
noch eine große Rolle in den innerparteilichen Auseinandersetzungen
der Bol'ševiki.

Zunächst ist es unbegreiflich, wie ein scheinbar so akademisches
Gebilde wie dieser Perspektivplan in den Mittelpunkt schwerster
politischer Kämpfe gestellt werden konnte, aber dieses Rätsel löst
sich schnell, wenn man sich auf seine eigentliche Bedeutung besinnt.
Derartige »Pläne werden nicht gemacht, um zu raten und wahrzusagen, was in fünf oder in zehn Jahren sein wird, sondern vor allen
Dingen, um ein bestimmtes *System wirtschaftlicher Aufgaben* auf
dem Gebiet des sozialistischen Aufbaus zu schaffen«.[109] Die Pläne
stellen ein Programm dar, mit dessen Annahme grundsätzlich über
die wichtigsten Punkte der Wirtschaftspolitik für die nächsten Jahre
entschieden ist. So darf es nicht Wunder nehmen, wenn der Kampf
um die Industrialisierung des Landes auf Kosten der Landwirtschaft

---

107 Vor: allem ist hier an die Ukraine zu denken, die in [B]ezug auf den Wi-
    derstand gegen alle einheitsstaatlichen Tendenzen im russischen Staats-
    verband eine analoge Rolle spielt wie Bayern innerhalb des Deutschen
    Reiches. Auch in vielen anderen Beziehungen ist die Haltung dieser beiden
    zweitgrößten Länder in ihren Bundesstaaten eine verblüffend ähnliche.
108 [Nikolaj D.] Kondrat'ev: Kritische Bemerkungen zum Plan der Ent-
    wicklung der Volkswirtschaft. [In:] Planwirtschaft 4 (1927), S. 1 ff. und
    N[ikolaj] P[avlovič] Makarov: [Einige Bemerkungen über die »Perspek-
    tiven der Entwicklung der Volkswirtschaft der UdSSR« in Verbindung
    mit den Perspektiven der Landwirtschaft.] In: Planwirtschaft 5 (1927)],
    S. [41–58].
109 Perspektivplan, S. 4.

oder andererseits um stärkere Förderung der Landwirtschaft, um die
einzuschlagende Lohn- und Preispolitik und um viele andere in die
wirtschaftliche Tagesarbeit eingreifende Fragen in der Sowjetunion
in der Form des Kampfes um die Pläne ausgefochten wird.[110]
Das Jahr 1927 ist charakterisiert durch große Rührigkeit auf allen
Gebieten der Planarbeit. Es gibt kaum eine Nummer einer der großen wirtschaftlichen Tageszeitungen oder Zeitschriften, in der nicht
Planfragen diskutiert, Verordnungen über den Gang der Aufstellung
dieses oder jenes Planes getroffen und Beschwerden über Mängel
der Planarbeit erhoben werden. Eine Reihe großer Pläne ist in Arbeit. Neben dem »Perspektivplan« wird der bereits oben erwähnte
Fünfjahresplan der Industrie fertiggestellt, außerdem wird an den
Kontrollziffern für die Gesamtwirtschaft sowohl als auch für die Industrie, das Kreditwesen und andere Teile der Wirtschaft gearbeitet.
    Allerdings ist die praktische Bedeutung dieser emsigen Tätig-
keit bisher schwer zu übersehen, um so mehr, als ein Teil der Pläne
überhaupt nicht oder nur bruchstückweise die Bestätigung der zuständigen Behörden findet. Ferner ist es z. B. nicht gelungen, den
Zusammenhang zwischen unlösbar zusammengehörigen Plänen herzustellen. So besteht keine unmittelbare Verbindung zwischen dem
Fünfjahresplan des Gosplan und den *Materialien zum Fünfjahresplan
der Industrie.* Der Perspektivplan des Gosplan erschien erst nach Beendigung der entsprechenden Arbeiten für den Fünfjahresplan der
Industrie, umfasst einen anderen Kreis von Unternehmungen und
ist in Goldrubeln berechnet, während der OVWR in seinem Plan mit
unveränderlichen Červonecpreisen von 1926/27 operiert.[111] Auch die
Verschiedenheit der Schätzungsmethoden und eine Reihe anderer
Divergenzen zwischen diesen beiden Plänen, die sich gegenseitig
ergänzen müssten, zeigen, wie sehr diese Arbeiten auch im Jahre 1927
noch in den Kinderschuhen stecken.[112] Alledem ist aber entgegenzu-

110 Vgl. z. B. »Die Gegenthesen der Trotzkistischen Opposition über den
    Fünfjahresplan der Volkswirtschaft«, abgedruckt in: Inprekorr 118 vom
    2. Dezember 1927, [S. 2645–2656].
111 Materialien [zum Fünfjahresplan], S. 10 f.
112 [Ebd.], S. 10.

halten, dass, soweit die Pläne durchgeführt werden, ihre Ausführung einen Sieg über die »Elementarkräfte« des Marktes darstellt und dass die vielen größeren oder kleineren Teilerfolge auf diesem Gebiet sich schließlich zu einer Summe von Erfahrungen in der Planarbeit verdichten, deren Tragweite noch gar nicht zu übersehen ist.

Die Kontrollziffern für 1927/28

Am 30. September 1927, also genau zu Beginn des neuen Wirtschaftsjahres,[113] erschienen die Kontrollziffern für das Jahr 1927/28. Wiederum unterscheiden sie sich schon rein äußerlich bedeutend von ihren Vorgängern, ihr Umfang ist mehr als doppelt so stark wie derjenige des Jahresplanes für das Vorjahr (587 + VII S[eiten]). Sie nehmen für sich in Anspruch, nicht bloß ein allgemeiner wirtschaftlicher Orientierungsplan zu sein, sondern sich bereits dem Ideal des einheitlichen Wirtschaftsplanes zu nähern[114] und insbesondere in Bezug auf Konkretheit und Genauigkeit der Berechnung in allen Wirtschaftszweigen den früheren Versuchen weit überlegen zu sein. Über die methodologischen und inhaltlichen Fortschritte dieser Arbeit wird unten berichtet werden. Hier ist noch hervorzuheben, dass diese Ausgabe der Kontrollziffern ausdrücklich als Kollektivarbeit des Gosplan und der sämtlichen Planorgane der Sowjetunion bezeichnet wird, die unter der Leitung des Gosplan zustande gekommen ist. Ferner wird es als ein Zeichen des »Wachstums des Planprinzips« gerühmt, dass die Kontrollziffern für 1927/28 »lange vor ihrer Veröffentlichung, richtiger während der ganzen Zusammenstellungsarbeit... von der lebendigsten Aufmerksamkeit der Regierung, der Partei und der gesamten Sowjetöffentlichkeit« umgeben waren. Das hatte zur Folge, dass die

---

113 Die K[ontrollziffern] sind von diesem Tage datiert, also in Buchform wohl etwas später erschienen. Der wichtigste Teil ihres Inhalts wurde schon vorher veröffentlicht. Für die Aufstellung der Operativpläne für das kommende Jahr oder wenigstens für dessen erstes Quartal sind diese K[ontrollziffern] zu spät gekommen, umso mehr, als das Datum des Erscheinens nicht mit dem der Bestätigung zusammenfällt.
114 K[ontrollziffern] 1927/28, S. 3.

Arbeiten an den Kontrollziffern »eine lebendige und höchst fruchtbare gesellschaftliche Resonanz« hatten, welche zur Überwindung der mit diesen Arbeiten verknüpften außerordentlichen Schwierigkeiten einen guten Teil beigetragen hat.[115]

5. Die heutige Organisation der Planarbeit

In den Händen des Gosplan der Union liegt seit Juni 1927 die Leitung der gesamten Plantätigkeit.[116] Nach seinen Direktiven sollen

115 So wurden z. B. die Direktiven für die Konstruktion der K[ontrollziffern] beraten auf der Konferenz der Unionsregierung und der Regierungen der Republiken, ebenso wie auf dem vereinigten Plenum des Zentralkomitees und der Zentralkommission der WKP [Kommunistischen Partei der Sowjetunion].

116 Die Zusammensetzung des zentralen Apparates des Gosplan der UdSSR ist nach dem Stand vom November 1927 auf Grund der uns im Gosplan übergebenen Materialien folgende:
Kleines Präsidium, bestehend aus dem Vorsitzenden, G[leb] Maksimilianovič] Kržižanovskij und vier stellvertretenden Vorsitzenden,
Wissenschaftliches Sekretariat,
Wirtschaftsstatistische Abteilung,
Budget- und Finanzabteilung,
Handelsabteilung,
Konjunkturrat,
Abteilung für Weltwirtschaft,
Abteilung für Arbeitsfragen,
Industrieabteilung,
Transportabteilung,
Landwirtschaftliche Abteilung,
Brennstoffabteilung,
Abteilung für Wasserwirtschaft,
Abteilung für Elektrifizierung,
Abteilung für Bauwesen,
Büro für Normierung,
Abteilung für Rajonierung,
Büro für wissenschaftliche Kongresse,
Geodäsisches Komitee,
Technischer Sachverständigenrat für Wasserwirtschaft.

alle übrigen Plankommissionen arbeiten, und durch ihn werden die Resultate ihrer Arbeit zusammengefasst. Neben ihm bestehen noch folgende Planorgane:[117]

1. sechs Staatsplankommissionen bei den Bundesrepubliken (republikanische),
2. vier Planabteilungen bei den vier »Allunions«-Volkskommissariaten,[118]
3. fünf Planabteilungen bei den vereinigten Volkskommissariaten,[119]
4. Planabteilungen bei den größeren Kommunalverwaltungen.

Der zentrale Apparat der »republikanischen« Staatsplankommissionen ist nach dem Muster des Unionsgosplan aufgebaut. Jedoch fehlen bei den kleineren Republiken einzelne Sektionen. Der provinzielle Apparat ist in der RSFSR und der Ukraine besonders stark ausgebaut. Er beliefert die Zentralen mit teilweise schon bearbeitetem Material für die Pläne und die Konjunkturbeobachtung und vertritt sie in ihrer beratenden und kontrollierenden Tätigkeit.

Von den »republikanischen« Staatsplankommissionen ist die bedeutendste diejenige der RSFSR. Ihre Provinzorganisationen sind folgendermaßen gegliedert:

Außerdem gibt es noch eine Reihe von Kommissionen, z. B. die für Kontrollziffern, für den Fünfjahresplan und für den Generalplan. Im Ganzen wurden in der Gosplan-Zentrale im Jahre 1927 470 Angestellte beschäftigt, die aber wegen der allgemeinen Einschränkung des Beamtenapparates auf 430 reduziert werden sollen. Bemerkenswert ist, dass von den 24 leitenden Mitarbeitern 13 Ingenieure sind.

117 Vgl. hierzu das Schema [Nr. 2] im Anhang, das dem Verfasser im Unions-Gosplan übergeben wurde. Ferner Bulletin des Gosplan der Union, Jahrgang 1927, H. 1–12; Verordnung des Rates der Volkskommissare der UdSSR in: Ėkonomičeskaja Žizn' 142 vom 26. Juni 1927 [und] 132 vom 15. Juni 1927.
118 Auswärtiges Amt, Krieg und Marine, Post und Telegraph, Verkehrswesen.
119 Arbeit, Finanzen, OVWR, Zentrale Statistische Verwaltung, Handel.

1. fünf Gebietsplankommissionen,[120] die Unterkommissionen für die Rajons organisieren sollen,
2. zwölf Plankommissionen der autonomen Republiken, denen 54 Kreisplankommissionen unterstehen,
3. achtunddreißig Plankommissionen der Gouvernements, an deren Stelle die unter 2. erwähnten Rajonkommissionen treten sollen.

Der Personalbestand dieser Organe ist sehr verschiedenartig, es werden dafür folgende Zahlen genannt:[121]

Plankommissionen der autonomen Sowjetrepubliken	3–25 Personen
Gebietsplankommissionen	20–75 Personen
Gouvernementsplankommissionen	6–49 Personen
Kreisplankommissionen	1–13 Personen

Dabei hängt die Größe des Personalbestandes nicht etwa von der Bedeutung der Wirtschaft des betreffenden Territoriums allein ab, sondern es sind häufig zufällige Umstände ausschlaggebend. Selbstverständlich wirkt der Personalbestand auf die Durchorganisierung der betreffenden lokalen Plankommissionen zurück. Hemmend für die Arbeit sind die Ungeklärtheit der Rechtslage dieser Kommissionen, das Fehlen qualifizierter Arbeitskräfte (vor allem infolge der schlechten Bezahlung), die Überhäufung mit Arbeiten, die mit der eigentlichen Plantätigkeit nichts mehr zu tun haben, das Widerspruchsvolle zahlreicher Anordnungen[122] und die Schwäche der zentralen Leitung.

120 Leningrad, Ural, Nordkaukasus, Sibirien, Ferner Osten.
121 Ėkonomičeskaja Žizn' 132 vom 15. Juni 1927.
122 »Die Lokalplanorgane klagen ständig darüber, dass der Gosplan der RSFSR von ihnen die Zusammenstellung der Pläne in der einen Form verlangt, die Behörden in einer anderen, der Gosplan der RSFSR zu dem einen Termin, die Behörden zu einem anderen. Das kommt hauptsächlich daher, dass die Behörden die Plandirektiven, welche Ordnung und Termine der Planarbeit betreffen, als für sie nicht bindend betrachten und sich sogar manchmal erlauben, sie auch bei Vorhandensein von

Manches davon mag sich seit dem Sommer 1927 gebessert haben, aber von einer völligen Beseitigung dieser Mängel kann bis zum Ende des Jahres 1927 keine Rede sein.

Als Beispiel für die Organisation einer Gebietsplankommission sei einiges über diejenige des Leningrader Gebietes mitgeteilt.[123]

Die Gebietsplankommission ist eine ständige Abteilung bei der »ökonomischen Konferenz« (ÈKOSO) des Gebietes,[124] die ebenso wie die zentralen Plankommissionen immer noch nicht nach Funktionen, sondern nach Wirtschaftszweigen unterteilt ist. Die neun Sektionen verfügen aber im Ganzen nur über 35 Arbeitskräfte, von denen nur 15 Fachleute sind, bzw. wissenschaftliche Bildung aufweisen.[125] Die Kompetenzen der Gebietsplankommission ergeben sich aus denjenigen des ÈKOSO. So z. B. werden die Pläne für die Industrie von republikanischer und örtlicher Bedeutung vor der Vorlage an den ÈKOSO durch den lokalen Volkswirtschaftsrat und die Gebietsplankommission begutachtet. Die letztere untersteht zwei Behörden, nämlich dem Gosplan der Union und demjenigen der RSFSR. Nach der besseren Ausgestaltung des Gosplan der

Bestimmungen der gesetzgebenden Organe nach eigenem Gutdünken festzusetzen oder ihnen zuvorkommen.« Èkonomičeskaja Žizn' 132 vom 15. Juni 1927.

123 Auf Grund der Auskünfte, die der Verfasser bei seinem Besuch dort erhalten hat nach dem Stand von Anfang November 1927. Die Reorganisierung des »nordwestlichen Gebietes« und ihre Umwandlung in das »Leningrader Gebiet« war damals noch nicht ganz beendet. Das neue Gebiet vereinigt vier zaristische Gouvernements und ist untergeteilt in acht Rajons. Die Umwandlung der »ökonomischen Konferenz« (ÈKOSO) in eine wirtschaftliche Abteilung der Gebietsvollzugskommission war ebenfalls im Gange.

124 Die »ökonomische Konferenz« stellt den STO des Gebiets dar; ähnlich wie der STO sich aus den Vertretern der höchsten Wirtschaftsbehörden zusammensetzt, konstituiert sich der ÈKOSO aus den Leitern der lokalen Wirtschaftsorganisationen, z. B. denjenigen des lokalen Volkswirtschaftsrates, des Gebietskommissariats für Landwirtschaft usw.

125 1. Industrie, 2. Elektrifizierung, 3. Handel, 4. Genossenschaften, 5. Kredit, 6. Finanzwesen, 7. Transport, 8. Land- und Forstwirtschaft, 9. Konjunkturbüro.

RSFSR, der bis jetzt seinen Aufgaben organisatorisch noch nicht gewachsen war, soll die Gebietsplankommission unmittelbar nur noch mit diesem zu verkehren haben. Die Gebietsplankommission hat die Aufgabe, eine möglichst weitgehende Vorarbeit für sämtliche Planarbeiten der zentralen Gosplane zu liefern. Infolgedessen stellt sie sowohl die Kontrollziffern als auch Perspektivpläne für das Gebiet auf und gibt sie zur Weiterverarbeitung an den Gosplan der UdSSR und der RSFSR. Hier ist zu bemerken, dass die Aufstellung von Gesamtplänen für ein einzelnes Gebiet unter Umständen viel schwieriger ist als für die ganze Union, da zahlreiche der als Unterlage notwendigen Ziffern nur für die Gesamtunion aber nicht für die Teilgebiete vorhanden sind (Güterumlauf, Geldzirkulation usw.).

Besonders wichtig ist die gutachtliche Tätigkeit bei den innerhalb der lokalen Befugnisse zu entscheidenden Streitfragen. Hier bietet die Entfernung der Gebietsplankommission von dem praktischen Wirtschaftsleben eine gewisse Gewähr dafür, dass ihre Entscheidungen völlig uninteressiert ausfallen und versuchen, den Ressortinteressen gegenüber die Allgemeininteressen zu wahren.

Das Konjunkturbüro der Gebietsplankommission untersteht unmittelbar der Konjunkturabteilung des Gosplan der Union und wird auf diese Weise stets über alle konjunkturtheoretisch interessierenden Vorgänge in den »Gebieten« auf raschestem Wege unterrichtet.

II. Die Aufgaben der Pläne

»Sozialismus ist Rechenschaft«, das ist die Grundanschauung, von der alle russischen planwirtschaftlichen Versuche ausgehen und mit der die Notwendigkeit der Aufstellung von Plänen begründet wird. Wenn man die sozialistische Wirtschaft aufbauen will, dann muss man vor allem die »Anarchie des Marktes« beseitigen und an ihre Stelle einen wohlüberlegten Plan setzen. Nicht mehr die blinden Kräfte der Wirtschaft, sondern in wachsendem Maße der zielbewusste Wille der Gesellschaft soll die zukünftige wirtschaftliche Entwicklung gestalten.

Prognose und Direktive

Vor allem ist deshalb die Aufgabe aller Planarbeit, aufzuzeichnen, wie die Wirtschaft sich in einem bestimmten Zeitraum entwickeln wird, voraussehend zu berechnen, was das kommende Jahr oder ein längerer Zeitraum in der Wirtschaft im Ganzen und in den einzelnen Teilen für die Versorgung der vergesellschafteten Menschen mit wirtschaftlichen Gütern leisten kann, wenn mit den vorhandenen und noch zu erwartenden Mitteln auf die sparsamste und ergiebigste Weise gewirtschaftet wird. Aber diese Aufgabe des Voraussehens, der »Prognose« stellt nur einen Teil dessen dar, was die Planarbeit zu leisten hat. Denn das gerade soll die »Planwirtschaft« von der durch den Markt regulierten Wirtschaft unterscheiden, dass die Menschen nicht ohnmächtig zusehen, wie die Marktgesetze sich durchsetzen, sondern dass die gesamte Wirtschaft auf Grund eines aufgezeichneten Planes bewusst geleitet wird. Jeder Wirtschaftsplan darf sich deshalb nicht damit begnügen zu sagen: so wird die wirtschaftliche Entwicklung sein, sondern er muss gleichzeitig erklären: wenn die hier gegebenen Richtlinien eingehalten werden, wird sich die Wirtschaft als Ganzes und mit ihr jeder einzelne Teil so entwickeln, dass man auf die beste Weise zu den ihr gestellten Zielen gelangt, d. h. neben die »Prognose« treten »Direktiven«. Welcher Art diese Ziele sind, das muss in den Grundlinien bereits vor Aufstellung der Pläne festgelegt sein, es ist die Entscheidung über die einzuschlagende Wirtschaftspolitik. Bei dieser Entscheidung ergeben sich dann die bekannten Möglichkeiten, ob die Gesellschaft zugunsten der Zukunft in der Gegenwart mehr oder weniger große Opfer bringen will oder nicht.[126]

Die doppelte Aufgabe eines jeden Planes ebenso wie ihr Zusammenhang mit den Entscheidungen der Wirtschaftspolitik findet sich bereits klar ausgedrückt in dem einleitenden Teil der Kontrollziffern für 1925/26: »Die Kommission für Ausarbeitung der Kontrollziffern hat ihre Aufgabe darin erblickt, für das kommende Jahr die Grundum-

---

126 Das erstere ist – bis jetzt – in der Sowjetunion der Fall, wo man die Industrialisierung des Landes mit den schwersten Entbehrungen der heute lebenden Generation erkaufen will.

risse der wichtigsten volkswirtschaftlichen Elemente zu geben, ihre
Wechselbeziehungen zu bestimmen und zu umreißen den Zustand
des volkswirtschaftlichen Ganzen, der aller Wahrscheinlichkeit nach
im nächsten Jahr erreicht werden wird, d. h. eine orientierende Bilanz
der Volkswirtschaft für ein und ein halbes Jahr voraus zu konstruieren. Gleichzeitig mit der Herstellung der Kontrollzahlen hielt die
Kommission es für notwendig, ein System ökonomischer Maßnahmen
zu entwerfen, die notwendig sind für die Verwirklichung der der
perspektivischen Wirtschaftsbilanz zugrundeliegenden Tendenzen
und Planabsichten. Das so formulierte System der Kontrollzahlen
und das organisch mit ihm verbundene System ökonomischer Maßnahmen sind ein Plan der Volkswirtschaft und enthalten in sich die
Ziele, die sich die Staatsmacht auf dem Gebiet der Volkswirtschaft
setzen muss.«[127]

Über das Verhältnis von Prognose und Direktive hat man sich in
der ökonomischen Literatur Sowjetrusslands schon viel den Kopf
zerbrochen, und zweifellos steckt darin die ganze Problematik der
Frage, wie weit es in der Gestaltung der Wirtschaft eine Freiheit gibt
und wo diese durch eine dem menschlichen Zugriff überhaupt nicht
oder nur langsam zugängliche Notwendigkeit begrenzt wird. Stände
es der menschlichen Gesellschaft völlig frei, die Wirtschaft nach
ihrem Willen zu gestalten, dann wäre es sinnlos, von einer Prognose
zu sprechen, denn dann würden die Pläne nur Richtlinien für die
Herbeiführung der von der Gesellschaft autonom gesetzten Zwecke
darstellen. Aber ein derartiger Zustand lässt sich schwer vorstellen
und überhaupt nicht für eine Übergangswirtschaft, in der es noch
einen Markt gibt und fast keine Reserven vorhanden sind. Insofern
also die Pläne eine Prognose darstellen, geben sie mit dem Bild der
gewünschten Entwicklung auch die Grundlinien der Prozesse, auf
deren treibende Kräfte die Gesellschaft keinen oder wenigstens keinen
vollständigen Einfluss hat.

Bazarov, der Prognose mit »Genetik« bezeichnet und Direktive mit
»Teleologie«, sagt, dass das Verhältnis beider sich sehr einfach löse.
»Es versteht sich von selbst, dass sich der Boden für die teleologische

127 K[ontrollziffern] 1925/26, S. 11.

Konstruktionsarbeit umso mehr auf Kosten der genetischen Prognose erweitert, je vollständiger ein bestimmter Wirtschaftszweig von den unmittelbaren operativen Eingriffen des Staates erfasst wird.«[128] Konsequenterweise erscheint ihm die Landwirtschaft als das Gebiet, das nur sehr beschränkt teleologischen Konstruktionen zugänglich ist, während diese in der staatlichen Großindustrie die ausschlaggebende Rolle spielen. Allerdings weist er darauf hin, dass eine scharfe Grenze nicht besteht, dass auch auf die Landwirtschaft eine direkte planmäßige Einwirkung erfolgen kann und in der Staatsindustrie eine »genetische Untersuchung« der verfügbaren Hilfsquellen notwendig ist.

Einen interessanten Beitrag für die Aufklärung des Verhältnisses zwischen Prognose und Direktive liefert Strumilin in seiner sehr lesenswerten Einführung zum Perspektivplan.[129] »Der Jahresplan ist am meisten bedingt durch objektive Umstände, die nicht unserer planmäßigen Einwirkung unterliegen. Die Kapitalinvestitionen der vorhergehenden Jahre und die letzte Ernte bestimmen die Ökonomik des kommenden Jahres auf dem Gebiet der Produktion, des Warenumsatzes, der Ein- und Ausfuhr, des Budgets, Kredits usw. fast zu 100 % im Voraus. Die Möglichkeiten einer Neuordnung der vorhandenen Produktivkräfte zur Erzielung einer wirksameren Kombination derselben sind innerhalb eines Jahres äußerst begrenzt. Für einen Zeitraum von fünf Jahren sind sie bereits viel größer, für einen solchen von zehn bis fünfzehn Jahren – bei bedeutender Akkumulation – sogar enorm. Daher sind die Möglichkeiten, freie schöpferisch konstruktive Ideen zu entwickeln, für einen genialen Organisator im Generalplan besonders groß, im Fünfjahresplan geringer, in den Jahresplänen gleich Null. Und wenn jeder Plan eine Verbindung aus Elementen der *Prognose* des objektiv Unvermeidlichen und der *Projektierung* des vom Standpunkt unserer subjektiven Klasseninteressen Zweckmäßigen darstellt, so steht in den Jahresplänen die Prognose, in den langjährigen die Vorbestimmung an erster Stelle.«

128 Bazarov, hier zit[iert] nach Birbraer: Zur Methodologie der Kontrollziffern, S. 94.
129 [Ebd.], S. 4. Perspektivplan.

So bestechend diese Abgrenzung der Anwendungsgebiete von Prognose und Direktive bei Strumilin auch aussehen mag, es lässt sich doch eine Reihe von Bedenken dagegen geltend machen. Man hat darauf hingewiesen, dass in dem Fünfjahresplan des Gosplan, der doch unter der Leitung Strumilins aufgestellt wurde, die »Vorausbestimmungen« gegenüber der bloßen Prognose stark in den Hintergrund treten. »Es genügt hierbei, auf die Perspektiven der Preis- und Selbstkostenbewegung hinzuweisen. Sogar die Summe der Kapitalinvestierungen (wo man der Vorausbestimmung schon hätte Spielraum lassen können) ist in entscheidender Weise determiniert. Eine fatalistische ›Voraussicht‹ beherrscht fast vollständig die Perspektiven der Arbeitslosigkeit, des Kredits, des Budgets, des Geldumlaufs, des Wohnungsbaus, des Wegebaus, die Entwicklung des Transportwesens, der Landwirtschaft – mit anderen Worten: alles.«[130]

Dieser Einwand hat einen berechtigten Kern. Der »freien schöpferischen konstruktiven Tätigkeit« sind auch in den auf viele Jahre berechneten Plänen enge Grenzen gesetzt, insbesondere in einer Wirtschaft, deren Akkumulation eine so geringe ist wie diejenige der heutigen Sowjetwirtschaft. In dem Maße aber, in dem es gelingt, die Ergiebigkeit der Arbeit zu steigern und die »bedeutende Akkumulation« möglich zu machen, die Strumilin für eine entfaltete Planwirtschaft unterstellt, wachsen natürlich auch die Chancen einer schöpferischen Tätigkeit mit der Erweiterung der Zeitspanne, die für ihre Verwirklichung zur Verfügung steht.[131]

130 Birbraer: Zur Methodologie der Kontrollziffern, S. 97.
131 Es ist ein Missverständnis Birbraers, wenn er schreibt, dass in Wirklichkeit die Jahrespläne »einen viel größeren Spielraum für menschliche aktive Einwirkung« böten als die mehrjährigen Pläne, und zwar insbesondere für die Fehler der ausführenden Organe. ([Ebd.], S. 98.) Denn deren Möglichkeit wächst selbstverständlich erst recht mit der Ausdehnung der Pläne, die auszuführen sind. Wenn B. dann weiter fortfährt, dass wegen dieser Fehler der Ausführung in den Jahresplänen die Direktiven genau konkretisiert sein müssen und die Direktiven umso allgemeiner sein könnten, je längere Zeit der betreffende Plan umfasst, so wirft er eine Reihe von Gesichtspunkten durcheinander. Denn es handelt sich bei der ganzen Frage nicht um die mehr oder weniger große Detailliertheit

Qualitative Analyse

Prognose und Direktive der Wirtschaftspläne können sich beziehen auf rein produktionstechnische Daten. Man mag aus ihnen entnehmen, wie groß die Zahlen der Industrieproduktion oder des Baues von Wohnhäusern oder des Kreditvolumens zu einem bestimmten Zeitpunkt sein sollen. Aber für eine Übergangswirtschaft, die vom kapitalistischen zum sozialistischen Wirtschaftssystem fortschreiten will, genügt eine solche rein quantitative Analyse nicht. Ihre Pläne müssen daneben zeigen, welche gesellschaftlichen Verhältnisse sich hinter diesen quantitativen Veränderungen verbergen, ob es gelingt, den privatkapitalistischen Sektor der Wirtschaft zu Gunsten des »sozialistischen« zurückzudrängen, ob die Rolle des Marktes gegenüber derjenigen eines vielleicht noch embryonalen vergesellschafteten Verteilungsapparates zurücktritt, und auf eine Anzahl ähnlicher Fragen Antwort geben.

System von Zahlen

Im Kampf um die ersten Kontrollzahlen, die von mancher Seite nur als unzusammenhängende Zahlenzusammenstellungen charakterisiert wurden, bestanden ihre Autoren darauf, dass es sich um ein System von Zahlen handelt. Was Smilga darüber sagte, gilt für alle Arten von Plänen. »Das System besteht darin, dass alle seine Teile untereinander verbunden und voneinander abhängig sind. Ernsthafte Veränderungen in irgendeinem Hauptteil... würden sofort bestimmte Veränderungen in den übrigen Teilen nach sich ziehen.«[132] Das gilt sowohl von dem Produktionsplan irgend eines kleinen Trusts wie erst recht von dem Einheitsplan der gesamten Volkswirtschaft. Doch ergeben sich aus dieser einfachen Überlegung bedeutsame

der Direktiven, sondern darum, in welchem Umfang diese Direktiven an Umstände gebunden sind, auf deren Bestehen sie selbst keinen oder keinen entscheidenden Einfluss haben.
132 Smilga: Über die Kontrollzahlen, S. 8.

Konsequenzen sowohl für die Aufstellung der Pläne als auch für etwa notwendig werdende Veränderungen. Bei der Zusammenstellung ist es notwendig, die einzelnen Teile so in Einklang zu bringen, dass ein wirkliches wirtschaftliches Gleichgewicht besteht, was wiederum die Ausbildung besonderer Methoden voraussetzt. Und wenn auch nur ein einziger Punkt in den Plänen aus irgendwelchen Gründen geändert werden soll, so kann davon kein einziger Teil des Ganzen Gebäudes unberührt bleiben, wenn es nicht gelingt, die Änderung so zu gestalten, dass innerhalb einer begrenzten Sphäre ein Ausgleich geschaffen wird.

System von Plänen

Darüber hinaus muss man die Forderung aufstellen, dass alle aufgestellten Pläne von dem kleinsten Teilplan bis zum Generalplan der Volkswirtschaft ein einheitliches System bilden. Vollentwickelt müsste es etwa folgendermaßen aussehen: Als Grundlage dient ein auf zehn bis fünfzehn Jahre berechneter Generalplan, dessen Aufgabe es ist, »ein System der allgemeinsten Wirtschaftsaufgaben zu geben, um dadurch ein schematisches Modell der Struktur unserer nächsten Zukunft zu konstruieren ...«[133] Der Generalplan wird in mehrere Abschnitte zu fünf Jahren eingeteilt, deren erster der Gegenstand eines Fünfjahres-Perspektivplanes ist. Dieser gibt »die erste Präzisierung der Entwicklungsgeschwindigkeiten der Hauptzweige der Wirtschaft und ihre Verknüpfung miteinander und so mit dem Gesamttempo der sozialistischen Akkumulation im gegebenen Zeitabschnitt«.[134] Der Fünfjahresplan wiederum dient als Grundlage für die Aufstellung der Kontrollziffern für das kommende Jahr, und diese sollen eben den im Laufe des nächsten Wirtschaftsjahres auf Grund der konkreten Situation erreichbaren Abschnitt des auf fünf Jahre berechneten Planes darstellen. Damit ist noch nicht gesagt, dass sie genau ein Fünftel des gesamten Fünfjahresprogrammes zur Ausführung bringen müssen, sondern man wird versuchen, je nach den vorhandenen Mitteln (im

133 Perspektivplan, S. 3.
134 [Ebd.], S. 3.

speziellen russischen Falle Ausfall der Ernte, Auslandskredite usw.)
einen möglichst großen Teil des Fünfjahresplanes auszuführen.

Die verschiedenen Wirtschaftspläne des Gosplan geben die Grundlage für die Planarbeit der einzelnen Wirtschaftszweige. So werden
Generalplan und Fünfjahresplan ergänzt durch entsprechende Mehr-
jahrespläne für Industrie, Handel, Verkehrswesen usw. Die Kontrollziffern geben den Rahmen für das Budget und die Operativpläne
der Wirtschaftsorgane bis herab zum kleinsten Trust. So bilden die
verschiedenen Pläne ein geschlossenes Ganzes, in dem jeder Teil
durch den anderen bedingt und selbst für andere Bedingung ist, und
das – in seiner vollen Entwicklung – die restlose bewusste Erfassung
des gesamten Wirtschaftsprozesses einschließt.

Dieses Plansystem muss anders aussehen, solange noch ein Markt
besteht, als in der Zeit, wo dieser und damit der in ihm unberechen-
bare Rest völlig beseitigt ist und nur noch Naturereignisse oder
politische Katastrophen die Planarbeit vor unerwartete Situationen
stellen können. Damit entsteht die Frage, ob es möglich ist, den Markt
sowohl als auch die Launen der Naturgewalten in die Planwirtschaft
einzubeziehen.

Eine besondere Schwierigkeit für die Aufstellung der Pläne liegt
darin, dass die Pläne, die für einen längeren Zeitraum berechnet
sind, das Vorhandensein der kurzfristigen Pläne ebenso vorausset-
zen wie umgekehrt, und dass dieser selbe fehlerhafte Kreislauf auch
in dem Verhältnis zwischen Gesamtwirtschaftsplan und Teilplänen
aufzuweisen ist.

Orientierungsplan und Operationsplan

Wenn aber auch die unlösbare Verkettung der einzelnen Teile mit
dem Ganzen ein Wesensmerkmal jeder Art von Wirtschaftsplan ist,
so wäre es dennoch ganz verkehrt, anzunehmen, dass die von der
zentralen Wirtschaftsleitung ausgearbeiteten Pläne allen Wirtschaftsorganen ihr Handeln bis in die kleinsten Einzelheiten vorschreiben
wollten. Es beruht auf einem Missverständnis, wenn ein bekannter
deutscher Sachverständiger für die Wirtschaftsfragen des Ostens
glaubt, die russischen planwirtschaftlichen Versuche damit abtun zu

können, dass er sich lustig macht über »die Gabe des Hellsehens, die
den russischen Wirtschaftspolitikern nicht nur erlaubt, die Bilanz für
das Vorjahr aufzustellen, sondern auch eine besondere Kommission zu
beauftragen, die wirtschaftliche Entwicklung des kommenden Jahres
bis in die kleinsten Einzelheiten festzulegen«.[135]
Bei dieser Art der Beurteilung übersieht der Kritiker sowohl den
oben behandelten Doppelcharakter der Wirtschaftspläne als auch
die ausdrücklichen Warnungen der verantwortlichen Mitarbeiter der
Pläne.»Wir betonen den Umstand, dass die herausgegebene Arbeit
ein volkswirtschaftlicher Orientierungsplan ist«, schreibt Smilga im
August 1926[136] und fährt fort:
»Im Vorjahr haben einige Funktionäre ohne Grund die Kontrollzahlen als operativen Wirtschaftsplan aufgefasst. Wir warnen vor
einer solchen Einstellung zu unserer Arbeit. Die Kontrollzahlen
versuchen nur die Grundlinien der wirtschaftlichen Entwicklung
der Union wissenschaftlich vorherzusehen und die Grundtendenzen der Wirtschaftspolitik zu fixieren. Zwischen dem Orientierungsplan und dem Operativplan ist noch ein weiter Abstand.
Diese Kluft ist von der Arbeit der operativen Behörden und Organisationen auszufüllen. Die Kontrollziffern haben den Behörden
bei der Arbeit zu helfen, aber durchaus nicht ihre Arbeit zu ersetzen.« Derartige Warnungen finden sich in der sowjetrussischen
Wirtschaftsliteratur häufig.[137]
Die Erfahrungen des Kriegskommunismus haben die Russen ge-
lehrt, zwischen dem Entwerfen von Plänen und der Ausgabe von
Direktiven auf der einen Seite und ihrer operativen Durchführung
auf der anderen zu unterscheiden. Sie wissen, dass gar keine Rede
davon sein kann, in den Plänen den ausführenden Wirtschaftsorganen
die kleinsten Einzelheiten vorzuschreiben, und deswegen verlangen

---

135 I. Seraphim, zit[iert] nach Planwirtschaft 3 (1926), S. 193, aus dem Russischen zurückübersetzt.
136 [Ivar Tenisovič Smilga: Die Kontrollziffern der Volkswirtschaft für das
Jahr 1926/27 (Gekürzte Darstellung). In:] Planwirtschaft 8 (1926), S. 7.
137 Z. B. in der Einleitung Ginzburgs zu dem Buch *Die Gesetzgebung über die
Trusts*, S. 11 f.

sie, dass diese Organe verstehen, selbständig zu »manövrieren«, d. h.
die in den Plänen gegebenen Richtlinien mit der konkreten Situation
in Einklang zu bringen. »Jeder untergeordneten Wirtschaftsinstanz
muss die Möglichkeit gegeben werden, auf ihre Verantwortung von
den Planvorlagen abzuweichen und sie zu ändern, wenn ihre Durchführung in der Praxis auf Hindernisse stößt oder zu Folgen führt, die
bei der Aufstellung des Planes nicht vorhergesehen werden konnten.
Ohne eine solche Initiative und selbständige Arbeit der unteren
Instanzen, für welche die Planvorlagen nur als Orientierung dienen
sollen, ist eine fruchtbare Arbeit nicht möglich.«[138] Hier wird also
die Notwendigkeit des »Manövrierens« begründet sowohl mit der
Unmöglichkeit, die Pläne bis ins kleinste Detail auszuarbeiten als
auch mit der Notwendigkeit, unvorhergesehene Ereignisse in Rücksicht zu ziehen.[139]

Aus dem bisher Gesagten zeigt sich bereits, welche Unmasse von
Problemen sich aus der Grundaufgabe der Planarbeit ergibt. Jeder
Plan muss rein formal eine vierfache Aufgabe erfüllen, nämlich zugleich Prognose und Direktive darstellen, ein geschlossenes System
von Zahlen bilden, selbst in ein System von Plänen eingehen und
schließlich so konstruiert sein, dass er die Möglichkeit des Manövrierens zulässt. Aber über diesen formalen Mindestaufgaben stehen noch die materialen. Denn die Pläne verlieren jede Bedeutung,
wenn sie nicht allmählich die bewusste Gestaltung des gesamten
Wirtschaftsprozesses sowie aller seiner Teile garantieren. Die Pläne
müssen nicht nur aufgestellt, sondern auch in wachsendem Maße
verwirklicht werden.

138 [Ebd.], S. 12.
139 »An Pläne ohne Fehlrechnungen können nur Alchimisten glauben, aber
   die Schwankungen des Wetters und der Konjunktur, die im Plan nicht
   vorausgesehen werden können, können und müssen beim Manövrieren
   berücksichtigt werden... In diesem Sinne gilt [Grigorij] Sokol'nikovs
   Ausspruch: ›Pläne machen allein genügt nicht, man muß auch manövrieren können‹.« [Stanislav Gustavovič] Strumilin: An der Planfront.
   [In:] Planwirtschaft 1 (1926), S. 43.

III. Die Aufstellung der Pläne und ihre Methoden

Verfahren bei der Aufstellung der Pläne

Bis Ende 1927 ist nur die Aufstellung von Kontrollziffern aus den
ersten Versuchsstadien herausgetreten. Über das Verfahren bei ihrer
Zusammenstellung gibt die Verordnung des Rates der Volkskommissare der Union vom 26. Juni 1927 Auskunft. Danach werden die
Kontrollzahlen vom Unionsgosplan dem Rat der Volkskommissare
der Union vorgelegt, der sie in ihren Grundzügen – »Zahlenlimite
und Hauptdirektiven für die Konstruktion der Wirtschaftspläne« –
bestätigen muss, damit sie für die Behörden der Union und die republikanischen Organe Verbindlichkeit erhalten.[140] Der Gosplan hat
kein Bestätigungsrecht, sondern ihm werden lediglich die bestätigten
Teilpläne zur Kenntnis gebracht. Er überwacht ihre Durchführung
und berichtet darüber an die Regierung. Eine Prüfung durch den
STO erfolgt nur in Streitfällen. Gegenüber dem früheren Verfahren
ist es eine wichtige Vereinfachung, dass die sogenannten operativen
Wirtschaftspläne, die auf Grund der von der Regierung bestätigten
Teile der Kontrollziffern aufgestellt sind, durch die zuständigen vor-
gesetzten Behörden bestätigt werden können. So z. B. die Pläne der
Unionstrusts durch den OVWR der Union, während die OVWR der
Bundesrepubliken Bestätigungsrecht für die Operationspläne der
ihnen unmittelbar unterstehenden Trusts erhalten haben.

Der Unionsgosplan soll an die übrigen Planbehörden bis zum 1. Juli
jeden Jahres vorläufige Direktiven über den Umfang der Kapitalinvestierungen erteilen, während diese Stellen ihm selbst längstens
vier Wochen später die Projekte für die Kontrollziffern einzureichen
haben, »wobei sie die harmonische Zusammenarbeit mit ihren republikanischen Organen für die volle Dauer der Arbeiten zu gewährleisten haben«. Dasselbe gilt für die übrigen Wirtschaftsbehörden,
welche Kontrollziffern aufstellen (OVWR, Finanzkommissariat usw.).

140 Der Bestätigung durch die Unionsregierung unterliegen das Staatsbudget,
     der Export- und Importplan, der Plan der Kapitalinvestition sowie alle
     Spezialpläne, deren besondere Prüfung sie für notwendig hält. [Ebd.]

Die endgültige Fassung der Kontrollzahlen muss vom Gosplan spätestens bis zum 1. September zur Prüfung an den Rat der Volkskommissare übergeben werden.

Schließlich soll der Grad der Durchführung der Pläne genau geprüft werden: »Der OVWR der UdSSR, das Volkskommissariat für Verkehrswesen, das Volkskommissariat für Außen- und Innenhandel, das Volkskommissariat für Finanzen und das Volkskommissariat für Arbeit erstatten dem Rat der Volkskommissare der UdSSR und dem STO an den von letzterem festzusetzenden Terminen Bericht über die Durchführung ihrer Operativpläne im Ganzen und nach den wichtigsten Wirtschaftszweigen, mit Korreferaten des Gosplan der Union.«[141]

Wir wissen, dass es sich bei der russischen Planarbeit nicht um die einfache statistische Aufnahme dessen handelt, was wirtschaftlich geschehen ist, sondern um die Aufzeichnung dessen, was geschehen wird und geschehen soll. Eine gewisse Verwandtschaft mit den Zielen der Konjunkturforschung fällt sofort in die Augen. Doch begann man in Russland mit der Aufstellung der Pläne, sehr zu ihrem Schaden, ohne sich um Konjunkturforschung und deren Methoden viel zu kümmern. Überhaupt kann man der russischen Planwirtschaft den Vorwurf nicht ersparen – und die russischen Theoretiker halten damit auch nicht hinter dem Berge -, dass man viel zu spät damit begonnen hat, die Aufmerksamkeit den Fragen der Methodologie zuzuwenden. »Sowohl die leitenden Gesichtspunkte, wie die Methodologie werden erst untersucht, wenn die Arbeiten schon beendet sind, d. h. wenn die Gesichtspunkte schon zugrunde gelegt und die Methode schon angewendet ist.«[142]

Die Diskussion über die Methoden hat erst im Laufe des Jahres 1927 größere Bedeutung gewonnen. Die Kritik beschäftigte sich weit mehr mit dem materiellen Inhalt als mit den methodologischen Grundlagen der Pläne. Und selbst so bedeutende Planwirtschaftler wie Strumilin glaubten über die Ungeklärtheit der Methoden zunächst damit hin-

141 [Pavel Il'ič] Popov: Zur Methodologie der Planwirtschaft. [In:] Wirtschaftsrundschau 1 (1928), S. 77.
142 Analog wie bei Aufstellung der K[ontrollziffern] soll auch bei der Ausarbeitung der Fünfjahrespläne vorgegangen werden.

wegtrösten zu können, dass sie erklärten, die Planarbeit sei in ihrem
jetzigen Stadium zu vergleichen mit jenen alten Baumeistern, die
die Nachschlagwerke und die Berechnungsmethoden der modernen
Architekten nicht kannten und dennoch solche Meisterwerke wie
Notre Dame oder die Hagia Sophia zustande brachten.[143]

Im Folgenden werden wir die wichtigsten bisher bei der Aufstellung der großen Planwerke angewandten Methoden summarisch
mitteilen,[144] zunächst aber noch einige Worte über das statistische
Material sagen, das mit ihrer Hilfe verarbeitet werden soll.[145]

Statistik

Es muss daran erinnert werden, dass es eine russische zentrale staatliche Statistik erst seit dem Weltkriege gibt, streng genommen sogar
erst seit dem Jahre 1918. Die zaristische Regierung hatte alle Versuche,
einen Zusammenschluss der kommunalen und privaten statistischen
Stellen herbeizuführen, untersagt und stand überhaupt den statistischen Arbeiten mit größtem Misstrauen gegenüber. Bekannt ist es,
dass viele Beamte der statistischen Ämter, die durch ihre Arbeit einen
tieferen Einblick in die Verhältnisse bekommen hatten, in starker
Opposition zur Regierung standen.

Mit der Herrschaft des Kriegskommunismus begann eine sprunghafte Entfaltung der statistischen Arbeiten, hoffte man doch damals,
mit Hilfe von statistischen Formularen alles und jedes entscheiden zu
können. Aber mangels geschulter Statistiker, besonders in der Provinz,
und eines geeigneten Apparates blieb die Qualität dieser Arbeiten
weit hinter ihrem Umfang zurück. Bei der Gründung der Staatsplankommission wurde das Fehlen von geeignetem statistischem Material

---

143 Perspektivplan, S. 2.
144 Mehr als eine erste Orientierung über diese Methoden kann hier nicht
    gegeben werden; eine Erörterung ihrer Einzelheiten würde in die schwie-
    rigsten Gebiete der statistischen Methodenlehre führen.
145 Zur Geschichte der russischen Statistik vgl. [M.] Kaufmann: Das Zentrale
    Statistische Amt. [In:] Fünf Jahre Sowjetherrschaft in Rußland, S. 558 ff.,
    und [John] Koren: The History of Statistics. [Their Development and
    Progress in Many Countries.] New York 1918.

als besonders erschwerend für die zukünftigen Arbeiten empfunden.
»Vor allem können wir uns auf keine Statistik der früheren Perioden stützen. Zwar fehlte es bei uns nicht völlig an statistischen Forschungen, doch waren sie immer ungenau und lückenhaft. Die Landschafts(Zemstvo)-Statistik war bei uns freilich mustergültig, dafür stand die industrielle Statistik der Westeuropas wesentlich nach.«[146] In besonders schlimmem Zustand befand und befindet sich das statistische Urmaterial. Man versucht durch eine möglichst sorgfältige Bearbeitung und Anwendung aller wissenschaftlichen Hilfsmittel diese Beschaffenheit des primären Zahlenmaterials bis zu einem gewissen Grade wieder auszugleichen. Ein Blick in die von dem russischen statistischen Amt (Zentrale Statistische Verwaltung) herausgegebenen Zeitschriften zeigt, dass man es verstanden hat, das Rüstzeug der modernen wissenschaftlichen Statistik sich anzueignen. Trotzdem sind die Ergebnisse der statistischen Arbeiten bis heute noch sehr wenig befriedigend. Insbesondere reichen sie nicht aus, um ein zuverlässiges Material für die Planarbeit zu liefern, und in allen Planveröffentlichungen wird darüber Klage geführt.[147]

146 Krischanowski: Die Reichsplankommission, S. 720.
147 So heißt es in den K[ontrollziffern] für 1925/26: »Unser statistisches Material ist ungenügend, während die Abrechnungsdaten der operativen Wirtschaftsorgane mehr als unvollkommen sind: Sie sind tendenziös und spiegeln meist nicht die objektive Sachlage, sondern bilden eine gewisse Resultante aus dieser oder jener spezifischen Interessiertheit der einen oder anderen Behörde« (K[ontrollziffern] 1925/26, S. 11). In den K[ontrollziffern] des folgenden Jahres wird erklärt, »das Haupthindernis in der Arbeit der Zusammenstellung der K[ontrollziffern] ist der äußerst unbefriedigende Zustand der Statistik in der UdSSR. Die Berichte über die Getreideflächen und über die Ernten sind ungenügend und chaotisch, die Hauptfrage unserer wirtschaftlichen Zukunft, der Charakter der entstehenden Differenzierung im Dorfe und ihr Tempo konnte in unserer Arbeit wegen Mangel an Daten nicht beleuchtet werden«. (K[ontrollziffern] 1926/27, S. 9). Ähnliche Klagen, wenn auch mit gewissen Einschränkungen, wiederholen sich in den K[ontrollziffern] für 1927/28. Dort wird auch festgestellt, dass es bis zur Aufstellung dieses Planes noch nicht gelungen ist, verläßliche und vergleichbare Zahlen für den Stand der Volkswirtschaft im Jahre 1913 zu berechnen. (K[ontrollziffern] 1927/28, S. 6.)

In einem grotesken Widerspruch zu dem allgemein anerkannten
fragwürdigen Zustand des statistischen Materials steht der Respekt,
mit dem gedruckte statistische Zahlen in der ökonomischen russischen Literatur in der Regel behandelt werden. Bei jeder passenden
und unpassenden Gelegenheit werden statistische Reihen aufgestellt, ohne dass die Berechtigung einer solchen Operation weiter
untersucht würde. »Seit den Kontrollziffern und Perspektivplänen
wurde in unserer Literatur die ›statistische Methode‹ herrschend,
wobei natürlich der ursprüngliche Sinn vulgarisiert wurde. Kraft
der Gesetze der Arithmetik lassen sich jede paar Zahlen in Prozent-
verhältnissen ausdrücken. Sobald diese Manipulation vollzogen ist,
kommt der Autor mit großer Feierlichkeit zu dem ›Schluss‹: ›Wir
sehen…‹ Auf dieser Grundlage werden dann ›Koeffizienten‹ vor allem für ›Dynamik‹ und ›Tempo‹ aufgestellt. Die zugrunde gelegten
Zahlen selbst haben in den meisten Fällen keine andere Grundlage
als lediglich die Tatsache, dass sie veröffentlicht worden sind. Der
eigentliche Inhalt dieser Zahlen bleibt ein Buch mit sieben Siegeln…
Es ist daher nicht weiter erstaunlich, dass die Planziffern meistens
einen höchst mystischen Charakter tragen, besonders wenn es sich
um ›Vorbestimmungen‹ handelt.«[148]
Eine Reihe von Anzeichen weist darauf hin, dass sich in Bezug
auf das statistische Material, das den Planarbeiten zugrunde gelegt
wird, in den letzten Jahren vieles gebessert hat und die heftigen Zusammenstöße zwischen dem Gosplan und der zentralen statistischen
Verwaltung wegen der anzuwendenden Methoden zu dem Resultat
geführt haben, dass man sich im Großen und Ganzen über ein gemeinsames Vorgehen verständigt hat.[149]

[Die] Methode der dynamischen und statischen Koeffizienten

Bei Beginn der Planarbeiten spielte die Methode der statischen und
dynamischen Koeffizienten eine ausschlaggebende Rolle. Sie hat

148 Birbraer: Zur Methodologie der Kontrollziffern, S. 88 f.
149 Kržižanovskij: Fünf Jahre Kampf, S. 31.

beispielsweise in den Kontrollziffern für 1925/26 den Hauptanteil bei
der Berechnung der zukünftigen Entwicklung.

Die Methode ist relativ einfach. Es wird auf Grund der Entwicklung der Vorjahre ein Trend errechnet und dieser für das nächste Jahr
extrapoliert. Auf diese Weise erhält man dann durch Umrechnung
die prozentuellen Wachstumskoeffizienten für die verschiedenen
Wirtschaftszweige. Die Methode ist bekanntlich nicht von den Russen
erfunden, sondern gehört zum eisernen Bestand der Konjunkturforschung. Außerordentlich bedenklich ist allerdings die Art und Weise,
wie man sie gerade bei den Kontrollziffern für 1925/26 angewandt hat.
Es wurde nämlich der Trend nicht auf Grund der Entwicklung vieler
Jahre konstruiert, sondern man berechnete ihn mittels der Daten der
beiden Vorjahre. Selbst wenn die Jahre 1923 und 1924 als normale
Entwicklungsjahre angesehen werden dürften, was natürlich nicht
der Fall ist, käme einer derartig konstruierten Reihe keinerlei Bedeutung zu.[150] Das hat man in Russland bald eingesehen; die Methode
der dynamischen Koeffizienten wurde aufs schärfste angegriffen, und
die Kontrollziffern des nächsten Jahres erklären: »Die wissenschaftliche statistische Theorie gibt uns kein formal mathematisches Recht,
die dynamischen Tendenzen der Vergangenheit auf die Zukunft zu
extrapolieren. Jede solche Extrapolierung kann nur durch die materielle ökonomische Analyse begründet werden, welche beweisen
muss, dass die bewegenden Kräfte, die eine wirkliche Tendenz der
Entwicklung geschaffen haben, auch in Zukunft ihre Wirkung nicht
einstellen werden.«[151]

Schon bei der Aufstellung der Kontrollziffern für 1925/26 versuchte man die Zuverlässigkeit der dynamischen Koeffizienten zu
stärken durch die Ermittlung sogenannter statischer Koeffizienten.
Damit sind gewisse Gesetzmäßigkeiten gemeint, die man glaubt in
der nachrevolutionären Wirtschaft Sowjetrusslands nachweisen zu
können. Drei derartige Gesetzmäßigkeiten werden als die wichtigsten
bezeichnet. Die erste sagt aus, dass in der Zeit des Wirtschaftsver-

150 [Albert L.] Wainstein: [Der Wirtschaftsplan der UdSSR für 1926/27. In:
       Weltwirtschaftliches Archiv 25 (1927)], S. 31.
151 K[ontrollziffern] 1926/27 S. 13.

falls diejenigen Teile der Wirtschaft am stärksten gelitten haben, die organisatorisch und technisch am höchsten entwickelt waren, während die in dieser Hinsicht primitiveren Wirtschaftszweige, so vor allem die Landwirtschaft, am besten in Gang gehalten worden seien. Diese Beobachtung über den Grad der Zerstörung der Wirtschaft ist zu ergänzen durch die andere, dass die Teile der Produktion, die ein elementares Bedürfnis zu befriedigen haben (Nahrung, Heizung, Kleidung), nicht in dem Umfang lahmgelegt werden konnten, wie solche, die kein unmittelbares Bedürfnis befriedigen konnten (Produktion von Produktionsmitteln).[152] Während dieses »Gesetz« für den Abstieg der Volkswirtschaft galt, bezieht sich das folgende auf ihren Wiederaufbau. Es sagt aus, dass ein Wirtschaftszweig umso früher wieder aufgebaut wird, »je dringender das von ihm befriedigte Bedürfnis ist, und unter im Übrigen gleichen Bedingungen verläuft der Wiederaufbau umso rascher, je stärker die Desorganisierung während des Wirtschaftszerfalls war«.[153] Diese Gesetzmäßigkeiten sind abgeleitet aus der Beobachtung, dass die am wenigsten zerstörte Landwirtschaft von allen Teilen des Wirtschaftskörpers zuerst zu wachsen beginnt, dass aber ihre Wachstumsgeschwindigkeit eine geringere ist als diejenige der Industrie. Bei dieser wächst in den ersten beiden Jahren des Wiederaufbaus die Leichtindustrie, während die Schwerindustrie erst später sich erholt, dann aber ein umso rascheres Entwicklungstempo einschlägt. Analoge »Gesetze« wurden in der Entwicklung des Geld- und Kreditwesens beobachtet.

Die dritte Art von Gesetzmäßigkeit bezieht sich auf die Feststellung gewisser fester Relationen zwischen verschiedenen Zweigen der Wirtschaft, »die gestatten, nicht nur für den gegenwärtigen Moment, sondern auch für die nächste Zukunft ein dynamisches System des Gleichgewichts zu bestimmen, das erforderlich ist, damit die kommende Entwicklung sich möglichst schmerzlos vollziehe und bei geringstem Kräfteverbrauch optimale Resultate ergeben kann«.[154] Es

152 K[ontrollziffern] 1925/26 S. 13.
153 [Ebd.], S. 13.
154 [Ebd.], S. 14.

wird z. B. darauf hingewiesen, dass das Verhältnis der Preissummen von landwirtschaftlicher und industrieller Warenmasse sich in der Beobachtungszeit um den Bruch 37:63 bewegt habe.

Mit Hilfe der auf Grund solcher Gesetzmäßigkeiten ermittelten statischen Koeffizienten sollen die Resultate der Extrapolierung korrigiert werden. Wenn also die dynamischen Koeffizienten für das Wertverhältnis zwischen landwirtschaftlicher und industrieller Warenmasse eine andere Relation angeben als 37:63, oder wenn auf Grund der ersten Berechnungsweise die Entwicklungstempi verschiedener Industriezweige den festgestellten Gesetzmäßigkeiten widersprechen, dann wird im Hinblick auf die statischen Koeffizienten eine Korrektur vorgenommen, mit der man das Ergebnis lebenswirklicher zu gestalten hofft.

Auch die Methode der statischen Koeffizienten ist mit Recht einer scharfen Kritik unterzogen worden. Die ersten beiden Gesetzmäßigkeiten sind unzulässige Verallgemeinerungen gewisser während des Kriegskommunismus gemachter Erfahrungen. Bei der dritten kann man ebenso wenig von einer Gesetzmäßigkeit sprechen, höchstens ließe sich sagen, dass gewisse Tendenzen in der angezeigten Richtung bestehen, aber diese Tendenzen können und sollen ja durch den planmäßigen Wiederaufbau entscheidend beeinflusst werden.

Im Grunde leiden die statischen Koeffizienten an demselben Fehler wie die dynamischen, dass sie nämlich mechanisch aufgestellt sind und an der Oberfläche der Erscheinungen haften bleiben. Ebenso wie die Extrapolierung eines Entwicklungstempos unzulässig ist, solange nicht festgestellt wurde, dass dieselben treibenden Kräfte, die in der Vergangenheit den untersuchten Prozess entscheidend gestaltet haben, auch in der Zukunft ohne das Dazwischenkommen von Gegenkräften wirksam sind, ebenso darf man Erfahrungen über den Gang des Wiederaufbauprozesses nicht ohne ihre Analyse als »Gesetzmäßigkeit« formulieren und für die Zukunft als verbindlich erklären. Besonders schlimm steht es mit der dritten »Gesetzmäßigkeit«. Insofern sie aussagen will, dass bei der Entwicklung der verschiedenen Wirtschaftszweige im Wiederaufbauprozess bestimmte Relationen beobachtet wurden, und darüber hinaus die Unveränderlichkeit dieser Relationen behauptet, schlägt sie der Idee einer Wirtschaftspolitik, die

die gesamte Volkswirtschaft umgestalten will, geradezu ins Gesicht
und widerspricht damit der Grundvoraussetzung der Planarbeit.
Prinzipiell können sich überdies hinter dem Verhältnis 37:63 als
Ausdruck für den Anteil von Landwirtschaft und Industrie an der
gesamten Warenmasse die verschiedensten Entwicklungsprozesse
verbergen. So z. B. kann die Landwirtschaft viel rascher gewachsen
sein als die Industrie und trotzdem nicht relativ mehr Waren auf den
Markt bringen, weil sie dafür keine entsprechende Gegenleistung
in Industriewaren erhalten kann. Es kann aber auch so sein, dass
die Industrie gewachsen und die landwirtschaftliche Produktion zurückgegangen ist, dass der Bauer jetzt zwar im Verhältnis zu seiner
Gesamtproduktion mehr auf den Markt bringt als vorher, dass sich
aber das Gesamtverhältnis doch noch in den gleichen Grenzen hält,
z. B. weil das Mehrprodukt der Industrie für Export verwendet wird.
Bei alledem sind Änderungen in der Preisgestaltung, das Öffnen und
Schließen der Schere, das doch die Bedeutung des »Wertverhält-
nisses« auf das Entscheidendste beeinflussen kann, noch gar nicht
berücksichtigt. Unter diesem Gesichtswinkel erweist sich die dritte
»Gesetzmäßigkeit« als gänzlich nichtssagend. Aber sie ist noch von
einer anderen Seite zu beleuchten. Was bedeutet es denn, wenn in
den Jahren der NEP der Anteil der Landwirtschaft an der gesamten
Warenmenge nur 37 % betragen hat? Doch nichts anderes, als dass
die »Warenhaftigkeit« des Produktes der mehr als 20 Millionen
Bauernwirtschaften noch eine überaus geringe ist. Der Grund hierfür wurde im Laufe unserer Darlegungen schon öfters berührt, es
ist der Mangel an Industriewaren, der Warenhunger. Nun gehört es
aber zu den Lebensfragen der sowjetrussischen Wirtschaftspolitik,
diesen Warenhunger so schnell wie möglich zu beseitigen und die
»Warenhaftigkeit« der Bauernwirtschaft stark zu vergrößern, um
nicht nur die Ernährung der Städte sicherzustellen, sondern auch
das für die Durchführung des Industrialisierungsprogramms unentbehrliche Exportgetreide in die Hand zu bekommen. In dem Maße
aber, in dem es gelingt, diese Politik durchzuführen, muss sich das
Verhältnis 37:63 verändern, nämlich der Anteil der Agrarprodukte an
der Gesamtwarenmenge sich vergrößern. In derselben Richtung muss
ein anderer wichtiger Faktor der sowjetrussischen Wirtschaftspolitik

treiben, nämlich die Bemühungen um eine bessere Arbeitsteilung in der Landwirtschaft, um die Spezialisierung der Bauernwirtschaften auf Getreidebau oder technische Kulturen. Von welcher Seite man auch das Problem dieser »dritten Gesetzmäßigkeit« ansieht, zeigt es sich, dass es zahllose Unklarheiten und Schiefheiten enthält, im besten Falle nichtssagend, faktisch aber widerspruchsvoll und irreführend ist. Da die Kombinierung zweier unbrauchbarer Methoden noch nicht zu einer dritten brauchbaren führt, kann man sich ein Bild von den Resultaten machen, die mit der Methode der dynamischen und statischen Koeffizienten erreicht werden konnten.

Trotzdem steckt in ihnen ein richtiger Kern. Denn die ökonomische Analyse einer längeren Entwicklungsreihe kann grundsätzlich sehr wohl erlauben, sehr vorsichtig formulierte Aussagen über die Tendenzen der untersuchten Wirtschaft zu machen. Eine analoge sorgfältige Analyse muss auch erlauben, gewisse feste Relationen zwischen den einzelnen Teilen der Wirtschaft aufzudecken. Es sei hier erinnert an die von Marx im zweiten Bande des *Kapital* aufgestellten Schemata, wo gezeigt wird, dass bei einer Einteilung der gesamten kapitalistischen Wirtschaft in eine Abteilung, welche Produktionsmittel produziert, und eine zweite, in der die Konsumtionsmittel hergestellt werden, zwischen diesen beiden Abteilungen sowohl für die einfache, als auch für die erweiterte Reproduktion exakte Beziehungen bestehen.

Von der Aufstellung derartiger dynamischer und statischer Gesetzmäßigkeiten bis zu ihrer praktischen Verwendung für die Konstruktion von Wirtschaftsplänen ist allerdings ein weiter Weg, dessen ungeheure Schwierigkeiten nur auf Grund langjähriger Erfahrungen überwunden werden können. In dieser Hinsicht hat der erste fehlgeschlagene Versuch, dynamische und statische Koeffizienten aufzustellen, seine große Bedeutung, indem er das Problem in seiner ganzen Kompliziertheit wenigstens einmal angeschnitten hat.

Schließlich sei noch mitgeteilt, wie die Kontrollziffern für 1926/27 die Bedeutung der statischen und dynamischen Koeffizienten beurteilen: »Das Nachlassen der bewegenden Kräfte des Aufbauprozesses macht die Prognose, welche auf die für die verflossenen Jahre charakteristischen dynamischen Koeffizienten begründet ist, ziemlich problematisch. Aber es ist selbstverständlich, dass jene dynamischen Indices, die funktionell oder korrelativ mit den Faktoren verbunden sind und der quantitativen Berechnung unterliegen, ihre Bedeutung behalten. Ein viel sichereres Werkzeug der Vorausbestimmung bleiben die statischen Koeffizienten, d. h. die ständigen quantitativen Wechselbeziehungen zwischen den veränderlichen Elementen des wirtschaftlichen Ganzen... Ohne die Anwendung dieser statischen Koeffizienten (welche erlauben, mit Hilfe der entsprechenden Intrapolierung oder Extrapolierung die Lücken in den vorhandenen Rechenschaftsberichten auszufüllen) *ist es undenkbar, auch nur eine der oben erwähnten Bilanzrechnungen zusammenzustellen.* Die notwendige Folge davon ist, dass die Bilanzaufstellungen selber einen bedingten, nur annähernden Charakter... erhalten.«[155]

Infolge der fortwährend an ihnen geübten Kritik gerieten die dynamischen und statischen Koeffizienten mit der Zeit in berechtigten Misskredit. Man sah ein, dass sie nur ein sehr unzulängliches Surrogat für ökonomisch genügend fundierte Indices für die einzelnen Wirtschaftszweige seien und dass mit dem Übergang von der Wiederaufbau- zu einer in Bezug auf Entwicklungsgeschwindigkeit und Ziel grundsätzlich verschiedenen Neuaufbauperiode ihre vorher schon fragwürdige Bedeutung vollends illusorisch werden müsse.[156]

[Die] Methode der Sachverständigengutachten

Eine gewisse Kontrolle der mit der Methode der statischen und dynamischen Koeffizienten erlangten Resultate wurde ausgeübt dadurch, dass sie konfrontiert wurden mit den Gutachten von Sachverständigen über die konkreten Entwicklungsmöglichkeiten der ihnen vertrauten Wirtschaftszweige. Diese Gutachten waren besonders wichtig, wenn sie von technischen Sachverständigen ausgingen, denen der Zustand des betreffenden Wirtschaftszweiges hinlänglich vertraut war und die beurteilen konnten, welcher Mittel es bedurfte, um die zerstörten oder stillgelegten Teile wiederaufzubauen.

155 K[ontrollziffern] 1926/27, S. 13. (Sperrungen von uns.)
156 Bazarov: Zur Methodologie der Kontrollziffern, S. 21.

Es handelte sich hier nicht nur um Gutachten von Ingenieuren usw., vielmehr wurden für derartige Auskünfte die Vertreter aller wirtschaftlichen Kommissariate herangezogen, und auf Grund ihrer Aussagen stellte man dann eine Reihe von »Limiten« fest, welche das allgemeine Tempo des Wiederaufbauprozesses im speziellen Fall beschränkten oder ausdehnten. Diese Limiten werden bestimmt durch das Vorhandensein von Rohstoffen, die Importmöglichkeiten, die finanziellen Möglichkeiten, das Vorhandensein qualifizierter Arbeiter, die Leistungsfähigkeit des Transportapparates, die Aufnahmefähigkeit des Marktes usw. Mit Recht bemerken aber bereits die Kontrollziffern von 1925/26, dass diese ebenso wie alle anderen einschränkenden Momente letzten Endes bestimmt seien durch das Gesamtniveau der Produktivkräfte des Landes.[157]

Schließlich stellte der Gosplan die Sachverständigengutachten noch unter die Kontrolle zweier begrenzender Momente. Er erklärte, »die Bedeutung der einzelnen Faktoren, die die Entwicklungsgeschwindigkeit der Volkswirtschaft begrenzen, kann nicht ermittelt werden durch isolierte Analyse, sondern nur im Gesamtzusammenhang der als Totalität betrachteten volkswirtschaftlichen Entwicklung«. Unter diesem Gesichtspunkt sei die letzte Instanz für alle begrenzenden Teilfaktoren der »Umfang der nationalen Akkumulation in ihrer materiellen Form, d. h. die Gesamtheit derjenigen neu erzeugten Güter, die nach Deckung der Bedürfnisse der einfachen Reproduktion verbleiben und somit die materielle Basis der erweiterten Reproduktion und Rekonstruktion darstellen«.[158] Doch hat der Hinweis auf diese letzte Instanz wenigstens in der ersten Ausgabe der Kontrollziffern keine praktische Bedeutung gehabt, da nahezu alle Unterlagen für die Berechnung der entscheidenden Größe fehlten. Als zweiter unter gesamtwirtschaftlichem Gesichtspunkte hervorzuhebender Faktor werden die Weltmarktpreise genannt; die zunehmende Verflechtung mit dem Weltmarkt erlaube nicht, die Produktion ohne Rücksicht auf die Selbstkostengestaltung auszu-

157 K[ontrollziffern] 1925/26, S. 15.
158 [Ebd.], S. 16.

dehnen, verlange vielmehr, dass der Forderung einer Angleichung an die Weltmarktpreise Rechnung getragen wird.

Die Methode der Gutachten hat verschiedene Beurteilungen erfahren. Sicher ist, dass die Urteile der Sachverständigen den mechanisch angewandten statistischen Methoden gegenüber bedeutend überlegen sind. Man hat sogar behauptet, dass überall da, wo die Voraussagen der Kontrollziffern von 1925/26 verwirklicht werden konnten, dies im Wesentlichen den auf Grund der Sachverständigenurteile vorgenommenen Korrekturen zu verdanken sei.[159] Dann hat man aber auch Verschiedenes gegen die Gutachten einzuwenden. So wurde z. B. bemängelt, dass der Gosplan »für die Sachverständigengutachten eine allgemeine Richtlinie aufstellte in Form eines regulativen Prinzips, das zwar eine ökonomisch-politische Direktive zu sein scheint, in Wirklichkeit aber mit seiner Methode in keinem Zusammenhang steht«.[160] Der Gosplan verlangte nämlich, dass den Gutachten die 100 %ige Verwertung des aus der vorrevolutionären Zeit übernommenen festen Kapitals zu Grunde gelegt wurde, obwohl keinerlei Sicherheit dafür gegeben war, dass diese Voraussetzung eingehalten werden konnte, bzw. nicht bereits durch die Wiederingangsetzung einzelner Betriebe gegenstandslos geworden war.

So einfach und selbstverständlich die Methode der Sachverständigengutachten für die Aufstellung der Pläne zunächst aussehen mag – wiederholt sie doch nichts anderes als was in der privatkapitalistischen Wirtschaft jeder Unternehmer für seinen Betrieb tut – so zeigt doch schon eine etwas genauere Betrachtung, dass auch bei Anwendung dieser Methode große Schwierigkeiten zu überwinden sind. Besonders bemerkenswert ist, dass im Zusammenhang mit ihr schon anlässlich der Kontrollziffern für 1925/26 die Wichtigkeit einer gründlichen ökonomischen Analyse vom Gosplan sowohl als auch von seinen Kritikern erkannt wurde, ein Gesichtspunkt, dem allerdings erst zwei Jahre später die ihm gebührende zentrale Stelle eingeräumt wurde.

159 [Nikolaj Pavlovič] Makarov: Sind die Kontrollziffern wirkliche »Kontroll«ziffern? [In:] Wirtschaftliche Rundschau 10 (1926), S. 69.
160 [Boris Georgievič] Bažanov: Kritische Bemerkungen zu den Kontrollziffern des Gosplan für 1925/26. [In:] Sozialistische Wirtschaft 6 (1925), S. 78.

Vergleich mit den Vorkriegsdaten

Die dritte vom Gosplan bei der ersten Aufstellung von Kontrollziffern angewandte Methode wird von ihm folgendermaßen charakterisiert: »Die durch Erforschung der dynamischen Reihen erhaltenen und an den Sachverständigengutachten geprüften perspektivischen Zahlen wurden einem Vergleich mit den Vorkriegszahlen unterworfen, eine Operation, die bei der Arbeit der Kommission gewissermaßen die Rolle der letzten Kontrollinstanz gespielt hat.«[161] Doch fügt die Kommission sofort hinzu, dass sie das nicht getan habe, weil sie die Vorkriegsverhältnisse als einen Idealzustand betrachte, sondern weil es sich doch häufig darum handle, zunächst einmal wieder mit dem vorhandenen Produktionsapparat das Vorkriegsniveau zu erreichen. Soweit die Struktur des Vorkriegsniveaus von vorneherein als Ziel abgelehnt werden musste, wie etwa bei der Gestaltung des Lohnes verschiedener Arbeiterkategorien, wurden entsprechende Korrekturen vorgenommen. Die Kommission für die Kontrollziffern betont, dass ohne den Vergleich mit den Vorkriegsziffern auf manchen Gebieten wie z. B. bei der Ermittlung des Wachstums der Produktivität der Arbeit und der Produktion auf Grund der beiden ersten Methoden ohne die Kontrolle der dritten schwere Fehler hätten unterlaufen können.[162]

Obwohl diese Methode, insbesondere wenn die oben erwähnten Einschränkungen gemacht werden, relativ unbedenklich, wenn auch nicht gerade von sehr großer Bedeutung ist, wurde sie dennoch Gegenstand heftigster Angriffe, die sich besser gegen die beiden anderen gerichtet hätten.[163] Nachdenklich muss es allerdings stimmen, dass dieselbe Methode auch für die beiden folgenden Wirtschaftsjahre angewendet wurde, obwohl in den Kontrollziffern für 1927/28 zugegeben wird, dass man »bis heute keine verlässlichen und definitiven Zahlen für 1913 selbst« besitze und dass man in dieser Beziehung noch »keine Möglichkeit (habe), mit verlässlichen kommensurablen Zahlen zu

---

161 K[ontrollziffern] 1925/26, S. 17.
162 [Ebd.], S. 18.
163 Bažanov: Kritische Bemerkungen zu den Kontrollziffern, S. 79.

operieren«.[164] Es bedarf keiner besonderen Begründung und wird in den Gosplan-Veröffentlichungen auch ohne weiteres zugegeben, dass in dem Maße, wie der Vorkriegsstand wieder erreicht ist, der Vergleich mit den Vorkriegszahlen als Methode bei der Aufstellung von Plänen ausscheidet. Höchstens wäre er noch zur Kontrolle für die Größe gewisser Entwicklungsgeschwindigkeiten (Kapitalerweiterung, überhaupt Wachstum von Akkumulation und Volkseinkommen) anzuwenden.

Mit den hier angedeuteten drei Methoden, die am wenigsten den Gosplan selbst befriedigten, musste der erste Versuch, Kontrollziffern aufzustellen, durchgeführt werden. Dass jede der Methoden mehr oder weniger zu Bedenken Veranlassung gibt, ist unbestreitbar. Aber ihre Kombination erlaubt vielleicht auf manchen Gebieten die Ausmerzung der schwersten Fehler und zeigt einen Weg zu einem System von sich ergänzenden Methoden auf dem Gebiet der Planarbeit, der schließlich zu bedeutenden Erfolgen führen kann.

Bilanzmethode

Ein wichtiger Schritt zu diesem Ziel ist die Ausbildung einer vierten Methode, der sogenannten Bilanzmethode. Es ist den Kontrollziffern für 1925/26 mit Recht zum Vorwurf gemacht worden, dass sie diese Methode nicht zur Zentralmethode gemacht, sondern sich damit begnügt hätten, die allgemeinsten Abteilungen miteinander in Einklang zu bringen.[165] Allerdings ist hier sofort zu bemerken, dass die Durchführung der Bilanzmethode den drei anderen gegenüber unverhältnismäßig größere Schwierigkeiten bietet und dass es nur ganz allmählich gelingen kann, sie zu einem praktisch anwendbaren Hilfsmittel der Planarbeit auszugestalten. Das gilt vor allem für die Aufstellung einer Bilanz der ganzen Volkswirtschaft, die bis heute nicht gelungen ist, während zahlreiche Teilbilanzen schon mit mehr oder weniger großem Erfolg ausgearbeitet worden sind.

Bei der Begründung der Bilanzmethode geht man davon aus, dass die Volkswirtschaft ein Ganzes sei, dessen einzelne Teile in

164 K[ontrollziffern] 1927/28, S. 5.
165 Bažanov: Kritische Bemerkungen zu den Kontrollziffern, S. 79.

einem bestimmten funktionellen Zusammenhang stehen. Ein Plan der Volkswirtschaft, der allen Anforderungen genügt, müsste den gesamten Zusammenhang übersichtlich ausbreiten, und als Form dieser Darstellung schlägt man diejenige einer Bilanz vor. Ebenso wie eine Handelsbilanz den Ein- und Ausgang von Waren über die Staatsgrenzen darstellt, wie ein Staatsbudget eine Einnahmen- und eine Ausgabenseite hat, auf denen alle finanziellen Mittel, mit denen der Staat wirtschaften muss, einander gegenübergestellt werden, ebenso muss sich eine Volkswirtschaft durch die Einnahmen- und Ausgabenseiten einer Volkswirtschaftsbilanz zum Ausdruck bringen lassen. Auf der Einnahmenseite müssten für jeden Wirtschaftszweig die zu Beginn der betrachteten Wirtschaftsperiode vorhandenen Bestände und die Produktion während des betreffenden Zeitabschnittes aufgeführt werden unter Weglassung derjenigen Rohstoffe und Halbfabrikate, die aus anderen Produktionszweigen stammen; auf der Ausgabenseite wären die in den individuellen und in den produktiven Konsum eingehenden Produkte, sowie der am Ende vorhandene Bestand aufzuzählen. Ein- und Ausfuhr dürften ebenfalls an ihren Stellen nicht fehlen. Beide Seiten der Bilanz müssten sich ausgleichen, und damit wäre angezeigt, dass sich das Gesamtsystem im Gleichgewicht befände und die Bilanz sein adäquates Abbild sei. So ungefähr stellte man sich die Volkswirtschaftsbilanz vor.[166] Die zunächst unüberwindlichen Schwierigkeiten der Verwirklichung einer solchen Bilanz mussten sich bei dem ersten Versuch zeigen, der sich an ihre Aufstellung heranwagte. Ehe wir zu dessen Analyse übergehen, ist es notwendig zu untersuchen, welche theoretische Klarheit über eine derartige Bilanz vorhanden ist.

Die theoretische Analyse des Problems der Bilanz der Volkswirtschaft steckt auch in der sowjetökonomischen Literatur noch in den ersten Anfängen. Man begnügt sich in der Regel mit einem mehr oder weniger ausführlichen Vergleich mit dem *Tableau économique* Quesnays und den von Marx im zweiten Band seines *Kapital* aufgestellten Schemata. Gelegentlich wird auch Bezug genommen

---

166 [Ebd.], S. 80.

auf die Erörterungen Marxens in der von Kautsky herausgegebenen Einleitung zur *Kritik der politischen Ökonomie.*

Den Versuchen Marxens sowohl wie denjenigen Quesnays ist gemeinsam, dass sie ausgehen von der Einheit des gesamten volkswirtschaftlichen Prozesses. In seiner »Einleitung«[167] zeigt Marx den unlösbaren Zusammenhang von Produktion, Distribution und Konsumtion. »Die Produktion greift sowohl über sich in der gegensätzlichen Bestimmung der Produktion, als über die anderen Momente. Von ihr beginnt der Prozess immer wieder von Neuem. Dass Austausch und Konsumtion nicht das übergreifende sein können, ist von selbst klar. Ebenso gilt dies von der Distribution der Produkte. Als Distribution der Produktionsagenten aber ist sie selbst ein Moment der Produktion. Eine bestimmte [Form der] Produktion bestimmt also bestimmte [Formen der] Konsumtion, Distribution, des Austausches und *bestimmte Verhältnisse dieser verschiedenen Momente zueinander.* Allerdings wird auch die Produktion, *in ihrer einseitigen* Form, ihrerseits bestimmt durch andere Momente, z. B. wenn der Markt sich ausdehnt... Mit Veränderung der Distribution ändert sich die Produktion... Endlich bestimmt das Konsumtionsbedürfnis die Produktion. Es findet Wechselwirkung zwischen den verschiedenen Momenten statt. Dies ist der Fall bei jedem organischen Ganzen«.[168] Dieses Ganze hat Marx in seinem funktionellen Zusammenhang in einer genialen Vereinfachung mit ein paar Strichen in seinen Schematas skizziert. Das Ziel der sowjetrussischen Theoretiker ist ein viel weitergehendes, sie wollen sich nicht mit einem groben und von zahlreichen wichtigen Faktoren abstrahierenden Schema begnügen, sondern in einer alle wichtigen Teile aufzeichnenden »Bilanz der Volkswirtschaft« – in Übereinstimmung mit den Ideen Marxens – Produktion, Distribution, Zirkulation, Konsumtion als einheitliches Ganzes zum Ausdruck bringen.[169] Und obendrein soll diese Bilanz nicht nur für

167 Karl Marx: [Einleitung zur Kritik der politischen Ökonomie], 3. Aufl[age]. Stuttgart 1909, S. 20 ff. [MEW 13, S. 615–642.]
168 [Ebd.], S. xxxiv. [MEW 13, S. 630 f.]
169 [Vladimir Gustavovič] Groman: Die Bilanz der Volkswirtschaft. [In:] Planwirtschaft 11 (1926), S. 68.

die Vergangenheit aufgestellt werden, sondern auch die Form sein, in der die Zukunftspläne gefasst werden. Die naheliegende Frage, warum Marx sich mit einem so groben Schema begnügt habe, wird entweder damit beantwortet, dass ihm das notwendige statistische Material für eine ausführliche Bilanz nicht zur Verfügung gestanden habe,[170] oder es wird darauf hingewiesen, dass es Aufgabe einer Bilanz sei, die Bedingungen des Gleichgewichts des Systems aufzuzeichnen, während es Marx darauf ankam, die Kräfte nachzuweisen, die das System in krisenhafte Störungen hineintreiben. Zu letzterem aber bedürfte es einer ausgeführten Bilanz nicht.[171] Man sieht ein, dass durch die Einführung der von Marx vernachlässigten Faktoren die Aufstellung einer Bilanz der Volkswirtschaft an eine Schranke stößt, die vorläufig nicht überwunden werden kann. »Diese Schranke ist unsere ungenügende Kenntnis der Gesetze unserer Wirtschaft. Bei der Schematisierung seiner Berechnungen abstrahierte Marx leicht (und natürlich rechtmäßig) von den Einwirkungen, die die Lage in der Wirklichkeit komplizieren. Er ›sah ab‹ von der Existenz der übrigen Klassen außer der Bourgeoisie und dem Proletariat, er ›sah ab‹ von der Existenz der Preise und nahm an, dass die Produkte nach ihrem Wert verteilt werden. Er vernachlässigte ohne Weiteres die Teilung des konstanten Kapitals in Grundkapital und Umsatzkapital, er schloss das Geld aus dem Umlauf aus, er ignorierte vollständig die zahlreichen Disproportionen in der ökonomischen Entwicklung der Klassengesellschaft. Dies alles brauchte er nicht für die Konstruktion des Schemas, obwohl kein anderer als Marx in seiner allgemeinen Analyse die Bedeutung dieser komplizierenden Momente schroff betonte. Die Konstruktion von Bilanzen ist aber völlig ausgeschlossen ohne alle genannten zuzüglich ›n + 1‹ ungenannter Elemente.«[172]

Dies ist ungefähr der Stand der Theorie der Wirtschaftsbilanz in Sowjetrussland. Man weiß, dass alle Teile zusammenhängen, sich gegenseitig bedingen, dass eine Veränderung an einem entscheidenden Punkt alle Teile des Ganzen in Mitleidenschaft ziehen kann,

170 [Ebd.], S. 66.
171 Birbraer: Zur Methodologie der Kontrollziffern, S. 89.
172 [Ebd.]

und dass es nicht genügt, den Gleichgewichtszustand einer einfach
reproduzierenden Wirtschaft aufzuzeigen, sondern dass in der Bilanz
auch zum Ausdruck kommen muss, auf welche Weise die erweiterte
Reproduktion der ganzen Wirtschaft sowohl als auch ihrer einzelnen
Teile durchgeführt wird.[173]

Aus dieser Gesamtansicht über die Volkswirtschaftsbilanz, die an
dem ersten Versuch, eine solche Bilanz aufzustellen, eine gewisse
Konkretisierung erfahren hat, wird eine Art Schema entworfen,
das Hinweise darauf gibt, welche Punkte sie enthalten muss.[174] Die
Einteilung nach Wirtschaftszweigen und sozialen Gruppen ist dabei
folgendermaßen gedacht:

Wirtschaftszweige	Soziale Form jedes Wirtschaftszweiges	
1. Landwirtschaft	I. Staatliche	Sozialistische
2. Industrie	II. Genossenschaftliche	
3. Wohnungsbau	III. Staatskapitalistische	
4. Transport	IV. Privatkapitalistische	
5. Handel	V. Kleine Warenproduktion	
6. Kreditinstitute	VI. Halbnaturale	
7. Budget		

Für die ersten fünf Wirtschaftszweige, »die es unmittelbar mit der
Schöpfung, Bewegung und Verteilung der materiellen Werte zu tun
haben«, sollen folgende Punkte aufgeklärt werden:

173 Professor [Lev] Kricman, einer der bedeutendsten sowjetrussischen Wirt-
    schaftstheoretiker, hat dem Verfasser in einer Unterredung zugegeben,
    dass man in Russland z. Zt. sehr viel von der Bilanzmethode rede, dass sich
    aber niemand eine genaue Vorstellung davon mache, weil die theoretische
    Analyse noch völlig unzureichend sei. Doch lägen z[ur] Z[eit] derartig
    große methodologische und theoretische Aufgaben auf anderen Gebieten
    vor, dass man vorläufig auf jede intensive theoretische Bearbeitung dieser
    überaus schwierigen Materie verzichten und versuchen müsse, zunächst
    einmal experimentell weiterzukommen.
174 Groman: Die Bilanz der Volkswirtschaft, S. 79.

a) Kapital zu Beginn des Jahres mit Unterteilung des konstanten Teiles in fixes und zirkulierendes und anderen Einzelheiten,
b) Veränderungen des Kapitals während des Jahres, Abnutzung und Zugänge, wobei ihre Quelle festzustellen [ist] (Budget),
c) Zustand des Kapitals am Ende des Jahres,
d) Gesamtproduktion.[175] Durch Abzug der
e) produktiven Ausgaben (Amortisation, Rohstoffe, Brennstoffe) wird für jeden Zweig die reine Neuproduktion ermittelt, die sich dann aufteilen lässt auf Arbeitslohn, Gehälter, Unkosten, Zinsen, Steuern, Akkumulation. Auf diese Weise soll sich dann eine Bilanz für die ersten fünf Zweige durch Addition bzw. Gegenüberstellung der einzelnen Posten ermitteln lassen.

Die Kreditinstitute werden analog behandelt, ebenso das Budget.[176]

Eine auf solche Weise aufgestellte Tabelle soll eine erschöpfende Analyse des Kapitals, der Produktion und der Akkumulation sowie ihre gegenseitigen Beziehungen geben. Sie sei zu ergänzen durch Berechnung der lebenden und motorischen Arbeitskräfte für jeden Industriezweig getrennt nach sozialen Kategorien, ferner die Zahl aller »Berufsangehörigen«, die Summe aller Bedürfnisse des individuellen Konsums, die Ersparnisse usw.

Es bedarf keiner näheren Begründung, dass dieser Entwurf eines Schemas für die Volkswirtschaftsbilanz noch einer sehr eingehenden Revision bedarf, ehe er Anspruch auf theoretische Klarheit erheben kann.

175 Dies wird folgendermaßen erläutert: Unter Produktion wird verstanden:
im Transportwesen die Summe der Einnahmen,
im Handel die Bruttoeinnahmen abzüglich der Ausgaben für Transport,
im Wohnungsbau die Summe der Mietgelder des Jahres,
in der Industrie die Summe der Gesamtproduktion aller Betriebe unter Abzug der verbrauchten Rohstoffe und Halbfabrikate. ([Ebd.], S. 79.)
176 Die Aktivoperationen der Banken sollen unter Produktion aufgeführt werden, die Passivoperationen als Produktionsausgaben. Das Budget erscheint mit umgekehrtem Vorzeichen: auf der linken Seite die aus dem Budget erhaltenen Mittel, auf der rechten Seite die Zahlungen an den Fiskus.

Wir haben gehört, dass der Gosplan als Unterlage für die Aufstellung der Kontrollziffern für 1925/26 die Ausarbeitung einer Volkswirtschaftsbilanz für 1923/24 durch die zentrale statistische Verwaltung verlangt hatte, dass ihm aber diese Bilanz bei der Abfassung der Kontrollziffern nicht zugänglich war. Sie wurde erst im Juni 1926 veröffentlicht und wird im Allgemeinen als ein fehlgeschlagener, wenn auch überaus interessanter Versuch beurteilt. Man wirft ihr vor, dass sie eher eine Umsatzübersicht als eine Bilanz sei, da sie weder den organischen Zusammenhang aller wichtigen Elemente des Wirtschaftsprozesses zum Ausdruck bringe, noch erlaube, festzustellen, ob einfache oder erweiterte Reproduktion stattgefunden habe, und ähnliche, für die Bedeutung einer Volkswirtschaftsbilanz entscheidende Einzelheiten nicht erkennen lasse.[177] Von anderen Kritikern wird rund heraus erklärt, dass der »Umsatzbericht« nur rein äußerlich in die Form einer Bilanz eingekleidet sei, dass es sich in Wirklichkeit aber um eine als Bilanz aufgemachte Summe von zusammenhanglosen Verwaltungsziffern handle.[178]

Zur Illustration dieses ersten großen Bilanzversuches geben wir einen Auszug aus der *Bilanz der Volkswirtschaft* betitelten, acht großformatige Seiten umfassenden Tabelle.[179]

Bilanz der Volkswirtschaft für 1923/24 in Millionen Červonecrubeln			
Eingegangen in die		Verteilt in der	
Volkswirtschaft			
Vorräte zu Jahresbeginn	1260,6	Vorräte am Ende des Jahres	1486,9
Bruttoproduktion in Produktionspreisen	17 472,2	Produktiver Verbrauch	9903,1

177 Bazarov: Zur Methodologie der Kontrollziffern, S. 16 f.
178 Makarov, zit[iert] nach Bazarov: Zur Methodologie der Kontrollziffern, S. 16.
179 [Ebd.], S. 176–184 unter Benutzung der von Groman: Die Bilanz der Volkswirtschaft, gegebenen Zusammenstellung.

Einfuhr	431,1	Ausfuhr	529,9
Zusammen nach Produktionspreisen	19163,9	Zusammen	11919,9
Differenz zwischen Produktions- und Verbrauchspreisen	3553,7	Persönlicher Verbrauch	10321,9
		Kollektiver Verbrauch	475,8
Zusammen nach Verbraucherpreisen	22717,6	Zusammen nichtproduktiver Verbrauch	10797,7
		Summe der Distributionen	22717,6

Ohne auf die Einzelheiten dieser Tabelle einzugehen, weisen wir
darauf hin, dass sie nur illustrativen Charakter hat und bei dem gegenwärtigen Zustand der theoretischen Analyse, der Methodenlehre
und des statistischen Materials nur als erster tastender Versuch, der
gewaltigen Aufgabe näher zu kommen, gewertet werden darf. Wir
stimmen mit dem Urteil eines Kritikers überein, der erklärt, »dass für
die nächste Zeit die Konstruktion einer volkswirtschaftlichen Bilanz
eine undurchführbare Aufgabe ist. Bei bester Nomenklatur werden
wir eine solche Menge Extrapolierungen, eine solche Menge Vermu-
tungen und Schätzungen, eine solche Unzahl jeder Art bedingter und
scheinbarer Größen zulassen müssen, dass das Resultat kaum den
kolossalen Aufwand an Energie, Scharfsinn, physischer Menschen-
kraft und barem Geld aufwiegen wird, welche die Konstruktion einer
Wirtschaftsbilanz erfordert«.[180]
   Trotz des von keiner Seite bestrittenen Misserfolges der ersten
Volkswirtschaftsbilanz hat man den Gedanken, die Bilanzmethode
weitgehend anzuwenden, nicht aufgegeben. Im Gegenteil, die Überzeugung von seiner Wichtigkeit tritt immer mehr in den Vordergrund.
So wird in den Kontrollziffern für 1926/27 darauf hingewiesen, dass
»im Vergleich mit dem Vorjahre alle bilanzmäßigen Gegenüberstellungen in einer bedeutend entwickelteren und detaillierteren Form«
durchgeführt worden seien, und es werden eine ganze Reihe von

180 Birbraer: Zur Methodologie der Kontrollziffern, S. 89.

Teilbilanzen genannt, auf deren »möglichst sorgfältige Ausarbei-
tung« der Gosplan größte Aufmerksamkeit gerichtet habe.[181] In den
Kontrollziffern für 1927/28 wird die Bilanzmethode sogar an erster
Stelle unter den angewandten Methoden genannt und erklärt, dass die
Kontrollziffern erst dann den maximalen Wert für die Planwirtschaft
gewinnen können, wenn es gelingt, sie als »entfaltete provisorische
Bilanz für das nächste Jahr« aufzustellen, dass aber eine unumgängli-
che Voraussetzung dafür die Konstruktion der volkswirtschaftlichen
Bilanz für eine Reihe vergangener Jahre sei.[182] Doch musste man sich
auch in diesem Jahr auf Teilbilanzen beschränken, bei deren Verknüp-
fung wieder zu der alten Methode der dynamischen und statischen
Koeffizienten Zuflucht genommen wurde.[183]

Die Aufstellung einer Volkswirtschaftsbilanz für fünf Jahre wird
geradezu als »utopisch« erklärt,[184] trotzdem aber eine bestimmte
Reihenfolge für die Spezialpläne aufgestellt, die ihre gegenseitige
Abhängigkeit berücksichtigen und die bilanzmäßige Verknüpfung
erleichtern sollen.[185]

Wie steht es nun mit den Teilbilanzen? Auch ihrer Aufstellung
stehen gewaltige Schwierigkeiten im Wege. Das statistische Material
ist ganz unzureichend, und, soweit es in Geld ausgedrückt wird, beruht es z[um] T[eil] auf ziemlich willkürlichen Schätzungen. Ferner
wächst mit dem Umfang des bilanzmäßig zu erfassenden Gebietes
bei konstanter relativer Fehlergrenze der absolute Betrag des Fehlers
derart, dass schließlich bei dem Versuch, eine Art von Bilanz zwischen Stadt und Dorf aufzustellen, »ein Bilanzunterschied von 200
bis 300 Millionen innerhalb der Genauigkeitsgrenze der Rechnung

---

181 K[ontrollziffern] 1926/27, S. 12. So z. B. die Bilanz der Brotversorgung, des
   Heizmaterials und der Energie, des Außenhandels, des Staatsbudgets, des
   Bauwesens, des Geld- und Kreditsystems, des Industriewarenkonsums,
   der Einnahmen und Ausgaben der Bevölkerung usw.
182 K[ontrollziffern] 1927/28, S. 5.
183 [Ebd.], S. 6.
184 [Stanislav Gustavovič] Strumilin: Die Industrialisierung der UdSSR und
   die Epigonen der Volkstümlerbewegung. [In:] Planwirtschaft 8 (1927),
   S. 28.
185 Perspektivplan, S. 6.

bleiben kann, sogar bei einer zuverlässigeren Statistik, als wir sie haben«.[186]

Trotz aller dieser Bedenken betrachtet man die Bilanzmethode heute als »die zuverlässigste Stütze der volkswirtschaftlichen Planberechnungen«[187] und setzt auf Teilbilanzen, oder, wie man sie auch genannt hat, bilanzartige Schemata große Hoffnungen. »Ohne irgendwie auf Genauigkeit Anspruch zu erheben... müssen die bilanzartigen Schemata den eigentlichen Zweck haben, analog der Marxschen Schemata, die auf anderem Wege (durch qualitative und abstrakte Analyse auf Grund des Studiums wesentlicher Tatsachen und einzelner charakteristischer Zahlen) festgestellten ökonomischen Erscheinungen und Prozesse ihrer Wechselbeziehungen und sich kreuzenden Einflüsse aufzudecken und zu illustrieren. Solche Schemata können bei genügender Analyse die statischen und dynamischen Gesetzmäßigkeiten unserer Wirtschaft aufdecken und infolgedessen für die Erkenntnis und den planwirtschaftlichen Aufbau Dienste von ungeheurem Werte leisten«.[188]

Mag auch die Bilanzmethode heute noch in den Kinderschuhen stecken, so kann gerade ihr Ausbau dazu beitragen, das wissenschaftliche Niveau der gesamten Planarbeit in Russland bedeutend zu heben.

Andere Methoden

Aus der Praxis der Planarbeit hat sich eine Reihe weiterer Methoden herausgebildet, von denen die wichtigsten hier erwähnt seien.

In erster Linie ist die Methode der konsequenten Annäherung zu nennen. Sie geht von folgender Überlegung aus: Die Volkswirtschaft ist ein einheitliches Ganzes, alle ihre Teile hängen unlösbar miteinander zusammen und bedingen sich gegenseitig. Einen einheitlichen Faktor, der als treibende Kraft des ganzen Prozesses angesehen werden könnte, gibt es nur in der Theorie, wo er als Entwicklung der Produktivkräfte gefasst werden kann. Hierbei ist unter Produk-

186 K[ontrollziffern] 1927/28, S. 6.
187 Bazarov: Zur Methodologie der Kontrollziffern, S. 22.
188 Birbraer: Zur Methodologie der Kontrollziffern, S. 91.

tivkräfte zu verstehen »sowohl die lebendige Arbeitskraft als ihre technischen Hilfsmittel, als die Summe des menschlichen Wissens«.[189] Für die Tagesarbeit ist aber mit diesem Faktor nicht viel anzufangen, da er sich in dieser Allgemeinheit statistisch nicht erfassen lässt. Die Suche nach einem anderen Ausgangspunkt ist solange vergeblich, als man eine letzte Ursache des Gesamtprozesses finden will. Sowohl der Bevölkerungszuwachs, von dem manche ausgehen wollten, als auch irgendein anderes Einzelphänomen erweisen sich bei näherer Untersuchung auch ihrerseits als durch andere ökonomische Faktoren bestimmt. Die Möglichkeit, Pläne aufzustellen, wäre aber überhaupt in Frage gestellt, wenn die Planarbeiter »sich der Gewalt dieses wechselseitigen Zusammenhangs der ökonomischen Faktoren überlassen wollten, ohne zu versuchen, den Zauberkreis der Wechselbeziehungen irgendwo zu durchbrechen«.[190]

Den Ausweg aus diesem circulus vitiosus zeigt Strumilin in der Einleitung zum Perspektivplan der Volkswirtschaft. Er führt darin aus, dass die Aufgaben der Planwirtschaft nicht derart exakt und widerspruchslos gelöst werden können wie die elementaren Aufgaben der Mathematik und der Mechanik und dass überhaupt die Planarbeit nicht als Wissenschaft, sondern »als eine Art Ingenieurkunst« betrachtet werden müsse. »Jede Aufgabe auf dem Gebiet der zur Umgestaltung aller Grundlagen der Gesellschaft berufenen sozialen Ingenieurkunst wird wie in jedem anderen Ingenieurprojekt nur auf Grund eines ganzen Berechnungssystems gelöst. Aber keine ihrer Lösungen ist die einzig mögliche, absolut exakte und unstreitig optimale. Es kann immer ein anderer Ingenieur kommen und ein neues Projekt geben, das die gleiche Aufgabe noch effektiver und präziser löst.«[191] Als ein wichtiges Mittel zur »ingenieurmäßigen« Lösung dieser Aufgaben und damit gleichzeitig zur »Durchbrechung des Zauberkreises« nennt er die Methode der konsequenten Annäherung, der »unter den übrigen methodologischen Gedanken und Behandlungsweisen, die

189 [Abram Moiseevič] Ginzburg: Einige Voraussetzungen des industriellen Fünfjahresplanes. [In:] Wirtschaftliche Rundschau 4 (1927), S. 7.
190 [Ebd.], S. 8.
191 Perspektivplan, S. 1.

unsere Planpraxis sich fest zu eigen gemacht, vielleicht die zentrale Stelle« zukommt.[192]

So umständlich auch diese Methode in ihrer Anwendung sein mag, so einfach ist ihr Grundgedanke. Man beginnt damit, dass man die Sachverständigen der einzelnen Wirtschaftszweige auf Grund ihrer Erfahrungen und der Berücksichtigung der konkreten Lage sowie ihrer Einschätzung der Nachbargebiete Vorschläge für einen Wirtschaftsplan ihres eigenen Arbeitsgebietes aufstellen lässt. Diese Teilpläne werden dann zusammengestellt, und dabei wird untersucht, wo sie miteinander in Einklang stehen und wo nicht. Auf Grund dieser Untersuchungen und unter Konfrontierung ihrer Ergebnisse und der allgemeinen Grundlinien der Wirtschaftspolitik werden nun die einzelnen Pläne aufeinander abgestimmt, wobei jeder einzelne Teilplan so viele Veränderungen erfährt, bis er sich in das Ganze einfügt. Das Wesen der Methode besteht also darin, dass man sich von groben und unzusammenhängenden Entwürfen allmählich einem präzisen zusammenhängenden Plane nähert. Allerdings scheint das Problem des einheitlichen treibenden Faktors, nach dem sich alle anderen Teile der Wirtschaft zu richten haben, hier wieder von neuem aufzutreten. Denn wenn bei der Methode der Annäherung die einzelnen Teilentwürfe aufeinander abgestimmt werden, so ist es notwendig, dass eine Entscheidung darüber getroffen werde, welches Projekt hinter einem anderen zurückzutreten hat. Diese Entscheidung ist aber bereits gefallen durch die Festlegung der Grundlinien der Wirtschaftspolitik. Nach dieser gilt die Industrialisierung und damit die beschleunigte Entwicklung der staatlichen Großindustrie als das Ziel, dem alle anderen, soweit es nur irgendwie mit den Lebensnotwendigkeiten des Landes sich verträgt, untergeordnet werden müssen.

Die Methode der konsequenten Annäherung bringt es mit sich, dass für einzelne Wirtschaftszweige drei und vier, oft sogar noch mehr Varianten entworfen werden müssen, bis es gelungen ist, alle Teile miteinander in Einklang zu bringen. Eine besonders große Rolle spielt sie bei dem Entwurf des Fünfjahresplanes; ihre Anwendung bei dessen Aufstellung wird aus den nachstehenden Sätzen besonders deutlich erkennbar:

192 [Ebd.], S. 2.

»Den Perspektivplan der gesamten Volkswirtschaft ... durch einfache Addition der isoliert konstruierten Pläne herzustellen, ist unmöglich. Wir beseitigen diese Schwierigkeit, indem wir von allen Wirtschaftszweigen als führendes Glied nur den wählen, dessen Planentwurf nach dem Gesetz der Kettenverbindung die Entwicklungsperspektiven aller übrigen Glieder bestimmen soll ... Als dieses führende Glied betrachten wir die von uns zu elektrifizierende Großindustrie. Hier brauchen wir sowohl bei den Reorganisationsplänen für die alten Betriebe wie bei den Projekten für den neuen industriellen Aufbau den anarchischen Tendenzen nicht mehr allzu viel Beachtung zu schenken. Die ingenieurmäßigen Planentwürfe werden in vollem Maße bestimmt durch die allgemeine Zielsetzung und die nüchterne Berechnung der für sie vorhandenen Produktivkräfte und Hilfsquellen. Gleichzeitig müssen diese Zielsetzungen, einmal formuliert, nach dem Kettengesetz nicht nur die Höhe des industriellen Wachstums bestimmen, sondern auch die Zunahme der landwirtschaftlichen Produktion, des Frachtverkehrs, des Warenumsatzes und aller übrigen wichtigsten Elemente der Volkswirtschaft ... Da man den Grad des Zusammenhanges des Plans erst feststellen kann, wenn man bis zum letzten Glied gelangt ist, so müssen die notwendigen Verbesserungen in allen Gliedern der Kette, vom ersten bis zum letzten, vorgenommen werden. Als Resultat kann sich aufs Neue Zusammenhanglosigkeit, wenn auch keine so bedeutende, ergeben. Dann müssen im führenden Glied ergänzende Verbesserungen vorgenommen und auf alle Glieder vom ersten bis zum letzten übertragen werden.«[193]

Man könnte diese Methode auch eine Methode des Experimentierens nennen, die mit Hilfe zahlreicher Versuche das durch die allgemeinen Richtlinien festgelegte Ziel erreichen will. Es versteht sich, dass diese Methode der Ergänzung durch die anderen bereits erwähnten Methoden, insbesondere durch diejenige der Bilanzen, bedarf.[194]

---

193 Strumilin: Die Industrialisierung der UdSSR, S. 15 f.

194 Wenn in der Planliteratur gelegentlich von »regulativen« oder »leitenden« Ideen die Rede ist, so ist damit nichts anderes gemeint als eben die Grundlinien der Wirtschaftspolitik. »Der Bau eines Perspektivplans ist nur möglich; auf Grund des apriorischen Vorhandenseins einer Reihe von

Will die soeben besprochene Methode das Problem des Heraustretens aus dem fehlerhaften Kreislauf der Totalität der Wirtschaft lösen, so stellt sich die nun folgende Aufgabe, die Pläne den schwer im Voraus bestimmbaren Faktoren anzupassen. Der Ausfall der Ernte, die Erlangung auswärtiger Kredite, die Entwicklung des Außenhandels usw. lassen sich nicht oder nur in sehr beschränktem Maße im Moment der Aufstellung der Pläne voraussehen. Doch können sie »nach dem Kettengesetz« für die Durchführung des ganzen Planes von entscheidender Bedeutung sein. Diesem Umstand trägt man Rechnung durch die Ausarbeitung mehrerer Varianten. Lenin hat in seinem Brief an den Gosplan vom 16. Mai 1921[195] bereits ein Beispiel genannt für die Ausarbeitung eines auf ein bis zwei Jahre berechneten Planes in drei Varianten. Er schlug damals vor, als Ausgangspunkt die Versorgung mit Lebensmitteln zu nehmen und dabei drei Fälle zu Grunde zu legen: wenn sie nicht ausreicht, wenn sie gerade ausreicht und wenn ein Überschuss vorhanden ist. Diese Methode will man für die weitere Ausarbeitung des Perspektivplanes wieder aufnehmen und zunächst einmal für den Fünfjahresplan eine Minimal- und eine Maximalreihe ausarbeiten.

»Die wirtschaftliche Minimalreihe des Fünfjahresplans wird anschaulich die wirtschaftlichen Grenzen zeigen, deren Überschreitung unverzüglich diese oder jene funktionale Störung in unserem Wirtschaftsorganismus nach sich ziehen muss. Die faktische Annäherung an die Zahlen dieser Minimalreihe wird uns in anschaulicher Weise die drohenden Gefahren signalisieren und eine Sicherung bei unserem wirtschaftlichen Manövrieren darstellen. Darin besteht die ungeheure funktionelle Bedeutung dieser Minimalwirtschaftsreihe.

Planvoraussetzungen und regulativen Ideen, die in ihrer Gesamtheit ein geschlossenes System der Wirtschaftspolitik darstellen. Die Arbeit des Gosplan ist in dieser Hinsicht durch den Umstand wesentlich erleichtert, dass er ein vollkommenes System der Wirtschaftspolitik in fertiger Form vorfindet in den Verordnungen der leitenden Organe des Landes, die wir bloß entsprechend zu konkretisieren brauchen.« (Perspektivplan, S. 5.) In dieser »Konkretisierung« liegt aber gerade die zu lösende Aufgabe.

195 Veröffentlicht in Ėkonomičeskaja Žizn' vom 19. April 1923 [siehe LW 32, S. 387–390].

Die wirtschaftliche Maximalreihe des Fünfjahresplanes darf ruhig auf einer Reihe günstiger wirtschaftlicher Faktoren aufgebaut sein. Hier können wir u. a. die Möglichkeiten ausländischer Kredite und eine solche Zunahme unserer Organisation, einen solchen Aufschwung unserer gesamten Sowjetkultur annehmen, von denen naturgemäß bei der Zugrundelegung mittlerer Möglichkeiten abgesehen werden muss.«[196]

Es liegt auf der Hand, eine wie wichtige Stütze die Ausarbeitung des Perspektivplans an zwei derartig begrenzenden Reihen finden könnte. Doch auch für die Jahrespläne selbst kann sie von großer Bedeutung sein. In der Praxis der Planarbeit spielt die Methode der Varianten bis heute noch keine große Rolle, doch müsste gerade ihre Entwicklung im Interesse einer größeren Elastizität der Pläne dringend gewünscht werden.

Eine ganze Anzahl von Vorschlägen für die Anwendung neuer Methoden liegt vor, die zweifellos auf dem Weg einer Verbesserung der Qualität der Planarbeiten weiterführen. So wird z. B. gezeigt, dass man sich nicht einfach auf die statistischen Materialien verlassen solle und dass wichtige Prozesse auch ohne umfangreiche statistische Erhebungen festgestellt werden könnten. Das gelte z. B. für so wichtige Erscheinungen wie für die Entwicklung der Klassenscheidung auf dem Dorfe.[197] Hier handelt es sich um nichts anderes als um eine Ausdehnung der Sachverständigengutachten auf soziologische Prozesse. Die Forderung ist nur insofern berechtigt, als es sehr langwierig ist und infolge der vielfachen falschen Angaben auch sehr schwerfällt, diese Prozesse auf dem Dorfe statistisch zu erfassen. Selbstverständlich können diese Gutachten ebenso wie Sachverständigenaussagen auf rein wirtschaftlichem Gebiet eine Massenstatistik nicht ersetzen; ihre Bedeutung liegt vor allem in der Kontrolle der Ergebnisse einer solchen Statistik.

Trockij fordert in seiner bereits mehrfach erwähnten Schrift über die Kontrollzahlen für 1925/26, dass der Vergleich mit dem Vorkriegsniveau auch auf die Qualität der verglichenen Waren ausgedehnt wird,

196 Perspektivplan, S. 21.
197 Birbraer: Zur Methodologie der Kontrollziffern, S. 89 f.

und empfiehlt die Aufstellung besonderer kombinierter Vergleichskoeffizienten. Er verlangt, dass für die Volkswirtschaft geschehe, was
jede Bäuerin, die »auf dem Wochenmarkt drei Aršin Kattun kauft«,
tut, nämlich den Vergleich mit der Vorkriegsqualität. Die Bäuerin
verlässt sich dabei auf ihr »Konsumentengedächtnis«, die Planarbeit
müsse an dessen Stelle einen kombinierten »*Vergleichskoeffizienten*«
setzen. Wird bei diesem Vergleichskoeffizienten die Qualität der auf
dem Markt angebotenen Waren zugrunde gelegt, dann ist es möglich, durch einen gewogenen Durchschnittskoeffizienten den Grad
der eigenen Produktionsrückständigkeit zahlenmäßig auszudrücken,
und an einer Reihe solcher gewogener Koeffizienten lässt sich dann
die Entwicklung der eigenen Wirtschaft im Verhältnis zur Weltwirtschaft ablesen. Von welcher fundamentalen Bedeutung ein derartiges
Koeffizientensystem gerade für die russischen Planwirtschaftler wäre,
wird in den folgenden Worten Trockijs ausgesprochen:

»Wenn man im Wagen fährt, schätzt man den zurückgelegten Weg
nach Augenmaß und Hörweite; das Automobil dagegen hat seinen
automatischen Kilometermesser. Unsere Industrie wird künftighin
sich nicht ohne ›internationalen Geschwindigkeitsmesser‹ vorwärts-
bewegen dürfen, von dessen Angaben wir nicht nur bei vielen unserer
politischen Entschlüsse ausgehen werden. Wenn es richtig ist, dass
der Sieg einer Gesellschaftsordnung von der Überlegenheit der ihr
innewohnenden Produktivität der Arbeit abhängt – und das ist ja für
Marxisten unbestreitbar–, so bedürfen wir einer richtigen, quantitativen und qualitativen Messung der Produktion der Sowjetwirtschaft
gleichermaßen für unsere laufenden Marktoperationen wie zur Beurteilung der jeweiligen Etappe unseres weltgeschichtlichen Weges.«[198]
   An der Grenze zwischen den bei der Aufstellung der Pläne anzuwendenden Methoden und den Methoden ihrer Realisierung liegt eine
Reihe praktischer Maßnahmen. Hierher gehört z. B. die Notwendigkeit der Bildung von Reserven. Gerade in dem Umstand, dass es bis
heute nicht gelungen ist, in größerem Umfang Reserven zu bilden,
auf die bei unerwarteten Ereignissen zurückgegriffen werden kann,
liegt eine der größten Schwächen der Planarbeiten.

198 Trotzki: Kapitalismus oder Sozialismus, S. 54.

»Neben der Stärkung des Planwirtschaftssystems und einer entsprechenden Disziplin bei der Verausgabung von Mitteln muss die
Bildung von Reserven sichergestellt werden, da bis jetzt die kleinste
im Plan enthaltene Unstimmigkeit, der kleinste Bruch eines der
schwächsten Glieder in der Kette der Wirtschaftsmaßnahmen die
ganze Kette in Mitleidenschaft zog und der ganzen Wirtschaftslage einen Stempel der Gespanntheit aufdrückte. Der geringste
Durchbruch an irgendeinem Einzelabschnitt der Wirtschaftsfront
wirkte sich sofort auf der ganzen Front aus und rief mitunter einen
chaotischen Rückzug vor den entstandenen Schwierigkeiten hervor. Die uns gestellte Aufgabe, Bedingungen für eine planmäßige,
stockungsfreie Entwicklung der Wirtschaft zu schaffen, erheischt
gebieterisch die Bildung ausreichender Reserven, sowohl in Geld
als auch in Form von Waren.«[199]

Notwendige Ergänzungen

Der Hauptmangel der bisher gekennzeichneten Methoden ist ihre
ungenügende theoretische Geklärtheit. Dadurch wird ihre weitere
Verfeinerung außerordentlich erschwert und ihre Anwendung trägt
häufig einen mechanischen Charakter, der dann notwendigerweise
zu sinnlosen Resultaten führen muss. Über ungenügende theoretische Fundiertheit der Methoden war man sich bereits bei der ersten
Ausgabe der Kontrollziffern nicht im Zweifel. »Was gestattet uns,
die Kontrollziffern zu einem inneren Zusammenhang zu verbinden?
Die einzelnen Kurven der dynamischen Koeffizienten? Die Sachverständigengutachten, welche die Aufgabe haben, bestimmte Grenzen festzustellen? Oder endlich die zweifelhafte Analogie mit den
Vorkriegsdaten? Was von alledem verleiht den Kontrollziffern den
Charakter von Direktiven? Was davon gibt uns die Garantie, Kursen
und Disproportionen zu vermeiden? Diese ganze Fragestellung macht
deutlich, dass die vom Gosplan angewandte Gesamtmethode der ihm
gestellten Totalaufgabe nicht genügt... Wenn die Bilanzmethode eine
innere wechselseitige Kontrolle ermöglicht, so gibt sie doch keine

199 Rykov: Das Problem der Industrialisierung, S. 347 f.

Leitgedanken bei der Aufstellung der Kontrollziffern; wenn sie auch die Frage löst, wie sich buchhaltungsmäßig ein innerer Zusammenhang im Volkswirtschaftsplan herstellen lässt, so sagt sie doch nicht, wie dieser Zusammenhang in der für uns ökonomisch günstigsten Weise herzustellen wäre ... Wenn wir also fragen: Welche Methode muss man den vier oben dargelegten zufügen?, so ist die Antwort: eine Methode der ökonomischen und politischen Analyse, die uns einerseits den inneren Zusammenhang des Plans, die wechselseitige Abhängigkeit der einzelnen Zweige voneinander gibt – und die andererseits den ökonomischen Plan in Übereinstimmung mit dem politischen bringt.«[200]

Erst die gründliche theoretische Analyse sowohl der entscheidenden Wirtschaftsprozesse als auch der Grundlagen der bisher angewandten Methoden zu ihrer Erfassung kann der Arbeit an den Plänen die Sicherheit verleihen, derer sie bedarf, um praktische Erfolge zu erzielen. So wichtig auch das Experimentieren, das Arbeiten im engsten Zusammenhang mit den Forderungen der Praxis, die Ingenieurprojekte, sein mögen, ihre letzte Legitimierung können sie nur durch die ein wenig über die Achsel angesehene »Arbeit der Fachleute und Theoretiker in den Studierzimmern« gewinnen. Solange man von den Gesetzen der gegenwärtigen russischen Wirtschaft nicht viel mehr weiß, als dass die Marktgesetze in ihr keine unumschränkte Geltung mehr haben und dass die Gesetze einer voll entfalteten sozialistischen Wirtschaft noch nicht gelten, kurz, solange es noch nicht gelungen ist, die Bewegungsgesetze der Übergangswirtschaft zu formulieren, wird man das Fehlen der theoretischen Klarheit mit zahlreichen Misserfolgen in der Praxis bezahlen müssen. Für die weitere Entwicklung der Planarbeit ist mindestens gerade so wichtig wie die Ausbildung neuer Methoden und sogar in hohem Grade die Voraussetzung dafür die theoretische Analyse der alten Methoden sowie desjenigen bisher so wenig erforschten Typs der »Übergangswirtschaft«, den die Sowjetwirtschaft seit der neuen ökonomischen Politik darstellt. Bei diesen Untersuchungen muss neben die Analyse der quantitativen Entwicklung auch dieje-

200 Bazarov: Zur Methodologie der Kontrollziffern, S. 82 ff.

nige der qualitativen treten; es genügt nicht, festzustellen, ob und
in welchem Tempo sich die Produktivkräfte entwickeln, sondern es
ist notwendig zu untersuchen, in welchen gesellschaftlichen Formen
sich diese Entwicklung vollzieht.[201] Denn gerade diese soziologische Untersuchung kann allein Aufschluss darüber geben, ob sich das Schwergewicht der Wirtschaft
nach der Marktseite oder zur marktlosen Wirtschaft, zum Kapitalismus oder zum Sozialismus hinneigt. Man hat in den Kontrollziffern
für 1926/27 und erst recht in denen für das nächste Jahr auf ziemlich
mechanische Weise versucht, den »sozialistischen« Sektor von dem
privatkapitalistischen zu trennen. So verdienstvoll diese Versuche
auch sein mögen, sie können nicht befriedigen, ehe nicht theoretisch
nachgewiesen ist, dass die im sozialistischen Sektor aufgeführten
Staatsbetriebe und Genossenschaften auch wirklich »Betriebe von
konsequent sozialistischem Typus« sind, was von den Staatsbetrieben
behauptet wird.

Vor allem wäre nachzuweisen, mit welchem Recht die Genossenschaften als Teile des sozialistischen Sektors gezählt werden können.
Die Stellung, die ihnen die Gesetzgebung eingeräumt hat, ihre häu-
fige enge Verbindung mit den Staatstrusts und -syndikaten nähert
sie den staatskapitalistischen Betrieben. Aber auf der anderen Seite
ist bis heute der Nachweis nicht erbracht, dass sich die Konsumgenossenschaften, die unter der Gesamtheit der Genossenschaften
die größte Rolle spielen, von den kapitalistischen Konsumgenossenschaften wesentlich unterscheiden. Für die landwirtschaftlichen
Produktivgenossenschaften wäre eine analoge Untersuchung am
Platze. Die Annahme liegt nahe, dass hier einfach eine Verwechs-
lung vorliegt. Zweifellos stellen die Genossenschaften eine höhere
Form der Vergesellschaftung dar als die Einzelbetriebe der einzelnen
Genossenschafter, aber das teilen sie mit den Aktiengesellschaften,
und die kapitalistischen Konzerne sind ihnen darin noch überlegen.
Trotzdem würde es niemandem einfallen, die Standard Oil oder die
I. G.-Farbenindustrie als Bestandteil eines sozialistischen Sektors der
Wirtschaft anzusprechen.

201 Trotzki: Kapitalismus oder Sozialismus, S. 21.

Dieses Beispiel, dem sich beliebig viel andere an die Seite stellen ließen, zeigt den engen Zusammenhang zwischen Theorie und Planarbeit. Ein ungeklärter Begriff »sozialistischer Sektor« muss zur Folge haben, dass in den Plänen das Verhältnis zwischen kapitalistischen und sozialistischen Wirtschaftsformen verkehrt zur Darstellung kommt.

Neuerdings stellen die Planarbeiter die Notwendigkeit einer gründlichen theoretischen Analyse energisch in den Vordergrund mit der richtigen Begründung, dass alle methodologischen Verbesserungen nur dann wirklich fruchtbar für die Planarbeit sein können, »wenn sie bei voller Berücksichtigung der Sowjetökonomik und auf Grund einer großen theoretischen Arbeit der Klärung ihrer spezifischen Züge unternommen werden. Im Verlaufe der Arbeit an den Kontrollziffern wie überhaupt bei den Planarbeiten drängt sich die Notwendigkeit immer gebieterischer auf, nicht nur die Praktiker des ökonomischen Aufbaus, sondern auch die Theoretiker der Sowjetökonomik mit heranzuziehen«.[202]

Konjunkturforschung

Seit der Herbstkrise des Jahres 1923 hat sich die Konjunkturforschung als ein unentbehrliches Hilfsmittel für die Aufstellung der Pläne und die Kontrolle ihrer Durchführung erwiesen. Insofern die Konjunkturforschung die einzelnen Phasen der vergangenen Entwicklung sowohl in den Einzelheiten als auch in den großen Zusammenhängen aufzeigt, gibt sie wichtige Fingerzeige für die Weiterentwicklung, selbst wenn darauf verzichtet wird, mit ihren Mitteln Prognosen für die fernere Zukunft zu stellen. Und indem die Konjunkturforschung sorgfältig die Vorgänge in der Gegenwart registriert, erleichtert sie die Anpassung der Pläne an die Bedürfnisse des Tages. Wir erwähnten bereits, dass der Gosplan über ein Netz von Konjunkturorganen verfügt, die ihm unmittelbar Berichte über die Entwicklung der Konjunktur in ihrem Bezirke geben. Diese Berichte sind die Voraussetzung für das »Manövrieren«, sie ermöglichen, dass die Machtmittel

202 K[ontrollziffern] 1927/28, S. 5.

der Staatswirtschaft zur rechten Zeit an bedrohten Stellen eingesetzt
werden, dass z. B. die Anspannung der Finanzlage in der Industrie
oder das Knappwerden bestimmter Bauholzsorten oder ähnliche
Schwierigkeiten rechtzeitig signalisiert und damit behoben werden
können. Zwischen gewöhnlicher wirtschaftsstatistischer Arbeit und
Konjunkturforschung und eigentlicher Planarbeit bestehen enge
Beziehungen, z. T. überschneiden sich ihre Arbeitsgebiete. Ihre Tätigkeit lässt sich vielleicht so abgrenzen, dass die Statistik sich mit der
Erfassung von Massenerscheinungen begnügt, die Konjunkturforschung versucht, aus diesen Massenerscheinungen Tendenzen für
die Zukunft aufzuweisen, und die Planarbeit darüber hinaus es unter-
nimmt, diese Prozesse in einer bestimmten Richtung zu beeinflussen.

In diesem Zusammenhang lässt sich auch leicht die Frage nach
dem Unterschied zwischen der Konjunkturforschung in kapitalistischen Ländern und der Planarbeit beantworten. Er liegt nicht nur
darin, dass den Mitarbeitern des Gosplan ein zwar unzuverlässiges,
aber viel reichhaltigeres Material zur Verfügung steht, als ihren
konjunkturforschenden Kollegen in den Ländern mit privatkapitali-
stischer Wirtschaft,[203] sondern er ist vor allem in dem Umstand zu
suchen, dass der Gosplan das Ziel und bis zu einem gewissen Grad
auch die Möglichkeit hat, in den Wirtschaftsprozess einzugreifen.
Diese Möglichkeit haben allerdings auch die Zentralbanken in den
kapitalistischen Ländern durch Veränderungen des Bankdiskonts oder
durch die anderen heute in England und besonders in den Vereinigten
Staaten zur Beeinflussung der Konjunktur angewandten Methoden
des planmäßigen An- und Verkaufs von Staatsschuldverschreibungen
(open market operations). Der Unterschied liegt darin, dass derartige

203 Es existiert in keinem anderen Lande statistisches Material über alle Zweige des Wirtschaftsprozesses in solcher Höhe, da das Geschäftsgeheimnis
in allen durch den Staat kontrollierten Wirtschaftszweigen aufgehoben
ist und die Trusts, die Genossenschaften, die Banken grundsätzlich zu
allen Auskünften an statistische Behörden verpflichtet sind. In seinem
heutigen Zustand wird diese Quantität des statistischen Materials durch
seine Qualität bis zu einem gewissen Grade illusorisch gemacht, aber es
gibt eine Reihe von Anzeichen, dass die Qualität der Statistik unter der
rücksichtslosen öffentlichen Kritik ständig sich bessert.

Maßnahmen sich im Wesentlichen mit einer allgemeinen Regulierung des Geldumlaufs und der kurzfristigen Kredite begnügen müssen. Eine planmäßige Gestaltung der Entwicklung jedes einzelnen Wirtschaftszweiges und der Gesamtwirtschaft, wie sie vom Gosplan bzw. der sowjetrussischen Wirtschaftsleitung beabsichtigt und in weitem Maße durchgeführt wird, lässt sich mit den Mitteln der Bankpolitik bisher nur innerhalb enger Grenzen erreichen (Kreditkontrolle). Ein analoger Unterschied besteht zwischen der Konjunkturforschung in den kapitalistischen Ländern und der sowjetrussischen Planarbeit. »Wenn etwa die Statistiker des amerikanischen Harvard-Instituts bemüht sind, die Entwicklungsrichtung und -geschwindigkeit verschiedener Zweige der amerikanischen Wirtschaft festzustellen, so gehen sie bis zu einem gewissen Grade, – den Astronomen ähnlich vor, d. h. sie versuchen, hinter die Dynamik von Prozessen zu kommen, die von ihrem Willen gänzlich unabhängig sind. Der Unterschied ist nur der, dass jenen Statistikern nicht entfernt so genaue Methoden zur Verfügung stehen wie den Astronomen. Unsere Statistiker dagegen befinden sich in einer prinzipiell anderen Lage: Sie operieren als Glieder von Institutionen, die die Wirtschaft leiten.«[204]

Die Wichtigkeit der Konjunkturforschung für die Planarbeit wird in Russland von niemand bestritten. Doch lässt ihre praktische Ausgestaltung noch viel zu wünschen übrig.[205]

Rajonierung

Ein weiteres wichtiges Mittel zur Durchführung der Planarbeit ist die Rajonierung. Man versteht darunter die Ersetzung der zaristischen Gouvernements durch neue, nach wirtschaftlichen Gesichtspunkten abgegrenzte Verwaltungsgebiete. In den *Thesen über die Rajonierung*, die am 13. März 1922 von der Regierung bestätigt wurden, heisst es: »Die Rajonierung baut sich auf dem ökonomischen Prinzip auf. Als Rajon soll ein eigenartiges, nach Möglichkeit ökonomisch abge-

204 Trotzki: Kapitalismus oder Sozialismus, S. 18.
205 Vgl. hierzu: [Rolf] Wagenführ: Geschichte und Theorie der russischen Konjunktur. (Jenaer Dissertation 1928.)

schlossenes Territorium des Landes abgeteilt werden, das, dank der
Kombination der natürlichen Besonderheiten, der kulturellen Errungenschaften und des Grades der wirtschaftlichen Entwicklung seiner
Bevölkerung ein Glied in der gemeinsamen Kette der Volkswirtschaft
darzustellen vermag... Hierbei werden (abgesehen von der planmäßigen Ausnutzung aller Möglichkeiten bei minimalsten Ausgaben) auch
noch andere sehr wichtige Resultate erzielt. Die Rajons spezialisieren
sich bis zu einem gewissen Grade auf die Zweige, die bei ihnen am
vollkommensten entwickelt werden können, der Austausch zwischen
den Rajons aber wird streng auf die unbedingt notwendige Menge
zweckmäßig verteilter Industrieerzeugnisse beschränkt.«[206]
Besondere Bedeutung kann die Rajonierung für die Landwirtschaft dadurch gewinnen, dass die einzelnen landwirtschaftlichen
Rajons systematisch für den Anbau verschiedener Kulturen je nach
ihrer natürlichen Eignung spezialisiert werden. Hier können sich
die Mittel des Marktes mit der planmäßigen Wirtschaftsgestaltung
dadurch verbinden, dass durch besondere Prämien in den verschiedenen Rajons die von der regulierenden Stelle gewünschten
Kulturen angepflanzt werden. »Wenn der Bundesgosplan jeden
Rajon als eine Erscheinungsform der gesellschaftlichen Arbeit
betrachtet, so kann er die gesellschaftlichen Funktionen und Aufgaben für jeden Rajon präzisieren und vom Gesichtspunkt der
Gesamtvolkswirtschaft aus die wünschenswerten Perspektiven
einer auf dem Rajonprinzip aufgebauten Wirtschaft bestimmen. Der
Bundesgosplan muss die schwachen Glieder innerhalb eines jeden
Rajons herausfinden, hierauf ein System praktischer Maßnahmen
der ökonomischen Politik begründen, das er zur Durcharbeitung
den Staatsplankommissionen der Republiken usw. übergibt. Dann
kann er einen wirklich streng begründeten Plan von Maßnahmen

206 Zit[iert] nach [Juri] Semenow: Die Revolution und die inneren Grenzen
    Rußlands. [In:] Geopolitik 1927, S. 979; in dem Artikel von S[emenow]
    findet sich auf S. 983 eine Bibliographie, welche die wichtigsten Schriften
    aus der Flut der Rajonierungsliteratur bis Ende 1926 aufzählt. Außerdem
    gibt S[emenow] einen Überblick über die Rajonierungsversuche, die mehr
    als hundert Jahre zurückreichen.

und Perspektiven für die Entwicklung der Volkswirtschaft in zahlenmäßiger Form geben.«[207]

Für die Planwirtschaft ist die Rajonierung deshalb von besonderer Bedeutung, weil sie eine Reihe von Wirtschaftszentren schafft, die eine weitgehende Dezentralisierung der Verwaltung der Wirtschaft ermöglichen, ohne dass dadurch die Übersicht über die gesamte Wirtschaft verloren ginge. Den Hauptstädten der Rajons soll ein großer Teil der Verantwortung für die Projektierung und Ausführung der Planarbeiten übertragen und diese Arbeit ihnen dadurch erleichtert werden, dass jeder Rajon ein Gebiet von möglichst einheitlicher Wirtschaftsstruktur darstellt. Soweit derartige Gebiete heute noch nicht existieren, soll gerade die Rajonierung dazu beitragen, sie dadurch zu schaffen, dass in den Industrierajons die hier besonders geeigneten Industrien konzentriert werden, während die landwirtschaftlichen Rajons in erster Linie den Anbau von Getreide bzw. technischen Kulturen pflegen sollen. Es handelt sich also bei dem ganzen Projekt um eine Arbeitsteilung großen Stils, die nach geographischen Gesichtspunkten vorgenommen wird und die für jeden Zweig der Wirtschaft die günstigsten Standorte festlegen soll. Gleichzeitig soll die Anpassung der in der Zarenzeit nach rein bürokratischen Gesichtspunkten abgegrenzten Verwaltungsgebiete an die wirtschaftlichen Bedürfnisse eine wesentliche Vereinfachung des ganzen staatlichen Verwaltungsapparates herbeiführen helfen.[208]

Die Arbeit der Rajonierung schreitet nur sehr langsam vorwärts. Nach dem von dem Gosplan ausgearbeiteten Projekt sind im ganzen 21 Rajons vorgesehen; bisher sind aber erst zwei Rajons im groben eingerichtet, nämlich der Nordkaukasische und der Ural.[209] Im Gange sind die Arbeiten für den Sibirischen und den Leningrader Rajon.

Besondere Schwierigkeiten bereiten bei der Rajonierung die Rücksichten auf die Bundesrepubliken und die autonomen Gebiete, da

---

207 [Ivan Semenovič] Matjuchin: Der landwirtschaftliche Teil des Fünfjahresplans. [In:] Wege der Landwirtschaft 6/7 (1927), S. 7.

208 [Leonid Leonidovič] Nikitin: Fünf Jahre Rajonierung. [In:] Planwirtschaft 3 (1926), S. 197.

209 [Ebd.], S. 198.

die Rajongrenzen natürlich mit den politischen Grenzen nicht zusammenfallen und das ganze Projekt der Rajonierung trotz vieler
beschwichtigender Erklärungen in einem gewissen Gegensatz zu der
verfassungsmäßig garantierten Selbständigkeit der Bundesrepubliken
steht. Es ist charakteristisch, dass z. B. die Ukraine sich mit Erfolg
gegen eine Durchführung der Rajonierung, die ihr Gebiet in zwei
Rajons zerlegen würde, bis jetzt gewehrt hat und dass ihr Vertreter
auf dem ersten Kongress der Gosplan-Präsidenten erklärte, dass die
Rajonierung der Ukraine mit Rücksicht auf die innere und äußere
politische Lage, die Nationalitätenfrage und die erst vorgenommene
Einteilung in 42 Kreise für die nächste Zeit unterbleiben müsse.[210]

IV. Aus dem materiellen Inhalt der Kontrollziffern und der Fünfjahrespläne

Im folgenden Abschnitt soll versucht werden, einen summarischen
Überblick über den materiellen Inhalt der wichtigsten Planveröffentlichungen zu geben. Soweit uns Material über ihre Durchführung
bei der Niederschrift dieser Zeilen zur Verfügung stand, werden
den Planzahlen die Zahlen ihrer Ausführung gegenübergestellt. Die
Auswahl der hier mitgeteilten Ziffern ist notwendigerweise ziemlich
willkürlich. Sie wurde getroffen unter dem Gesichtspunkt, Wiederho-
lungen möglichst zu vermeiden und einen Einblick in die Vielfältigkeit
der in den Plänen gestellten Aufgaben zu gestatten.

1. Die Kontrollziffern für 1925/26

Die K[ontrollziffern] für 1925/26 zerfallen in drei ungleiche Teile und
einen Tabellenanhang. Der erste Teil beschäftigt sich mit methodologischen Fragen (6 Seiten), ihm folgt ein materieller Teil (25 Seiten),
in dem die Hauptgebiete der Wirtschaft behandelt werden,[211] und

210 Probleme der Planarbeit, S. 126.
211 I. Produktion,
    II. Warenmasse,

schließlich wird ein »System ökonomischer Maßnahmen und Direktiven der Wirtschaftspolitik« gegeben (S. 45–49). Der Tabellenanhang umfasst von den 101 Seiten des Buches 46.

Die ungeheuren Schwierigkeiten des Wiederaufbaus in Sowjetrussland werden besonders grell beleuchtet durch die Berechnung über den Bedarf an Wohnfläche und die Möglichkeiten seiner Deckung. Die K[ontrollziffern] ermitteln für 1925/26 folgenden Geldbedarf für Bauarbeiten:[212]

1. für Bevölkerungszuwachs	590 Mill[ionen] R[ubel]
2. für Vergrößerung des Wohnraums der Arbeiter bis auf 12 Arschin pro Kopf	580 Mill[ionen] R[ubel]
3. für Reparaturen	885 Mill[ionen] R[ubel]
	2055 Mill[ionen] R[ubel]

An Geldmitteln stehen jedoch nach dem Plan (S. 37) nur 375 Millionen Rubel zur Verfügung, wovon kaum die Hälfte auf Neubauten gerechnet werden kann. Das bedeutet aber, dass noch nicht einmal für ein Fünftel des Bedarfs Deckung vorhanden ist.

Mit großem Recht beginnen daher die K[ontrollziffern] ihre Vorschläge für ein System ökonomischer Maßnahmen und Direktiven mit der Forderung, das Wohnungswesen auf neue wirtschaftliche Grundlagen zu stellen (Mieterhöhung usw.). Außerdem müssten die vorhandenen Ziegeleien und Sägemühlen hundertprozentig ausgenutzt und

III. Preisbewegung,
IV. Wertverhältnis der Warenmasse,
V. Frachtenverkehr,
VI. Export und Import,
VII. Produktivität der Arbeit und Arbeitslöhne,
VIII. Wohnungsbau,
IX. Transport,
X. Kapitalanlage,
XI. Geldverkehr und Kredit,
XII. Budget,
XIII. Prozesse der Vergesellschaftung in der Volkswirtschaft der UdSSR.

212 K[ontrollziffern] 1925/26, S. 33.

neue gebaut werden, um für 1926/27 ein größeres Programm aufstellen zu können. Die faktischen Aufwendungen für Wohnungsbau in den Städten beliefen sich 1925/26 auf 329,4 Mill[ionen] R[ubel].[213] Die auf den Kopf entfallende Wohnfläche in den Städten hat sich in diesem Wirtschaftsjahr trotz der Neubauten verringert, und bei den geringen vorhandenen Mitteln kann erst 1928/29 mit einer Wendung zum Besseren gerechnet werden.[214]

Die Gegenüberstellung einiger wichtiger Ziffern der K[ontrollziffern] 1925/26 und der wirklich erreichten Zahlen ergibt folgendes Bild:

Gegenüberstellung wichtiger Voranschläge der K[ontrollziffern] 1925/26 und der wirklichen Ergebnisse					
Gegenstand		Jahresdurchschnitt 1924/25	K[ontrollziffern] 1925/26	Wirkliches Ergebnis	Prozentuale Abweichung des Ergebnisses von der geplanten K[ontrollziffern]
		a	b[1])	c[2])	
A. Warenmasse		in Millionen Vorkriegsrubeln			
Landwirtschaft	1		3639,0	4259,0	+ 17,0
Industrie	2		5510,0	5991,0	+ 8,7
davon Großrind	3		4140,0	4861,0	+ 17,4
B. Außenhandel		in Millionen Červonecrubeln			
Export	4		1100,0	676,6	- 38,4
Import	5		950,0	756,0	- 20,3
Exportüberschuss	6		+ 150,0	-80,0	

213 K[ontrollziffern] 1927/28, S. 521.
214 K[ontrollziffern] 1926/27, S. 63f.

C. Geldmasse					
Geldmasse am Ende des Jahres	7		1973,0	1343,0	- 31,9
D. Großhandel-index		in % von 1913			
Landwirtschaft	8	169,3	156,5	171,3	+ 9,4
Industrie	9	190,5	173,3	200,3	+ 15,3

1) Quellen für Spalte b. Laufende Nr. 1–3: K[ontrollziffern] 1925/26 S. 54; laufende Nr. 4–9: l. c. S. 56.
2) Quellen für Spalte c. Laufende Nummer 1–3: K[ontrollziffern] 1927/28 S. 466; laufende Nr. 4–6: Ten Years of Soviet Power in Figures, [1917–1927]. Central Stat[istical] Board, USSR. [Moskau] 1927, S. 392; laufende Nummer 7: K[ontrollziffern] 1927/28, S. 468; laufende Nummer 8–9: l. c. S. 470.

Bei den schwer berechenbaren summarischen Zahlen des auf den Markt gebrachten Teiles der Produktion stimmen Voranschlag und Ausführung einigermaßen überein. Die in den Schätzungen enthaltenen Fehler, z. B. bezüglich der Getreideernte erscheinen hier nicht, sind also durch andere Fehlschätzungen überkompensiert.

Dagegen sind die Differenzen bei den anderen exakter berechneten Positionen so groß, dass man weder von Prognose noch von Direktive sprechen kann. Überdies besteht zwischen den scheinbar richtig geschätzten Produktionsziffern und den großen Abweichungen in den anderen Positionen ein enger Zusammenhang. So ist z. B. die projektierte Zahl für die Erweiterung der Industrie überschritten worden. Aber es hat sich gezeigt, dass es infolge der Inbetriebnahme zahlreicher stark veralteter Unternehmungen nicht gelungen ist, die Produktionskosten so herabzusetzen, wie es die K[ontrollziffern] vorgesehen hatten. Anstelle einer Preissenkung um 17 Punkte ist bei den Industriewaren eine Preissteigerung um 10,4 Punkte eingetreten, also eine Differenz von 16 %. Manche Autoren sind der Meinung, dass diese falsche Einschätzung der qualitativen Möglichkeiten des Wiederaufbauprozesses in der Industrie neben den oben erwähnten Fehlrechnungen der Schätzung der Getreideernte und den daraus

für den Export sich ergebenden Konsequenzen den Hauptfehler der K[ontrollziffern] darstellen.[215]
Der Plan für die Finanzierung der wichtigsten Industriezweige nennt u. a. folgende Zahlen für 1925/26:

Finanzierungsplan (in Millionen Červonecrubeln)						
Industrie-zweig	Finanzierung nach den K[ontrollziffern] 1925/26[1)]					
	aus eigenen Mitteln	Indu-strie-fonds	Staats-budget und lang-fristige Kredite (Anlei-hen)	Gesamt-anlage	davon Neuan-lagen	Wirkli-che Ge-samtan-lage[2)]
1. Elektrifi-zierung	–	–	80,0	80,0	80,0	66,6
2. Textil	76,0	43,0	26,0	145,0	35,0	132,0
3. Chemi-sche	23,0	5,0	14,5	42,5	30,5	48,3
4. Zucker	25,0	–	26,0	51,0	–	–
5. Naphtha	106,0	10,0	–	116,0	30,0	140,3
6. Kohle	12,5	–	29,0	41,5	–	77,1
7. Metall	76,0	–	106,0	182,0	34,0	188,9
8. Bauin-dustrie	5	–	6	11	6	–
Zusammen	323,5	58,0	287,5	669,0	215,5	653,2
9. Verschie-dene	68,5	25,5	126,5	210,5	88,0	224,8
Insgesamt	392,0	83,5	414,0 (Bud-get = 233)	879,5	303,5	878,0

1) K[ontrollziffern] 1925/26, S. 36.
2) K[ontrollziffern] 1927/28, S. 50f.

215 Bazarov: Zur Methodologie der Kontrollziffern, S. 22.

An diesen Ziffern fällt besonders auf:

1. Die äußerst bescheidene Größe der Gesamtsumme.
2. Nur ein Drittel der Gesamtausgaben werden für Neuanlagen verwendet, in manchen Branchen überhaupt nichts. Diese Erscheinung ist charakteristisch für die »Wiederaufbauperiode«.
3. Die relativ größten Beträge werden für die Schwerindustrie verausgabt, eine Auswirkung der Industrialisierungspolitik.
4. Aus eigenen Mitteln stellt die Industrie nach Spalte 1 und 2 zunächst 476 Millionen Rubel. Vom Budget erhält sie 233 Millionen. Da sie aber an das Budget aus Gewinnen 208 Millionen abliefert, bleiben zu Lasten des Budgets nur 25 Millionen Rubel. Da ferner die langjährigen Kredite durch die Wiederaufbauanleihe gedeckt werden sollten, welche größtenteils von der Industrie gezeichnet werden musste, ergibt sich, dass nach den K[ontrollziffern] 1925/26 die Industrie etwa drei Viertel der Mittel für ihre Finanzierung selbst aufbringen sollte.
5. Die beabsichtigte Finanzierung scheint in Geld ausgedrückt ziemlich planmäßig durchgeführt worden zu sein. Jedoch geht aus dem oben (S. 307) Gesagten hervor, dass die Planmäßigkeit infolge der Misserfolge des Exportprogramms vielfach durchbrochen werden musste.

In sehr interessanter Weise hat Strumilin bei seiner Verteidigung der Planarbeit gegen Kondrat'ev aufgezeigt, in wie bedeutendem Maße die K[ontrollziffern] für 1925/26 praktisch bereits ein System von Zahlen darstellten, bei dem die Verletzung der gegebenen Direktiven auf einem Gebiet zahlreiche andere Gebiete in Mitleidenschaft ziehen musste.

Der Plan hatte verlangt, dass die Erhöhung des Nominallohns im Durchschnitt auf 8,6 % ohne Steigerung der Mieten oder 16 % bei Verdoppelung der Mieten beschränkt werden sollte. Diese Direktive wurde nicht eingehalten, die zahlungsfähige Nachfrage des städtischen Proletariats nominell um 600 Millionen Rubel erhöht und damit der Warenhunger verschärft. Ferner sollten die Industriewarenpreise um 9 %, die landwirtschaftlichen Preise um 8 % herabgesetzt werden;

sie stiegen aber um 4,4 bzw. 2,6 % mit der Wirkung, dass die Schere sich weiter öffnete, die nominelle Lohnerhöhung teilweise illusorisch gemacht und die Kapitalbildung in den technisch besser ausgerüsteten Teilen der Industrie bedeutend größer war, als es der Plan vorgesehen hatte. Das hatte wieder zur Folge, dass nur ein Teil der vorgesehenen Bankkredite von der Industrie in Anspruch genommen wurde. Strumilin kommt zu dem Schluss, dass nicht die Fehlrechnungen, sondern die mangelnde Plandisziplin die Hauptschwäche und die größte Gefahr der Planarbeit darstelle. Denn die mangelnde Einhaltung der Direktiven musste, wenn ein Glied verletzt wurde, »sich zwangsläufig bei allen übrigen Kettengliedern auswirken. Der größere Teil der Schwierigkeiten jenes Jahres hat demnach seine Ursachen nicht darin, dass wir einen Plan *hatten*, sondern darin, dass wir im Grunde *keinen* geschlossenen Plan hatten«.[216]

2. Die Kontrollziffern für 1926/27

Die K[ontrollziffern] für 1926/27, die ganz unter dem Zeichen des Neuaufbaus der Wirtschaft stehen, haben sich gegenüber ihren Vorgängern eine Reihe wichtiger neuer Aufgaben gestellt. Dabei gehen sie von der Überzeugung aus, dass »nicht die ›Fehlrechnungen‹, sondern das Fehlen oder die ungenügende Ausführung der qualitativen Analyse der wirtschaftlichen Erscheinungen« der Hauptfehler der vorjährigen Arbeit gewesen sei, und stellen deshalb zwei Gruppen von Hauptfragen auf, deren eine auf die quantitative Veränderung gerichtet ist, während die andere über die qualitativen Verschiebungen Auskunft fordert.

Die erste Gruppe ist durch folgende vier Fragen charakterisiert:

1. Wachsen die Produktivkräfte?
2. Wie groß ist voraussichtlich ihr Entwicklungstempo im Jahre 1926/27?
3. Welche Aussichten ergeben sich für das Jahr 1927/28?

216 Strumilin: [In:] Planwirtschaft 7 (1927), S. 31.

4. In welcher Richtung erfolgt das Wachstum der Produktivkräfte und der Wirtschaft des Landes?

Für die zweite Gruppe konzentriert sich das Hauptinteresse auf die Beantwortung folgender vier Fragen:

1. Welche Klassen und Gruppen erscheinen als Träger der Produktivkräfte in der Sowjetunion?
2. Wie entwickeln sich der sozialistische und der privatwirtschaftliche Sektor der Wirtschaft?
3. Welches sind die Leistungen des sozialistischen Aufbaus, und welche Gefahren drohen ihm bei dem gegenwärtigen Stand der Entwicklung?
4. Wächst das Proletariat, und verbessert sich seine materielle Lage?[217]

Neben der Beantwortung dieser Fragen will der Gosplan den Weg weisen für die möglichst rasche Industrialisierung des Landes, die jedoch ihre Grenzen finden muss an der Aufrechterhaltung einer stabilen Währung.

Die Durchführung ihrer Aufgaben versuchen die K[ontrollziffern] auf 395 Seiten Text und Tabellen,[218] d. h. in einem ihren Vorgängern

217 K[ontrollziffern] 1926/27, S. 5.
218 Die Einteilung ist folgende:

	Seiten
Methodologie	9
Dynamik der Volkswirtschaft und Perspektiven für 1926/27	127
Die Sowjetunion und die Weltwirtschaft	23
Die Industrialisierung	13
Die Prozesse der Vergesellschaftung	27
Das Volkseinkommen und seine Verteilung	8
Kontrollziffern der Bundesrepubliken und Rajons	61
Tabellen	111

gegenüber quantitativ und qualitativ bedeutend vergrößerten Umfang. Der zweiten Gruppe von Fragen will man dadurch gerecht werden, dass für jeden Wirtschaftszweig der Anteil des »sozialistischen« (Staat und Genossenschaften) und des privatkapitalistischen Sektors untersucht und zahlenmäßig bestimmt wird. Wir geben nachstehend einige charakteristische Zahlen:

Gegenüberstellung wichtiger Voranschläge der K[ontrollziffern] 1926/27 und der wirklichen Ergebnisse				
Gegenstand		1925/26	K[on-trollziffern] 1926/27	Wirkliches Ergebnis	Prozentuale Abweichung des wirkl[ichen] Ergebnisses von der geplanten K[ontrollziffer]
		a	b[1]	c[2]	d
A. Bruttoproduktion		in Millionen Vorkriegsrubeln			
Landwirtschaft (ohne Forst und Fischerei)	1	11 150	11 902	11 462	- 3,6
Industrie	2	6876	7855		
davon:					
Zensusindustrie	3	5746	6640	6632	- 0,1
Kleinindustrie (ohne Mühlen)	4	1130	1215		
B. Zuwachs der Bruttoproduktion		in % des vorhergehenden Jahres, berechnet a[uf] Basis v[on] Vorkriegsrubeln			
Zensusindustrie	5	100	115,5	115,4	- 0,1
davon:					

Staat	6	100	115	118,6	+ 3,1
Koop[erativen]	7	100	111	114,2	+ 2,9
Privat	8	100	112	70,2	- 37,3
Kleinindustrie	9	100	108		
davon:					
Staat	10	100		100,0	
Koop[erativen]	11	100		108,9	
Privat	12	100		106,7	
C. Kapitalanlagen in der Industrie (ohne Elektrifizierung)		in Millionen Červonecrubeln			
Staatsindustrie	13	811,4	809,8	1011,0	+ 24,8
Genossenschaft	14			28,1	
Private	15			53,9	
D. Arbeitnehmer		in Tausend			
Landarbeiter	16		1785	2018,5	+ 13,0
Großindustrie	17		2862	2785,9	- 2,6
Kleinindustrie	18		420	244,4	- 41,8
Bauwesen	19		560	494,4	- 11,7
Transport	20		1294	1338,4	+ 3,4
Post [und] Telegraph	21		103	93,0	- 9,7
Handel	22		706	531,6	- 24,7
alle übrigen Zweige	23		2583	2839,8	
Insgesamt			10 313	10 346	[+] 0,3

E. Reallöhne		in % von 1913 (1913 = 100 [%])			
Gesamte Industrie	24	91,3	99,3	104,6	+ 5,3
Eisenbahn	25	73,8	77,5		
F. Großhandel		Prozentualer Anteil der drei sozialen Sektoren			
Staat	26	34,0	34,0		
Koop[erativen]	27	42,3	44,5		
Privat	28	23,7	21,5		
G. Außenhandel		in Millionen Červonecrubeln			
Export	29		820,0	770,5	- 6
Import	30		745,0	718,0	- 3,6
Exportüberschuss	31		75,0	52,0	- 30,6
H. Engrospreise im Jahresdurchschnitt		Indices in % von 1913 (1913 = 100 [%])			
Landwirtschaft	32		164,0	157,0	- 4,2
davon:					
Getreide	33		153,0		
Industrie	34		193,0	197,0	+ 2,1
I. Geld und Kredit Am Ende des Wirtschaftsjahres		in Millionen Červonecrubeln			
Geldumlauf	35	1172,6	1372,0	1628,3	+ 18,1
Kreditoperationen	36	3416,1	4192,0	3093,0	- 26,2
Bankeinlagen	37	1367,7	1500,0	872,3	- 41,8

Valuten	38		66,0	74,6	+ 13,0
Edelmetalle	39		311,0	194,4	- 37,4
[J]. Budget		3973,4			
Einnahmen	40	–	4608,5	5099,0	+ 10,6
Reservefonds	41		114,5	100,0	- 12,6
[K]. Finanzierung aus dem Budget		159,0			
Landwirtschaft	42		125,0	151,5	+ 21,2
Industrie (inkl. Kriegsindustrie)	43	69,1	380,0	510,0	+ 34,2
Elektrifizierung	44		90,0	88,0	- 2,2
Wohnungsbau und Kommunal- wirtsch[aft]	45	86,0	88,0	40,0	- 54,5

1) Quellen für Spalte b. Laufende Nr. 1–4: K[ontrollziffern] 1926/27 S. 288; laufende Nr. 5–9: l. c. S. 291; laufende Nr. 13: l. c. S. 319; laufende Nr. 16–23: l. c. S. 284 ff.; laufende Nr. 24–25: l. c. S. 92; laufende Nr. 26–28: l. c. S. 208; laufende Nr. 29–31: l. c. S. 297; laufende Nr. 32–34: l. c. S. 113; laufende Nr. 35–37: l. c. S. 385; laufende Nr. 38–39: l. c. S. 384; laufende Nr. 40: l. c. S. 389; laufende Nr. 41: l. c. S. 391; laufende Nr. 42–45; l. c. S. 180.

2) Quellen für Spalte c. Laufende Nr. 1: Wirtsch[aftliches] Bulletin 1927/ 11–12, S. 1; laufende Nr. 3: Planw[irtschaft] 1927/12. S. 258 ff.; laufende Nr. 5–12: Wirtsch[aftliches] Bull[etin] S. 64; laufende Nr. 13–15: K. Z. 1927/28. S. 520; laufende Nr. 16–23: K. Z. 1927/28, S. 534 ff.; laufende Nr. 24: Zehn Jahre Industrie, Moskau 1927, S. 39; laufende Nr. 29–31: Wirtsch[aftliche] Rundschau, 1928/4, S. 200 f.; laufende Nr. 32–34: Wirtschaftl[iche] Rund- schau 1927/4, S. 202; laufende Nr. 35–36: Wirtschaftl[iche] Rundschau 1928/4, S. 206; laufende Nr. 37: l. c. S. 189: laufende Nr.38–39: l. c. S. 207; laufende Nr. 40: l. c. S. 189; laufende Nr. 41: Wirtsch[aftliches] Bull[etin] 1927/11–12, S. 41; laufende Nr. 42–45: Ten Years, S. 470 (Schätzungen).

Fragt man nach dem Grad der Ausführung des Planes, so muss zunächst mitgeteilt werden, dass trotz der großen Anspannung aller Kräfte, wie sie in den K[ontrollziffern] vorgesehen ist, Sovnarkom und der STO der Meinung waren, dass darin für die Industrialisierung noch nicht genug getan sei. Sie verlangten vielmehr für die Ausführung der »Operativpläne« eine noch stärkere Finanzierung der Industrie, Erhöhung des Aktivsaldos der Handelsbilanz auf 100 Millionen und ähnliche Rekordleistungen.[219] Entgegen allen Bedenken, die gegen diese Überspannung der Wirtschaftsziele geäußert wurden,[220] gelang es, auf den wichtigsten Gebieten die geplanten Ziffern im Wesentlichen zu erreichen. Die Summe der Kapitalanlagen in der Industrie übertraf um 25 % den Voranschlag, der Zuwachs der Bruttoproduktion in der Staatsindustrie erreicht mit 18,6 % (gegenüber 1925/26) fast die kühnsten Schätzungen, die Einnahmen des Staates überstiegen den Entwurf und erlaubten die Rückstellung einer Reserve von 100 Millionen Rubeln, Außenhandelsplan, Plan für Getreidebeschaffung usw. zeigen ein ähnlich günstiges Bild. Das erfährt allerdings eine gewisse Korrektur bei näherer Untersuchung der Zahlen, man findet dann, dass die Exportzahl nur wert- aber nicht mengenmäßig erreicht wurde, dass im Budget die Einnahme aus dem Passagierverkehr ein bedeutendes Defizit ergab u[nd] a[nderes] m[ehr] Aber diese Abweichungen wollen wenig besagen gegen die Differenzen, die die Planausführung auf dem Gebiet von Geld und Kredit zeigt.[221]

219 Beschluss des Sovnarkom und STO (Pravda Nr. 217 vom 21. September 1926). Für die Zunahme der Bruttoproduktion der Großindustrie wurden folgende Zahlen aufgestellt:
K[ontrollziffern] 1926/27 + 14,5%,
Entwurf des OVWR + 18,6%,
Endgültige Ziffer + 20,6%.
(Nach [Nikolai] Bucharin: [Die internationale Lage und die innere Lage der Sowjetunion. Referat des Genossen N. I. Bucharin auf der xv. Moskauer Gouvernements-Parteikonferenz. In:] Inprekorr 11 (1927), [S. 201–213, hier] S. 208.)
220 Vgl. z. B. [Albert L.] Wainstein: Der Wirtschaftsplan der UdSSR für 1926/27, S. 27ff.
221 Die folgenden Ausführungen nach [Al′bert L.] Vajnštejn: Ergebnisse und hauptsächliche Wirtschaftsprozesse der Volkswirtschaft der UdSSR im

Die zirkulierende Geldmenge hat gegenüber dem 1. Oktober 1926 statt um 9 % um fast 25 % zugenommen, die Kreditoperationen sind um 9,4 % gesunken statt um 22,7 % gestiegen, während die Depositen bei den fünf größten Banken einschließlich der Gelder des Finanzkommissariats nur eine Zunahme von 12,5 % (gegen 25 % Planschätzung) aufweisen. Endlich konnte der Plan für die Stärkung der Valutareserven nur zu einem Drittel durchgeführt werden. Mit einer gewissen Berechtigung erklärt Vajnštejn, dass das Geld- und Kreditsystem »letzten Endes für die Fehlrechnungen der Pläne aufkommen muss«.[222] Fehlrechnungen liegen aber seiner Ansicht nach hauptsächlich darin, dass die K[ontrollziffern] und die auf ihnen aufgebauten Operativpläne die Wirtschaftskräfte des Landes übermäßig anspannen. Damit wurden sie unvermeidlich zu wesentlichen Faktoren der Konjunkturschwankungen und zu einer Quelle wirtschaftlicher Schwierigkeiten.

3. Die Kontrollziffern für 1927/28

Die Überlegenheit der K[ontrollziffern] von 1927/28 den früheren Versuchen gegenüber liegt darin, dass für 1927/28 bedeutend mehr Fragen eine Beantwortung finden als in den Vorjahren und diese Antworten ausführlicher und zuverlässiger[223] bearbeitet sind.

Wirtschaftsjahr 1926/27. [In:] Wirtschaftsbulletin des Konjunkturinstituts 11/12 (1927), S. 6 f.
222 [Ebd.], S. 6.
223 Das fast 600 Seiten starke Werk ist folgendermaßen aufgebaut:

	Seiten
Gesamtüberblick	26
Kapitalanlagen und ihre Ergebnisse	10
Einzelberichte über sämtliche Zweige der Produktion, Warenaustausch und Einkommensverteilung	301
Die sozialen Sektoren und die Prozesse der Vergesellschaftung	53
Kulturelle Aufbauarbeit	17
Ökonomik der Rajons	32
Die Sowjetunion und die Weltwirtschaft	20
Tabellen	125

Die wirtschaftspolitischen Aufgaben des kommenden Wirtschaftsjahres werden in drei Punkten zusammengefasst:[224]

1. »Einhaltung des eingeschlagenen forcierten Tempos der Industrialisierung.«
2. »Weitere Festigung des Arbeiter- und Bauernblocks«.
3. »Allseitige Steigerung der Wehrfähigkeit des Landes«.

Bei der Lösung dieser Aufgaben trifft die K[ontrollziffern] insofern
eine besonders große Verantwortung, als von ihnen verlangt wurde,
dass sie an Stelle eines »allgemeinen wirtschaftlichen Orientierungs-
planes« einen einheitlichen Wirtschaftsplan zu geben hätten. Das
bedingt eine »ganz andere Korrektheit und Genauigkeit der Berechnung in allen Wirtschaftszweigen« als in den Vorjahren.[225]
    Aus dem vielen neuen Material, das die K[ontrollziffern] 1927/28
bringen, werden wir hier relativ wenig wiedergeben, und zwar aus
zwei Gründen: Das Wirtschaftsjahr 1927/28 ist bei Niederschrift dieser
Zeilen kaum zur Hälfte abgelaufen, so dass brauchbare Vergleichszah-
len für die Durchführung der K[ontrollziffern] noch nicht vorhanden
sind. Die geplanten Perspektiven für die wirtschaftliche Entwicklung
werden aber besser im Zusammenhang mit den Fünfjahresplänen
besprochen.
    Besonders instruktiv sind die Ziffern, welche die Entwicklungs-
geschwindigkeiten auf einigen wichtigen Gebieten charakterisieren
sollen:[226]

224 K[ontrollziffern] 1927/28, S. 15.
225 [Ebd.], S. 3.
226 [Ebd.], S. 13, 50, 61, 225, 464 ff., 520.

	Quantitative und qualitative Veränderungen in der wirtschaftlichen Entwicklung		
Gegenstand	Wachstum [(+)] oder Rückgang (-) in % des vorhergehenden Jahres		Gesamtbeträge, die 1927/28 erreicht werden sollen
	Schätzung für 1926/27	K[ontrollziffern] 1927/28	
A. Landwirtschaft	berechnet auf Basis von Vorkriegspreisen		in Millionen Červonecrubeln
1. Bruttoproduktion	4,1	3,2	18 375,0
2. Warenmasse	8,3	8,7	6950,0
davon:			
3. Technische Kulturen	0,1	23,5	531,0
4. Viehzucht	11,6	6,4	1483,0
B. Industrie			
5. Bruttoproduktion der Zensusindustrie	15,1	14,3	11 993,0
6. Warenmasse der Zensusindustrie	15,0	15,1	10 281,0
7. Kapitalanlage in der Staatsindustrie	22,4	17,4	1284,1
	berechnet auf Basis von Červonecrubeln		
8. Gesamtwarenmasse ohne Einfuhr (2+6)	7,8	7,1	17 231,0[1)]
9. Geldumlauf	15,9	11,9	1740,0
10. Unionsbudget	27,7	9,8	3217,0
11. Volkseinkommen	12,4	5,1	13 191,0

12. Nominallohn (Industrie)	12,0	6,0	64,15[2]
13. Reallohn (Industrie)	12,4[3]	11,0	31,98[2]
14. Senkung der Selbstkosten der Industrie	0	- 6,0	
15. Senkung der Erzeugerpreise in:			
a) Landwirtschaft	- 3,8	- 3,9	
b) Industrie	- 3,5	- 6,5	
16. Wachstum der Produktivität pr[o] Arbeiter	+ 10,6	+ 12,9	4279,0[2]
17. Wachstum der Zahl der Industriearbeiter i[n] der Zensusindustrie	+ 5,0	+ 2,6	2460,0[4]

1) Nach Kleinhandelsindex: 19 391.
2) Červonecrubeln.
3) Berechnet nach Budgetrubeln.
4) In Tausend.

An den vorstehenden Zahlen fallen zunächst die relativ hohen Ziffern für neue Kapitalanlagen und Zunahme des Geldumlaufs auf. Diese Zahlen ebenso wie diejenigen für die Vermehrung der Industrieproduktion und für die Senkung der Selbstkosten sind ein Ausfluss des Wunsches, den Industrialisierungsprozess möglichst rasch vorwärts zu treiben. Die Vermehrung des Geldumlaufs steht in ziemlichem Missverhältnis zum Wachstum der Warenmasse. Ein ähnliches Missverhältnis findet sich zwischen Zunahme des Volkseinkommens und des Unionsbudgets. Die Industriearbeiterlöhne sollen im Gegensatz zum Vorjahr etwas weniger steigen als die Produktivität der Arbeit. Über die Verteilung der wichtigsten Umsätze sowie der Kapitalien unter die drei sozialen Sektoren geben die nachstehenden Zahlen Auskunft:[227]

Prozentuale Verteilung der wichtigsten Umsätze und Kapitalien unter
die drei sozialen Sektoren
(berechnet auf Basis von Vorkriegspreisen)

	1926/27			1927/28		
	Staat	Gen[ossenschaften]	Private	Staat	Gen[ossenschaften]	Private
Industrie						
1. Bruttoproduktion zusammen	77,1	8,8	14,1	78,2	9,1	12,7
2. davon Zensusindustrie	90,7	6,8	2,5	91,3	6,5	2,2
3. davon Kleinindustrie	2,3	20,2	77,5	2,1	24,1	73,8
Handel						
4. Warenmasse Industrie zus[ammen]	74,5	9,5	17	75,1	10,1	14,8
5. davon Zensusindustrie	89,9	7,3	2,8	90,3	7,2	2,5
6. davon Kleinindustrie	2,3	20,2	77,5	2,1	24,0	73,9
7. Warenmasse Landwirtschaft	5,7	2,3	92,0	6,5	3,4	90,1
8. Zwischenhandel zusammen	34,0	47,9	18,1	32,3	52,2	15,5
9. davon Großhandel	50,2	44,7	5,1	45,5	50,5	4,0

227 K[ontrollziffern] 1927/28, S. 486 f.

10. davon Kleinhandel	15,9	51,5	32,6	15,7	54,3	30,0
Grundkapital						
11. Landwirtschaft	1,0	0,7	98,3	1,1	0,7	98,2
12. Industrie	86,5	3,7	9,8	87,2	3,6	9,2
13. Eisenbahn	100,0	–	–	100,0	–	–
14. Handel	51,3	42,9	5,8	47,4	48,4	4,2

Die Ziffern zeigen an, in welchem Tempo man sich für das kommende Jahr die systematische Verdrängung des Privatkapitals vorstellt. Im Ganzen sind die K[ontrollziffern] kritischer gehalten als ihre Vorgänger. Man erfährt wissenswerte Einzelheiten über die Wachstumsschwierigkeiten, von denen einige hier mitgeteilt seien.

Der Hauptanteil der in der *Industrie* neu angelegten Kapitalien fällt auf Reparaturen und Erweiterungen schon bestehender Fabriken; für Neubauten werden für 1926/27 21% und für 1927/28 ca. 24% berechnet.[228]

Das Wachstum der Arbeitslosigkeit wird für 1927/28 auf 300–350 000 Personen geschätzt; da in derselben Zeit 400 000 bis 450 000 Bauern in die Städte abströmen werden, und zwar hauptsächlich aus den Konsumtionsgebieten der Landwirtschaft, nimmt man an, dass ein kleiner Teil dieses ländlichen Proletariats in der Industrie Nahrung finden wird. Die Zahl der Industriearbeiter soll nach dem Plan um 75 000 zunehmen.[229]

Für die *Landwirtschaft* wird festgestellt, dass mit einem weiteren Zurückbleiben der Getreideverkäufe auf dem städtischen Markt gerechnet werden muss, wenn nicht besondere Maßnahmen ergriffen werden. Die Wichtigkeit des Getreideexports für den ganzen Wirtschaftsplan wird besonders unterstrichen.[230] Die Maßnahmen

228 [Ebd.], S. 32.
229 [Ebd.], S. 215 f., 462.
230 [Ebd.], S. 100 f., 235.

des Staates stoßen an die viel zu engen Grenzen der verfügbaren Mittel. Wenn 1927/28 für die dringend notwendige innere Kolonisation 17,5 Millionen R[ubel], für Versorgung mit Traktoren 10,6, für Elektrifizierung 7,8 Millionen R[ubel] und im Ganzen für die Landwirtschaft nur 684 Millionen R[ubel] zur Verfügung stehen (wovon weniger als die Hälfte aus staatlichem und örtlichem Budget), so zeigt sich darin die ganze Schwäche der agrarpolitischen Maßnahmen.[231] Überdies werden die ausgeworfenen Mittel planlos verausgabt und unzweckmäßig ausgenutzt.[232]

Für das *Transportwesen* ist kennzeichnend, dass eine Übersicht über den Zustand der Landstraßen nicht existiert, dass eine gründliche Ausbesserung aus Mangel an Mitteln nicht möglich ist und dass der Gosplan deshalb verlangt, die wenigen Mittel auf einige Punkte zu konzentrieren.[233] Dem Zustand der Straßen entspricht die Zahl der Automobile. In der ganzen Sowjetunion gab es am 1. Oktober 1926 21000, darunter 9400 Lastwagen und 2000 Spezialwagen (Autobusse usw.).

Die Aussichten auf eine Besserung hängen von den Einfuhrmöglichkeiten ab, da vorläufig Automobile in der Sowjetunion in nennenswertem Umfang nicht hergestellt werden können.[234]

Auf dem *Markt* wird sich nach den K[ontrollziffern] für 1927/28 ein wachsender Warenhunger an Industriewaren bemerkbar machen.[235] Die Handelsunkosten sind sehr hoch, so dass die Aufschläge auf die Produktionspreise im Staats- und Genossenschaftshandel folgendermaßen berechnet werden müssen:[236]

---

231 [Ebd.], S. 128 ff.
232 [Ebd.], S. 126.
233 [Ebd.], S. 179.
234 [Ebd.], S. 181. Zum Vergleich erinnern wir daran, dass der Automobilbestand der Vereinigten Staaten am 1. Januar 1927 mehr als 1000mal so groß war wie in der Sowjetunion, nämlich 22 Millionen Wagen (nach *Die wirtschaftlichen Kräfte der Welt*. Berlin 1927, S. 122).
235 K[ontrollziffern] 1927/28, S. 238.
236 [Ebd.], S. 252, 249. Die für den Eigenverbrauch der Industrie bestimmten Waren sind nicht eingerechnet.

Jahr	Aufschläge auf Produktionspreise in %			
	Industrie-waren	landwirt-schaftliche Waren	alle Waren	davon Gewinn
1924/25	36,9	60,0	44,2	4,8
1925/26	37,1	62,1	44,1	7,3
1926/27	30,2	63,3	39,0	3,8
1927/28	27,7	55,3	35,1	3,9

Besondere Aufmerksamkeit wenden die K[ontrollziffern] 1927/28 erstmals dem Problem der Reserven zu. Ihre Verstärkung erweist sich als unaufschiebbar sowohl in Bezug auf Rohstoffe und Nahrungsmittel, als auch auf Geld und Kreditwesen. Trotzdem würden die Reserven in der industriellen Produktion und im Handel im Jahre 1927 nur für ein Vierteljahr ausreichen, während man in der Vorkriegszeit annahm, dass Reserven in Höhe einer vollen Jahresproduktion vorhanden seien. Eine Schätzung der Reserven in den Jahren 1924/25 bis 1927/28 ergibt folgendes Bild.[237]

Reserven in der Industrie und im Handel (in Millionen Rubeln ab Fabrik)						
		im Handel				
Jahr	in der Produktion	staatlicher Sektor	privater Sektor	Zusammen	Marktfähige Jahresproduktion der Industrie	Lagerbestände in % zur Warenmasse
1924/25	1225	905	118	2248 +446	7474	30,1

237 [Ebd.], S. 9, 12. Die Tabelle aus dem Bericht des Gosplan der UdSSR an den Sovnarkom [in:] Ėkonomičeskaja Žizn' Nr. 205 vom 9. September 1927.

1925/26	1339	1232	123	2694 +328	10 437	25,8
1926/27	1460	1460	102	3022 +193	11 439	26,4
1927/28	1549	1572	94	3215	12 741	25,2

Selbst wenn man annimmt, dass die heutige russische Wirtschaft wegen ihrer größeren Planmäßigkeit mit kleineren Reserven auskommen kann als 1913, und berücksichtigt, dass auch in den hochkapitalistischen Ländern starke Tendenzen zur Einschränkung der Vorräte bestehen, so bilden jedenfalls Reserven, die nur drei Monate reichen, eine große Gefahr.

Mit diesem Beispiel schließen wir unsere Auswahl aus der Fülle der durch die K[ontrollziffern] gebotenen Materialien. Bei der Beurteilung der Vielseitigkeit dieses Planes darf nicht vergessen werden, dass fast alle bei der Besprechung des Fünfjahresplans von uns angeführten Gebiete auch in den K[ontrollziffern] 1927/28 eine ausführliche Behandlung gefunden haben.

4. Der Fünfjahresplan des Gosplan (Pjatiletka)[238]

Das Buch über die *Perspektivische Entwicklung der Volkswirtschaft der UdSSR für die Jahre 1926/27 bis 1930/31* ist nach dem Muster der Kontrollziffern angelegt. Einer methodologischen Einleitung folgt die Erörterung der wichtigsten Planprobleme. Hierauf werden die Perspektiven der einzelnen Wirtschaftsgebiete besprochen und schließlich ein reicher Tabellenanhang gegeben.[239]

Im Frühjahr 1928 wurde vom Gosplan eine 61 Seiten starke Ergänzung zur Pjatiletka herausgegeben, der Perspektivische Orientie-

238 »Pjatiletka«, wörtlich »der fünfjährige«, ist ein neben der Bezeichnung »Perspektivplan« sehr häufig vorkommender Ausdruck für den Fünfjahresplan des Gosplan.

239

I.	Allgemeiner Teil	53
II.	Elektrifizierung	28

rungsplan für die Jahre 1927/28 bis 1931/32.[240] Diese »Orientirovka«
enthält diejenigen Korrekturen, die vom Gosplan auf Grund der
langen Debatten am Fünfjahresplan ausgeführt werden. Wir geben
im Folgenden Beispiele für einige wichtige Entwicklungsreihen.[241]

Bevölkerungsvermehrung[242]								
Am Anfang des Jahres	Gesamtbevölkerung				Arbeitsfähige Bevölkerung			
	Stadt	Land	Zusammen	in % v[on] 1927	Stadt	Land	Zusammen	in % der Ges[amt-] bevölker[ung]
	in Millionen				in Millionen			
1927	25,8	120,5	146,3	100	16,7	66,5	83,2	56,9

III.	Brennmaterial	29
IV.	Staatsindustrie	48
V.	Landwirtschaft	92
VI.	Wasserwirtschaft	10
VII.	Transport	88
VIII.	Post und Telegraph	9
IX–X.	Bauwesen	15
X.	Kommunalwirtschaft	13
XII.	Handel	23
XIII.	Geld und Kredit	6
XIV.	Budget	23
XV.	UdSSR und Weltwirtschaft	12
	Tabellen	215

240 Zit[iert] als »Orientirovka«.
241 Ohne spezielle Ziffern für die Industrie, die unten mit dem Fünfjahresplan
    des OVWR besprochen werden.
242 Perspektivplan, S. 9, Orientirovka, S. 41.

1928	26,7	122,7	149,4	102,1	17,4	68,4	85,8	57,4
1929	27,6	124,9	152,5	104,2	18,0	70,0	88,0	57,7
1930	28,6	127,2	155,8	106,5	18,6	71,7	90,3	58,0
1931	29,7	129,6	159,3	108,9	19,2	72,9	92,1	57,9
1936	35,1	141,1	176,2	120,4	21,7	74,7	96,4	54,8
1941	40,6	151,6	192,2	131,4	24,3	79,3	103,6	53,9

Im Jahrfünft 1927/31 nimmt hiernach die städtische Gesamtbevölkerung um 4 Millionen zu, ihr arbeitsfähiger Teil um 2,5 Millionen, auf dem Lande sind die entsprechenden Zahlen 9 und 6,4. Die arbeitsfähige Bevölkerung wächst also rascher als die Gesamtbevölkerung bis zum Jahre 1931, von wo ab man auch in Russland einen Rückgang der Zahlen als Wirkung der Kriegsfolgen erwartet. Wo sollen diese Millionen Arbeit und Wohnung finden? Die Antwort versuchen die folgenden Tabellen zu geben:[243]

Verteilung der Arbeitskräfte in der Wirtschaft							
Arbeiter u[nd] Angest[ellte] in den einzelnen Wirtschafts- zweig[en]	1926/ [19]27	1927/ [19]28	1928/ [19]29	1929/ [19]30	1930/ [19]31	1931/ [19]32	In % v[on] [19]26/ [19]27
1. Industrie	3030	3114	3174	3241	3306	3360	110,9
2. Handel	532	547	575	595	613	631	118,8
3. Bauwesen	663	828	1034	1219	1358	1427	215,4
4. Transport	1456	1471	1535	1604	1670	1733	119,0
5. Staats- u[nd] kommunale Beamte	474	443	457	466	475	484	102,2
6. Übrige	791	791	815	839	864	890	112,6

243 Perspektivplan, S. 6, Orientirovka, S. 38 f.

7. Landarbeiter	2041	2102	2165	2230	2297	2366	115,9
In allen Zweigen	10562	10894	11428	11952	12425	12803	121,2
ohne Landarbeiter	8521	8792	9263	9722	10128	10437	122,5

Nach dieser Tabelle kann nur ein Teil der in den Städten zuwachsenden Menschen Arbeit finden, so dass die Arbeitslosigkeit weiter steigen müsste. Jedoch hofft man, durch Kurzarbeit und Anwendung des Dreischichtensystems nicht nur den ganzen Zuwachs an städtischer Bevölkerung aufzunehmen, sondern auch noch die heutige Zahl der Arbeitslosen um eine halbe Million verringern zu können.[244]

Bedeutend schlimmer steht es auf dem Lande, wo man schon zu Beginn des Jahrfünfts die Übervölkerung mit 9 Millionen Arbeitskräften beziffert. Während im Sommer Mangel an Arbeitern eintritt, beträgt die Zahl der überschüssigen Arbeitskräfte im Winter 16 Millionen und mehr. Eine allmähliche Abnahme der Übervölkerung (1–2 Millionen bis 1931/32) wird infolge des Steigens der Intensität der Produktion erwartet.[245] Die erwartete stärkere Intensität der landwirtschaftlichen Arbeit kommt in den folgenden Zahlen zum Ausdruck:

Steigerung der Arbeitsintensität in der Landwirtschaft[246]				
Gegenstand	1913	1926/27	1930/31	1931/32
A. Bruttoproduktion[247]	in Millionen Vorkriegsrubeln			
Bodenbestellung	7371,70			8775,80
Viehzucht	2853,10			3635,40
Insgesamt	10224,80	(10884)		12411,20
				(13373)

244 Orientirovka, S. 20f.
245 [Ebd.], S. 19.
246 [Ebd.], S. 44.
247 Perspektivplan, S. 91, Orientirovka, S. 10.

B. Saatfläche[248]	in Millionen Desjatinen			
Körner	95,20	89,10	98,40	
Technische Kulturen	4,91	5,87	8,04	
Sonstige	7,91	9,60	13,04	
Insgesamt	108,00	104,60	119,50	

Die Frage der Wohnungsbeschaffung für die wachsende städtische Bevölkerung bildet ein ebenso drohendes wie ungelöstes Problem. Nach dem Plan wird sich trotz aller Neubauten die furchtbare Wohnungsnot in den nächsten Jahren noch vergrößern, sogar die optimale Variante erwartet erst vom Jahre 1930 an eine leichte Besserung.

Die Zahl der qm, die auf den Kopf der städtischen Bevölkerung entfallen, wird nach dem Plan[249] in der Zeit von 1926/27 bis 1929/30 von 5,59 auf 5,39 fallen und erst im nächsten Jahr auf 5,41 steigen. (Die entsprechenden Zahlen der optimalen Variante sind: 1926/27: 5,59, 1929/30: 5,56 und 1930/31: 5,70 qm).

Die Ausgaben für Wohnungsneubau und Reparaturen steigen in den Jahren 1926/27 bis 1930/31 auf 795 Millionen Červonecrubel, nach der optimalen Variante von 505 auf 1165,7 Millionen. Die Gesamtsumme der für Wohnungszwecke in den 5 Jahren verausgabten Gelder beträgt nach dem Plan 3260 (bzw. 4160,2) Millionen Červonecrubel.[250]

Um pro Kopf der städtischen Bevölkerung einen Wohnraum von 6 (bzw. 8) qm zu erstellen, wäre in den 5 Jahren eine Summe von 4553,2 (bzw. 10 998,9) Millionen Červonecrubeln erforderlich.[251]

Man muss die Berichte in der Sowjetpresse lesen und einmal russische Arbeitermassenquartiere gesehen haben, um zu ermessen, welch ungeheures Elend sich hinter diesen Zahlen verbirgt. Aber auch die Hemmungen für die Entfaltung der Produktivität der Arbeit

248 Perspektivplan, S. 181 (Textteil).
249 Perspektivplan, S. 163 f. (Tabellenanhang).
250 [Ebd.], S. 165 f. (Tabellenanhang).
251 [Ebd.], S. 162.

sind bei diesen Wohnungsverhältnissen riesengroß und werden in der Sowjetunion mit großer Sorge festgestellt.

Über die Wohnfläche auf dem Lande fehlen in der Pjatiletka nähere Angaben.

So bedrohen nach der Prognose des Fünfjahresplans Arbeitslosigkeit und Wohnungselend einen großen Teil der jungen Sowjetbürger, die in den nächsten Jahren ins arbeitsfähige Alter treten. Damit aber nicht genug. Auch diejenigen, die Arbeit finden, werden unter hohen Preisen und dem Andauern des Warenhungers zu leiden haben.[252]

Die Frage der Preissenkung ist entscheidend für die Festigung der Smyčka. Die nachstehende Tabelle soll ein Bild der Entwicklung der Preise in dem kommenden Jahrfünft geben.[253]

Preisentwicklung 1925/26–1931/32			
	1925/26	1926/27	1931/32	Verminderung in 5 Jahren in %
Index: 1913 = 1			
Bauwesen	2,60	2,62	1,83	- 30,0
Großhandel (CSU)	1,92	1,85	1,56	- 15,7
davon:			
Landwirtschaftliche Waren	1,71	1,57	1,57	0,0
Industriewaren	2,01	1,97	1,55	- 21,0
Kleinhandel		2,05	1,65	- 19,6
davon:			
Landwirtschaftliche Waren (a)		1,89	1,78	- 5,5
Industriewaren (b)		2,12	1,60	- 24,5
Schere (b:a)		1,12	0,90	- 19,6

252 Orientirovka, S. 20.
253 [Ebd.], S. 17.

Nach diesen Berechnungen soll nach fünf Jahren die Schere verschwunden und der Kleinhandelsindex für Industriewaren um 24,5 % gesunken sein. Ob das letztere trotz Fortdauer des Warenhungers möglich ist, mag hier dahingestellt bleiben.

Die voraussichtliche Entwicklung des Volkseinkommens denkt sich der Fünfjahresplan folgendermaßen:

Entwicklung des Volkseinkommens				
Zweige des Volkseinkommens	1913[254] (Unionsgebiet)	1926/27[255]	1930/31[254]	1931/32[255]
	in Millionen Rubeln nach Preisen von 1913			
Landwirtschaft	7625	8238	9486	10532
Großindustrie	2541	2685	4131	4520
Kleinindustrie	742	664	784	901
Akzise	691	642	1076	1228
Bauwesen	573	589	979	1209
Transport	1151	1077	1472	1489
Post und Telegraph	89	135	178	175
Handelsaufschläge	1126	1721	1883	2888
Zusammen	14538	15751	19989	22942

Danach soll bis 1931/32 das Volkseinkommen um 58 % im Vergleich mit 1913 gestiegen sein gegenüber 15 % Bevölkerungszuwachs. Das Einkommen pro Kopf der Bevölkerung wird für 1913 auf 104 Vorkriegsrubel, für 1931/32 auf 141 Vorkriegsrubel (+ 35,4 %) und 206 Červonecrubel berechnet.

Schließlich bringen wir noch die Berechnung über den Anteil der verschiedenen »sozialen Sektoren« an den einzelnen Kategorien

254 Perspektivplan, S. 25 (Textteil).
255 Orientirovka, S. 12 f.

des Volkseinkommens. Leider sind in der Tabelle Staat und Genossenschaften als vergesellschafteter Sektor zusammengefasst, so dass nicht sichtbar wird, auf welche dieser beiden sehr verschiedenartigen Gruppen der Zuwachs entfällt:

Anteil der sozialen Sektoren am Volkseinkommen						
Zweige des Volkseinkommens[256]	Anteil der beiden Sektoren am Gesamtbetrag in %				Zunahme jedes Sektors im Jahre 1931/32 auf Grund der absoluten Zahlen. 1926/27 = 100	
	1926/27		1931/32			
	Verges[ellschafteter] Sektor	Nicht-verg[esellschafteter] Sektor	Verges[ellschafteter] Sektor	Nicht-verg[esellschafteter] Sektor	Verges[ellschafteter] Sektor	Nicht-verg[esellschafteter] Sektor
Landwirtschaft	11,9	88,1	15,5	84,5	174,5	128,6
Industrie mit Akzise	86,0	14,0	88,4	11,6	134,8	109,1
Bauwesen	54,3	45,7	67,5	32,5	195,6	112,0
Transport	89,0	11,0	89,3	10,7	158,1	153,2
Post und Telegraph	100,0	–	100,0	–	130,8	–
Handelszuschläge	81,9	18,1	89,6	10,4	151,2	79,5
Zusammen	48,9	51,1	53,5	46,5	149,1	124,2

Die Tabelle zeigt ein langsames Ansteigen des relativen Anteils des »vergesellschafteten« Sektors in Bezug auf das gesamte Volkseinkommen, während sein absoluter Zuwachs in dem Jahrfünft 49,1 %, der des privaten Sektors 24,2 % ausmachen soll.

256 [Ebd.], S. 31.

Im Ganzen ist das Bild, das in der Pjatiletka für die nächsten fünf Jahre gezeichnet wird, ein recht düsteres. Trotz gewaltiger Anstrengungen und großer Produktionserweiterungen werden Übervölkerung, Arbeitslosigkeit, Wohnungsnot und Warenhunger auch bei planmäßiger Entwicklung weiterdauern.

5. Der Fünfjahresplan der Industrie[257]

Im Gegensatz zur Pjatiletka haben der erste *Entwurf des Industrieplans für 1927/28 bis 1931/32* (»Materialien«) und besonders seine im November 1927 erschienene Variante durchaus optimistischen Charakter.[258]

Durch Einführung des Siebenstundentages und des Übergangs zur Arbeit in drei Schichten, sowie eine gründliche Rationalisierung will die zweite Variante in dem kommenden Jahrfünft den vorhandenen Produktionsapparat und die Neuanlagen weit intensiver als bisher ausnutzen und damit die industrielle Produktion mehr als verdoppeln (Gruppe A = Produktionsmittel: + 124 %, Gruppe B = Konsumtionsmittel: + 95 %). Aber auch qualitativ sollen bedeutende Fortschritte gemacht werden: Allgemeine Hebung der Qualität der Produkte bei Senkung der Selbstkosten durchschnittlich um ein Viertel, Erhöhung

---

257 »Kontrollziffern des Fünfjahresplanes der Entwicklung der Industrie der UdSSR (1927/28–1931/32).« Hier zit[iert] als K[ontrollziffern] 1927–32.

258 Die »Materialien« sind 740 Seiten stark und in drei große Teile gegliedert.
Der *erste* behandelt allgemeine Probleme der Großindustrie, Finanzierung, Arbeitskraft, Fragen der Rohstoffversorgung und der Energiewirtschaft sowie die Beziehungen zu den Grenzgebieten, Kleinindustrie, Handel, Transport, Landwirtschaft (238 Seiten).
Das Thema des *zweiten Teils* bilden die einzelnen Zweige der Großindustrie (153 Seiten).
Im *dritten Teil* werden die Gegenstände der beiden ersten in Tabellenform zahlenmäßig präzisiert.
Eine größere Besprechung der »Materialien« findet sich in der *Frankfurter Zeitung* unter dem Titel *Aufbau und Entwicklung der russischen Wirtschaft* (von Fritz Deck, Abendblatt vom 27. Februar, 28. Februar, 1. März und 3. März 1928; dort sind zahlreiche Tabellen abgedruckt).

der Arbeitsproduktivität um 63% unter gleichzeitiger Steigerung
des Reallohnes um 46%, Senkung des Preisindex um ungefähr ein
Fünftel, im Baugewerbe sogar um 30%. Die Kapitaleinlagen in der
Industrie sollen in derselben Zeit nicht nur einen sehr hohen Betrag
ausmachen (7,1 Milliarden Rubel), sondern infolge der allgemeinen
Kostensenkung und der besseren Ausnutzung einen bedeutend größeren Nutzeffekt haben. Die Auswirkungen des Produktionsprogramms
auf Rohmaterial- und Brennstoffbeschaffung, wie überhaupt die durch
Veränderung in einem Zweige der Wirtschaft sich für die anderen
ergebenden Folgen werden eingehend untersucht.

Die »Materialien« und besonders die K[ontrollziffern] 1927/32
liefern so ein lehrreiches Bild von den Fortschritten der planwirtschaftlichen Versuche. Im Folgenden geben wir wieder einige wichtige
Tabellen aus dem Inhalt dieser Pläne.

Die geplante Entwicklung der industriellen Produktion zeigt folgendes Bild für die staatliche Zensusindustrie:[259]

Bruttoproduktion der staatlichen Zensusindustrie nach Selbstkosten des Jahres 1926/27						
	Produktion in Gruppe A		Produktion in Gruppe B		Zusammen	
Jahre	nach den Mate-rialien	nach den K[on-troll-ziffern] [19]27/32	nach den Mate-rialien	nach den K[on-troll-ziffern] [19]27/32	nach den Mate-rialien	nach den K[on-troll-ziffern] [19]27/32
1926/27	3004,0	2954,9	4105,0	4012,0	7109,0	6966,9
1931/32	6091,7	6621,5	6833,0	7826,4	12295,0	14447,9
Prozen-tuale Zunah-me	103,0	124,0	66,4	95,0	82,1	107,4

259 K[ontrollziffern] 1927/32, S. 21.

Entsprechend dem Industrialisierungsprogramm steigt die Produktion in Gruppe A (Produktionsmittelindustrie) bedeutend rascher als in Gruppe B (Konsumtionsmittelindustrie).

Die Produktion der Gesamtindustrie soll sich folgendermaßen entwickeln:[260]

Produktion der Gesamtindustrie					
	In Preisen von 1926/27			In Preisen des betreffenden Jahres		
	1926/ [19]27	1931/ [19]32	Prozen-tual[e] Zunah-me	1926/ [19]27	1931/ [19]32	Prozen-tual[e] Zunah-me
I. Zensus-industrie						
Staatlich	9112	18694	+ 105,1	9112	14449	+ 58,5
Genoss[en-schaftlich]	570	1055	+ 85	570	895	+ 57,0
Privat u[nd] Konzess[ion]	250	350	+ 40	250	305	+ 21,8
Zusammen	9932	20099	+ 102,3	9932	15649	+ 57,5
II. Kustar'-u[nd] Klein-industrie	1094	1683	+ 53,8	1094	1488	+ 36,0
Gesamt-industr[ie]	11026	21782	+ 97,6	11026	17137	+ 55,4

Die drei letzten Spalten der Tabelle veranschaulichen die Wirkung der projektierten Preissenkung. Besonders deutlich zeigt sich das relativ geringe spezifische Gewicht der privaten Unternehmer an der Industrieproduktion und ihre systematische Zurückdrängung.

Eine instruktive Ergänzung dieser Angaben bietet die nachstehende Tabelle, in der die Zunahme der Produktion der vom OVWR

260 [Ebd.], 1927/32, S. 21.

geleiteten Großindustrie nach einzelnen Produktionszweigen gegliedert ist.[261]

Produktionssteigerung der vom OVWR geleiteten Großindustrie					
Produktions-zweige	in Millionen Rubeln nach Selbstkosten von 1926/27		Pro-zentu-al[e] Zu-nahme in 5 Jahren	Zunahme in Mengenein-heiten		Pro-zentu-al[e] Zu-nahme in 5 Jahren
	1926/ [19]27	1931/ [19]32		1926/ [19]27	1931/ [19]32	
Gruppe A				In Millionen Tonnen		
1. Brennstoffe	712,4	1425,3	100,0			
davon:						
Steinkohle	379,3	701,3	90,0	32,6	59,7	83,1
Naphtha	294,3	630,3	114,0	10,4	19,9	92,0
Torf	38,8	93,7	141,6	4,8	11,6	142,0
2. Bergbau	63,3	136,5	116,0			
davon:						
Eisen und Mangan	29,2	56,2	92,3	5,4	12,6	133,0
3. Metall-industrie	1342,8	3087,5	130,0			
davon:						
Schwarzmetalle	581,6	1298,0	123,0			
Buntmetalle	110,4	236,8	136,0			
Gesamter Maschinenbau	348,0	785,0	126,0			

261 [Ebd.], S. 123 ff.

Landwirtsch[aftlicher] Maschin[enbau]	110,0	211,9	92,5			
Gusseisen				2,9	6,4	118,0
Martinstahl				3,5	6,7	93,9
Kupfer				0,02	0,05	150,0
Kessel				69,4[1]	260,0	274,0
Turbinen				34,0[2]	425,0	1150,0
Traktoren				1010,0[3]	8350,0	725,5
Pflüge				920,0[4]	1200,0	30,4
4. Elektrotechnik	96,0	303,9	215,5			
5. Baumaterialien	582,8	1187,8	110,0			
6. Chemische Rohstoffe	157,6	480,5	205,0			
7. Baumwollverarbeitung	193,4	435,4	135,0			
Ganze Gruppe A	5039,9	11070,1	124,0			
Gruppe B						
8. Textil	2468,2	4547,6	84,4			
davon:						
Baumwolle	1914,0	3475,0	81,5	2378,0[5]	4300,0	81,6
Wolle	289,0	577,0	99,7	82,0[5]	127,7	55,3
9. Leder	369,7	700,0	90,0			
[Große Häute]				8,0[6]	13,3	66,0
[Kleine Häute]				12,4[7]	22,8	84,0
10. Papier	96,7	234,9	142,9			
11. Polygraphische Industrie	53,7	89,0	65,7			

12. Porzellan	37,0	65,0	76,0			
13. Chemische Industrie	239,4	491,6	105,6			
Gummi	91,0	152,0	67,0			
				30,6[8]	46,0	50,3
Streichhölzer	20,0	26,0	34,5	4100,0[9]	5520,0	34,6
14. Lebensmittel	747,3	1698,3	127,0			
Ganze Gruppe B	6326,0	12056,4	95,0			
Ganze Gruppe A	5039,9	11070,1	124,0			
Gesamtindustr[ie]	11365,9	23126,5	108,0			

1) Einheit: 1000 qm.
2) Einheit: 1000 Kw.
3) Einheit: Stück
4) Einheit: 1000 Stück
5) Einheit: Millionen m Gewebe.
6) Einheit: Millionen große Häute.
7) Einheit: Millionen kleine Häute.
8) Einheit: Millionen Paar Gummischuhe.
9) Einheit: 1000 Kisten.

Hier zeigt sich, welche riesigen Anstrengungen zur Steigerung der Leistungsfähigkeit in den Produktionsmittelindustrien gemacht werden. In fünf Jahren soll der Metallhunger an Schwarzmetallen ganz überwunden sein, der Hauptbedarf an bunten Metallen aus eigener Produktion gedeckt und 80 % der notwendigen Maschinen in Sowjetrussland hergestellt werden. In der Brennstoffproduktion soll nach 5 Jahren die Befriedigung des gesamten Inlandsbedarfs und die Bildung großer Reserven erreicht sein.[262]

Aber auch auf die Erweiterung der Produktion von Konsumtionsmitteln hat man in den K[ontrollziffern] 1927/32 größtes Gewicht gelegt, um den Warenhunger energisch bekämpfen zu können. Hier

262 [Ebd.], S. VIII ff.

ist der Unterschied zu dem ersten Entwurf besonders groß. Mit Hilfe des Dreischichtensystems will man z. B. die Produktion von Textilien in fünf Jahren um 84,4 % steigern gegenüber 50,5 % der ersten Variante, Baumwollstoffe sogar um 84,6 % gegen 32,6 %.[263]

Selbstkosten und Preissenkung				
Industrie-Zweige	Senkung der Selbstkosten in %		Senkung der Fabrikpreise in %	
	nach den Materialien[264]	nach den K[ontroll-ziffern] [19]27/[19]32[265]	nach den Materialien	nach den K[ontroll-ziffern] [19]27/[19]32[266]
Gruppe A				
1. Brennstoffe	13,7	17,8	5,8	10,1
2. Bergbau	10,6	14,6	6,1	19,6
3. Metallindustrie	17,2	27,6	17,7	25,9
4. Elektrotechnik I[ndustrie]	27,9	35,1	34,0	43,6
5. Baumaterial	19,3	27,5	18,0	24,9
6. Chemie (Rohstoffe)	24,3	28,3	28,8	30,4
Gruppe A zusammen	17,8	25,4	17,0	22,7
Gruppe B				
7. Textilindustrie	12,1	19,2	12,9	15,7
8. Lederindustrie	18,4	23,0	16,7	18,8
9. Papierindustrie	23,6	28,0	29,7	30,7
10. Polygraphische Industrie	16,2	24,0	16,4	18,5

263 Materialien, S. 413 ff.
264 [Ebd.], S. 413 ff.
265 [Ebd.], S. 70 f., 72, 81 f.
266 [Ebd.], S. 81 f.

11. Porzellan	35,1	35,1	35,6	32,0
12. Chemische Industrie	11,7	22,4	17,8	20,6
13. Nahrungsmittelindustrie	20,4	29,7	23,2	26,7
Gruppe B zusammen	15,4	23,1	17,9	20,0
Gruppe A zusammen	17,8	25,4	17,0	22,7
Gesamtindustrie	16,5	24,2	17,5	21,3

Hand in Hand mit dem Wachsen der Produktion soll eine starke Senkung der Selbstkosten und der Preise durchgeführt werden. Die Selbstkostensenkung soll sich bei Gruppe A voll in den Preisen auswirken, bei Gruppe B wird dagegen eine Spanne von 3–5 % zur Bildung von Reserven vorgesehen.[267]

Man sieht aus obiger Tabelle, um wie vieles energischer die K[ontrollziffern] 1927/32 das Problem der Preis- und Selbstkostensenkung behandeln als die »Materialien«. Für den ganzen Industrieindex sollen sich diese Maßnahmen folgendermaßen auswirken:

Mittlerer Jahresindex der Fabrikpreise in der Staatsindustrie (1913 = 100)[268]		
	1926/27	1931/32
Erzeugnisse des produktionstechnischen Bedarfs	175,0	135,1
Erzeugnisse für persönlichen Konsum	208,0	167,0
Gesamtindustrie	193,1	152,4

Allerdings besteht keine Sicherheit, dass diese Preissenkung auch wirklich dem Konsumenten zugutekommt. Die staatliche Preisregulierung kann zwar durch Festsetzung der Fabrikpreise die Staatsbetriebe daran hindern, die gute Konjunktur für sich auszunutzen, aber ihr Einfluss auf den Handel, besonders den Privathandel, ist sehr begrenzt auf allen Gebieten, wo Warenhunger herrscht. Die K[ontrollziffern]

267 K[ontrollziffern] 1927/32, S. 79.
268 [Ebd.], S. 84.

stellen erneut fest, dass die »Zirkulationskosten« für Industriewaren, die 1913 zirka 20 % ausmachten, seit 1925 über 40 % betragen, auf dem Dorfe noch bedeutend mehr.[269]

Trotz der starken Preissenkungen soll die Staatsindustrie am Ende des Jahrfünfts dieselben oder noch höhere Gewinne abwerfen wie bisher. Weitaus die größte Rentabilität wird mit Konsummitteln erzielt (ausgenommen die Zuckerindustrie), während sich die Rohstoff- und Maschinenindustrie (ausgenommen Naphtha) mit einem Bruchteil dieser Gewinne begnügen oder mit Verlust arbeiten muss.[270]

Rentabilität der Staatsindustrie				
Industriezweig	1926/27		1931/32	
	Gewinn in %	Index 1913 = 100	Gewinn in %	Index 1913 = 100
Papier	17,70	180,7	17,80	125,2
Gummi	16,50	171,1	17,20	132,1
Elektrotechnik	15,60	177,8	14,90	100,3
Textilindustrie	15,40	206,3	16,00	170,0
Naphtha	9,80	119,8	14,30	113,8
Mineralische Baumaterialien	7,82	152–275	8,40	110–160
Steinkohle	6,61	184,5	7,15	158,7
Zucker	6,13	206,5	10,78	143,3
Chemische Grundstoffe	5,25	159,9	4,72	109,0
Metall	4,85	171,1	6,42	126,9

Die von der Industrie erzielten Gewinne spielen eine bedeutende Rolle für ihre Weiterentwicklung. Die sieben bis acht Milliarden Rubel, welche im Jahrfünft 1927/32 in der Staatsindustrie neu angelegt

269 [Ebd.], S. 87f.
270 [Ebd.], S. 116.

werden sollen, stammen fast vollständig aus der Industrie selbst.[271]
Zwar erhält sie formell aus Budgetmitteln des Staates 2,4 Milliarden,
aber sie muss in Form von Einkommensteuer, Anleihezeichnung
und Ablieferung von 40 % des Reingewinnes 2,46 Milliarden an das
Budget abliefern.

Auch von den langfristigen Krediten an die Industrie stammen
fast 900 Millionen aus einer Abteilung der Staatsbank (ODK), die
ihr Kapital aus gesetzlich vorgeschriebenen Einlagen der Industrie
erhält, und schließlich werden rund drei Milliarden aus Amortisationsquoten und 1,3 Milliarden aus dem verbliebenen Reingewinn
entnommen.[272]

In diesen Zahlen sind die Ausgaben für Elektrifizierung nicht
enthalten. Sie sollen von 1927/28–1931/32 im Ganzen 1,4 Milliarden
Rubel ausmachen, wovon weniger als ein Fünftel aus Gewinnen und
Amortisierung der Elektrizitätswerke, hingegen zwei Drittel aus
Budgetmitteln herfließen.

Besonders charakteristisch für die russische Wirtschaftspolitik ist
die Verteilung der neu anzulegenden Mittel unter die verschiedenen
Produktionszweige (vgl. [folgende Tabelle]).

Zwei Drittel aller verfügbaren Kapitalien erhalten die Produktionsmittelindustrien, und von den für die Konsummittel verfügbaren 33 %
gehen 18,6 % an die Textilindustrie. Nicht die Aussichten auf Gewinn
weisen hierbei dem neuanzulegenden Kapital die Wege, sondern die
Vorschriften des staatlichen Wirtschaftsplanes.

271 Kapitalneuanlage in der Staatsindustrie 1927/32 (in Millionen Rubeln):

	Nach den Materialien, S. 551	Nach den K[ontrollzif-fern] [19]27/32, S. 103
Berechnet nach den Preisen von 1926/27	6718	8255,2
Berechnet nach Preisen jedes Jahres bei plange-mäßer Preissenkung	–	7088,2

272 K[ontrollziffern] 1927/32, S. 114, 120 f., 163.

Kapitalanlagen in den einzelnen Industriezweigen nach Preisen jedes Jahres[273]				
Industriezweige	nach den Materialien		nach den K[ontroll-ziffern] 1927/32	
	1927/28–1931/32 in Mil-l[ionen] R[ubel]	In % zum Ganzen	1927/28–1931/32 in Mil-l[ionen] R[ubel]	In % zum Ganzen
Gruppe A				
1. Brennstoffindustrie	1944,96	28,3	1867,9	26,46
2. Bergbau	178,17	2,6	154,7	2,19
3. Metallindustrie	1566,60	22,8	1687,8	23,83
4. Elektroindustrie	100,00	1,5	102,2	1,48
5. Chemische Rohstoffe	245,95	3,6	291,4	4,14
6. Baumaterialien	399,19	5,8	471,6	6,71
7. Baumwollindustrie	59,85	0,9	58,0	0,83
8. Textilrohstoffe	10,44	0,1	43,5	0,63
9. Geologische Arbeiten	45,94	0,7	45,9	0,66
Sonstige	100,00	1,5		
Gruppe A zusammen	4651,10	67,8	4723,0	66,93
Gruppe B				
10. Textilindustrie	1197,76	17,4	1311,5	18,60
11. Lederindustrie	111,00	1,6	122,5	1,74
12. Papierindustrie	178,00	2,6	185,8	2,64
13. Polygraphische Industrie	35,95	0,5	31,8	0,45
14. Porzellanindustrie	35,45	0,5	29,3	0,42

273 [Ebd.], S. 161, Materialien, S. 550 ff.

15. Chemische Industrie	100,21	1,5	89,2	1,26
16. Salzindustrie	9,70	0,1	7,7	0,11
17. Nahrungsmittel-industrie	558,03	8,0	559,4	7,92
Gruppe B zusammen	2224,10	32,2	2337,2	33,03
Wissenschaftliche Institute usw.			28,0	0,04
Insgesamt	6875,20	100,0	7088,2	100,00

Das in der Staatsindustrie angelegte Stammkapital wird für den 1. Oktober 1927 auf 6,1 Milliarden Rubel berechnet und soll am 1. Oktober 1932 auf 10,7 Milliarden gestiegen sein (ohne Elektrifizierung).[274]
Erinnert man sich daran, dass in den beiden großen U. S. A.-Stahlkonzernen mehr Kapital investiert ist,[275] als heute in der ganzen russischen Staatsindustrie, dann wird man allerdings den Optimismus eines Planes nicht ganz teilen können, der glaubt, mit einer relativ bescheidenen Vergrößerung des industriellen Produktionsapparates auf 10 Milliarden Rubel irgendetwas Entscheidendes geändert zu haben.

274 K[ontrollziffern] 1927/32, S. 109.
275 U. S. Steel Corp. 2446 Mill. $ Kapital; Bethlehem Steel Comp. 617 Mill. $ Kapital nach »American Labor Yearbook« 1927, S. 22.

Sechstes Kapitel
Vorläufige Ergebnisse

Seit zehn Jahren kämpfen die Bol'ševiki um die Aufrichtung einer neuen Wirtschaftsordnung. Wir haben die Hauptabschnitte dieses Kampfes und die wirtschaftlichen Mittel, mit denen er geführt wird, kennengelernt. Die wichtigsten zur Herbeiführung einer sozialistischen Planwirtschaft unternommenen Maßnahmen sollen später auf ihre grundsätzliche Bedeutung untersucht und dabei die Problematik jeder sozialistischen Wirtschaft ausgebreitet werden. Hier gaben wir nur einen Überblick über den Charakter der Pläne und über die Bedingungen, unter denen sich die planwirtschaftlichen Versuche in der Sowjetunion abspielen.

Alle Arten von Wirtschaftsplänen haben in der Sowjetunion ein letztes Ziel: den Weg zu zeigen, auf dem die von der Regierung beschlossene Wirtschaftspolitik mit größter Beschleunigung und ohne Krisen, also auf die unter den gegebenen Umständen ökonomisch, technisch und politisch zweckmäßigste Weise durchgeführt werden kann. Wir haben die Parolen kennen gelernt, unter die sich die Wirtschaftspolitik der Bol'ševiki fassen lässt: Industrialisierung des Landes, ausreichende Versorgung der Arbeiter und Bauern mit guten und billigen Waren und allmähliche Verdrängung des Privatkapitals und des Marktes.[1]

Die Richtung aller planwirtschaftlichen Versuche ist also von vornherein festgelegt. Soweit sie sich nur damit beschäftigen, die

---

1 Beiläufig sei darauf hingewiesen, dass jede dieser Parolen nur auf Kosten der beiden anderen durchgeführt werden kann. Denn die Industrialisierungspolitik verkürzt zunächst den Anteil der konsumreifen Güter an der Gesamtproduktion und die Zurückdrängung des privatkapitalistischen Sektors bewirkt vorläufig ebenfalls eine Verschärfung des Warenhungers. Hier liegt eine der größten Schwierigkeiten der bol'ševistischen Wirtschaftspolitik, ein fehlerhafter Kreislauf, der in den vielen Widersprüchen der wirtschaftspolitischen Maßnahmen sichtbar wird.

vorhandenen Hilfsquellen zu erforschen und die elementaren *Ent-wicklungstendenzen* der Wirtschaft aufzuzeigen, haben sie erst einen kleinen Teil ihrer Aufgaben erfüllt, nur eine der Voraussetzungen der eigentlichen Planarbeit geschaffen. Denn auf derartigen Untersuchungen lassen sich die verschiedensten Pläne aufbauen, sowohl ein Industrialisierungsplan, als auch einer, der die »Agrarisierung« des Landes zum Ziele hat.[2]

Wenn die Pjatiletka Gegenstand heftigster Angriffe geworden ist, so kam es den Angreifenden viel weniger auf die Methoden des Planes und ähnliche akademische Erörterungen an. Insofern die Methoden angegriffen wurden, handelte es sich in der Regel darum, einen Plan zu diskreditieren, dessen *Endziel* bekämpft werden sollte. Der Teil der Angreifer, der vor allem die Interessen der Bauernschaft im Auge hatte (Kondrat'ev, Makarov usw.), war der Meinung, dass die Industrialisierung in dem vorgesehenen Tempo den Bauern eine zu große Last aufbürde, während die sogenannte linke Opposition (Trockij, Zinov'ev, Kamenev usw.) die gegenteilige Ansicht vertrat und kritisierte, dass das Proletariat die ganze Last des Industrialisierungsprogramms zu tragen habe.

Erst wenn die Pläne *Direktiven* geben zur Ausführung einer bestimmten Wirtschaftspolitik und ihre *Prognosen* nicht allein die Entwicklung, sondern auch deren Modifizierung durch das Eingreifen der von ihnen selbst vorgeschriebenen Maßnahmen aufzeichnen, kann ihre Aufgabe als gelöst angesehen werden.

Mit einer gewissen Berechtigung lassen sich die Pläne als ein *Budget der Wirtschaft* charakterisieren, das anstelle des Staats- oder kommunalen Haushalts die ganze Wirtschaft oder einen Teil derselben (z. B. die Industrie) zum Gegenstand hat. »Sind doch im Budget alle Paragraphen und Posten des Einnahme- und Ausgabevoranschlages in erster Linie auch nur in Zahlen verkleidete Willenskundgebungen der Staatsgewalt, nicht kabinettmäßige Prognosen dessen, was sich kraft der objektiven Tendenzen der wirtschaftlichen Entwicklung, unabhängig von jedem anderen Willen verwirklichen muss.«[3]

2 Strumilin: Die Industrialisierung der UdSSR, S. 10.
3 [Ebd.], S. 17.

Noch eine Reihe anderer Parallelen zu einem Budget lässt sich zeigen, so z. B. die Notwendigkeit der Ausbalancierung und die gegenseitige Abhängigkeit aller Teile.[4]

Eine Analyse der Bedingungen, unter denen die planwirtschaftlichen Versuche in der Sowjetunion durchgeführt werden müssen, zeigt zunächst eine Reihe von *fördernden* Faktoren. Hierher gehört in erster Linie die Tatsache, dass der *Staat* mit allen seinen Machtmitteln diese Versuche unterstützt und die Schlüsselpunkte der Wirtschaft, ihre »Kommandohöhen« besetzt hält. Ferner muss hierher ein Faktor gezählt werden, den man ausschließlich unter den Gegenkräften vermuten sollte, der *agrarische* Charakter des Landes. Aber eine wie entscheidende Rolle er als Hemmnis der Planarbeit auch spielen mag, nie wäre es möglich gewesen, derartig rücksichtslose wirtschaftliche Experimente zu machen, wenn nicht die Produktion der Nahrungsmittel im Wesentlichen unabhängig vom Ausfall dieser Experimente vor sich gegangen und die Bevölkerung mit einer sehr geringen Versorgung mit Industriewaren zufrieden gewesen wäre, Voraussetzungen, die in einem dichtbevölkerten Industrieland fehlen.

Zu den *hemmenden* Faktoren muss man rechnen, dass die Planwirtschaft in einer *Übergangswirtschaft* durchgeführt werden soll, dass also noch ein Markt besteht, der sich immer wieder von neuem störend bemerkbar macht. Allerdings spielen die Schwankungen und die Unbestimmtheit der Nachfrage, solange Warenhunger herrscht, noch eine untergeordnete Rolle. Auch der Weltmarkt macht der Planarbeit solange keine unüberwindlichen Schwierigkeiten, als dorthin im wesentlichen nur Getreide und Rohstoffe abgesetzt werden müssen und ein Außenhandelsmonopol besteht. Erst wenn auf dem Inlandsmarkt die Grenze des Warenhungers überschritten ist und nach den Auslandsmärkten Fertigfabrikate exportiert werden sollen, drohen dem Wirtschaftsplan von dieser Seite ernsthafte Schwierigkeiten.

Dagegen machen sich die Mängel in der *Plantechnik* zunächst sehr störend bemerkbar, jedoch mit der Tendenz, allmählich an

---

4 Vgl. ferner [Michail Ivanovič] Bogolepoff: Das Budget Sowjetrußlands als Wirtschaftsplan. [In:] Festgabe für Georg v[on] Schanz [zum 75. Geburtstag]. Tübingen 1928.

Bedeutung zu verlieren. Vorerst aber hat man schwer zu kämpfen mit der geringen Entwicklung der Theorie und der Methoden der Planwirtschaft, dem Fehlen einer Bilanz der Volkswirtschaft und einer gründlichen ökonomischen Analyse der Gesetze der Übergangswirtschaft und schließlich dem ungenügenden Zustand des statistischen Materials.

Im Zusammenhang hiermit stehen die Schwierigkeiten, die sich daraus ergeben, dass die Pläne in einer Zeit aufgestellt werden müssen, wo zahlreiche, für die Beurteilung der Ausgangssituation des neuen Wirtschaftsjahres wichtige Unterlagen noch nicht feststellbar sind. Erst wenn Planapparat und -methoden so weit ausgebildet sind, dass zur endgültigen Formulierung der Jahrespläne ein praktisch nicht mehr ins Gewicht fallender Zeitraum ausreicht, können diese Schwierigkeiten verschwinden. Ein wichtiger Schritt hierzu dürfte die frühe Vorbereitung des Jahresplans unter Mitarbeit aller für seine Ausführung verantwortlichen Stellen, sowie die Diskussion der Planentwürfe in der Tagespresse sein.

Entscheidender als alle diese Übergangsschwierigkeiten steht der Durchführung der Planwirtschaft in der Sowjetunion die Tatsache entgegen, dass es ein *Agrarland* ist, in dem der Sozialismus aufgebaut werden soll. Wenn es schon als strittig gilt, ob der Aufbau des Sozialismus in einem Lande statt in internationalem Maßstabe überhaupt möglich ist, dann fehlen für diese Aufbauarbeit in einem Agrarlande zahlreiche wichtige Voraussetzungen.

Seit Marx stimmen alle sozialistischen Theoretiker darin überein, dass zu den notwendigen Voraussetzungen für die Einrichtung einer sozialistischen Wirtschaftsordnung eine hochentwickelte kapitalistische Wirtschaft gehört. Gerade die große und erfolgreiche Arbeit, die vom Kapitalismus geleistet worden ist bei der Entwicklung der Technik in Produktion und Verkehr, in dem Zusammenschluss zahlreicher Betriebe und schließlich ganzer Industriezweige zu Kartellen und Trusts, in der Nivellierung des Konsums, in der Ausbildung großer Massen qualifizierter Arbeiter und Angestellten und der Rationalisierung des Bank- und Handelsapparates, aber auch der Staatsverwaltung, betrachtet der Sozialismus als notwendige Vorbereitung für die von ihm geplante Neuorganisation der Wirtschaft.

Von dieser Vorarbeit war in Russland bis zum Jahr 1917 nur ein
Bruchteil geleistet. Die daraus für die planwirtschaftlichen Versuche
entstehenden Schwierigkeiten sind ungeheuer groß. Nicht allein an
den Stand der technischen Entwicklung oder das Überwiegen der
Landwirtschaft und die durch beides bedingte Zersplitterung von
Produktion und Markt ist hier zu denken, sondern vor allem an die
kulturelle Verfassung der Arbeiter und Angestellten, denen diese
Aufbauarbeit zufällt, an ihre geringe Ausbildung und das durch beide Faktoren bedingte Versagen, wenn westliche Arbeitsmethoden
angewandt werden sollen. Weder ist ein kaum vom Lande zugewan-
derter, des Lesens und Schreibens unkundiger, unter den elendesten
Verhältnissen (Wohnung, Hygiene usw.) lebender Arbeiter an einer
komplizierten Maschine oder gar am fließenden Band zu gebrauchen,
noch darf man von dem Durchschnitts-Činovnik die Exaktheit bei
der Ausführung aller Verordnungen erwarten, ohne die ein moderner
Verwaltungskörper nicht funktioniert.

Daran kann auch eine noch so tüchtige und opferbereite Minori-
tät nur dann in absehbarer Zeit etwas ändern, wenn ihr bedeutende
Geldmittel für Erziehungs- und Lehrzwecke zur Verfügung stehen.
Gerade diese fehlen aber, weil alle Kräfte auf die Industrialisierung
konzentriert werden sollen.

Durch die Rückständigkeit des Landes werden (mit der oben genannten Ausnahme) alle Schwierigkeiten der Übergangswirtschaft
vervielfacht. Die geringen Erfahrungen in rationeller Verwaltungsarbeit und die mangelnde Disziplin und Anpassungsfähigkeit be-
einträchtigen die Wirkungsmöglichkeiten der planwirtschaftlichen
Einrichtungen aufs allerschwerste.

Weiter erschwerend sind die ungeheure *Größe des Landes* und
im Zusammenhang damit die Verschiedenheit der klimatischen und
sozialen Verhältnisse. Fünf verschiedene Wirtschaftsformen unterscheidet Lenin in Russland, und der durchschnittliche Weg der
Rohstoffe und Fertigfabrikate zum Verbraucher ist um ein Vielfaches
größer als in Westeuropa.[5]

---

5 Lenin: Vorbedingungen, S. 6 [LW 32, S. 342].

Die übrigen Gründe für eine Erschwerung oder Förderung der Planarbeiten ergeben sich aus dem Grade, in dem die ökonomischen Faktoren, die in der Übergangswirtschaft eine Rolle spielen, einer Regulierung überhaupt zugänglich sind. Sie lassen sich – freilich etwas willkürlich – in *drei Gruppen* einteilen.

Verhältnismäßig leicht der planwirtschaftlichen Regulierung zugänglich sind die »*Kommandohöhen*«, die vom Staate besetzt gehalten werden, und die im Centrosojuz zusammengefassten Konsumgenossenschaften. Wesentlich schwieriger zu regulieren sind die Millionen Bauernwirtschaften, das Kleingewerbe und der private Handel. Einige Wirtschaftsgebiete entziehen sich fast völlig der planmäßigen Beeinflussung, so vor allem der Ausfall der Ernte und die Erlangung ausländischer Kredite.

Die Bedeutung, welche diesen Gruppen als Gegenstand, z. T. aber auch als Mittel der Planwirtschaft zukommt, ist hier kurz zu untersuchen.

I. Die »Kommandohöhen«

1. Die staatliche Großindustrie

Die Unterordnung nahezu der gesamten Großindustrie unter die Kommandogewalt des Staates hat zur Folge, dass ihre Regulierung auch in der Übergangswirtschaft ebenso möglich ist, wie in einer rein kapitalistischen Wirtschaft die Regulierung der zu einem einzigen Trust zusammengefassten Großindustrie möglich wäre. Was die Ingangsetzung oder Schließung von Betrieben, die Organisierung der Verteilung von Rohstoffen und Arbeitskraft, die Verwendung der Gewinne für diesen oder jenen Produktionszweig, die Bestimmung der Richtung der Produktion anbelangt, so sind der Leitung des Staatstrusts »Russische Großindustrie« nur durch die Knappheit ihrer Mittel und den Widerstand der Konsumenten Schranken gesetzt. Obendrein fällt das eigenwillige Verhalten der Konsumenten, was immer wieder betont werden muss, in der Regel so lange nicht ins Gewicht, als einer wachsenden Kaufkraft ein viel zu kleines Angebot gegenübersteht, das bei einer großen Anzahl Waren von der Staatsindustrie monopolistisch beherrscht wird. Ebenso wie als Gegenstand der Planarbeit spielt die Staatsindustrie in Sowjetrussland auch als eines der Mittel zur Durchführung des Wirtschaftsplanes eine große Rolle. Nicht allein die Elektrifizierungs- und Industrialisierungspläne stützen sich auf ihre Beherrschung, auch die Möglichkeiten der Einwirkung auf die landwirtschaftliche Produktion, sowie auf Vereinheitlichung und Übersichtlichkeit des Massenbedarfs sind erst mit der Verfügungsgewalt über die Industrie gegeben.

2. Handel

a) Das Außenhandelsmonopol

Ohne die Beherrschung des Außenhandels ließe sich aus den oben (S. 170 f.) erörterten Gründen das Industrialisierungsprogramm nicht durchführen. Bei dem technischen Zustand des russischen industriellen Produktionsapparates wäre das Schicksal der Industrie und damit auch aller planwirtschaftlichen Versuche besiegelt, wenn westeuropäische Waren ungehindert den russischen Inlandsmarkt überfluten könnten. Jeder Produktionsplan wäre durch die ausländische Konkurrenz den größten Erschütterungen ausgesetzt, und es gäbe keinen Schutz dagegen, dass die für den Einkauf von Produktionsmitteln gebrauchten Devisen bis auf den letzten Rubel zur Beschaffung von Konsumtionsmitteln ausgegeben würden.

Nicht umsonst halten also die russischen Wirtschaftspolitiker mit solcher Zähigkeit am Außenhandelsmonopol fest. Müssen sie es einmal unter dem wachsenden Druck der Bauern und des Auslandes aufgeben, dann ist einer der entscheidenden Stützpunkte der Planarbeit gefallen. Denn nur mit seiner Hilfe können alle die vom Weltmarkt drohenden Gefahren abgewendet und dieser selbst in den Dienst der Pläne gestellt werden.

Die planmäßige Durchführung des Außenhandelsprogramms liegt in der Hand des Staates und ist abhängig von der Brauchbarkeit des Außenhandelsapparates sowie der Möglichkeit, die notwendigen Exportwaren bereitzustellen. Ob das letztere gelingt, hängt davon

ab, was der Staat als Käufer den Bauern als Gegenleistung zu bieten
hat und in welchem Umfang die staatliche Exportindustrie erweitert
werden kann.[6]

b) Der staatliche Großhandel

Der Grad der Regulierbarkeit des staatlichen Großhandels ist verschieden in Industrie und Landwirtschaft. Der durch staatliche Syndikate ausgeführte Großhandel mit Industriewaren bietet dieselben
planwirtschaftlichen Möglichkeiten und stößt auf dieselben Grenzen
wie die Staatsindustrie, deren Verbindung zum Markte er darstellt.
Der Erfolg des staatlichen Großhandels mit landwirtschaftlichen Produkten ist begrenzt durch die staatliche Preispolitik, durch den Grad
des Warenhungers auf dem Markt der bäuerlichen Konsumtions- und
Produktionsmittel und die Konkurrenz des Privathandels.

Zum Organ der Planarbeit wird der staatliche Großhandel, wenn er
durch seine Lieferungs- und Kreditbedingungen an der Durchführung
der wirtschaftspolitischen Grundsätze (Bevorzugung der Genossenschaften, Verdrängung des Privathandels) wirksam mitarbeitet.

3. Bankwesen

Die russischen Banken unterstehen[7] – abgesehen von den kapital-
schwachen und den in kritischen Zeiten von der Staatsbank abhängigen
Gesellschaften für gegenseitigen Kredit – unmittelbar der Kommando-

---

6 Damit soll nicht gesagt sein, dass zur Eingliederung des Außenhandels
  in den Wirtschaftsplan das heutige System das einzig mögliche und
  zweckmäßige sei. Nur das Prinzip der absoluten Kontrolle des Außenhandels muss beibehalten werden, wenn man auf Verwirklichung der
  planwirtschaftlichen Absichten bestehen will.

7 Vgl. für das folgende: [Grigorij L'vovič] Nagler: Das Kreditwesen unter dem
  Kapitalismus und in der UdSSR. [In:] Kom[munistische] Intern[ationale]
  1920 S. 1017ff.; [Grigorij L'vovič] Nagler: Die Sowjetbanken unter den
  neuen Arbeitsbedingungen. [In:] Kredit und Wirtschaft 8/9 (1927), S. 1ff.;
  Lurje: Die nächsten Aufgaben der Bankpolitik. [In:] Kredit und Wirtschaft
  2/3 (1928), S. 1ff.

gewalt des Staates. Ihre geschäftlichen Funktionen sind *formal* dieselben, wie diejenigen eines kapitalistischen Bankkonzerns. *Inhaltlich* sollen aber alle Machtmittel der Banken in den Dienst der Durchführung des Wirtschaftsplanes gestellt werden. Die Grundsätze für Kreditgewährung und Kreditbedingungen werden in erster Linie nicht durch die gegebenen Sicherheiten und die Aussicht auf hohe Gewinne, sondern von der Rücksicht auf eine möglichst wirksame Durchführung des Wirtschaftsplanes diktiert. Ein vierteljährlich aufgestellter »Kreditplan« soll einen Überblick über den nächsten Kreditbedarf der Bankkunden ermöglichen. Durch diese Zentralisierung des Kredits erfährt das Plansystem eine wirksame Ergänzung bis in Einzelheiten, die der bloß administrativen Regulierung schwer zugänglich wären. [Grigorij L'vovič] Nagler, Direktor der Industrie- und Handelsbank, charakterisiert die Bedeutung des Kreditplans für die Planwirtschaft folgendermaßen:[8]

»Erstens bedeutet der Kreditplan eine Überprüfung der Produktions-, Handels- und sonstiger Wirtschaftspläne vom Standpunkte der finanziellen Möglichkeiten aus. Stellt zum Beispiel ein Trust einen Produktionsplan auf, der eine sehr bedeutende Verschuldung an die Banken voraussieht, so werden die Banken bei der Aufstellung des Kreditplans den Trust auf die Unmöglichkeit seiner Vorschläge hinweisen, und er wird seinen Produktionsplan entsprechend den realen finanziellen Möglichkeiten ändern.

Zweitens wird durch den Kreditplan eine Verbindung zwischen den einzelnen Wirtschaftsplänen hergestellt. Baut z. B. ein Syndikat seinen Handelsplan auf der Voraussetzung auf, dass die Genossenschaften ihm für seine Waren 50 Prozent in bar, den Rest in Wechseln bezahlen werden, und sehen die entsprechenden Genossenschaftsorganisationen in ihrem Plan nur eine vierzigprozentige Barzahlung vor, so wird bei der Aufstellung des Kreditplans diese Unstimmigkeit durch die Banken beseitigt. Sie werden darauf hinweisen, bis zu welcher Höhe sie die Wechsel der Genossenschaften, die das Syndikat ihnen zur Diskontierung weitergeben wird, werden diskontieren können, und in Abhängigkeit davon wird die eine oder andere Variante des Planes angenommen werden.«

8 [Ebd.], S. 1023.

Ferner prüfen die Banken bei Kreditgesuchen nach, ob ein Kredit wirklich und in der verlangten Höhe notwendig ist, und es kommt häufig vor, dass Kreditverhandlungen mit der Bank zu einer besseren Durchorganisierung des Betriebes des Kreditsuchenden führen.[9]

Nach alledem muss das Kreditwesen als Hilfsmittel der Planarbeit in der Übergangswirtschaft sehr hoch eingeschätzt werden. Mit den Mitteln des Marktes trägt es dazu bei, die Wirksamkeit der marktfeindlichen Pläne bedeutend zu verstärken.[10]

4. Finanzwirtschaft

Eine enge Verbindung besteht zwischen dem Bankwesen der Sowjetunion und der Finanzwirtschaft; beide unterstehen demselben Volkskommissariat (Narkomfin).

Die russische Finanzwirtschaft hat für alle Teile der Planarbeit größte Bedeutung. Gehören doch die Steuergesetzgebung und die Form ihrer Durchführung zu den wenigen Mitteln, mit deren Hilfe der private Sektor der Wirtschaft dem Wirtschaftsplan wenigstens bis zu einem gewissen Grade eingeordnet werden kann. Dass das Budget einen wichtigen Teil des Plansystems bildet, wurde bereits erwähnt. Durch jedes Staatsbudget wird eine Neuverteilung eines großen Teiles des Volkseinkommens vorgenommen; Aufgabe des russischen Budgets ist es, bei dieser Neuverteilung als Vollstrecker des Wirtschaftsplanes mitzuwirken und die planmäßige Finanzierung der verschiedenen Teile der Wirtschaft durchzuführen. Als besonders charakteristisch sei nochmals hervorgehoben, dass das russische Budget als Sammelbecken der Industriegewinne dient und diese ohne Rücksicht auf ihre Herkunft planmäßig den verschiedenen Industriezweigen zuleitet.

---

9 Z. B. Verringerung der Lagerhaltung, Änderung der Lieferungsbedingungen usw.

10 Es sei erwähnt, dass die Organisation des Kreditwesens in Sowjetrussland noch in der Entwicklung begriffen ist. Man hat Anfang 1923 eine Reorganisation der Großbanken vorgenommen, die sich im Sinne der obigen Ausführungen auswirken soll.

Schließlich gehört es noch zu den Aufgaben der russischen Finanzverwaltung, auf dem Weg über Sparkassen und Anleihen weitere Mittel für die Durchführung der Pläne flüssig zu machen.

5. Verkehrswesen

Die russischen Eisenbahnen sind heute ausnahmslos in Staatsbesitz. Der Bau neuer Linien ebenso wie die Verkehrs- und Tarifpolitik lassen sich daher leicht in die Planwirtschaft einordnen.[11] Ähnlich geht es mit der Seeschifffahrt, während der Flusstransport z. T. in den Händen von Privatpersonen liegt. Der Bau von Landstraßen kann noch eine große Bedeutung für die planmäßige Entwicklung der einzelnen Rajons gewinnen, spielt aber vorläufig mangels der erforderlichen Mittel keine Rolle.

6. Grund und Boden

Zu den besetzten »Kommandohöhen« zählt man in der sowjetrussischen Literatur regelmäßig auch den Grund und Boden. Juristisch gibt es in der UdSSR kein Privateigentum an Boden, und zweifellos ergeben sich daraus in mancher Hinsicht wichtige Konsequenzen, so z. B. die Erschwerung der hypothekarischen Belastung, aber auch der Staatsbesitz an allen Bodenschätzen und Forsten. Doch für die Probleme der Planwirtschaft ist dieses staatliche »Obereigentum« an dem Bauernland vorläufig nur von geringer Bedeutung. Denn diese Verfügungsgewalt des Staates hat heute nur formalen Charakter, da in absehbarer Zeit keine noch so radikale Regierung es wagen kann, davon gegen die Bauern Gebrauch zu machen.[12]

11 Charakteristisch dafür ist z. B., dass während der Getreidekampagne erst die Waggonanforderungen der staatlichen und genossenschaftlichen Aufkäufer befriedigt sein müssen, ehe ein Privater Getreide abtransportieren kann.

12 Besonders bemerkenswert ist die äußerst reservierte Haltung, die Lenin zu dem Problem der Nationalisierung des Bodens in einer 1908 geschriebenen Schrift über die Agrarfrage in Russland einnimmt: »Die Aufhebung des Privateigentums an Grund und Boden ändert nichts an den bürgerlichen Grundlagen, auf denen die marktmäßig und kapita-

7. Genossenschaften

Eine unvergleichlich größere Bedeutung für die planwirtschaftlichen
Bemühungen kommt den Genossenschaften zu, da diese in allen
ihren Formen der planmäßigen Regelung leichter zugänglich sind
als die Einzelwirtschaften. In besonders hohem Maße gilt das für
die Konsumgenossenschaften, die den Bedarf von vielen Millionen
zersplitterter Konsumenten schließlich in einer Spitze, dem Genossenschaftsverband (Centrosojuz) zusammenfassen und damit die
Anpassung der Produktion an die Bedürfnisse wesentlich erleichtern.
Aber auch die Einkaufs-, Absatz- und Produktivgenossenschaften
können im Kleingewerbe und in der Landwirtschaft Wegbereiter für
planwirtschaftliche Maßnahmen bilden.

Obwohl sämtliche Genossenschaften Zusammenschlüsse von Privatpersonen darstellen, stehen sie ganz unter staatlichem Einfluss,
und der Centrosojuz hat viel von dem Charakter einer staatlichen
Einrichtung. Mit administrativen wie mit marktmäßigen Mitteln

listisch orientierte Landwirtschaft beruht. Es ist nichts verkehrter als
die Ansicht, dass die Nationalisierung des Bodens irgend etwas mit
Sozialismus oder gar mit Landnutzung zu gleichen Teilen zu tun hätte.
Was den Sozialismus anbetrifft, so ist bekannt, dass er die marktmäßig
orientierte Wirtschaft aufhebt. Die Nationalisierung des Bodens dagegen
ist die Übertragung des Bodens in das Eigentum des Staates, und diese
Übertragung greift mit nichts in den privatwirtschaftlichen Betrieb auf
diesem Boden hinein. Wenn der Boden zum Eigentum oder ›Vermögen‹
des ganzen Landes, des ganzen Volkes, erklärt wird, so wird dadurch
das System der Wirtschaft auf diesem Boden genau so wenig geändert,
wie sich das (kapitalistische) System der Wirtschaft des wohlhabenden
Bauern ändert, je nachdem, ob er den Boden für ‚immer und ewig'
kauft, ob er vom Junker oder von der Krone Boden pachtet oder ob er
die Anteile der vertriebenen weniger wohlhabenden Bauern ›sammelt‹,
Solange der Warenmarkt besteht, ist es lächerlich, von Sozialismus zu
reden, Der Austausch der landwirtschaftlichen Produkte gegen Produktionsmittel steht in ganz und gar keinem Zusammenhang mit der Form
des Grundbesitzes.« (Lenin: Die Agrarfrage in Russland am Ende des
19. Jahrhunderts. [In:] Internationale Arbeiterbibliothek 5. Berlin 1920,
S. 77 [LW 15, S. 129–130].)

wirkt der Staat auf sie ein. Gegenüber den Privaten genießen sie Vorrechte aller Art: Steuerprivilegien, Recht auf längere Offenhaltung der Verkaufsstätten,[13] bessere Kreditbedingungen, günstigere Einkaufspreise bei der Staatsindustrie usw. Unter planwirtschaftlichen Gesichtspunkten wird man also die Genossenschaften unbedenklich zu den »Kommandohöhen« rechnen können.

Anders steht es mit der Frage, ob das auch im soziologischen Sinne zutrifft, oder ob nicht vielmehr unter genossenschaftlichen Formen das Privatkapital neue Kräfte sammelt. Die Beantwortung dieser Frage, die nicht mit ja oder nein zu erledigen ist, gehört nicht hierher.

II. Der »privatkapitalistische Sektor«

1. Landwirtschaft[14]

Öfters wird die Anschauung vertreten, dass an den 24 Millionen Bauernwirtschaften alle planwirtschaftlichen Versuche in Russland scheitern müssten. Denn es gäbe keine Möglichkeit, dieses Meer von Bauernhöfen in die Planwirtschaft einzubeziehen, nur der Markt sei der Aufgabe gewachsen, die Sammlung und Verteilung ihrer Produkte vorzunehmen.[15]

13 So z. B. müssen in den Großstädten die Privathändler um 6 Uhr abends schließen, während die Genossenschaften das Recht haben, bis 12 Uhr nachts ihre Läden offen zu halten.
14 Vgl. G. G.: Die planmäßige Regulierung der Landwirtschaft 1921 bis 1926. [In:] Aus der Volkswirtschaft 11 (1926), S. 13 ff.
15 Die Schicksalsfrage der russischen Revolution wurde von Lenin in dem Schlagwort »wer – wen« zusammengefasst. In diesen beiden Worten soll die Frage aufgeworfen werden, wer wen besiegen wird, das städtische Proletariat das Millionenheer der Bauern oder umgekehrt. (Nach einer Auskunft des Lenin-Instituts in Moskau wurde diese Formulierung von Lenin zum [ersten Mal] im Oktober 1921 gebraucht, doch findet sich derselbe Gedanke schon in früheren Schriften, z. B. [Vladimir Il'ič] Lenin: Werke, Bd. xv, S. 244 [LW 33, S. 46].)

Die Stellung der bol'ševistischen Wirtschaftspolitiker zu diesem Problem ist geteilt; denn gerade in der Bauernfrage bestehen innerhalb der bol'ševistischen Partei die größten Meinungsverschiedenheiten. Lenins Meinung war nach den Erfahrungen des Kriegskommunismus folgende:

»Der Handel ist das einzig mögliche ökonomische Bindeglied zwischen den Dutzenden von Millionen kleiner Landwirte und der Industrie, wenn – neben diesen Landwirten nicht eine hochentwickelte maschinelle Großindustrie mit einem ganzen Netz elektrischer Leitungen besteht, die ihrer technischen Macht und ihrer Organisation nach imstande ist, die kleinen Landwirte mit besseren Produkten und in größeren Mengen, schneller und billiger als vorher zu beliefern. Im Weltmaßstab ist dieses ›Wenn‹ schon verwirklicht...«,[16] nicht aber in Sowjetrussland.

Deshalb gilt vorläufig für die russische Landwirtschaft der Markt als unentbehrlich. Aber ist das gleichbedeutend mit einem Verzicht auf jede planmäßige Beeinflussung der Bauernwirtschaften? Und wenn nicht, wie sind die Chancen solcher Regulierungsversuche?

Der Mittel, auf die Landwirtschaft einzuwirken, gibt es eine ganze Reihe. Das radikalste wäre die allmähliche Niederkonkurrierung der antikollektivistischen Kleinwirtschaften durch technisch gut ausgestattete genossenschaftliche Großbetriebe, Kornfabriken im amerikanischen Sinn. Dazu waren in der Sowjetunion alle Voraussetzungen gegeben – ausgenommen das notwendige Kapital. So spielen die relativ wenigen und mit Maschinen, Vieh, Saatgut und Düngemitteln nur mangelhaft ausgerüsteten Großbetriebe trotz aller staatlicher Förderung vorläufig eine sehr bescheidene Rolle. Große Hoffnungen setzt man auf die landwirtschaftlichen Genossenschaften in allen ihren Formen. Lenins Plan, die Landwirtschaft allmählich in eine sozialistische Wirtschaft einzuordnen, beruht im Wesentlichen auf dem allseitigen genossenschaftlichen Zusammenschluss der Bauernwirtschaften.[17]

16　Lenin: Über die Bedeutung des Goldes, S. 983 [LW 33, S. 95].

17　Bucharin hat in einer besonderen Schrift zu zeigen versucht, dass »der Weg zum Sozialismus« (dies ist der Titel) unter den Bedingungen der

Ein wichtiges Mittel für die erstrebte Strukturänderung der Landwirtschaft ist die Elektrifizierung des flachen Landes und damit die Umstellung der Betriebe auf die neueste Technik. Aber auch hier steckt alles noch in den ersten Anfängen.

Heute schon wirksame Mittel sind vor allem Steuer- und Preispolitik. Durch Differenzierung der Besteuerung der landwirtschaftlichen Produkte kann die Bodenbestellung in die gewünschte Richtung gewiesen, die Hypertrophie des Körnerhaus zurückgedrängt und die Viehzucht reguliert werden. Dasselbe gilt für die Preispolitik und erst recht für eine Kombinierung von beiden (z. B. hohe Preise und niedere Besteuerung für Zucht von Großvieh).

Für die planmäßige Hebung der landwirtschaftlichen Technik stehen der Sowjetregierung dieselben Mittel zur Verfügung wie jedem anderen Staate: Bodenregulierung, künstliche Bewässerung, landwirtschaftliche Schulen und Musterbetriebe, innere Kolonisation und schließlich Kreditgewährung an die Landwirte.

In letzter Zeit gewinnt das früher schon in der Zuckerrübenindustrie übliche Kontraktsystem eine gewisse Bedeutung für die Einflussnahme auf die landwirtschaftliche Produktion. Es handelt

NEP allein über die landwirtschaftlichen Genossenschaften möglich sei. Die entscheidende Rolle spielen dabei die bäuerlichen Einkaufs-, Kredit-, Maschinen- und Absatzgenossenschaften, durch die der Einzelbauer allmählich die »Vorteile kollektiver Arbeitsformen« kennen lernt. »So wird die Organisation der Bauernwirtschaft, die mit der genossenschaftlichen Organisation des Handels beginnt, allmählich auf die Organisation der Verarbeitung landwirtschaftlicher Produkte und auf diesem Wege auch auf die unmittelbare landwirtschaftliche Produktion übergreifen. Der Übergang zur Elektrifizierung wird diesen Prozess vollenden. So entwickelt sich immer mehr das organisierte System der Bauernwirtschaften. die sich aus einzelnen zersplitterten Einheiten in ein organisiertes Ganzes verwandeln. Die Bauernwirtschaften ändern allmählich ihren Charakter, verbünden sich und verwachsen mit der staatlichen Industrie zu einem noch gewaltigeren Ganzen. Und diese wirtschaftliche Kette, bei der jedes einzelne Glied organisiert ist, ist eben dem Wesen der Sache nach Sozialismus. Auf diesem Wege gelangen wir also zum Sozialismus trotz der vorläufigen wirtschaftlichen und technischen Rückständigkeit unseres Landes.« (Bucharin: [Der Weg zum Sozialismus], S. 47 f.)

sich hier um den Abschluss von Anbauverträgen mit den einzelnen
Bauern, wobei ihnen Vorschüsse für die Beschaffung von Saatgut usw.
gewährt werden. Nach *Ėk[onomičeskaja] Žizn'* vom 3. Januar 1928
sollen mit 4 Millionen Bauernwirtschaften solche »Generalverträge«
abgeschlossen worden sein, die sich auf 3,66 Millionen ha Fläche
beziehen und alle Arten von pflanzlichen Landwirtschaftsproduk-
ten umfassen, darunter eine halbe Million ha Zuckerrüben und fast
1 Million ha Baumwolle.[18]

Die Gründe für den geringen Erfolg, der bisher mit den planwirtschaftlichen Versuchen in der Landwirtschaft erzielt worden ist, liegen
in der Hauptsache in dem Mangel an Industriewaren für den Bauernhof
und an Maschinen, Saatgut und Krediten für die ländlichen Produktivgenossenschaften. Besondere Schwierigkeiten entstehen auch aus der
Untrennbarkeit aller auf die Regulierung der Landwirtschaft gerichteten
Maßnahmen von der allgemeinen Politik. Das produktionstechnische
Wirtschaftsziel heißt: möglichst hohe Erträge zur Versorgung des
Innenmarktes und für den Export. Zu diesem Zweck müsste sich die
Agrarpolitik auf die leistungsfähigen landwirtschaftlichen Betriebe
stützen. Die gehören aber nicht den politischen Verbündeten, sondern den Gegnern. Die Kulakenwirtschaft ist produktionstechnisch
lebensfähiger als die Menge der kleinen und der Zwergbetriebe. »Sie
verfügt unter sonst gleichbleibenden Bedingungen über bedeutende
Vorzüge nicht nur im Sinne der Rentabilität, sondern auch im Sinne
der Vorteilhaftigkeit der Einführung von allerlei Vervollkommnungen
der Wirtschaftsleitung. Nicht nur in der Kleinwirtschaft, sondern auch
in der mittelbürgerlichen Wirtschaft kostet infolge des ungenügend
großen Umfanges der Wirtschaft eine Reihe technischer Vervollkommnungen bedeutend mehr als in einer größeren Wirtschaft. In vielen
Kleinwirtschaften lohnt es sich nicht einmal, ... ein Pferd zu halten.«[19]

Einen Ausweg aus diesem Dilemma bieten wie gesagt theoretisch
die genossenschaftlichen Großbetriebe. In der Praxis aber lässt sich

18 Zit[iert] bei Auhagen in seinem russischen Wirtschaftsbericht. [Otto Au-
    hagen: Wirtschaftsumschau. In:] Osteuropa [3, 5 (Februar 1928)], S. 379 ff.
    A[uhagen] hält diese Versuche für sehr aussichtsreich.
19 Rykov: [Die Direktiven für die Aufstellung des Fünfjahresplanes], S. 2924.

wegen der Armut des Landes auf diesem Wege vorläufig nichts Entscheidendes ändern.[20]

2. Privatkapital in Gewerbe und Handel[21]

Die Domänen der Privatwirtschaft sind – abgesehen von den Bauernwirtschaften – Kleingewerbe und Kleinhandel. In beiden ist sie unentbehrlich, da bisher weder die Staatsindustrie sämtliche Industriewaren herstellt, noch das Genossenschaftsnetz die Verteilung allein bewältigen kann.

Die monopolistische Beherrschung nahezu aller industrieller Rohstoffe und des Kredits erlaubt den Staatsorganisationen eine weitgehende Einflussnahme auf die Kleingewerbetreibenden. In gleicher Richtung wirkt der Abschluss von Generalverträgen durch Syndikate und Genossenschaften.

Der private Kleinhandel verliert durch die Genossenschaften dauernd an Boden; daneben verhindern die Abhängigkeit von der Belieferung durch die Staatsindustrie, sowie administrative und steuerpolitische Maßnahmen eine dauernde Durchkreuzung des Wirtschaftsplanes durch den Privathandel.

20 Nach Abschluss der vorliegenden Arbeit wird bekannt, dass die Sowjetregierung gezwungen war, im Sommer 1928 15 Millionen Pud Getreide einzuführen, während in den vorhergehenden Monaten die Ausfuhr minimal blieb. An Stelle der für die Durchführung des Industrialisierungsprogramms unentbehrlichen Getreideausfuhr trat also ein nicht unerheblicher Getreideimport. Die Rückwirkungen auf den Wirtschaftsplan und die Handelsbilanz erfuhren dadurch eine gewisse Abschwächung, dass es gelungen ist, die Ausfuhr der Agrarprodukte zweiter Ordnung (Butter, Eier usw.) zu forcieren. Der Misserfolg der Getreidekampagne führte dazu, dass seit dem Sommer 1928 von neuem die größten Anstrengungen gemacht werden, die schnellste Entwicklung der staatlichen und genossenschaftlichen landwirtschaftlichen Großbetriebe zu erzwingen. Vgl. hierzu die Berichte Auhagens in der Zeitschrift *Osteuropa*.
21 Vgl. [Artur Martynovič] Kaktyn´: Die [Entwicklung der Planelemente] im Innen- und Außenhandel der [UdSSR. In: Planwirtschaft] 11 (1926), [S. 73–87, hier] S. 54.

III. Unmittelbar nicht regulierbare Faktoren

Der Vollständigkeit halber sei hier auf diejenige Gruppe von wirtschaftlichen Faktoren hingewiesen, auf welche die planwirtschaftliche Tätigkeit nur einen sehr geringen Einfluss hat, die andererseits aber hemmend oder fördernd entscheidend auf die Ausführung des Wirtschaftsplanes einwirken können. Als Beispiele nennen wir die Witterung in den für den Ausfall der Ernte wichtigen Monaten und die Erlangung ausländischer Kredite. Ganz machtlos steht die Planarbeit auch in der Übergangswirtschaft diesen Störungsfaktoren nicht gegenüber.

Verbesserungen in der Agrartechnik und Bildung reichlicher Reserven können Störungen durch eine Missernte in relativ engen Grenzen halten, umso mehr, wenn der Wirtschaftsplan nur mit einer Durchschnittsernte rechnet.

Gegen Störungen, die aus der Versagung von Auslandskrediten drohen, schützen sich die Planarbeiter dadurch, dass sie nur in einer Maximalvariante Auslandskredite vorsehen, den Normalplan aber allein auf die Wirtschaftskräfte des eigenen Landes aufbauen.

Ersetzung der Marktfunktionen[22]

Wir haben jetzt noch die eingangs gestellte Frage wenigstens summarisch zu beantworten, in welchem Umfang bisher Ansätze dafür sichtbar geworden sind, dass Funktionen des Marktes durch Planmaßnahmen ersetzt werden können.

Dagegen soll die Beantwortung der anderen entscheidenden Frage, ob sich die Marktfunktionen im Sozialismus durch planwirtschaftliche Maßnahmen derart ersetzen lassen, dass dadurch bei geringerem Aufwand von Arbeitsleid der Arbeitsertrag so groß oder größer ist als in der Marktwirtschaft, vorläufig zurückgestellt werden. Denn ein wissenschaftlich begründetes Urteil hierüber setzt eine Reihe Untersuchungen voraus, die bisher noch nicht geleistet worden sind.

---

22 Bei dem folgenden Überblick kommt es uns vor allem auf das Grundsätzliche an. Auf die oft hervorgehobenen Mängel der Ausführung gehen wir deshalb hier nicht mehr ein.

Beginnen wir mit der industriellen Produktion. Von der *Leitung* der Großindustrie ist der Markt großenteils durch den Wirtschaftsplan verdrängt, Produktionsrichtung und Verteilung der Produktionsfaktoren werden planmäßig festgelegt, die Bildung von Reserven sorgt für die unentbehrliche Elastizität. Dagegen herrschen in der privaten Kleinindustrie die Gesetze von Angebot und Nachfrage noch in weitem Umfang.

Die eigentliche *Unternehmerfunktion*, die Pioniertätigkeit für den technischen Fortschritt und die Vorausnahme des zukünftigen Bedarfs ist an die obersten Wirtschaftsbehörden übergegangen. Wichtige Entscheidungen werden heute im OVWR oder im Gosplan mit genauerer Kenntnis der Gesamtlage getroffen, als es einem einzelnen Unternehmer möglich wäre. Eine wichtige Rolle bei der raschen Durchführung des technischen Fortschrittes können die Aufhebung des Fabrikgeheimnisses ebenso wie systematische Forschungsarbeiten spielen. Schließlich muss hier auch die Interessiertheit jedes in der Produktion Beschäftigten am technischen Fortschritt, die durch gesellschaftliche Hochgeltung und mit Prämien wachgehalten wird, erwähnt werden.

Auf die Möglichkeiten zur Zurückdrängung des Marktes in der landwirtschaftlichen Produktion ist bereits oben hingewiesen worden.

Die Feststellung des *Bedarfs* ist bisher leichter gewesen als seine Deckung. Die Ermittlung des Bedarfs an *Produktionsmitteln* wird auch für die Zukunft ohne den Markt mit Hilfe verfeinerter Planmethoden (Wirtschaftsbilanzen) nicht schwerfallen. Dagegen steht die marktlose Ermittlung der Nachfrage nach *Konsumtionsmitteln* nach Überschreitung der Grenze des Warenhungers vor schwierigen Aufgaben. Doch bis dahin kann aus zwei Richtungen eine Entlastung kommen: durch die Ausbreitung der Konsumgenossenschaften und die Uniformierung des Bedarfs. Ansätze zur Vereinheitlichung des Bedarfs sind sehr naheliegend in einem Staat mit kollektivistischen Zielen und heute schon allenthalben nachweisbar. Die Presse tut das ihrige, um diese Tendenzen zu unterstützen. Ein Teil des Bedarfs an Konsummitteln wird jedoch auf absehbare Zeit durch das Kleingewerbe und durch Vermittlung des Marktes befriedigt werden müssen.

Versuche, bei der Herausbildung und Verteilung der *Arbeitskräfte*
den Markt auszuschalten, stecken noch in den ersten Anfängen.
Berufsschulen und eine frühzeitige Vorausberechnung des Bedarfs
an Arbeitskräften sollen hier weiterführen.

Bei der Verteilung der Konsumtionsmittel hat – abgesehen von
den fehlgeschlagenen Versuchen des Kriegskommunismus – das *Geld*
seinen beherrschenden Platz behaupten können. An seine Verdrängung ist für die nächste Zukunft kaum zu denken.

Soweit die *Konkurrenz* ausgeschaltet werden konnte, vollzieht sich
ihre Ablösung durch Anstachelung des Interesses an billigerer und
besserer Produktion und Aussetzung von Prämien und öffentlicher
Anerkennung und Tadel sehr langsam.

An die Stelle des Selfinterests als *Triebfeder* allen wirtschaftlichen
Handelns sind bei einer allem Anschein nach ziemlich großen Mi-
norität die Motive des für seine Überzeugung kämpfenden Soldaten
getreten. Nicht wenige unter den oberen Funktionären verdienen
wohl den Titel, den ein alter zaristischer Gelehrter einem der leitenden Männer des OVWR als Widmung in ein Buch geschrieben hat:
»Helden und Märtyrer der Planwirtschaft.« –

Wir haben im Laufe der vorliegenden Arbeit den theoretischen
und praktischen Ausgangspunkt der planwirtschaftlichen Versuche
in Sowjetrussland kennen gelernt, von ihren wechselnden Schicksa-
len und den Gründen für ihre Erfolge und Misserfolge gehört und
zum Schluss einen Blick auf ihre Ergebnisse bei der Verdrängung
des Marktes geworfen. Wohin sie führen, wird die Geschichte lehren. Aufgabe der Wissenschaft aber ist es, heute schon anhand des
einzigartigen Materials, das sie bieten, diejenigen Gesetzmäßigkeiten festzustellen, denen jeder Versuch, die Marktwirtschaft in eine
marktlose umzuwandeln, unterworfen ist.

Anhang

1. Schematische Darstellung
wichtiger Wirtschaftsbehörden

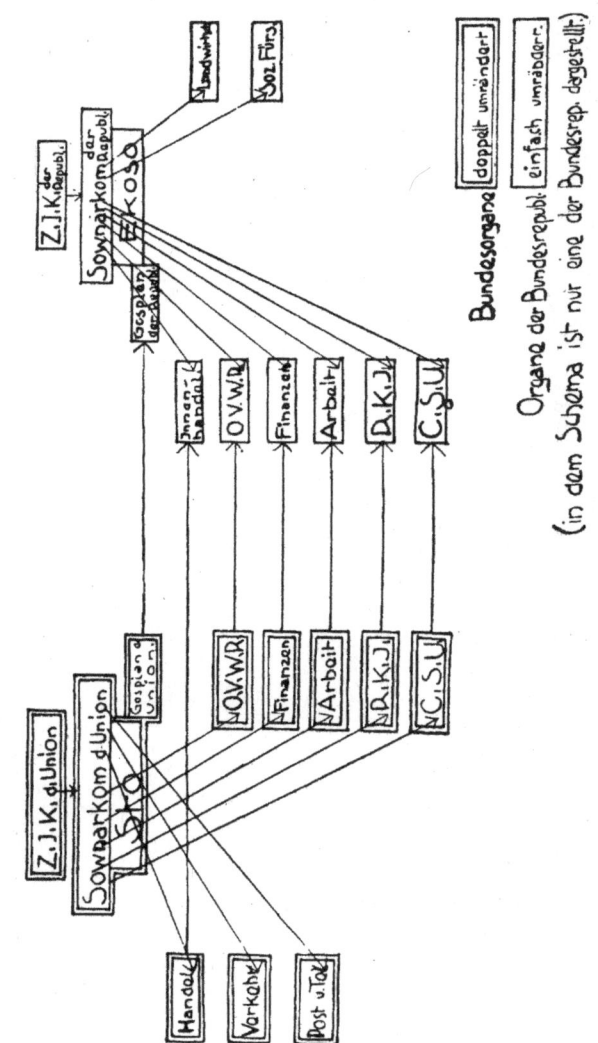

1. Die oberen Wirtschaftsbehörden der Sowjet-Union.

2. Die planwirtschaftlichen Behörden der Sowjet-Union.
Nach dem Stand vom November 1927.

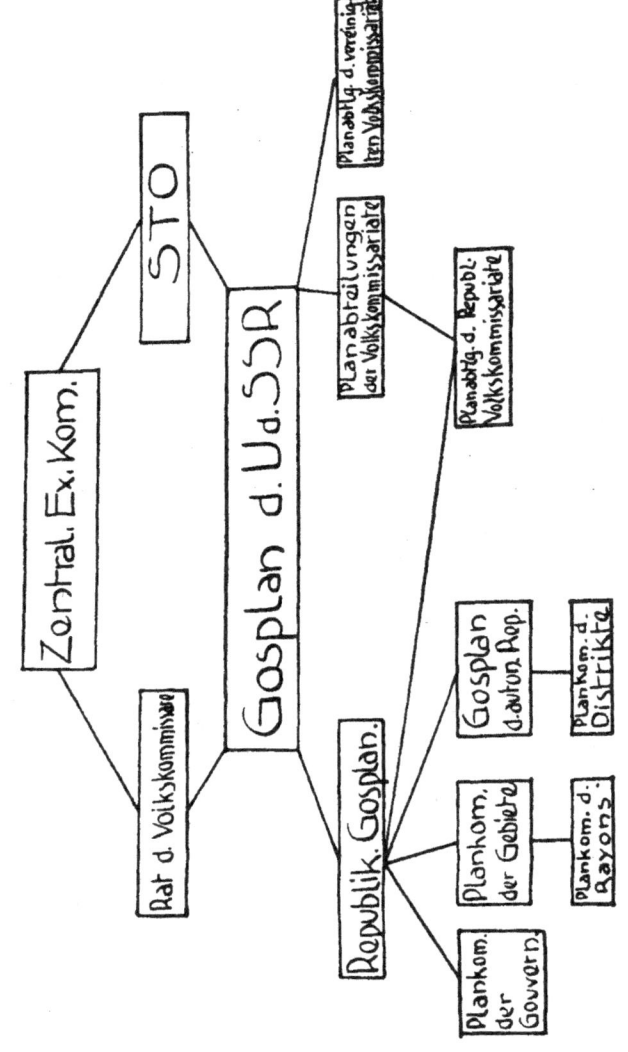

Nach einem Entwurf des Gosplan der Union.

3. Wirtschaftsbehörden
während der dritten Phase des Kriegskommunismus.
Ende 1919 bis Frühjahr 1921.

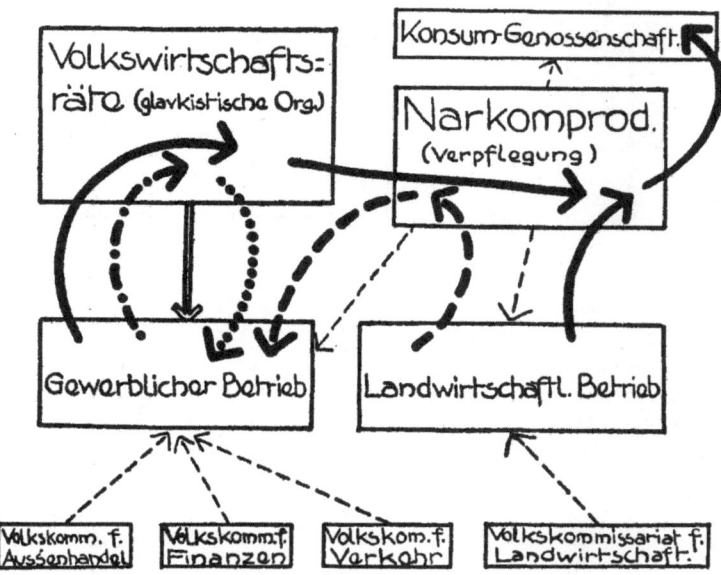

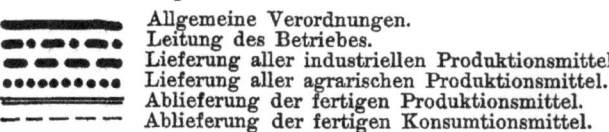

Zeichenerklärung:

▬▬▬▬	Allgemeine Verordnungen.
▬·▬·▬·	Leitung des Betriebes.
▬ ▬ ▬ ▬	Lieferung aller industriellen Produktionsmittel.
●●●●●●●●	Lieferung aller agrarischen Produktionsmittel.
▬▬▬▬▬	Ablieferung der fertigen Produktionsmittel.
▬ ▬ ▬ ▬ ▬	Ablieferung der fertigen Konsumtionsmittel.

Die Übertragung der gesamten Wirtschaftsleitung an den STO im
Dezember 1920 ist in diesem Schema nicht berücksichtigt.

4. Verwaltung von 6908 gewerblichen Betrieben.

Nach dem Stand vom 1. 11. 1920.

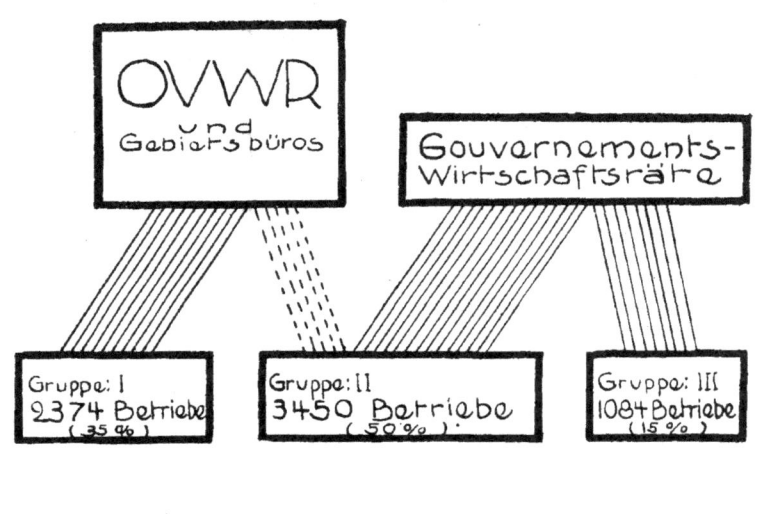

Zeichenerklärung:

     Gesamtleitung: ————————

     Bestätigung des Produktionsplanes: — — — — — — — —

2. Organisations-Schema des OVWR
1920–1927

Zeichenerklärung
für die nachfolgenden Schemata
des OVWR

⊙ Allgemeine Leitung

◬ Wissenschaftliche Abteilungen

◈ Innerdienstliche Verwaltung

○ Hauptverwaltungen (Direktorate)

▭ Gebietsbüros

▭ Gouvernements-Volkswirtschaftsräte

5. Der Oberste Volkswirtschaftsrat im Jahre 1920.

Glavkistische Organisation.

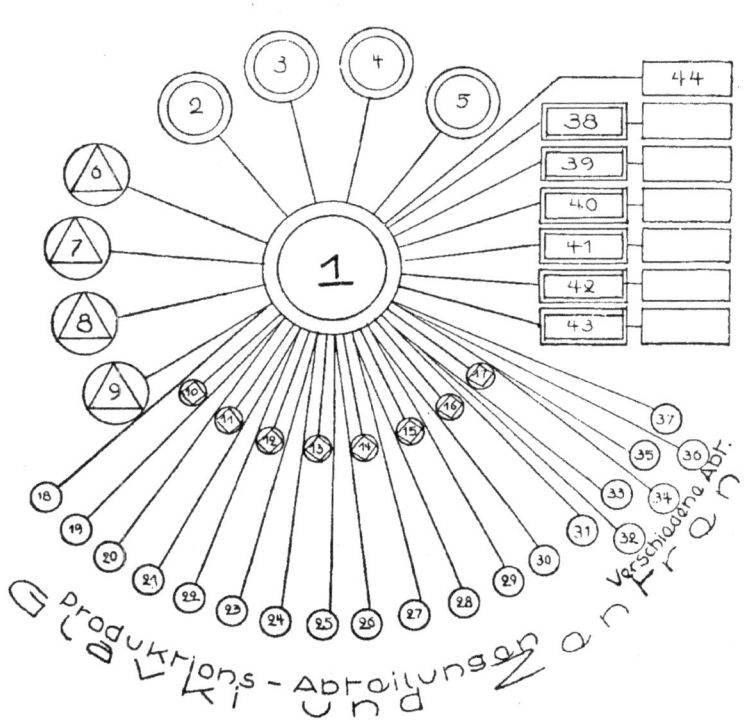

Zeichenerklärung.

1 Präsidium.

I. Dem Präsidium unmittelbar unterstellte Abteilungen:

    a)

2 Preiskommission.
3 Verwertungskommission.
4 Produktionskommission.
5 Außenhandelskommission.

b) Wissenschaftlich-technische Abteilungen:
- 6 Geologische Abteilung.
- 7 Oberste geodätische Abteilung.
- 8 Wissenschaftlich-technische Abteilung.
- 9 Ständige Versuchsabteilung.

c) Innerdienstliche Abteilungen:
- 10 Verbindungsstelle.
- 11 Inspektion.
- 12 Rechnungswesen.
- 13 Finanzwirtschaftliche Abteilung.
- 14 Allgemeine Verwaltung.
- 15 Juristische Abteilung.
- 16 Presse- und Verlagsabteilung.
- 17 Statistische Abteilung.

II. Glavki und Zentren:

a) Produktionsabteilungen:

18 Chemie.	(22 Glavki und Zentren)	
19 Nahrungs- und Genußmittel.	(7 „ „ „)	
20 Elektrotechnik.	(2 „ „ „)	
21 Bergbau.	(7 „ „ „)	
22 Metall.	(10 „ „ „)	
23 Baumaterialien.		
24 Leder.		
25 Bekleidung.		
26 Textilien.		
27 Graphisches Gewerbe.		
28 Holz.		
29 Torf.		
30 Verwertungsabteilung.		

b) Verschiedene Abteilungen:
- 31 Brennstoffzentrale.
- 32 Abteilung für Transportvermittlung.
- 33 Abteilung für Feuerversicherung.
- 34 Hauptverwaltung für Heimindustrie.
- 35 Kleingewerbe und Produktivgenossenschaften.
- 36 Hauptverwaltung für Landwirtschaft.
- 37 Kommission für Staatsbauten.

III. Gebietsbüros des OVWR und Gouvernements-volkswirtschaftsräte:
- 38 Ukraine mit 9 Gouvernementsvwr.
- 39 Südosten „ 5 „
- 40 Ural „ 5 „
- 41 Sibirien „ 7 „
- 42 Kirgisen „ 6 „
- 43 Turkestan
- 44 37 Gouvernementsvwr. direkt dem Präsidium des OVWR unterstellt.

Das Schema ist zusammengestellt nach drei verschiedenen schematischen Zeichnungen, die nicht übereinstimmen (Miljutin, Organisation der Volkswirtschaft..., Anlage; Rosenfeld, l. c., S. 549, sowie einer Zeichnung, die dem Verfasser vom OVWR zur Verfügung gestellt wurde). Das vorstehende Schema kann keinen Anspruch auf Genauigkeit machen, sondern soll nur ein ungefähres Bild von der Unübersichtlichkeit der glavkistischen Organisation geben.

6. Der Oberste Volkswirtschaftsrat der Union in den Jahren 1924 bis August 1926 („Cugprom"-Periode).

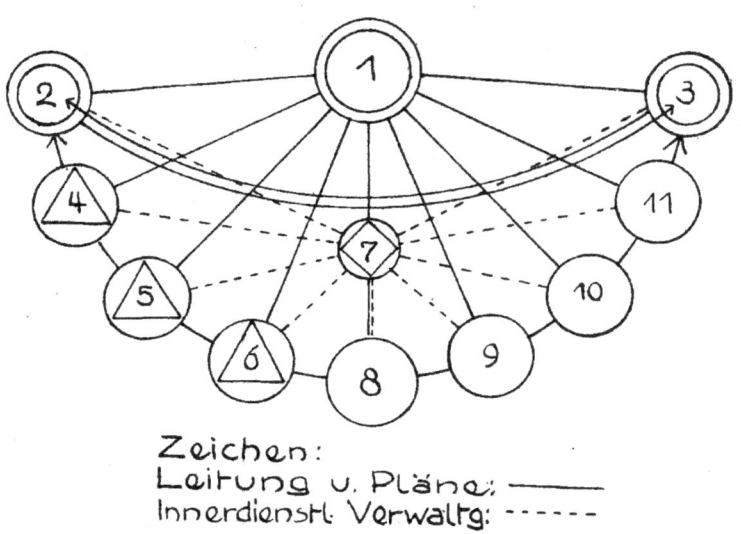

Zeichen:
Leitung u. Pläne: ————
Innerdienstl. Verwaltg: - - - - - -

Zeichenerklärung:

1 Präsidium.
2. Zentralverwaltung der Staatsindustrie (Cugprom) mit 13 „Direktoraten".
3 Hauptwirtschaftsverwaltung (GEU) mit 21 Abteilungen.
4 Wissenschaftlich-technische Abteilung.
5 Geologisches Komitee.
6 Oberste geodätische Verwaltung.
7 Verwaltungs- und Finanzabteilung.
8 Verwaltung der Kriegsindustrie.
9 Zentralverwaltung des graphischen Gewerbes.
10 Hauptverwaltung der elektrotechnischen Industrie.
11 Hauptverwaltung der Metallindustrie.

7. Der Oberste Volkswirtschaftsrat der Union 1926—1927.
Nach Auflösung des Cugprom.

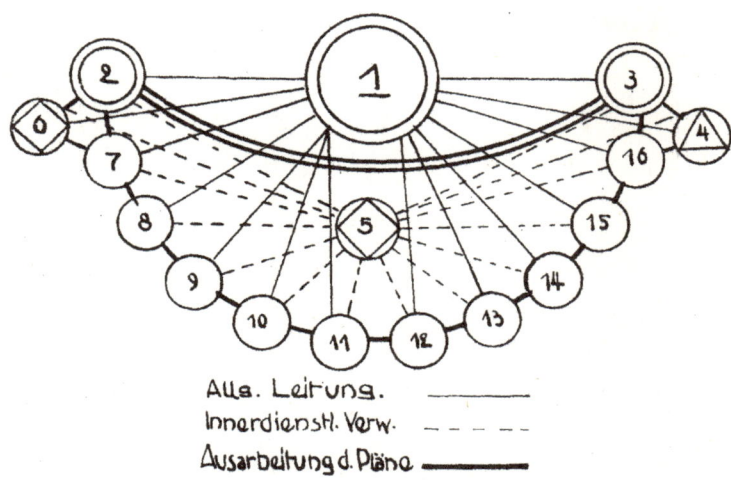

Allg. Leitung. ─────

Innerdienstl. Verw. ─ ─ ─ ─

Ausarbeitung d. Pläne ━━━━

Zeichenerklärung:

1 Präsidium.
2 Planverwaltung mit 6 Abteilungen.
3 Hauptwirtschaftsverwaltung (GEU) mit 12 Abteilungen.
4 Wissenschaftlich-technische Verwaltung.
5 Verwaltungs- und Finanzabteilung.
6 Rechnungs- und Revisionsverwaltung.
7 Verwaltung der Kriegsindustrie.
8 Kommission für die graphische Industrie.
9 Hauptverwaltung der elektrotechnischen Industrie.
10 Hauptverwaltung der Metallindustrie.
11 Hauptverwaltung der chemischen Industrie.
12 Hauptverwaltung für Bergbau und Brennstoff.
13 Hauptverwaltung der Textilindustrie.
14 Hauptverwaltung der Holz- und Papierindustrie.
15 Hauptverwaltung der landwirtschaftlichen und Nahrungsmittelindustrie.
16 Kommission für die Lederindustrie.

─────────

Nach einem Schema des OVWR der Union.

8. Der Oberste Volkswirtschaftsrat der Union im Jahre 1927.

Nach dem Stand vom November 1927.

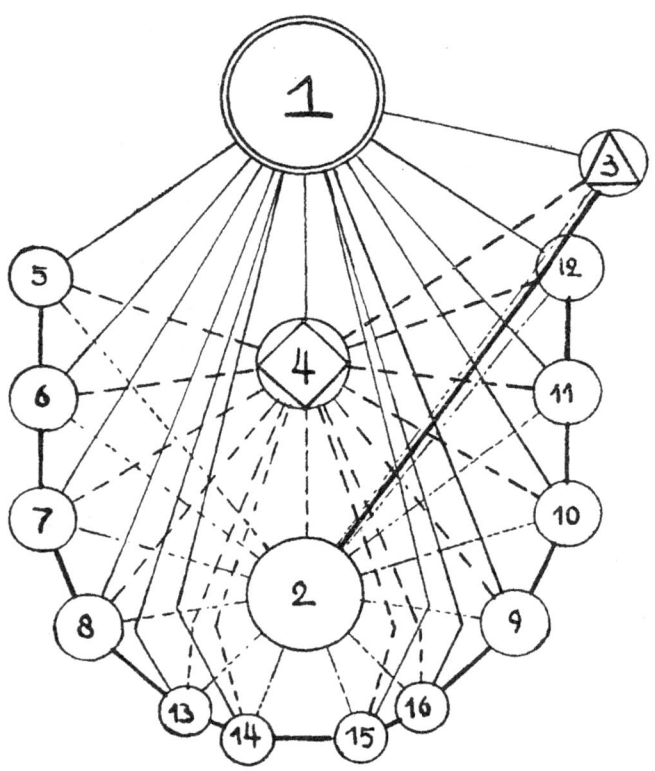

allg. Leitung
innerdienstl. Verw.
Ausarbeitung d. Pläne
Wissenschaftl. Berat.

Zeichenerklärung:

1 Präsidium.'
2 Planwirtschaftliche Verwaltung mit 10 Abteilungen.
3 Wissenschaftlich-technische Verwaltung mit 7 Abteilungen.
4 Verwaltungs- u. Finanzabteilung.
5 Verwaltung der Kriegsindustrie.
6 Hauptverwaltung der elektrotechnischen Industrie.
7 Hauptverwaltung der Metallindustrie.
8 Hauptverwaltung der chemischen Industrie.
9 Hauptverwaltung für Bergbau und Brennstoff.
10 Hauptverwaltung der Textilindustrie.
11 Hauptverwaltung der Holz- und Papierindustrie.
12 Hauptverwaltung d. landwirtsch. und Nahrungsmittelindustrie.
13 Kommission f. d. graph. Industrie.
14 Kommission f. d. Lederindustrie.
15 Kommission für die Heim- und Kleinindustrie.
16 Kommission für Bauwesen.

Nach einem Schema des OVWR der Union.

9. Der Oberste Volkswirtschaftsrat der USFSR im Jahre 1927.

Nach dem Stand vom November 1927.

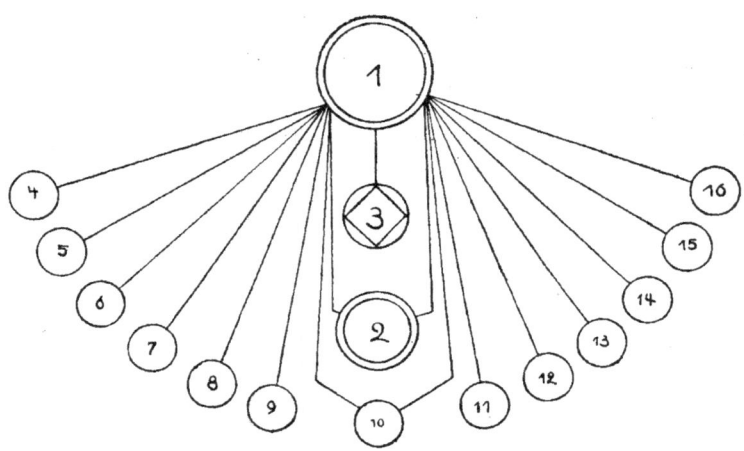

Zeichenerklärung:

1 Präsidium.
2 Planwirtschaftliche Verwaltung.
3 Verwaltungs- und Finanzabteilung.
4 Abteilung für Mobilisierung der Industrie.
5 Direktion der graphischen Industrie.
6 Direktion der Metallindustrie.
7 Direktion der chemischen Industrie.
8 Direktion für Bergbau und Brennstoffe.
9 Direktion der Textilindustrie.
10 Direktion der Holz- und Papierindustrie.
11 Direktion der landwirtschaftlichen und Nahrungsmittelindustrie.
12 Direktion der Lederindustrie.
13 Direktion der Heim- und Kleinindustrie.
14 Direktion des Bauwesens.
15 Direktion der Glasindustrie.
16 Direktion der Fischerei und Fischverwertung.

Nach einem Schema des OVWR der RSFSR.

Literaturverzeichnis

Vorbemerkung: Die Titel der Werke in russischer Sprache sind sämtlich übersetzt; ein eingeklammertes (R.) zeigt an, dass das russische Original zitiert wird. In der Regel wird nur bei den Zeitschriften und Zeitungen der russische Titel in Klammern daneben gesetzt.

Die im Text und in den Anmerkungen benutzten Abkürzungen werden im Literaturverzeichnis besonders aufgeführt und mit dem vollen Titel in Verbindung gebracht, soweit diese Entzifferung sich nicht von selbst versteht.

Eine römische Ziffer neben einem Autorennamen bedeutet, dass ein Band aus der im Literaturverzeichnis angegebenen Ausgabe der gesammelten Werke des betreffenden Autors zitiert wird.

Es wird eine beschränkte Auswahl aus der Menge der Schriften aufgeführt, die sich mit den hier behandelten sowjetrussischen Problemen beschäftigen. Werke allgemein theoretischen Inhalts sind weggelassen.

Abrégé des données statistiques de l'Union des Républiques Socialistes Soviétiques. Rédigé pour les Membres de la xvIe Session de l'Institut International de Statistique par l'Administration Centrale de Statistique de l'U.R.S.S. Moscou 1925.

Agrarkodex der R.S.F.S.R. mit einem alphabetischen Sachregister in deutscher und russischer Sprache. Moskau 1925.

Ajchenval'd, Sowjetökonomik, Moskau 1926. (R.)

Annalen des Lenin-Instituts I-III, Moskau 1927/28. (R.)

Bašanov, B., Kritische Bemerkungen zu den Kontrollziffern des Gosplan für 1925/26. (In: »Sozialistische Wirtschaft« 1925, Nr. VI.) (R.)

Basseches, Nikolaus, Das wirtschaftliche Gesicht der Sowjetunion. Wien und Leipzig 1925.

Bauer, Fritz, Die rechtliche Struktur der Trusts. Mannheim, Berlin, Leipzig 1927.

Bauer, Otto, Bolschewismus oder Sozialdemokratie? Wien 1920.

Die Bauernbewegung im Jahre 1917. Unter der Redaktion YOII Pokrovskij und Jakovlev, Moskau 1927. (R.)

Bazarov, V. A., Zur Methodologie der Kontrollziffern. (In: »Wirtschaftliche Rundschau«, Januar 1927.) (R.)

Bernatzki, M. v., Der Zusammenbruch der russischen Währung und die Aussichten auf ihre Wiederherstellung. (In: Währungsreform in der Tschechoslowakei und in Sowjetrußland. München und Leipzig 1924.)

Die Beschlüsse des ix. Kongresses der Kommunistischen Partei Rußlands, Kleine Bibliothek der Russischen Korrespondenz, Nr. 3/4. Berlin 1920.

Birbraer, M., Zur Methodologie der Kontrollziffern. (In: Wirtschaftliche Rundschau«, Juni 1927.) (R.)

Bolšakov, Das Dorf von 1917 bis 1927. Moskau 1927. (R.)

Braun, Adolf, Rußland und die Revolution. Als MS. gedruckt; o. J., o. O. (1906).

Brjuchanow, N. P., Das Staatsbudget der Sowjetunion. Berlin 1926.

Brutzkus, Boris, Agrarentwicklung und Agrarrevolution in Rußland. (In: »Quellen und Studien«, herausg. vom Osteuropa-Institut in Breslau, Abt. Wirtschaft. N. F., H. 2. Berlin 1925.)

Ders., Die Lehren des Marxismus im Lichte der russischen Revolution. Berlin 1928.

Buchanan, George, Meine Mission in Rußland. Berlin 1926.

Bucharin, N., über die Bauernfrage. Hamburg 1925.

Ders., Die internationale und innere Lage der Sowjetunion. Hamburg 1927.

Ders., Karl Kautsky und Sowjetrußland. Eine Antwort. Wien 1925.

Ders., Der Klassenkampf und die Revolution in Rußland. Kleine Bibliothek der Russischen Korrespondenz, Nr. 19/21, Berlin 1920.

Ders., Ökonomik der Transformationsperiode. Hamburg 1922.

Ders., Programm der Kommunisten (Bolschewiki). Kommunistische Bibliothek Nr. 5. Berlin 1919.

Ders., Der Weg zum Sozialismus. Wien 1925.

Catalogue systématique des publications sur la Russie 1917–25 (Bureau International du Travail). Genève 1926. Maschinenschrift. (R.)

Choronshitzky, J., Lenins ökonomische Anschauungen. Berlin 1928.

Les Conditions du Travail dans la Russie des Soviets. Paris 1920
(Bureau International du Travail).

La Coopération dans la Russie des Soviets. Genève 1925
(Bureau International du Travail).

Cyperovič, Syndikate und Trusts im vorrevolutionären Rußland
und in der Sowjetunion. 4. Aufl., Leningrad 1927. (R.)

Dan, Theodor, Sowjetrußland, wie es wirklich ist.
Ein Leitfaden für Rußlanddelegierte. Prag 1926.

Dekrete, s. Systematische Zusammenstellung der wichtigsten
Dekrete 1917–1920.

Dietze, Constantin v., Stolypinsche Agrarreform und
Feldgemeinschaft. Breslau, Leipzig und Berlin 1920.

Dobb, Maurice, Russian Economic Development since
the Revolution. London 1928.

Dzeržinskij, F., Die nächsten Aufgaben der Industriepolitik.
Moskau 1925. (R.)

Ders., Die Industrie der UdSSR. Ihre Errungenschaften
und Aufgaben. Moskau und Leningrad 1925. (R.)

Eckardt, H. v., Der Kreislauf der Wirtschaftspolitik des russischen
Kommunismus. (In: Weltwirtschaftliches Archiv. 17. Bd.
Chronik und Archivalien.)

Ders., Die Kontinuität der russischen Wirtschaftspolitik von Alt-
Moskau bis zur UdSSR. (In: Archiv für Sozialwissenschaft und
Sozialpolitik. Bd. 55.)

Ders., Schicksal und Bedeutung der Industrie in der russischen
Revolution 1917–1922 (in: Archiv für Sozialwissenschaften und
Sozialpolitik. Bd. 51).

Elektrifizierungsplan für die RSFSR. Berichte der Staatskommission für Elektrifizierung Rußlands an den VIII. Sowjetkongreß.
Moskau 1920. (R.)

Entwicklungsperspektiven der Volkswirtschaft der UdSSR für
1926/27–1930/31. Materialien der Zentralkommission für
den Fünfjahresplan. Moskau 1927. (R.)
(Zitiert als »Perspektivplan«.)

Farbmann, Michael, After Lenin. The new phase in Russia.
    London 1924.
Fenner, Heinz, Politisch-statistisches Handbuch der Sowjetunion.
    Mit wirtschaftsstatistischem Anhang. Berlin 1926.
Fedoroff, Michel, La Russie sous le régime communiste. Paris 1926.
Freund, Heinrich, Das Zivilrecht Sowjetrußlands. Mannheim.
    Berlin. Leipzig 1924.
Fünf Jahre Sowjetherrschaft in Rußland 1917–1922. Berlin 1923.
Genossenschaftsdekrete, 5. Sammlung von Verfügungen und
    Dekreten über das Genossenschaftswesen.
Gerschuni, G., Die Konzessionspolitik Sowjetrußlands. Berlin 1927.
Gesetzgebung über Industrie, Handel, Arbeit und Transport.
    Sammlung von Dekreten, Verfügungen, Anweisungen und
    Instruktionen. Teil 1 und 2. Moskau 1923. Teil 3. Moskau 1925. (R.)
Neue Gesetzgebung auf dem Gebiet der Landwirtschaft vom
    15. März 1920 bis zum 1. Januar 1923. Moskau 1923. (R.)
Gesetzgebung über Trusts und Syndikate. Redaktion, Einleitung und
    Kommentar von A. M. Ginzburg. 3. Auflage. Moskau 1926. (R.)
Die Gewerkschaftsbewegung in Sowjetrußland. Herausgegeben
    vom Internationalen Arbeitsamt. Genf 1927.
Die Gewerkschaftsdiskussion 1920–1921.
    Materialien und Dokumente. Moskau 1927. (R.)
Industrie und Volkswirtschaft. Sammlung von Aufsätzen unter der
    Redaktion von A. M. Ginzburg u. a. Moskau 1927. (R.)
Goebel, Otto, Der Entwicklungsgang der russischen
    Industriearbeiter bis zur ersten Revolution (1906).
    Herausg. vom Osteuropa-Institut Leipzig und Berlin 1920.
Gordeev, G. S., Die Planierung der Landwirtschaft in den letzten
    fünf Jahren. (»Planwirtschaft« 1926. Nr. 3.) (CR.)
Grinewitsch, W., Die Gewerkschaftsbewegung in
    Rußland. i. Ed. 1905–1914. Berlin 1927.
Groman, W. G., Thesen zur Revision der Kontrollziffern
    für 1925/26. (»Planwirtschaft« 1926. Nr. 2.) (R.)
Ders., Die Volkswirtschaft der Union im Wirtschaftsjahr 1926/27.
    (»Planwirtschaft« 1927. Nr. 12.) (R.)

Die Volkswirtschaft der UdSSR. Niedergang und Wiederaufstieg.
Zusammengestellt von Professor W. Groman. Berlin 1927.

Ders. und Guchman, B. A., Grundfragen der Ökonomik der UdSSR
in Tabellen und Diagrammen. Moskau 1928. (R.)

Grünfeld, Judith, Rußland und der Weltmarkt
(in: Die Gesellschaft IV. Nr. 6, Berlin Juni 1927).

Grundprinzipien der Landnutzung und Landregulierung.
Gesammelte Aufsätze, Berichte und Materialien. Moskau 1927. (R.)

Haensel, Paul, Das Steuersystem Sowjetrußlands. Berlin 1926.
(2. Aufl. Berlin 1928.)

Hahn, W. und Lilienfeld-Toal, A. v., Der neue Kurs in Rußland.
Wirtschaftsgesetze der Sowjetunion. Hrsg. v. Institut für
Weltwirtschaft und Seeverkehr in Kiel. Jena 1923.

Handbuch für Handel und Industrie der UdSSR. Herausgegeben
von den Handelsvertretungen der UdSSR in Deutschland und
Österreich. Berlin 1924.

Hirschberg, Max, Bolschewismus. Eine kritische Untersuchung
über die amtlichen Veröffentlichungen der Sowjet-Republik.
München und Leipzig 1919.

Hoetzsch, Otto, Rußland. Eine Einführung auf Grund seiner Geschichte vom Japanischen bis zum Weltkrieg. 2. Aufl. Berlin 1917.

Jahrbuch für Wirtschaft, Politik und Arbeiterbewegung 1922/23
(Hamburg o. J.), 1923/24 (Hamburg o. J.), 1925/26
(Hamburg und Berlin 1926).

Jahresplan der staatlichen Belieferung für 1921–22. Moskau 1921. (R.)

Jakovlev, J., Unser Dorf. Moskau 1924. (R.)

Jugow, A., Grundprobleme der russischen Volkswirtschaft
(in: Die Gesellschaft IV. Nr. 11. Berlin November 1927).

Industriedekretes. Gesetzgebung über Industrie,
Handel, Arbeit und Transport.

Industrial Life in Soviet Russia 1917–1923. (Herausg. v. I. L. O.)
Genf 1924.

Ischchanian, Die ausländischen Elemente in der russischen
Volkswirtschaft. Berlin 1913.

Kaktyn', A., Die Planelemente im Innen- und Außenhandel der
UdSSR (in: »Planwirtschaft« 1926, Nr. 3). (R.)

Karlgreen, Anton, Bolshevist Russia. London 1927.

Kelmann, E., und Freund, H., Die juristische Literatur der
Sowjetunion. Entwicklung und Bibliographie. Berlin 1926.

Köhler, Siegfried, Die russische Industriearbeiterschaft von
1905–1917. Leipzig und Berlin 1921.

Kollontai, A., Die Arbeiteropposition in Rußland. Berlin o. J.

Die Kommunistische Partei der Sowjetunion und der Oppositionsblock. Die grundlegenden Streitfragen in Zitaten und Dokumenten. Hamburg, Berlin 1927.

Kondrat'ev, N. D., Kritische Bemerkungen zum Entwicklungsplan
der Volkswirtschaft (in: »Planwirtschaft«, April 1927). (R.)

Konduruškin, Das Privatkapital vor dem Sowjetgericht.
Moskau 1927. (R.)

Konferenzen der russischen kommunistischen Partei.
Stenographische Berichte. (R.)

Allrussische Kongresse der Gewerkschaftsverbände.
Stenographische Berichte. (R.)

Kongresse der kommunistischen Internationale seit 1919. Protokolle
im Verlag der Kommunistischen Internationale Hamburg.

Kongresse der russischen Kommunistischen Partei. Stenographische Berichte. (R.)

Allrussische Kongresse der Räte der Arbeiter-, Bauern-, Rotar-
misten- und Kosakendeputierten. Stenographische Berichte. (R.)

Allrussische Kongresse der Volkswirtschaftsräte.
Stenographische Berichte. (R.)

Kontrollziffern des Fünfjahresplans der Entwicklung der Industrie
der UdSSR 1927/28–1931/32. Moskau 1927. (R.)
(Zitiert als »K. Z. 1927/32.«)

Kontrollziffern der Volkswirtschaft der UdSSR für 1925/26.
Moskau 1925. (R.) (Zitiert als »K. Z. 1925/26«.)

Kontrollziffern der Volkswirtschaft der UdSSR 1926/27.
Moskau 1926. 2. verbesserte Auflage Moskau 1927. (R.)
(Zitiert als »K. Z. 1926/27«.)

Kontrollziffern der Volkswirtschaft der UdSSR 1927/28.
Moskau 1927. (R.) (Zitiert als »K. Z. 1927/28«.)

Koren, John, The history of statistics. New York 1918.

Kotel'nikov und Meller, Die Bauernbewegung im Jahre 1917.
  Moskau 1927. (R.)
Kricman, L., Die heroische Periode der großen russischen
  Revolution. 2. Aufl. Moskau, Leningrad 1926. (R.)
Ders., Die Klassendifferenzierung im Sowjetdorfe. Moskau 1926. (R.)
Krischanowski, M., Planwirtschaftsarbeiten in der Sowjetunion.
  Ergebnisse des ersten Jahrzehnts. Wien. Berlin 1927.
Kržižanovskij, G. M., Fünf Jahre Kampf um den Plan
  (in: »Planwirtschaft« 1926, Nr. 3). (R.)
Ders., Zehn Jahre Wirtschaftsaufbau in der Sowjetunion 1917–1927.
  Moskau 1927. (R.)
Die Deutsche Landwirtschaft. Berlin 1913.
Landwirtschaftliche Dekrete, 5. Sammlung von Dekreten und
  Verfügungen für das Gebiet des Landwirtschaftskommissariats.
Larin, J., Das Privatkapital in der Sowjetunion. Moskau 1927. (R.)
Ders., Die Ökonomik des vorrevolutionären Dorfes.
  Moskau, Leningrad 1926. (R.)
Ders., Resultate, Wege und Konsequenzen der Neuen
  ökonomischen Politik. Moskau 1923. (R.)
Ders. und Kritzmann, L., Wirtschaftsleben und
  wirtschaftlicher Aufbau in Sowjetrußland 1917–1920.
  Internationale Arbeiterbibliothek, Bd. 2. Berlin 1921.
Lenin, N., Gesammelte Werke. Moskau 1924–26. Bd. I–XX. (R.)
Ders., Sämtliche Werke. Bd. XIII (1927), XX (1928). Wien-Berlin.
Ders., Sammelband I–VII. Moskau 1924–28. (R.)
Ders. (W. N. Uljanoff), Die Agrarfrage in Rußland am Ende des
  19. Jahrhunderts. Internationale Arbeiterbibliothek, Bd. 5,
  Berlin 1920.
Ders., Zur Agrarpolitik der Bolschewiki. Wien 1921.
Ders., Aufgaben des Proletariats in unserer Revolution. Wien 1921.
Ders., Die nächsten Aufgaben der Sowjetmacht.
  Berlin-Wilmersdorf 1919.
Ders., Erfolge und Schwierigkeiten der Sowjetmacht.
  Kleine Bibliothek der Russischen Korrespondenz, Bd. 38.
  Leipzig 1921.

Ders., Der Imperialismus als jüngste Etappe des Kapitalismus.
Bibliothek der Kommunistischen Internationale, IX.
Hamburg 1921.

Ders., Die große Initiative. Bern 1920.

Ders., Der Kampf um die soziale Revolution.
Sammelband Wien 1925.

Ders., Die drohende Katastrophe und wie soll man sie bekämpfen.
Wien 1920.

Ders., Die gegenwärtige Lage Sowjetrußlands.
Kleine Bibliothek der Russischen Korrespondenz, Bd. 38.
Leipzig 1921.

Ders., Die auswärtige und innere Politik Sowjetrußlands.
Kleine Bibliothek der Russischen Korrespondenz, Ed. 34/35.
Leipzig 1921.

Ders., Staat und Revolution. Berlin-Wilmersdorf 1918.

Ders., Das Verhältnis der Arbeiterklasse zum (mittleren)
Bauerntum. Kleine Bibliothek der Russischen Korrespondenz,
Bd. 41/42. Leipzig 1921.

Ders., Die Vorbedingungen und die Bedeutung der neuen ökono-
mischen Politik Sowjetrußlands (Über die Naturalsteuer).
Kleine Bibliothek der Russischen Korrespondenz, Bd. 47/48,
Leipzig 1928.

Ders. und Sinowjew, G., Gegen den Strom. Hamburg 1921.

Leont'ev, A. und Chmel'nickaja, E., Grundriß der
Übergangsökonomik. Leningrad [1927]. (R.)

Dieselben, Die Ökonomik der Industrie. Moskau 1926. (R.)

Dieselben, Die Sowjetökonomik. Moskau und Leningrad 1926. (R.)

Losowsky, A., Lenin und die Gewerkschaftsbewegung.
Bibliothek der Roten Gewerkschaftsinternationale. Bd. 32.
Berlin 1924.

Ders., Die Gewerkschaften in Sowjetrußland.
Kleine Bibliothek der Russischen Korrespondenz, Bd. 7/10,
Berlin 1920.

Martow, J., Geschichte der russischen Sozialdemokratie.
(Mit einem Nachtrag von Th. Dan: Die Sozialdemokratie
Rußlands nach dem Jahre 1908). Berlin 1926.

Maslow, Peter, Die Agrarfrage in Rußland, die bäuerliche
     Wirtschaftsform und die ländlichen Arbeiter.
     Internationale Bibliothek Nr. 12, Stuttgart 1907.
Mavor, An economic history of Russia, London 1925.
Materialien zur Kritik der Hypothesen.
     Heft 1: über die Arbeit des OSVOK. Moskau 1926 (R.)
Materialien zum Fünfjahresplan der industriellen Entwicklung der
     UdSSR 1927/28–1931/32. Moskau 1927. (R.)
     (Zit. als »Materialien«.)
Mautner, Wilhelm. Der Bolschewismus.
     Berlin, Stuttgart, Leipzig, 1920.
Meller und Pankratova. Die Arbeiterbewegung im Jahre 1917.
     Moskau 1926. (R.)
Miljukow, P., Der Zusammenbruch Rußlands.
     Leipzig, Berlin, Stuttgart 1925/26.
Miller, Margaret S., The economic development of Russia.
     1905–1914. London 1926.
Miljutin, V. P., Geschichte der ökonomischen Entwicklung der
     UdSSR 1917–1927. Moskau-Leningrad 1928. (R.)
Ders., W. P., Die Organisation der Volkswirtschaft in
     Sowjetrußland. Berlin 1921.
Neue landwirtschaftliche Gesetze, 5. Neue Gesetzgebung
     auf dem Gebiete der Landwirtschaft.
Auf neuen Wegen. Ergebnisse der neuen ökonomischen Politik.
     Moskau 1923. (R.)
Die neue Opposition. Sammlung von Materialien über die
     Diskussion von 1925. Leningrad 1926, (R.)
Orlov, N., Neun Monate Verpflegungsarbeit der Sowjetmacht.
     Moskau 1918. (R.)
Pankratova, A., Die Betriebsräte Rußlands im Kampf
     um die sozialistische Fabrik. Moskau 1923. (R.)
Pashitnow, K. A., Die Lage der arbeitenden Klassen 111 Rußland.
     Internationale Bibliothek Nr. 40. Stuttgart 1907.
Perspektiven für die Entwicklung der Volkswirtschaft,
     S. Entwicklungsperspektiven. (R.) (Zit. als »Perspektivplan«.)

Perspektiv – Orientierungsplan für 1927/28–1931/32.
Moskau 1928. (R.) (Zit. als »Orientirovka«.)
Petroff, Peter und Irma, Die wirtschaftliche Entwicklung der
Sowjetunion. Berlin 1926.
Percovič, [N.,] Sowjettrusts und -syndikate. Organisation der
Großindustrie der Sowjetunion; [Charkiw] 1925. (R.)
Popow, N., Die Konsumgenossenschaften in der UdSSR.
Wien-Berlin 1927.
Popov, N. N., Grundriß der Geschichte der Kommunistischen Partei
der UdSSR, 2. Aufl., Moskau-Leningrad 1926. (R.)
Preobraženskij, E., Die neue Ökonomik. Moskau 1926. (R.)
Price, M. Philip, Die russische Revolution. Hamburg 1921.
Das Privatkapital in der Volkswirtschaft der Sowjetunion.
Moskau 1927. (R.)
Probleme der Planarbeit. Stenographischer Bericht des 1. Kongres-
ses der Präsidien des Gosplan der UdSSR und der Gosplane der
Bundesrepubliken. Moskau 1926. (R.)
Procopovitch, S. N., The Economic Condition of Soviet Russia.
London 1924.
Prokopowitsch, S., über die Bedingungen der industriellen Ent-
wicklung Rußlands. Tübingen 1913. Der s., Haushaltungsbudgets
Petersburger Arbeiter (Arch. f. Soz.wiss. u. Soz.pol. xxx).
Vergleichender Produktionsfinanzierungsplan der Staatsindustrie
für 1926/27. Moskau 1927. (R.) (Zit. als »Promfinplan«.)
Radek, K., Das Programm der Kommunistischen Partei Rußlands.
Zürich 1920.
Das Recht Sowjetrußlands. Hrsg. von Makletzow, A.,
Timaschew, N., Alexejew, N. und Sawatzky, S. Tübingen 1925.
Resolutionen des 12. Parteitages der K.P.R. Moskau 1923. (R.)
Rozenfel′d, J. S., Die Industriepolitik der UdSSR. Moskau 1926. (R.)
La Russie vers le socialisme. La discussion clans le parti
communiste de l'U.R.S.S. Paris 1926.
Die russische Industrie im Jahre 1921 und ihre Perspektiven.
Jahrbuch des OVWR. Moskau 1921. (R.)
Dasselbe für 1922 bis 1925. (R.)
Das heutige Rußland 1917–1922. Berlin o. J.

Rykov, A. I., Aufsätze u. Reden, I. Bd. Moskau 1926. II. Bd. 1928. (R.)

Ders., Rede auf dem Kongreß der Planarbeiter
(in: »Planwirtschaft« 1926, Nr 4). (R.)

Ders., Sozialistischer Aufbau oder Zusammenbruch. Berlin 1926.

Rußland, Offizieller Bericht der englischen Gewerkschafts-
delegation. November/Dezember 1924. Berlin 1925.

Sabsovič, L. M., Die Organisation der Industrie. Moskau 1926. (R.)

Sammlung von Dekreten über die Finanzen 1917–1920.
Herausg. vom Volkskommissariat für Finanzen. Petersburg 1920. (R.)

Sammlung von Verordnungen und Dekreten für das Genossenschaftswesen. Moskau 1919. (R.) (Zit. als »Genossenschaftsdekrete«.)

Sammlung von Dekreten und Verordnungen des Volkskommissariats für Landwirtschaft 1917–1920. Moskau 1921. (R.)
(Zit. als »Landwirtschaftliche Dekrete«.)

Systematische Sammlung der wichtigsten Dekrete. 1917–1920.
Moskau 1920. (R.)

Systematische Sammlung von Dekreten und Verordnungen der
Regierung in Angelegenheiten der Verpflegung 1917–1920.
Moskau 1919/20. (R.)

Sarabianow, WI., An der Schwelle des zweiten Jahrzehnts. Ham-
burg-Berlin 1927.

Ders., NEP, Das Privatkapital in Industrie und Handel der UdSSR.
Berlin o. J.

Sehlapnikow, A., Die russischen Gewerkschaften.
Kleine Bibliothek der Russischen Korrespondenz Nr. 1, Leipzig 1920.

Seraphim, H. J., Das Scherenproblem in Sowjetrußland,
in: Weltwirtsch. Archiv, Bd. XXII.

Ders., Sovet-Rußland, in: Osteuropäische Länderberichte, Bd. I.
Breslau 1927.

Ders., Wesen und Entwicklung des Außenhandels Sowjetrußlands,
in: Schriften des Vereins für Sozialpolitik, 171. Bd. München 1925.

Ders., Zur Organisation der russischen Industrie,
in: Archiv für Sozialwissenschaft und Sozialpolitik, Bd. LIII.

Sering, M., Rußlands Kultur und Volkswirtschaft. Leipzig 1913.

Sinowjew, G., Zwölf Tage in Deutschland. Hamburg 1921.

La Situation économique de l'Union Soviétique. Paris 1926.
(Institut d'études économiques de Moscou.)

Sitzung des Allrussischen Zentralexekutivkomitees der Vierten
Wahlperiode. (März 1918.) Stenographischer Bericht.
Moskau 1918.

Smilga, I., Der Wiederaufbauprozeß. Reden und Aufsätze.
Moskau 1927. (R.)

Spectator, Der neue Kurs in der Wirtschaftspolitik Sowjetrußlands.
Berlin 1921.

Ders., Wirtschaftsstatistisches Handbuch für Sowjetrußland.
Berlin 1922.

Der Staat, das Recht und die Wirtschaft des Bolschewismus.
Darstellung und Wertung seiner geistigen Grundlagen unter
Mitarbeit von Bogolepoff, A., Brutzkus, B., Bubnoff, S. v. u. a.
Berlin-Grunewald 1920.

Die neue Sowjetgesetzgebung. Eine Gesetzessammlung.
Berlin 1922.

Ten years of Soviet Power in Figures 1917–1927. Moskau 1927.

Trockij, L., Werke, Band I–XX. Moskau 1925/27. (R.)

Trotzki, L., Arbeit, Disziplin und Ordnung werden die
sozialistische Sowjetrepublik retten. Berlin 1919.

Ders., Der Charakter der russischen Revolution. Wien 1921.

Ders., Grundfragen der russischen Revolution. Hamburg 1922.

Ders., Die neue Etappe. Die Weltlage und unsere Aufgaben.
Bibliothek der Kommunistischen Internationale Nr. 24.
Hamburg 1921.

Ders., Kapitalismus oder Sozialismus. Berlin 1925.

Ders., über Lenin. Material für einen Biographen. Berlin 1924.

Tscherewanin, A., Das Proletariat und die russische Revolution.
Stuttgart 1908.

Vanag, N., und Tomsinskij, S., Die wirtschaftliche Entwicklung
Rußlands von der zweiten Hälfte des XIX. Jahrhunderts bis
zur Februarrevolution 1917. Rostov 1925. (R.)

Vajnštejn, Al'bert L., Besteuerung und Belastung der Bauern in
der Vorkriegs- und in der Revolutionszeit. Versuch einer
statistischen Untersuchung. Moskau 1924. (R.)

Vajsberg, R. E., Geld und Preise. Der illegale Markt in
der Zeit des Kriegskommunismus. Moskau 1925. (R.)

Ders., Die Kontrollziffern für 1927/28 und der Plan des sozialistischen Aufbaus. (In: »Bolschewik« Nr. 19/20, Oktober 1927). (R.)

Ders., Prinzipien und Methodologie der perspektivischen
Planarbeiten. Moskau 1928. (R.)

Varga, Eugen, Die wirtschaftspolitischen Probleme der
proletarischen Diktatur. Bibliothek der Kommunistischen
Internationale, VII, Hamburg 1921.

Vogel, Adolf v., Der Wirtschaftskrieg. Hrsg. vom Kgl. Institut für
Seeverkehr und Weltwirtschaft an der Universität Kiel. II. Abt.
Rußland. Jena 1918.

Wiedenfeld, K., Rußland in der Weltwirtschaft. Weltwirtschaftliche
Gesellschaft zu Münster i/W., Schriftenreihe H. 9 Leipzig 1926.

Wohl, Paul, Die russischen Trusts (Finanz- und volkswirtschaftliche Zeitfragen, H. 86). Stuttgart 1925.

Zagorsky, Simon, La Renaissance du capitalisme dans la Russie
des Soviets. (Le bilan de la »Nouvelle Politique«.) Paris 1924.

Ders., Zum Sozialismus oder zum Kapitalismus?
Bibliothek »Das freie Rußland« V, Praha 1927. (R.)

Zehn Jahre Industrie. 1917–1927. Unter der Redaktion von Kujbyšev,
V. V. (Hrsg. vom Präsidium des OVWR der UdSSR.)
Moskau 1927. (R.)

Zehn Jahre Genossenschaften in der Sowjetunion.
(Hrsg. von der Kommunistischen Akademie.) Moskau 1928. (R.)

Zimand, Savel, State Capitalism in Russia. The Soviet economic
system in operation 1917–26. New York o. J.

Žirmunskij, M. M., Das Privatkapital in der Volkswirtschaft der
UdSSR. Moskau 1927. (R.)

Zwei Jahre proletarische Diktatur, 1917–1919. Moskau 1919. (R.)

Sowjetrussische Zeitschriften und Zeitungen

Die Arbeit (Trud), Organ des Generalrats der Gewerkschaften der
Sowjetunion.

Der Bolschewist (Bol'ševik), Politisch-ökonomische
Halbmonatsschrift des Zentralkomitees der VKP.

Bote der Arbeit (Vestnik Truda), Monatsschrift der
Gewerkschaftsverbände.

Bote der Kommunistischen Akademie (Vestnik Kommunističeskoj
Akademii), Monatsschrift der Kommunistischen Akademie in
Moskau.

Bulletin des Gosplan der RSFSR (Bjulleten' Gosplana RSFSR),
Halbmonatsschrift.

Fragen der Arbeit (Voprosy Truda), Monatsschrift des
Volkskommissariats für Arbeit der Union.

Handels- und Industriezeitung (Torgovo-Promyšlennaja Gazeta),
Tageszeitung des OVWR.

Informationsbulletin des Gosplan der UdSSR (Informacionnyj
Bjulleten' Gosplana SSSR), Monatsschrift.

Kredit und Wirtschaft (Kredit i Chozjajstvo), Monatsschrift.

An der Landwirtschaftlichen Front (Na Agrarnom Fronte),
Monatsschrift der Agrarsektion der Kommunistischen Akademie.

Die Planwirtschaft (Planovoe Chozjajstvo),
Sozialökonomische Monatsschrift der UdSSR.

Die Sozialistische Wirtschaft (Socialističeskoe Chozjajstvo),
Monatsschrift des Volkskommissariats für Finanzen.

Statistischer Bote (Vestnik Statistiki), Organ der Zentralen
statistischen Verwaltung der UdSSR.

Statistische Rundschau (Statističeskoe Obozrenie),
Monatsschrift der CSU.

Die Volkswirtschaft (Narodnoe Chozjajstvo),
Monatsschrift des OVWR.

Die Wahrheit (Pravda), Tageszeitung des Zentralkomitees der VKP.

Wege der Landwirtschaft (Puti sel'skogo Chozjajstva),
Monatsschrift des Volkskommissariats für Landwirtschaft und
der landwirtschaftlichen Akademie.

Wirtschaftsbulletin des Konjunkturinstituts (Ėkonomičeskij
Bjulleten' Konjunkturnogo Instituta), Monatsschrift.

Wirtschaftliche Rundschau (Ėkonomičeskoe Obozrenie),
Monatschrift des Rates für Arbeit und Verteidigung (STO).

Wirtschaftsberichte der Generalvertretung des Volkskommissariats der Finanzen im Auslande, Berlin.
Wirtschaftsberichte der Staatsbank der UdSSR (Moskau).
Das Wirtschaftsleben (Ėkonomičeskaja Žizn'),
Tageszeitung des STO.
Wirtschaft und Verwaltung (Chozjajstvo i Upravlenie),
Monatsschrift der Zentralen Kontrollkommission der VKP und der Arbeiter- und Bauerninspektion der UdSSR.

Nichtrussische Periodika

Artikel über die sowjetrussischen Wirtschaftsprobleme finden sich in unübersehbarer Menge in der gesamten internationalen sozialökonomischen und politischen Zeitschriftenliteratur und erst recht in der Tagespresse aller Richtungen. Im Folgenden werden nur solche Zeitschriften angegeben, die für die vorliegende Arbeit unmittelbar benutzt worden sind. Von der Nennung der Tageszeitungen wird ganz abgesehen.

Archiv für die Geschichte des Sozialismus und der Arbeiterbewegung.
Archiv für Sozialwissenschaft und Sozialpolitik
Das Banner des Kampfes (Znamja Bor'by) (Berlin).
Europäische Gespräche.
Die Gesellschaft.
Der Kampf (Wien).
Die Internationale (Berlin).
Industrial and Labour Information (Genf).
International Labour Review (Genf).
Internationale Pressekorrespondenz, zit. als Inprekorr.
(Wien, später Berlin).
Internationale Rundschau der Arbeit (Genf).
Jahrbücher für Nationalökonomie und Statistik.
Die Kommunistische Internationale (Hamburg).
Kommunistische Politik (Berlin).
The Labour Monthly (London).

Materialien zur Sozialpolitik der Sowjetunion
(Ostweltverlag Berlin).
Mitteilungsblatt, fortgesetzt unter dem Titel
»Die Fahne des Kommunismus«, (Berlin).
The Nation (London).
The Nation (New York).
The New Leader (London).
La Nouvelle Revue Socialiste (Paris).
Osteuropa (Berlin).
Ostexpreß (Berlin).
La Revolution prolétarienne (Paris).
Das Neue Rußland (Berlin).
Russische Korrespondenz (Berlin).
R. S. D. Mitteilungsblatt der russischen Sozialdemokratie (Berlin).
Schmollers Jahrbuch.
The Socialist Review (London).
Der Sozialistische Bote (Socialističeskij Vestnik) (Berlin).
Sozialistische Monatshefte.
Süddeutsche Monatshefte.
Aus der Volkswirtschaft der Union der Sozialistischen
Sowjetrepubliken, Berlin, fortgesetzt unter dem Titel:
»Die Volkswirtschaft der UdSSR«.
Weltwirtschaftliches Archiv.
Wirtschaftsberichte der Generalvertretung des
Volkskommissariats der Finanzen im Auslande (Berlin).
Wirtschaftsberichte der Kammer der Arbeiter und Angestellten
(Wien).
Wirtschaftsberichte der Staatsbank der UdSSR (Moskau).
Wirtschaftsdienst.
Zeitschrift für Geopolitik.

Abkürzungsverzeichnis

Centrosojuz = Central'nyj Sojuz Potrebitel'skich Obščestv –
Zentralverband der Konsumgenossenschaften.

CIK = Central'nyj Ispolnitel'yj Komitet Sovetov Rabočich,
Krest'janskich i Krasnoarmejskich Deputatov –
Zentralexekutivkomitee der Räte der Arbeiter-, Bauern- und
Rotarmisten-Deputierten.

CSU = Central'noe Statističeskoe Upravlenie –
Zentrale Statistische Verwaltung.

Cugprom = Central'noe Upravlenie Gosudarstvennoj
Promyšlennostju – Zentralverwaltung der Staatsindustrie.

ĖKOSO = Ėkonomičeskoe Soveščanie – Wirtschaftskonferenz.

GEU = Glavnoe Ėkonomičeskoe Upravlenie –
Ökonomische Hauptverwaltung.

Glavkom = Glavnyj Komitet – Hauptverwaltung.

Glavkustprom = Glavnoe Upravlenie Kustarnoj Promyšlennostju –
Hauptverwaltung der Heimindustrie.

Glavtorf = Glavnoe Upravlenie Torfjanoj Promyšlennostju.

Goėlro = Gosudarstvennaja Komissija po Ėlektrifikacii Rossii –
Staatskommission zur Elektrifizierung Rußlands.

Gosplan = Gosudarstvennaja Obščeplanovaja Komissija pri STO –
Staatliche Kommission für Allgemeinplanung beim STO.

GVWR = Gouvernementsvolkswirtschaftsrat.

Inprekorr = Internationale Pressekorrespondenz.

Kolchozy = Kollektivnye chozjajstva –
Kollektive [Land]wirtschaftsbetriebe.

K.P.R. = Kommunistische Partei Rußlands.

K.Z. = Kontrollziffern.

Narkomfin = Narodnyj Komissariat Finansov –
Volkskommissariat für Finanzen.

Narkompoctel = Narodnyj Komissariat Počt i Telegrafov i Radiosv-
jazi – Volkskommissariat für Post, Telegraph und Funkverkehr.

Narkomprod = Narodnyj Komissariat po Prodovol'stviju –
Volkskommissariat für Verpflegung.

Narkomput' = Narodnyj Komissariat Putej Soobščenija –
Volkskommissariat für Verkehrswesen.

Narkomzem = Narodnyj Komissariat Zemledelija –
Volkskommissariat für Landwirtschaft.

Narkomsobes = Narodnyj Komissariat Social'nogo Obespečenija –
Volkskommissariat für soziale Fürsorge.

Narkomtorg = Narodnyj Komissariat Torgovli –
Volkskommissariat für Handel.

Narkomtrud = Narodnyj Komissariat Truda –
Volkskommissariat für Arbeit.

NEP = Novaja Ėkonomičeskaja Politika –
Neue ökonomische Politik.

OSVOK = Osoboe Soveščanie po Vosstanovleniju Osobnogo
Kapitala Pri Prezidiume VSNCh SSSR – Sonderkommission für
Wiederaufbau des Grundkapitals beim OVWR der SSSR.

OVWR = Oberster Volkswirtschaftsrat.

RKI [/Rabkrin] = Raboče-Krest'janskaja Inspekcija –
Arbeiter- und Bauerninspektion.

RSFSR = Rossijskaja Sovetskaja Federativnaja Socialističeskaja
Respublika – Russische Sozialistische Föderative Sowjetrepublik.

Sovchozy = Sovetskie Chozjajstva –
Sowjet-[Land]wirtschaftsbetriebe (Staatsgüter).

Sovnarkom = Sovet Narodnych Komissarov –
Rat der Volkskommissare.

SSSR = Sojuz Socialističeskich Sovetskich Respublik –
Union der Sozialistischen Sowjetrepubliken.

STO = Sovet Truda i Oborony – Rat für Arbeit und Verteidigung.

UdSSR = Union der Sozialistischen Sowjetrepubliken.

VCIK = Vserossijskij Central'nyj Ispolnitel'nyj Komitet Sovetov
Rabočich, Krest'janskich i Krasnoarmejskich Deputatov –
Allrussisches Zentralexekutivkomitee der Arbeiter-, Bauern-
und Rotarmistendeputiertenräte.

WKP = Vsesojuznaja Kommunističeskaja Partija –
Kommunistische Partei der Sowjet-Union.

Die gegenwärtige Lage des Kapitalismus und die Aussichten einer planwirtschaftlichen Neuordnung[1] [1932]

I.

»Die industrielle Produktion hat sich seit ihrem Höchststand von Mitte 1929 um etwa 46 % vermindert. Bis zum Ende 1931 war sie auf den Stand von Ende der neunziger Jahre zurückgefallen. Um die ganze Schwere dieses Rückschlags ermessen zu können, muss man sich vergegenwärtigen, dass die Bevölkerung des Deutschen Reiches jetzt um mehr als ein Fünftel größer ist als damals.

Die Zerrüttung der Kapitalmärkte hat die Investitionstätigkeit so gut wie völlig lahmgelegt. Neuinvestitionen werden kaum noch in Angriff genommen. Ersatzinvestitionen unterbleiben mehr und mehr... Der Arbeitsmarkt bietet das Bild schwerster Erschütterung. Die Zahl der Erwerbslosen, gegenwärtig über 6 Millionen, bedeutet, dass beinahe 30 % der Arbeiter und Angestellten zum Feiern gezwungen sind. Nur wenig mehr als zwei Fünftel der vorhandenen Arbeitsplätze in der Industrie sind besetzt... Das Volkseinkommen (im Jahre 1929 ca. 76 Milliarden RM.) ist für das Jahr 1930 auf 60–70, für das Jahr 1931 auf rund 50–60 Milliarden RM. zu veranschlagen. Das Jahr 1932 wird mit Sicherheit noch niedrigere Zahlen ergeben.

Die Konkurse haben mit schätzungsweise 18 800 im Jahre 1931 den höchsten jemals zu verzeichnenden Stand erreicht.«

Wie ein Heeresbericht aus einem verlorenen Krieg lesen sich diese Sätze, mit denen das Institut für Konjunkturforschung die Schwere der deutschen Wirtschaftskrise zu Anfang des Jahres 1932 zu beschreiben versucht.[2] Ähnliche Meldungen liegen für die meisten anderen

---

1 Die Arbeit wurde im Februar 1932 abgeschlossen, das seither erschienene Material konnte nur ausnahmsweise berücksichtigt werden.
2 Wochenbericht des Inst[ituts] f[ür] Konjunkturforschung vom 17. Februar 1932.

kapitalistischen Staaten vor, und wenn es zu Beginn des Jahres 1931 noch so scheinen konnte, als ob einzelne besonders bevorzugte Länder von der Wirtschaftskrise verschont bleiben würden, so zeigt es sich heute, dass auch die bisher widerstandsfähigsten Volkswirtschaften, vor allem Frankreich, mehr und mehr von den zerstörenden Kräften der Krise angefallen werden. Das allgemeine Misstrauen gegen alle Währungen und alle Unternehmungen führt zum Verzicht auf eine noch so niedere Verzinsung, der in der privaten Goldhortung zum Ausdruck kommt. Begreiflich wird dieses Verhalten, wenn man von den Kapitalzerstörungen erfährt, die seit dem Zusammenbruch der New Yorker Börse im Herbst 1929 erfolgt sind und von denen die Börsenindices ein ungefähres Bild geben.[3]

Ergänzt und vertieft wird dieses Bild durch einen Blick auf die Entwicklung der internationalen Rohstoffpreise. Gegenüber dem Stand von 1926 sind sie selten weniger als um die Hälfte, häufig auf ein Drittel (Weizen, Zucker, Erdöl, Kaffee, Blei, Zink, Rohseide usw.), vereinzelt sogar noch tiefer gesunken (z. B. Kautschuk von einem Durchschnittspreis von 4436 RM. je t im Jahre 1926 auf 643 RM.), während die sichtbaren Vorräte sich vervielfacht haben und vorläufig einen weiteren Druck auf die Preise ausüben.

Je mehr man auf die Einzelheiten der krisenhaften Erscheinungen eingeht, umso mehr häufen sich die Beispiele für die Schwere der Zerstörungen, die sie in der ganzen kapitalistischen Welt anrichten. Die Menschheit, die in ihrer Geschichte keinen Abschnitt kannte, in dem sie absolut und pro Kopf gerechnet so reich an Produktionsmitteln und hochqualifizierten Arbeitskräften war wie heute, verarmt auf doppelte Weise: durch die ungeheure Brachlegung der sachlichen und persönlichen Produktivkräfte und durch die Vernichtung eines Teiles

3	Aktienindex			
	Vereinigte Staaten		Deutschland	
	Datum	1926 = 100	Datum	1924/26 = 100
Höchster Stand	Sept. 1929	257	Mai 1927	203
Bisheriger tiefster Stand	März 1932	56	April 1932	46,5

des Geschaffenen. Eine einfache Überlegung gibt eine Vorstellung davon, was den darbenden Menschen durch die Arbeitslosigkeit des Jahres 1931 an wirtschaftlichen Werten, die mit den vorhandenen Produktionsmitteln hätten hergestellt werden können, entgangen ist. Legt man im Durchschnitt des Jahres 1931 für sämtliche Industriestaaten eine Arbeitslosigkeit von 20 Millionen zugrunde (wobei Kurzarbeiter mit einem entsprechenden Schlüssel in Vollarbeitslose umzurechnen wären) und nimmt man als rohen Durchschnitt ein Jahreseinkommen pro Arbeiter von 2000 RM. an, dann ergibt sich ein Einkommensausfall von 40 Milliarden RM. und ein Ausfall an technisch möglicher Neuproduktion, dessen Höhe diese 40 Milliarden Mark weit übersteigt.

Der schreiende Widerspruch zwischen der Verarmung immer größerer Schichten, dem Fehlen der Mittel selbst für die dringendsten Kulturaufgaben auf der einen Seite und den durch die Umwälzung in den landwirtschaftlichen Produktionsmethoden und die sprunghaften Fortschritte in der Produktivität der industriellen Arbeit gegebenen technischen Möglichkeiten auf der anderen zwingen breiteste Schichten zum Nachdenken über die Zweckmäßigkeit der kapitalistischen Wirtschaftsordnung. Immer kleiner wird die Zahl derer, die verlangen, dass die Wirtschaftsführung »überall da, wo verwaltungsmäßige Erledigung der Geschäfte nicht ausreicht, wieder auf die Grundlage der individualistischen Weltanschauung zurückgebracht werden« solle, und die meinen, dass man nur »dem freien Spiel der Kräfte, das das Wesen der kapitalistischen Ordnung ausmacht, wieder mehr Raum geben« müsste, um der Krise Herr zu werden.[4] Statt dessen ertönt selbst aus Kreisen, die man früher zu den zuverlässigsten Anhängern des liberalistischen Systems gezählt hat, der Ruf, dass das Ende des Kapitalismus gekommen sei und dass nur eine planwirtschaftliche Neuordnung die heutigen Schwierigkeiten bewältigen und die wirtschaftlichen Kräfte aus den zerstörenden, lebensfeindlichen Mächten von heute zu Dienern der Menschen machen könnte.

Es ist die Aufgabe der nachstehenden Seiten, auf einige zur Beurteilung dieser Streitfrage wichtige Gesichtspunkte hinzuweisen.

4 Bericht der Darmstädter und Nationalbank über das Geschäftsjahr 1930, S. 12.

II.

Nur von den Vertretern einer »exogenen« Krisentheorie dürfte ernsthaft bestritten werden, dass die heutige Weltwirtschaftskrise zu einem guten Teil auf dieselben Ursachen zurückzuführen ist wie ihre nationalen und internationalen Vorgänger seit dem Beginn des 19. Jahrhunderts. Strittig ist aber, welche Faktoren verschärfend auf den Krisenablauf einwirken und die Überwindung des Tiefpunktes immer wieder verzögern. Grob schematisch lassen sich diese zusätzlichen Störungsfaktoren in drei Gruppen einteilen: politische Störungsmomente, einmalige wirtschaftliche Störungsursachen und solche »strukturelle« Veränderungen, die den normalen Gang des kapitalistischen Automatismus behindern.

Die beiden ersten Gruppen stehen teilweise in engem Zusammenhang. Die Erscheinungen, um die es sich hier handelt, sind so oft beschrieben worden, dass wir nur an zwei besonders wichtige Tatsachen erinnern. Die Störungen der internationalen Arbeitsteilung durch die Folgen des Krieges und die allgemeine durch die Friedensverträge und Reparationen geschaffene politische Unruhe haben das heute enger als je verflochtene internationale Kreditsystem aufs schwerste erschüttert.

Besonders krisenverschärfend musste weiterhin das Zusammentreffen einer schweren Agrarkrise mit der Industriekrise wirken, weil erfahrungsgemäß in den früheren Krisen das relativ konstante Einkommen der landwirtschaftlichen Bevölkerung der Nachfrage nach Industriewaren einen gewissen Halt geboten und zusammen mit den übrigen festen Geldeinkommen bei der Aufnahme der aufgestauten Vorräte zu den gesunkenen Krisenpreisen eine große Rolle gespielt hatte. Dieser den Absturz bremsende Faktor fiel durch das sprunghafte Tempo in der Umwälzung der landwirtschaftlichen Produktionstechnik aus.

Für unsere Fragestellung ist eine dritte Gruppe von Störungsfaktoren besonders wichtig, weil diese als dauernd wirksam angesehen werden müssen und das Funktionieren des Marktmechanismus dauernd bedrohen. Hierher gehört in erster Linie die Verschiebung des wirtschaftlichen Schwergewichtes zu den Großbetrieben und den Riesenunternehmungen in der Industrie, im Handel und im Bankwesen.

Seit Marx sind viele Versuche gemacht worden, die Zwangsläufigkeit dieses Prozesses zu erklären, aber ob man nun ein bestimmtes Gesetz der Konzentration und Zentralisation annimmt oder die wachsende Bedeutung der »fixen Kosten« als Ursache bezeichnet, die Tatsache dieser Entwicklung selbst kann heute ernsthaft nicht mehr in Frage gestellt werden. Gewiss gibt es in der nordamerikanischen Industrie noch etwa 30 000 Unternehmungen mit einem investierten Gesamtkapital von rund 600 Milliarden RM., aber über 44 % dieses Kapitals entfielen schon 1927 auf etwa 200 Unternehmungen.[5] Jede neue statistische Veröffentlichung über die Entwicklung der Betriebs- und Unternehmungsgrößen, jede Übersicht über die Vorgänge auf dem Gebiete der Kartell-, Konzern- und Trustbildung redet eine ähnliche Sprache.

Das Wachstum der wirtschaftlichen Einheiten verleiht ihren Leitern zunehmende wirtschaftliche und politische Macht. Es entsteht dann jene viel diskutierte »Erstarrung« der Wirtschaft, in der die Preise vieler wichtiger Waren nicht mehr durch das »freie Spiel der Kräfte« zustande kommen, sondern durch monopolistische Bindungen. Diese gebundenen Preise werden dadurch ermöglicht, dass unter dem politischen Einfluss der großen Wirtschaftsmächte eine Zollpolitik durchgesetzt wird, die die ausländische Konkurrenz vom Inlandsmarkt fernhält oder den großen Verbänden gestattet, mit der ausländischen Konkurrenz die Märkte aufzuteilen.

Ebenso wie durch diese Eingriffe in die freie Preisbildung ein für die Struktur des liberalistischen Wirtschaftssystems entscheidendes Gebiet eine durchgreifende Veränderung erfährt, wird durch die Einschränkung der freien Unternehmertätigkeit und der Unternehmerverantwortung das alte System gründlich verändert. Es ist wiederum das Wachstum der wirtschaftlichen Einheiten, das diese Verände-

---

5 H[ugo] F[erdinand] Simon: Amerikas Industriesystem. [In:] Deutscher Volkswirt vom 20. 11. 1931, S. 251. Vgl. auch H[arry] W. Laidler: Concentration of Control in American Industry. New York 1931. – In Deutschland gab es am 31. Dezember 1930 10 970 Aktiengesellschaften mit einem Nominalkapital von insgesamt 24,1 Milliarden RM., von dem über die Hälfte (12,5 Milliarden RM.) auf 189 Gesellschaften entfiel. (Stat[istisches] Jahrbuch f[ür] d[as] Deutsche Reich, 1931, S. 361 f.)

rungen verursacht. Solange die Größe der Einzelunternehmung im Verhältnis zur ganzen Wirtschaft noch bescheiden war, konnte man vom Staat nicht erwarten, dass er den Zusammenbruch eines erfolglosen Unternehmens verhinderte. Die Folgen für die übrige Wirtschaft waren im einzelnen Fall zu ertragen, die Zahl der durch den Bankrott brotlos Gewordenen blieb in relativ mäßigen Grenzen. Heute sind viele Unternehmungen in der Industrie und im Bankwesen so riesenhaft angewachsen, dass keine Staatsgewalt, möge sie sich noch so liberalistisch gebärden, ihren Untergang untätig mit ansehen kann. Von einer bestimmten Größe des Kapitals an darf das Unternehmen zwar den Gewinn noch für sich allein beanspruchen, das Risiko aber auf die Masse der Steuerzahler abwälzen, da sein Zusammenbruch die schwersten Folgen für den gesamten Wirtschaftskörper und damit auch für die politische Situation haben müsste.[6] Der Einwand, dass auch früher der Staat schon gelegentlich eingegriffen habe, um Unternehmungen zu stützen, trifft insofern nicht zu, als derartige Maßnahmen im vergangenen Jahrhundert noch eine Ausnahme waren, während heute z. B. jede gefährdete Großbank mit staatlicher Hilfe gehalten werden muss. Wenn in der letzten Zeit immer häufiger davon gesprochen wird, dass der Arbeitslosenunterstützung neuerdings eine »Erfolglosenunterstützung« gegenüberstehe und dass diese Phase der kapitalistischen Entwicklung als »garantierter« Kapitalismus gekennzeichnet werden müsse, so ist damit eine wichtige strukturelle und den Marktautomatismus bedrohende Veränderung charakterisiert.

Die Eingriffe des Staates in den freien Arbeitsvertrag, die damit zusammenhängenden sozialpolitischen Maßnahmen, die staatliche Anerkennung der Gewerkschaften stimmen mit den ursprünglichen Gedanken des Liberalismus ebensowenig überein wie die Bindungen anderer Warenpreise, die allerdings eine völlig verschiedene wirtschaftliche und soziale Bedeutung haben. Die Behauptung, dass

6 Ein drastisches Beispiel hierfür ist die Reorganisierung der deutschen Großbanken unter Aufwendung vieler hunderter von Millionen öffentlicher Mittel, nachdem noch wenige Monate vor der Juli-Krise von 1931 die Leiter der zuerst zusammengebrochenen Großbank in dem oben zitierten Jahresbericht gegen staatliche Eingriffe protestiert hatten.

heute nur an die Stelle der »ruinösen« Konkurrenz die »geregelte« Konkurrenz getreten sei, gibt gerade das zu, was sie leugnen möchte, denn die Konkurrenz kann als Regulator nur insofern wirksam sein, als sie »ruinös« ist. Allerdings ist die zunehmende Staatstätigkeit keine zufällige Eigentümlichkeit des Nachkriegskapitalismus, sondern wird voraussichtlich auch weiterhin für das kapitalistische System bestimmend sein. In der Krise wird der Druck auf die Staatsgewalt, in den Wirtschaftsprozess einzugreifen, naturgemäß noch bedeutend verstärkt, da die Kräfte der Selbststeuerung ebenso wie die normalen Mittel der liberalistischen Wirtschaftspolitik nicht ausreichen.

Der konsequente Liberalismus lässt nur ein Mittel zur Konjunkturregulierung zu, nämlich die Diskontpolitik der Zentralnotenbank. Aber dieses Mittel kann nur solange wirksam sein, als freie Konkurrenz der Kapitalien und Unternehmungen besteht. In der heutigen »gebundenen« Wirtschaft ist es »ein viel zu feines Instrument, mit dem man den großen und schlagartig auftretenden Störungen gar nicht entgegenzuwirken vermag«.[7]

Analoge Störungen wie beim binnenwirtschaftlichen Automatismus lassen sich auch bei den internationalen Wirtschaftsbeziehungen nachweisen. Man könnte es eine tragische Situation nennen, dass gerade zu der Zeit, in der die Nachrichten- und Verkehrstechnik eine vollentfaltete Weltwirtschaft überhaupt erst möglich machen, stärkste Kräfte auf Abschließung der einzelnen Wirtschaftsgebiete voneinander und Beschränkung des internationalen Warenaustausches auf das unbedingt Notwendige hinwirken. Unter dem ironischen Schlagwort »Schutzzoll per Kasse – Freihandel auf Termin« ist kürzlich eine Gegenüberstellung der wohlmeinenden Vorschläge zur Erleichterung der internationalen Arbeitsteilung und der zur gleichen Zeit in Kraft getretenen protektionistischen Maßnahmen veröffentlicht worden.[8] Es findet sich darin der resignierte Hinweis, dass das positive Ergebnis aller bisherigen freihändlerischen Arbeiten des Völkerbundes in einem Abkommen über die Ausfuhr von Häuten und Fellen bestehe. Während

7 E[mil] Lederer: Planwirtschaft. Tübingen 1932, S. 23.
8 Nachkriegskapitalismus. Eine Untersuchung der Handelsredaktion der Frankfurter Zeitung. Frankfurt 1931, S. 30 f.

aber dieser Feststellung auch im Frühjahr 1932 nichts hinzuzufügen
ist, müsste die lange Liste der protektionistischen Maßnahmen, die im
Oktober 1931 abgeschlossen wurde, durch eine fast ebenso lange Liste
der seither in Kraft getretenen oder geplanten Zölle, Einfuhrverbote,
Kontingentierungen ergänzt werden. Sicher ist dieser anwachsende
Protektionismus nicht allein durch die Wirtschaftskrise verursacht; er
ist erst möglich geworden durch den Wegfall der Voraussetzungen einer internationalen Arbeitsteilung, auf denen die Freihandelslehre beruhte. Somit rechtfertigt sich der schon von List ausgesprochene Ver-
dacht, dass es sich bei dieser Lehre um eine Ideologie handelt, mit der
die industriell fortgeschrittensten oder vorwiegend handeltreibenden
Staaten ihre Interessen verbrämt haben. Der Nexus: wachsende Größe
der Wirtschaftseinheiten – wachsende wirtschaftliche und politische
Macht – Benutzung dieser Macht zur Bindung der Preise im Innern
und Abschluss gegen die ausländische Konkurrenz – Unvermeidbar-
keit der Staatshilfe, wenn wichtige Teile der Wirtschaft bedroht sind,[9]
schwächt oder vernichtet die Selbststeuerung der kapitalistischen
Wirtschaft, führt zu Fehlinvestitionen größten Stils, verschärft die
Disproportionalitäten zwischen den einzelnen Wirtschaftszweigen
und zwingt zu einem immer heftigeren Kampf auf dem fortwährend
weiter zusammenschrumpfenden Weltmarkt.[10]

9 In diesem Zusammenhang ist auch auf den landwirtschaftlichen Protektionismus hinzuweisen. Die Kosten der Stützungsaktionen des nordamerikanischen Farm-Boards oder der brasilianischen Kaffeevalorisationen sind
   bekannt. Der Preis, den die deutschen Konsumenten für die Erhaltung des
   deutschen Getreidebaues zu zahlen haben, wurde neuerdings auf 30 bis
   35 % des Nettowertes der Getreideproduktion, d. h. auf 3–4 Milliarden RM.
   pro Jahr berechnet. Vgl. F[riedrich] Dessauer: Landwirtschaftliche und
   industrielle Subventionen. [In:] Der deutsche Volkswirt vom 13.11.1931.
10 Da hier der Raum zu näheren Ausführungen über diese Zusammenhänge
   fehlt, verweisen wir auf die nachstehenden Arbeiten, mit denen wir in
   diesem Punkt weitgehend übereinstimmen: A[dolf] Löwe: Lohnabbau als
   Mittel der Krisenüberwindung. [In: Neue Blätter für den Sozialismus 1, 5
   (1930), S. 289–295]; A[dolf] Löwe: Der Sinn der Weltwirtschaftskrise. In:
   Neue Blätter für den Sozialismus [2, 2 (1931), S. 49–59]; E[mil] Lederer:
   Wege aus der Krise. Tübingen 1931.

III.

Wenn die Wirtschaftskrise als eine durch einmalige und dauernde Faktoren verschärfte »normale« kapitalistische Krise angesehen werden muss, dann erhebt sich die Frage, ob nach einer allmählichen Bereinigung der Krisenursachen der alte Automatismus des kapitalistischen Systems nicht doch wiederhergestellt werden kann. Auch heute fehlt es nicht an Stimmen, die behaupten, dass die gegenwärtige Unordnung daher rühre, dass dieser »wenn auch nicht ideale, so doch bewunderungswürdige Mechanismus der Marktwirtschaft durch die täppischen und unintelligenten Eingriffe äußerer und innerer Politik nach dem Kriege« gestört worden sei, und dass es nur darauf ankomme, dieses System zu reinigen, das »in einer ungemein sinnvollen, wenn auch von den wenigsten voll verstandenen Weise die automatische Anpassung der arbeitsteiligen Produktion an den Bedarf durch den Regulator der Preise und die Lenkung der Produktionskräfte auf die ertragreichsten Gebiete durch den Regulator des Zinses« bewirke.[11] Gegenüber dieser harmonisierenden Darstellung des »Vorkriegskapitalismus« kann nicht nachdrücklich genug gesagt werden, dass der kapitalistische Automatismus zwar Großartiges geleistet hat, dass er sich dazu aber der barbarischen Mittel eines erbarmungslosen Vernichtungskampfes bediente, dessen Kosten – nicht die privatwirtschaftlich ausgewiesenen allein, sondern die Kosten für die gesamte Gesellschaft – bisher nie berechnet worden sind. Keine noch so beschönigende Terminologie, welche die Zerstörungen dieses groben Automatismus als »Friktionen« bagatellisiert, kann die Tatsache aus der Welt schaffen, dass das kapitalistische System seit seinem Bestehen in mehr oder weniger gleichmäßigen Abständen immer wieder aus dem Gleichgewicht geraten ist und dass die notwendigen Proportionalitäten jeweils durch die massenhafte Vernichtung von Werten und Menschenleben hergestellt werden mussten. Sicher hat es viele Jahrzehnte keinen besseren Weg als diesen Automatismus gegeben, die Produktivkräfte der menschlichen Gesellschaft zu entwickeln, ebenso wie jahrhundertelang eine Seuchenbekämpfung

11 Nachkriegskapitalismus, S. 7.

nicht anders möglich war als durch Isolierung der Kranken, die man ihrem Schicksal überließ, aber diese Einsicht sollte das Urteil über den barbarischen Charakter derartiger Methoden nicht trüben.

Überdies ist es zumindest fraglich, ob der Marktmechanismus in den letzten 50 Jahren wirklich eine »optimale Anpassung der Erzeugungskräfte an die Bedarfswünsche« geleistet hat. Überlegt man in welchem Umfang der Produktionsapparat in diesem letzten Jahrhundert faktisch ausgenützt worden ist, so wird sich im Konjunkturdurchschnitt vermutlich eine nicht unbeträchtliche Nichtausnutzung der Kapazität ergeben. Zwar leistet der Automatismus eine trendmäßige Anpassung der Produktion an die *zahlungsfähige* Nachfrage. Es handelt sich aber darum, eine gleichmäßigere und bessere Versorgung des *faktischen* Bedarfes zu ermöglichen.

IV.

Ohne Zweifel lässt sich begründen, dass diese Krise mit kapitalistischen Mitteln überwunden werden kann und dass der »monopolistische« Kapitalismus auf zunächst unabsehbare Zeit weiter zu existieren vermag. Allerdings ist das nur noch beschränkt funktionierende alte System weiterhin mit solchen Spannungen geladen, dass verhältnismäßig geringfügige Anlässe zu einer Katastrophe führen können, deren vernichtende Wirkungen heute noch nicht annähernd übersehbar sind.

Die Elemente zur Überwindung der aktuellen Wirtschaftskrise sind bereits in weitem Umfang vorhanden. Das Kapital hat, wenn man von den Ländern absieht, die eine besondere politisch bedingte Kreditkrise durchzumachen hatten, in großem Umfang Geldform angenommen, der Prozess der »Dekapitalisierung« ist in vollem Gang, die Rohstoffe haben teilweise einen nicht für möglich gehaltenen Preissturz erlitten, die Anpassung der Bodenwerte an die gesunkenen Rohstoffpreise setzt sich allmählich durch, die Vorräte an Fertigfabrikaten sind in allen Ländern zusammengeschmolzen, kurz, es scheint nur noch der »Ankurbelung« zu bedürfen, um den Wirtschaftsprozess aus seiner heutigen Lähmung zu lösen. Hemmend wirken allerdings in höchstem

Maß die politische Unsicherheit auf der ganzen Welt, der damit in engem Zusammenhang stehende bedenkliche Zustand der öffentlichen Finanzen und der internationale Zoll- und Währungskrieg. Auch wenn in den nächsten Jahren die verschärfenden Faktoren noch das Übergewicht behalten sollten und trotz aller Ankurbelungsversuche die Vernichtung wirtschaftlicher Werte weiterginge, bliebe die theoretische Möglichkeit einer allmählichen Überwindung der Krise bestehen. Es spricht allerdings vieles dafür, dass in diesem gebundenen Kapitalismus die Depressionen länger, die Aufschwungsphasen kürzer und heftiger und die Krisen vernichtender sein werden als in den Zeiten der »freien Konkurrenz«, aber sein »automatischer« Zusammenbruch ist nicht zu erwarten. Ein unabweisbarer Zwang, ihn durch ein anderes Wirtschaftssystem zu ersetzen, besteht rein wirtschaftlich nicht.

Je geringer die Zahl derjenigen wird, die an der Aufrechterhaltung des gegenwärtigen Wirtschaftssystems objektiv interessiert sind,[12] umso dringender wird die Frage nach der Möglichkeit, dieses System durch ein besseres zu ersetzen. Wir sehen eine solche Möglichkeit nur in der Richtung auf die Ersetzung der »partiellen« durch eine

12 Anhaltspunkte dafür, wie klein diese Schicht in Deutschland bereits geworden ist, geben die Zahlen der Einkommens- und Vermögensstatistik. Sie sind von Ferdinand Fried in seinem Buche über *Das Ende des Kapitalismus* in populärer Weise zusammengestellt (S. 50 ff.). Nach der letzten Einkommensteuerstatistik aus dem Jahre 1928 bezogen 89,4 % der Erwerbstätigen, bei denen hier die mithelfenden Familienangehörigen nicht berücksichtigt sind, ein Einkommen bis 250 RM. monatlich und 57,2 % ein Einkommen bis 100 RM. Fried hat berechnet, dass es unter den 32 Millionen Erwerbstätigen rund 100 000 gibt, »die wirklich ohne Sorgen, auskömmlich und gut leben können«. Vermögensteuerpflichtig waren in Deutschland im Jahr 1928 insgesamt 2,76 Millionen Personen. Von den deklarierten Vermögen im Gesamtbetrag von 77,37 Milliarden RM. entfallen 29,11 Milliarden = rund 37,6 % auf Vermögen über 100 000 RM. Diese sind im Besitz von 3,8 % der Vermögensteuerpflichtigen, nämlich 104 955 Personen. (Statistisches Jahrbuch für das Deutsche Reich, 1931, S. 533 und 514 f.)

»totale« Organisation und fragen deshalb hier nach den Aussichten einer planwirtschaftlichen Neuordnung.

V.

Die offenkundigen Schwierigkeiten des kapitalistischen Systems ebenso wie das Ausbleiben des von fast allen Sachverständigen prophezeiten Zusammenbruchs der russischen planwirtschaftlichen Versuche sind die Hauptgründe, warum heute überall von Planwirtschaft gesprochen wird. In den Ländern, in denen das kapitalistische System noch am festesten gegründet erscheint, in den Vereinigten Staaten und in Frankreich, werden Zehnjahrespläne und Fünfjahrespläne zur Entwicklung der Wirtschaft diskutiert. Die nordamerikanischen und englischen ökonomischen Zeitschriften sind voll von Erörterungen über planwirtschaftliche Probleme; in Amsterdam fand im August des vorigen Jahres ein insbesondere von amerikanischer Seite zahlreich besuchter Kongress statt, auf dem die Möglichkeiten einer Planwirtschaft auf kapitalistischer Grundlage in sehr ernsthafter Weise diskutiert wurden; gelegentlich des Kongresses der britischen Gewerkschaften sprach man sich im September 1931 über die Möglichkeit einer nationalen britischen Planwirtschaft aus. Berichte über die Schicksale des russischen Fünfjahresplans erscheinen in allen Sprachen der Welt. Aber mit wenigen Ausnahmen hat die Erörterung planwirtschaftlicher Probleme bisher eher verwirrend als erklärend gewirkt, und nur in wenigen Fällen ist es zu einer schärferen Herausarbeitung der mit einer Planwirtschaft zusammenhängenden Problematik gekommen.[13]

Es ist das Verdienst Lorwins, dadurch eine gewisse Ordnung in das Sprachgewirr der planwirtschaftlichen Diskussion gebracht zu haben, dass er vier verschiedene Typen planwirtschaftlicher Systeme begrifflich trennte. In teilweiser Übereinstimmung mit ihm verstehen wir unter Planwirtschaft ein Wirtschaftssystem, in dem Produktion und Distribution zentral durch gesellschaftliche Planung reguliert werden,

13 Wir verweisen vor allem auf die Publikationen von [Eduard] Heimann, [Carl] Landauer, [Emil] Lederer und [Lewis] Lorwin.

und unterscheiden zwei Haupttypen: kapitalistische Planwirtschaft
auf Grundlage des Privateigentums an den Produktionsmitteln und
damit im sozialen Rahmen einer Klassengesellschaft und sozialistische
Planwirtschaft mit den Merkmalen des gesellschaftlichen Eigentums
an den Produktionsmitteln und des sozialen Raums einer klassenlosen Gesellschaft. In ein Schema, dessen Extreme durch diese beiden
Haupttypen charakterisiert sind, lassen sich prinzipiell alle bisherigen
planwirtschaftlichen Vorschläge einordnen. Am einen Ende findet sich
das Generalkartell Hilferdings, in dem sämtliche Unternehmungen
zusammengeschlossen sind, aber prinzipiell das Privateigentum an den
Produktionsmitteln erhalten bleibt bei scharfer Scheidung zwischen
einer relativ kleinen herrschenden Klasse und der großen Masse der
Besitzlosen. Dann folgen die Entwürfe, in denen der Staat als größter
Kapitalist auftritt, ohne dass das Privateigentum an den Produktionsmitteln prinzipiell aufgegeben wäre. Bei der Beurteilung dieser Formen
entscheidet die Beantwortung der Frage, welche Klasse im Besitze der
Staatsmacht ist, darüber, ob sie mehr zum kapitalistischen oder zum
sozialistischen Typ zu zählen sind.[14] Von den Mischformen, wie sie
den wirtschaftsdemokratischen Forderungen vorschweben und in
denen öffentliches, genossenschaftliches und privates Eigentum an den
Produktionsmitteln nebeneinander bestehen, führen dann theoretisch
viele Übergänge zu dem sozialistischen Typ der Planwirtschaft.[15] So

14 Solche planwirtschaftlichen Vorschläge wie etwa die des Tat-Kreises, in
    denen mit einem völlig ungeklärten Staatsbegriff operiert wird, lassen
    sich allerdings in unser Schema nur sehr schwer einreihen, da lediglich
    Vermutungen darüber möglich sind, was für ein Gebilde dieser Staat ist,
    der in der geforderten »Gesamtwirtschaft« die wirtschaftlichen »Kom-
    mandohöhen« besetzt hält. Viele Anzeichen lassen allerdings darauf
    schließen, dass als herrschende Klasse die kleinen Eigentümer unterstellt
    werden, womit sich die Charakterisierung als kapitalistische Planwirt-
    schaft ergeben würde. Vgl. E[rnst] W[ilhelm] Eschmann: Übergang zur
    Gesamtwirtschaft. In: Die Tat, Septemberheft 1931, [S. 438–460].
15 Es muss hier daran erinnert werden, dass es ebenso wenig eine allgemein
    anerkannte Theorie der Planwirtschaft gibt wie eine allgemein oder auch
    nur von der Mehrheit der Fachvertreter angenommene Theorie der kapita-
    listischen Marktwirtschaft. Über diese Schwierigkeit hinaus befindet sich

verschieden alle diese Typen in Bezug auf das Wirtschaftsziel, ihren gesellschaftlichen Inhalt, die Differenzierung der Einkommen und damit
auch die Bestimmung der Richtung der Produktion sein mögen, dies
eine haben sie alle gemeinsam, dass an die Stelle der »Selbststeuerung«
der Wirtschaft mit ihrer grundsätzlich immer zu spät eintretenden
Korrektur wirtschaftlicher Fehlhandlungen ein Plan treten soll, dem
im Idealfall alle Einzelheiten des wirtschaftlichen Geschehens derart
einzuordnen sind, dass mit den vorhandenen Mitteln ein Optimum an
Leistung erreicht wird. Das »ingenieurmäßige« Denken soll vom Einzelbetrieb auf die Gesamtwirtschaft übertragen und der Wirkungsgrad
der gesellschaftlichen Zusammenarbeit auf eine bisher nicht erreichte
Stufe gehoben werden. Es bleibt zunächst eine offene Frage, ob die verschiedenen Typen dasselbe wirtschaftliche Resultat erzielen können.
Zuerst muss eine Klärung darüber herbeigeführt werden, von welchen
ökonomischen Voraussetzungen der Erfolg einer planwirtschaftlichen
Neuordnung abhängt.

VI.

Es gehört zu den Grundanschauungen der Marxschen ökonomischen
Theorie, dass ein neues Wirtschaftssystem erst dann durchgesetzt
werden kann, wenn seine ökonomischen und gesellschaftlichen Voraussetzungen wenigstens in ihren Elementen unter der Oberfläche
des früheren Systems vorgebildet und die Produktionsverhältnisse
zur Fessel der Produktivkräfte geworden sind.

die planwirtschaftliche Theorie in der misslichen Lage, dass sie nicht zu
einer Schulenbildung gekommen ist und dass in Bezug auf ihre positiven
Thesen es kaum Autoren gibt, die in den wesentlichen Punkten miteinander einig wären. Soweit im nachstehenden bestimmte Thesen vertreten
sind, betrachtet der Verfasser sie lediglich als einen Beitrag zu einer in
den ersten Ansätzen befindlichen theoretischen Klärung. Der Charakter
dieses Aufsatzes als eines räumlich eng begrenzten Diskussionsbeitrages
bringt es mit sich, dass viele Behauptungen aufgestellt werden, deren
Begründung hier nicht gegeben werden kann. Spätere Artikel sollen
versuchen, die vorliegende grobe Skizze zu ergänzen und zu korrigieren.

Ebenso wie die Beseitigung der alten Bindungen im Frankreich des ausgehenden 18. Jahrhunderts nur deswegen eine schnelle wirtschaftliche Entwicklung im Gefolge hatte, weil unter den Trümmern der überlebten feudalen Wirtschaft die technischen, ökonomischen und gesellschaftlichen Voraussetzungen für das System des Laissez-faire bereits vorhanden waren, ist auch nur dann mit einer Entfesselung der vorhandenen Produktivkräfte durch eine planwirtschaftliche Neuordnung zu rechnen, wenn deren Voraussetzungen schon gegeben sind. Ganz allgemein lassen sich ihre ökonomischen Bedingungen – von den politischen wird zunächst abgesehen – auf die Formel bringen, dass das Schwergewicht der industriellen Produktion bei der großbetrieblichen Massenfabrikation liegt und der Zentralisationsprozess eine gewisse Stufe erreicht hat, dass die technischen und organisatorischen Mittel zur Bewältigung der Aufgaben einer zentralen Wirtschaftsleitung bekannt sind und dass eine erhebliche Produktivitätsreserve vorhanden ist, welche durch die Anwendung der planwirtschaftlichen Methoden ausgenützt werden kann. Es lässt sich leicht zeigen, dass alle diese ökonomischen Voraussetzungen in den großen Industriestaaten ebenso wie in der Weltwirtschaft in weitem Umfang vorhanden sind.

Gerade diejenige Entwicklung, die sich für den »normalen Ablauf des Marktmechanismus« als verhängnisvoll erweist, schafft eine der wichtigsten Voraussetzungen für die Möglichkeit einer planmäßigen Leitung des Wirtschaftsprozesses. In vieler Hinsicht erleichtern die Konzentrations- und Zentralisationsprozesse eine zentrale Wirtschaftsleitung. Die technischen Erfordernisse der Massenproduktion bewirken eine ständige wachsende Nivellierung des Bedarfs, eine Verminderung der hergestellten Typen und vereinfachen damit ungemein die Bedarfserfassung. In den Großbetrieben und den Zentralbüros der Riesenunternehmungen werden die Methoden zur statistischen und organisatorischen Bewältigung sachlich und räumlich ausgedehnter wirtschaftlicher Vorgänge ausgebildet. Endlich verringern sich zahlreiche Schwierigkeiten einer zentralen Wirtschaftsleitung in dem Maße, wie die Zahl der zu regulierenden Betriebe kleiner wird. Die Durchführung eines Wirtschaftsplanes für ein großes Wirtschaftsgebiet erfordert gewaltige technische Mittel, gleichgültig wie weit die Dezentralisierung in der Ausführung des Planes auch durchgeführt sein mag. Diese Mittel stehen im modernen Kapitalismus bereit. Die Verbesserung des Nachrichtenverkehrs, die Entwicklung der statistischen Methoden und der technischen Mittel zu ihrer Anwendung, die noch vor einem Jahrzehnt nicht für möglich gehaltene Maschinisierung der Buchhaltung erlauben es, von einer zentralen Stelle aus wirtschaftliche Vorgänge größten Umfangs ohne Zeitverlust zu registrieren und übersichtlich zusammenzufassen.

Die Technik der Produktion und Distribution hat heute schon auf weiten Gebieten den Charakter des Individuellen verloren und wird mit dem Vordringen der wissenschaftlichen Betriebsführung uniformiert und in Lehrsätze gefasst, die mit Hilfe einer jedem Durchschnittsmenschen zugänglichen Ausbildung überall angewendet werden können. Einzelne Unternehmerfunktionen werden durch fortschreitende Spezialisierung erlernbar, andere von besonderen Einrichtungen übernommen. Der technische Fortschritt ist in der Regel nicht mehr zufälligen Entdeckungen überlassen, sondern wird planmäßig in den Laboratorien der großen Unternehmungen vorbereitet.

Die Probleme der organisatorischen Bewältigung großer planwirtschaftlicher Aufgaben sind im Rahmen der kapitalistischen Großstaaten längst praktisch in Angriff genommen worden. Bahnbrechend wirkte hier die Kriegswirtschaft, deren außerordentliche Leistungen, insbesondere in England und den Vereinigten Staaten, dank der Gegenpropaganda starker wirtschaftlicher Interessengruppen kaum Beachtung finden konnten. Aber auch die heutige kapitalistische Praxis bietet zahlreiche Beispiele dafür, wie große planwirtschaftliche Aufgaben von den Regierungen übernommen werden müssen. Die protektionistische Zollpolitik, die in manchen Staaten bis hart an die Grenzen eines Außenhandelsmonopols geht, die Organisation der Kohlen- und Elektrizitätswirtschaft etwa in Deutschland und Großbritannien sowie die Maßnahmen auf dem Gebiete der Kreditwirtschaft in den Vereinigten Staaten, die ihre vorläufige Krönung in der Gründung der mit einer Verfügungsgewalt über 2 Milliarden Dollar ausgestatteten Reconstruction Finance Corporation gefunden haben, sind besonders charakteristische Belege wenn nicht für den Erfolg, so doch für den Zwang zur Vornahme regulierender Eingriffe. In welchem Umfang die dritte der von uns genannten Voraussetzungen, das Vorhandensein unausgenutzter Produktivitätsreserven gegeben ist, zeigt jede Untersuchung über das Verhältnis von Produktionskapazität und wirklicher Produktion im Durchschnitt eines Konjunkturzyklus. Auf allen Gebieten der Produktion und der Verteilung lässt sich der Tatbestand einer Fesselung der Produktivkräfte durch die Produktionsverhältnisse nachweisen. In diesem Zusammenhang wären auch die Produktionszweige zu nennen, an deren planmäßige Regulierung bereits im kapitalistischen System gegangen werden muss, weil die Mittel der Konkurrenz ganz offenbar die Ausnützung der vorhandenen technischen Möglichkeiten verhindern (Elektrizitätswirtschaft, Eisenbahnen usw.).

In wie hohem Maße die ökonomischen Voraussetzungen für eine planwirtschaftliche Ordnung der Gesamtwirtschaft bereits im Schoße des heutigen Wirtschaftssystems entwickelt sind, ergibt sich indirekt auch daraus, dass selbst die unentwegtesten Anhänger der freien Wirtschaft in kritischen Situationen den Staat zu Hilfe rufen. Sie geben damit zu, dass der Marktmechanismus gerade bei den entscheidenden Aufgaben versagt und durch staatliche Eingriffe ergänzt werden muss.

VII.

Die Gegner einer planwirtschaftlichen Neuordnung haben bis heute ein sehr wichtiges Argument auf ihrer Seite. Das schlechte Funktionieren des Marktautomatismus und das Vorhandensein wichtiger ökonomischer Voraussetzungen für eine Planwirtschaft beweisen noch nicht, dass diese mehr leistet als das bisherige System. Ein Beweis hierfür ist letzten Endes ebenso nur durch die Praxis zu erbringen, wie die Verkünder des Laissez-faire-Prinzips in der zweiten Hälfte des 18. Jahrhunderts erst durch die Erfolge des von ihnen geforderten Systems ihre theoretischen Sätze verifizieren konnten. Bis dahin müssen sich auch die Vertreter des Plangedankens darauf beschränken, die gegnerischen Argumente auf ihre Tragfähigkeit möglichst sorgfältig zu prüfen und eine in sich widerspruchsfreie, dem

Die gegenwärtige Lage des Kapitalismus

heutigen Stand der sozialökonomischen Wissenschaft angemessene systematische Theorie einer planwirtschaftlichen Ordnung aufzustellen. Beide Aufgaben bieten so große Schwierigkeiten, dass sie nur durch kollektive Arbeit bewältigt werden können. Hier beschränken wir uns darauf, einen summarischen Überblick über die wichtigsten Streitfragen zu geben und die eigene Stellung nur anzudeuten.

Gegen eine Planwirtschaft wird in erster Linie das Bedenken erhoben, sie sei weniger produktiv als die heutige Marktwirtschaft, da sie den Markt zerstöre, ohne seine Funktionen ersetzen zu können. Vor allem sei es ihr unmöglich, ihre Kosten zu berechnen, und unter solchen Umständen sei »es immer noch besser, sich zuweilen etwas zu verrechnen, als überhaupt nicht zu rechnen«.[16] Während die Marktwirtschaft in den letzten 100 Jahren trotz großer Reibungsverluste die Bedürfnisse einer rasch wachsenden Bevölkerung immer besser befriedigte, müsse sich eine Planwirtschaft darauf beschränken, den status quo aufrecht zu erhalten, da sie weder Bedarfsverschiebungen noch Veränderungen der Technik auf ökonomisch brauchbare Weise erfassen könne. Auf dreierlei Weise begegneten planwirtschaftliche Theoretiker diesem Einwand: Marktorganisation und Planwirtschaft seien gar keine unvereinbaren Gegensätze, im Gegenteil, erst eine Planwirtschaft könne die Vorteile der Kostenermittlung durch die Marktpreisbildung voll ausnutzen.[17] Der zweite Gegeneinwand lautete, dass die Ermittlung der Kosten auch ohne das indirekte Mittel des Tauschverkehrs möglich sei. »Wie der Tauschverkehr die richtigen Preise nur durch Erproben ermittelt, so kann auch eine strenge Planwirtschaft nach Projektierung im großen für die Einzelbestimmung der Preise einzelne Güterteile von einer Produktion in die andere wirklich verschieben und tastend versuchen, wie sie auf Grund des höheren Nutzens der neuen Kombination die Bedeutungsgröße des betreffenden Gutes erhöhen kann«.[18] Von anderen Theoretikern

16 Nachkriegskapitalismus, S. 19.

17 Vor allem E[duard] Heimann, dessen Schrift *Sozialistische Wirtschafts- und Arbeitsordnung* (Potsdam 1932) sich eingehend mit dieser Frage beschäftigt.

18 [Carl] Landauer: [Planwirtschaft und Verkehrswirtschaft. Leipzig, München 1931], S. 120.

wird sogar der Beweis angeboten, dass eine »naturalwirtschaftli-
che« Rechnung, die auch nicht mehr mit fiktiven Preisen arbeitet,
der Kostenermittlung des Marktes überlegen sei.[19] Endlich kann
man mit Otto Bauer einwenden: »Die kapitalistische Gesellschaft
ist gesellschaftlicher Rationalität nicht fähig. Sie senkt den Kosten-
aufwand des einzelnen Unternehmers ohne Rücksicht darauf, ob die
Senkung seiner Kosten durch Mehraufwand an gesellschaftlichen
Kosten überwogen wird. Erst in einer sozialistischen Gesellschaft,
in der die Gesellschaft selbst über die Produktionsmittel verfügt und
die Produktion leitet, wird jede wirtschaftliche Entschließung von
rechnungsmäßigem Vergleich des gesellschaftlichen Ertrages und
des gesellschaftlichen Aufwandes abhängig«.[20]

Auch wir halten die Möglichkeit, das Verhältnis von Kosten und
Ertrag auf andere Weise als durch den Austausch festzustellen, bereits
auf Grund der heutigen Erfahrungen für gegeben, wenn auch die
dazu notwendigen Methoden noch sehr viel weiter ausgebildet sein
müssen, bis das denkbare Optimum der wirtschaftlichen Erfolgsbe-
rechnung erreicht wird.

Ein zweiter Einwand besagt, dass in einer Planwirtschaft die entscheidende Triebkraft des Profitstrebens und der freien Konkurrenz,
die zur Aktivierung aller wirtschaftlichen Kräfte führte, wegfiele und
die Ergiebigkeit der Wirtschaft schnell nachließe. Dieser Einwand
scheint uns auf einer unhaltbaren Psychologie zu beruhen.

Ferner wird behauptet, dass in einer Planwirtschaft der Anreiz
zur Kapitalbildung fehle und das vorhandene Kapital unsachge-
mäß verteilt werde. Gerade hier könnte aber die Kapitalbildung
der Willkür der einzelnen Wirtschaftssubjekte entzogen und den
gesellschaftlichen Organen übertragen werden, denen dann auch die
zweckmäßige Anlage der Kapitalien läge. Fehlinvestitionen würden
rascher bemerkt, und die Mittel zu ihrer Korrektur wären bedeutend

19 O[tto] Neurath: Wirtschaftsplan und Naturalrechnung. Berlin 1925, vor
    allem S. 53 ff.
20 O[tto Bauer]: Kapitalismus und Sozialismus nach dem Weltkrieg. 1. Bd.
    Rationalisierung – Fehlrationalisierung. Wien 1931, S. 181.

wirksamer als heute.[21] Die Gefahr, dass die technischen Fortschritte in einer Planwirtschaft nachlassen, ist dadurch ausgeschaltet, dass die Erfindertätigkeit in den technisch-wissenschaftlichen Anstalten der Unternehmungen und des Staates bereits heute weitgehend rationalisiert ist und fast von einer fortlaufenden Produktion von Erfindungen gesprochen werden kann. Eine Planwirtschaft wird darauf sehen müssen, bei der Umsetzung neuer technischer Verfahren in die Praxis Tempo und Ausmaß der Umstellung zu regulieren, und wird dadurch die großen Störungen und Verluste, die notwendig bei profitorientierter Technisierung entstehen, vermeiden.

Eine weitere Gruppe von Streitfragen betrifft die organisatorischen Grundsätze einer Planwirtschaft. Die größte Schwierigkeit lässt sich auf das Problem zurückführen, wie die Prinzipien der Zentralisation und Dezentralisation am zweckmäßigsten miteinander vereinigt werden können. Denn die Forderung nach einer zentralen Leitung der gesamten Wirtschaftsprozesse kann nicht so verstanden werden, dass von einer Zentrale aus jeder einzelne Betrieb in allen Einzelheiten seiner Geschäftsführung bevormundet wird. Wo die Grenzen der zentralistischen Führung liegen, lässt sich nicht ein für allemal sagen, da dies offenbar bei einem verschiedenen Grad der Technik, der Vereinheitlichung des Produktions- und Verteilungsprozesses, der Differenzierung in der Vorbildung der Ausführenden ganz verschieden ist.

Im engsten Zusammenhang mit diesem Problem steht der bereits oben genannte Vorschlag, sozusagen die gute Seite der Marktprozesse in den Dienst der Planwirtschaft zu stellen. Dadurch würde scheinbar der zentralen Tätigkeit eine klare Grenze gezogen und gleichzeitig die Lösung eines anderen schwierigen Problems, nämlich die rasche Anpassung der Produktion an die Wünsche der über ihr Einkommen frei verfügenden Konsumenten gesichert. Nach allen bisherigen Erfahrungen müsste die Überführung des heutigen Systems in eine Planwirtschaft zunächst an die Markteinrichtungen anknüpfen, denn

---

21 Vgl. Landauer: [Planwirtschaft und Verkehrswirtschaft], S. 121–130, der uns auf diesen Seiten Entscheidendes zu dieser Frage gesagt zu haben scheint.

die vielen vorhandenen Ansätze für eine marktlose Wirtschaft bedürfen einer Modifizierung, gegenseitiger Abstimmung und Ergänzung, ehe sich mit ihrer Hilfe die Marktfunktionen vorteilhaft ersetzen lassen. Unsere Bedenken richten sich nicht gegen die Beibehaltung der Marktorganisation in einer Übergangswirtschaft, sondern gegen die Auffassung, dass grundsätzlich nur der Markt die Rechnungen ermöglichen könne, an denen sich eine rationale Wirtschaftspolitik orientieren müsste. Es ist typisch für alle ernsthaften Versuche, den Marktmechanismus in das Gebäude einer Planwirtschaft einzubeziehen, dass das Prinzip der freien Preisbildung regelmäßig durchbrochen wird zugunsten »sozialer« Preise (Lorwin) oder solcher »diktierter« Preise, die etwa einer von der Gesellschaft bzw. ihren Planorganen beschlossenen Kapitalbildung dienen sollen (Heimann). Eine weitere Einschränkung erfährt in den meisten dieser Systeme die freie Preisbildung durch die Kreditpolitik, die in einer Planwirtschaft die Kapitalien nicht notwendig zum Ort der höchsten Rentabilität leiten muss. Vielmehr müssen die Planorgane »aktiv entscheiden, ob einem Produktionszweig das Kapital zugeleitet werden soll, das er von sich aus zinsbringend verwenden würde. Es wird ihm zugeleitet werden, nur, falls der Überblick über die Verschiebung des Arbeitsbedarfs im Gesamtrahmen der Volkswirtschaft keine Gefahr daraus erwarten lässt«[22] und falls nicht eine andere Verteilung des Kapitals im Rahmen des Gesamtplans vorgesehen ist. Ob eine solche marktmäßige Ordnung der Planwirtschaft möglich ist, bedarf einer ausgiebigen Diskussion. Jedenfalls aber können keine Bedenken gegen die Verwendung von Preisen im Sinne bloßer Verrechnungsmittel erhoben werden. Die arbeitsteilig verbundenen Betriebe müssen miteinander abrechnen, und soweit den Konsumenten ihr Einkommen nicht in Naturalien zugewiesen wird, braucht man ein Mittel zur Verrechnung dieser Einkommen.

Je nach der Auffassung über den zu verwirklichenden Typus von Planwirtschaft ergibt sich eine abweichende Stellung zu den Problemen der Konsumfreiheit und der Frage, in welchem Maße die Konsumenten bei der Aufstellung des Wirtschaftsplanes über Rich-

22 Heimann: [Sozialistische Wirtschafts- und Arbeitsordnung], S. 39.

tung und Umfang des Konsums und damit der Produktion mitzube-
stimmen haben. Hier begegnen uns neben vielen ungelösten Fragen
eine Anzahl von Scheinproblemen, so z. B. die Behauptung, dass ein
Wirtschaftsplan jede Konsumfreiheit ausschließe. Eine Konsumfreiheit, jedenfalls im absoluten Sinne, hat es aber für die überwiegende
Mehrzahl der Menschen nie gegeben und ist nur bei einem vorläufig
nicht realisierbaren Reichtum der Gesellschaft denkbar. Durch eine
beschränkte Konsumfreiheit wären aber erhebliche Störungen des
Planes nicht zu befürchten, da die Bedarfsgewohnheiten bei mittleren Einkommenslagen relativ starr sind und diese Konstanz durch
gesellschaftliche Beeinflussung und das Zusammendrücken der Ein-
kommenspyramide sich noch verstärkte.

Hält man sich den verschiedenen Grad kapitalistischer Entwicklung
und Reife in den einzelnen Ländern vor Augen, so erhebt sich die Frage,
ob eine Planwirtschaft in einem einzelnen Lande oder nur international möglich sei und ob innerhalb einer Volkswirtschaft Teilpläne in
die Marktwirtschaft eingebaut werden können. Lederer hat kürzlich
nachzuweisen versucht, dass freie Wirtschaft und Planwirtschaft
»nur prinzipielle Gegensätze seien, die sich in der Wirklichkeit nicht
ausschließen«, kommt aber dann zu dem Ergebnis, dass die Vorteile
einer Planwirtschaft sich nur dann voll auswirken können, wenn alle
Wirtschaftszweige in einen Gesamtplan einbezogen werden.[23]

Auch wir sind der Meinung, dass ein Teilplan qualitativ etwas
ganz anderes darstellt als ein Gesamtplan und dass erst dann von
einer Planwirtschaft gesprochen werden kann, wenn zumindest alle
entscheidenden Wirtschaftszweige planmäßig reguliert werden. Dagegen dürfte ein planwirtschaftliches System auch im Rahmen nur
einer Volkswirtschaft prinzipiell möglich sein, soweit es ihr gelingt,
die Schwierigkeiten, die dem Plan aus der Abhängigkeit von der
Belieferung durch das Ausland entstehen können, zu überwinden.
Die von der ökonomischen Seite her drohenden Gefahren spielen
hier wahrscheinlich eine viel geringere Rolle als diejenigen von der
politischen. Durch die Verfügungsgewalt über ein relativ autarkes
Gebiet wird allerdings die Planarbeit außerordentlich erleichtert.

23 Lederer: Planwirtschaft, S. 9 ff. u[nd] 39 ff.

Aus der Fülle der planwirtschaftlichen Probleme greifen wir noch die eine Frage heraus, ob eine Planwirtschaft mit dem Privateigentum an den Produktionsmitteln vereinbar ist. Wird unter Eigentum ausschließliche Verfügungsgewalt verstanden, so ist nicht einzusehen, wie ein Plan durchführbar sein sollte, wenn die einzelnen Eigentümer der Produktionsmittel die Wahl hätten, seine Anweisungen in dem Umfang zu befolgen, wie es ihnen zusagt. Dagegen würden *ökonomisch* keine Schwierigkeiten bestehen, das Privateigentum nominell beizubehalten, wenn die Verfügungsgewalt an die Planorgane abgetreten wäre. Es wäre dann zu dem geworden, was es in sehr vielen Fällen heute schon ist, nämlich zu einem mehr oder weniger sicheren Anspruch auf den Bezug einer Rente.

VIII.

Wenn auch der gegenwärtige Stand der planwirtschaftlichen Theorie es nicht erlaubt, ein bis in die Einzelheiten ausgeführtes Bild einer Planwirtschaft zu zeichnen, so erscheinen uns doch alle *ökonomischen* Voraussetzungen zu ihrer Verwirklichung gegeben zu sein.[24] Eine ganz andere Frage aber ist es, ob die ebenso wichtigen gesellschaft-

24 Es wird bei manchen Befremden hervorrufen, dass wir unter den Argumenten für die Möglichkeit einer Planwirtschaft das sowjetrussische Wirtschaftssystem nicht angeführt haben. Wir sind nun allerdings der Überzeugung, dass die Theorie und Praxis der Planwirtschaft aus den russischen Versuchen sehr viel zu lernen hat, müssen aber im gegenwärtigen Stadium dem russischen Experiment die Beweiskraft dafür absprechen, ob diese Art der Planwirtschaft *ökonomisch* – und nur unter diesem Gesichtspunkt haben wir das Problem bisher erörtert – dem privatkapitalistischen System überlegen ist. Die Bedingungen, unter denen seit 1917 die Wirtschaftspolitik in der Sowjetunion steht, sind in negativem und positivem Sinn so einzigartige, dass sich heute kaum schon Aussagen darüber machen lassen, was von den Erfolgen oder Misserfolgen aus den Eigenarten der russischen Situation und was aus den Besonderheiten der planwirtschaftlichen Methoden zu erklären ist.

lichen und insbesondere die politischen Tatbestände in absehbarer
Zeit eine planwirtschaftliche Neuordnung gestatten.

Eine *kapitalistische* Planwirtschaft kann von den Eigentümern
der Produktionsmittel schon allein aus dem Grunde nicht geduldet
werden, weil sie, wie oben bereits angedeutet, ihrer ökonomischen
Funktion entkleidet und zu bloßen Rentenbeziehern degradiert werden müssten. In keiner Gesellschaftsordnung hat sich aber bisher der
bloße Bezug von Renten auf Kosten der Gesellschaft ohne sichtbare
Gegenleistung auf die Dauer aufrecht erhalten lassen.

Die Aussichten für die Verwirklichung einer *sozialistischen* Planwirtschaft sind trotz aller ökonomischer Möglichkeiten solange gering, wie der Einfluss der an einer solchen Wirtschaftsform durch ihre
Klassenlage interessierten Schichten für eine Umwälzung nicht ausreicht. Wichtig aber bleibt, die auf eine Planwirtschaft hindrängenden
Tendenzen zu verfolgen, alle Möglichkeiten einer solchen Wirtschaft
zu überprüfen und eine geschlossene Theorie aufzubauen, die einer
künftigen Wirtschaftspolitik als Orientierungsmittel dienen könnte.

Bemerkungen zur Wirtschaftskrise [1933]

Die verwirrenden und bedrohlichen ökonomischen und gesellschaftlichen Erscheinungsformen der Wirtschaftskrise, die ungewöhnlichen bisher stets enttäuschten Bemühungen zu ihrer Überwindung zwingen zu der Überlegung, was diese Vorgänge geschichtlich bedeuten. Zahlreiche sich widersprechende Erklärungen werden angeboten, aber gerade die mit dem größten Autoritätsanspruch auftretenden Theorien werden durch das Fehlschlagen der Versuche, aus ihnen praktische Folgerungen zu ziehen, widerlegt. Dieser Aufsatz gibt Gedanken wieder, die in wissenschaftlichen Diskussionen und beim Studium der Tatsachen und eines Teiles der selbst für den Fachvertreter unübersichtlich gewordenen theoretischen Literatur entstanden sind und die geeignet sein mögen, manche der rätselhaften Phänomene in einen verständlichen Zusammenhang einzuordnen.[1] Er ist orientiert an der Erklärung der Grundstruktur dieser Krise aus dem Konflikt zwischen Produktivkräften und Produktionsverhältnissen, der sich ausdrückt in dem Widerspruch zwischen den unbegrenzten ökonomisch-technischen Möglichkeiten und dem begrenzten, tendenziell immer schwerer realisierbaren Ziel der Kapitalverwertung. Ferner dient die Einsicht in die Notwendigkeit eines streng bestimmbaren ökonomischen Gleichgewichtes und in die Zufälligkeit und Unstabilität seiner Verwirklichung als Leitfaden in dem Labyrinth der Tatsachen und Meinungen.

Eine Beschränkung auf rein ökonomische Fakten verbot sich im Hinblick auf die immer enger werdende Verbindung wirtschaftlicher und gesellschaftlicher Gegebenheiten; diese zwingt über die Fachgrenzen hinaus zu gehen, will man sich nicht mit sehr abstrakten und lebensfremden Sätzen begnügen. Ebenso wird eine Prognose der

1 Für viele Anregungen und die Sammlung eines Teils der dieser Arbeit zugrundeliegenden sehr umfangreichen Materialien bin ich Gerhard Meyer und Rudolf Katz zu Dank verpflichtet. F[riedrich] P[ollock].

ökonomischen und gesellschaftlichen Zukunft versucht werden. Das
dringende Bedürfnis zu wissen, wohin die Reise geht, lässt den bloßen
Wahrscheinlichkeitscharakter derartiger Voraussagen als das geringere Übel gegenüber dem resignierenden »ignoramus« empfinden.
Zunächst bemühen wir uns, Klarheit darüber zu gewinnen, inwiefern diese Krise ihren Vorgängerinnen wesensgleich ist und welche
Faktoren ihre Verschiedenheiten bedingen. Aus diesen Überlegungen
lassen sich Schlüsse auf die Aussichten ihrer Überwindung ziehen. Für
die Beurteilung der ferneren Zukunft des Kapitalismus wird außerdem eine grundsätzliche Besinnung über die Mittel notwendig sein,
die es zu erlauben scheinen, die innerhalb des Systems bestehenden
Spannungen zu überwinden, ohne seine Grundlagen aufzuheben.

I.

Wer in den Jahren der amerikanischen Prosperity die Ansicht äußerte, dass diese Aufwärtsbewegung einmal ihr Ende erreichen müsse,
dem wurde erklärt, er sei an eine veraltete Krisentheorie dogmatisch
gebunden. Krisen seien dem Kapitalismus gar nicht eigentümlich,
die früheren Konjunkturzusammenbrüche nur auf eine Häufung
systemfremder Unglücksfälle zurückzuführen. Auch heute noch wird
vielfach die Meinung vertreten, dass sowohl die amerikanische Wirt-
schaftskatastrophe wie die Weltkrise überhaupt durch »exogene«
Faktoren herbeigeführt seien. Tatsächlich haben bei jeder Krise und
jedem Aufschwung so viele einmalige Faktoren mitgewirkt, dass in
jedem einzelnen Fall eine Erklärung aus »zufälligen« Störungs- oder
Entlastungsmomenten gegeben werden kann.[2] Doch befriedigen
derartige Erklärungen deshalb nicht, weil sie die typischen Regelmä-
ßigkeiten nicht deuten können, welche die Konjunkturforschung trotz
fortschreitender Differenzierung immer wieder festgestellt hat. Wir
halten es für erwiesen, dass der Konjunkturzyklus »endogen« ver-

2 J[oseph] Schumpeter: Der Stand und die nächste Zukunft der Konjunkturforschung. In: Festschrift für Arthur Spiethoff. Herausgegeben von
   Gustav Clausing. München 1933, S. 263.

ursacht ist und die Krise im Wesentlichen die gewaltsame (allerdings nur vorübergehende) Wiederherstellung des in dem vorangehenden Aufschwung notwendig gestörten Gleichgewichtes bewirkt.

Betrachtet man an Hand der eingehenden Darstellungen, wie sie vom Völkerbund oder dem deutschen Institut für Konjunkturforschung in den letzten Jahren veröffentlicht werden,[3] unvoreingenommen die Krisenphänomene und vergleicht sie mit typischen Konjunkturschemata,[4] so muss schon die äußerliche Übereinstimmung vieler Grundzüge auffallen. Auch diesmal führt ein äußerer Anlass, der New Yorker Börsenkrach (1873 war es ein analoger Krach in Wien), zum Ende der vorausgegangenen Investitionskonjunktur.

Dieser Zusammenbruch, der nicht aus dem unmittelbaren Anlass, sondern nur aus der vorher schon vorhandenen Labilität der Gesamtwirtschaft erklärbar ist, bringt den typischen Krisenmechanismus zur Auslösung: Produktionseinschränkung, Arbeiterentlassung, Absatzstockung, Preissturz, Kontraktion des Kreditsystems, Zahlungseinstellungen, Vertrauenskrise, Bankrotte. Der Prozess der »Reinigung«, d. h. einer Austilgung der »Disproportionalitäten« durch wertmäßige oder physische Vernichtung eines Teiles der Produktionsmittel und Produkte ist im Gange. Damit entsteht allmählich ein neues Gleichgewicht, das in einer Verschiebung der Relation zwischen Kosten und Preis in der Richtung zu neuer Rentabilität zum Ausdruck kommt und zusammen mit der Ansammlung flüssigen Kapitals eine Voraussetzung der Erholung bildet. Die »Naturgewalten« der Krise machten auch früher nicht vor den »gesunden« Unternehmungen halt. Was man heute »Selbstdeflation« nennt und was einen Hauptgegenstand des krisentheoretischen Streites bildet, lässt sich auch in den früheren

3 Le cours et les phases de la dépression économique mondiale. Publié par le Secrétariat de la Société des Nations. Genève 1931 (Autor: B[ertil] Ohlin); Société des Nations. Situation économique mondiale 1932/33. Genève 1933 (Autor J[ohn] B[ell] Condliffe); Vierteljahrshefte für Konjunkturforschung, Berlin; E[rnst] Wagemann: Struktur und Rhythmus der Weltwirtschaft. Berlin 1931.

4 Etwa dem von [Wesley Clair] Mitchell (Business Cycles. New York 1927) oder [Arthur] Spiethoff (Artikel *Krisen* im Handw[örterbuch] d[er] Staatsw[issenschaften]. Jena [4]1925.).

Krisen beobachten (wenngleich nicht in der heutigen Schärfe): der »Reinigungsprozess« bewirkt stärkste Preissenkungen, die Bankrotte verursachen und damit weitere Zwangsverkäufe und neue Zusammenbrüche, so dass man in einen fehlerhaften Zirkel gerät. Flüssiges Kapital wird vielfach nicht neu angelegt, da der vorhandene Produktionsapparat und die Vorräte ohnedies zu groß erscheinen. Viele Preise fallen unter das Niveau, auf dem selbst für die am stärksten durchrationalisierten Betriebe eine Produktion noch rentabel ist, viele Unternehmungen, die weder unsolid noch überflüssig sind, werden durch den überaus groben Krisenmechanismus bedroht.

Es ist schon öfters darauf aufmerksam gemacht worden, dass sich zeitgenössische Darstellungen früherer Krisen wie Varianten bestimmter Phasen der heutigen lesen; in manchen Einzelheiten geht diese Übereinstimmung bis ins kleinste.[5] Mit alledem kann aber nur gezeigt werden, dass der heutige Zustand mit früheren große Ähnlichkeiten aufweist, die zu der Annahme systembedingter, aus den Krisen des vorigen Jahrhunderts bekannter Ursachen berechtigen.

Nun ist es aber offenbar, dass die seit dem Ende des Jahres 1929 in USA wütende Wirtschaftskrise, die allmählich fast alle Länder ergriffen hat[6] hinsichtlich Schwere, Dauer sowie geographischer und branchenmäßiger Verbreitung alle ihre Vorgänger weit übertrifft. Die größte Ähnlichkeit zeigt in vieler Hinsicht die 1873 ausgebrochene Krise, die erst etwa 1879, nach manchen Autoren sogar erst gegen das Ende der achtziger Jahre oder noch später überwunden war. Sie hat

---

5 Vgl. etwa M[ax] Wirth: Geschichte der Handelskrisen. Frankfurt am Main ³1883; ferner aus der neueren Literatur: Wagemann: Struktur und Rhythmus der Weltwirtschaft; J[ean] Lescure: Des crises générales et périodiques de surproduction. Paris ⁴1932; der Völkerbundsbericht Ohlins: Le cours et les phases de la dépression économique mondiale, S. 308 ff. Über die Krise von 1857 unterrichten neuerdings auf Grund teilweise bisher unveröffentlichten Materials zwei Aufsätze [Hermann Wätjen: Die Weltwirtschaftskrisis des Jahres 1857. [In: Weltwirtschaftliches Archiv 38, 2 (Oktober 1933), S. 356–367.]; Hans Rosenberg: Die zoll- und handelspolitischen Auswirkungen der Weltwirtschaftskrisis von 1857–1859. [In: Weltwirtschaftliches Archiv 38, 2 (Oktober 1933), [S. 368–383].

6 Die Sowjet-Union, Japan und Palästina bilden die einzigen Ausnahmen.

alle europäischen Länder und die meisten Wirtschaftszweige erfasst. Einzelne Warenpreise zeigten schwere Zusammenbrüche, allen voran der Eisenpreis, der bei seinem Höchststand im Jahre 1873 116 sh 11 d notiert hatte und 1879 auf 47 sh gestürzt war. Aber hier handelt es sich um einen Sonderfall, der durch das Zusammentreffen einer Absatzstokkung mit einer außergewöhnlichen Senkung der Produktionskosten charakterisiert ist. Der Eisenpreis beeinflusst naturgemäß sehr stark den Preisindex der industriellen Rohstoffe, der für Deutschland 1873 mit 123,8, 1878 mit 69,7 angegeben wird (1913 = 100).[7] Andere Zahlen bleiben weit hinter den heutigen zurück. So sinkt die englische Ausfuhr von 1873–79 wertmäßig um kaum 25 % gegen einen Rückgang von etwa 40 % 1929/32 für Großbritannien und rund 60 % 1928/32 für USA. Die Zahl der arbeitslosen Trade Unions-Mitglieder erreicht 1879 mit 11,4 % ihr Maximum, während die American Federation of Labor für Dezember 1932 unter ihren Mitgliedern 35 % Vollarbeitslose und 20 % Kurzarbeiter zählt.[8] Die Löhne fielen zwar in einzelnen Industriezweigen erheblich, aber in England sanken sie nur von 108 in 1873 auf 102 in 1879, um dann bis 1887 ziemlich .konstant zu bleiben (Basis 1867–77 = 100),[9] während der Index der nordamerikanischen und deutschen Industrielöhne von 1930 bis Ende 1933 eine Senkung von über 20 % aufweist; dabei ist wegen der unzureichenden Berechnungsmethoden die effektive Senkung der Nominallöhne nur teilweise erfasst.[10] Die Schwere

7 Wagemann: Struktur und Rhythmus der Weltwirtschaft, S. 236. Dort finden sich weitere Zahlenangaben, ebenso in der Anmerkung auf S. 323 des genannten Werkes.

8 Annuaire Statistique de la Société des Nations. 1932/33. Genève 1933.

9 Nach G[eorge] D[ouglas] H[oward] Cole: British Trade and Industry. Past and Future, London 1932, S. 99.

10 Société des Nations, Situation Économique Mondiale 1932/33, Genève 1933, S. 112. Dieser Bericht kommt bei der Untersuchung der Reallöhne zu dem nur eine kleine Schicht betreffenden und auch für diese wegen der Unzulänglichkeit der Lebenshaltungsindices schiefen Ergebnis »qu'il n'est guère douteux que la plupart des salariés travaillant d'une façon permanente à horaire normal, à des taux standards, ne soient, si l'on néglige la perte des gains additionnels que fournissent les heures de travail supplémentaires, dans une situation bien meilleure qu'en 1929«. Als

der heutigen Krise bedarf also einer besonderen Erklärung. Man hat versucht, sie mit der »Theorie der langen Wellen« zu geben. Danach bewegten sich die acht- bis zehnjährigen Konjunkturzyklen in einem größeren »säkularen« System aufwärts oder abwärts gerichteter Kräfte, und wenn der Zusammenbruch der Konjunktur auf ein Wellental im System der langen Wellen treffe, dann komme es zu einer besonders schweren Krise. In den siebziger Jahren des vorigen Jahrhunderts und in der Gegenwart liege ein solches Zusammentreffen vor. Die Beweise, welche hierfür mit großem Müheaufwand gegeben wurden, beruhen auf unzulässigen Verallgemeinerungen vereinzelter Tatbestände.[11] Es muss also nach einer besseren Erklärung für den außergewöhnlichen Charakter der Krise gesucht werden.

II.

Die Überzeugung, dass der Konjunkturzyklus »endogen« verursacht ist, schließt nicht aus, dass »exogene« Faktoren ihn erheblich modi-

Krisensymptom ist die Entwicklung der Kaufkraft aller Lohnempfänger besonders wichtig, und der Bericht weist selbst darauf hin, dass hier ein enormer Rückgang vorliegt. Für die verarbeitende Industrie in den USA werden in einer Veröffentlichung des Internationalen Arbeitsamtes (Bericht des Direktors. Genf 1933, S. 45) folgende Zahlen genannt:

	1929	1932 (Oktober)
Gesamte Lohnsumme	100,5	39,9
Lebenshaltungs-Index	100,0	78,1
Kaufkraft	100,5	52,4

Das bedeutet also eine Senkung der Lohnsumme von über 60 % und der Kaufkraft um fast 50 %.

11   Die Ausführungen Wagemanns über dieses Problem in seinem sonst so ausgezeichneten hier mehrfach zitierten Werk haben geradezu metaphysischen Charakter. Ähnliches gilt von der Rolle, die der Theorie der langen Wellen in dem lesenswerten Buch von J[osef] Dobretsberger: Freie oder gebundene Wirtschaft. München 1932 zugewiesen wird.

fizieren können. Lehnt man auch die »äußeren« Störungsherde als einzige Erklärung für die Krise ab, so könnte man sie dennoch als Begründung für ihre Besonderheiten gelten lassen. Zwei solcher »zufälliger« Faktoren spielen offenbar bei der Verschärfung der Krise eine entscheidende Rolle: der Weltkrieg mit allen seinen ökonomischen und politischen Konsequenzen und die Revolutionierung der Agrartechnik.

Die durch den Weltkrieg verursachten Störungen sind so gründlich beschrieben worden, dass hier eine summarische Aufzählung der wichtigsten genügt.[12] Der Krieg hat die Produktionskraft der ganzen Welt außerordentlich erhöht und gleichzeitig durch die Zerstörung der internationalen Arbeitsteilung (Industrialisierung neuer Länder, Ziehung neuer politischer Grenzen usw.) und die Verwirrung der internationalen Kreditbeziehungen (infolge Kriegsschulden und Reparationen) die Herstellung eines neuen Gleichgewichtes sehr erschwert. Das machte sich zum ersten Mal in voller Schärfe geltend, als der aufgestaute Erneuerungsbedarf an Maschinen und Waren in der Nachkriegszeit gedeckt war,[13] und später in dem Ausbruch der Krise in Europa 1931, als für die Finanzierung der politischen Zahlungen keine weiteren privaten Anleihen mehr zur Verfügung standen. Die daraus resultierenden schweren Erschütterungen haben eine Atmosphäre größter politischer und ökonomischer Unsicherheit geschaffen, die auf den ohnedies durch die Kriegsfolgen gestörten nationalen und internationalen Kreditmechanismus verheerende Wirkungen ausgeübt hat. Indem jedes Land Maßnahmen zugunsten seiner eigenen Währungs- und Absatzinteressen trifft, schädigt es die Interessen der meisten anderen, so dass schließlich ein heilloser Wirrwarr und gefährliche politische Spannungen entstanden. Der »normale« Konjunkturzusammenbruch erfolgte unter außergewöhnlichen Bedingungen, unter denen die früher vorhandenen Elastizitätsfaktoren

12 Wegen der Einzelheiten vgl. die einschlägigen Kapitel bei Sir Arthur Salter: Recovery. London 1932; Ohlin: Le cours et les phases de la dépression économique mondiale; A[lvin] H[arvey] Hansen: Economic Stabilization in an Unbalanced World. New York 1932.
13 In der schweren Krise von 1921, die auf dem europäischen Kontinent durch Inflation verdeckt war.

großenteils fehlten. In dieser aufs äußerste gesteigerten Labilität aller
wirtschaftlichen und politischen Beziehungen wird das im Prozess der
Krise flüssig gewordene Kapital nicht neu investiert, sondern flüchtet
sich in kurzfristige Anlagen oder wird in völlig anachronistischen
Goldhorten aufgehäuft.[14] Es entsteht der groteske Zustand, dass große
Länder sich kaum gegen die katastrophalen Wirkungen zu verteidigen
wissen, welche die Abziehungen des vagabundierenden kurzfristigen
Kapitals auf ihr ganzes Wirtschaftsleben ausüben. – Es stellt sich
heraus, dass der »normale« Markt- und Krisenmechanismus nirgends
mehr richtig funktioniert, weil durch mittelbare oder unmittelbare
Kriegsfolgen allenthalben die Voraussetzungen für einen normalen
Ablauf verletzt zu sein scheinen. An vielen Stellen muss der Staat
eingreifen, um das Schlimmste zu verhindern, es kommt zu einem
planlosen Interventionismus, der selbst die allgemeine Unsicherheit
steigert und als »politischer« Störungsfaktor wirkt.

In dieses grob skizzierte Bild müssen noch die Verheerungen ein-
gezeichnet werden, die durch den zweiten »zufälligen«, vom ersten
scheinbar unabhängigen Krisenherd, die Agrarkrise, angerichtet
werden. Unmittelbar hervorgerufen durch die Revolutionierung der
Agrartechnik in Übersee, greift sie auf die vielfältigste Weise in den
Wirtschaftsablauf aller Länder ein. Eine nie gekannte Überproduktion, die nach dem Zusammenbruch der Valorisierungsversuche selbst
zu ruinösen Preisen nur teilweise abgesetzt werden kann, bedroht
die wirtschaftliche Existenz der Landbevölkerung, das agrarische
Kreditgebäude wird aufs schwerste erschüttert, die Außenhandelsbeziehungen der agrarischen Schuldnerstaaten und ihre Zahlungsbilanz
erleiden eine katastrophale Verschlechterung. Für die eigentlichen
Nutznießer, die Bezieher der Agrarstoffe, wird der Vorteil der Verbilligung zunächst in der Regel durch andere Nachteile, insbesondere
durch die notwendig verlustbringenden Umstellungen aufgehoben.[15]

14 Der Völkerbundsbericht für 1932/1933 schätzt diese privaten Horte auf
    1,3 Milliarden Golddollar. (Ohlin: Le cours et les phases de la dépression
    économique mondiale, S. 326.)
15 Für die Einzelheiten vgl. die obengenannte Denkschrift Ohlins sowie die
    bemerkenswerte Studie [Ungelöste Probleme der gegenwärtigen Krise]

Bei näherer Betrachtung dieser beiden »zufälligen« krisenverschärfenden Störungsherde drängt sich bald die Frage auf, ob sie tatsächlich als »zufällig« und »einmalig« beurteilt werden dürfen. Zunächst zeigt es sich, dass es sich gar nicht um zwei verschiedenartige Störenfriede handelt, da die überstürzte Revolutionierung der Agrartechnik offenbar nur einen Sonderfall der Folgen des Weltkrieges darstellt. Durch die hohen Kriegspreise für Getreide und Landarbeiterlöhne wurde die ökonomische, durch die Entwicklung des Motorenbaus die technische Grundlage für die Revolutionierung der Agrartechnik geschaffen. Hier erheben sich sofort neue Fragen: haben die Technisierung der Landwirtschaft ebenso wie viele andere Prozesse, die gewöhnlich als Kriegsfolgen bezeichnet werden (z. B. die Industrialisierung der außereuropäischen Länder) nicht bereits längst vor dem Krieg eingesetzt?[16] Und ist der Krieg selbst wirklich ein »systemfremder«, nur politischer Faktor?[17]

Es lässt sich zeigen, dass die sogenannten politischen Faktoren aus den ökonomischen und gesellschaftlichen Bedingungen des Kapitalismus hervorwachsen und dass sie umso häufiger als scheinbar selbständige Kräfte auftreten, wie das kapitalistische System unelastischer wird und seine inneren Spannungen wachsen. Man kann annehmen, dass das Tempo der Entfaltung, der Zeitpunkt des Auftretens, die besondere Art des Zusammentreffens der krisenverschärfenden Faktoren ebenso wie bestimmte Fehler der Politik und Wirtschaftspolitik in gewissem Sinn als einmalig und zufällig gelten dürfen. Aber es ist unrichtig, sie deshalb als »systemfremd« zu charakterisieren, da aus den inneren Spannungen des kapitalistischen Systems notwendig immer neue quasizufällige Störungsherde aller Art entstehen müssen.

des gleichen Verfassers im Weltwirtschaftlichen Archiv [36, 1] (Juli 1932), [S. 1–23].

16 Vgl. hierzu das vom Institut für Weltwirtschaft und Seeverkehr an der Universität Kiel bearbeitete und herausgegebene Werk: Der deutsche Außenhandel unter der Einwirkung weltwirtschaftlicher Strukturwandlungen. 2 Bände. Berlin 1932.

17 Es ist viel zu wenig bekannt, dass der Weltkrieg unmittelbar vor dem Ausbruch einer wahrscheinlich sehr schweren Wirtschaftskrise begonnen hat.

Der Weltkrieg und die Friedensverträge haben zahlreiche derartige »einmalige« Störungsfaktoren geschaffen, aus welchen sich die Tiefe und schwere Überwindbarkeit der Krise teilweise erklären lassen. Darüber hinaus haben sie dauernde Veränderungen in der Struktur des kapitalistischen Systems bewirkt und beschleunigt, die das »normale« Funktionieren des Markt- und Krisenmechanismus dauernd in Frage stellen.

III.

»Over the whole range of human effort and human need, demand and supply found their adjustments without anyone estimating the one or planning the other. The individual producer pushed and groped his way to a new or expanding market... His guide was no estimate of world demand and production, but the moving index of changing prices. If he and his competitors made more than the consumer, within whatever market they could reach, would buy, prices would fall; the less efficient and advantageously placed producers would lose and be squeezed out; supply would thus in time fall below demand; prices would rise; and a little later the prospect of higher profits would again attract more capital and enterprise to production. So supply and demand would circle round a central, though moving, point of equilibrium – tethered to it by an elastic hut limited attachment. Those who planned enterprises in every sphere would not so much see, as feel, their way to their market... No extended range of vision was needed or was possible. Production and distribution were adjusted by a process that was automatic, elastic and responsive.«[18]

Dieses Ruhmeslied auf das liberalistische Wirtschaftssystem steht in einem Nachruf, den ihm einer der bedeutendsten englischen Nationalökonomen geschrieben hat. Wenn man davon absieht, dass in Grabreden die Verdienste der Verstorbenen gewöhnlich übertrieben werden, und sich bewusst ist, dass Salters Worte größeres Gewicht darauf legen, wie das Funktionieren gedacht war, als auf die »Rei-

18 Salter: Recovery, S. 10 f.

bungsverluste«, die es gekostet hat, dann geben diese Sätze einen guten Einblick in einen Teil der äußeren Voraussetzungen für den Gang des Marktmechanismus. Relativ kleine Unternehmer waren für alle Zweige der Wirtschaft charakteristisch, wohl oder übel folgten sie ziemlich gehorsam den Kommandos fallender oder steigender Preise, das Kapital konnte verhältnismäßig leicht aus einem übersetzten Wirtschaftszweig herausgezogen und einem rentableren zugeführt werden. Wenn man noch hinzufügt (was S[alter] an anderer Stelle tut), dass Geld und Kredit im allgemeinen ziemlich zuverlässig funktionierten, große Märkte in Übersee offen standen, Überraschungen der Außenhandelspolitik selten waren, so hat man in den gröbsten Strichen eine Skizze der Bedingungen, unter denen die Wirtschaft (allerdings unter schwersten nie gezählten »Reibungsverlusten«) immer wieder automatisch ihr Gleichgewicht fand.

Von diesen Voraussetzungen sind nur Trümmer erhalten geblieben, und insofern wir von »Strukturwandlungen« sprechen, soll zum Ausdruck gebracht werden, dass es sich bei der Änderung der »Daten« meistens nicht um eine vorübergehende Krisenerscheinung handelt, sondern um nicht mehr rückgängig zu machende Tatsachen. Wir nennen von ihnen hier nur die wichtigsten und nur soweit sie bei der Verschärfung der Krise und der Schwierigkeit ihrer Überwindung eine erhebliche Rolle spielen.[19]

An erster Stelle steht die Verschiebung des wirtschaftlichen Schwergewichts zu den Großbetrieben, den großen Unternehmungen und Zusammenschlüssen von Unternehmungen. So bedeutend auch die Klein- und Mittelbetriebe an Zahl sein mögen, den Ausschlag bei allen wichtigen Entscheidungen (soweit nicht besondere politische Erwägungen herein spielen) geben die großen Einheiten.[20] Diese streben monopolistische Marktbeherrschung an, sie haben den Wil-

19 Vgl. hierzu auch Jahrgang I, S. 11 ff. dieser Zeitschrift [d.i. der Aufsatz *Die gegenwärtige Lage des Kapitalismus und die Aussichten einer planwirtschaftlichen Neuordnung*, in diesem Band PGS II, S. 469–492].
20 Wir verstehen darunter hier sowohl die große Einzelunternehmung wie die als Einheit auftretenden wirtschaftlichen Verbände, Kartelle, Konzerne; bisher auch, mit bestimmten Einschränkungen, die Gewerkschaften.

len und die Macht, innerhalb weiter Grenzen dem anonymen Diktat der Preise Widerstand zu leisten. Sie können diesem Diktat aber ohne schwere Verluste gar nicht folgen, da ihre organisatorische und technische Größe sie unelastisch macht. Man kennt die verhängnisvolle Rolle, welche die »fixen Kosten« in den Großbetrieben spielen und die sie dazu zwingt, mit allen erdenklichen Mitteln den Konkurrenzmechanismus innerhalb und womöglich auch außerhalb der Landesgrenzen für sich selbst auszuschalten. Das einzige dem Liberalismus zur Verfügung stehende konjunkturpolitische Mittel, die »Diskontschraube«, ist gegenüber den für die großen Einheiten auf dem Spiele stehenden Gewinnen und Verlusten ohnmächtig. Durch einen derartigen Widerstand werden die Disproportionalitäten, die ohnedies entstehen müssen, bedeutend verschärft. In der gleichen Richtung wirkt die Macht der Trust- und Kartelldirektoren, über die Verwendung großer Mengen eigenen und fremden Kapitals[21] zu bestimmen, mit allen Folgen von Fehlinvestierungen oder zumindest übermäßigen Kapazitätsausweitungen. Der Konkurrenzmechanismus wird vollends noch dadurch in Unordnung gebracht, dass die großen Einheiten nicht nur über die Wirtschaftspolitik entscheiden, sondern auch der finanziellen Hilfe des Staates in jeder kritischen Situation versichert sein dürfen. Auf diese Weise werden die Wiederherstellung der gestörten Proportionalitäten, die Hauptfunktion der Wirtschaftskrise, behindert, der Konjunkturtiefstand länger, seine Verwüstungen vervielfacht. Die zunehmende Größe und Dauerhaftigkeit des für einen Betrieb notwendigen fixen Kapitals machen ferner die erforderlichen Kapitalwanderungen von einem Wirtschaftszweig in einen anderen ebenso wie die Zuwanderung von Neukapital immer schwieriger. Auf diesen Kapitalübertragungen, die durch die relative Rentabilität der einzelnen Wirtschaftszweige reguliert wurden, beruhte aber die automatische Regulierung des wirtschaftlichen Gleichgewichts.

Die Entfaltung der modernen Technik ist auch abgesehen von ihrem Zusammenhang mit der eigentlichen Konzentrationstendenz zu den stö-

---

21 Es ist eine bekannte Erscheinung, dass in der Regel die Kreditbereitschaft der Geldgeber mit der Größe des Eigenkapitals der Kreditnehmer rascher wächst als deren Kreditwürdigkeit.

rendsten strukturellen Veränderungen zu rechnen. Seit der industriellen
Revolution hat jede Generation die Leistungen der Technik angestaunt.
Aber seit dem Krieg ist diese Entwicklung infolge der Verwissenschaftli-
chung der Produktionsmethoden und der durch die »großen Einheiten«
zur systematischen Durchrationalisierung bereitgestellten Mittel in ein
Tempo geraten, das dem groben Marktmechanismus längst entwachsen
ist. Die menschenarme, kapitalintensive Massenproduktion wächst
an Bedeutung und mit ihr die Gefahr dauernder Überproduktion und
»struktureller« Arbeitslosigkeit. Der Anteil der Produktion von Produktionsmitteln an der Gesamtproduktion steigt, und dies macht seinerseits
ebenfalls das Gesamtsystem krisenempfindlicher.[22] Zuletzt hat sich
die Maschine der Landwirtschaft bemächtigt und dort Umwälzungen
eingeleitet, die nur mit solchen Erschütterungen wie der Ersetzung des
Handwebstuhls durch den Maschinenwebstuhl vergleichbar sind. Das
bedeutet aber, dass ein bisher relativ wenig krisenempfindlicher Teil
der Wirtschaft, der während der Depression mildernd wirken konnte,
künftighin selbst die volle Wucht der Krisen zu tragen hat.

Eine weitere entscheidende strukturelle Veränderung ist die offenbar endgültige Brechung des Monopols Europas und der Vereinigten
Staaten, die Welt mit Industriewaren zu versehen. Es wiederholt sich
damit auf weit größerer Stufenleiter ein Prozess, der vor fünfzig
Jahren folgendermaßen beschrieben worden ist:

> »Die Freihandelstheorie hatte zum Grund die eine Annahme: dass
> England das einzige große Industriezentrum einer ackerbauenden
> Welt werden sollte, und die Tatsachen haben diese Annahme
> vollständig Lügen gestraft. Die Bedingungen der modernen In-
> dustrie, Dampfkraft und Maschinerie, sind überall herstellbar,
> wo es Brennstoff, namentlich Kohlen, gibt, und andre Länder
> neben England haben Kohlen: Frankreich, Belgien, Deutschland,
> Amerika, selbst Russland. Und die Leute da drüben waren nicht
> der Ansicht, dass es in ihrem Interesse sei, sich in irische Hunger-
> pächter zu verwandeln, einzig zum größeren Ruhm und Reichtum

22 Vgl. Frederick C[ecil] Mills: Economic Tendencies in the United States.
New York 1932, S. 533.

der englischen Kapitalisten. Sie fingen an zu fabrizieren, nicht nur für sich selbst, sondern auch für die übrige Welt, und die Folge ist, dass das Industriemonopol, das England beinahe ein Jahrhundert besessen hat, jetzt unwiederbringlich gebrochen ist«.[23]

Setzt man anstelle von Dampfkraft und Kohle-Elektrizität, anstelle der europäischen Länder die asiatischen, so erhält man ein gutes Bild dessen, was sich auf dem Weltmarkt abspielt. Japanische Textilien, Uhren und andere Stapelartikel, indische Stoffe schlagen die europäische Konkurrenz auf den asiatischen und südamerikanischen Märkten, malayische Gummischuhe, japanische Glühbirnen und Schuhe dringen trotz höchster Zollmauern selbst in Europa ein. Während die europäische und amerikanische Produktionskapazität für Massenartikel ins Riesenhafte gewachsen ist, drohen gleichzeitig aus früheren Abnehmern sehr gefährliche Konkurrenten zu werden. Der Ausweg, den Kapitalexport und Erschließung neuer Märkte bisher in Krisenzeiten geboten haben, ist damit bedeutend schwerer gangbar geworden. Die Störungen der internationalen Arbeitsteilung sind zugleich Folge und Ursache eines wachsenden Protektionismus, der überdies aus dem Bedürfnis der großen Einheiten, einen großen Absatzmarkt möglichst dauerhaft zu sichern, ständig neue Impulse erfährt.

Mit alledem ist nur ein Teil der nicht rückgängig zu machenden Veränderungen angedeutet. Eine besondere Studie würde zeigen, dass auch auf zahlreichen anderen Gebieten, in dem Kreditsystem, den Methoden des Warenabsatzes, der Zusammensetzung und Veränderlichkeit des Massenbedarfs, der Bevölkerungsbewegung (um nur noch einige wenigstens mit Namen zu nennen) weitreichende Wandlungen eingetreten sind. Sie machen es zusammen mit den vorhergehenden Darlegungen verständlich, warum der auf Grund anderer Voraussetzungen entstandene und relativ gut funktionierende liberalistische Wirtschaftsmechanismus heute seinen Aufgaben

---

23 Friedrich Engels im Londoner *Commonweal* vom 1.11.1885, wieder abgedruckt im Vorwort zur Neuauflage der *Lage der arbeitenden Klassen in England* (1892) [MEW 21, S. 195].

nicht mehr gewachsen ist. Alle Anzeichen sprechen dafür, dass es vergebliche Mühe wäre zu versuchen, die technischen, ökonomischen und sozialpsychologischen Voraussetzungen für eine freie Marktwirtschaft wiederherzustellen. Die hier nur summarisch aufgezeigten strukturellen Veränderungen bewirken eine verstärkte Krisenempfindlichkeit des Gesamtsystems. Man wird in Zukunft nicht nur mit tendenziell schwerer werdenden Krisen rechnen müssen, sondern auch wegen der zunehmenden Beschleunigung der im Konjunkturablauf entscheidenden Produktionsprozesse[24] mit einer rascheren Aufeinanderfolge.

IV.

Unzählige Vorschläge sind für die Überwindung der Wirtschaftskrise gemacht worden. Von den Mahnungen der strenggläubigen Liberalen, dass beim integralen Laissez-faire auf allen Gebieten wirtschaftlicher Tätigkeit das einzige Heil liege und dass man den bewährten Kräften der Selbstheilung des Systems vertrauen solle, bis zur Forderung eines radikalen planwirtschaftlichen Um- und Neubaues gibt es eine bunte Skala von Projekten.[25] Wir erörtern hier kurz einige von den voraussichtlich zur Verwirklichung kommenden oder wenigstens ohne allzu schwere Eingriffe sofort möglichen konjunkturpolitischen Maßnahmen und betrachten dann in den nächsten Abschnitten die grundsätzlich für die Krisenüberwindung in der Gegenwart anwendbaren Mittel.

24 Die tendenzielle Abnahme der im Wirtschaftsprozess stehenden Personen in Verbindung mit der steigenden Ergiebigkeit der modernen Produktionsweise und der größeren Dauerhaftigkeit der Massenprodukte hat zur Folge, dass die relative Sättigungsgrenze jeweils sehr rasch erreicht wird. Automobile, Kunstseide und Radio, aber auch viele der Pfennigartikel der Kettenläden sind charakteristische Beispiele. Vgl. auch D[ennis] H[olme] Robertson in der Spiethoff-Festschrift, S. 240 f.

25 Eine systematische Darstellung der Haupttypen bei G[erhard] Colm: Die Krisensituation der kapitalistischen Wirtschaft. In: Archiv für Sozialwissenschaft und Sozialpolitik [69 (Juli 1933), S. 385–406].

Die »Selbstheilung« ist nach vier Jahren unvorstellbarer Verwüstungen soweit vorgeschritten, dass es als keine unlösbare Aufgabe
erscheint, durch eine Reihe von Eingriffen wenigstens die »Bereinigung« abzuschließen und damit die notwendigen Voraussetzungen
für eine nennenswerte Erholung zu schaffen. Hierher gehört vor allem
eine gründliche Revidierung des Gläubiger-Schuldner-Verhältnisses,
insbesondere bei den landwirtschaftlichen und politischen Schulden,
die schon seit einiger Zeit in und zwischen den wichtigsten Staaten
in Fluss gekommen ist.[26] Unbedingt notwendig sind ebenfalls die
Ordnung des Währungssystems und damit in Zusammenhang die
Sorge für das Budgetgleichgewicht in den einzelnen Staaten. Dies
kann nur durch eine starke, untergeordnete Interessenwünsche rücksichtslos beiseite stellende Regierung erreicht werden. Eine solche
Regierung ist ferner notwendig, um die Steuern so zu verteilen und
die Löhne auf einem solchen Stand zu halten, dass die Rentabilität
wirtschaftlicher Tätigkeit wenigstens von dieser Seite nicht bedroht
wird. Auch gewisse internationale Vereinbarungen sind erforderlich, um einen Teil der Hemmungen für einen Wiederaufstieg zu
beseitigen. Der Misserfolg der Londoner Weltwirtschaftskonferenz
beweist nichts gegen die Möglichkeit solcher Vereinbarungen. Dort
hatte man allerdings die Ziele zu hoch gesteckt und vergessen, dass
die Zeiten des Freihandels endgültig vorbei sind und dass wegen der
Verschiedenheit der Produktionsbedingungen Abmachungen über
Einschränkung der Produktion (ausgenommen einige Rohstoffe) gerade den Stärksten unerträgliche Opfer zumuten müssten.[27] Auch
war der Augenblick so ungünstig wie möglich gewählt, da mit einer

26	Das abgesehen von offener Streichung drastischste Mittel der Schulden-
	abwertung, die Inflation, kommt gegenwärtig (Oktober 1933) in USA auf
	allerhand Umwegen zur Anwendung. Teilweise Streichung ohne Bank-
	rotterklärung erfolgte im Zusammenhang mit den Osthilfe-Maßnahmen
	in Deutschland.
27	Die ohnedies bestehenden schweren Interessengegensätze werden be-
	deutend verschärft durch die Rücksicht auf die Kriegsindustrie (zu der
	allmählich alle größeren Produktionszweige einschließlich der Landwirt-
	schaft gezählt werden müssen), in der jeder Großstaat eine maximale
	Produktionskapazität zu behalten wünscht.

aktiven Mitarbeit der USA nicht gerechnet werden durfte, solange man
dort nicht einigermaßen der überaus bedrohlichen Lage im eigenen
Land Herr geworden war. [Zu] einem späteren Zeitpunkt, wenn die
»innere Bereinigung« in den wichtigsten Ländern zum Abschluss
gekommen ist und die Vorteile des Valutadumpings wegen seiner
allgemeinen Anwendung in ihr Gegenteil umschlagen, kann eine
internationale Vereinbarung über die Stabilisierung der Wechselkurse
durchaus im Interesse aller Staaten liegen. Auch andere internationale
Abmachungen über Erleichterungen des Außenhandels sind denkbar,
werden aber aus noch zu erörternden Gründen voraussichtlich nur für
bestimmte Staatengruppen abgeschlossen werden. Mit der Wiederherstellung der Währungsstabilität, die bei Erfüllung der oben genannten
Bedingungen von einer Wiederkehr des Vertrauens begleitet sein
dürfte, wird es sinnlos, zahllose Milliarden flüssigen Kapitals in Gold
oder kurzfristigen Krediten brachliegen zu lassen. Die »Plethora« des
Geldkapitals, seit langem als sinnfälligstes Symptom dafür bekannt,
dass die Krise in die Depression übergegangen ist, wird sich mit der
wiedergekehrten Bereitwilligkeit der Kapitalisten zu neuen Anlagen
endlich auch in sinkenden Sätzen für langfristige Kredite und Betei-
ligungen aller Art äußern. Angesichts der durch die Krise keineswegs
beseitigten Überkapazitäten in allen wichtigen Wirtschaftszweigen
wird die Unterbringung solchen Anlage suchenden Kapitals in den
Hauptindustrieländern zunächst auf Schwierigkeiten stoßen.[28] Aber
hier öffnet sich das weite Feld der intensiven Erschließung ganzer
Erdteile. Afrika und Asien[29] sind noch für riesige Mengen Kapitals
aufnahmefähig, die Politik der »valorisation des colonies« kann als
Grundlage einer außerordentlichen Marktausweitung dienen. Der
Prozess kann bedeutend erleichtert werden, wenn für Anleihen und
Warenlieferungen die Staatsgarantie erteilt wird. Man unterschätzt

28 Der hohe technische Stand des Produktionsapparates macht es unwahr-
    scheinlich, dass, wie bei der Überwindung früherer Krisen, die Einführung
    neuer kapital-intensiver Produktionsmethoden in den alten Industrien
    eine erhebliche Rolle spielen wird.
29 Auch die Sowjetunion. Frankreich und USA scheinen entschlossen zu
    sein, von dieser Möglichkeit Gebrauch zu machen.

gewöhnlich die Aufnahmefähigkeit derartiger Länder für neue Kapitalien. Dass es in China außerhalb der wenigen Handelszentren noch an allem fehlt, ist bekannt. In Afrika (wo weite Gebiete durch die erfolgreiche Bekämpfung der Schlafkrankheit neu zugänglich geworden sind) kann der systematische Bau von Straßen, Eisenbahnen und Elektrizitätswerken dem ganzen Erdteil ein anderes Aussehen geben. Selbst ein schon so lange kolonisiertes Land wie Indien bietet ungeheuren Raum für neue Investitionen und damit einen zusätzlichen Markt für Produktions-und Konsumtionsmittel.[30] In dem Anpassungsprozess der Konsumtion an den vorausgeeilten Produktionsapparat durch die Erschließung neuer Märkte mag die völlige Einbeziehung der Agrarproduktion in das kapitalistische System eine erhebliche Rolle spielen. Zunächst hat die technische Umwälzung in der Landwirtschaft die Krise erheblich verschärft. Aber mit der Zeit mag sich die dadurch bewirkte Kostensenkung in einer vergrößerten Kaufkraft insbesondere für landwirtschaftliche Veredlungsprodukte und Industriewaren äußern. Andererseits werden die heute noch durch staatliche Intervention in vielen Ländern vor den »Reibungsverlusten« einer Anpassung an die veränderten Umstände bewahrten Bauernwirtschaften schließlich doch zu einer Umstellung auf eine rationale, rechenhafte, alle anwendbaren technischen Mittel gebrauchende Produktionsweise gezwungen werden. Dieser Prozess, der zu einer Aufhebung des Unterschiedes der Lebensbedingungen zwischen Stadt und Land hintendiert, steht heute erst in seinen Anfängen. Seine Durchsetzung bedeutet eine erhebliche Markterweiterung sowohl für die Produktionsmittel- als (später) auch die Konsumtionsmittel-Industrie.

30 »Most of the 500 000 villages have not yet been touched by metalled roads or railways; post offices are many miles apart; and telegraph offices still more distant from each other. Except in the north-west, the whole of the country is dependent on the monsoon, and all major agricultural operations are fixed and timed by this phenomenon. Unless perennial irrigation is available climatic conditions thus restrict agricultural operations to a few months of the year.« (Report of the Indian Statutory Commission. Vol. 1, London 1930, S. 16. Vgl. auch [den] Report of the Royal Commission on Agriculture in India, London 1928.)

Doch mit der Durchführung der Bereinigungsmaßnahmen und der
dadurch geschaffenen Möglichkeit der Erschließung neuer Märkte ist
noch nicht alles geschehen, was für die Überwindung einer schweren
Krise notwendig ist. Nach früheren Erfahrungen bedarf es dazu einer
»Initialzündung«, wie sie etwa 1848 in der Entdeckung neuer Goldfel-
der oder am Ende des Jahrhunderts in dem Siegeszug der Elektrizität
vorlag. Man streitet darüber, was heute die Funktion einer solchen
»Initialzündung« versehen könne, die Vergebung großer öffentlicher
Arbeiten (Deutschland, Frankreich), die Steigerung der Preise mit
währungs- und kredit-politischen Mitteln zur Befreiung der Märkte
von preisdrückenden Vorräten, die Erhöhung der Löhne (die alte
Forderung der Gewerkschaften) oder eine Kombination dieser und
anderer Maßnahmen (das Programm Roosevelts). Die Tatsache, dass
man glaubt, eine »zufällige« Initialzündung nicht wie früher abwarten
zu sollen, sondern es allenthalben für nötig hält, die Depression mit
»künstlichen« Eingriffen zu überwinden, ist ein Ausdruck für die
akuten Gefahren und die veränderten Systembedingungen. Nachdem
ein großer Teil der Voraussetzungen für das Funktionieren des Marktmechanismus weggefallen ist, bedarf es besonderer Eingriffe, um über
kritische Situationen hinwegzukommen, aber auch um das ganze
System weniger störungsempfindlich zu machen. Hierher gehören die
zahlreichen Interventionen des Staates auf allen Gebieten wirtschaftlicher Tätigkeit, insbesondere die Förderung aller wirtschaftlichen
Zusammenschlüsse (dies hat Roosevelt richtig erkannt) und eine
konjunkturpolitisch orientierte Kreditpolitik, die vor einer Kontrolle
der Investitionen nicht zurückschreckt (Keynes, Salter). Insbesondere
spielt aber in diesem Zusammenhang die Außenhandelspolitik eine
entscheidende und folgenschwere Rolle. Denn man fragt sich neuerdings immer häufiger, ob es angesichts der Gefahren, welche die
Außenhandelsbeziehungen für jedes Land mit sich bringen, überhaupt
wünschenswert ist, den gestörten Weltmarkt wiederherzustellen.
Die Partei der Autarkisten hat jüngst einen so unerwarteten Bun-
desgenossen gewonnen wie John Maynard Keynes.[31] »Lasst Güter

---

31 In einem zuerst in der Londoner *Nation* abgedruckten Artikel, deutsch in
    Schmollers Jahrbuch [für Gesetzgebung, Verwaltung und Volkswirtschaft

in der Heimat herstellen«, so führt er aus, »wenn immer es sinnvoll und praktisch möglich ist, und vor allem, lasst die Finanzen in erster Linie nationale sein«. Wirtschaftliche Isolierung diene heute mehr dem Frieden als das Gegenteil. Nationale Selbstgenügsamkeit koste zwar etwas, aber es gebe triftige Gründe, sich diesen Luxus zu leisten. Überdies habe es die Technik so weit gebracht, dass die modernen Massenprodukte in fast allen Ländern und Klimaten mit ungefähr gleichem Erfolg hergestellt werden könnten.[32] Das bedeutet gewiss nicht, dass man in England Baumwolle und Wein anpflanzen, aber auch nicht, dass man sie vom »Ausland« beziehen soll. Die logische Konsequenz dieser Einstellung ist vielmehr ein imperialistischer Autarkismus, der auf die Schaffung eines vom Ausland möglichst unabhängigen Imperiums zielt. Diese Gedankengänge sind längst aus dem Stadium akademischer Erwägungen herausgetreten. Es werden zugleich mit dem Rückgang des Welthandels die Umrisse von übernationalen Wirtschaftsblöcken sichtbar, welche ihren Teilhabern einen großen Markt reservieren und eine relativ große Selbstgenügsamkeit gewährleisten könnten.[33]

Wie lange eine so »angekurbelte« Konjunktur anhalten wird, ist allerdings problematisch. Im Grunde wird mit allen diesen Maßnahmen an den Störungsherden nichts geändert, manche werden im Gegenteil durch diese Eingriffe noch viel gefährlicher. Jede künstliche Preiserhöhung z. B. führt in relativ kurzer Zeit zu einer ungeheuren Überproduktion, keine der vorgesehenen Maßnahmen sichert die

57, 4 (August 1933), S. 77–86] unter dem Titel: »Nationale Selbstgenüg-samkeit«.

32 Ebd., S. 79 ff.

33 Als solche Wirtschaftsblöcke, zu denen bereits mehr als bloße Ansätze vorliegen, könnten etwa folgende Kombinationen gedacht werden:

1. Das britische Empire mit Einschluss von Skandinavien und Teilen Südamerikas,

2. Frankreich und seine Kolonien unter Einschluss eines Teiles des Donauraumes, der östlichen Randstaaten und wahrscheinlich mit gewissen handelspolitischen Privilegien in der Sowjetunion,

3. USA unter Einbeziehung von Teilen Südamerikas und Chinas,

4. die Sowjetunion.

Einhaltung der notwendigen Proportionalitäten, die Industrialisierung der Kolonien schafft in naher Zukunft neue und gefährliche Konkurrenten, und die Aufteilung der Welt in Wirtschaftsblöcke führt zur Notwendigkeit ihrer bewaffneten Verteidigung gegen diejenigen, die bei der Verteilung zu kurz gekommen sind.[34]

Doch sind mit den hier skizzierten Maßnahmen die Möglichkeiten des kapitalistischen Systems, sich veränderten Bedingungen anzupassen, längst nicht erschöpft. Handelt es sich dabei doch lediglich um Wege, die aus der heutigen Krise herausführen sollen. Für eine weitere Prognose ist eine grundsätzliche Besinnung über die Mittel erforderlich, über die das kapitalistische System verfügt, um mit seinen inneren Spannungen fertig zu werden.

v.

Es gehört zu den entscheidenden Merkmalen der gegenwärtigen gesellschaftlichen Situation, dass der Konflikt zwischen Produktivkräften und Produktionsverhältnissen heftiger geworden ist als er je vorher war. Niemals sind die Kräfte aller Art, die der menschlichen Bedürfnisbefriedigung dienstbar gemacht werden könnten, mit solcher Wucht an die Grenzen gestoßen, die ihnen durch die Art der Beziehungen zwischen den arbeitsteilig verbundenen Menschen gesetzt sind. *Qualitativ* bietet dieser Vorgang nichts Neues: die lange Reihe der Wirtschaftskrisen ist ein Ausdruck dafür, dass in längeren oder kürzeren Abständen die gegenwärtige Wirtschaftsform sich als unfähig erwiesen hat, die von ihr selbst entwickelten Kräfte restlos der Versorgung aller Angehörigen der Gesellschaft dienstbar zu machen. Das Bild aber, das sich heute bietet, unterscheidet sich *quantitativ* von dem früheren »normalen« Anpassungsprozess. Es ist ein Ausdruck dafür, dass die Produktivkräfte auf allen Gebieten heute

34 Es ist z. B. noch nicht ersichtlich, wo in den oben angedeuteten Kombinationen Deutschland und Japan Anschluss finden sollen. Es ist denkbar, dass sich hier die Situation von 1914 unter wesentlich ungünstigeren Bedingungen wiederholt.

mit einer bisher nicht gekannten Stärke an den Fesseln der Produktionsverhältnisse rütteln, insbesondere soweit sie durch bestimmte Eigentumsverhältnisse verkörpert werden.

Aus dieser Situation ergeben sich eine Reihe von Möglichkeiten. Die logisch nächstliegende ist die Sprengung der Schranken durch den übermächtig gewordenen Druck. Alle Anzeichen sprechen dafür, dass diese Entwicklung zunächst nicht zu erwarten ist. Dagegen spielt sich vor unseren Augen deutlich ein Anpassungsprozess ab und zwar auf doppelte Weise: durch gewaltsame Verkleinerung der Produktivkräfte sowohl als durch eine Erweiterung der Grenzen, in die sie gebannt sind. Der erste Weg mag der Kürze halber in Erinnerung an die griechische Sage die »Prokrustesmethode« genannt werden. Es handelt sich dabei um höchst gewaltsame, mit schwersten Verlusten aller Art verbundene Verfahren, die nur dadurch zu erklären sind, dass das bestehende Wirtschaftssystem in einem rücksichtslosen Kampf gegen die übermächtig gewordenen Produktivkräfte steht. Die andere Möglichkeit ist ein Lockern der Fesseln, eine gewisse Anpassung insbesondere der Eigentumsverhältnisse an die veränderten Umstände. Beide Methoden haben gemeinsam, dass sie die Grundlagen des kapitalistischen Systems unangetastet lassen. Beide lassen sich überhaupt nur gedanklich streng trennen, da viele Maßnahmen unmittelbar oder in ihren Konsequenzen sowohl Züge der einen als auch der anderen tragen. – Von zahlreichen Fachleuten ist unter dem Eindruck der Weltwirtschaftskrise immer wieder ausgeführt worden, wie unvergleichlich besser die Bedürfnisbefriedigung der Menschen heute gestaltet werden könnte, wenn die bereits vorhandenen Produktivkräfte sich unter adäquaten Bedingungen frei entfalten könnten. Aus dem großen Chor derer, die diese Meinung teilen, geben wir drei besonders eindringlichen Stimmen das Wort:

»We are, if we could but grapple with our fate, the most fortunate of the generations of men. In a single lifetime Science has given us more power over Nature, and extended further the range of vision of the exploring mind, than in all recorded history. Now, and now only, our material resources, technical knowledge and industrial skill, are enough to afford to every man of the world's teeming population physical comfort, adequate leisure, and access to everything in our rich heritage of civilisation that he has the personal quality to enjoy«.[35]

»There is a tragic irony in our economic situation today. We have not been brought to our present state by any natural calamity … We have a superabundance of raw materials, of equipment for manufacturing these materials into the goods we need, and transportation and commercial facilities for making them available for all who need them«.[36]

»Only now for the first time in human history can we speak of an opulent life released from drudgery for the whole community as a possibility for which the means are visible and at our immediate service and command. That possibility has come within sight and reach only as science has unlocked one after another the hitherto concealed treasure chambers of nature, giving us the entry of knowledge to new resources in power and materials, and in devices for using them to the uttermost for the service of human needs«.[37]

Es ist das große Verdienst der Technokraten, die allgemeine Aufmerksamkeit auf die technischen Möglichkeiten von heute gelenkt zu haben. Man hat die sensationellen Begleiterscheinungen ihres Auftretens, die unzulässigen Verallgemeinerungen der fortgeschrittensten oder womöglich erst »im Stadium der Blaupause« (Chase) befindlichen Produktionsmethoden, die Fehler einzelner Berechnungen mit Recht kritisiert. Soweit sie auf die Kluft zwischen dem technisch heute Möglichen und seiner Dienstbarmachung für die Menschen hinweisen, behalten sie recht. Auf ihre Weise protestieren sie als Vertreter der Produktivkräfte gegen die Fesselung durch das »Preissystem«.

35 Sir Arthur Salter: Recovery, S. 302.
36 Franklin D. Roosevelt: Looking Forward. London 1933, S. 45.
37 Fred Henderson: The Economic Consequences of Power Production. London 1931, S. 61.

Die Beispiele für die stürmische Steigerung der Produktivität der menschlichen Arbeit, die von den Technokraten aufgeführt werden, sind so bekannt, dass sich ihre Wiederholung hier erübrigt. Sie decken sich mit den Ergebnissen der täglichen Erfahrung und den Zahlen der Produktionsstatistik. Die Möglichkeit besserer Versorgung bei kürzerer Arbeitszeit könnte den Anfang einer Reihe bedeuten, die über die intensivere Ausbildung und Organisation der Mitglieder der Gesellschaft und die dadurch ermöglichte Durchrationalisierung des gesamten Wirtschaftsprozesses zu einer Güterversorgung und Steigerung aller gesellschaftlichen Energien führt, die noch vor wenigen Jahrzehnten als Utopie hätte gelten müssen.

Dass trotz dieses potentiellen, in solchem Ausmaße nie gekannten Reichtums die Menschheit immer ärmer zu werden droht, ist ein Paradoxon, über das unzählige Laien und Fachleute in den letzten Jahren viele temperamentvolle Reden gehalten und eine unübersehbare Literatur verfasst haben. Die in der Fachwissenschaft und von den verantwortlichen Staatsmännern am häufigsten vertretene Ansicht lautet:

»The economic crisis which to-day oppresses the business world is the stupidest and most gratuitous in history. All essential circumstances – except financial wisdom – favour an era of prosperity and well-being ... But the incapacity to adjust vehicle to burden, and means of payment to requirements, has brought about a crisis, so that many are starving in a world of plenty, while all are oppressed with a sense of depression and of incapacity to meet the situation. *The explanation of this anomaly is that the machinery for handling and distributing the product of labour has proved quite inadequate*«.[38]

Das Problem liegt aber gerade darin, dass das Zurückbleiben des Verteilungssystems hinter der Entfaltung der Produktionsmöglichkeiten kein Zufall, keine Nachlässigkeit ist, sondern bedingt durch ein übergeordnetes Interesse: alles wirtschaftliche und gesellschaftliche

38 Aus einer Rede Lord D'Abernons, zitiert nach ebd., S. 60. Sperrungen von [Pollock].

Geschehen in Grenzen einzuschließen, welche die Aufrechterhaltung der Grundlagen der gegenwärtigen Gesellschaftsordnung garantieren. Da keine prästabilierte Harmonie zwischen dem Wachstum der technischen und organisatorischen Kräfte einerseits und den Herrschafts- und Verwertungsbedürfnissen des Kapitals andererseits besteht, vielmehr beides immer wieder miteinander in Konflikt gerät, so handelt es sich nicht einfach um die technische Aufgabe, den Verteilungsapparat auf denselben Stand zu bringen wie die Produktion, oder um eine »zweckmäßigere Verteilung« der Einkommen, sondern um das nur aus der gesellschaftlichen Situation in seiner ganzen Tragweite zu verstehende Problem einer Anpassung der Produktivkräfte an die Produktionsverhältnisse.

Die Prokrustesmethode, d. h. die Vernichtung oder Unterdrückung von Produktivkräften kommt in allen bisherigen Wirtschaftskrisen zur Anwendung. Entsprechend der Stärke der zu bändigenden Kräfte müssen heute Mittel von einer bisher nicht gekannten Gewalttätigkeit benutzt werden. Die Wirtschaftsgeschichte kennt keine Periode, in der in solchem Umfang Rohstoffe aller Art planmäßig vernichtet wurden und man es als größte ökonomische, vom Staat in barem Gelde zu belohnende Tugend gepriesen hat, einen Teil der vorhandenen Produktionsmöglichkeiten nicht zu benutzen. Vom Umfang dieser Maßnahmen erhält der Leser der großen Tageszeitungen nur eine ganz unzureichende Vorstellung.[39] Umso deutlicher macht sich

39 Auch aus der Fachpresse erhält man nur gelegentlich konkrete Angaben. So berichtet z. B. über die Vernichtung von Kaffee in Brasilien *The Commercial and Financial Chronicle* vom 1. 7. 1933, dass die Regierung in zwei Jahren mehr als 16 Millionen Säcke Kaffee hat zerstören lassen (die Jahresernte wird 1933 auf 26 Millionen Säcke geschätzt); in diesem Jahr wurden 30 Milreis für jeden vernichteten Sack bezahlt, im vergangenen Jahr sogar etwas mehr. – Über die ersten Ergebnisse der amerikanischen Regierungsmaßnahmen zur Einschränkung der Baumwollproduktion findet sich bei Condliffe (Société des Nations, S. 339) die Angabe, dass die vom Staat bezahlten Prämien dazu geführt haben, dass 11 Millionen acres Baumwollpflanzungen brachgelegt bzw. eingepflügt worden sind. – Die obengenannte amerikanische Zeitschrift berichtet in derselben Nummer über Prämien für nur teilweises Abernten des Tabaks in U.S.A., ferner am

die jahrelange Brachlegung der Arbeitskraft eines großen Teils der bestqualifizierten Arbeiter der ganzen Welt bemerkbar, die in viel höherem Masse eine Vernichtung von Produktivkräften darstellt als die Stilllegung von Fabriken oder die Verschrottung von Maschinen. Man hat verschiedene Versuche gemacht, den Schaden zu berechnen, der der Menschheit durch die »Anpassungsmethode« entstanden ist.[40] Jedenfalls beläuft er sich auf eine phantastisch große Wertsumme. Auf sie muss der Kritiker der heutigen Wirtschaftsorganisation, will er die maßlose Kostspieligkeit des Systems darlegen, verweisen und nicht auf den wesentlich geringeren Betrag, der von den »Kapitalisten« angeeignet wird.

»It is not the profit which the fortune hunter actually takes which makes the bulk of the trouble; it is *the waste and maladjustment he creates in trying to take it.* For every success there are scores of failures, and most of the failures are responsible for at least as much dislocation as the successes. In an economy of abundance, properly organized, we could probably stand the cash drain on purchasing power caused by the profiteers and absentee owners. What no system can bear indefinitely is the continual rowelling of its vitals by those who are trying to get rich... If we took all

8.7.1933 über die Schlachtung von 225 000 Schafen in Chile, von denen nur der Talg verwertet werden konnte, und am 12.8.1933 über Maßnahmen zur Entlastung des US-Schweinemarktes, wobei ein Teil der Tiere in Futter und Seife verarbeitet werden soll. Aus Dänemark wird berichtet, dass in diesem Jahr eine große Anzahl Kühe geschlachtet und verbrannt, ein Teil als Schweinefutter verwendet wurde. Vgl. zu diesen Fragen auch John Strachey: The Coming Struggle for Power. London 1932, S. 89 f.

40   Einer der originellsten stammt von [Alfred Henry] Abbati, der für 1930 (!) eine nicht ausgenutzte Produktionskapazität (»unclaimed wealth«) von 15 M[r]d. Golddollar und einen Verlust der Produzenten von 18,5 M[r]d. Golddollar berechnet hat. Doch sind seine Berechnungsmethoden mehr anregend als theoretisch haltbar. (A[lfred] H[enry] Abbati: Economic Lessons. London 1932.) – W[ladimir] Woytinsky hat neuerdings die Kosten der Krise bis Ende 1933 auf rund 200 Milliarden Golddollar geschätzt, d. h. etwa ebensoviel wie die Kosten des Weltkriegs.

the in co me away from the wealthy and distributed it to the
rest of the population, the standard of living would be increased,
according to Professor Bowley, only some ten percent. But if we
could eliminate the gyrations of those who are trying to become
wealthy, we could abolish poverty and double the standard of
living virtually over night«.[41]

Der Einwand, dass es sich nur um Krisenerscheinungen handle, bestätigt, was er bestreiten soll: dass die kapitalistische Wirtschaft zum
Zwecke ihrer Aufrechterhaltung einen großen Teil der verfügbaren
sachlichen Reichtümer vernichtet. Eine beängstigende Illustration
der Wertvernichtung gibt die immer enger werdende Spirale, welche die monatlichen Welthandelsumsätze seit Januar 1929 graphisch
darstellt.[42] Im ersten Halbjahr 1933 war der Wert des Welthandels
auf 34,5 % der Umsätze im ersten Halbjahr 1929 gesunken. Wenn
auch der Mengenumsatz (der als Index allerdings eine sehr proble-
matische Bedeutung hat) »nur« um 27 % (für 1932) geschrumpft war,
so gibt doch die Kontraktion der Wertumsätze eine Vorstellung von
dem Ausmaß der Verwüstungen weniger Jahre in den arbeitsteilig
miteinander verbundenen Ländern der Welt.

Es wurde oben gezeigt, welche Kräfte in den fehlerhaften Zirkel
des immer rücksichtsloseren Protektionismus hineintreiben. An dieser
Stelle muss betont werden, dass es sich dabei um einen bewussten
Verzicht auf die optimalen Produktionsmethoden im Interesse von
Gruppeninteressen handelt. Es liegt auf der Hand, dass in einem klas-
sen- und grenzenlosen Weltstaat eine internationale Arbeitsteilung,
wie sie der klassischen Nationalökonomie vorgeschwebt hat, technisch
möglich und erwünscht wäre. Die Rücksicht auf die Aufrechterhaltung der bestehenden Eigentumsverhältnisse, den ökonomischen und
militärischen Schutz des investierten Kapitals erzwingt die Anwendung von Prokrustesmethoden und damit die Herabdrückung der
Lebenshaltung des größten Teiles der Menschen auf einen Stand, den

41 Stuart Chase: A New Deal. New York 1932, S. 21 [f.].
42 In der Völkerbundsveröffentlichung Situation économique mondiale
    1932/33, S. 8. Die Zahlen finden sich auf S. 230 ff. und 352.

kein Malthus mehr aus der Kargheit der Natur rechtfertigen kann. Konsequenterweise wird denn auch die Befreiung der Menschheit von der Sorge um das tägliche Brot als »materialistische« Zielsetzung gebrandmarkt und ein Evangelium des kargen Lebens gepredigt. Dieses Lob der Armut tritt überall dort auf, wo ein Verzicht auf die besten Produktionsmethoden bewusst gefordert wird, um die Gefahr zu bannen, die dem investierten Kapital durch technische Umwälzungen droht.[43]

Derartige Überlegungen vereinigen sich mit den aus anderen Wurzeln wachsenden Maßnahmen, die sich gegen die Entfaltung der »größten Produktivkraft«, der Arbeiterklasse, richten. Die kulturelle Hebung der Arbeiter, bis zu einem gewissen Grade durch die technische Entwicklung gefordert und begünstigt, führt zu einer wachsenden Organisierbarkeit und gleichzeitig Organisationsfähigkeit der Arbeiterklasse. Dies zusammen mit der technisch möglichen erheblichen Verkürzung der Arbeitszeit schafft eine der Voraussetzungen für die Neuorganisierung der Gesellschaft. Ein hoher Grad technischen Könnens auf vielen Gebieten der Wirtschaft und der Verwaltung, Disziplin und Verantwortungsbewusstsein tendieren in den fortgeschrittensten Ländern dazu, gerade so selbstverständliche Qualitäten des durchschnittlichen Arbeiters zu werden wie das durch die Volksschule vermittelte Wissen. Heute wirken starke Kräfte darauf hin, diese Entwicklung abzubiegen. Indem man den Massen das Evangelium des rauen Lebens entgegenhält, gleichzeitig die Schulbildung und das Recht auf Selbstverwaltung und eigene Organisationen auf ein Mindestmaß herabsetzt, kann eine der wichtigsten Voraussetzungen für eine planmäßige Organisation des gesellschaftlichen Lebens auf Grundlage einer bewusst geleiteten Wirtschaft in der Entwicklung gehemmt oder sogar zerstört werden.[44]

43 »Some authorities believe that the old system can stagger along by stabilization on a low production, low standard of living, low income basis. Articles are already being written in business journals to the effect that mass production has been over-done. Back to nineteenth century frugalities, hard work, and saving pennies«. (Stuart Chase: Technocracy. An Interpretation. New York 1933, S. 28.)

44 Es bestehen gewisse Gegentendenzen, wie z. B. die durch die Rooseveltschen »Codes« garantierte Tariffähigkeit der Gewerkschaften.

Nicht auf allen Gebieten spielt sich der Kampf um die Bändigung der Produktivkräfte in den dramatischen Formen der für jeden sichtbaren Vernichtung ab. Vereinzelt verbirgt er sich hinter Maßnahmen, die scheinbar mit diesen Zielsetzungen nichts zu tun haben, so wenn veraltete, am Stand der Technik gemessen unrationelle Produktionsmethoden, z. B. Ackerbau auf ungeeigneten Böden oder der Kleinbetrieb in vielen Teilen von Produktion und Handel mit Hilfe besonderer Schutzmaßnahmen, aufrechterhalten und womöglich technisch leistungsfähigere Betriebe durch administrative Akte behindert oder unterdrückt werden.[45] Es handelt sich auch hierbei um den bewussten Verzicht auf optimale Produktivität zugunsten der Erhaltung einer Gesellschaftsschicht, die den besten Rückhalt für die bestehende Ordnung bildet.

Bis zu einem gewissen Grad[46] müssen der Prokrustesmethode auch die Maßnahmen monopolistischer oder monopolähnlicher Wirtschaftsverbände zugerechnet werden, die eine Einschränkung der Produktion zwecks Hochhaltung der Preise betreiben. Sie richten nicht nur durch die Störung des Preismechanismus (z. B. durch die bekannte Hochhaltung der »gebundenen« Preise während der Krise) unter Umständen großen Schaden an, sondern verhindern auch qualitativ und quantitativ die technisch mögliche Güterversorgung zugunsten von Gruppeninteressen. Der Schaden, der damit angerichtet wird, kann wegen der Verflechtung aller Stadien der Produktion viel grösser sein als zunächst sichtbar wird und etwaige volkswirtschaftliche Vorteile weit überkompensieren. Zu den schädlichen Fernwirkungen der monopolistischen Wirtschaftspolitik gehört die Verwendung von Monopolgewinnen für neue Anlagen, die sich als Fehlinvestitionen erweisen, und die verhängnisvollen wirtschaftlichen und politischen Störungen, die der Kampf monopolistischer Organisationen um den inländischen Konsumenten, vor allem aber das Aufeinanderprallen der in Trusts und Kartellen zusammengeballten, staatlich gestützten

---

45 Hierher gehören der in Deutschland und der Schweiz geführte Kampf gegen die Warenhäuser und Kettenläden sowie die meisten anderen Maßnahmen zum Schutz des städtischen und ländlichen Mittelstandes.
46 Über den positiven Anpassungscharakter dieser Regulierungen vgl. S. 346.

Wirtschaftsmächte auf dem Weltmarkt anrichtet. Endlich gehört in diesen Zusammenhang die durch wachsende wirtschaftliche Interessengegensätze steigende Notwendigkeit kriegerischer Auseinandersetzungen mit ihren unvorstellbaren Verwüstungen. Zur Niederhaltung des inneren Feindes und zum Kampf gegen den äußeren muss eine Kriegsapparatur geschaffen werden, die einen wachsenden Teil des Sozialproduktes für sich in Anspruch nimmt und der Versorgung der Menschen großenteils entzieht. Hierher gehören nicht nur die Waffenfabrikation, sondern auch die Bereitstellung von großen Produktionsreserven und die Aufrechterhaltung zahlreicher »nationaler« Produktionen (z. B. Getreide-Selbstversorgung um jeden Preis, auf die bei einer »rationalen« Wirtschaftsgestaltung besser zu verzichten wäre). Der durch die wirtschaftlichen Gegensätze und die damit verbundene Unsicherheit geschaffene Rüstungswettlauf verschärft die Gegensätze und die allgemeine Unsicherheit und macht jede vernünftige Arbeits- und Kapitalverteilung unmöglich. Es ist sehr fraglich, ob die Versuche zur Herausbildung geschlossener, relativ autarker Gebiete an diesem fehlerhaften Kreislauf viel ändern können. Am vorläufigen Ende dieser Prozesse zeichnen sich die Umrisse neuer Kriege ab, die heute wirtschaftspolitisch gesehen nichts anderes sind als die Fortsetzung der in den Krisen von jeher wirksamen Methode der gewaltsamen »Bereinigung« mit anderen Mitteln.

Man hält der hier vertretenen Auffassung entgegen, dass es sich bei der »Prokrustesmethode« um systemfremde Vorgänge handle, dass im System der Konkurrenz zwar schmerzhafte Reibungsverluste vorkämen, diese aber nur naturnotwendige Wachstumserscheinungen seien. Diesen Versuchen gegenüber, die Tatsachen als systemfremd oder unvermeidliche Übel hinzustellen, ist zu sagen, dass die gewaltsame Niederhaltung der Produktivkräfte dem kapitalistischen System seit seinen Anfängen eigentümlich ist. Ihre Wirksamkeit bedeutete immer eine barbarische Vernichtung von Gütern und häufig auch Menschenleben, mag aber in früheren Phasen für die Herstellung eines neuen Gleichgewichtes auf höherer Basis unvermeidlich gewesen sein. Heute aber hat sie in doppelter Hinsicht einen anderen Charakter bekommen: sie muss in einem Umfang angewendet werden, der früheren Generationen unvorstellbar gewesen wäre und der nur aus der Heftigkeit des Gegensatzes von Produktivkräften und Produktionsverhältnissen zu erklären ist. Und ferner bedeutet ihre Anwendung heute nicht mehr eine unvermeidliche Notwendigkeit, sondern den Ausdruck dafür, dass bei der Wahl zwischen Aufrechterhaltung der bestehenden veralteten Produktionsverhältnisse oder besserer Bedarfsdeckung der Menschen die Entscheidung zu Gunsten der bestehenden Ordnung fällt.[47]

VI.

Es ist ein Zeichen für die Stärke der heute innerhalb des kapitalistischen Systems auftretenden Spannungen, dass die Eingriffe in die Produktionsverhältnisse zum Zwecke ihrer Anpassung an die Produktivkräfte in den letzten Jahren einen Umfang angenommen haben, wie er früher in Friedenszeiten nicht denkbar gewesen wäre. Wie auf anderen Gebieten, so hat auch hier der Kapitalismus eine ungeahnte Widerstandskraft und Anpassungsfähigkeit bewiesen. Diese Anpassungsprozesse, so mannigfaltig sie auch auftreten mögen, lassen sich im Grunde alle auf einen Nenner bringen: sie bedeuten eine mehr oder weniger tiefgehende Einschränkung der Verfügungsgewalt des einzelnen Eigentümers der Produktionsmittel, selbstherrlich über Art und Richtung seiner Wirtschaftstätigkeit zu bestimmen. Zu Gunsten der großen Einheiten oder des Staates selbst werden die Grundrechte der liberalistischen Wirtschaftsverfassung auf weite Strecken preisgegeben. Diesen Beschränkungen entspricht ein zwar nicht juristischer, aber faktischer Anspruch auf Staatshilfe in schwierigen Situationen, zumindest für die großen Wirtschaftssubjekte.

Verhältnismäßig weit entwickelt waren schon vor dem Krieg die Trennung von Kapitalbesitz und dispositiver (Unternehmer-)Tätigkeit in Aktiengesellschaften und den effektenkapitalistischen Organisa-

---

47 Es lassen sich manche Beispiele dafür geben, dass diese Wahl bewusst getroffen wird. In der Regel mag der Entschluss, »Eigennutz vor Gemeinnutz« gehen zu lassen, dadurch erspart bleiben, dass die Möglichkeit einer fruchtbaren Umgestaltung der Produktionsverhältnisse nicht zugegeben wird.

tionen höherer Ordnung. Diese Zentralisierung der »Kontrolle« in einer Hand ohne faktische Einspruchsmöglichkeit der weitverstreuten Besitzer hat neuerdings riesigen Umfang angenommen.[48] Hier liegt offenbar eine wichtige Lockerung der durch die Institution des Privateigentums ursprünglich geschaffenen Fesseln vor. In demselben Sinne kann die für die großen Einheiten gegebene Leichtigkeit der Finanzierung, sei es durch Selbstfinanzierung oder die aus der Größe des Unternehmens (manchmal zu Unrecht) abgeleitete besondere Kreditwürdigkeit, gedeutet werden.[49]

Eingriffe in die Privilegien der Privateigentümer wie im »corporate system« liegen bei Trusts und Kartellen vor.[50] Die Vereinheitlichung der Produktions- und Preispolitik für einen ganzen Wirtschaftszweig, die Möglichkeiten der Ausschaltung rückständiger Betriebe und der Verhinderung von Fehlinvestitionen auf Grund genauer Kenntnis der vorhandenen Produktionskapazität können zu einer relativ rationalen, von den Fehlspekulationen der Kapitalbesitzer unberührten Anwendung der vorhandenen Produktivkräfte führen. Allerdings handelt es sich hier bisher vorwiegend um eine theoretische Möglichkeit. In der Praxis haben die meisten monopolistischen Organisationen weder die notwendige Elastizität der Preispolitik noch die erforderliche weitschauende Planmäßigkeit bei ihren Investitionen gezeigt.

Noch viel einschneidendere Veränderungen bringt die rapid zunehmende Einmischung des Staates in das gesamte Wirtschaftsleben. Er hat bereits Geburtshelferdienste in der Frühzeit des Kapitalismus erwiesen, wurde dann beiseite geschoben und kommt ihm heute

---

48 Vgl. [Adolf A.] Berle, [Gardiner C.] Means: The Modern Corporation and Private Property. New York 1932. Besprechung in [der Zeitschrift für Sozialforschung 2, 2 (1933)], S. 317 f.

49 Hier soll gleichzeitig für alle anderen in diesem Zusammenhang behandelten Anpassungsphänomene nochmals bemerkt werden, dass dieselben Maßnahmen häufig auch zerstörende Wirkungen im Gefolge haben. So hat z. B. die Selbstfinanzierung bzw. die leichte Kreditbeschaffung häufig zu den schwersten Fehlinvestitionen geführt.

50 In USA waren sie in der Regel bis zur »Nira«-Gesetzgebung gezwungen, sich dieses »corporate system« zu bedienen.

bei seinen wachsenden Schwierigkeiten wieder zu Hilfe. Für uns handelt es sich nicht um die Beschreibung der verschiedenen Arten und Gebiete staatlicher Eingriffe, sondern um die wichtigsten unter den Fällen, wo eine Modifizierung der Produktionsverhältnisse durch staatliche Intervention vorliegt.

Diese Eingriffe in die durch den Liberalismus postulierte Vertragsfreiheit, die immer zahlreicher werden, können als schwächste Form dieser Anpassungsversuche gelten. Sie erfahren eine bedeutende Verschärfung, wenn die bisher freiwilligen wirtschaftlichen Zusammenschlüsse durch staatliche Maßnahmen gefördert oder, wie es neuerdings immer häufiger vorkommt, sogar erzwungen werden (Italien, Deutschland, die Rooseveltschen Codes). Ein weiterer Schritt ist die Verstaatlichung einzelner Unternehmungen oder ganzer Wirtschaftszweige, bei denen wie etwa beim Verkehrswesen die Unwirtschaftlichkeit der Konkurrenz auf der Hand liegt. Selbst wenn die Form von Erwerbsgesellschaften beibehalten wird (z. B. Deutsche Reichsbahn A. G., Dresdener Bank, British Broadcasting Corp. usw.), wird die Tätigkeit derartiger Unternehmungen nicht mehr ausschließlich durch Rentabilitätsgesichtspunkte bestimmt. Während die bisher genannten staatlichen Interventionen auch früher schon eine gewisse Rolle spielten, bilden die bewussten konjunkturpolitischen Maßnahmen in der neuerdings zu beobachtenden Mannigfaltigkeit und Intensität eine neue Stufe »staatskapitalistischer« Eingriffe. Sie sind ein Symptom dafür, dass der bisherige »Automatismus« teilweise, wenngleich nur mit problematischem Erfolg durch neue Methoden ersetzt werden kann, ohne dass damit die Grundstruktur der bestehenden Ordnung berührt wird.

Die vielen Pläne für konjunkturpolitische Eingriffe durch verschiedene währungs- und kreditpolitische Maßnahmen oder durch staatliche Arbeitsbeschaffung haben in der »Nira«-Politik Roosevelts die radikalste Anwendung gefunden, die die Geschichte des Kapitalismus bisher kennt. Die Grundsätze der Unternehmerinitiative und des privaten Gewinnstrebens bleiben in Kraft, aber es sind ihnen sehr starke Schranken gezogen. Gesetzliche Vorschriften und der Druck der öffentlichen Meinung sollen zusammenwirken, um von den einzelnen Wirtschaftssubjekten dasjenige Verhalten zu erzwingen, welches

der plebiszitäre Diktator für die »recovery« als notwendig erachtet.
Die angewandten Mittel sind bekannt. In unserem Zusammenhang
interessieren die Organisierung von Unternehmern und Arbeitern,
die Festsetzung von Mindestpreisen und -löhnen, die Versuche einer
Neuordnung des Gläubiger-Schuldner-Verhältnisses sowie des gesamten Bankwesens, die Maßnahmen zur Regulierung eines Teiles
der Rohstoffproduktion und das Programm für öffentliche Arbeiten.
Alle diese Interventionen greifen in die Eigentumsverhältnisse viel
stärker ein, als es bisher in den USA möglich gewesen wäre. Wie
weit diese Politik über partielle Erfolge hinausführt, lässt sich heute
noch nicht mit Bestimmtheit sagen. Dass sie theoretisch auf einer
verkehrten Kaufkrafttheorie beruht, ihre Eingriffe in der Hauptsache nur Symptome kurieren und damit zu rechnen ist, dass sie dazu
beiträgt, vorhandene Disproportionalitäten zu verschärfen und neue
zu schaffen, alles dies begründet den Zweifel, ob dieses Experiment
die Vereinigten Staaten aus der Krise herausführen wird. Damit soll
aber nicht gesagt sein, dass alle neu angewandten Methoden sich als
unbrauchbar erweisen werden. Vielmehr spricht vieles dafür, dass
diese und noch stärkere Eingriffe in Zukunft nötig sein werden.

Derartige Interventionen größten Stiles zeigen sich allenthalben
in der Außenhandelspolitik. Aus dem früher angewandten Protektionismus hat sich eine mehr oder weniger lückenlose Außenhan-
delskontrolle entwickelt, die zu einer staatlichen Leitung des Außenhandels hintendiert. Lautman hat in seinem vorzüglichen Buch
über die Außenhandelspolitik mit Recht darauf hingewiesen, dass die
Entwicklung bei der Leitung des Außenhandels nicht stehen bleiben
könne, sondern mit innerer Notwendigkeit zu einer einheitlichen
Leitung der gesamten Wirtschaft dränge.[51]

Erfolgt diese Leitung durch eine staatliche Zentrale, dann ist der
äußerste Punkt bezeichnet, bis zu dem die Produktionsverhältnisse
modifiziert werden können, ohne dass die Grundlagen des kapitalistischen Systems aufgehoben werden. Es bestehen aber erhebliche
Zweifel, ob eine solche kapitalistische Planwirtschaft überhaupt
möglich ist. Zunächst würde sie nur bedeuten, dass die mächtigsten

---

51 Jules Lautman: Les aspects nouveaux du protectionnisme. Paris 1933.

und den Staat beherrschenden kapitalistischen Gruppen allen übrigen die Bedingungen ihrer wirtschaftlichen Tätigkeit diktierten. Das muss in einer konsequenten Planwirtschaft dahin führen, dass jede selbständige Unternehmertätigkeit aufhört und durch die Anordnungen der zentralen Planstelle ersetzt wird. Diese hätte für eine Beseitigung der Konjunkturschwankungen im Sinne einer gleichmäßigen Wachstumsregulierung zu sorgen: Es wird immer mehr anerkannt, dass mit einer bloß quantitativen Kredit- und Währungspolitik keine Stabilisierung der Konjunktur erreicht werden kann.[52] Das führt aber zu der Notwendigkeit einer umfassenden Kenntnis der gesamten Wirtschaftsprozesse und einer darauf basierenden, bis ins einzelne gehenden Regelung zumindest der Investitionen und damit des größten Teiles der Produktion.[53] Eine solche totale Regelung, die technisch mit den heute verfügbaren Mitteln in weitem Masse möglich wäre, ist qualitativ etwas ganz anderes als die bisher vorgenommenen partiellen Eingriffe. Sie setzt voraus, dass die mächtigsten Gruppen sich zugunsten des kapitalistischen Gesamtinteresses über eine planwirtschaftliche Politik verständigen, die die Gewinninteressen einzelner dieser Gruppen sehr stark berühren muss. Eine solche allmächtige Planzentrale (das »Generalkartell« in etwas modifizierter Form)[54] hätte dann über das Wohl und Wehe aller übrigen Wirtschaftssubjekte, Kapitaleigentümer und Arbeiter eigenmächtig zu bestimmen, soweit sie nicht bei ihrer Willensbildung ausschlaggebend mitbeteiligt wären.

Ob es jemals zu einer derartigen Modifikation der Produktionsverhältnisse auf kapitalistischer Grundlage auch nur in nationalem Maßstab kommen wird, steht dahin; gewisse Tendenzen dazu sind sichtbar und werden von einem Teil der staatlichen Bürokratie

52 Vgl. zu dieser Frage die neuerdings ziemlich lebhafte Diskussion über das »neutrale« Geld, deren neuester Stand bei W[alter] Egle dargestellt ist ([Das neutrale Geld. Freiburg i. Br.,] Jena 1933).
53 Dabei unterstellen wir zunächst einmal, dass die Regulierung des Konsums mit den Mitteln der Preispolitik möglich ist.
54 Vgl. die neueste Kritik bei John Strachey: The Coming Struggle for Power, S. 246 ff. (Vgl. auch die Besprechung in [der Zeitschrift für Sozialforschung 2, 3 (1933)], S. 456.)

sowie den arbeitslosen Kandidaten für neue Verwaltungsstellen ernsthaft unterstützt. Aber es liegen auch große Widerstände auf ihrem Weg. Die wichtigsten sind die Interessengegensätze innerhalb der stärksten Gruppen und die Unsicherheit, ob die neuen technischen Aufgaben überhaupt lösbar sind.[55] Sollten aber die Schwierigkeiten des kapitalistischen Systems sich weiter verschärfen, so werden vermutlich im Interesse der Rettung des Systems auch diese Hemmnisse – wenn auch unter schwersten Kämpfen – überwunden werden. Eine solche Umbildung der Wirtschaftsmethoden ist notwendig von einer totalen Veränderung der politischen Organisation der Gesellschaft begleitet. Die Ereignisse der letzten Jahre haben gezeigt, welche Züge die dem Monopolkapitalismus entsprechenden politischen Formen tragen.

Es bleibt die Frage offen, ob es einer solchen kapitalistischen Planwirtschaft gelingt, die Grundlagen des Systems, das Privateigentum und seine Verwertung, auf die Dauer zu sichern. Zunächst könnte ihre regulierende Tätigkeit eine rationalere Bewirtschaftung eines Teiles der Produktivkräfte bewirken, ihren im System nicht verwertbaren Teil methodisch vernichten.[56] Sollten trotzdem neue große ökonomische und gesellschaftliche Schwierigkeiten auftreten (und dies ist wahrscheinlicher als das Gegenteil), dann dürfte der Punkt erreicht sein, wo die erneut zur Fessel gewordenen und nicht weiter modifizierbaren Produktionsverhältnisse dem Druck der Produktivkräfte nicht mehr standhalten.

---

55 Die früher von uns geäußerte Ansicht, dass die Degradation des Kapitalbesitzes zu einem bloßen Rententitel eine kapitalistische Planwirtschaft unannehmbar mache (vgl. [Friedrich Pollock: Die gegenwärtige Lage des Kapitalismus und die Aussichten einer planwirtschaftlichen Neuordnung. In: Zeitschrift für Sozialforschung 1, 1 (1932)], S. 27), können wir angesichts der inzwischen sichtbar gewordenen Möglichkeiten der Massenbeherrschung nicht mehr zu den schwerwiegenden Einwänden zählen.

56 Schon hieraus ergibt sich, dass in einer solchen Ordnung bei weitem nicht alle Kräfte für die Bedürfnisbefriedigung angewandt werden, die in einer daran orientierten Wirtschaft hierfür dienstbar gemacht werden könnten.

VII.[57]

Die Analyse der Krisenursachen, der Aufweis der für die Überwindung der gegenwärtigen Weltkrise anwendbaren besonderen Mittel und die grundsätzlichen Betrachtungen über die möglichen Methoden der Aufhebung gefährlicher Spannungen zwischen Produktivkräften und Produktionsverhältnissen führen zu dem Schluss, dass es falsch ist, das notwendige Ende des Kapitalismus für eine nahe Zukunft vorauszusagen. Die Dauerhaftigkeit eines Wirtschafts- und Gesellschaftssystems ist aber nicht nur abhängig von seinen »technischen« Mitteln für die Bewältigung seiner ökonomischen Aufgaben, sondern ebenso von der Widerstandskraft derjenigen Schichten, die die Lasten der bestehenden Ordnung zu tragen haben. Diese Widerstandskraft ist, wie die Erfahrung lehrt, in der Vergangenheit weit überschätzt worden, das veränderte Gewicht der Arbeiterklasse im Wirtschaftsprozess, die Umwälzungen in der Waffentechnik und die außerordentliche Vervollkommnung der geistigen Massenbeherrschung lassen auf absehbare Zeit einen solchen Widerstand nur im Gefolge schwerster Katastrophen als möglich erscheinen.

Was zu Ende geht, ist nicht der Kapitalismus, sondern nur seine liberale Phase. Ökonomisch, politisch und kulturell wird es in Zukunft für die Mehrzahl der Menschen immer weniger Freiheiten geben. Wie weit es mit Hilfe der wachsenden Bindungen auf ökonomischem Gebiet gelingen mag, Krisen auszuschalten, lässt sich nicht mit Sicherheit voraussagen. Es ist bisher nicht erwiesen, dass der Verwertungsdrang des Kapitals durch seine Zusammenballung in große Einheiten nachlässt. Ebensowenig wird diese Verwertung durch die Beherrschung des Inlandsabsatzes gewährleistet. Man muss deshalb damit rechnen, dass die zerstörenden Kräfte, die durch Ausschluss der Konkurrenz mittels Kartellpolitik und rücksichtslose Außenhandelsregulierung von dem beherrschten Gebiet ferngehalten werden,

57 Der Raum gestattet weder eine nähere Begründung der folgenden Prognosen, noch ihre Illustration mit dem reichlich vorhandenen Material. Sie mögen deshalb als Arbeitshypothesen genommen werden.

auf den bestrittenen umso heftiger aufeinanderstoßen.[58] Wenn auch
diese Zusammenstöße die auch aus anderen Ursachen bestehende
Kriegsgefahr dauernd wachhalten, so wäre es falsch, für die nahe
Zukunft anzunehmen, dass es in kurzen Abständen zu kriegerischen
Verwicklungen größten Umfanges kommen müsse. Noch ist die Welt
bei weitem nicht durchindustrialisiert, noch können internationale
Vereinbarungen auf längere Zeit einen Interessenausgleich schaffen,
noch bestehen Möglichkeiten, die notwendigen Proportionalitäten
auf immer höherer Stufenleiter wiederherzustellen, noch lassen sich
die rebellischen Produktivkräfte durch die Prokrustesmethode in den
gegebenen Rahmen hineinzwängen, und noch lange nicht sind die
übrigen Elastizitätsfaktoren bis an die äußerste Grenze ausgenutzt.
Erst eine viel spätere Zukunft scheint für das bestehende System ökonomisch ausweglos zu werden. Allerdings sprechen viele Anzeichen
dafür, dass in einer nahen Zukunft die konjunkturellen Ausschläge
sehr heftig, die Konjunkturen kurz und die Depressionen lang und
tief sein werden. Doch kann eine zielbewusste, vor keinem Eingriff
zurückschreckende Konjunkturpolitik für einzelne Länder wesentliche Milderungen bringen.

Von den gesellschaftlichen Schichten wird eine immer mehr zu-
sammenschrumpfende Gruppe wirtschaftlicher Feudalherren und
ihrer obersten Funktionäre der eigentliche Nutznießer der kapitalistischen Ordnung sein. »Two-thirds of American Industry is concentrated in a few hundred corporations, and actually managed by
not more than five thousand men... Fewer than three dozen private
banking houses, and stock-selling adjuncts in the commercial banks,
have directed the flow of capital within the country and outside it.
Economic power is concentrated in a few hands. A great part of our
working population has no chance of earning a living except by the
grace of this concentrated economic machinery.«[59]

Die selbständigen Mittelschichten werden mit dem Proletariat die
Hauptlast der Krisen und der Konjunkturpolitik zu tragen haben.

58 Hierzu gesellt sich der Kampf der Monopole innerhalb der Landesgrenzen
    um den Konsumenten.
59 Roosevelt: Looking Forward, S. 223 f.

Trotz aller aus den elementarsten Erwägungen der Selbsterhaltung durch die herrschenden Mächte getroffenen Hilfsmaßnahmen wird nur ein immer kleiner werdender Teil seine wirtschaftliche Selbständigkeit bewahren können. Die anderen werden in dem anschwellenden Staatsapparat Aufnahme finden oder ins Proletariat versinken.[60] Die angebliche »Renaissance« des Mittelstands, sein scheinbar selbständiges Auftreten mit dem Anspruch auf maßgebende Teilnahme an der Staatsmacht ist wahrscheinlich eine Übergangserscheinung, die nur so lange dauert, bis die Neuorganisierung des staatlichen Machtapparates auf diktatorischer Grundlage beendet ist. Schon heute wird ein großer Teil der mittelständischen Ansprüche nur phantasiemäßig statt real ökonomisch befriedigt.

Starke Kräfte wirken dahin, die Hand- und Kopfarbeiter aus ihrer bisherigen ökonomischen Schlüsselstellung zu vertreiben und sie politisch ohnmächtig zu machen. Die systematische Anwendung aller technischen Hilfsmittel in Werkstatt und Büro, der Zug zu immer kapitalintensiverer Produktionsweise, die offenbare Tendenz zum menschenleeren oder zumindest menschenarmen Arbeitsraum führen zu »struktureller« Arbeitslosigkeit zahlreicher »Hände« und Köpfe und gleichzeitig zu einer scharfen Differenzierung unter den Beschäftigten. Diese gliedern sich in eine tendenziell rasch schrumpfende Gruppe hochqualifizierter Kräfte für den Bau und die Überwachung der Produktionsmittel sowie für die relativ wenigen Produktionsmethoden, bei denen man gelernte Arbeitskräfte brauchen wird, und auf der anderen Seite in die Masse der bloß Angelernten oder Ungelernten, die – ähnlich bestimmten Waren – »vertretbar« sind, d. h. aus dem Heer der Arbeitslosen beliebig ersetzt werden können. Die Löhne der neuen »Arbeiteraristokratie« werden aus technischen und politischen

60 Die aus dem Mittelstand stammende gebildete Jugend bildet eines der wichtigsten Rekrutierungsgebiete für den staatlichen Machtapparat. In diesem Zusammenhang ist es lehrreich, dass in Japan im Jahre 1933 von 55 000 Studenten, die ihre Examina abgeschlossen haben, mehr als 30 000 Ingenieure, Techniker, Ärzte usw. keine Arbeit finden konnten. Von 21 000 Diplomkaufleuten haben nur 9000 feste Stellungen erhalten. Aus japanischen Zeitungen, abgedruckt in *Lu* vom 6.10.1933.

Gründen ziemlich hoch sein, die der Unqualifizierten können durch keinerlei Gewerkschaftspolitik über ein variables Existenzminimum gehoben werden. Es ist anzunehmen, dass die wachsende Schwierigkeit der Kapitalverwertung eine Anwendung der nur für einen Teil des Kapitals unmittelbar vorteilhaften Politik der hohen Löhne nicht erlauben wird. Gegen diesen Druck ist die Masse der Arbeitnehmer ohnmächtig, da die Streikwaffe stumpf geworden ist und eine eigene politische Interessenvertretung nicht zugelassen werden wird. Gewaltsamer Widerstand kann angesichts des Standes der Waffentechnik kaum Aussicht auf Erfolg haben. Aber auch der Kampfwille der großen Massen wird gebrochen werden, sowohl durch die modernen Methoden der Massenbeherrschung als auch durch eine Entwicklung zu einer Art Verbeamtung, die sich heute bereits deutlich abzeichnet. Immer stärker wird nämlich relativ regelmäßige Beschäftigung zu einem Privileg, das ähnlich wie die Eigenschaft als Beamter nicht bloß durch einwandfreie Arbeitsleistung, sondern auch durch eine »zuverlässige« Gesinnung stets aufs Neue erworben werden muss. Wer sich als »unzuverlässig« erweist oder gar aktiven Widerstand gegen die bestehende Ordnung versucht, ist nicht bloß mit dem Verlust des Arbeitsplatzes, sondern darüber hinaus mit dem Entzug jeder Unterstützung bedroht, d. h. mit seinem und seiner Familie sicheren Untergang. Die Vernichtung der Widerstandskraft der Arbeiterklasse wird vollendet werden durch diese Differenzierung der Arbeitslosen in solche, die wieder auf Beschäftigung rechnen dürfen, und die »unzuverlässigen Elemente«, denen dieses Privileg vorübergehend oder dauernd verweigert wird.

Zur Charakteristik der Regierung, unter welcher sich dieser ganze Prozess vollzieht, gehört ihre ausschließliche Abhängigkeit von den mächtigsten gesellschaftlichen Gruppen und die Unabhängigkeit von allen übrigen. Daher können die notwendigen staatlichen Maßnahmen verhältnismäßig reibungslos beschlossen und durchgeführt werden. Der Parlamentarismus war zu diesem Zwecke schlecht geeignet, er entsprach einer weniger fortgeschrittenen Zusammenballung der wirtschaftlichen Macht. Infolge der Befreiung von den Bedingungen des Parlamentarismus und der Verfügung über den gesamten Apparat der psychischen Massenbeherrschung scheinen die dieser Epoche angemessenen Regierungen von den Klassen unabhängig zu sein und unparteiisch über der Gesellschaft zu stehen. Eine soziologische Analyse der neuen Staatsform ist eine Aufgabe, die erst noch zu lösen ist; die im vorstehenden erörterten ökonomischen Probleme bilden den Schlüssel zum Verständnis.

Considérations sur la crise économique

L'auteur cherche à expliquer la gravité exceptionnelle de la crise économique par la rencontre de trois éléments de perturbation: la crise normale du cycle économique, aggravée à la fois par des foyers de perturbation occasionnels, apparemment »uniques«, et par des modifications structurelles qui menacent de suspendre le fonctionnement du mécanisme du marché et des crises.

Cependant la crise est arrivée à tel point qu'une politique économique énergique et consciente pourrait contribuer à surmonter la dépression. On peut toutefois se demander combien de temps un nouvel essor serait susceptible de durer, et si les mesures destinées à combattre la crise n'entraîneraient pas elles-mêmes des crises nouvelles et encore plus graves.

Pour éclaircir ce problème, l'auteur cherche à discerner quels sont les moyens que pourrait employer le système économique actuel, basé sur la propriété privée des mo yens de production, pour s'adapter aux circonstances, sans renier son principe fondamental. Les résultats de cette recherche fournissent des points de repère sur l'état de l'économie et de la société dans la nouvelle phase du système capitaliste inauguré par la guerre mondiale.

Observations on the Economic Crisis

An explanation for the extraordinary severity of the economic crisis is sought in the conjunction of three groups of disturbing factors. The normal crisis of the business cycle is accentuated not only by seemingly »unique« accidental conglomerations of disturbing factors, but also by structural changes which call into question the functioning of the market and crisis mechanism.

The crisis, however, has reached a point where a clear-sighted economic policy may lead to overcome the crisis. Meanwhile it is questionable how long a new prosperity will last, and whether the measures taken to overcome the crisis, will not themselves bring about new and still more severe crises.

To throw light on this problem reflections are presented as to which suitable method an economic system, based on the private ownership in the means of production, can apply without disturbing this basis. The results of this investigation furnish facts which may help to form an opinion as to the conditions or the economic system and society in this new phase of Capitalism, which the world war has introduced.

Rezensionen

Inhalt

Kontrol'nye cifry narodnogo chozjajstva S.S.S.R. na 1925/26 god (Kontrollziffern der Volkswirtschaft der U.d.S.S.R. für das Jahr 1925/26). Moskau, Staatsverlag. 1925. 104 Seiten.[1]

[Kontrol'nye cifry narodnogo chozjajstva S.S.S.R. na 1926/27 god (Kontrollziffern der Volkswirtschaft der U.d.S.S.R. für das Jahr 1926/27). Moskau, Staatsverlag.] 1926. XII und 395 Seiten.[2]

Perspektivy razvertyvanija narodnogo chozjajstva S.S.S.R. na 1926/27–1930/31 g.g. pod redakciej S. G. Strumilina (Perspektiven der Entwicklung der Volkswirtschaft der U.d.S.S.R. für 1926/27–1930/31. Unter der Redaktion von S[tanislav] G[ustavovič] Strumilin). [Moskau, Staatsverlag.] 1927, XXII und 455 und 218 Seiten.[3]

[Aus: Archiv für die Geschichte des Sozialismus und der Arbeiterbewegung 13, 1 (1928), S. 353–360.]

Das heutige Sowjetrussland stellt eine der merkwürdigsten Erscheinungen der Wirtschaftsgeschichte dar.[4] Es ist ein Land, in dem sich nach den Worten Lenins gleichzeitig fünf Wirtschaftsformen nebeneinander finden, begonnen mit der geschlossenen Hauswirtschaft, über die einfache und kapitalistische Warenwirtschaft zum Staats-

1 Zit[iert] als: Kontrollziffern [1925/26].
2 Zit[iert] als: Kontrollziffern [1926/27].
3 Zit[iert] als: Fünfjahresplan.
4 Abgeschlossen im Juli 1927. Die später erschienenen wichtigen planwirtschaftlichen Arbeiten konnten nicht mehr berücksichtigt werden. Wenigstens erwähnt seien folgende zwei Werke: Kontrol'nye cifry narodnogo chozjajstva S. S. S. R. na 1927/28 god (Kontrollziffern der Volkswirtschaft der U. d. S. S. R. für das Jahr 1927/28). Moskau 1928, 587 Seiten. Materialy k pjatiletnemu planu razvitija promyšlennosti S. S. S. R. (1927/28–1931/32) (Materialien zum Fünfjahresplan der Entwicklung der Industrie der U. d. S. S. R. 1927/28–1931/32). Moskau 1927.

kapitalismus und zu Betrieben von »konsequent sozialistischem Typus«.[5] Diese verschiedenen Wirtschaftsformen liegen heute miteinander in einem sich immer mehr verschärfenden Kampf, und es lässt sich noch keineswegs mit Sicherheit sagen, welche von ihnen aus diesem zähen und erbitterten Ringen als Sieger hervorgehen wird. Soweit man in der wissenschaftlichen Diskussion zu diesen Problemen Stellung nimmt, geschieht das in der Regel in ziemlich einseitiger Weise, und gewöhnlich steht schon vor dem Beginn der Untersuchung fest, was eigentlich erst ihr Resultat sein dürfte. Für die einen ist es selbstverständlich, dass in Russland nichts anderes vorliege »als ein gegenüber dem uns geläufigen nur erheblich vermehrter Staatskapitalismus, der im Übrigen nicht sehr befriedigend funktioniert... und der mindestens relativ... immer mehr einschrumpft«,[6] während die anderen daran festhalten, dass in Russland mit neuen Mitteln praktisch am Aufbau des Sozialismus gearbeitet werde. Gegenüber solchen allgemeinen und etwas voreiligen Urteilen scheint uns die eigentliche wissenschaftliche Aufgabe darin zu liegen, das Ganze der russischen Wirtschaft ebenso wie ihre Elemente daraufhin zu untersuchen, ob sich in ihnen wirklich neue Formen der Organisation der Volkswirtschaft ankündigen oder ob sich hier nur Altbekanntes, durch die Erfahrung längst als unbrauchbar Erwiesenes wiederholt.

Es ist schon öfter darauf hingewiesen worden, dass die russischen Versuche, eine zentrale Verwaltungswirtschaft aufzubauen, im Kern nichts anderes seien als Politik im Sinne des Merkantilismus oder Maßnahmen wie sie die Kriegswirtschaft gebracht hatte. Aber es genügt schon eine einfache Überlegung, um einzusehen, dass z. B. der Vergleich mit dem »Kriegssozialismus« sich nur auf eine ganz oberflächliche Ähnlichkeit stützt. Denn für die kriegführenden Staaten, insbesondere aber für Deutschland, kam es darauf an, die vorhandenen Vorräte restlos in den Dienst der Kriegführung zu

---

5   Vgl. [Wladimir Iljitsch] Lenin: Die Vorbedingungen und die Bedeutung der neuen ökonomischen Politik Sowjetrußlands, Leipzig 1921, S. 6 [LW 32, S. 343].

6   Fr[anz] Oppenheimer: [Fritz Sternbergs »Imperialismus«. In:] Archiv f[ür] Sozialw[issenschaft] u[nd] Sozialpol[itik] [57, 2 (1927)], S. 512.

stellen, ohne Rücksicht darauf, dass durch den unter solchen Verhältnissen unvermeidlichen Raubbau der Produktionsapparat total
ruiniert werden musste. Anders in Sowjet-Russland. Hier sind die
Anstrengungen darauf gerichtet, unter Festhaltung und Erweiterung
der heute durch den Staat besetzten wirtschaftlichen Machtpositionen
(Außenhandelsmonopol, Großindustrie usw.) das Land so rasch wie
möglich zu industrialisieren, d. h. einen möglichst leistungsfähigen
Produktionsapparat aufzubauen. Die Durchführung einer derartigen
Industrialisierung ist aber eine ungeheuer kompliziertere Aufgabe als
die bloße »Organisierung des Hungers«. Denn es geht dabei um eine
solche »Neuordnung der vorhandenen Produktivkräfte der Gesellschaft einschließlich der Arbeitskraft und der materiellen Hilfsquellen des Landes, die imstande ist, in optimaler Weise die krisenlose,
erweiterte Reproduktion dieser Produktivkräfte in möglichst raschem
Tempo zum Zwecke *maximaler* Befriedigung der laufenden Bedürfnisse der werktätigen Massen und ihrer schnellsten Annäherung an
die vollständige Umgestaltung der Gesellschaft auf den Grundlagen
des Sozialismus und Kommunismus zu gewährleisten«.[7]

Der Versuch dieser Neuordnung spielt sich in einem Agrarland ab,
und unter denkbar ungünstigen Bedingungen. Damit ist die Schwierigkeit, die Bedeutung der einzelnen Versuche zu übersehen, da ihr
Scheitern zunächst nichts darüber aussagen würde, ob das schlechte
Ergebnis der prinzipiellen Verfehltheit der Maßnahmen oder den
spezifisch russischen Bedingungen ihrer Durchführung zuzuschreiben ist.

Eine bewusste Neuordnung der gesamten Volkswirtschaft ohne
einen umfassenden Plan ist undenkbar. Die Versuche, einen solchen
Plan aufzustellen, gehen bis zu den Anfängen der bolschewistischen
Herrschaft zurück, gewannen aber erst seit 1920 konkretere Formen. Im März 1921 wurde zugleich mit der Einführung der »Neuen
ökonomischen Politik« der Gosplan (Staatliche Plankommission)
gegründet. Die in dieser Kommission vereinigten bedeutendsten
wissenschaftlichen und technischen Kräfte des Landes sollten »die
wissenschaftliche Schätzung und Kontrolle aller wirtschaftlichen

7 Fünfjahresplan, S. 1.

Maßnahmen des Landes« vornehmen.[8] Heute verfügt der Gosplan über eine das ganze Land umspannende Organisation.[9]

Der Lösung jener Aufgaben versucht der Gosplan durch die Konstruktion von Plänen näher zu kommen, welche die Einzelheiten der gewünschten oder erwarteten Entwicklung statistisch fixieren. Es wird zunächst ein »Generalplan« aufgestellt, der in großen Zügen das Wirtschaftsprogramm der kommenden 10 bis 15 Jahre enthält. Er soll präzisiert werden durch die einen Zeitraum von fünf Jahren umspannenden »Fünfjahrespläne«, welche ihrerseits wiederum durch Teilpläne für je ein Wirtschaftsjahr ihre Ergänzung finden. Die Nöte des Tages haben dazu geführt, dass die verschiedenen Pläne nicht in der ihnen systematisch zukommenden Reihenfolge erschienen sind. Die erste Skizzierung eines allgemeinen Wirtschaftsplanes bildet der Elektrifizierungsplan des Goelro (Staatliche Kommission für die Elektrifizierung Russlands), eine Art Vorläufer des Gosplan, »das zweite Parteiprogramm«, wie er von Lenin genannt wurde. Er wurde 1920 aufgestellt und dient heute noch als Grundlage für die Planarbeit. Der erste »Fünfjahresplan« für die Zeit von 1926/27 bis 30/31 ist erst im Frühjahr 1927 erschienen, während die »Kontrollziffern« für die Wirtschaftsjahre 1925/26 und 1926/27 jeweils am 20. [August] 1925 und 1926 veröffentlicht wurden.[10]

Die theoretische Bedeutung der Gosplanarbeiten ist außerordentlich groß, und in Russland ist man sich des wohl bewusst. Das Erscheinen der ersten zusammenfassenden Veröffentlichung, der »Kontrollziffern« für 1925/26, wurde von Trockij durch eine beson-

---

8 Planwirtschaft 4 (1926), S. 9.
9 Näheres über die Organisation des Gosplan i[n] d[er] Zeitschrift *Die Volkswirtschaft der U.d.S.S.R.* 7 (1926), S. 14 ff. Nach dieser Quelle arbeiteten allein in dem Gosplan der R.S.F.S.R. 950 Angestellte. Nach der *Ėkonomičeskaja Žizn'* [132] vom 5. [Juni 19]27 verfügt der Gosplan auf dem Territorium der R.S.F.S.R. im Ganzen über 121 Plankommissionen mit zusammen 1134 Beamten. Neuerdings wird viel darüber geklagt, dass insbesondere in der Provinz das vorhandene Personal in keinem Verhältnis zu der Unmenge der durchzuführenden Arbeiten stehe.
10 Näheres über die Kontrollziffern 1926/27 in der Besprechung von A[lbert L.] Wainstein: Der Wirtschaftsplan der Union der Sowjetrepubliken für 1926/27. [In:] Weltwirtsch[aftliches] Archiv 25, 1 [(1927), S. 27–43].

dere Schrift gefeiert, in der er schreibt: »... aus diesen trockenen
statistischen Zahlenreihen... tönt die herrliche geschichtliche Musik des wachsenden Sozialismus hervor... Diesen Zahlen kommt
eine weltgeschichtliche Bedeutung zu... Von der Übersichtstabelle
der Staatsplankommission führen unlösliche Fäden nach rückwärts
zum 1847er Marx-Engelsschen *Kommunistischen Manifest* und nach
vorwärts – der sozialistischen Zukunft der Menschheit entgegen«.[11]
»Prognose und Direktive« sind die beiden Schlagworte, mit denen
heute die Grundaufgaben der Pläne von ihren Herausgebern charakterisiert werden.[12] Es sollen für kürzere oder längere Zeitstrecken
die ungefähren Entwicklungslinien der russischen Gesamtwirtschaft
vorausgezeichnet und für diese Zeitabschnitte auf allen Gebieten des
wirtschaftlichen Lebens den verschiedenen Instanzen Direktiven gegeben werden. Diese Direktiven sollen basieren auf einem wohlüberlegten Plan, dessen einzelne Teile sorgfältig aufeinander eingestellt
sind. Das Ziel dieses Planes wird nicht durch den Gosplan, sondern
durch die Regierung festgestellt, auch seine Ausführung ist nicht Sache des Gosplan, er hat vielmehr lediglich die Aufgabe, den Weg zur
Erreichung der Ziele in großen Zügen vorzuzeichnen und zusammen
mit anderen Stellen die Durchführung der notwendigen Maßnahmen
zu kontrollieren. Wenn auch in mancher Hinsicht die Tätigkeit des
Gosplan derjenigen eines statistischen Amtes oder eines Institutes für
Konjunkturforschung nahesteht, so geht sie doch durch die Erteilung
von Direktiven d. h. durch die aktive Beeinflussung aller vom Staat
kontrollierten Gebiete des Wirtschaftslebens weit darüber hinaus. Es
liegt nahe, die »Pläne« mit einer Art von Budget zu vergleichen, das
die Einnahmen und Ausgaben der ganzen Wirtschaft umfasst. Eine
solche Ähnlichkeit ist auch dadurch gegeben, dass die Kontrollzif-

11   Vgl. [Leo] Trotzki: Kapitalismus oder Sozialismus. Berlin [1925], (be-
     sprochen [von Felix Weil. In: Archiv für die Geschichte des Sozialismus
     und der Arbeiterbewegung 12 (1926)], S. 458 ff.), S. 15, 38. Daneben fehlen
     allerdings skeptische Stimmen keineswegs. Vgl. z. B. den Bericht über die
     Einwände des damaligen Finanzministers [Grigorij] Sokolnikov: [Stanis-
     lav Gustavovič Strumilin: An der Planungsfront. In:] Planwirtschaft 1
     (1926), S. 32 ff.
12   Kontrollziffern 1926/27, S. 3.

fern usw. ein »System von Zahlen« darstellen, deren gegenseitige Abhängigkeit von den Herausgebern immer wieder unterstrichen wird. »Kein Teil kann im wesentlichen verändert werden, ohne die übrigen Teile zu verändern. Die Teile aber sind eine Spiegelung der Hauptzweige der Volkswirtschaft«.[13]

Es gibt kein Gebiet der Wirtschaft, dessen Leitung oder wenigstens Beeinflussung nicht durch den Gosplan versucht wird, sei es nun die Verteilung der verfügbaren Kapitalien, die Lohn- und die Preispolitik in der Industrie, der Versuch, der landwirtschaftlichen Produktion die Wege zu weisen, oder die Aufstellung des Bauprogramms, der Plan für die Besiedelung Sibiriens, die Maßnahmen zur Verdrängung des Privatkapitals aus dem Handel, sei es die Umgestaltung des gesamten inneren Verwaltungswesens durch die Ersetzung der politischen Verwaltungsbezirke durch eine Art von Wirtschaftsprovinzen (Rajonnierung), oder schließlich eine kritische Analyse der gesamten Entwicklung sowohl nach der quantitativen als auch nach der qualitativen Seite.[14]

Über die Methoden zur Aufstellung der Pläne erfährt man sehr viel Interessantes. Dabei wird zugegeben, dass man noch nicht über das Stadium des Experimentierens hinaus sei und dass die ganze Plantätigkeit »als eine Art Ingenieurkunst, nicht als Wissenschaft im strengen Sinne des Wortes betrachtet werden« müsse.[15] Es sei hier nur angedeutet, dass neben den allgemeinen Methoden der Konjunkturforschung, neben Sachverständigengutachten und dem kontrollierenden Vergleich mit dem Vorkriegsstand sowie der Entwicklung der ausländischen Wirtschaften, die Extrapolierung mit Hilfe sogenannter statischer und dynamischer Koeffizienten eine große Rolle spielt.[16]

---

13 [Ivar Tenisovič Smilga: Über die Kontrollziffern. In:] Planwirtschaft 8 (1926), S. 15.
14 Unter der qualitativen Seite der Entwicklung versteht man in Russland ihren gesellschaftlichen Charakter, z. B., welchen Anteil das private und das vergesellschaftete Kapital am Wachstumsprozess haben, ob und in welchem Maß eine Klassendifferenzierung auf dem Lande vor sich geht, usw.
15 Fünfjahresplan, S. 7.
16 Kontrollziffern 1926/27, S. 10 ff. Man ist sich wohl bewusst, wie bedenklich derartige Extrapolierungen sind, und scheint sie neuerdings weniger

Ferner versucht man mittels bilanzmäßiger Gegenüberstellungen und
der sogenannten »Methode der konsequenten Annäherungen« ein
Bild der Wirtschaft zu zeichnen, in dem alle Teile »unter einander
abgestimmt und mit den vorhandenen Hilfsquellen und den realen
Möglichkeiten des Landes in strengen Einklang gebracht« sind.[17]
Außerordentlich erschwert werden die Arbeiten durch die Mangel-
haftigkeit und Unzuverlässigkeit der russischen Statistik.

Die bisherigen Veröffentlichungen des Gosplan geben ein Bild
von der riesenhaften Arbeit, die dort geleistet wird. Die Fortschritte
in der »Planierungstechnik« sind schon rein äußerlich sichtbar. Die
Kontrollziffern für 1925/26, denen die oben zitierte Schrift Trockijs
galt, bildeten eine kleine Broschüre von kaum 100 Seiten. Die ein Jahr
später (am 20. [August 19]26) veröffentlichten Kontrollziffern sind
eine vielfach verbesserte und erweiterte Wiederholung des ersten
Versuchs, und der im Frühjahr 1927 von dem Gosplan herausgegebene
Fünfjahresplan präsentiert sich als ein offenbar sehr sorgfältig gear-
beitetes, mit umfangreichen statistischen Materialien ausgestattetes
Buch von fast 700 Seiten. Neben diesen zusammenfassenden Arbeiten
erscheint seit Januar 1925 die Monatszeitschrift *Planovoe Chozjajstvo*
(Planwirtschaft), in der alle für den Gosplan wichtigen Probleme
ausgiebig diskutiert werden.[18]

Die besondere Bedeutung des Fünfjahresplans gegenüber dem Jahresplan liegt darin, dass er in viel größerem Maße als dieser erlaubt,
Direktiven zu geben. »Der Jahresplan ist am meisten bedingt durch
objektive Umstände die nicht unserer planmäßigen Einwirkung unterliegen. Die Kapitalinvestierungen der vorhergehenden Jahre und
die letzte Ernte sind ausschlaggebend für die Wirtschaft des kommenden Jahres auf dem Gebiet der Produktion des Warenumsatzes,
der Ein- und Ausfuhr, des Budgets, Kredits usw.«[19] Dagegen wird

---

häufig zu benutzen. Ebd., S. 13 f. sowie Fünfjahresplan, S. 5 f.

17 Fünfjahresplan, S. 2 ff.

18 Monatlich erscheint ein Band von 20–25 Bogen Umfang. Vgl. die aus-
    führliche Besprechung [Otto] Auhagens in der Zeitschrift *Osteuropa* [2,
    5 (Februar 1927)], S. 315 ff.

19 Fünfjahresplan, S. 4 f., S. 16 ff.

wohl mit Recht darauf hingewiesen, dass innerhalb eines Zeitraums von fünf Jahren die Möglichkeit einer Neuordnung der vorhandenen Produktivkräfte wesentlich größer sei, um so mehr, als innerhalb dieses Zeitraums die Wirkungen großer Neuanlagen sichtbar werden müssen und bei den schwer beeinflussbaren Faktoren (Ausfall der Ernte usw.) bereits mit Durchschnittszahlen gerechnet werden kann.

Die Frage nach der praktischen Bedeutung der Planarbeit ist heute, wo man aus dem Stadium des Experimentierens noch nicht herausgekommen ist, nur schwer zu beantworten. Soviel jedenfalls lässt sich sagen, dass in einer Wirtschaft, in der die freie Konkurrenz in allen ihren Teilen mit Ausnahme der Landwirtschaft, des Kleingewerbes und des Kleinhandels so gut wie ausgeschaltet ist, ohne die Arbeit des Gosplan der Wirtschaftsprozess nur unter fortwährenden schwersten Krisen weiterschreiten könnte. Dass schwere Erschütterungen des sowjetrussischen Wirtschaftslebens seit einigen Jahren entweder verhindert oder doch wenigstens nach relativ kurzer Zeit behoben werden konnten, beruht vor allem auch auf der Tätigkeit des Gosplan. So problematisch sie auch heute noch sein mag, sie ist nicht damit abzutun, dass man sich lustig macht über »die Gabe des Hellsehens, die den russischen Wirtschaftspolitikern nicht nur erlaubte, die Bilanz für das Vorjahr aufzustellen, sondern auch eine besondere Kommission zu beauftragen, bis zu den kleinsten Einzelheiten die wirtschaftliche Entwicklung des kommenden Jahres festzulegen«.[20] Gerade die einleitenden Ausführungen des Fünfjahresplans zeigen, wie unberechtigt ein derartiger Vorwurf ist, und wie klar die Mitarbeiter des Gosplan das Ziel ihrer Arbeit und die Schwierigkeiten seiner Erreichung erkannt haben: »Unsere Pläne werden nicht gemacht, um mehr oder weniger unbegründet zu raten und wahrzusagen, was in fünf oder in zehn Jahren sein wird, sondern vor allen Dingen, um ein bestimmtes *System wirtschaftlicher Aufgaben* auf dem Gebiete des sozialistischen Aufbaus zu schaffen«.[21]

Jedoch darf man über die Fülle der geleisteten neuartigen und vielversprechenden Arbeit des Gosplan nicht übersehen, dass wenig-

---

20 Serafim zit[iert] nach Planwirtschaft 3 (1926), S. 193.
21 Fünfjahresplan, S. 4 f., Sperrungen im Original.

stens bis heute viel davon nur auf dem Papier steht. So beschwert sich
z. B. [Ivar Tenisovič] Smilga in einer am 2. Februar 1926 gehaltenen
Rede über das »traurige Schicksal« der Kontrollzahlen für 1925/26,
deren Wert zwar vielfach theoretisch anerkannt worden sei, die aber
auf die praktische Arbeit nur einen ganz geringen Einfluss gehabt
hätten.[22] »Der STO[23] hat die Arbeit des Gosplan völlig unausgenutzt
gelassen. Die Behörden aber benutzten sie, um zu unterstreichen, was
mit ihren Interessen übereinstimmte, und wegzulassen, was ihnen
nicht passte.«

Auf dem Kongress der Planarbeiter (März 1926) beklagt sich [Alek-
sej Ivanovič] Rykow über das »planlose Drauflosarbeiten« vieler
Organe und darüber, dass die erste Hälfte des Wirtschaftsjahrs 1925/26
charakterisiert sei durch die Verletzung oder die verspätete Aufstellung der Pläne.[24]

Im Wirtschaftsjahr 1926/27 scheint sich die Zusammenarbeit zwischen Gosplan und den ausführenden Organen gebessert zu haben.
Jedoch wird beispielsweise erst in der jüngsten Zeit wieder darüber
geklagt, dass »alle Termine verpasst sind«, die für die Stellungnahme
zu dem Fünfjahresplan gesetzt waren, und dass »auf diesem Gebiet ein
unzulässiger Schlendrian gezeigt wurde, der von einer behördlichen
borniert verbrecherisch bürokratischen Einstellung gegenüber den
entscheidendsten Direktiven der Regierung« zeuge und die ganze
Planwirtschaft in Frage stelle.[25] Auch in der Organisation des Gosplans ist offenbar noch vieles verbesserungsbedürftig. Seit Mitte
1927 bemüht man sich lebhaft, die ärgsten Missstände zu beseitigen.
So will z. B. eine Verordnung des Rates der Volkskommissare[26] dem
»Unglück des Gosplan«, nämlich seiner völlig ungeklärten Stellung
zu den übrigen Behörden, ein Ende machen, und es liegt neuerdings

22 [Ivar Tenisovič Smilga: Unsere wirtschaftlichen Schwierigkeiten. In:]
    Planwirtschaft 2 (1926), S. 31.
23 STO = Rat für Arbeit und Verteidigung, die vorgesetzte Behörde des
    Gosplan und des Obersten Volkswirtschafts-Rates.
24 [Aleksej Ivanovič Rykov: Rede auf der Versammlung der Planarbeiter.
    In:] Planwirtschaft 4 (1926), S. 8.
25 Ėkonomičeskaja Žizn' [128] vom 9. [Juni] 1927.
26 [Ėkonomičeskaja Žizn' 142] vom 26. [Juni] 1927.

sogar der Antrag vor, ihm den Rang eines leitenden Volkskommissariats zu verleihen.[27]

Ob es dem Gosplan gelingen wird, im »Kampf um den Plan« alle sachlichen und organisatorischen Schwierigkeiten zu überwinden und die ihm zugedachte Aufgabe als »technischer und ökonomischer Stab der Republik« zu erfüllen, wird die Zukunft lehren. Viele überaus verwickelte und schwer lösbare Probleme liegen schon allein darin begründet, dass eine Planwirtschaft in einem Lande durchgeführt werden soll, das industriell noch derart rückständig ist und dessen wirtschaftliche Entwicklung in hohem Maße von so unsicheren Momenten wie dem Ausfall der Ernte oder der der Erlangung ausländischen Kredits abhängt,[28] in einem Agrarlande, dessen Hauptkonsumenten, in über 22 Millionen Bauernwirtschaften zersplittert, nur durch den Markt erreichbar sind.

Hier jedoch ist auf diese und andere Probleme nicht näher einzugehen. Es kommt vielmehr lediglich darauf an, auf die Bedeutung der russischen Versuche für die Theorie und Praxis der Planwirtschaft hinzuweisen.

27 [Ékonomičeskaja Žizn'] vom 1. [Juli] 1927.
28 Man versucht dieser Schwierigkeiten durch Aufstellung eines Maximal- und eines Minimalplanes Herr zu werden; im letzteren sollen nur die Ziffern eingesetzt werden, mit denen man selbst im ungünstigsten Falle glaubt rechnen zu dürfen. Vgl. Fünfjahresplan, S. xx f.

A[ron] Jugow: Die Volkswirtschaft der Sowjetunion und ihre Probleme. Dresden 1929. 371 Seiten.

Boris Brutzkus: Die Lehren des Marxismus im Lichte der russischen Revolution. Berlin 1928. 90 Seiten.

Maurice Dobb: Russian Economic Development since the Revolution. London 1928. XII und 415 Seiten.

[Aus: Archiv für die Geschichte des Sozialismus und der Arbeiterbewegung 14, 3 (1929), S. 509–513.]

Jugow, ein Führer der russischen Sozialdemokratie (Men'ševiki), stellt sich in seinem Buche die Aufgabe, »den Leser mit den entscheidenden Entwicklungslinien der Volkswirtschaft der U. d. S. S. R. in dem ersten Jahrzehnt ihres Bestehens und mit ihrem gegenwärtigen Stand vertraut zu machen.« Darüber hinaus will er »eine Analyse der Grundprobleme, der Wachstumstendenzen und Zukunftsaussichten der Sowjetwirtschaft« geben (S. 3).

Den ersten Teil seiner Aufgabe hat Jugow im Großen und Ganzen gelöst. Wenn auch die Geschichte der ersten zehn Jahre bol'ševistischer Wirtschaftspolitik recht summarisch gehalten ist, so bietet dafür die Schilderung des heutigen Zustandes der russischen Volkswirtschaft eine Fülle wichtiger Einzelheiten, die bisher dem deutschen Leser nicht zugänglich waren. Vier Kapitel berichten über die Staatsindustrie und ihre Probleme (S. 35–100), drei weitere Kapitel beschäftigen sich mit der Landwirtschaft (S. 101–160) und die Kapitel 11–15 referieren über Innen- und Außenhandel, Geldumlauf und Staatsfinanzen, Wohnungsfragen und die Lage der Arbeiterschaft.

Der Bericht reicht überall bis zum Ende des Jahres 1928 und stützt sich durchweg auf sowjetrussische Quellen. Jugow ist ein ausgezeichneter Kenner des fast unübersichtlichen, in Zeitungen, Zeitschriften, Protokollen und Gelegenheitsschriften zerstreuten gedruckten Materials. Im Gegensatz zu den meisten russischen Emigranten bemüht er sich, den wirtschaftspolitischen Anstrengungen seiner politischen

Gegner gerecht zu werden, aber eine wirklich unparteiische Darstellung vermag er nicht zu geben. In der sowjetrussischen Öffentlichkeit werden alle wirtschaftspolitischen Maßnahmen rückhaltlos kritisiert, aber neben der Wiedergabe dieser Kritik nimmt die Darstellung der Erfolge der Bol'ševiki einen so bescheidenen Raum ein, dass ein falsches Bild entsteht und es ganz unverständlich wird, dass die bolschewistische Wirtschaft nicht längst zusammengebrochen ist.

Außer an dieser verkehrten Verteilung von Licht und Schatten krankt der Jugowsche Bericht noch an vielen Schiefheiten und Irrtümern, die nur aus der persönlichen Situation des Autors erklärlich werden.

Beispielsweise finden sich bei ihm folgende Ausführungen: »Die Einführung der obligatorischen zweiundvierzigstündigen wöchentlichen Arbeitsruhe und eines vierzehntägigen Urlaubs für alle Arbeiter und Angestellten ist für die Arbeiterklasse eine nicht geringe Wohltat, die sie der Revolution zu verdanken hat. Das Arbeitsjahr hat sich aber im Vergleich zur vorrevolutionären Zeit um 22 Tage (von 278 auf 300) verlängert, weil verschiedene Feiertage in Wegfall gekommen sind. In der Praxis beträgt das tatsächliche Arbeitsjahr seit der Einführung der NEP unter Berücksichtigung des Urlaubs und der Arbeitsausfälle im Durchschnitt 262 Tage, d. h. 5 Tage mehr als das tatsächliche Arbeitsjahr vor dem Kriege.« (S. 295) Damit soll offenbar dargetan werden, dass trotz gewisser Verbesserungen der russische Arbeiter nicht besser daran sei als vor dem Kriege, während jeder unbefangene Leser sich sagen muss, dass der 10–14 stündige Arbeitstag der Vorkriegszeit nicht dem gegenwärtigen 7–8 Stundentag gleichgesetzt werden kann. Rechnet man das Arbeitsjahr in Stunden um, dann ergibt sich (unter Berücksichtigung der Überstunden), dass 1928 im Durchschnitt mindestens 400 Arbeitsstunden weniger zu leisten sind als 1913.

Während hier und in ähnlichen Fällen[1] die feindliche Grundeinstellung des Autors sich in einer schiefen Darstellung äußert, führt sie

---

1   Z. B. S. 347, wo vom »Sterben der verwahrlosten obdachlosen Kinder« die Rede ist, während gerade die Bekämpfung dieser furchtbaren Erbschaft aus der Zeit der Bürgerkriege ein Ruhmesblatt der Sowjetpolitik darstellt;

in anderen Fällen zu verwirrenden Irrtümern. So erklärt Jugow [auf]
S. 361 zusammenfassend: »es findet keine Kapitalbildung statt in der
staatlichen Industrie und im staatlichen Handel«, obwohl er einige
Seiten vorher (S. 347) nur davon spricht, dass »die Staatsindustrie der
Sowjetunion nicht imstande ist, aus eigenem die erweiterte Reproduktion des industriellen Kapitals sicherzustellen.« Das letztere mag für
einige Zweige der Schwerindustrie zutreffen, für die Staatsindustrie
als Ganzes ist es falsch, denn sie enthält z. B. nach dem Budget für
1928/29 (bei Jugow abgedruckt [auf] S. 251 ff.) 784 Millionen Rubel
aus dem Staatshaushalt, zahlt aber fast die Hälfte, nämlich 300 Millionen Steuern an die Staatskasse.[2] Wenn man berücksichtigt, dass
in demselben Budget unter den Einnahmen 740 Millionen figurieren,
die nach Jugow bis in die letzte Zeit zum größten Teil »im Wege der
obligatorischen Zeichnungen der staatlichen und genossenschaftlichen Industrie- und Handelsunternehmungen aufgebracht« werden
(S. 261), dann ergibt sich, dass die Staatsindustrie aus der Staatskasse
nicht viel mehr erhält als sie dorthin abliefert. Ganz im Gegensatz zu
den oben zitierten Jugowschen Behauptungen finanziert die Industrie
bis heute zum großen Teil selbst ihre Akkumulation und zwar in dem
durch das Industrialisierungsprogramm erzwungenen ungewöhnlich
hohen Umfang. Bezeichnenderweise ist dieser Sachverhalt Jugow
genau bekannt, denn auf Seite 56 finden sich folgende Sätze: »[I]m

oder S. 71, wo die Schwierigkeiten in der Durchführung der industriellen
Neubauten als »völliger Zusammenbruch« charakterisiert werden. Ferner behauptet Jugow [auf] S. 347, „dass die Reallöhne ... in Russland das
Vorkriegsniveau kaum erreicht haben«, während er [auf] S. 298 zugibt,
dass »die durchschnittliche Höhe des Reallohnes ... den Friedensstand
etwas übersteigt« und die von ihm [auf] S. 297 abgedruckte Tabelle zeigt,
dass 1926/27 der Reallohn zehn verschiedener Wirtschaftszweige in sieben
Industrien um 5,3–54,2 % die Friedenshöhe überschritten hatte, während
er nur in der Metallindustrie, dem Bergbau und dem Eisenbahnwesen
um 13,9–18,9 % darunter blieb. Seitdem sind die Löhne weiter gestiegen.
2 Hier zeigt sich die von Jugow übersehene wichtige Funktion des russischen Staatsbudgets, die erfassten Gewinne der Industrie planmäßig
neu zu verteilen, derart, dass die durch den Wirtschaftsplan bevorzugten
Industriezweige mit den Gewinnen der anderen finanziert werden.

Jahre 1927/28 wurden 48 % der von der Industrie für Neubauten und Generalreparaturen benötigten Mittel durch eigene Kapitalbildung der Industrie, d. h. aus den Amortisationsquoten und aus hohen Gewinnen aufgebracht, 52 % der Mittel vom Staate als Subventionen aus Steuer- und Anleihemitteln beschafft. Der Finanzierungsplan für die kommenden fünf Jahre sieht vor, dass die erstgenannte Quelle 55 %, die zweite 45 % der Mittel erbringen soll.« Auf solche widerspruchsvolle Weise wird der Leser über eine der wichtigsten Fragen der russischen Wirtschaftspolitik informiert.[3] Derartige Irrtümer[4] setzen den Wert des Jugowschen Berichtes auch für den deutschen Leser stark her-

3 In Wirklichkeit ist die Bildung von neuem Kapital in der russischen Staatsindustrie außerordentlich hoch, was sich leicht aus der auf ihrer Monopolstellung beruhenden Preispolitik erklären lässt. Die wirkliche Höhe ist schwer zu bestimmen, da vom Betriebsleiter bis zum Trustdirektor aus betriebsegoistischen Gründen Bilanzverschleierungen die Regel bilden. Offiziell werden folgende Zahlen angegeben: 1923/24–1927/28 vergrößerte sich das fixe Kapital der Industrie um 4,4 Milliarden Rubel (in Preisen der entsprechenden Jahre gerechnet), 1928/29–1932/33 soll es sich um weitere 23,6 Milliarden Rubel (in den Preisen von 1925/26 gerechnet) vergrößern. (Fünfjahresplan Bd. I, S. 20 u. Bd. II/2, S. 35.)

4 Wir geben hier noch ein charakteristisches Beispiel: Jugow behauptet, die richtige Ansicht, dass die Sowjetunion sich nur dann halten könne, »wenn sie ein rapideres Entwickelungstempo der Produktivkräfte als das der kapitalistischen Länder zu gewährleisten vermöchte,« sei »jetzt gründlich vergessen«. (S. 351.) In Wirklichkeit bildet diese These einen der Fundamentalsätze der sowjetrussischen Wirtschaftstheorie und es gibt kaum eine Resolution über wirtschaftspolitische Grundsätze, in denen sie nicht wiederkehrt. »Um den endgültigen Sieg des Sozialismus zu erreichen, müssen wir diese (sc. die kapitalistischen) Länder auch in technisch-ökonomischer Hinsicht einholen und überholen. Entweder werden wir das durchsetzen oder man wird uns erdrücken. Das gilt nicht nur vom Standpunkt des Aufbaus des Sozialismus. Das gilt auch vom Standpunkt der Verteidigung der Unabhängigkeit unseres Landes unter den Verhältnissen der kapitalistischen Einkreisung.« ([Josef Wissarionowitsch] Stalin auf dem Novemberplenum 1928 des ZK der KPSU. [Die Rede ist abgedruckt in:] Inprekorr [vom] 30. November 1928, S. 2654.)

ab, obwohl, wie nochmals betont werden soll, viele in Deutschland
wenig bekannte Einzelheiten von Jugow in übersichtlicher Weise
zusammengestellt worden sind.

Vom wissenschaftlichen Standpunkt fast unbrauchbar aber sind,
trotz mancher treffender Bemerkungen, die Teile des Buches, in
denen Jugow »eine Analyse der Grundprobleme, der Grundtendenzen und Zukunftsaussichten der Sowjetwirtschaft« versucht.
Hier spricht nur noch ein Parteipolitiker, dem jedes Verständnis
für die Problemlage fehlt und der nichts als Misserfolge, Dilettantismus und die kommende Katastrophe sieht. Nirgends findet sich
auch nur der Versuch, die Widersprüche der bolschewistischen
Wirtschaftspolitik aus den ungeheuren Schwierigkeiten ihrer Aufgaben abzuleiten und zu zeigen, wie zwischen wirtschaftlicher
Notwendigkeit und dem Wunsch, die politische Macht festzuhalten,
häufig eine unüberbrückbare Kluft liegt. »Als wäre sie von einem
mystischen Zauber getrieben, stürzt sich die Sowjetregierung bald
in diese, bald in jene Richtung... Vom Rechtskurs zum Linkskurs,
vom Linkskurs zum Rechtskurs und dann von neuem der Marsch in
die Sackgasse.« (S. 866 ff.). So schreibt Jugow, anstatt eine Analyse
dieses Zickzackkurses zu leisten, aus der sich ergeben müsste, dass
die für die Ziele der Sowjetregierung lebensnotwendige Industrialisierung des Landes bei gleichzeitiger Unterdrückung des Privatkapitals und Aufrechterhaltung des Bündnisses mit der Mehrheit
der Bauern, auf absehbare Zeit nur durch fortwährendes Lavieren
durchführbar ist. Man mag mit Jugow der Meinung sein, »dass die
wirtschaftlichen und sozialen Verhältnisse es Russland unmöglich
machen, die kapitalistische Entwicklung zu überspringen.« (S. 362.)
Aber diese Einstellung entbindet den wissenschaftlichen Kritiker
nicht davon, auch die Gegentendenzen zu zeigen und aufzuweisen,
welche Bedingungen erfüllt sein müssen, damit diese Gegentendenzen sich durchsetzen.

Brutzkus teilt mit Jugow das Schicksal der Emigration. Er war vor
dem bolschewistischen Umsturz Professor an der landwirtschaftlichen
Hochschule in Petrograd, arbeitet derzeit an dem Russischen Wissenschaftlichen Institut in Berlin und hat 1926 in deutscher Sprache
ein gut orientierendes Buch über die Russische Agrarrevolution ver-

öffentlicht.[5] Seine vorliegende Untersuchung wurde bereits im Jahre 1922 in einer nichtkommunistischen russischen Zeitschrift [namens] *Ökonomist* in Petrograd veröffentlicht und hat dem Verfasser die Ausweisung aus Russland zugezogen.

Abgesehen von einigen von der bol'ševistischen Zensur unterdrückten Stellen und »den Schlussbetrachtungen bildet die deutsche Ausgabe eine unveränderte Übertragung der 1921 geschriebenen Aufsätze. Die »Lehren des Marxismus« werden daher nicht an den Erfahrungen des ersten Jahrzehntes der russischen Revolution geprüft, wie man nach dem Titel erwarten dürfte, sondern nur an den Ergebnissen der sogenannten kriegskommunistischen Phase.

Brutzkus ist der Ansicht, dass »gerade in Russland, einem Land von fast vollkommener wirtschaftlicher Autarkie ... der Versuch des sozialistischen Aufbaus die meisten Erfolgchancen« gehabt habe, und dass mit seinem Scheitern auch der Marxismus widerlegt sei (S. 89). Die russische Erfahrung veranschaulicht nach Brutzkus' Meinung »in der prägnantesten Weise«, dass das Prinzip des Sozialismus kein schöpferisches sei, dass es das Wirtschaftsleben der Gesellschaft nicht der Blüte, sondern der Zersetzung entgegenführt (S. 90). Neben dem Zusammenbruch der »kriegskommunistischen« Wirtschaftspolitik[6] bilden die Theorie von der Unmöglichkeit einer Feststellung des

5   Boris Brutzkus: Agrarentwicklung und Agrarrevolution in Rußland. Mit einem Vorwort von M[ax] Sering. Berlin 1926.
6   Die Erfahrungen des sogenannten »Kriegskommunismus« sind gerade zur Widerlegung des Marxismus denkbar ungeeignet. Ich habe an anderer Stelle zu zeigen versucht, dass in diesem Abschnitt der russischen Revolution von einer einheitlichen Wirtschaftspolitik keine Rede sein kann, und dass von 1917 bis gegen Ende des Jahres von den führenden Männern ein sofortiger Aufbau des Sozialismus in Russland ohne Hilfe vom Westen nicht für möglich gehalten wurde. Erst ab Ende 1920 wurde ernsthaft der Versuch gemacht, die Bürgerkriegswirtschaft unmittelbar in eine planmäßig geleitete Wirtschaft zu überführen, aber unter so ungünstigen Bedingungen, dass dem Zusammenbruch dieser Politik keine Beweiskraft für die Unmöglichkeit einer marktlosen Wirtschaft zugesprochen werden kann. Vgl. hierzu [Friedrich Pollock:] Die planwirtschaftlichen Versuche in der Sowjetunion 1917-1927. Leipzig 1929, S. 29 ff. [PGS II, S. 67 ff.].

Bedarfes und damit einer zweckmäßigen Leitung der Produktion die Hauptargumente Brutzkus' gegen den Marxismus.

Im Gegensatz zu den Schriften der beiden russischen Emigranten ist das Buch von Dobb eine wissenschaftliche Arbeit von hohem Rang. Auf Grund genauer Kenntnis der Quellen und einer Studienreise nach der Union, wird hier eine anschauliche, materialreiche Darstellung der sowjetrussischen Wirtschaftsgeschichte von den ersten »staatskapitalistischen« Versuchen bis zum Abschluss der »Wiederaufbauperiode« gegeben. Im Anschluss an seine wirtschaftsgeschichtlichen Ausführungen bringt Dobb zwei sehr beachtenswerte theoretische Exkurse über Geld und Wirtschaftsrechnung, sowie über den Handel zwischen Industrie und Bauernwirtschaft als einem Spezialfall des Austausches zwischen nichtkonkurrierenden Gruppen.

Das Buch Dobbs hält in vollem Umfang, was sein Autor in der Vorrede verspricht, »to set down facts objectively without moral judgments, explicit or implied, to analyse their significance and to elucidate the motives and intentions of those who are guiding the course of events.« (S. XII.)

Erich Horn: Die ökonomischen Grenzen der Gemeinwirtschaft.
Halberstadt 1928. x und 78 Seiten.

[Aus: Archiv für die Geschichte des Sozialismus und der Arbeiterbewegung 14, 3 (1929), S. 513–514.]

»Eine wirtschaftstheoretische Untersuchung über die Durchführ-
barkeit des Sozialismus« nennt Horn seine Arbeit, und als seinen
theoretischen Standpunkt bezeichnet er »Lamprechts erkenntnis-
theoretische Untersuchungen, Englis' methodologische Darlegungen und Liefmanns systematische Erklärung des Tauschverkehrs«
(S. IX). Die Liefmannsche Theorie, dass Wirtschaften etwas Psychi-
sches und der »Konsumertrag«, der »Überschuss von Lustgefüh-
len«, das Wesensmerkmal jeder Wirtschaft sei, bildet die Grundlage
für die Hornsche Untersuchung. Von hier aus kommt er zu dem
Resultat, »die individuelle Freiheit der Bedarfsdeckung aufheben,
heißt die Grundlage jeder Gesellschaftswirtschaft, ja jeder Wirtschaft überhaupt, zerstören« (S. 16), und als »empirischer Beweis«
dienen ihm die ersten vier Jahre der Sowjetherrschaft (S. 17 ff.).
Den Vorschlag, den Bedarf durch eine Bedarfsstatistik vorauszu-
bestimmen, nennt Horn konsequenterweise, abgesehen von allen
»Bedenken technischer, psychologischer und kultureller Natur, ...
wirtschaftstheoretisch gesehen ... vollständig verfehlt« (S. 24). Der
zu Ende gedachte Sozialismus könne sich nicht mit einer Vergesellschaftung der Produktionsmittel begnügen, sondern müsste auch
die Freiheit des Konsums stark einengen oder ganz aufheben, denn
er habe keine Möglichkeit, die Produktion den wirklichen Bedürfnissen anzupassen (S. 24 ff.).
    Ebenso wenig wie in der Sphäre der Nachfrage kann nach Horn
die Angebotseite auf Tauschverkehr verzichten. Weder Naturalrechnung noch Arbeitswertrechnung sind geeignet, den »wunderbaren
Organismus« der Preise bei der Bestimmung der Richtung der Produktion zu ersetzen (S. 51, 64). Zur Kräftigung wird wiederum auf
Sowjetrussland verwiesen (S. 46 ff.). Von Mises grenzt sich Horn durch
die Behauptung ab, dass »Tauschverkehr, kapitalistische Wirtschafts-

weise mit Privateigentum an den Produktionsmitteln nicht notwendig verbunden sind« (S. 52).

Schließlich versucht Horn noch zu zeigen, dass auch eine Gemeinwirtschaft »kapitalistische Rechnungsweise, durch das Geld generalisierte Vermögensmacht eines Unternehmens als Mittel zur Feststellung eines Nutzens, eines Geldertrags«, nicht entbehren könne: »So aufgefasst ist der Kapitalismus unabänderlich und unvergänglich... weil Urform der Wirtschaft«. (S. 60 ff.)

Nach den hier gegebenen Proben wird das Urteil erlaubt sein, dass die gutgemeinte Arbeit Horns zu der Bewältigung ihres Themas nichts Neues beiträgt.

Boris Eliacheff: Le Dumping soviétique. Preface de K. Etienne Fougere. Paris 1931, Marcel Giard. 220 Seiten.

[Aus: Zeitschrift für die gesamte Staatswissenschaft/Journal of Institutional and Theoretical Economics, Bd. 92, 3 (1932), S. 541–542.]

Der Verfasser ist der Meinung, dass Russland planmäßiges Dumping betreibt, und sucht das für die Ausfuhr von Holz, Naphta, Zündhölzern, Platin, Manganerz, Getreide und Flachs nachzuweisen. In der Zukunft würde dieses Dumping aller Voraussicht nach noch gefährlicher werden, so dass eine geschlossene internationale Aktion gegen die von Russland her drohende Marktverwirrung geboten sei und an die Stelle der bisher wenig erfolgreichen, weil unsystematischen Abwehrmaßnahmen der verschiedenen Staaten treten müsse.

Auf Einzelheiten dieser wissenschaftlich unbrauchbaren Schrift einzugehen, lohnt sich kaum. Es wäre zunächst zu klären gewesen, ob der Begriff des Dumpings überhaupt anwendbar ist, wenn die Preisstellung im Dienste planwirtschaftlicher Zielsetzungen steht. Diese Problematik sieht Eliacheff gar nicht. Abgesehen davon erforderte ein Urteil über die Frage des russischen Dumpings viel eingehendere Nachprüfung der Selbstkosten usw. als Eliacheff sie zum Unterschied von anderen Untersuchungen für nötig hielt. (Wir verweisen z. B. auf die Versuche bei [Hubert Renfro] Knickerbocker: Der rote Handel droht! [Der Fortschritt des Fünfjahresplans der Sowjets. Berlin 1931]; Richard Oehring: Sowjethandel und Dumpingfrage [Berlin 1931]; und etwa auch von Wilhelm Mautner im Deutschen Volkswirt vom 5. Juni 1931).

Gerhard Dobbert: Der Zentralismus in der Finanzverfassung der U.d.S.S.R. Mit je einem Schema im Text und im Anhang. Jena 1930, Gustav Fischer. 190 Seiten.

[Aus: Zeitschrift für die gesamte Staatswissenschaft/Journal of Institutional and Theoretical Economics, Bd. 92, 3 (1932), S. 560–561.]

Wollte man die verfassungsrechtliche Struktur der Sowjetunion in Anlehnung an die Terminologie der bestehenden Staatslehre charakterisieren, so läge es nahe, die U.d.S.S.R. als einen Bundesstaat zu bezeichnen. Aber schon die Tatsache, dass wirklicher Träger der Staatsgewalt allein die Kommunistische Partei ist, verleiht der Sowjetunion einen ausgesprochen zentralistischen Charakter. Er wird noch besonders verstärkt durch die planwirtschaftliche Zielsetzung der bolschewistischen Wirtschaftspolitik: für ihre Durchführung ist geradezu Voraussetzung, dass die Leitung der ökonomischen Angelegenheiten in einer Hand – bei der Union – vereinigt ist. Dieser Zentralismus findet seinen stärksten Ausdruck in der Gliederung des Gesamtwirtschaftsgebiets nach Rajons, deren Grenzen mit denen der autonomen Gebietskörperschaften nur ausnahmsweise zusammenfallen. In der Finanzverfassung setzt er sich, obwohl de jure die Budgetselbständigkeit der Unionsrepubliken garantiert ist, de facto doch bei der tatsächlichen Regelung der Kompetenzen zwischen dem Bund und seinen Gliedern durch und macht sich ebenso bei der materiellen Ordnung der finanziellen Wechselbeziehungen zwischen der U.d.S.S.R. und den Gliedstaaten geltend. So bestätigt sich die These Dobberts, dass die wirtschaftlichen Notwendigkeiten des Planaufbaus den Zentralismus – abgesehen vom kulturellen Bereich – stärker hervortreten lassen als die bundesstaatliche Verfassung es vorsieht (S. 155). In der Herausarbeitung des inneren Zusammenhangs zwischen planwirtschaftlicher Struktur, politischem System und finanzwirtschaftlicher Ordnung in der Sowjetunion liegt das Hauptverdienst dieser gründlichen Arbeit. Sehr klar wird die Rolle des Staatshaushalts und des einheitlichen Finanzplanes aus der Stellung verständlich gemacht, die die staatliche Finanzwirtschaft im Wirtschaftsaufbau

der Union einnimmt: »Die öffentliche Finanzwirtschaft ist hier nicht
wie in anderen Staaten als Überbau über der großen Menge privater
Einzelwirtschaften anzusehen, aus dem sie ihre Einnahmen schöpft
und dann nach ihrem Ermessen verausgabt« (S. 40). Sie geht vielmehr
selbst in die Volkswirtschaft ein, indem sie deren ständig an Gewicht
zunehmenden ausschlaggebenden Teil, den vergesellschafteten Bereich, umfasst. Dieser »staatliche Sektor« wird durch den einheitlichen Finanzplan – das Budget ist nur ein Ausschnitt daraus – den
Zielen des Planprogramms entsprechend reguliert.

Trotz der umfangreichen Materialgrundlage erhebt diese Arbeit
nicht den Anspruch auf deskriptive Vollständigkeit. Aber es werden
genügend und immer sorgfältige Sachangaben gemacht, die das Urteil
Dobberts überzeugend stützen.

Die Sovet-Union 1917–1932. Systematische, mit Kommentaren
versehene Bibliographie der 1917–1932 in deutscher Sprache
außerhalb der Sovet-Union veröffentlichten 1900 wichtigsten
Bücher und Aufsätze über den Bolschewismus und die Sovet-
Union. Im Auftrag der Deutschen Gesellschaft zum Studium
Osteuropas unter Mitarbeit von Raissa Bloch unter anderem
bearbeitet von Klaus Mehnert. Ost-Europa-Verlag. Königsberg
und Berlin 1933. x und 186 Seiten.

[Aus: Zeitschrift für Sozialforschung 2, 1 (1933), S. 159 f.]

Die mit großer Sorgfalt aus der Masse der in deutscher, englischer und
französischer Sprache erschienenen Literatur über die UdSSR ausge-
suchten Bücher und Zeitschriftenartikel sind in zehn Hauptgruppen
(Land und Leute, Geschichte und Politik, Wirtschaft, Recht, Kultur
und Leben, Armee, Hilfsmittel, Die Emigranten, Angelsächsische
Sovetliteratur, Französische Sovetliteratur) und 169 Untergruppen
sehr übersichtlich eingeordnet. Die den wichtigeren Publikationen
beigegebenen kurzen Inhaltsangaben bemühen sich um größte Ob-
jektivität. Das Buch ist eine ausgezeichnete bibliographische Leistung
und für die Russlandforschung ein unentbehrliches Hilfsmittel.

Gottfried von Haberler: Prosperity and Depression. League of Nations. Genf 1937. xv und 363 Seiten.

Hans Neisser: Some International Aspects of the Business Cycle. University of Pennsylvania Press. Philadelphia 1936. xiv und 176 Seiten.

R[oy] F[orbes] Harrod: The Trade Cycle. An Essay. Oxford University Press. London und New York 1936. ix und 234 Seiten; 10 Seiten.

Arthur B[arto] Adams: Analyses of Business Cycles. McGraw-Hill Book Company. New York und London 1937. xi und 292 Seiten; 18 Seiten.

[Aus: Zeitschrift für Sozialforschung 7, 2 (1938), S. 298–301.]

Die schwere wirtschaftliche Depression der Jahre 1929 bis 1933 hat der vor dem Weltkrieg in der offiziellen Nationalökonomie vorherrschenden Meinung ein Ende bereitet, dass Wirtschaftskrisen mehr oder weniger zufällige Unglücksfälle seien, typisch für das 19. Jahrhundert, aber seit dessen Ende immer seltener und in schwächeren Formen auftretend. Die erste Nachkriegskrise ließ sich allenfalls noch als einmalige Folge des Krieges erklären, aber der erneute und unerhört schwere Wirtschaftszusammenbruch des beginnenden dritten Jahrzehnts zwang dazu, bei der Wiederaufnahme des Studiums der zyklischen Bewegungen deren Wurzeln in Eigentümlichkeiten des Wirtschaftssystems zu suchen. Im Gegensatz zur marxistischen Theorie, welche die Krisen aus der Gesamtstruktur der kapitalistischen Wirtschaft ableitet, führen ihre modernen Gegner Zusammenbruch und Wiederaufstieg auf einen bestimmten, dem Wirtschaftssystem eigentümlichen Faktor oder eine meist eklektische Verbindung von mehreren dieser Faktoren zurück. Was die neueren konjunkturtheoretischen Publikationen vor früheren auszeichnet, die auf dem gleichen

theoretischen Boden stehen, ist die sorgfältige Beschreibung von
Konstellationen und Mechanismen, die einzelne Phasen des Zyklus
herbeiführen oder sie charakterisieren. Hierher gehört zum Beispiel
der Nachweis, dass die Produktion von »durable goods« (Produktionsmittel und dauerhafte Konsumtionsmittel wie Wohnhäuser und
Automobile usw.) viel heftigere Ausschläge zeigt als die Produktion
von Konsumtionsmitteln, und die Erklärung dieses Phänomens durch
das »Acceleration Principle« (Vgl. hierzu besonders das bedeutende Buch von J[ohn] M[aurice] Clark: Strategie Factors in Business
Cycles. New York 1934). Auch die Rolle monetärer Faktoren in den
Konjunkturschwankungen ist in den letzten Jahren sehr gründlich
analysiert worden, vor allem in England und Schweden.

Aus dem Bedürfnis heraus, eine systematische Darstellung der
gegenwärtigen Konjunkturtheorien zu geben und ihre als haltbar
befundenen Ergebnisse zu einer Synthese zu verarbeiten, ist (auf Veranlassung der Wirtschaftsabteilung des Völkerbundes) das Haberler-
sche Buch entstanden. Im ersten Teil ordnet Haberler die modernen
Krisentheorien in sechs Typen, je nach der Hauptursache, die sie für
die Konjunkturbewegung anführen. Er unterscheidet: 1. rein monetäre Theorien; 2. Über-Investitionstheorien (mit drei Untergruppen:
monetäre und nicht-monetäre Überinvestition, Schwankungen in der
Nachfrage nach Fertigprodukten als Ursache der Überinvestition);
3. Disproportionalitätstheorien (wir fassen unter diesem von Haberler
nicht gebrauchten Terminus Theorien zusammen, bei denen folgende
Faktoren ausschlaggebend sind: Veränderungen in den Produktionskosten und der Produktivität, »horizontale« Disproportionalitäten,
Überverschuldungen); 4. Unterkonsumtionstheorien; 5. Psychologi-
sche Theorien; 6. Erntetheorien. Jede dieser Gruppen wird von Haberler so weit wie möglich daraufhin untersucht, wie sie Aufschwung,
oberen Wendepunkt (Krise), Abwärtsbewegung (Depression), unteren
Wendepunkt (Wiederbelebung) jeweils erklärt, welche Gründe sie für
wiederholtes Auftreten, Periodizität und ähnliche Phänomene angibt
und was sie über die internationalen Zusammenhänge zu sagen weiß.
Haberler kommt zu dem Ergebnis, dass die Unterschiede zwischen
den verschiedenen Krisentheorien nicht so entscheidend sind, wie
ihre Autoren annehmen, sondern in der Hauptsache in dem verschie-

denen Gewicht liegen, das die sich bekämpfenden Schulen einzelnen Faktoren zusprechen. Diese Überzeugung rechtfertigt den im zweiten Teil des Buchs unternommenen Versuch einer Synthese. Sie soll eine »sehr allgemeine Theorie der wichtigsten Aspekte des Konjunkturzyklus geben«, in der zur Erklärung seines Verlaufs Elemente aus fast allen im ersten Teil erörterten Theorien herangezogen werden.

Das 9. und 10. Kapitel geben eine besonders subtile Darstellung einiger höchst verwickelter Phänomene. Im Kapitel 9 werden die Prozesse der wirtschaftlichen Expansion und Kontraktion als kumulative, sich selbst verstärkende Mechanismen geschildert, die unter den allgemeinen Bedingungen der gegenwärtigen »individualistischen Geld- und Preiswirtschaft« immer wieder auftreten müssen. Kapitel 10 versucht zu zeigen, warum unter diesen Bedingungen jeder Aufschwung nicht zu einem stabilen Gleichgewicht mit Ausnützung aller Produktionsfaktoren führt, sondern in eine schwere wirtschaftliche Schrumpfung mündet, die ihrerseits selbst nicht endlos dauern kann, sondern in einen neuen Aufschwung übergeht. Aber bei allem Scharfsinn in der Beschreibung der Phänomene, die auf dem Weg zum oberen und unteren »turning point« auftreten, bleibt Haberler an der Oberfläche stehen, wenn er· die entscheidende Frage beantworten soll, was nun eigentlich die Krise herbeiführe. Er argumentiert folgendermaßen: es treten von Zeit zu Zeit immer »exogene« Störungen auf, die eine Abnahme der Gesamtnachfrage bewirken und damit der Expansion ein Ende setzen, z. B. Kreditrestriktionen aus politischen Gründen, Kapitalflucht, Verlust von Auslandsmärkten, schlechte Ernten usw. Diese exogenen Faktoren gewinnen an Bedeutung, weil die Gesamtwirtschaft während des Aufschwungs wegen der sinkenden Elastizität in der Versorgung mit Geld, Produktionsmitteln und gelernten Arbeitern störungsempfindlicher wird. Endlich aber lehre die Erfahrung, dass im Laufe der Expansion Disproportionalitäten (»maladjustments«) auftreten, z. B. Preisdiskrepanzen, partielle Überinvestierungen, Kreditschwierigkeiten, die schließlich in Verbindung mit den exogenen Faktoren und der gewachsenen Störungsempfindlichkeit den Konjunkturzusammenbruch bewirken. An diesem Punkt macht Haberler einen charakteristischen Vorbehalt: der Stand der Theorie wie die Beschaffenheit des empirischen Materials erlaube

nicht, streng zu beweisen, dass derartige zur Krise treibende Disproportionalitäten das unausweichliche Ende jedes Aufschwungs
bedeuten müssten. Man könne nur sagen, dass dafür eine »prima
facie Wahrscheinlichkeit« vorliege.

Die Stärke des Haberlerschen Buches findet sich gewiss nicht bei
seinem eigenen Lösungsversuch. Sie liegt vielmehr darin, dass es die
derzeit beste Übersicht über den Stand der akademischen Konjunkturtheorie bietet.

In einem besonderen Kapitel behandelt Haberler einige internationale Aspekte des Konjunkturzyklus. Neisser hat unter diesem
Titel ein besonderes Buch veröffentlicht, das aber, im Gegensatz zu
Haberler, die Einwirkung der internationalen Handels-, Kapital- und
Währungsverflechtungen auf den Konjunkturverlauf nur beiläufig
erörtert. Seine eigentliche Aufgabe sieht Neisser vielmehr darin, zu
zeigen, wie einzelne Ursachen und Erscheinungen des Konjunkturzyklus (partielle Überproduktion, »undersaving«, »oversaving« usw.)
durch die Eigentümlichkeiten des Landes, in dem sie auftreten, modifiziert werden. Neisser charakterisiert seinen theoretischen Standort
selbst als »the orthodox angle«.

Harrod verspricht die Grundzüge einer neuen Krisentheorie. Er
nennt als die Herkunft ihrer Leitgedanken vor allem die Ideen, die
Keynes in seiner »general theory« entwickelt hat, ferner die Studien über die Zusammenhänge zwischen der Wirtschaftätigkeit
in »durable goods« und in »consumable goods«, von denen Clarks
oben erwähnte Studie handelt, und schließlich die neuesten Untersuchungen über »imperfect competition«. Die letzte Ursache der nach
Harrods Meinung unvermeidlichen Konjunkturschwankung liege in
dem Missverhältnis zwischen der Schaffung neuen Kapitals einerseits,
den Ersparnissen und der Konsumkraft der Gesellschaft andererseits.
Diese Diskrepanz setze sich auf dem Weg über drei »dynamische
Determinanten« durch, nämlich 1. die Neigung zu sparen (Keynes'
»propensity to save«, die selbst wieder eine abhängige Variable ist),
2. die Rentabilität (»shift to profit«) und 3. den Umfang des in den
Produktionsprozess eingehenden Kapitals. Das Ende der Konjunktur
trete ein, wenn eine gegebene Rate von neuen Investitionen sich
nicht länger als »gerechtfertigt« erweise. »Dies geschieht, sobald die

hemmende Kraft der ersten beiden Determinanten die Expansivkraft der letzten übersteigt.« Ebenso wenig wie in den hier gegebenen Beispielen kommt das ganze Harrodsche Buch über die Beschreibung von Oberflächenerscheinungen heraus. Daran ändert nichts, dass die Erörterungen relativ einfacher Zusammenhänge durch Einführung neuer Begriffe, wie sie gegenwärtig in der Cambridge-Schule beliebt sind (»Relation«, »Multiplier« usw.), den Anschein schwierigster Analysen erwecken. Jedoch findet sich in Harrods Buch eine Reihe interessanter Thesen. So führt er aus, dass der Erfolg eines Eingriffs in das Abgleiten einer Konjunktur mit den von Keynes propagierten Mitteln (öffentliche Arbeiten, finanziert durch Kreditausweitung) davon abhänge, dass ein solcher Eingriff während des »breathing space« erfolge. Darunter versteht Harrod die Zeitspanne, in der die Produktionsmittelindustrien noch mit der Aufarbeitung früherer Aufträge gut beschäftigt sind, während die neuen Aufträge hinter dem Tempo der Produktion zurückbleiben. Harrod hat eine klare Vorstellung davon, dass die Aussichten gering sind, in diesem frühen Zeitpunkt des Konjunkturumschlags die von ihm vorgeschlagenen Maßnahmen durchzusetzen.

Adams hat in seinem kurz vor dem hier angezeigten Werk erschienenen Buch (National Economic Security. Norman 1936) versucht, den amerikanischen Wirtschaftszusammenbruch von 1929 auf die ungleiche Einkommensverteilung zurückzuführen. Seine Meinung, dass die modernen Depressionen ihre Hauptwurzel in dieser tendenziell immer stärker werdenden Ungleichheit haben, wird in dem vorliegenden Buch ausführlich begründet. Im Gegensatz zu anderen Vertretern der Unterkonsumtions- und »oversaving«-Theorien unterscheidet Adams zwei Typen von Konjunkturzyklen, die er zwei verschiedenen Phasen industrieller Entwicklung zuordnet. Die »Überinvestitions-Unterkonsumtions«-Fluktuationen seien für einigermaßen vollentwickelte Industrieländer charakteristisch. In jüngeren, technisch noch in der Entwicklung befindlichen und daher noch nicht mit genereller Überkapazität belasteten Ländern gerät das Wirtschaftssystem durch monetäre Fluktuationen periodisch aus dem Gleichgewicht. Für diese Länder akzeptiert Adams also eine monetäre Krisentheorie. Er bekämpft die Meinung, dass sich an jeden

Konjunkturzyklus unmittelbar ein neuer anschließen müsse, vielmehr seien Perioden eines labilen industriellen Gleichgewichts durchaus möglich und nachweisbar. Da Depressionen in der Zukunft in den meisten Ländern nicht auf monetären, sondern auf »Überinvestitions-Unterkonsumtions«-Faktoren beruhen werden, müssen Maßnahmen zu ihrer Verhinderung oder Überwindung auch an dieser Wurzel einsetzen. Adams kritisiert die NRA-Politik, weil sie die Macht der »Monopolisten« und die Ungleichheit der Einkommen und damit die Ursachen künftiger Depressionen noch vergrößert habe. Für entscheidend hält er, dass die Konjunkturpolitik der Regierung Roosevelt während der ersten Amtsperiode von der verkehrten theoretischen Voraussetzung ausgegangen ist, die amerikanische Wirtschaft sei im Grunde gesund, und es komme nur darauf an, sie in Gang zu setzen, um eine dauernde Prosperität herbeizuführen. Es ist bemerkenswert, dass Adams im Herbst des Jahres 1936 den im Frühjahr 1937 eingetretenen Umschlag der Konjunktur richtig für den Zeitpunkt vorausgesagt hat, wo die bestehenden Disproportionalitäten nicht mehr durch wachsende künstliche Stimulantien in Form von großen Regierungsausgaben verdeckt werden.

Technological Trends and National Policy. National Resources Committee. U.S. Government Printing Office. Washington, D.C. 1937. x and 388 pages.

Consumer Incomes in the United States. Their Distribution in 1935–36. National Resources Committee. U.S. Government Printing Office. Washington, D.C. 1938. v and 104 pages.

Maurice Leven: The Income Structure of the United States. The Brookings Institution. Washington, D.C. 1938. x and 177 pages.

Studies in Income and Wealth. By the Conference on Research in National Income and Wealth. 3 vols. National Bureau of Economic Research, New York, Macmillan and Co., London 1937–39. xviii and 348 pages; xii and 331 pages; xxiii and 479 pages.

Gardiner C. Means: Patterns of Resources Use. Submitted by the Industrial Committee to the National Resources Committee. U.S. Government Printing Office. Washington, D.C. 1939. v and 149 pages.

Gardiner C. Means: The Structure of the American Economy. Part I: Basic Characteristics. National Resources Committee. U.S. Government Printing Office. Washington, D.C. 1939. vii and 395 pages.

Does Distribution Cost Too Much? Factual findings by Paul W. Stewart and J. Frederic Dewhurst with the assistance of Louise Field. A program for action by the Committee on Distribution of the Twentieth Century Fund. New York 1939. xvii and 403 pages.

J. B. Mordecai Ezekiel: Jobs for All. Alfred A. Knopf. New York 1939. XIII and 299 pages.

Simon Kuznets: Commodity Flow and Capital Formation. Vol. I. National Bureau of Economic Research. New York 1938. IX and 505 pages.

Solomon Fabricant: Capital Consumption and Adjustment. National Bureau of Economic Research. New York 1938. XX and 271 pages.

Charles A. Bliss: The Structure of Manufacturing Production. National Bureau of Economic Research, New York 1938. XVII and 231 pages.

Conference Board Studies in Enterprise and Social Progress. National Industrial Conference Board. Division of Industrial Economics. New York 1939. XVI and 327 pages.

[Aus: Studies in Philosophy and Social Science 8, 2 (1940), S. 483–490.]

The inability of private enterprise to overcome, by the use of the traditional methods, the depression brought about by the crisis of 1929, forced the U. S. A. Government to interfere in most sections of the economic process. The lack of dependable data for constructing a program of economic policy led to an intensification of research into the structure of the American economy. Among the most outstanding studies were those published in 1934 and 1935 by the Brookings Institute, on America's capacity to produce and to consume, and on the formation of capital. In these studies, an attempt had been made to deal with decisive economic problems from the viewpoint of the whole economy.

The studies of the National Resources Committee (N. R. C.), published during the last few years, are based on a rich variety of materials as is accessible only to a Government committee vested with a far-reaching authority. The present results, incomplete as they may be, afford an insight not hitherto attained into the structure and trends of the American economy. The report on *Technological Trends and National Policy* discusses, in three parts, the problems of technological progress. Part I deals with important social aspects, such as the resistance to the application of new inventions (Bernhard J. Stern), and technological unemployment (David Weintraub). Part II gives a summary treatment of the relations between science and technology, while Part III describes the state and trend of technological progress in the decisive branches of industry. The report on future technological trends is based upon the assumption that there is normally an interval of about 30 years between the beginnings of an invention and its social effects. If serious disturbances and technological unemployment are to be avoided, we must now initiate measures to mitigate and harmonize the probable consequences of such inventions as the mechanical cotton-picker, tray agriculture, pre-fabrication of houses, liquefying coal, etc. For the better coordination of these measures, the creation of a permanent central planning office is recommended.

The need for State intervention becomes obvious if one compares the situation at the time of the introduction of the power-loom in England during the 1820's, with the situation that would arise if the mechanical cotton-picker were to be generally applied. The setting free of the weavers by the power-loom was bound up with poverty and starvation for countless people throughout the world. Yet at that time there was a chance for many of them to find employment in the rapidly expanding economy of the 19th century. The mechanical cotton-picker picks about as much as do 40 hand pickers. What is to become of the 75 % of the labor force in the Southern cotton country that would be displaced by the machine as soon as a few further improvements have been achieved? It is possible that a small number of them will find jobs as tractor-drivers and in repair stations, and that some others will be members of the families of those who have found new and better-paid employment. But what is to become of the displaced people who are first going to increase the existing mass of unemployment? Cotton is already so cheap that the general introduction of the mechanical picker can hardly bring about a significant reduction in the prices of the finished product. Consequently, no substantial share of the purchasing power now available for textiles can be transformed into new demand. No »compensation« on a large scale can be expected. Here, as in many other instances, we shall have a situation that can be mastered only by the State and by means of public works.

The report of the N. R. C. on *Consumer Incomes in the United States* from July 1935 to June 1936, provides the first authoritative presentation of the distribution of incomes in the U. S. A. In addition to the income tax material, it is also based on the questionnaires of 300 000 families extending over the whole U. S., and on a small sample of persons living outside of families. Of the 29.4 million American families, 97.3 % had less than 5000 dollars income a year (per family) during the period of the report. The total number of families and of persons living outside of families, together comprises 39 million consumer units. This figure is divided into three income groups: the lower third with a yearly income up to 780 dollars; the middle third with an income from 780 dollars up to 1450 dollars; and the upper third with an income above 1450 dollars. (All income groups refer not to income per capita, but per consumer unit: a family with many children counts as one unit only, and the pooled income of several members of the same family living in one household is likewise considered as one income unit.) During the comparatively favorable year of the report, about 15 % of the 29.4 million families were receiving public relief, either in the form of direct relief or of work relief, for at least one period during that year.

The report is a striking illustration of the thesis that in the richest country in the world there is scarcity in the midst of plenty, despite a hitherto unheard of capacity to produce. The opponents of the Government maintain that this peculiar situation is the result of too much Government interference. But the real cause lies much deeper. We have reached the stage when the customary market economy no longer operates effectively and when the scattered attempts to reorganize the system have not yet begun to work.

Shortly before the publication of the N. R. C. report, the Brookings Institute issued a small book on the *Income Structure of the United*

States in the years of 1929–37, a by-product of the above-mentioned larger investigations. As it describes the income movement over a period of 8 years and contains material not included in the N.R.C. report, it is a valuable supplement to that report. The estimates in the two studies have been computed by different methods and are therefore comparable only with certain reservations and after some corrections.

While those two studies are primarily statistical in character, the *Studies on Income and Wealth* published in 1937–39 by the National Bureau of Economic Research represent an attempt at cooperative research in fundamental problems of economic methodology. Each individual study has an appendix containing an intensive discussion by other experts of its results and methods. Volumes I and II deal with the concepts of national wealth and income as a whole, as well as with the different methods of their computation. Volume III discusses the questions which arise when dissecting the methodological and statistical concepts into their components. The previous attempts at the conceptual and statistical clarification of words hitherto used both frequently and vaguely, have been analyzed with the utmost care. The aim of the studies is to create »efficient tools for economic analysis and social planning« by a thorough clarification of concepts and by comprehensive empirical investigation.

The study of *Patterns of Resources Use*, carried out under the direction of Gardiner C. Means, attempts to construct models describing the conditions for the exploitation of all existing resources. The relations between full employment, the volume of production, and consumer income are demonstrated statistically for the American economy as a whole as well as for its branches. In contrast to technocratic calculations, this study does not base its computations on the most advanced technical possibilities but starts from the given production capacities and the trends which have become visible in the past two decades. The authors realize, of course, that their starting point forces them to construct such models as include productivity losses deriving from »the failure to use the best available techniques, from the duplication of effort, and from competitive wastes.« Despite uninterrupted changes occurring within all branches of the economic process, such computations can be made because there are relatively constant relations within and between the separate branches of the economy on the one hand, and the national income on the other. These relations exist not only between raw materials and finished products, but also between »such apparently unrelated items as shoe production and automobile production or between shoe sales, passenger traffic on the railroads, gasoline consumption and school attendance.«

With the help of ingenious formulae which were computed for each of the important segments of the American economy, series of figures were compiled for the years 1920–37. Each of these formulae expresses a definite economic quantity as a function of other quantities. Thus (to give only a few examples) the consumption of telephone calls, automobile transportation, dairy products, tobacco, etc. is expressed as a function of the consumer income and of a time trend varying with each commodity. A comparison, documented in all details, between the computed figures and the empirical statistics, leads to the striking result that more than ⅘ of the computed curves correspond with those found empirically. Even during the last 5 years, for which period the preceding trend was extrapolated without recourse to any empirical material, 82 of 138 analyses show less than 5 % deviation from the actual statistics. The computations must, however, fail in all cases where structural changes occurred, such as the number of persons employed in the civil service or in the banks after 1932. After functional dependencies within and between 81 segments have been established statistically, an attempt is made to construct models for a particular relation: how large would be employment and consumption for each segment in six different cases of national consumer incomes between 50–100 billion dollars a year? It is found that with a yearly consumer income of 88 billion dollars (purchasing power of 1936) unemployment would practically disappear. (As a comparison it may be noted that the figure of 88 billion dollars is about 30 % above the figure actually reached in 1937). The individual figures within the »models« deserve careful study. Thus, with a consumer income of 100 billion dollars, the number of persons employed by the Federal Government and in agriculture is given as being not larger than with a consumer income of 50 billion dollars, while employment in commerce and industry increases in about the same proportion as the income. It must be left for more detailed investigations to judge the extent to which the N. R. C. succeeded in overcoming the immense obstacles in the way of such computations. The present results, however, show the great steps made in the direction of a planned economy since the publication of Ballod's *Zukunftsstaat.*

The investigations of the N. R. C. culminate in the report on the Structure of the American Economy, published in the summer of 1939. The Committee calls it »the first major attempt to show the inter-relation of the economic forces which determine the use of our national resources.«

The reason why such an attempt was not made until now is dear if one realizes that a knowledge of the structure becomes indispensable as soon as an organism or a machine no longer functions properly. To drive an automobile, it is said, one need only know how to handle the operating controls, but as soon as there are any disturbances, one must have a knowledge of the construction in order to make the necessary adjustments. The same holds true of a national economy: as long as it continues to function, the knowledge of its structure is of secondary importance. But now, it is said, it is necessary to make far-reaching adjustments and therefore one can no longer manage without an accurate knowledge of the structure.

Today the decisive problem of national economic policy is how to use all existing resources as completely and efficiently as possible, while preserving a maximum of the traditional political values. These values are said to be in serious danger if the first requirement is not fulfilled. How far reality is lagging behind the goal is demonstrated by a computation of the amount of waste from 1930 to 1937. Assuming that during that period all existing means of production and all available labor power, with the exception of 2 million unemployed, had been in full operation, the social product would have been larger by 200 billion dollars in commodities and services (expressed in the purchasing power of 1929) than it actually was. In other words, the loss of potential real income attributed to the unemployment of men and machines during the last depression is calculated as being equal to five times the cost of construction of the entire railroad system of

the United States. This is the comparative figure given by the N.R.C.
The figure of 200 billion dollars becomes even more impressive if one
realizes that it is about twice the amount of all capital goods (plant
and equipment = 105 billion dollars) invested in American industry
by 1935, including mining, railroads, and other utilities.

The report considers the structure of the American economy under
three main headings: the structure of needs and resources; the geo-
graphic, functional, and financial structure of production; and, finally,
the organization of economic activity. The most impressive material
is contained in Chapter III. A characteristic feature is its skepticism
regarding the market as the organizer of the economy. »In theory it
is possible to show that, under certain conditions, the market mechanism might, by itself, have sufficient organizing influence to produce
effective use of resources. In the case of a great many commodities,
however, free markets do not and usually cannot exist, and the market mechanism acts only crudely, slowly, and not too effectively in
bringing basic organization into the use of resources. Administrative
coordination has become of increasing importance as an organizing
influence. A century ago, when business enterprises were small and
government activity was relatively less important, the market played
a major coordinating role. But during the past hundred years great
segments in the organization of economic activity have gradually but
steadily been shifted from the market place to administrative coordination.« This chapter deals in great detail with the centralization and
concentration of American industry, with price control by the large
corporations, and with the structure of control over production and
the market which is exercised by relatively few groups. Among the
results it may be mentioned that in 1932 the 200 largest non-financial
corporations controlled about one fifth of the national wealth, about
one half of the nation's industry and about 60% of the assets of all
non-financial companies. More than 45 % of all real estate, buildings,
and machinery which had been invested in industry, were owned
by the 75 largest industrial concerns. It is particularly noteworthy
that during the depression the share of the 200 largest nonfinancial
corporations in the assets of all non-financial companies increased
from 58 % to 64.2 %. Small enterprises are mainly found in the retail

trade, the service industries and the building trade. The report goes on to show that next to the large enterprises there were still other forces which more and more reduced the importance of the market in the economic process, namely the large pressure groups (business, workers, farmers, consumers) and, finally, the Government itself.

An important supplement to this report is a study by the Twentieth Century Fund, intended to give an accurate picture of the distribution system in the United States and to make suggestions for improvement. The question raised in the title, *Does Distribution Cost Too Much?*, is answered in the affirmative. By how much the costs of distribution are too high is hard to express in figures. Yet what can be proved is that there is waste in countless segments of the process of distribution. The tendency to increase the share of distribution costs in the sales-price is characteristic of the present phase of capitalism. Though, if looked at from the viewpoint of the economy as a whole, it means an increase of unproductive expenditures, this process has provided for the employment of part of the labor power set free by the machine. Assuming the figures for 1870 to be 100, the population increase by 1930 was 318 and the increase of persons employed in production was 287, while in the same six decades the number of those employed in distribution had grown to 877. In the last decade this discrepancy has become even more acute. The distribution apparatus has grown further while the absolute number of persons employed in agricultural and, recently, in industrial production, is decreasing. Another example of the size of unproductive expenditures is given by examining the share of distribution cost in the expenditures of the »ultimate« purchaser. In 1929, 65.5 billion dollars were paid for finished goods (industrial and agricultural). Of this amount about 59 % represents distribution costs and only 41 % production costs. That is, it costs about 50 % more to distribute the goods than to produce them. Of the distribution costs only about one fourth is on account of transportation. The long list of causes which the study of the 20th Century Fund presents in order to explain this situation, expressly omits the profits of the distribution agents. Not they, but the institution and methods of free competition cause most of the unproductive expenditures. This study confirms that the more modern methods of distribution which are subject to limited competition, generally operate much more cheaply than their obsolete predecessors. Appended to this work is a very impressive graphic demonstration of the flow of goods. The graph is proof of the enormous progress made in the construction of a *tableau économique* with the aid of statistics and methods available today.

An attempt to meet the problem toward the solution of which the studies of the N. R. C. were intended to contribute, has been made by M[ordecai] Ezekiel, chief economic advisor of the Department of Agriculture. His book, *Jobs for All*, aims at providing work for everyone without changing the foundations of the present order. He calls his program industrial expansion and defines it as a planned expansion of industrial production until full employment is reached. The complete plan is to be worked out on the basis of individual plans which would be constructed by the key industries. The central planning office would be constituted of representatives of the labor unions, the management, the consumers, and the Government. The coordination of the individual plans in a complete plan would provide for the marketability of the large majority of all products. A guarantee by the Government to take over, at a small price reduction, the unsold part of the expansion program, should limit the risks of the entrepreneur to such an extent that he would cooperate in the expansion plan without being forced to do so by law. Full use of capacity, and thereby smaller costs per unit, would make it possible to lower the prices and to increase both the yearly income of the workers and the profits. To implement this plan would require extensive preparation, lasting many years, possibly a decade or even longer. Once put in operation, however, this program would soon increase the national income to those 100 billion dollars which correspond to the full employment of all the existing factors of production. Overproduction would be impossible for a long time in view of the low (i. e. low, compared with what it might be) standard of living of two thirds of the population. The danger of technological unemployment could be decreased by a corresponding shortening of the workday and by an extension of compulsory education. By means of a flexible system of quotas the advantages of competition could be preserved in some industries. Other industries would for some time to come not partake in the expansion program at all, and competition would be the sole regulator there. The author maintains with great emphasis that his program is not socialistic, and that it is rather superior to both a bureaucratic socialism and a planless capitalism. The task of the book, which is to remove the intolerable waste of the present system without giving up even part of its foundations, makes the author quite uncritical of his own contradictions.

Important studies preparatory to the investigations of the N. R. C. have been made by others, especially by the National Bureau of Economic Research. One of its recent publications, the book by S[imon] Kuznets on *Commodity Flow and Capital Formation*, deals with a field fundamental for the knowledge of the economic structure. The process of the circulation of capital, which Marx, 80 years ago, attempted to analyze theoretically in the studies that provided the material for the second volume of *Das Kapital*, is described in Kuznets' book by means of an immense statistical apparatus. Marx' sections I and II reappear in the division of consumers' goods and producers' goods, the former again being sub-divided into perishable, semi-durable, and durable etc. But while Marx was concerned with demonstrating certain correlations, Kuznets attempts to describe the empirical processes with all the available material and with the most modern statistical methods. He is thus frequently forced to make use of somewhat arbitrary estimates. In the first result he arrives at a presentation of the relations between gross social product, national income, consumption, replacement of equipment, and formation of capital.

S[olomon] Fabricant regards his own book on *Capital Consumption* as an appendix to Kuznets' study. Fabricant uses great ingenuity in developing methods for the computation of three factors, two of which determine the third: gross capital formation minus net capital formation equals capital consumption. The investigation is limited to the measurement of the consumption and adjustment of fixed capital. In 1929, 60 % of the production of durable goods was used for replacing fixed capital. A list of the main difficulties which had to be overcome in this study gives an idea of the scope and limitations of the work. Fabricant mentions the following: difference between »economic« and »physical« life of plant and equipment; allocation of the consumption of durable capital goods to arbitrary time units; problem of price changes; adjustment of accounting methods as practiced by business and required by law, to the concepts of this investigation; significance of »maintenance« and »repair« expenses, etc.

The National Bureau of Economic Research has also published a study by Charles A. Bliss, on the *Structure of Manufacturing Production*. Bliss attempts to calculate the proportions in which the existing resources were used in 1929 in the field of industrial production. The division into groups is the same as in the other studies of the National Bureau. Bliss, too, had to overcome the manifold difficulties arising from the fact that his statistical material was computed from different viewpoints. Among the results it is particularly characteristic that about one tenth of all employed persons and one tenth of all capital invested in the whole of industry in 1929 were employed in the automobile industry. Bliss points out that a series of comparable studies of the structure of industry, undertaken over a period of years, would greatly enrich our knowledge of the business cycle and thereby also of the more adequate use of existing resources.

The writings reviewed above are essentially the works of »technicians« who are interested in the most rational application of all resources and are prepared to make far-reaching adjustments in the present economy in order to reach their aim. The large reference work of the National Industrial Conference Board suggests even in its title, Enterprise and Social Progress, that only the preservation of the traditional economic system can guarantee an optimum of social progress. This propagandistic attitude does not manifest itself in less reliable statistics. It is apparent, however, in the distribution of light and shade. All achievements are attributed to the system of free enterprise while all the negative factors are both minimized and ascribed to outside interference. The work is an important supplement to the official statistics, and the editors rightly call it the largest collection of systematic information on American private enterprise.

The studies reviewed here afford a methodologically and materially impressive picture of the comprehensive scientific preparation that would be at the disposal of a strictly »State-capitalistic« economic policy in the United States.

Editorische Kommentare

Die planwirtschaftlichen Versuche
in der Sowjetunion 1917–1927 [1929]

33, *Maurice Dobb*: Maurice Dobb (1900–1976), britischer marxistischer Ökonom, der 1920 der Kommunistischen Partei beigetreten war und seit 1924 in Cambridge lehrte.

35, *Carl Grünberg*: Carl Grünberg (1861–1940), Staatsrechtswissenschaftler und Soziologe mit einem Schwerpunkt auf der Geschichte der Arbeiterbewegung. Grünberg war ein herausragender Vertreter des Austromarxismus und zählte Max Adler, Otto Bauer, Rudolf Hilferding und Karl Renner zu seinen Schülern. 1923 wurde er Gründungsdirektor des Instituts für Sozialforschung, Pollock war einer seiner Assistenten. 1928 erlitt er einen schweren Schlaganfall, woraufhin Pollock die kommissarische Leitung des Instituts übernahm, bevor Max Horkheimer 1930 sein offizieller Nachfolger wurde.

35, *Prof. Pribram*: Karl Eman Pribram (1877–1973) war ein österreichischer Wirtschaftswissenschaftler, der seit 1914 an der Universität Wien lehrte, bevor er 1921 Leiter der statistischen Abteilung des Internationalen Arbeitsamtes in Genf wurde, mit dem Pollock Anfang der 1930er Jahre im Kontext der Studie *Autorität und Familie* eng zusammenarbeitete. 1928 ging Pribram nach Frankfurt am Main, verlor seinen Lehrstuhl aber aufgrund seiner jüdischen Herkunft 1933. Er emigrierte in die USA und lehrte bis 1952 an der American University in Washington D.C.

35, *D. B. Rjazanov*: David Borisovič Rjazanov (1870–1938) war ein russischer Marxist, der von 1920 bis 1930 Leiter des Moskauer Marx-Engels-Instituts war und in dieser Position seit 1924 in Kooperation mit dem Institut für Sozialforschung die Edition der ersten Marx-Engels-Gesamtausgabe vorantrieb. 1931 wurde er nach zahlreichen

Konflikten mit Stalin verhaftet und nach Saratow verbannt, schließlich 1937 als vermeintlicher Trotzkist verhaftet und 1938 zum Tode
verurteilt und ermordet.

35, *[G.] M. Kržižanovskij*: Gleb Maksimilianovič Kržižanovskij (1872–
1959) war ein sowjetischer Politiker, der bereits 1904 Mitglied des
Zentralkomitees der RSDAP gewesen war, wo er zum radikalen
Flügel gehörte. Nach der Oktoberrevolution bekleidete er zahlreiche
wichtige Funktionen. Unter anderem war er Verantwortlicher für
den Goélro-Plan zur Elektrifizierung Sowjetrusslands und seit 1921
mit kleineren Unterbrechungen Vorsitzender der zentralen Wirt-
schaftsplanungskommission Gosplan. Pollock lernte Kržižanovskij
während seiner Russlandreise 1928 kennen.

35, *R. E. Vajsberg*: Roman Efimovič Vajsberg (1896–1935), war ein
Mitarbeiter der sowjetischen Planungsbehörde. Pollock lernte ihn
im Zuge seiner Russlandreise persönlich kennen.

35, *N. Efimov*: Diese Person konnte nicht eindeutig identifiziert werden. Wahrscheinlich A. N. Efimov oder N. J. Jefimov.

35, *Ruchimovič*: Moisej L'vovič Ruchimovič (1889–1938), russischer Revolutionär und seit 1924 als Unterstützer Stalins im Zentralkomitee der
Kommunistischen Partei. 1926 wurde er stellvertretender Vorsitzender
des Obersten Rates für Volkswirtschaft. Während der Stalinschen Säuberungen 1937 verhaftet und 1938 zum Tode verurteilt und erschossen.

35, *J. E. Lur'e*: Nicht zu ermitteln. Wahrscheinlich ist Jurij Larin (geb.
Lur'e, 1882–1932) gemeint, Mitglied des VSNCh-Präsidiums und Mitbegründer der Planungsbehörde Gosplan. Außerdem Vorsitzender des
offiziellen Komitees zur Unterstützung jüdischer Arbeiter.

35, *A. Štern*: Nicht eindeutig ermittelbar. Möglicherweise ist Aleksandr
Borisovič Štern gemeint, sowjetischer Ökonom, der für den Obersten
Rat der Volkswirtschaft (VSNCh) arbeitete und sich mit der Frage der
Preisentwicklung in der Planwirtschaft befasste.

35, *D. B. Ivenskij*: Nicht eindeutig ermittelbar. Ein Mann namens Iven-skij (Vorname unbekannt) war in den 1920ern Assistent des Leiters der Planökonomischen Verwaltung des VSNCh der RSFSR. (Planovo-ekonomičeskoe upravlenie, PEU VSNCh RSFSR.)

35, *Jakovlev*: Jakov Jakovlev (1896–1938), sowjetischer Politiker. Zu-nächst im Volkskommissariat für Volksbildung tätig, wurde er 1921 stellvertretender Leiter der Arbeiter- und Bauerninspektion und Fachpolitiker für Agrarwirtschaft. 1926 gründete er die »Kommis-sion über die sozialistischen Elemente in der Landwirtschaft«, von 1929–1934 war er Volkskommissar für die Landwirtschaft. Wie viele andere jüdische Kommunisten wurde auch er im Zuge der Stalinschen Säuberungen 1938 zum Tode verurteilt.

35, *Keržencev*: Platon Michajlovič Keržencev (1881–1940), sowjetischer Politiker, Diplomat und Ökonom. Er war in den Jahren 1927/1928 Stellvertreter des Direktors der zentralen statistischen Verwaltung.

35, *M. Bronskij*: Mieczyslaw Genrokovic Bronskij (1882–1938), pol-nisch-sowjetischer Diplomat und Ökonom an der Akademie der Wis-senschaften in Moskau. Nach der Oktoberrevolution war er kurzzeitig als Volkskommissar für Handel und Industrie tätig, 1928 dann Mitglied des Finanzkommissariats. 1938 wurde er im Zuge der Stalinschen Säuberungen ermordet.

35, *G. L. Nagler*: Grigorij L'vovič Nagler, sowjetischer Ökonom und Funktionär, der im Jahr 1930 Direktor der ökonomischen Planungs-abteilung der Leitung der Staatsbank (Gosbank) war.

35, *L. Kricman*: Lev Natanovič Kricman (1890–1938), sowjetischer Ökonom und Agrarexperte. Ursprünglich seit 1905 bei den Men'ševiki aktiv, trat er 1918 den Bol'ševiki bei. Nach der Oktoberrevolution war er maßgeblich an den Sozialisierungsmaßnahmen in der Lebensmit-tel- und Chemischen Industrie beteiligt. Als Mitglied des Obersten Rates für Volkswirtschaft und Präsidiumsmitglied der staatlichen Planungsbehörde Gosplan setzte er sich für die Umsetzung eines

einheitlichen Wirtschaftsgesamtplans ein. Trotz seiner vehementen
Kritik der Neuen Ökonomischen Politik Lenins wurde er 1925 Direktor des Agrarinstituts der Kommunistischen Akademie und 1928
stellvertretender Direktor der Statistischen Zentralverwaltung. 1937
wurde er im Zuge der Stalinschen Säuberungen als vermeintlicher
Trotzkist verhaftet und starb kurz darauf in Haft.

35, *A. Gajster*: Aron Izrailevič Gajster (1899–1937) war ein sowjetischer Wirtschaftswissenschaftler und einer der engsten Mitarbeiter
Lev Kricmans. Vor seiner Verhaftung und Ermordung im Zuge der
Stalinschen Säuberungspolitik war Gajster stellvertretender Landwirtschaftskommissar gewesen.

35, *M. Kubanin*: Michail Il'ič Kubanin (1898–1941), sowjetischer Ökonom, der seit 1927 im Internationalen Agrarinstitut in Moskau und
am Wirtschaftswissenschaftlichen Institut der Kommunistischen
Akademie arbeitete. Nachdem er in einem Artikel geschrieben hatte,
die sowjetische Produktivität liege in der Landwirtschaft unter der
US-amerikanischen wurde er verhaftet und hingerichtet.

36, *Dr. W. Biehahn*: Walter Biehahn (1896–?) gehörte zunächst der
KPD an, wurde dann aber als Mitglied des trotzkistischen Flügels
ausgeschlossen. Er war Mitarbeiter Pollocks am Institut für Sozialforschung. Da er Russisch sprach, übersetzte er auch zahlreiche russischsprachige Quellen für Pollock ins Deutsche. Mitte der zwanziger
Jahre war er auch am Moskauer Marx-Engels-Institut tätig gewesen.

36, *R. Selke*: Der aus Odessa stammende Rudolf Selke (1902-?) gehörte zunächst in Hamburg und Frankfurt der KPD an, wurde aber
als Trotzkist 1928 aus der Partei ausgeschlossen. Er war Mitarbeiter
Pollocks am Institut für Sozialforschung und half ihm wie Biehahn,
russische Quellen ins Deutsche zu übersetzen. 1934 emigrierte er
nach Spanien.

36, *Frau E. Bloch-Orsech*: Emmy Bloch-Orsech (1894-?), arbeitete als
Aushilfslehrerin, ab 1929 dann als Lehrerin in Frankfurt. Sie war mit

dem USPD-Mitglied Horst Orsech verheiratet. In den dreißiger Jahren wurde dem jüdischen Ehepaar die Staatsbürgerschaft aberkannt, es flüchtete in die USA.

39, *reagiblen Preise*: Der Begriff Reagibilität bezeichnet in der Volkswirtschaftslehre die Veränderbarkeit der Preise in Relation zu Kostenschwankungen. Demzufolge konstituiert sich der Preis nicht nur im »subjektiven« Zusammenspiel von Angebot und Nachfrage, sondern er bleibt auch abhängig von »objektiven« Faktoren wie den Kosten für Maschinen, Arbeitskräfte, Rohstoffe etc. Reagible Preise sind ein Indikator für eine freie, unreglementierte Marktwirtschaft.

39, *Schäffle*: Albert Schäffle (1831–1903), deutscher Volkswirtschaftler und Soziologe. Er gehörte in den 1860er Jahren dem württembergischen Landtag an, war 1871 für einige Monate österreichischer Handels- und Ackerbauminister und wirkte 1881/82 maßgeblich bei der Ausarbeitung der Sozialgesetzgebung Bismarcks mit, besonders bei der Einrichtung der Arbeiterversicherung.

39, *Mises*: Vgl. PGS I, S. 352.

39, *Max Weber*: Max Weber (1864–1920), deutscher Soziologe und Nationalökonom. Weber ist in den frühen Jahren der Weimarer Republik vor seinem Tod eindeutig dem liberalen, demokratischen Milieu zuzurechnen und sah dementsprechend den Kapitalismus als rationale Wirtschaftsform. Webers Hauptwerk *Wirtschaft und Gesellschaft*, auf das Pollock hier rekurriert, wurde erst postum von Marianne Weber veröffentlicht. Pollock hörte Weber aber als Student in München auch noch selbst.

39, Fußnote 5: Pollock gibt im Originaltext das Jahr 1925 für Mises' Buch an, die Erstauflage stammt aber von 1922. Eine zweite Auflage des Buches erschien 1932.

43, Fußnote 2: Desjatine: Russisches Flächenmaß, wobei eine Kron-Desjatine (neu) etwa 1,1 Hektar entspricht.

49, Fußnote 3: *Stolypinsche Agrarreform*: Petr Arkad'evič Stolypin (1862–1911), der sich in der Revolution von 1905 als konterrevolutionärer Politiker einen Namen gemacht hatte, führte zwischen 1906 und 1911 als russischer Premierminister tiefgreifende Reformen zur Modernisierung des Landes durch. Seine Agrarreform zielte mit einem umfassenden Bildungsprogramm und dem Recht auf privaten wie genossenschaftlichen Landerwerb durch Kleinbauern auf die Schaffung eines unabhängigen bäuerlichen Mittelstandes ab, um zukünftige revolutionäre Erhebungen präventiv zu verhindern.

44, *Ščerbina*: Fëdor Andreevič Ščerbina (1894–1936), russischer Historiker und Statistiker. Veröffentlichte im Jahr 1900 eine der ersten statistischen Erhebungen zur bäuerlichen Haushaltsführung.

47, *Jahre 1861*: 1861 war von Zar Alexander II. die Leibeigenschaft abgeschafft worden.

50, *Rybnikov*: Aleksandr Aleksandrovič Rybnikov (1877–1938). Sowjetischer Ökonom und Wirtschaftsgeograph, nach 1917 Professor. Untersuchte vor allem das Handwerk und sprach sich gegen die Schaffung von Handwerkskooperativen durch die Bol'ševiki aus, weswegen er bereits 1922 als antisowjetisches Element verhaftet wurde. Im großen Terror erneut verhaftet und erschossen.

53, *Vittes*: Sergej Jul'evič Vitte (1849–1915), russischer Unternehmer und liberaler Politiker, seit 1892 Finanzminister. Vitte setzte sich für eine Modernisierung und Industrialisierung Russlands ein und spielte eine große Rolle beim Bau der Transsibirischen Eisenbahn. Nach dem Russisch-Japanischen Krieg wurde Vitte 1905 Regierungschef und erließ das berühmte Oktobermanifest, das bürgerliche Freiheitsrechte einführte und die Duma in ein gesetzgebendes Organ umwandelte. Doch schon ein Jahr später wurde er von seinen konservativen Gegenspielern abgesetzt.

54, *Manujlov*: Aleksandr Apollonovič Manujlov (1861–1929), russischer Nationalökonom und vor der Revolution Mitglied des Zentralkomitees der Kadettenpartei. Nach der Februarrevolution kurzzeitig Volksbildungsminister, seit 1924 Verwaltungsmitglied der Staatsbank der Sowjetunion.

55, *Prokopovič*: Es handelt sich um den sozialdemokratischen Agrarökonomen Sergej Nikolaevič Prokopovič (1871–1954), der in Brüssel studiert hatte und 1917 für kurze Zeit Handels-, Industrie- und Ernährungsminister in der provisorischen Regierung Kerenskijs gewesen war. Als »revisionistischer« Kritiker der Bol'ševiki wurde er 1921 aus Russland ausgewiesen. Er ging zunächst nach Deutschland, dann nach England.

56, *Gaponscher*: Georgij Apollonovič Gapon (1870–1906), russischorthodoxer Priester und Arbeiterführer, der 1903 in Sankt Petersburg auf Geheiß der Regierung eine Versammlung von Facharbeitern einberief, die allerdings von der zaristischen Geheimpolizei unterwandert und aufgelöst wurde. Trotzdem spielte Gapons Bewegung in der Revolution von 1905 eine nicht geringe Rolle. Gapon selbst wurde nach der Niederschlagung der Revolution von Sozialrevolutionären als Polizeispitzel enttarnt und ermordet.

56, *Zubatovscher*: Sergei Vasil'evič Zubatov (1874–1917) war von 1896 bis 1902 Direktor des Moskauer Büros der zaristischen Geheimpolizei, später Leiter einer Sonderabteilung des Innenministeriums. Er war der Ansicht, dass Repression alleine die revolutionären Umtriebe in Russland nicht befrieden könne und unterstützte deshalb regierungsfreundliche Gewerkschaften, welche zur sozialen Pazifizierung beitragen sollten. Nachdem dieser »Polizeisozialismus« – auch »Zubatovčina« genannt – 1903 scheiterte, weil es zu einer Reihe von Streiks kam, wurde Zubatov entlassen. Er zog sich ins Privatleben zurück und nahm sich als überzeugter Monarchist nach der Februarrevolution 1917 das Leben.

56, Fußnote 36: Viktor Petrovič Grinevič (1874–1942). Eigentlicher Name: Michail Grigor'evič Kogan. Men'ševistischer Ökonom und Gewerkschaftsaktivist, sprach sich gegen die bol'ševistischen Theorien und Taktiken aus. An der Revolution von 1905 beteiligt, emigrierte er 1907 nach Berlin, wo er bereits studiert hatte und publizierte auch auf Deutsch. Trat 1917 in der Februarrevolution wieder als politischer Akteur in Erscheinung. Trat 1917 gegen den Oktoberumsturz auf und emigrierte im Februar 1922 aus Russland in die USA.

58, *Pud*: Pud ist ein russisches Gewichtsmaß, das 16,36 Kilogramm entspricht.

58, Fußnote 41: Das Datum in der Fußnote bezieht sich auf das Datum der Februarrevolution nach dem gregorianischen Kalender. Nach dem damals gültigen julianischen Kalender begann die Revolution am 23. Februar 1917.

62, Fußnote 52: Hans von Eckardt (1890–1957), deutschbaltischer Soziologe und Politikwissenschaftler, der in seiner 1925 fertiggestellten Habilitationsschrift die Sozialpolitik der frühen Sowjetunion untersuchte. In seiner stark von Alfred Weber beeinflussten soziologischen Forschung widmete er sich vor allem dem Bedeutungszuwachs kollektiver politischer Praxis.

64, *rissen sich später von dem russischen Staatsverbande los*: Finnland, Polen, die baltischen Staaten und Bessarabien erklärten sich 1917/18 unabhängig.

65, *nach der Theorie Lenins*: Gemeint ist Lenins Schrift *Was tun?* von 1902 (LW 5, S. 355–549), in der in dieser erstmals die Prinzipien des »Demokratischen Zentralismus« sowie der »Partei neuen Typs« als »Avantgarde des Proletariats« entwickelt. Nach Lenin muss der sozialistische Staat von theoretisch geschulten Kadern geführt werden.

68, *Kriegssozialismus*: Gemeint ist hier die deutsche Wehrwirtschaft im Ersten Weltkrieg, die von führenden Sozialdemokraten als sozialistisch idealisiert wurde. Lenin spottet in dem von Pollock zitierten Text über die »deutschen Plechanov (Scheidemann, Lensch u. a.)«, die nicht verstünden, dass ihr »Kriegssozialismus« »in Wirklichkeit staatsmonopolistischer Kriegskapitalismus oder, einfacher und klarer ausgedrückt, ein Militärzuchthaus für die Arbeiter, ein militärischer Schutz für die Profite der Kapitalisten« sei. (Lenin: Die drohende Katastrophe [LW 25, S. 368].)

68, *vollkommene materielle Vorbereitung des Sozialismus ist*: In LW 25, S. 370 heißt es abweichend: »...weil der staatsmonopolistische Kapitalismus die vollständige materielle *Vorbereitung des Sozialismus, seine unmittelbare* Vorstufe *ist, denn auf der historischen Stufenleiter* gibt es *zwischen dieser Stufe und derjenigen, die Sozialismus heißt,* keinerlei Zwischenstufen mehr.«

69, *mehr*: In LW 25, S. 369 heißt es abweichend: »Der Sozialismus ist nichts anderes als staatskapitalistisches Monopol, das zum Nutzen des *ganzen* Volkes angewandt wird *und dadurch* aufgehört hat, kapitalistisches Monopol zu sein.«

69, *Kontrolle, Aufsicht*: In LW 25, S. 332 heißt es abweichend: »Kontrolle, Aufsicht, Rechnungsführung, Regulierung durch den Staat, richtige Verteilung der Arbeitskräfte in Produktion und Distribution, Haushalten mit den Kräften des Volkes, Vermeidung jedes überflüssigen Kraftaufwands, sparsames Umgehen mit den Kräften.«

69, *alle Versuche*: In LW 25, S. 344 heißt es abweichend: »Wäre das nicht der Fall, so würden, nebenbei gesagt, keinerlei Schritte zum Sozialismus technisch durchführbar sein.«

69, zum Zitat, das in Fußnote 7 ausgewiesen wird: In LW 26, S. 102 heißt es abweichend: »Es wird die Volkswirtschaftler, Ingenieure, Agronomen usw. unter der Kontrolle der Arbeiterorganisationen an die Ausarbeitung und Prüfung eines ›Planes‹ setzen, wird sie Mittel ausfindig machen lassen, um durch Zentralisation Arbeit zu sparen, und wird sie Maßnahmen und Methoden zur einfachsten, billigsten, praktischsten und universellsten Kontrolle suchen lassen.«

70, Fußnote 8: In LW 24, S. 59 heißt es abweichend: »Schritte zum Sozialismus«.

70, *Wem 15 Rubel ins Sparbuch*: In LW 25, S. 339 heißt es abweichend:
»Wer auf einem Sparkassenbuch 15 Rubel besessen hat, bleibt auch
nach der Nationalisierung der Banken der Besitzer dieser 15 Rubel,
und wer 15 Millionen hatte, dem verbleiben auch nach der Nationalisierung der Banken 15 Millionen in Gestalt von Aktien, Obligationen,
Wechseln, Warenzertifikaten und dergleichen mehr.«

71, *als Muster der sorgfältigsten*: In LW 25, S. 356 heißt es abweichend:
»Musterbeispiel für eine überaus gründliche, pedantische und strenge
Regulierung des Verbrauchs«.

zz, *die allgemeine, allumfassende Arbeiterkontroll*: In LW 26, S. 91 heißt
es abweichend: »die allumfassende, vom ganzen Volk getragene Arbeiterkontrolle über die Kapitalisten und ihre möglichen Anhänger«.

72, *jeder Gruppe von Bürgern*: In LW 25, S. 349 heißt es abweichend:
»jeder beliebigen Gruppe von Bürgern, die eine zahlenmäßig soli-
de demokratische Stärke erreicht hat (sagen wir 1000 oder 10 000
Wähler), das Recht einräumt, sämtliche Dokumente eines beliebigen
Großbetriebs zu überprüfen«.

72, *Spezialisten*: In LW 26, S. 94 heißt es abweichend: »Fachleute«.
    Das zweite Zitat lautet dort: »doch werden wir sie unter eine
allseitige Arbeiterkontrolle stellen und die restlose und unbedingte
Verwirklichung des Grundsatzes durchsetzen: ›Wer nicht arbeitet,
der soll auch nicht essen!‹«

73, *sich sofort des Landes zu bemächtigen*: In LW 24, S. 365 heißt es abweichend: »... sofort an Ort und Stelle vom ganzen Boden Besitz zu ergreifen
und dies so organisiert wie möglich zu tun, unter allen Umständen eine
Beschädigung des Inventars zu verhindern und alle Anstrengungen darauf zu richten, dass die Produktion von Getreide und Fleisch gesteigert
wird, da die Soldaten an der Front schreckliche Not leiden.«

73, Fußnote 21: Pollock zitiert hier aus verschiedenen Schriften, möglicherweise sogar aus der Sekundärliteratur. Ursprungsquelle sind

zum einen die Aprilthesen und zum anderen die Rede zur Agrarfrage vom 4. 6. 1917 (22. 5. alte Zeitrechnung). Die zweite Seitenangabe ist aus: N. Lenin (Vl. Ul'janov): Sobranie sočinenij. T. xiv. Buržuaznaja revoljucija 1917 g. Čast' 1 [Auflage unklar, 1921–1925].

Eventuell stützt sich Pollock hier auch auf August Thalheimer: Über die Handhabung der materialistischem Dialektik durch Lenin in einigen Fragen der proletarischen Revolution. In: Arbeiterliteratur 1, 1/2 (1924), S. 13–34, der die beiden Zitate in ähnlicher Weise zusammenmontiert.

78, *tschechoslowakische*: An diesem Tag bildete sich die tschechoslowakische Kommunistische Partei in Moskau als Exil-Regierung einer zukünftigen von Österreich-Ungarn abgetrennten nationalstaatlichen Entität.

78, *Rykov*: Aleksej Ivanovič Rykov (1881–1938), sowjetischer Politiker und nach Lenins Tod von 1924 bis 1930 Vorsitzender des Rates der Volkskommissare. Rykov war innerhalb der bol'ševistischen Partei ein Kritiker Lenins und drängte auf wirtschaftspolitische Mäßigung. Im Zuge der Moskauer Prozesse wurde er 1938 wegen der angeblichen Beteiligung an einer »trotzkistischen Verschwörung« verurteilt und hingerichtet.

79, *auszuspannen*: In LW 27, S. 231 heißt es abweichend: »...ein außerordentlich kompliziertes und feines Netz von neuen organisatorischen Beziehungen herzustellen, die die planmäßige Produktion und Verteilung der Produkte erfassen, wie sie für die Existenz von Dutzenden Millionen Menschen notwendig sind. Eine solche Revolution kann nur bei selbständigem historischem Schöpfertum der Mehrheit der Bevölkerung, vor allem der Mehrheit der Werktätigen, erfolgreich verwirklicht werden.«

79, *ein Abrücken von den Prinzipien*: In LW 27, S. 239 heißt es abweichend: »eine Abweichung«. Im russischen Original dagegen tatsächlich »Abrücken«.

79, *Tribut für unsere*: In LW 27, S. 241 heißt es abweichend: »dem Tribut, den wir für unsere eigene Rückständigkeit bei der Organisierung der vom ganzen Volk getragenen *Rechnungsführung und Kontrolle* von unten zahlen«. Pollocks Zitat ist allerdings näher am russischen Originaltext.

80, *Geldverkehrs*: In LW 27, S. 242 heißt es abweichend: »Geldumlaufs«. Pollocks Zitat ist allerdings näher am russischen Originaltext.

80, *einer vom proletarischen Standpunkte genügenden*: In LW 27, S. 242 heißt es abweichend: »einer dem proletarischen Standpunkt entsprechenden«. Pollocks Zitat ist allerdings näher am russischen Originaltext.

80, *Meetings-Demokratismus*: In LW 27, S. 261 kommt der Begriff, anders als im russischen Original, nicht vor. Stattdessen heißt es: »das Abhalten von Versammlungen ist eben echter Demokratismus« beziehungsweise, eine Seite später, »Versammlungsdemokratismus«.

81, Fußnote 42: Es ist unklar, welche Ausgabe des *Manifests der kommunistischen Partei* Pollock benutzt hat, da der Titel in der Bibliographie fehlt. Wahrscheinlich ist es die unter dem Titel *Das Kommunistische Manifest* erschienene achte Auflage (Berlin 1921), da diese auch in anderen Publikationen verwendet wird (siehe etwa PGS I, S. 198, Anm. 26).

81, *die ökonomisch unzureichend und unhaltbar erscheinen ..., im Laufe der Bewegung über sich selbst hinaus treiben und als Mittel zur Umwälzung der ganzen Produktionsweise unvermeidlich sind*: Karl Marx, Friedrich Engels: Das Kommunistische Manifest (MEW 4, S. 481).

83, Fußnote 45: Abweichend heißt es in LW 27, S. 245: »Der sozialistische Staat kann nur als Netz von Produktions- und Konsumkommunen entstehen, die ihre Produktion und ihren Konsum gewissenhaft verbuchen, Arbeit einsparen, die Arbeitsproduktivität unaufhörlich steigern und dadurch die Möglichkeit erlangen, den Arbeitstag auf sieben, auf sechs und noch weniger Stunden täglich herabzusetzen.«

Auch an dieser Stelle ist die von Pollock verwendete Übersetzung korrekter, er vergisst aber einen Bindestrich und schreibt »produktiv konsumierenden«, statt richtig »produktiv-konsumierenden«.

89, Zum Zitat, das in Fußnote 57 ausgewiesen wird: In LW 29, S. 416 f. heißt es abweichend: »Die Arbeitsproduktivität ist in letzter Instanz das allerwichtigste, das ausschlaggebende für den Sieg der neuen Gesellschaftsordnung. [...] Die kommunistischen Subbotniks sind außerordentlich wertvoll als *faktischer* Beginn des *Kommunismus*, und das ist etwas ganz Seltenes, denn wir befinden uns auf einer Stufe, da ›lediglich die *ersten Schritte* zum Übergang vom Kapitalismus zum Kommunismus getan werden‹ (wie es sehr richtig in unserem Parteiprogramm heißt). Der Kommunismus beginnt dort, wo *einfache Arbeiter* in selbstloser Weise, harte Arbeit bewältigend, sich Sorgen machen um die Erhöhung der Arbeitsproduktivität, um den Schutz *eines jeden Puds Getreide, Kohle, Eisen* und anderer Produkte, die nicht den Arbeitenden persönlich und nicht den ihnen ›Nahestehenden‹ zugute kommen, sondern ›Fernstehenden‹, d. h. der ganzen Gesellschaft in ihrer Gesamtheit«.

90, Fußnote 59: Siehe zu den bibliographischen Angaben Fußnote 44 des zweiten Kapitels.

94, *Kolčak*: Alexander Vasil'evič Kolčak (1874–1920) war unter der letzten zaristischen Regierung als Admiral der Marine Oberbefehlshaber der russischen Schwarzmeerflotte gewesen und nach der Oktoberrevolution mit Unterstützung der Entente zu einem der wichtigsten Köpfe der konterrevolutionären Bewegung geworden. Im November 1918 wurde er Anführer der sogenannten »Sibirischen Regierung« in Omsk und beteiligte sich mit der von ihm zusammengestellten anti-bol'ševistischen Miliz maßgeblich am russischen Bürgerkrieg. Am 7. Februar 1920 wurde er von den Bol'ševiki standrechtlich exekutiert.

96, *Methoden der Pharaonen*: Im Alten Ägypten, das hier für eine autokratische Diktatur steht, war die Verquickung von Arbeiter- und

Soldatentum stark ausgeprägt. Arbeiter wurden temporär für militärische Aufgaben eingesetzt, umgekehrt Soldaten des stehenden Heeres auch als Arbeitskräfte für Bauvorhaben verwendet.

96, Fußnote 72: Es ist unklar, auf welche Protokolle Pollock sich hier konkret bezieht. In seiner Bibliographie nennt er zwei russischsprachige Sammlungen stenographischer Protokolle der Kongresse, die er verwendet hat. Genauere Informationen über diese Protokolle konnten nicht ermittelt werden. Allerdings gibt er genaue Seitenzahlen an, was die Vermutung stützt, dass es sich um publizierte Protokolle handelt.

97, *Transbaikal*: Transbaikal ist eine Region östlich des Baikalsees in Sibirien.

97, Fußnote 76: Gemeint ist wahrscheinlich Stanislaw Gustavovič Strumilin (1877–1974), ein sowjetischer Ökonom und führender Statistiker, der zunächst Menʹševik gewesen war, aber 1921 von Lenin in die Staatliche Planungskommission (Gosplan) berufen wurde.

100, *Osinski*: Nikolaj Osinskij, dessen bürgerlicher Name Valerian Valerianovič Obolenskij (1887–1938) lautete, war Mitglied des Obersten Rates für Volkswirtschaft, dem höchsten sowjetischen Verwaltungsorgan für die Volkswirtschaft. Osinskij gehörte zur linken Opposition und wurde 1938 Opfer der Stalinschen Säuberungen.

101, *Kronstädter Aufstand*: Der Kronstädter Aufstand auf der Ostseeinsel Kotlin bei St. Petersburg war eine Erhebung von Matrosen der Baltischen Flotte gegen die diktatorische Herrschaft der Kommunistischen Partei, der von der Kronstädter Festungsgarnison sowie Teilen der Zivilbevölkerung unterstützt wurde. Unter dem Motto »Alle Macht den Räten – keine Macht der Partei!« forderten sie eine Demokratisierung Russlands und stellten sich der Roten Armee zunächst erfolgreich entgegen. Am 18. März 1921 (nach gregorianischem Kalender) wurde der Aufstand niedergeschlagen und zahlreiche Aufständische hingerichtet oder in Straflagern inhaftiert.

102, *Donezbecken*: Großes Steinkohle- und Industriegebiet im heutigen ukrainisch-russischen Grenzgebiet.

103, *kranken*: In LW 29, S. 66 kommt »kranken« nicht vor: »Die ganze gewaltige Schwierigkeit, die ganze große Gefahr besteht darin, daß unser Verkehrswesen derart daniederliegt, daß der Mangel an Lokomotiven derart groß ist, so daß wir nicht sicher sind, ob wir dieses Getreide werden abtransportieren können. Dies war die Hauptsorge unserer Tätigkeit in der letzten Zeit, und darum haben wir zu einer derartigen Maßnahme gegriffen wie die Einstellung, die vollständige Stilllegung des Personenverkehrs vom 18. März bis zum 10. April.«

103, *Werst*: Längenmaß. 1 Werst = 1066,8 Meter.

107, Fußnote 100: »Spectator« ist das Pseudonym von Miron Isaakovič Nachimson (1880–1938), sowjetischer Ökonom und Publizist. Er war Mitglied des Allgemeinen Jüdischen Arbeiterbundes in Russland fiel 1938 den Stalinschen »Säuberungen« zum Opfer.

109 f., *Jeder Verkauf von Getreide*: In LW 30, S. 599 f. heißt es abweichend: »Jeder Verkauf von Getreide auf dem freien Markt, Schleichhandel und Spekulation bedeuten Wiederherstellung der Warenwirtschaft und folglich auch des Kapitalismus. […] Der Bauer ist in seinem Betrieb Eigentümer geblieben, und nach dem Sturz der Bourgeoisie erzeugte und erzeugt er immer von neuem kapitalistische Verhältnisse. […] Wir führen den Klassenkampf, unser Ziel aber ist die Aufhebung der Klassen. Solange es noch Arbeiter und Bauern gibt, ist der Sozialismus nicht verwirklicht. Und im praktischen Leben spielt sich auf Schritt und Tritt ein unversöhnlicher Kampf ab. […] Hier geht der Klassenkampf weiter, und die Bedeutung der Diktatur des Proletariats erscheint uns in einem neuen Licht. Hier erscheint sie nicht nur und nicht einmal so sehr als Anwendung der Zwangsmittel des gesamten staatlichen Machtapparats zur Unterdrückung des Widerstands der Ausbeuter. Natürlich stimmt es, wenn man sagt, dass wir auch mit diesen Mitteln viel erreicht haben, aber wir haben darüber hinaus eine andere Methode, bei der das Proletariat, das die

Arbeit, die Disziplin der kapitalistischen Fabrik kennt und dort vieles gelernt hat, als Organisator auftritt.«

112 f., *Darf Russland ökonomisch*: In LW 31, S. 512 f. heißt es abweichend: »[Nehmen Sie die Wirtschaftsfront und stellen Sie die Frage:] Ist es ökonomisch möglich, dass der Kapitalismus wieder nach Russland zurückkehrt? Wir haben gegen die ›Sucharewka‹ einen Kampf geführt; Dieser Tage, zur Eröffnung des Gesamtrussischen Sowjetkongresses, hat der Moskauer Sowjet der Arbeiter- und Rotarmistendeputierten diese wenig angenehme Institution geschlossen. [*Beifall*] Die ›Sucharewka‹ ist geschlossen, aber gefährlich ist nicht die ›Sucharewka‹, die wir geschlossen haben. Geschlossen ist die ehemalige ›Sucharewka‹ am Sucharewplatz. Sie zu schließen war nicht schwer. Gefährlich ist die ›Sucharewka‹, die in der Seele und in den Handlungen jedes kleinen Eigentümers lebt. Diese ›Sucharewka‹ gilt es zu schließen. Diese ›Sucharewka‹ ist die Grundlage des Kapitalismus. Solange sie existiert, besteht die Möglichkeit, dass die Kapitalisten nach Russland zurückkehren und dass sie stärker werden als wir. [...] Solange wir in einem kleinbäuerlichen Lande leben, besteht für den Kapitalismus in Russland eine festere ökonomische Basis als für den Kommunismus. [...] Jeder, der das Leben auf dem Lande aufmerksam beobachtet und es mit dem Leben in der Stadt verglichen hat, weiß, dass wir den Kapitalismus nicht mit der Wurzel ausgerottet und dem inneren Feind das Fundament, den Boden nicht entzogen haben. Dieser Feind behauptet sich dank dem Kleinbetrieb, und um ihm den Boden zu entziehen, gibt es nur ein Mittel: die Wirtschaft des Landes, auch die Landwirtschaft, auf eine neue technische Grundlage, auf die technische Grundlage der modernen Großproduktion, zu stellen. Eine solche Grundlage bildet nur die Elektrizität.«

116, *RSFSR*: Russische Sozialistische Föderative Sowjetrepublik.

116, *erste Skizze eines gewaltigen Wirtschaftsplans*: In LW 31, S. 512 heißt es abweichend: »Wir brauchen dieses Programm als ersten Entwurf, aus dem ein großer Wirtschaftsplan für ganz Russland erstehen wird«.

116, *zweite Programm unserer Partei*: In LW 31, S. 511 heißt es abweichend »zweites Parteiprogramm«.

116, *Kommunismus ist Rätemacht plus Elektrifizierung des Landes*: In LW 31, S. 513 heißt es abweichend: »Kommunismus – das ist Sowjetmacht plus Elektrifizierung des ganzen Landes.«

117, *Naphtha*: Naphtha ist Rohbenzin.

117, *die russische Vendée*: Der Guerre de Vendée war ein Bürgerkrieg in Folge der Französischen Revolution, der von 1789 bis 1792 mit von der katholischen Kirche unterstützten gewaltlosen Protesten und Manifestationen der Bauern begann. Der Begriff »Vendée« wurde damit zum Synonym für die Konterrevolution und wird auch von Lenin hier in diesem Sinne verwendet.

117, Fußnote 120: Es ist unklar, auf welchen Titel Pollock sich hier bezieht, da der vorgenannte keine Seite 745 hat. Eingefügt wurde trotzdem das Wort »ebd.«, da es im Original »l. c.« heißt.
    Bezüglich des Lenin-Zitats in der Fußnote heißt es in LW 32, S. 481 abweichend: »Die einzige materielle Grundlage des Sozialismus kann nur die maschinelle Großindustrie sein, die imstande ist, auch die Landwirtschaft zu reorganisieren. Aber auf diesen allgemeinen Leitsatz darf man sich nicht beschränken. Man muss ihn konkretisieren. Eine Großindustrie, die dem Stand der modernen Technik entspricht und imstande ist, die Landwirtschaft zu reorganisieren, bedeutet Elektrifizierung des ganzen Landes.«

118, Fußnote 122: Bezüglich des Lenin-Zitats in der Fußnote heißt es in LW 32, S. 517 abweichend: »Man soll es nicht bedauern, dass wir den Kapitalisten einige hundert Millionen Kilogramm Erdöl zur Verfügung stellen unter der Bedingung, dass sie uns helfen, unser Land zu elektrifizieren.«

120, *Obersten Volkswirtschaftsrates*: Der Oberste Rat für Volkswirtschaft war das höchste volkswirtschaftliche Verwaltungsorgan der

Sowjetunion. Erster Vorsitzender war der bereits oben genannte Valerian Obolenskij (Osinskij), ihm folgte 1918 Aleksej Ivanovič Rykov.

120, *Hilferdings*: Rudolf Hilferding (vgl. PGS I, S. 315) hatte in seinem Hauptwerk *Das Finanzkapital* behauptet, die Wirtschaft lasse sich in einem Generalkartell bündeln, das die Gesamtproduktion leiten und damit die Krisen beseitigen würde. Allerdings ständen diesem Kartellstaat, den er »bewusst geregelte Gesellschaft in antagonistischer Form« nannte, politische und soziale Interessen entgegen, die eine Realisierung unmöglich machten.

Hilferdings Buch hatte immensen Einfluss auf Pollocks später ausgearbeitete Staatskapitalismusthese. (Siehe dazu PGS III.)

122, Fußnote 131: Gemeint ist: Internationales Arbeitsamt (Hg.): Die Gewerkschaftsbewegung in Sowjetrussland. Genf 1927.

125, *Rajonwirtschaftsräte*: Rajons sind russische Verwaltungseinheiten, die in etwa einem Landkreis entsprechen.

132, *Ordres*: Aufträge, Anweisungen, hier im Sinne der Produktionsplanung und Verteilung.

132, *Berg Ararat*: Der höchste Berg der Türkei – ein ruhender Vulkan im Ararathochland in Ostanatolien, auf dem laut biblischer Geschichtsschreibung Noahs Arche nach der Sintflut strandete.

133, *Denikins*: Anton Ivanovič Denikin (1872–1947), Generalleutnant der Kaiserlich-Russischen Armee und einer der wichtigsten Kommandeure der Weißen Armee im Bürgerkrieg. Nach seiner Niederlage zog er sich 1920 auf die Krim zurück und ging von dort ins Exil.

135, *ein Organ, das in der ganzen wirtschaftlichen Tätigkeit*: In LW 31, S. 509 heißt es abweichend: »Er ist seinem Inhalt nach sehr bescheiden, aber er ist von nicht geringer Bedeutung, denn wir brauchen ein Organ, das seine Befugnisse genauer kennt und die ganze wirtschaftliche Arbeit zusammenfasst, die nun in den Vordergrund rückt.«

137, *die Zersplitterung der Kleinproduzenten*: In LW 32, S. 365 heißt es abweichend: »Bei uns ist die ökonomische Wurzel des Bürokratismus eine andere: die Vereinzelung, Zersplitterung der Kleinproduzenten, ihre Armut und Kulturlosigkeit, die Wegelosigkeit, das Analphabetentum, der mangelnde Umsatz zwischen Landwirtschaft und Industrie, das Fehlen einer Verbindung und Wechselwirkung zwischen ihnen.«

143, zum Zitat, das in der Fußnote 182 ausgewiesen ist: In LW 33, S. 42–44 heißt es abweichend: »Zum Teil unter dem Einfluss der auf uns einstürmenden militärischen Aufgaben und der, wie es schien, verzweifelten Lage, in der sich die Republik damals, im Augenblick der Beendigung des imperialistischen Krieges, befand, unter dem Einfluss dieser und einer Reihe anderer Umstände begingen wir den Fehler, dass wir beschlossen, den unmittelbaren Übergang zur kommunistischen Produktion und Verteilung zu vollziehen. Wir waren der Meinung, dass uns die Bauern auf Grund der Ablieferungspflicht die notwendige Menge Getreide liefern und wir es auf die Fabriken und Werke verteilen werden und dass wir damit eine kommunistische Produktion und Verteilung haben werden. Ich kann nicht sagen, dass wir uns einen solchen Plan ganz so bestimmt und anschaulich vorgezeichnet hätten, aber wir handelten ungefähr in diesem Sinne. Das ist leider eine Tatsache. Ich sage: leider, weil uns eine nicht sehr lange Erfahrung von der Fehlerhaftigkeit dieser Konstruktion überzeugte, die in Widerspruch stand zu dem, was wir früher über den Übergang vom Kapitalismus zum Sozialismus geschrieben hatten, als wir die Auffassung vertraten, dass es ohne eine Periode der sozialistischen Rechnungsführung und Kontrolle unmöglich sei, auch nur die untere Stufe des Kommunismus zu erreichen. In unserer theoretischen Literatur wurde seit 1917, als die Aufgabe der Machtausübung auf der Tagesordnung stand und dem ganzen Volk von den Bolschewiki erläutert wurde, mit Bestimmtheit hervorgehoben, dass ein langwieriger und komplizierter Übergang von der kapitalistischen Gesellschaft (und zwar desto langwieriger, je weniger sie entwickelt ist), ein Übergang auf dem Weg der sozialistischen Rechnungsführung und Kontrolle notwendig ist, um auch nur zu einer der Vorstufen der kommunistischen Gesellschaft zu gelangen. Das haben wir damals, als wir im Feuer des Bürgerkriegs die notwendigen Schritte zum Aufbau unternehmen mussten, gewissermaßen vergessen. [...] An der ökonomischen Front haben wir bei dem Versuch, zum Kommunismus überzugehen, im Frühjahr 1921 eine Niederlage erlitten, die ernster war als irgendeine Niederlage, die uns jemals von Kolčak, Denikin oder Pilsudski beigebracht wurde, eine Niederlage, die viel ernster, viel wesentlicher und gefährlicher war. Sie kam darin zum Ausdruck, dass sich unsere Wirtschaftspolitik oben als losgelöst von unten erwies und nicht den Aufschwung der Produktivkräfte bewirkte, der im Programm unserer Partei als die grundlegende und unaufschiebbare Aufgabe bezeichnet wird.

Die Ablieferungspflicht im Dorf, dieses unmittelbar kommunistische Herangehen an die Aufgaben des Aufbaus in der Stadt, behinderte den Aufschwung der Produktivkräfte und war die Grundursache der tiefgehenden ökonomischen und politischen Krise, in die wir im Frühjahr 1921 hineingerieten.«

145, *eine »billige« Regierung zu geben...*: In LW 25, S. 434 heißt es abweichend »wohlfeile«.

145, *Es bedient sich dabei der Einrichtungen...*: In LW 25, S. 433 heißt es abweichend: »Die kapitalistische Kultur hat die Großproduktion, hat Fabriken, Eisenbahnen, Post, Telefon u. a. geschaffen, und auf dieser Basis sind die meisten Funktionen der alten ›Staatsmacht‹ so vereinfacht worden und können auf so einfache Operationen der Registrierung, Buchung und Kontrolle zurückgeführt werden, daß diese Funktionen alle Leute, die des Lesens und Schreibens kundig sind, ausüben können, so daß man sie für gewöhnlichen ›Arbeiterlohn‹ wird leisten und ihnen jeden Schimmer eines Vorrechts, eines ›Vorgesetztenrechts‹ wird nehmen können (und müssen).«

145, *Beispiel der Kommune*: Gemeint ist die Pariser Kommune, die sich 1871 während des deutsch-französischen Krieges als Rätedemokratie bildete.

145, *Die Besitzlosen hätten die Staatsverwaltung zu übernehmen*: In LW 26, S. 97 heißt es abweichend: »Nicht jeder ungelernte Arbeiter und jede Köchin sind imstande, sofort an der Verwaltung des Staates mitzuwirken.«

»Wir verlangen, dass die Ausbildung für die Staatsverwaltung von klassenbewussten Arbeitern und Soldaten besorgt und dass sie unverzüglich in Angriff genommen werde, d.h., dass unverzüglich begonnen werde, alle Werktätigen, die ganze arme Bevölkerung, in diese Ausbildung einzubeziehen.«

147, *Pajok*: Die russische Bezeichnung für eine Verpflegungsration oder Marschverpflegung.

147, Fußnote 189: Dem'jan Bednyj (1883–1945), russischer kommunistischer Dichter.

147, Fußnote 190: Pollocks bibliographische Angabe ist missverständlich. Das Zitat ist aus dem Artikel *Die nächsten Aufgaben der Sowjetmacht von 1918*. In LW 27, S. 239 heißt es abweichend: »eine Abweichung von den Prinzipien der Pariser Kommune und jeder proletarischen Macht«.

148, *Die Geschichte war so*: In LW 33, S. 414 f. heißt es abweichend: »Die Sache war die, dass uns der Staatsapparat 1917, nachdem wir die Macht ergriffen hatten, sabotierte. Wir erschraken damals sehr und baten: ›Bitte schön, kommen Sie zu uns zurück.‹ Und alle kamen zurück. Das war unser Unglück. Wir haben jetzt eine enorme Masse von Angestellten, aber wir haben noch nicht genügend gebildete Kräfte, um wirklich über sie zu verfügen. Tatsächlich geschieht es sehr oft, dass der Apparat hier oben, wo wir die Staatsmacht haben, einigermaßen funktioniert, während sie unten eigenmächtig schalten und walten, und zwar so, dass sie oft gegen unsere Maßnahmen arbeiten.«

151, *Zinov'ev*: Grigorij Evseevič Zinov'ev (1883–1936), führender sowjetischer Politiker, der von 1921 bis 1926 Mitglied im Politbüro der Kommunistischen Partei und Vorsitzender des Exekutivkomitees der Kommunistischen Internationale. Nach Lenins Tod gehört er zunächst zum Triumvirat um Kamenev und Stalin, fiel aber 1927 in Ungnade und wurde vorübergehend aus der Partei ausgeschlossen. 1936 wurde er wegen einer vermeintlichen »trotzkistischen Verschwörung« nach einem Schauprozess hingerichtet.

151, *Aufbau über dem zersplitterten und an die Wand gedrückten Kleinproduzenten*: In LW 32, S. 366 heißt es abweichend: »Überbau der Zersplitterung und Niedergedrücktheit des Kleinproduzenten«.

153, *Udarnost'*: von russisch »udarnyj« – (zu)stoßend. Wird hier von Pollock sehr präzise erklärt. In der frühen Sowjetunion oft synonym für die von Trotzki unterstützte und von vielen Ökonomen wie auch Lenin kritisierte Militarisierung der Arbeit. Wiederkehr im Zuge des ersten Fünfjahrplans als Propaganda für »Stoßarbeiter« und Planübererfüllung. Volkswirtschaftlich am besten beschrieben als extreme Bevorzugung bestimmter Sektoren und Bereiche.

154, Fußnote 202: in LW 31, Seite 508 heißt es abweichend: »Es ist notwendig, dass die Wirtschaftspläne nach einem bestimmten Programm erfüllt werden und dass die zunehmende Erfüllung dieses Programms gewürdigt und ermutigt wird. Die Massen sollen nicht nur wissen, sondern auch spüren, dass die Verkürzung der Periode des Hungers, der Kälte und des Elends voll und ganz davon abhängt, wie rasch sie unsere Wirtschaftspläne erfüllen. Alle Pläne der einzelnen Produktionszweige müssen streng koordiniert, miteinander verbunden sein und in ihrer Gesamtheit den einheitlichen Wirtschaftsplan bilden, den wir so dringend benötigen.«

154, *Varga*: Eugen [Evgenij] Samuilovič Varga (1879–1964), ungarischer marxistischer Ökonom, der 1919 für kurze Zeit als Finanzminister der Ungarischen Räterepublik amtierte. Nach deren Sturz emigrierte Varga nach Wien und von dort aus nach Moskau, wo er für die Komintern arbeitete. Von 1922 bis 1927 war er in der sowjetischen Botschaft in Wien tätig und zählte in den dreißiger Jahren zu den engsten wirtschaftlichen Beratern Stalins. Zu seinen Spezialgebieten zählte neben der Agrarwirtschaft die Krisenprognostik. Er prophezeite bereits 1921 eine tiefgreifende Krise des Kapitalismus und wurde durch die Weltwirtschaftskrise 1929 in dieser Auffassung bestätigt. Varga war ein von Pollock hochgeschätzter Theoretiker, auch noch nach 1945 und trotz dessen Nähe zu Stalin.

157, *Grundsätzlich ergibt sich*: In LW 32, S. 228 heißt es abweichend: »Im Grunde ist die Lage so: Wir müssen die Mittelbauernschaft ökonomisch zufriedenstellen und uns mit der Freiheit des Umsatzes abfinden, sonst können wir angesichts der Verzögerung der internationalen Revolution die Macht des Proletariats in Rußland nicht behaupten, ökonomisch nicht behaupten. Man muß das klar erkennen und ohne die geringste Scheu darüber sprechen.«

157, *Heute Abend schon*: In LW 32, S. 229 heißt es abweichend: »Es ist notwendig, das Beschlossene noch heute abend durch Rundfunk der ganzen Welt mitzuteilen und bekanntzugeben, daß der Parteitag der Regierungspartei im Prinzip die Ablieferungspflicht durch eine Steuer ersetzt und [...] auf diesem Weg gefestigte Beziehungen zwischen Proletariat und Bauernschaft erreicht werden.«

160, *Entweder versucht man*: In LW 32, S. 357 heißt es abweichend: »Entweder versucht man, jegliche Entwicklung des privaten, nichtstaatlichen Austausches, d. h. des Handels, d. h. des Kapitalismus, die beim Vorhandensein von Millionen Kleinproduzenten unvermeidlich ist, völlig zu verbieten, zu unterbinden. Eine solche Politik wäre eine Dummheit und würde den Selbstmord der Partei bedeuten, die sie ausprobieren wollte. Dummheit, denn diese Politik wäre ökonomisch unmöglich; Selbstmord, denn Parteien, die eine derartige Politik probieren, erleiden unweigerlich Schiffbruch.«

160, *Der Kapitalismus ist ein Übel*: In LW 32, S. 364 heißt es abweichend: »Der Kapitalismus ist ein Übel gegenüber dem Sozialismus. Der Kapitalismus ist ein Segen gegenüber dem Mittelalter, gegenüber der Kleinproduktion, gegenüber dem mit der Zersplitterung der Kleinproduzenten zusammenhängenden Bürokratismus.«

160, *in das Bett des Staatskapitalismus zu leiten*: In LW 32, S. 364 heißt es abweichend: »und insofern müssen wir uns den Kapitalismus zunutze machen (besonders indem wir ihn in das Fahrwasser des Staatskapitalismus leiten)«.

160, *als Mittelglied zwischen der Kleinproduktion und dem Sozialismus*: In LW 32, S. 364 heißt es abweichend: »als vermittelndes Kettenglied zwischen der Kleinproduktion und dem Sozialismus, als Mittel, Weg, Behelf, Methode zur Steigerung der Produktivkräfte.«

162, *Freiheit des Umsatzes bedeutet Freiheit*: In LW 32, S. 220 heißt es abweichend: »Freiheit des Umsatzes ist Freiheit des Handels, Freiheit des Handels aber bedeutet: zurück zum Kapitalismus. [...] Wir alle, auch diejenigen, die nur das Abc des Marxismus gelernt haben, wissen, daß sich aus diesem Umsatz und der Freiheit des Handels unvermeidlich die Teilung der Warenproduzenten in Besitzer von Kapital und in Besitzer von Arbeitshänden, die Teilung in Kapitalisten und in Lohnarbeiter, d. h. die Wiederherstellung der kapitalistischen Lohnsklaverei ergibt, die nicht vom Himmel fällt, sondern in der ganzen Welt eben aus der agrikolen Warenwirtschaft herauswächst.«

163, *auf der Grundlage des kleinindustriellen Ackerbaues*: In LW 32, S. 435 heißt es abweichend: »Zu einer Zeit, da wir am stärksten unter dem völligen Mangel an Produkten, unter unserer völligen Verarmung zu leiden haben, wäre es lächerlich zu befürchten, dass der Kapitalismus auf der Grundlage des landwirtschaftlichen Kleinbetriebs eine Gefahr darstelle. Das befürchten heißt das Kräfteverhältnis unserer Ökonomik ganz und gar außer acht lassen, heißt ganz und gar verkennen, dass die bäuerliche Wirtschaft als bäuerlicher Kleinbetrieb ohne eine gewisse Freiheit des Umsatzes und ohne damit zusammenhängende kapitalistische Beziehungen in keiner Weise stabil sein kann.«

163, *Für die proletarische Macht liegt*: In LW 32, S. 379 heißt es abweichend: »Für die proletarische Macht hat das nichts Schreckliches an sich, solange das Proletariat die Macht fest in Händen hält, das Verkehrswesen und die Großindustrie fest in Händen hält.«

164, *Eine richtige Politik des Proletariats*: In LW 32, S. 355f. heißt es abweichend: »Die richtige Politik des Proletariats, das seine Diktatur in einem kleinbäuerlichen Lande ausübt, ist der Austausch von Getreide gegen Industrieerzeugnisse, die der Bauer braucht. Nur eine solche Ernährungspolitik entspricht den Aufgaben des Proletariats, nur sie ist geeignet, die Grundlagen des Sozialismus zu festigen und zu seinem vollen Sieg zu führen.«

164, *direkte oder indirekte, offene oder versteckte Ausweichen*: In LW 32, S. 372 heißt es abweichend: »jede direkte oder indirekte, offene oder versteckte Umgehung der staatlichen Kontrolle; Aufsicht und Rechnungsführung«.

164, *mit dreifacher Strenge*: In LW 32, S. 372 heißt es abweichend: »unter Strafe gestellt (und faktisch dreimal so streng wie bisher verfolgt) werden muß«.

164, *lokalen Umsatz*: In LW 32, S. 360–361 heißt es abweichend: »örtlichen Umsatzes«.

164, *Genossenschaftskapitalismus*: In LW 32, S. 360f. heißt es abweichend: »genossenschaftliche Kapitalismus«.

164f., *die Erfassung und Kontrolle*: In LW 32, S. 360f. heißt es abweichend: »die Rechnungsführung, Kontrolle, Beaufsichtigung, die vertraglichen Beziehungen zwischen dem Staat (in diesem Falle dem Sowjetstaat) und dem Kapitalisten erleichtert.«

165, *weil sie den Zusammenschluss*: In LW 32, S. 360f. heißt es abweichend: »weil sie den Zusammenschluss, die Organisierung von Millionenmassen der Bevölkerung und sodann der gesamten Bevölkerung erleichtern, und dieser Umstand ist seinerseits, unter dem Gesichtswinkel des späteren Übergangs vom Staatskapitalismus zum Sozialismus, ein gigantisches Plus.«

166, *durch die äußerste Not:* In LW 32, S. 355 heißt es abweichend: »durch äußerste Not, Ruin und Krieg erzwungenen eigenartigen ›Kriegskommunismus‹«.

166, *wirtschaftlich ungleich höher:* In LW 32, S. 346 heißt es abweichend: »Der Staatskapitalismus steht ökonomisch unvergleichlich höher als unsere jetzige Wirtschaftsweise, das zum ersten.«

166, *die vollständigste materielle Vorbereitung:* In LW 32, S. 348 heißt es abweichend: »die vollständige materielle Vorbereitung des Sozialismus ist seine unmittelbare Vorstufe, denn auf der historischen Stufenleiter gibt es zwischen dieser Stufe und derjenigen, die Sozialismus heißt, keinerlei Zwischenstufen mehr.«

167, *revolutionären Methode:* In LW 33, S. 91 heißt es abweichend: »revolutionäres Herangehen«.

167, *im Sinne der direkten und vollständigen Vernichtung:* »im Sinne einer direkten und vollständigen Zerschlagung des Alten, um es durch eine neue ökonomische Gesellschaftsstruktur zu ersetzen.«

168, *Smyčka:* russ. für »Zusammenfügung«, »Verbindung«.
Das Konzept der Smyčka goroda i derevni (Bündnis von Stadt und Dorf) war einer der Grundsätze, mit denen die NEP eingeläutet wurde. Vgl. die Rede Lenins auf dem 9. Unionskongress der Sowjets 1921.

169, *Abteilung I:* Gemeint sind die »Zwei Abteilungen der gesellschaftlichen Produktion« im zweiten Band des Kapital. Vgl. MEW 24, S. 394–397.

175, *wie vor 140 Jahren in Frankreich:* Gemeint ist die Französische Revolution von 1789, an deren Beginn auch vollkommen offen war, welche politische und ökonomische Form das neue Frankreich annehmen sollte.

175, *ursprünglichen Akkumulation:* Verweis auf den ersten Band des Marxschen Kapital, in dessen 24. Kapitel die Enteignung der englischen Landbevölkerung als Voraussetzung für die Entstehung des industriellen Kapitalismus beschrieben wird.

177, *Schwarzerdgürtels*: Der zentralrussische Schwarzerdegürtel mit seinen fruchtbaren Böden wurde ursprünglich nur landwirtschaftliche genutzt. Später bauten die Sowjets eine vor allem auf den Eisenerzen der Kursker Magnetanomalie basierende Schwerindustrie auf.

177, *Nansen*: Fridtjof Wedel-Jarlsberg Nansen (1861–1931), norwegischer Zoologe, Polarforscher und Diplomat, der durch zahlreiche spektakuläre Reisen auf sich aufmerksam machte, aber auch wichtige politische Ämter innehatte. Später arbeitete er, zwischen 1906 und 1908, im diplomatischen Dienst in London, dann als Hochkommissar für Flüchtlingsfragen beim Völkerbund. 1922 erhielt er für seine Verdienste um die Flüchtlingshilfe den Friedensnobelpreis.

178, *Bruckus*: Boris Davidovič Bruckus (1874–1938), aus Litauen stammender liberaler Ökonom und Statistiker, der am Agrarinstitut in St. Petersburg tätig war und sich auch stark in der jüdischen Politik engagierte. 1922 wurde er aus Petersburg ausgewiesen und ging ins Exil nach Berlin, wo er sich auch an anti-bol'ševistischen Aktivitäten beteiligte. Kurz vor der nationalsozialistischen Machtübernahme emigrierte er 1932 nach Paris, von dort aus 1935 nach Palästina, wo er an der Hebräischen Universität in Jerusalem lehrte.

182, *nach einem Ausdruck Trockijs*: Gemeint ist das sogenannte ›Scherenproblem‹, womit Trotzki das Auseinanderklaffen der Preise von Industrie- und Agrargütern meinte, das in den zwanziger Jahren immer größer wurde. Im Oktober 1923 waren die Preise für Industrieprodukte gegenüber 1913 um 176 % gestiegen, während die der Agrarprodukte im selben Zeitraum um 11 % gesunken waren.

194, *Dzeržinskij*: Feliks Edmundovič Dzeržinskij (1877–1926), polnischrussischer Politiker und erster Leiter der sowjetischen Geheimpolizei Tscheka bzw. später der GPU. Dzeržinskij war hauptverantwortlich für den »Roten Terror« und den Aufbau des Gulagsystems. Nach verschiedenen Ministerposten wurde er 1924 Vorsitzender des Obersten Wirtschaftssowjets – in dieser Funktion hielt er die von Pollock zitierte Rede.

201, *Enrichissez-vous*: Dt. »Bereichert euch!« – ein ursprünglich dem französischen Minister der Julimonarchie, François Guizot, zugeschriebenes Zitat, das Bucharin 1925 aufgriff und auf die NEP bezog.

202, *Mir*: Name der traditionellen russischen Dorfgemeinschaft, die durch periodische Umverteilungen des Nutzbodens geprägt waren.

203, Fußnote 85: Der referenzierte Text erschien auch als Broschüre: Veremeničev, I. D.; Gajster, A. I.; Raevič, G. I.: 710 chozjajstv samarskoj derevni [710 Dorfwirtschaften in Samara]. Moskva 1927.

217, *Akzise*: Verbrauchssteuer.

217, *Kustar'industrie*: Die Kustar'industrie meint eine besondere Form der Kleinindustrie, nämlich die Heimarbeit.

221, *Abbruch der diplomatischen Beziehungen zu England*: Nachdem die Sowjetunion wiederholt Einfluss auf die britischen Gewerkschaften genommen hatte und es 1926 zum Generalstreik gekommen war, ging die britische Polizei gegen die Handelsvertretung der UdSS. in London vor. Moskau brach die Beziehungen ab und es gab von 1927 bis 1929 keinen Botschafteraustausch zwischen der Sowjetunion und Großbritannien mehr.

227, *Narkomaten*: Russisch: Narkom = Narodnyj komissariat = Volkskommissariat. Für alle daraus gebildeten Abkürzungen vgl. das Abkürzungsverzeichnis auf Seite 467 f.

233, *»Diktatur des Getreides«*: Der Urheber des Zitats konnte nicht genau ermittelt werden; eventuell geht es auf den ungarischen Geographen Sándor Radó zurück, der die Formulierung in seinem populären Führer durch die Sowjetunion verwendete, der 1925 vom Staatsverlag der Russischen Sozialistischen Föderativen Sowjetrepublik veröffentlicht worden war.

234, *Diktatur der Industrie*: Beide Formulierungen werden von Sándor Radó (siehe vorheriger Kommentar) verwendet.

237, *Ginzburg*: Abram Moiseevič Ginzburg (1878–1937), Men'ševik und Ökonom. Ab 1922 führender Mitarbeiter im obersten Volkswirtschaftsrat VSNCh. 1931 Angeklagter im Schauprozess gegen das sog. »Unionsbüro der Men'ševiki«, in dem vor allem früher den Men'ševiki angehörige Wirtschaftsfachleute angeklagt und zu hohen Haftstrafen verurteilt wurden. 1937 erschossen.

239, *Klub der Roten Direktoren*: Interessensorgan von Wirtschaftsleitern in Moskau, die sich für die Erweiterung ihrer Befugnisse einsetzten. Von März 1923 bis Dezember 1924 stieg die Mitgliederzahl von 16 auf 268 – damit waren 58 % aller Direktoren des Moskauer Gouvernements Mitglieder des Klubs.
   Vgl. Walter Süss: Der Betrieb in der UdSSR: Stellung, Organisation und Management 1917–1932. Frankfurt am Main 1981, S. 179.

256, *Pjatakov*: Georgij Leonidovič Pjatakov (1890–1937), russischer Revolutionär und Politiker. Nach der Oktoberrevolution war Pjatakov zunächst Hauptkommissar der sowjetrussischen Staatsbank, dann von 1922 bis 1923 stellvertretender Vorsitzender des Gosplan, im Anschluss stellvertretender Vorsitzender der OVWR. Als Vertreter des linken Flügels war er gegen die NEP und ein Kritiker Lenins. 1927 wurde er als Trotzkist aus der Partei ausgeschlossen und ging als Handelsvertreter nach Paris, kehrte jedoch schon im darauffolgenden Jahr nach Russland zurück, weil er sich von Trotzki losgesagt hatte. In den dreißiger Jahren bekleidete er zahlreiche wichtige Ämter in der sowjetischen Staatswirtschaft, bevor er 1936 als vermeintlicher Trotzkist verhaftet und ein Jahr später in einem Schauprozess zum Tode verurteilt und hingerichtet wurde.

284, *Extensivwirtschaft*: Als Extensivwirtschaft (Gegenteil: Intensivwirtschaft) bezeichnet man eine Form der Landwirtschaft, bei der im

Verhältnis zur Bodenfläche wenig Arbeit und Kapital aufgewendet wird.

296, Fußnote 49: Aleksandr Dmitrievič Cjurupa (1870–1928), russischer Revolutionär und führender sowjetischer Ökonom. Cjurupa wurde 1921 stellvertretender Vorsitzender des Rates der Volkskommissare und von 1923 bis 1925 Vorsitzender des Gosplan, anschließend Volkskommissar für Außen- und Binnenhandel.

297, *festen Kapitals*: Gemeint ist das fixe »konstante Kapital« im Marxschen Sinne, also Maschinen.

304, *Smilga*: Ivar Tenisovič Smilga (1892–1937). lettischer Revolutionär und Ökonom. Bereits seit 1906 Parteimitglied, wurde Smilga nach der Revolution Mitglied des Zentralkomitees und von 1921 bis 1927 Mitarbeiter und kurzzeitig sogar stellvertretender Vorsitzender des Staatlichen Komitees für Wirtschaftsplanung (Gosplan). Seit 1925 amtierte er auch als Rektor des angesehenen Plechanow-Instituts für Volkswirtschaft in Moskau. Als Vertreter der linken Opposition wurde er 1927 aus der Partei ausgeschlossen, nach Sibirien verbannt und 1937 – nach der zeitweiligen Wiederaufnahme infolge einer Loyalitätserklärung gegenüber Stalin und dem erneuten Ausschluss 1935 – ohne Prozess im Gefängnis hingerichtet.

305, *Kamenev*: Lev Borisovič Kamenev (1883–1936), geb. Lev Rozenfel'd, russischer Revolutionär und als Mitglied des Zentralkomitees und des Politbüros in den Jahren 1917 bis 1926 führender Bol'ševik. Lange Zeit enger Weggefährte Stalins geriet er zunehmend in dessen Fadenkreuz, zumal er den diktatorischen Stil Stalins kritisierte. Ende 1927 wurde er wie Trotzki und Zinov'ev aus der Partei ausgeschlossen. Ein Jahr später wurde er wieder in die Partei aufgenommen, 1932 aber ein zweites Mal ausgeschlossen und nach Sibirien verbannt. 1933 abermals begnadigt, unterwarf sich Kamenev öffentlich Stalin, wurde aber 1934 ein drittes Mal verhaftet und schließlich 1936 in einem Schauprozess verurteilt und hingerichtet.

308, *Groman*: Vladimir Gustavovič Groman (1874–1940), russischer Ökonom und Politiker. Von 1922 bis 1929 war er Mitarbeiter der Staatlichen Planungskommission (Gosplan). 1930 wurde er als Men'ševik verhaftet und ein Jahr später zu zehn Jahren Haft verurteilt. Er starb 1940 in einem Arbeitslager.

310, *Kopeke*: Der Name einer seit dem 16. Jahrhundert ausgegebenen Kleinmünze des ehemaligen Russischen Reichs und einer Reihe seiner Nachfolgestaaten. Scheidemünze zum sowjetischen Rubel.

316, Fußnote 91: Stanislav Gustavovič Strumilin (1877–1974), sowjetischer Statistiker und Ökonom. Bis 1920 Men'ševik, trat er 1923 der Partei der Bol'ševiki bei und wurde. Er war seit 1921 Mitarbeiter der Staatlichen Planungskommission (Gosplan).

322, *Goldrubeln*: Červonec: 1923 eingeführte Goldmünze mit einem Feingehalt von 900/1000 (Feingewicht 7,74234 Gramm – knapp ¼ Unze). Ihr Wert entsprach zehn Rubel. Ursprünglich eine Bezeichnung für aus dem Westen stammende Goldmünzen.

330, *Bazarov*: Vladimir Aleksandrovič Bazarov (1874–1939), russischer Philosoph, der bis 1917 der bol'ševistischen Partei angehörte, aber die Oktoberrevolution ablehnte. Für kurze Zeit näherte er sich den Men'ševiki an, wurde dann 1921 Mitglied der Kommunistischen Akademie in Moskau. Von 1922 bis 1923 war er Mitarbeiter der Staatlichen Planungskommission (Gosplan) sowie Redakteur der von Pollock häufig zitierten Zeitschrift *Planwirtschaft*. 1930 wurde Bazarov als vermeintlicher Konterrevolutionär von der GPU verhaftet und zu fünf Jahren Haft veruteilt. Nacheineinhalb Jahren Haft wurde er nach Saratow verbannt, kehrte aber 1935 nach Moskau zurück. Manchmal auch: Bazarov-Rudnev.

332, *Tätigkeit*: Oben heißt es »Ideen«.

336, Fußnote 135: Gemeint ist wahrscheinlich Hans-Jürgen Seraphim (1899–1926), der seit 1927 Professor für Nationalökonomie an der

Universität Rostock war und 1935 auf einen aus politisch Gründen »vakanten« Lehrstuhl in Leipzig wechselte. Pollock listet Seraphim auch in der Bibliographie auf, gibt aber hier in der Fußnote – fälschlich? – den Vornamen mit »I.« an.

Im russischen Original lautet der Nachweis lediglich »Seraphim, Industrie- und Handelszeitung«.

341, *Zemstvo*: russ. für »Landstand«. Lokale Selbstverwaltungseinheiten auf Kreis- und Gouvernementsebene im Russischen Kaiserreich, die 1864 im Zuge liberaler Reformen von Zar Alexander II. eingeführt wurden.

347, *bestehen*: Siehe MEW 24, S. 394–396.

353, *Tableau économique*: In dem genannten Aufsatz setzte sich der Physiokrat François Quesnay, der Leibarzt von König Ludwig XV. war, mit der Darstellung des Wirtschaftskreislaufs auseinander und verglich ihn mit dem menschlichen Blutkreislauf.

353, *Quesnays*: François Quesnay (1694–1774), französischer Arzt und Ökonom, der als Gründer der Schule der Physiokraten gilt und an der Enzyklopädie Diderots beteiligt war.

354, *Die Produktion greift*: In MEW 13, S. 630–631 heißt es abweichend: »Die Produktion greift über, sowohl über sich in der gegensätzlichen Bestimmung der Produktion als über die andren Momente. Von ihr beginnt der Prozeß immer wieder von neuem. Daß Austausch und Konsumtion nicht das Übergreifende sein können, ist von selbst klar. Ebenso von der Distribution als Distribution der Produkte. Als Distribution der Produktionsagenten aber ist sie selbst ein Moment der Produktion. Eine bestimmte Produktion bestimmt also bestimmte Konsumtion, Distribution, Austausch, die bestimmten Verhältnisse dieser verschiednen Momente zueinander. Allerdings wird auch die Produktion, in ihrer einseitigen Form, ihrerseits bestimmt durch die andren Momente. Z. B. wenn der Markt sich ausdehnt, d. h. die Sphäre des Austauschs, wächst die Produktion dem Umfang nach und teilt sich tiefer ab. Mit Veränderung der Distribution ändert sich die Produktion; z. B. mit Konzentration des Kapitals, verschiedner Distribution der Bevölkerung in Stadt und Land etc. Endlich bestimmen die Konsumtionsbedürfnisse die Produktion. Es findet Wechselwirkung zwischen den verschiednen Momenten statt. Dies der Fall bei jedem organischen Ganzen.«

362, *circulus vitiosus*: lat. »Teufelskreis«.

365, *Brief an den Gosplan vom 16. Mai 1921*: Gemeint ist wahrscheinlich der Brief an Kržižanovskij als Vorsitzenden des Gosplan vom 14. Mai 1921, abgedruckt in LW 32, S. 387–390.

367, *Aršin*: Längenmaß. Ein Arschin = 0,71 Meter.

367, *Kattun*: Kattun ist ein glattes und relativ dichtes Baumwollgewebe.

370, *Standard Oil*: Die unter anderem von John D. Rockefeller gegründete Standard Oil Company war das größte Erdölraffinerie-Unternehmen der Welt. Weil es so erfolgreich seine Konkurrenten neutralisierte, dass die Marktprinzipien im Ölsektor faktisch außer Kraft gesetzt waren, kam es in den USA unter Präsident Theodore Roosevelt erstmals zu Anti-Monopol-Gesetzen und schließlich zur Zerschlagung des Unternehmens durch Entflechtung.

370, *I. G.-Farbenindustrie*: Die Interessengemeinschaft Farbenindustrie AG, kurz I. G. Farben, war damals der größte Pharma- und Chemiekonzern der Welt. 1925 in Frankfurt am Main gegründet, schlossen sich in der I. G. die acht größten deutschen Chemiekonzerne – darunter Bayer und BAS. – zu einer Art Monopol zusammen, um die Konkurrenz ausschalten zu können. Nach der aktiven Kollaboration mit dem NS-Regime wurde das Unternehmen nach dem Krieg von den Alliierten zerschlagen. Es dauerte freilich sechzig Jahre, bis der Entflechtungsprozess 2003 zur Gänze abgeschlossen war.

389, *Vajnštejn*: Al'bert L'vovič Vajnštejn (1892–1970), sowjetischer Statistiker und Mathematiker, der mit Kondrat'ev am Konjunktur-

institut arbeitete. Er stellte immer wieder offizielle ökonomische
Verlautbarungen infrage und wurde daher in den dreißiger Jahren
verhaftet. Nach Stalins Tod konnte er nach Moskau zurückkehren
und war wieder als Ökonom tätig.

413, *Zirkulationskosten*: Siehe das gleichnamige Kapitel 6 im zweiten
Band des Marxschen *Kapital*. MEW 24, S. 131–153. Marx vertritt hier
die These, dass die Formverwandlung von Geld in Ware zwar keine
Veränderung der Wertgröße impliziert, dass aber diese Verwandlung
– also der Verkaufsprozess – durch den Zeitverlust der Umschlagszeit
des Kapitals zusätzliche Kosten verursacht. Diese Kosten bezeichnet
er als »Zirkulationskosten«.

418, *Makarov*: Nikolaj Pavlovič Makarov (1886–1980), sowjetischer
Agrarwissenschaftler und Mitarbeiter des Volkskommissariats für
Landwirtschaft.

421, *Činovnik*: Verwaltungsbeamter im zaristischen Russland.

427 f., Fußnote 12: In LW 15, S. 129–130 heißt es abweichend: »Die Aufhebung des Privateigentums am Grund und Boden würde nichts an
den bürgerlichen Grundlagen des kommerziellen und kapitalistischen
Grundbesitzes verändern. Nichts ist verkehrter als die Meinung, die
Nationalisierung des Grund und Bodens hätte etwas mit Sozialismus
oder auch nur mit ausgleichender Bodennutzung zu tun. Was den
Sozialismus anbelangt, so besteht dieser bekanntlich in der Aufhebung
der Warenwirtschaft. Die Nationalisierung aber ist nichts anderes als
Verwandlung des Bodens in Staatseigentum, und die private Bewirt-
schaftung des Bodens wird von einer solchen Verwandlung in keiner
Weise berührt. Ob der Boden Eigentum oder ›Gemeingut‹ des ganzen
Landes, des ganzen Volkes ist - das System der Bewirtschaftung dieses
Bodens ändert sich deshalb ebensowenig wie sich das (kapitalistische)
Wirtschaftssystem bei einem wohlhabenden Bauern ändert, ob er nun
Land ›für ewig‹ kauft, ob er gutsherrlichen oder fiskalischen Boden
pachtet oder ob er die Landanteile heruntergekommener, ruinierter
Bauern ›zusammenfasst‹. Da der Austausch bestehen bleibt, ist es

lächerlich, von Sozialismus zu reden. Der Austausch von landwirtschaftlichen Erzeugnissen und Produktionsmitteln ist aber überhaupt nicht von den Formen des Grundbesitzes abhängig.«

429, Fußnote 15: In LW 33, S. 46 heißt es: »Die ganze Frage ist die: Wer wird wen überflügeln? Gelingt es den Kapitalisten, sich früher zu organisieren, dann werden sie die Kommunisten zum Teufel jagen, darüber braucht man überhaupt kein Wort zu verlieren. Man muss diese Dinge nüchtern betrachten: Wer – wen? Oder wird die proletarische Staatsmacht imstande sein, gestützt auf die Bauernschaft, die Herren Kapitalisten gehörig im Zaum zu halten, um den Kapitalismus in das Fahrwasser des Staates zu leiten und einen Kapitalismus zu schaffen, der dem Staat untergeordnet ist und ihm dient? Man muss diese Frage nüchtern stellen.«

430, *Der Handel ist das einzig mögliche*: In LW 33, S. 95 heißt es abweichend: »Der Handel ist die einzig mögliche ökonomische Verbindung zwischen den vielen Millionen kleiner Landwirte und der Großindustrie, wenn ... wenn nicht neben diesen Landwirten eine erstklassige maschinelle Großindustrie mit einem Netz elektrischer Leitungen vorhanden ist, eine Industrie, die sowohl ihrer technischen Leistungsfähigkeit als auch ihren organisatorischen ›Überbauten‹ und Begleiterscheinungen nach fähig ist, die kleinen Landwirte mit größeren Mengen besserer Erzeugnisse rascher und billiger als früher zu versorgen. Im Weltmaßstab ist dieses ›Wenn‹ schon verwirklicht«.

433, Fußnote 21: Anders als in der Fußnote, wo der Aufsatz der Zeitschrift *Aus der Volkswirtschaft* zugeschrieben wird, gibt Pollock im Literaturverzeichnis folgende Quelle an: Kaktyn′, A., Die Planelemente im Innen- und Außenhandel der UdSS. (in: »Planwirtschaft« 1926, Nr. 3). Letzteres deckt sich mit den Recherchen der Herausgeber, allerdings ist der Titel unvollständig übersetzt.

451, *Literaturverzeichnis*: Wie bereits in der Einleitung erwähnt, ist das vorliegende Literaturverzeichnis unvollständig und fehlerhaft. Es wurde von den Herausgebern im Originalzustand abgedruckt, um

Pollocks Auswahl nicht zu verfälschen. – Die korrekten und vollständigen Titel sind jeweils in den Fußnoten zu finden.

461, *Systematische Sammlung der wichtigsten Dekrete*: Im Original heißt die Sammlung: Sistematičeskij sbornik važnejšich dekretov 1917–1920: sobranie uzakonenij i rasporjaženij Rabočego i Krest'janskogo Pravitel'stva. Moskva 1920.

468, *NEP*: Die Abkürzung NEP (statt NĖP) wird dem zeitgenössischen Gebrauch entsprechend als übersetzter und nicht transliterierter Fachbegriff verwendet.

Die gegenwärtige Lage des Kapitalismus und die Aussichten einer planwirtschaftlichen Neuordnung [1932]

471, Fußnote 4: Die Fußnote birgt eine feinsinnige Ironie: Eben jene Darmstädter und Nationalbank (Danat), aus deren Geschäftsbericht das Plädoyer für den freien Markt stammt, meldete im Juli 1931 Konkurs an, was das Vertrauen der Bankkunden nachhaltig erschütterte und zu einer Abhebungsflut führte. Dies verstärkte den Sog der Wirtschaftskrise in Deutschland. Die Danat wurde von der Regierung Brüning aufgelöst und mit der Dresdner Bank zwangsfusioniert. Durch eine massive Kapitalerhöhung durch den Staat ging die mit der Danat vereinte Dresdner Bank zu 75 Prozent in Reichsbesitz über. Siehe dazu auch Fußnote 6.

473, *Gesetz der Konzentration und Zentralisation*: Anspielung auf das Kapitel »Geschichtliche Tendenz der kapitalistischen Akkumulation« im ersten Band des *Kapital*. Siehe MEW 23, S. 790.

473, *»Erstarrung«*: Vermutlich ein Zitat aus dem kurz zuvor erschienen Aufsatz des Ordoliberalen Walter Eucken: Staatliche Strukturwandlungen und die Krisis des Kapitalismus. In: Weltwirtschaftliches Archiv 36 (1932), S. 298.

474, »*garantierter*« *Kapitalismus*: Zum Begriff des »garantierten Kapitalismus« siehe die Ausführungen von Fritz Blaich: »Garantierter Kapitalismus«. Subventionspolitik und Wirtschaftsordnung in Deutschland zwischen 1925 und 1932. In: Zeitschrift für Unternehmensgeschichte 22, 1 (1977), S. 50–70.

475, »*gebundenen*« *Wirtschaft*: Der Terminus »gebundener Kapitalismus« wurde in den dreißiger Jahren breit diskutiert, um den Staatsinterventionismus der Weimarer Republik im Unterschied zum Wirtschaftsliberalismus des 19. Jahrhunderts zu fassen. Exemplarisch durchgeführt ist die Darstellung eines Übergangs vom »Wirtschaftsstaat« zum »staatlich gebundenen Kapitalismus« bei Eucken: Staatliche Strukturwandlungen, S. 308 f. (siehe Anmerkung oben). In dem folgenden Zitat von Emil Lederer (Fußnote 7) kommt der Begriff hingegen nicht vor.

476, *List*: Friedrich List (1789–1846), deutscher Nationalökonom und Vertreter einer national abgeschlossenen Entwicklungsökonomie. List war ein Vorkämpfer der Deutschen Zollunion, die die Expansion des Binnenmarktes herbeiführen sollte. Allerdings registrierte er, dass Deutschland gegenüber England wirtschaftlich zurückgeblieben sei, und plädierte für eine aktive staatliche Wirtschaftspolitik, um diese Nachteile aufzuholen. Dazu zählte auch die Einführung von Schutzzöllen, um ausländische Konkurrenz abzuhalten.

Pollocks Bemerkung zielt demnach darauf ab, dass List die Freihandelslehre als Ideologie bezeichnete, weil er wusste, dass sich auf dem freien Markt immer die Stärkeren durchsetzen, in diesem Falle die Engländer.

478, *Dekapitalisierung*: Dekapitalisierung meint hier den Verkauf von Teilen des Unternehmensvermögens.

480, *Kongress*: Der vom International Industrial Relations Institute im August 1931 veranstaltete Kongress trug den Titel »World Social Economic Planning: The Necessity for Planned Adjustment of Productive Capacity and Standards of Living«.

480, Fußnote 13: Eduard Heimann (1889–1967), sozialdemokratischer Wirtschaftswissenschaftler, der zum Kreis um Paul Tillich
gehörte und ein Spezialist für Sozialisierungsfragen war. Hier
könnten verschiedene Veröffentlichungen gemeint sein, etwa das
kurz zuvor erschienene und unten zitierte Buch *Sozialistische Wirt-
schafts- und Arbeitsordnung* (Potsdam 1932). Siehe zu Heimann
auch PGS I, S. 348.

Carl Landauer (1891–1983), Sozialdemokrat und Wirtschaftstheoreti-
ker, der 1931 sein hier angesprochenes Werk *Planwirtschaft und Verkehrswirtschaft* (Leipzig, München 1931) vorlegte. Als geborener Münchner
hatte er zur Zeit der Räterepublik auf Seiten der Regierung Hoffmanns
gestanden. Später wurde er Professor an der Handelshochschule Berlin
und Mitherausgeber der Fachzeitschrift *Der Deutsche Volkswirt*. Als Jude
und Linker floh er nach der Machtergreifung Hitlers in die USA, wo
er eine Anstellung an der University of California in Berkeley erhielt.

Emil Lederer (1882–1939), österreichischer Wirtsschafts- und So-
zialwissenschaftler. Lederer war einer der profiliertesten Ökonomen
der Weimarer Republik, der als Professor vor allem an der Universität Heidelberg wirkte. 1919 war er gemeinsam mit Hilferding
und Schumpeter Mitglied der Sozialisierungskommission, seit 1921
geschäftsführender Herausgeber des *Archivs für Sozialwissenschaft
und Sozialpolitik*. 1931 wurde er Nachfolger Werner Sombarts auf
dem renommierten Lehrstuhl für Nationalökonomie und Finanz-
wissenschaft an der Friedrich-Wilhelms-Universität Berlin. Nach der
Machtübernahme der Nationalsozialisten wurde Lederer im April 1933
aufgrund seiner jüdischen Herkunft und seiner SPD-Mitgliedschaft
nach dem »Gesetz zur Wiederherstellung des Berufsbeamtentums«
beurlaubt. Er emigrierte zunächst nach Japan, dann in die USA, wo
er Mitbegründer der »University in Exile« an der New School for
Social Research in New York wurde.

Gemeint ist hier die bereits oben zitierte Studie *Planwirtschaft*
(Tübingen 1932).

Lewis Levine Lorwin (1883–1970), US-amerikanischer Ökonom
und Soziologe, der in den dreißiger Jahren zahlreiche kleinere Veröffentlichungen zur Planwirtschaft vorlegte. Hier gemeint ist vermutlich das Buch *The Problem of Economic Planning* (Amsterdam 1931).

Gut möglich, dass Pollock ihn zum Zeitpunkt der Niederschrift schon persönlich kannte, da Lorwin mit der Internationalen Arbeitsorganisation in Genf assoziiert war, an der das Institut seit 1931 eine Zweigstelle unter Pollocks Leitung eingerichtet hatte und im Zuge der Familienstudie eng zusammenarbeitete. Später kreuzten sich ihre Wege in New York wieder, denn das Institut war an die Columbia University angeschlossen, an der Lorwin unterrichtete. Es kam zu einigen Kooperationen. Lorwin war zudem Mitbegründer der National Planning Association und wie Pollock Berater des National Resources Planning Board.

481, *Hilferdings*: Zu Rudolf Hilferding siehe PGS I, S. 315. Zum »Generalkartell« siehe die Anmerkung auf S. 632.

482, *Grundanschauungen der Marxschen ökonomischen Theorie*: Pollock bezieht sich hier vor allem auf das *Manifest der Kommunistischen Partei* von 1848, wo es heißt: »Die Produktions- und Verkehrsmittel, auf deren Grundlage sich die Bourgeoisie heranbildete, wurden in der feudalen Gesellschaft erzeugt. Auf einer gewissen Stufe der Entwicklung dieser Produktions- und Verkehrsmittel entsprachen die Verhältnisse, worin die feudale Gesellschaft produzierte und austauschte, die feudale Organisation der Agrikultur und Manufaktur, mit einem Wort die feudalen Eigentumsverhältnisse den schon entwickelten Produktivkräften nicht mehr. Sie hemmten die Produktion, statt sie zu fördern. Sie verwandelten sich in ebensoviele Fesseln. Sie mussten gesprengt werden, sie wurden gesprengt.« (MEW 4, S. 467).

483, *Konzentrations- und Zentralisationsprozesse*: Die Konzentrations- und Zentralisationstendenzen der kapitalistischen Akkumulation war schon von Marx herausgearbeitet worden. Siehe das berühmte 23. Kapitel im ersten Band des *Kapital*, besonders MEW 23, S. 654.

484, *Reconstruction Finance Corporation*: Reconstruction Finance Corporation (RFC), 1932 gegründete unabhängige US-Regierungsbehörde zur Unterstützung von Banken und Unternehmen, die besonders schwer von der Krise betroffen waren und eine wichtige Funktion für die Gesamtökonomie hatten.

487, *Otto Bauer:* Otto Bauer (1881–1938), österreichischer Politiker und Mitbegründer des Austromarxismus. Von 1918 bis 1919 Außenminister der Republik Deutschösterreich als Nachfolger Viktor Adlers. Zu Bauer siehe auch PGS I, S. 348.

Bemerkungen zur Wirtschaftskrise [1933]

493, Fußnote 1: Gerhard Meyer (1903–1973), deutscher Ökonom, der in den zwanziger Jahren zunächst Mitarbeiter Wassily Leontiefs am Kieler Institut für Weltwirtschaft war und 1932 als Schüler Adolph Lowes ans Institut für Sozialforschung wechselte. Dort gehörte er gemeinsam mit Kurt Mandelbaum zu Pollocks Assistenten. 1933 emigrierte er zunächst nach Paris und Genf, wo er an den Zweigstellen des Instituts tätig war. 1935 wurde er Mitarbeiter an der Universität Manchester, 1937 emigrierte er schließlich in die USA, wo er an der University of Chicago eine Anstellung fand. Die Schwerpunkte seiner Forschung sind, ähnlich wie die Pollocks, Planwirtschaft und Krisentheorie.

Rudolf Katz: Es war nicht möglich, Katz zweifelsfrei zu identifizieren. Es handelt sich wahrscheinlich um Rolf Katz, einen Linkssozialisten und Mitarbeiter der der sozialdemokratischen »Klassenkampf«-Gruppe nahestehenden *Marxistischen Tribüne für Politik und Wirtschaft,* zu der auch Arkadij Gurland gehörte. Michael Buckmiller ((Hg.): Zur Aktualität von Karl Korsch. Frankfurt am Main 1981, S. 168) schreibt, Katz sei ein Freund von den Institutsmitarbeitern Heinz Langerhans und Boris Roniger gewesen. Katz veröffentlichte mit dem Ortszusatz »Frankfurt a. M.« auch mehrere Rezensionen in Grünbergs *Archiv für die Geschichte des Sozialismus und der Arbeiterbewegung.*

Gemeint ist also definitiv nicht der sozialdemokratische Jurist Rudolf Katz (1895–1961). Es ist hingegen möglich, wenn auch unwahrscheinlich, dass »Rolf Katz« mit dem Kommunisten Leo Bauer (1912–1972) identisch ist, der in den dreißiger Jahren das Pseudonym »Rudolf Katz« annahm.

495, *Naturgewalten:* Anspielung auf eine Äußerung von Karl Marx im ersten Band des *Kapital,* wo es heißt, »in den zufälligen und stets schwankenden Austauschverhältnissen« der Produkte setze sich »gesellschaftlich notwendige Arbeitszeit als regelndes Naturgesetz gewaltsam« durch, »wie etwas das Gesetz der Schwere, wenn einem das Haus über dem Kopf zusammenpurzelt« (MEW 23, S. 89.)

495, *Selbstdeflation*: Diesen Begriff, der die Verstärkung krisenhafter Prozesse durch Preissenkungen meint, hat Schumpeter geprägt. Siehe etwa: Joseph Schumpeter: Das Kapital im wirtschaftlichen Kreislauf und in der wirtschaftlichen Entwicklung. In: Bernhard Harms (Hg.): Kapital und Kapitalismus. Berlin 1931, S. 200.

496, *Reinigungsprozess*: Schumpeter hat die These vertreten, dass Krisen reinigend wirken, das heißt bestehende Disproportionalitäten wieder ausgleichen. An anderer Stelle nennt er dies auch den »Ausleseprozess der Krisis«. Vgl. Joseph Schumpeter: Theorie der wirtschaftlichen Entwicklung. München, Leipzig [3]1931, S. 354.

497, *sh*: Der britische Schilling (sh) hatte einen Wert von 12 Pence (= d für »denarius«) oder 1/20 Pfund Sterling.

498, *Theorie der langen Wellen*: Die Theorie der langen Wellen geht auf den sowjetischen Ökonomen Nikolaj Kondratjew zurück. Er vertrat eine Zyklentheorie der wirtschaftlichen Entwicklung, der gemäß auf jeden Paradigmenwechsel massive Investitionen in neue Produktionsmittel folgten, diese Investitionen dann aber wieder abebbten, was zu einem Wirtschaftsabschwung führe. In diesem Zyklus werde aber bereits ein neuer Paradigmenwechsel vorbereitet, der dann wieder neue Investitionen zur Folge habe. Nikolaj D. Kondrat'ev: Die langen Wellen der Konjunktur. In: Archiv für Sozialwissenschaft und Sozialpolitik 56 (1926), S. 573–609.

498, Fußnote 11: Ernst Wagemann (1884–1956), deutscher Nationalökonom und Statistiker. Er war von 1923 bis 1933 Präsident des Statistischen Reichsamtes und 1924 bis 1933 Reichswahlleiter. 1932 entwarf er den nach ihm benannten Wagemann-Plan zur Bekämpfung der Wirtschaftskrise vor, der eine Vermehrung der Geldmenge und einige moderate Eingriffe ins Bankensystem vorsah. 1933 trat er in die NSDAP ein.

Josef Dobretsberger (1903–1970), österreichischer Jurist und Ökonom. Als Linkskatholik wurde Dobretsberger 1929 Generalsekretär des der Christlich-Sozialen Partei angehörenden Reichsbauernbundes, ab 1933 bekleidete er eine Professur an der Universität Graz. Im Ständestaat wurde er 1935 Sozialminister, musste aber kurze Zeit später zurücktreten und amtierte 1937/38 als Rektor der Grazer Universität. Im März 1938 trat er im Protest gegen den »Anschluss« zurück und emigrierte nach Istanbul und Kairo, wo er weiter als Professor tätig war, sich zugleich aber auch als Mitglied einer britischen nachrichtendienstlichen Einheit am Kampf gegen Hitlerdeutschland beteiligte. 1945 kehrte er nach Österreich auf seinen alten Lehrstuhl in Graz zurück und schloss sich später der KPÖ an.

499, *Revolutionierung der Agrartechnik*: Gemeint ist vor allem die Erfindung von Traktoren und Mähdreschern mit Verbrennungsmotoren.

500, *Valorisierungsversuche*: Pollock meint hier staatliche Preisstabilisierungsmaßnahmen, die in der Volkswirtschaftslehre heute als Valorisationen bekannt sind (im Unterschied zur Valorisierung, die Anpassungen der Preise an die Inflationsrate bezeichnet). Wenn durch Überproduktion nationale Märkte mit billigen Exporten überflutet werden, können Staaten große Mengen dieser Waren aufkaufen, um eine künstliche Verknappung zu erzeugen, die wiederum die Preise stabilisieren soll.

502, *einer der bedeutendsten englischen Nationalökonomen*: Gemeint ist Sir Arthur Salter (1881–1975), britischer Wissenschaftler, Journalist und Politiker der Conservative Party. Nach dem Ersten Weltkrieg bekleidete Salter das Amt des Sekretärs des Supreme Economic Council, danach leitete er die Wirtschafts- und Finanzabteilung beim Völkerbund. Während des Zweiten Weltkriegs war er Parlamentarischer Sekretär im Schiffahrtsministerium der Regierung Chamberlains, ab 1940 Staatssekretär in der Regierung Churchills.

503, Fußnote 19: Friedrich Pollock: *Die gegenwärtige Lage des Kapitalismus und die Aussichten einer planwirtschaftlichen Neuordnung.* In: Zeitschrift für Sozialforschung 1, 1 (1932), S. 8–27, in diesem Band PGS II, S. 469–492.

504, *Diskontschraube*: Gemeint ist die Regulierung des Kreditgeldes, um den Wechselkredit zu verteuern oder zu verbilligen. Wird der Diskont (das heißt der Wechselzins der Zentralnotenbank) heraufgesetzt, wird er verteuert, seine Herabsetzung wiederum hat eine Verbilligung des Wechselkredits zur Folge.

Hjalmar Schacht, der im Hyperinflationsjahr 1923 als Reichswährungskommissar amtierte, bevor er von 1923 bis 1930 und dann noch einmal von 1933 bis 1939 Reichsbankpräsident war, kritisierte die von seinem Vorgänger angewendete »Diskontschraube« in Krisenzeiten und setzte stattdessen auf Kreditrationierung.

508, *Weltwirtschaftskonferenz*: Vom 12. Juni bis 27. Juli 1933 fand in London eine internationale Weltwirtschaftskonferenz statt, auf der Vertreter aus 66 Staaten gemeinsame Lösungen der Wirtschaftskrise finden wollten. Sie scheiterte vor allem daran, dass US-Präsident Roosevelt die Vorschläge zur Währungsstabilisierung ablehnte.

509, *Valutadumpings*: Damit ist die gezielte Abwertung der eigenen Währung gemeint, um die Absätze auf dem Exportmarkt zu erhöhen.

509, *Plethora*: Plethora, griech. für »Fülle«, »Überfülle«. Gemeint ist hier der Überschuss an verfügbarem Geldkapital in Krisenzeiten, wenn es nicht produktiv eingesetzt werden kann.

509, *valorisation des colonies*: Inwertsetzung von Kolonien, das heißt ihre Unterwerfung unter kapitalistische Produktionsbedingungen.

510, *Schlafkrankheit*: Die von Tsetsefliegen übertragene Krankheit konnte mit der Erfindung des Medikaments Suramin in den 1920er Jahren erstmals erfolgreich bekämpft werden, was wiederum die europäische Kolonisierung erleichterte.

511, *Roosevelts*: Franklin Delano Roosevelt (1882–1945), 32. Präsident der Vereinigten Staaten von Amerika.

Pollock spielt hier auf den sogenannten »New Deal« an, ein umfassendes sozial- und wirtschaftliches Programm zur Bekämpfung der Wirtschaftskrise. Der »New Deal«, der unter anderem die Einführung einer Sozialversicherung und eines Mindestlohnes sowie ein soziales Wohnungsbauprogramm und Arbeitsbeschaffungsmaßnahmen enthielt, markierte den Übergang zu einem starken staatlichen Interventionismus, den Pollock 1940 als »demokratischen Staatskapitalismus« bezeichnen sollte (vgl. PGS III).

511, *Keynes*: John Maynard Keynes (1883–1946), britischer Ökonom und Politiker. Auch wenn sein Hauptwerk *Allgemeine Theorie der Beschäftigung, des Zinses und des Geldes* erst 1936 erschien, zählte Keynes auch schon zur Zeit der Abfassung von Pollocks Aufsatz zu den bedeutendsten Wirtschaftswissenschaftlern seiner Zeit. Keynes versuchte die in die Krise geratene liberalistische Marktwirtschaft durch eine gezielte staatliche Steuerungspolitik zu retten, vor allem durch Staatsausgaben und eine expansive Geldpolitik.

511, *Partei der Autarkisten*: Gemeint sind Vertreter der These, dass sich die Nationalstaaten vom Weltmarkt abkoppeln und eine autarke Volkswirtschaft aufbauen sollten. Dazu zählt etwa Werner Sombart, den Pollock 1926 ausführlich kritisiert hatte. (Siehe PGS I, S. 153–250.)

511, *John Maynard Keynes*: Zur Kritik an Keynes' Autarkievorstellungen siehe auch den häufig in der Literatur Pollock zugeschriebenen, unter dem Pseudonym Kurt Baumann erschienenen Artikel *Autarkie und Planwirtschaft* in der Zeitschrift für Sozialforschung 2, 1 (1933), S. 79–103. Hinter dem Pseudonym verbirgt sich Pollocks Assistent Kurt Mandelbaum.

514, *Prokrustesmethode*: Prokrustes ist in der griechischen Mythologie ein Riese, der Reisenden ein Bett anbietet oder sie dazu zwingt, sich in sein Bett zu legen. Sind die Gäste körperlich zu klein für das Bett,

so streckt er ihre Gliedmaßen auf dem Amboss auseinander; sind sie
zu groß, hackt er ihnen die Beine oder Füße ab.

515, *Chase*: Das Zitat entstammt dem einflussreichen Essay *A Ten Year
Plan for America. Blueprint for a Peace Industries Board* von Stuart
Chase im *Harper's Magazine* vom Juni 1931, S. 1–10.

Stuart Chase (1888–1985) war ein linker amerikanischer Ökonom
und Soziologe, der vom Fabianismus beeinflusst war. Chase reiste
1927 wie Pollock im Auftrag einer amerikanischen Gewerkschaftsde-
legation in die Sowjetunion und gab ein Jahr später die Studie *Soviet
Russia in the Second Decade* (New York 1928) mit heraus, die sich
kritisch mit der Lohnentwicklung und den Arbeitsbedingungen in
Russland auseinandersetzte. Vier Jahre später veröffentlichte er das
Buch *A New Deal* (New York 1932), welches eine Art ökonomische
Programmschrift von Roosevelts Krisenpolitik darstellt. Chase setzt
sich dort für umfassende planwirtschaftliche Interventionen ein und
vertritt einen »dritten Weg« jenseits von »roter und schwarzer Dik-
tatur«. Die Parallelen zu Pollocks Staatskapitalismus-Thesen (siehe
PGS III) sind trotz aller Differenzen unübersehbar.

Während des Zweiten Weltkriegs zählte Chase zu den Isolationi-
sten und sprach sich gegen einen amerikanischen Kriegseintritt aus.

516, Fußnote 38: Edgar Vincent, 1. Viscount D'Abernon (1857–1941),
britischer Politiker und Diplomat. Von 1920 bis 1926 war er britischer
Botschafter in Berlin.

517 f., Fußnote 39: Milreis, zusammengezogene Form von »mil-réis«, also
»tausend réis«. Von 1849 bis 1942 in Brasilien gebräuchliche portugie-
sische Währungseinheit. Der Wert im Jahr 1933 lag bei 1,25 US-Dollar.

523 f., *effektenkapitalistischen Organisationen*: Effektenkapitalistische
Organisationen sind Unternehmen, die auf Basis von Effekten (Wert-
papieren) finanziert sind.

524, *corporate system*: In einer Rezension der in Fußnote 48 genannten Studie von Berle und Means machte Pollocks Mitarbeiter Kurt

Mandelbaum den Unterschied zwischen »ownership und control« klar. In den »effektenkapitalistischen Reisenunternehmungen der Gegenwart« sei »die ursprüngliche Institution des Privateigentums aufgelöst«: »Im ›corporate system‹, in dem eine ›Handvoll Leute‹ autokratisch die Wirtschaft dirigiert, besteht demnach für die Initiative der übergrossen Mehrheit kein Raum mehr.« (Kurt Mandelbaum: Rezension zu: Berle, Means: The Modern Corporation and Private Property. In: Zeitschrift für Sozialforschung 2, 2 (1933), S. 317 f.)

524, Fußnote 50: »Nira«-Gesetzgebung: Der am 16. Juni 1933 vom US-Kongress verabschiedete National Industrial Recovery Act (NIRA) erlaubte es dem Präsidenten, in die Lohn- und Preispolitik einzugreifen, um die Wirtschaft anzukurbeln.

525, eine neue Stufe »staatskapitalistischer« Eingriffe: Den Begriff des Staatskapitalismus, der für Pollock in den vierziger Jahren zentral werden wird (vgl. PGS III), hatte er schon in seiner Planwirtschaftsstudie von 1929 verwendet, wo er vor allem auf Lenin und Bucharin zurückgeht, die mit der NEP einen »staatskapitalistischen« Übergang vom Kapitalismus zum Kommunismus für erforderlich hielten. Der Terminus ist freilich älter und geht letztlich auf den Revisionsmusstreit in der deutschen Sozialdemokratie zurück. 1891 bezeichnete Wilhelm Liebknecht auf dem Erfurter Parteitag den Staatskapitalismus – vor allem gegen Georg von Vollmar gerichtet – als »schlimmste Form des Kapitalismus«. (Protokoll über die Verhandlungen des Parteitages der Sozialdemokratischen Partei Deutschlands. Abgehalten zu Erfurt vom 14. bis 20. Oktober 1891. Berlin 1891, S. 334.) Auf dem Berliner Parteitag ein Jahr später hielt Liebknecht dann eine ausführliche Rede gegen die Idee des »Staatssozialismus«, der »in Wahrheit Staatskapitalismus ist«. (Wilhelm Liebknecht: Staatssozialismus und revolutionäre Sozialdemokratie. In: Protokoll über die Verhandlungen des Parteitages der Sozialdemokratischen Partei Deutschlands. Abgehalten zu Berlin vom 14. bis 21. November 1892. Berlin 1892, S. 178.)

525, »Nira«-Politik: Siehe oben.

526, *Lautman*: Jules Lautman (1896–1968), französischer Ökonom und Widerstandskämpfer.

527, *Generalkartell*: Anspielung auf Rudolf Hilferdings Buch *Das Finanzkapital* (Wien 1910).

531, *Arbeiteraristokratie*: Der polemische Begriff der Arbeiteraristokratie stammt von Marx (MEW 23, S. 697), wurde aber auch von Engels und Lenin (z. B. in *Der Imperialismus als höchstes Stadium des Kapitalismus* von 1916/17) verwendet.

Rezensionen

537: Die Verlagsangaben stimmen nicht exakt, die Werke wurden vermutlich schon im Staatsverlag gedruckt, herausgegeben haben sie aber andere Institutionen.

537, *Kontrol'nye cifry narodnogo chozjajstva S.S.S.R. na 1925/26 god*: Vollständiger (und richtiger) Titel: Kontrol'nyje cifry narodnogo chozjajstva na 1925-1926 g.: Utverždennyj prezidiumom Gosplana SSS. doklad Komissii po kontrol'nym cifram (Kontrollziffern der Volkswirtschaft der U.d.S.S.R. für das Jahr 1925/26. Vom Gosplan-Präsidium verabschiedeter Bericht der Kommission für Kontrollziffern). Moskva, Planovoe chozjajstvo 1925.

537, *Kontrol'nye cifry narodnogo chozjajstva S.S.S.R. na 1926/27 god*: Vollständiger (und richtiger) Titel: Kontrol'nyje cifry narodnogo chozjajstva na 1926-1927 g.: Doklad Komissii po kontrol'nym cifram, utverždennyj prezidiumom Gosplana SSS. 18. avgusta 1926 (Kontrollziffern der Volkswirtschaft der U.d.S.S.R. für das Jahr 1926/27. Vom Gosplan-Präsidium verabschiedeter Bericht der Kommission für Kontrollziffern). Moskva, Planovoe chozjajstvo 1926.

537, *Perspektivy razvertyvanija narodnogo chozjajstva S.S.S.R. na 1926/27–1930/31 g.g. pod redakciej S. G. Strumilina*: Vollständiger Titel:

Perspektivy razvertyvanija narodnogo chozjajstva SSS. na 1926/27–1930/31 g.g.: materialy central'noj komissii po pjatiletnemu planu. Pod red. S. G. Strumilina. Moskva, Gosplan SSS. 1927.

538, Fußnote 5: Pollock paraphrasiert in diesem Satz eine Bemerkung Lenins aus dem in der Fußnote angegeben Text (in LW 32 lautet der Titel: *Über die Naturalsteuer*), das wörtliche Zitat ist dort allerdings nicht zu finden. Es stammt aus dem Text *Über das Genossenschaftswesen* von 1923 (LW 33, S. 459).

544, Fußnote 20: Gemeint ist vermutlich der deutsche Wirtschaftshistoriker Hans-Jürgen Seraphim. In der sowjetischen Quelle heißt es allerdings nur »Serafim«.

547, *Jugow*: »Aron Jugow« war das Pseudonym des menschewikischen Ökonomen Aron Abramowitsch Frumson (1886–1954), der in den zwanziger Jahren zunächst nach Deutschland emigrierte, 1933 dann vor den Nationalsozialisten in die USA floh. Sein hier besprochenes Buch wurde von Arkadij Gurland ins Deutsche übersetzt, der in den USA Mitarbeiter des Instituts für Sozialforschung werden sollte. Siehe Jürgen Zarusky: Die deutschen Sozialdemokraten und das sowjetische Modell. Ideologische Auseinandersetzung und außenpolitische Konzeptionen 1917–1933. München 1992, S. 262.

555, *Erich Horn*: Leider konnten keine weiteren Informationen über Erich Horn ermittelt werden.

555, *Lamprechts*: Karl Lamprecht (1856–1915), deutscher Historiker, an dessen monumentaler *Deutschen Geschichte* (Berlin 1891–1909) sich der sogenannte »Methodenstreit der Geschichtswissenschaft« entzündete. Lamprecht gab in der Debatte der Kultur- und Wirtschaftsgeschichte Vorrang vor der Politischen Geschichte.

555, *Engliš'*: Karel Engliš (1880–1961), tschechischer Ökonom und Politiker. Er gilt als Begründer der teleologischen Wirtschaftstheorie, die auf die Zweckgerichtetheit aller Handlungen abstellt und die

Nationalökonomie entsprechend als eine zweckgerichtete Ordnung versteht.

555, *Liefmanns*: Zu dem Nationalökonomen Robert Liefmann (1874–1941) siehe PGS I, S. 319.

555, *Mises*: Zu dem liberalen Wirtschaftswissenschaftler Ludwig von Mises (1881–1973) siehe PGS I, S. 352.

557, *Boris Eliacheff*: Boris Eliacheff (1892–?), französisch-russischer Rechtswissenschaftler, Widerstandskämpfer bei den Forces françaises libres und französischer Diplomat. Interessanterweise stellte das FBI Eliacheff, der ab 1941 der offizielle Repräsentant De Gaulles in San Francisco war, aufgrund seiner prosowjetischen Sympathien unter Beobachtung. Siehe Federal Bureau of Investigation: Comintern Apparatus (COMRAP), File 100–17379, wo es heißt: »Although there is no indication that ELIACHEFF is a member of the Communist Party, his sympathies are strongly pro-Soviet. […] He is acquainted with various prominent communists in San Francisco and is held in high regard by the San Francisco Party.« Pollocks Besprechung des Buches aus dem Jahr 1931 – also vor dem Zweiten Weltkrieg – spricht zumindest eine andere Sprache.

557, *[Hubert Renfro] Knickerbocker*: Hubert Renfro Knickerbocker (1898–1949), US-amerikanischer Journalist und Schriftsteller, der 1922 bis 1923 in München studiert hatte und Augenzeuge des Hitler-Ludendorff-Putsches geworden war. Für das von Pollock genannte Buch erhielt er 1931 den Pulitzer-Preis.

557, *Richard Oehring*: Richard Oehring (1891–1940), deutscher Ökonom, linker Aktivist und wie Pollock Mitglied des Arplan (Arbeitsgemeinschaft zum Studium der Planwirtschaft). Oehring arbeitete in den zwanziger Jahren zudem in der sowjetischen Handelsvertretung in Berlin.

557, *Wilhelm Mautner*: Wilhelm Mautner (1889–1944), österreichischer Ökonom, dessen staats-wissenschaftliche Dissertation über den Bolschewismus 1920 erschienen war. Seit 1919 lebte er in Amsterdam und fiel 1944 im Vernichtungslager Auschwitz dem Holocaust zum Opfer.

559, *Gerhard Dobbert*: Gerhard Dobbert (?–1935), Ökonom und Mitarbeiter des Statistischen Reichsamtes in Berlin, der intensiv zur sowjetischen Finanzwirtschaft geforscht hat und sich kurz vor seinem überraschend frühen Tod 1935 als Rockefeller-Stipendiat in Italien auch der Analyse des italienischen Faschismus zugewendet hatte. Vgl. Judith Syga-Dubois: Wissenschaftliche Philanthropie und transatlantischer Austausch in der Zwischenkriegszeit. Die sozialwissenschaftlichen Förderprogramme der Rockefeller Stiftungen in Deutschland. Köln u. a. 2019, S. 567.

561, *Raissa Bloch*: Raissa Bloch (1899–1943), russisch-jüdische Dichterin, die in den zwanziger Jahren ins Exil nach Berlin gegangen war, wo sie gemeinsam mit ihrem Mann Michail Gorlin im Dichterclub der russischen Emigranten aktiv war. 1943 wurde sie auf der Flucht in die Schweiz gefasst und nach Auschwitz deportiert, wo sich ihre Spuren 1943 verlieren.

561, *Klaus Mehnert*: Klaus Mehnert (1906–1984), in Moskau geborener deutscher Schriftsteller und Russlandhistoriker, der wie Pollock Mitglied der Arplan (Arbeitsgemeinschaft zum Studium der sowjetrussischen Planwirtschaft) war. Zudem war er Redakteur der von seinem Mentor Otto Hoetzsch gegründeten Fachzeitschrift *Osteuropa*, die Pollock in seinen Studien öfters zitiert.

561, *Literatur über die UdSSR*: Pollocks Planwirtschaftsstudie wird auf S. 70 der Bibliographie aufgeführt.

563, *Gottfried von Haberler*: Gottfried Haberler (1900–1995), österreichisch-amerikanischer Ökonom und Schüler von Ludwig von Mises und Friedrich von Wieser. Nach der Promotion ging er 1925 nach England, wo er an der London School of Economics lehrte, ab 1936 war er Professor an der Harvard University. Er war ein Verfechter des Freihandels und sprach sich auch nach der Weltwirtschaftskrise gegen jeglichen Protektionismus aus.

563, *Hans Neisser*: Hans Philip Neisser (1895–1975), deutsch-amerikanischer Ökonom, der 1922 der Sozialisierungskommission in der Weimarer Republik angehörte. 1927 geht er an das Kieler Institut für Weltwirtschaft, wo er Kollege von Horkheimers Schulfreund Adolf Löwe ist. Sein Hauptwerk *Der Tauschwert des Geldes* machten ihn international bekannt. Als die Nationalsozialisten an die Macht kamen, musste er aufgrund seiner jüdischen Herkunft fliehen und erhielt eine Professur für Geldtheorie an der University of Pennsylvania. Während des Zweiten Weltkriegs arbeitete er für die Regierungsbehörde für Preisregulierung und wechselte dann an die New School for Social Research in New York City.

563, *R[oy] F[orbes] Harrod*: Roy Forbes Harrod (1900–1978), englischer Ökonom und Wachstumstheoretiker. Nach seinem Studium in Oxford, lernte er in Cambridge John Maynard Keynes kennen, mit dem er viele wirtschaftspolitische Ansichten teilte und mit dem er sich auch privat eng befreundete.

563, *Arthur B[arto] Adams*: Arthur Barto Adams (1887–1959), amerikanischer Ökonom, der seit 1916 und bis kurz vor seinem Tod Professor an der University of Oklahoma war. Während des Ersten Weltkrieges war er in der Federal Trade Commission tätig.

564, *Acceleration Principle*: Ökonomisches Konzept, das Verbindungen zwischen sich wandelndem Konsumverhalten und Kapitalinvestitionen sieht. Demnach steigen die Investitionen in die Produktionsmittel mit einem Anstieg der Konsumnachfrage, die wiederum vom Wohlstand der Konsumenten abhängt.

566, *general theory*: Gemeint ist Keynes' einflussreiches Werk *The General Theory of Employment, Interest and Money* (London 1936).

568, *NRA-Politik*: National Recovery Administration, eine von Präsident Roosevelt 1933 ins Leben gerufene Behörde, die im Zuge der New Deal-

Politik planwirtschaftliche Elemente einführen sollte. Sie wurde 1935 vom Supreme Court für verfassungswidrig erklärt und abgeschafft.

569, *Maurice Leven*: Maurice Leven (1876–1951), französisch-amerikanischer Wirtschaftswissenschaftler, der für den liberalen Think Tank Brookings Institution arbeitete.

570, *J. B. Mordecai Ezekiel*: J[oseph] B[rill] Mordecai Ezekiel (1899–1974), amerikanischer Agrarökonom, der von 1930 bis 1947 im US-Landwirtschaftsministerium arbeitete. Ezekiel entwickelte 1925 die Theorie des »Schweinezyklus« mit, der zufolge es zwischen Angebot und Nachfrage einen Verzögerungseffekt (Time Lag) gibt, der periodische Schwankungen erklärt.

570, *Simon Kuznets*: Simon Smith Kuznets (1901–1985), russisch-amerikanischer Wirtschaftswissenschaftler, dessen Familie infolge des Russischen Bürgerkriegs in die USA emigrierte, wo er an der Columbia University graduierte. Von 1927 bis 1960 war er beim National Bureau of Economic Research beschäftigt, seit 1931 auch Professor für Wirtschaftsstatistik an der University of Pennsylvania. Kuznets hat den Begriff des »Bruttosozialprodukts« maßgeblich geprägt und ist in der Volkswirtschaftslehre für die nach ihm benannte »Kuznets-Kurve« bekannt, der zufolge es einen Zusammenhang zwischen Wirtschaftswachstum und ungleicher Einkommensverteilung gibt. Im Hinblick auf die Konjunkturtheorie hat Kuznets die These vertreten, es gebe in entwickelten Industrieländern einen 15 bis 20 Jahre anhaltenden Konjunkturzyklus.

570, *Solomon Fabricant*: Solomon Fabricant (1906–1989), amerikanischer Ökonom und seit 1929 Mitarbeiter des National Bureau of Economic Research. Während des Zweiten Weltkriegs war er Leiter des Office of Civilian Supply, danach Mitarbeiter des War Production Board, für das Pollock als Berater arbeitete.

570, *Charles A. Bliss*: Charles A. Bliss (1904–1977), amerikanischer Ökonom, der seit 1930 an der Columbia University Statistik lehrte und 1937 an die Harvard Business School wechselte.

571, *Bernhard J. Stern*: Bernhard Joseph Stern (1894–1956), marxistischer Sozialanthropologe, seit 1931 an der Columbia University und der New School for Social Research.

Gemeint sein könnte etwa der Aufsatz *The Frustration of Technology*. In: Science and Society 2, 1 (1937), S. 3–28.

571, *David Weintraub*: David Weintraub (1904–1964), amerikanischer Ökonom und Verwaltungsbeamter. Er leitete die Forschungsabteilung der Works Progress Administration und wechselte mit Kriegsausbruch ins State Department. Pollock meint hier sein 1937 veröffentlichtes Buch *Unemployment and Increasing Productivity*.

Der Begriff der »technologischen Arbeitslosigkeit«, der für Pollocks spätere Automationsstudien wichtig werden sollte (vgl. PGS IV), wurde in Deutschland maßgeblich von Emil Lederer und seinem Buch *Technischer Fortschritt und Arbeitslosigkeit* (Tübingen 1931) geprägt, das 1938 auch in englischer Übersetzung erschien. Im englischsprachigen Raum wurde der Terminus »technological unemployment« vor allem von Keynes eingeführt.

571, *mechanical cotton-picker*: Die erste mechanische Baumwollpflückmaschine wurde in den 1920er Jahren von Daniel Rust entwickelt, 1933 meldeten er und sein Bruder schließlich mehrere Patente an. Obgleich die Produktivität massiv hätte gesteigert werden können, wenn die Maschinen flächendeckend zum Einsatz gekommen wären, geschah dies bis Kriegsende nicht, weil ihre industrielle Weiterentwicklung als zu teuer erschien und ihr Einsatz kapitalintensiv war – außerdem hätte dies eine massive technologische Arbeitslosigkeit zur Folge gehabt, die ja die Roosevelt-Administration gerade vermeiden wollte.

575, *Ballod's Zukunftsstaat.*: Der lettische Nationalökonom und Statistiker Carl Ballod (1864–1931) war seit 1914 Honorarprofessor an der Friedrich-Wilhelms-Universität zu Berlin und 1919 Mitglied der Sozialisierungskommission. 1898 hatte er unter dem Pseudonym Atlanticus den sozialutopischen Besteller *Der Zukunftsstaat. Produktion und Konsum im Sozialstaat* (Stuttgart 1898) veröffentlicht, der zahlreiche Auflagen erlebte und auch ins Russische übersetzt wurde. Grundlage seiner sozialistischen Überlegungen war die Einführung einer allgemeinen Arbeitspflicht sowie die gezielte Ausbeutung von Kolonien zur Steigerung des Lebensstandards in Europa.

577, *Twentieth Century Fund*: Der 1919 gegründete Twentieth Century Fund, heute: The Century Foundation, ist ein liberaler Think Tank aus New York.

578, *tableau économique*: Wirtschaftskreislauf. Anspielung auf Quesnay, siehe PGS ii, S. 616.

579, *Marx' sections i and ii*: Gemeint ist wahrscheinlich der Abschnitt »Die zwei Abteilungen der gesellschaftlichen Produktion« in MEW 24, S. 394–397.

Personenregister

Kursiv gesetzte Seitenzahlen verweisen auf die Erwähnungen in den Kommentaren des Herausgebers und die Einleitung durch denselben.

Nachträge zur Erstauflage des ersten Bands der Gesammelten Schriften

In der Einleitung der Erstauflage zum ersten Band der Gesammelten Schriften wurde konstatiert, es seien dem Herausgeber keine Reaktionen auf Pollocks Buch *Sombarts »Widerlegung« des Marxismus* bekannt (PGS 1, S. 14). Demgegenüber ist festzuhalten, dass die Schrift und der damit korrespondierende Aufsatz durchaus an verschiedenen Stellen en passant erwähnt oder zitiert wurde, etwa in Bernd Pfisters gründlicher Auseinandersetzung mit Sombart in der *Zeitschrift für die gesamte Staatswissenschaft* 83, 1 (1927), S. 93–135, hier S. 93. Eine Rezension erschien in den *Annalen der Philosophie und der philosophischen Kritik* 6 (1927), S. 161f. Der Rezensent »Bla.« lobt Pollock dafür, dass er Sombart »auf Grund einer ruhigen, sorgsamen Darstellung als Philosophen und Historiker« charakterisiert habe. »Das Ergebnis« der Studie sei, »daß Sombarts Werk keine wissenschaftlich strenge Ideengeschichte geschrieben hat, sondern ein Werk politischer Ideologie«.

Ebenfalls wurde in der Einleitung geschrieben, Pollock habe bei dem Soziologen Alfred Weber studiert (PGS 1, S. 11). Das ist selbstverständlich falsch, denn dieser lehrte in Heidelberg. Stattdessen hörte Pollock bei dem Ökonomen Adolf Weber (1876–1963), der seit 1919 in Frankfurt lehrte und 1921 auf den Lehrstuhl für Volkswirtschaftslehre an der Universität München berufen wurde. Pollocks Rezension von Adolf Webers Band *Ende des Kapitalismus?* ist im ersten Band abgedruckt (PGS 1, S. 305–307). Siehe dazu auch die Kurzbiographie in den editorischen Kommentaren (PGS 1, S. 351f.). Im Personenregister müssen – abgesehen von der Seite 353 – folglich alle genannten Stellen Adolf statt Alfred Weber zugeordnet werden.

Im Kommentar zur Seite 246 wird David Rjazanov fälschlich als »menschewikischer Politiker und Marx-Experte« (PGS 1, S. 346) bezeichnet. Tatsächlich war Rjazanov weder Men'ševik noch Bol'ševik, sondern sah sich selbst als unabhängiger Marxist.
Für die Zweitauflage des ersten Bands der Gesammelten Schriften wurden die Fehler selbstredend korrigiert.

September 2020, Philipp Lenhard

Danksagung

Viele Menschen haben dazu beigetragen, dass dieser Band erscheinen konnte. Vor allem sei Johannes Gleixner gedankt, der sich spontan bereit erklärt hat, als Mitherausgeber dieses Bandes zu fungieren, und mit all seiner Expertise in der sowjetischen Geschichte (nicht nur) der Planwirtschaft erheblich dazu beigetragen hat, dass so manche Unklarheit aufgehellt werden konnte. Wertvolle Unterstützung haben auch Benedikt Pittroff und Felix Brandner geleistet, die intensiv an der Edition der Planwirtschaftsstudie mitgearbeitet und viele nützliche Hinweise gegeben haben. Zu erwähnen sind darüber hinaus die studentische Hilfskräfte Leonhard Kämpf, der das Namensregister erstellt hat, Thomas Kestler, der wichtige Bibliotheksrecherchen unternahm, und Paul Primbs, der die Transliteration aus dem Russischen besorgte.

Finanzielle Zuschüsse haben der Karrierefonds der Fakultät für Geschichts- und Kunstwissenschaften der Ludwig-Maximilians-Universität München und die Fakultätsvertretung Geisteswissenschaften an der Universität Wien gewährt. Auch dafür herzlichen Dank!

John Abromeit, Dirk Braunstein, Jack Jacobs, Martin Jay und Eva Marie Ziege haben als Mitglieder des Beirats wieder mit Rat und Tat zur Seite gestanden.

Zu guter letzt sei dem ça ira-Verlag für die immerwährende und unbürokratische Unterstützung gedankt, ganz besonders David Hellbrück.

Philipp Lenhard

Friedrich Pollock
Gesammelte Schriften in sechs Bänden
Herausgegeben von Philipp Lenhard

Friedrich Pollock (1894–1970) steht als bedeutendster
Ökonom des Instituts für Sozialforschung zu Unrecht
im Schatten der großen Denker der »Kritischen
Theorie«. Nach dem Studium der Nationalökonomie
und der Staatswissenschaften in München, Freiburg
und Frankfurt wurde er 1923 mit einer Arbeit zum
Marxschen Geldbegriff promoviert. Im selben Jahr
gründete er das Institut für Sozialforschung mit, das er
mehrere Jahrzehnte gemeinsam mit seinem Freund
Max Horkheimer leitete. 1928 habilitierte er sich mit
einer Studie zur sowjetischen Planwirtschaft. Mit der
Machtübernahme der Nationalsozialisten emigrierte
er zunächst in die Schweiz, dann in die USA, wo er
Anfang der vierziger Jahre wichtige Aufsätze zur
Analyse des Nationalsozialismus veröffentlichte.
1950 kehrte er nach Frankfurt zurück, wo er als
Professor für Volkswirtschaftslehre und Soziologie
tätig war. Seine Studie *Automation* untersuchte 1956
erstmals systematisch die sozialen Folgen der Einführung des Computers in die Industrieproduktion.

Editionsplan
Band I   Marxistische Schriften
Band II   Schriften zu Planwirtschaft und Krise
Band III   Schriften zu Nationalsozialismus
           und Antisemitismus
Band IV   Schriften zur Automation
Band V   Vermischte Schriften, Gespräche
           und Interviews
Band VI   Briefe

Bei Subskription aller Bände erhalten Sie 30% Rabatt.
Weitere Informationen unter www.ca-ira.net.